中国区域经济
发展方式转变研究

邹　璇/著

科学出版社
北　京

内 容 简 介

本书意在探索不同地区经济发展方式转变的差异化举措，谋求差异化地区共同取得高质量发展。在探索经济发展方式转变机理的基础上，本书深入研究产业空间优化、产业链的结构和空间优化，以及信息化和教育程度对产业结构优化升级的作用；实证部分针对中国的东部、中部、东北、西北和西南五大地区，从经济增长、经济结构、经济效益、科技创新、民生保障、资源环境六个方面，构建地区经济发展方式转变能力评价指标体系，并通过指标体系找出各个地区经济发展方式转变过程中存在的瓶颈，提出消除不同地区经济发展方式转变瓶颈的对策建议。

本书可供从事宏观经济、区域经济、产业经济等研究的专家学者、经济管理者和相关专业高校师生参考借鉴。

图书在版编目（CIP）数据

中国区域经济发展方式转变研究 / 邹璇著. —北京：科学出版社，2018.9

ISBN 978-7-03-058188-4

Ⅰ. ①中… Ⅱ. ①邹… Ⅲ. ①区域经济发展-研究-中国 Ⅳ. ①F127

中国版本图书馆 CIP 数据核字（2018）第 140776 号

责任编辑：徐 倩 / 责任校对：贾娜娜
责任印制：吴兆东 / 封面设计：无极书装

科学出版社出版
北京东黄城根北街 16 号
邮政编码：100717
http://www.sciencep.com

北京虎彩文化传播有限公司 印刷

科学出版社发行 各地新华书店经销

*

2018 年 9 月第 一 版 开本：720 × 1000 1/16
2019 年11月第二次印刷 印张：27 3/4
字数：560 000

定价：180.00 元

（如有印装质量问题，我社负责调换）

前　言

当前，中国经济发展正面临国际与国内双重困境。此前中国的经济发展方式是一种粗放型发展方式，这种粗放型发展方式虽然带来了中国经济高速增长，但是也带来了贫富差距扩大、生态环境恶化、经济结构失调、区域发展不平衡、民生保障滞后以及社会矛盾激化等一系列问题，而且这些问题变得越来越严重，以至于经济发展难以持续。单纯以经济增长为目的的粗放型发展方式已经不能适应当前高质量发展和现代化经济体系建设的需要，无法解决人民日益增长的美好生活需要和不平衡不充分的发展之间的矛盾，中国经济发展方式亟须转型升级。国际方面，中国产业在全球贸易中处于产业链下游，多为资源密集型产业和劳动密集型产业，创新能力低，出口产品附加值薄，其发展对国内的能源资源和生态环境构成威胁；当前国际经济环境不稳定，以出口为驱动力的发展战略已经出现弊端。为了避免国际经济社会波动对国内经济带来的冲击，必须转变当前不合理的粗放型经济发展方式。面对国际和国内的双重压力，转变经济发展方式已经成为全民共识。

中国各地区的粗放型经济发展方式形成于各自的产业发展过程。不同地区都不同程度地存在着产业结构粗放、产业空间粗放、要素投入粗放、生产技术粗放、产品质量粗放、高碳排放粗放等方面的问题，使得各个地区的产业发展方式都呈现出粗放态势。而这种粗放型发展方式在中国又表现出地区层面的异质性和临近省区市的相似性，这就需要从地区层面展开研究。为此，本书的研究目的在于：①找到中国东部地区、中部地区、东北地区、西北地区和西南地区五大地区的经济发展方式转变瓶颈，并提出相应的对策建议。经济发展方式转变需要经济增长、经济结构、经济效益、科技创新、民生保障、资源环境等转变的有机结合，共同发力。为此，本书从上述六个方面构建评价指标体系，通过评价体系的指标定量分析，分别找出五大地区的各自发展方式转变瓶颈，并依据各自的瓶颈提出相应的对策建议。②探索中国区域经济发展方式转变内在机理，力争在经济发展方式转变机理上谋求新突破。本书分别从经济增长、经济结构、经济效益、科技创新、民生保障、资源环境等方面，系统分析如何内在地促进经济发展方式转变。由于转变粗放型经济发展方式的核心在于产业转型升级——产业结构优化和产业空间优化，本书从机理上重点探索如何通过产业空间优化、产业链的结构和空间优化、信息化和提高教育程度促进产业结构优化升级等方面，找到经济发展方式转变的内在规律和普适性路径。在这些机理的探索中，本书将以产业协调带动机制为突破口，把劳动力、教育、技术、产业链等融入产业协调带动机制中，构建经济增长、经济结构、经济效益、科技创新、民生保障、资源环境相统一的同步协调驱动经济发展方式转变机理。这些研究将进一步丰富和拓展区域经济学、产业经济学等学科的相关理论。③运用多学科理论和方法研究经济发展方式转变，谋求交叉学科新突破。在经济、社会、自然、科技协调发展的前提下，从技术角度构建区域经济发展方式转变能力评价指标体系；从纠正中国当前经济发展方式的不合理性方面入手，找出区域经济发展方式转变瓶颈内涵，并分析如何从政策设计上化解瓶颈，设计激励机制、政绩考核办法等制度，确保经济发展方式转变的行为落实，为中央和地方政府有关部门提供决策参考。显然，这项研究将有利于促进理论经济学、应用经济学、教育学等交叉学科的新发展。

本书是国家社会科学基金重大项目“我国分省经济发展方式转变与产业、人口、教育、就业和迁移政策仿真模型及技术支撑平台构建研究”（13zd156）的前期研究成果，是作者带领学生姜涛、程岘、许珊珊、龙倩瑜、许欢等经过近四年的努力共同完成的阶段性成果。该成果在厘清经济发展方式转变机理的基础上，运用收益最大化目标函数探讨经济发展方式转变机制，并构建各个省区市经济发展方式转变能力评价指标体系，运用熵值法找出中国 31 个省区市（未包含香港、澳门、台湾）所归属的五大地区——东部、中部、东北、西北和西南经济发展方式转变过程中存在的瓶颈，并从经济增长、经济结构、经济效益、科技创新、民生保障、资源环境六方面分析五大地区在经济发展转变过程中遇到的瓶颈，同时依据各个地区的不同瓶颈提出消除瓶颈的相应对策。具体而言，本书共分十二章，分别为：第一章，研究现状。从经济发展方式转变、经济发展方式转变瓶颈、经济发展方式转变举措及产业空间优化等方面综述现有研究状况。第二章，经济发展方式转变机理。探讨经济发展方式转变内在逻辑，经济发展方式转变内在机制，经济发展方式转变影响因素、转变方向及转变重点。第三章，发展方式转变Ⅰ：产业空间优化。在分析产业空间优化促进发展方式转变机理之后，以长江上游地区四省市为例展开实证研究，并提出如何通过产业空间优化促进经济发展方式转变，进而使两者形成良性互动发展。第四章，发展方式转变Ⅱ：产业链结构和空间优化。在分析产业链优化机制的基础上，以长江上游地区四省市为例进行经验分析，并提出产业链结构和空间优化的对策建议。第五章，发展方式转变Ⅲ：信息化促进产业结构升级。在分析信息化促进产业结构升级内在机理的基础上，从国家层面和地区层面（东部、中部、东北、西北和西南）展开实证研究，并提出相应的对策建议。第六章，发展方式转变Ⅳ：提高教育程度促进产业结构优化。在探讨教育程度影响产业结构升级机理的基础上，进一步从高新技术产业和工业内部劳动力受教育程度构成角度实证教育程度提高能促进产业结构优化。第七章，经济发展方式转变评价指标体系构建。构建的经济发展方式转变评价指标体系包含三级指标，一级指标设立为经济增长、经济结构、经济效益、科技创新、民生保障、资源环境。其中，经济增长具体由规模速度、财政收入两个二级指标构成；经济结构由产业结构、城乡结构、需求结构、市场化程度四个二级指标构成；经济效益则由劳动资本效益、能源效益、土地利用效益三个二级指标构成；科技创新由创新投入和创新成果两个二级指标构成；民生保障由人口素质、生活质量、社会保障三个二级指标构成；资源环境由环境效应、环境治理两个二级指标构成。同样，各二级指标也分别由若干三级指标来综合衡量。因此，整个指标体系由一个目标层——经济发展方式转变评价指标，六个一级指标，十六个二级指标，四十个三级指标构成。此指标体系及其测算结果是分析五大地区经济发展方式转变的基础。第八章、第九章、第十章、第十一章和第十二章分别对东部地区、中部地区、东北地区、西北地区和西南地区的经济发展方式转变展开专门研究。这五章分别在对五大地区做出经济发展方式转变能力评价的基础上，找出各个地区的经济发展方式转变瓶颈，进而有针对性地提出各个地区的经济发展方式转变的对策建议。

本书主要运用如下方法展开研究：①规范分析。本书基于经济发展方式转变目标，从科技创新、要素优化、产业优化、资源环境和人文社会角度，挖掘促进经济发展方式转变的内涵、机理，分别回答如何从政策设计上促进经济发展方式转变、促进经济发展方式转变政策的理论依据何在、经济发展方式转变的内在机制为何等核心问题。②理论分析。从内生增长理论、结构调整理论、空间优化理论、产业升级理论、可持续发展理论、协调发展理论等视角出发，利用相关理论分析框架来解释中国经济发展方式转变的关键问题，并厘清经济发展方式转变的内在作用机制。③比较分析。运用比较分析方法，对比中国五大地区（东部、中部、东北、西北、西南）经济发展方式转变的现状和问题，着重从发展方式转变依据、产业结构调整和优化门槛设定、经济发展水平、科技创新、要素优化、产业优化、资源环境、人文社会等重要方面深入做好比较分析，从而为建立发展方式转变机制模型提供实现基础。④制度分析。对构成经济发展的科技创新、要素优化、产业优化、资源环境、人文社会等要素的现状和问题进行分析，并归纳出各要素的发展特点，以及当前发展中存在的问题。在此基础上，就五大地区的经济发展方式转变依据和原则、发展方式转变重要切入点选择、支撑政策三个方面，对促进区域经济发展方式转变政策进行优化设计。

需要说明的是，本书虽然倾注了大量汗水，但是区域经济发展方式转变研究具有高度复杂性，而书中研究成果又仅是我们有限学识范围内的理论探索与实践总结，因此书中难免会存在不足和疏漏，敬请读者批评指正。

邹　璇

2018年3月6日于湖南大学财院校区

目　　录

第一章　研究现状

第一节　经济发展方式转变研究现状

一、经济发展方式转变研究

经济发展方式（也称经济增长方式）转变涉及经济系统、社会系统、环境系统、科技系统等方面，学者从不同的方面研究了经济发展方式转变存在的瓶颈。

经济系统发展存在的问题可归结为：①经济发展的动力不足制约了经济发展方式的转变。Lo 和 Zhang（2011）认为中国经济转型来自于内部动力，1978～1990 年要素配置效率和生产效率的提高共同促进了经济增长，而 1990 年至今，资本深化推动了经济发展。申广斯（2009）、蒲晓晔和赵守国（2010）则认为驱动中国经济发展的“三驾马车”之间的失衡是中国经济发展方式转变的瓶颈。②严重依赖国外市场，国际市场的波动影响经济发展方式的转变。Chenery（1960）从供给和需求结构变动研究了工业增长方式的多样性，对外贸易和收入增加导致需求结构变动，工业的增长方式也随之变动。汪素芹（2014）实证研究了中国外贸发展方式转变与经济发展方式转变之间的关系，结果表明外贸发展方式转变水平提高 1%，经济发展方式转变水平提高 0.6829%。外贸发展方式应率先转变。③产业结构不协调导致经济发展方式转变困难。Dietrich（2012）研究了经济增长与产业结构之间的关系，认为产业结构的优化能够促进经济的增长，经济增长在长期内才会促进产业结构的改变。干春晖等（2011）认为产业结构的合理化促进了经济增长，而产业结构高级化则引发了经济的波动，未来要注重产业结构合理化和高级化的协调有序推进。④区域协调发展有利于经济发展方式转变。Parr（1987）认为经济空间结构的演变影响了区域经济的发展。刘易斯（1989）的“二元经济”理论表明劳动力从落后的农业生产活动中进入先进的工业生产活动中会促进经济的发展。王国刚（2010）则认为当前阶段中国经济发展方式转变的重心在于城镇化，提高国内的消费需求。⑤体制机制不合理是转变方式的一大障碍。吴敬琏（1995，2011）认为中国经济粗放型发展源于政府主导的发展模式，政府过度追求国内生产总值（gross domestic product，GDP）的高速增长而忽视了其他方面的协调推进。因此，消除体制性障碍是转变方式的关键。Noseleit（2013）研究发现企业家的创业活动使得资源重新配置在更有效率的部门，部门结构的改变促进了当地的经济发展。

社会系统发展存在人力资本投资不足问题。Pocas（2014）使用发达国家的面板数据证实了人的健康状况的改善对经济增长有明显的促进作用，增加健康和教育的投资能促进经济的可持续发展。王玉玲等（2010）等认为推动中国经济增长方式转变的关键在于劳动力素质的提高。

科技系统发展存在的问题可总结为：①技术效率的落后对集约型经济发展支持不足。Krugman（1994）认为“东亚奇迹”的出现是劳动力、资本等要素的大量投入造成的，如果没有技术效率的提高，这种高速增长是不可持续的。黄泰岩（2008）认为，应把提高技术进步对经济增长的贡献率作为经济发展方式转变的核心内容。②自主创新能力薄弱无法驱动经济持续发展。Huang 和 Khanna（2003）认为印度的技术进步注重自主创新，而中国的技术进步则主要依靠外商直接投资（foreign direct investment，FDI）的技术外溢，长期来看印度的经济发展模式要优于中国的发展模式。路风和余永定（2013）认为能力缺口与外资依赖的耦合阻碍了中国的产业升级，使得中国粗放式的经济发展得以延续，能力成长是转变中国经济发展方式的关键变量。

环境系统发展存在环境污染加剧、生态环境的制约作用越发明显等问题。Gradus 和 Smulders（1993）认为在更贴近现实的内生增长模型的假设下，环境改善提高了人力资本的生产率，社会对环境治理投入越多，长期的最优增长率越高。黄茂兴和林寿富（2013）认为加强环境管理、降低污染对环境的影响，是环境支撑经济可持续增长的重要保证。

二、经济发展方式转变瓶颈研究

在中国的经济发展方式转变过程中，要素禀赋、产业基础和科技力量等方面都存在瓶颈，因此学者从不同的角度对转变经济发展方式所遇到的问题与困境作了分析。

（1）经济发展中遇到的动力瓶颈。在经济发展方式的转变中，转变动力的不足会阻碍经济发展方式的转变。王军（2009）对完善经济发展方式转变的动力问题进行研究，认为投资成为经济发展的主要动力而消费需求却不足。申广斯（2009）指出，中国投资和出口的拉动作用强而需求的拉动作用不足是经济发展方式转变的瓶颈之一。蒲晓晔和赵守国（2010）指出投资需求、消费需求和出口需求是转变经济发展方式的三大动力模式，然而这三者之间严重失衡。

（2）产业结构不合理。产业结构合理对于一国的经济发展起着至关重要的作用，因此产业结构成为国内外学者研究的焦点。李秋阳（2010）以广东东莞为例，说明中国经济发展较快的东部沿海地区转变经济发展方式所面临的主要问题是产业结构转型升级，产业转型升级慢，产业梯度转移难。朱红（2010）以云南这一旅游省份为例，提出当前云南转变经济发展方式面临产业结构优化升级与资源依赖型路径之间的矛盾。

（3）科技创新水平落后。技术是制约经济发展的因素之一，技术的提高能够在无形之中推动经济发展方式的转变。韩廷春（2002）通过计量模型对中国经济发展过程中的相关数据进行了实证分析，论证了金融发展和经济增长的关联机制，提出技术进步与制度创新是经济增长最关键的因素，金融发展和金融深化对技术创新与经济增长具有重要的作用。黄泰岩（2008）认为，应把提高技术进步对经济增长的贡献率作为经济发展方式转变的核心内容。王一鸣（2008）认为技术进步是制约经济发展的因素之一，转变经济发展方式要取得实质性进展的根本在于发挥技术进步的激励效应。

（4）政府职能转变滞后。政府的职能和行为决定政府管理的基本方向与主要形式，政府对经济发展方式具有广泛的、重要的影响和作用。吴敬琏（2011）认为中国经济发展的根本性问题是增长模式存在严重缺陷，而这种粗放型发展源于政府主导的发展方式。政府过度追求国内生产总值的高速增长。因此消除体制性障碍是转变经济发展方式的关键。刘培明（2008）认为，无论发达地区还是欠发达地区，经济发展方式的转变都是必然选择，但是欠发达地区的首要任务是优化发展动力，转变政府职能。

（5）人力资本投资不足。人力资本投资对经济发展方式转变所带来的影响需要一段较长的时间，人力资本投资的不足，在一定程度上会阻碍经济发展方式的转变。唐建荣和夏国军（1998）认为，经济增长是资本、劳动、技术、体制等生产要素共同作用的结果。他们认为要实现经济增长方式的转变，应该增加教育投入、发展人力资本，改善资本效率、扩大科技份额，抑制通货膨胀、实现有效增长。侯亚非和王金营（2001）通过对中国经济增长方式转变的因素进行分析，认为中国劳动力资源整体素质差是制约中国经济增长方式转变的重要因素，未来推动经济增长方式转变的关键因素是人力资本质量的提高。

三、经济发展方式转变举措研究

如何促进经济发展方式转变，国内外学者从不同的角度给出了解答。①推动经济结构优化升级。林毅夫和苏剑（2007）提出一国的要素禀赋结构决定一国的目标经济增长方式，要想实现经济增长方式的转变首先要改变要素禀赋结构。金碚（2011）则明确指出经济发展方式转变的核心在于工业转型升级，现代工业体系的变革需要要素结构的合理调整，也需要更加合理的产业结构和产业之间的有效互动。②破除体制机制上的樊笼。蔡昉（2013）认为靠大规模的政府主导型投资来保持经济增长速度的方式不再可行，未来要依靠技术进步和体制改善获得的更高效率来实现经济增长。唐龙（2008）也认为只有政府建立和完善有利于经济发展方式转变的体制机制，才能对发展方式的转变产生正向激励。③提高科技创新能力。路风和徐永定（2013）认为实施自主创新战略是转变中国经济发展方式的核心环节。卫兴华（2013）、洪银兴（2013）认为中国经济发展方式的转变需要创新驱动，不断提高科技自主创新和原始创新能力。④提高人力资本的积累。陈孝兵（2009）认为推动人才培养能够为经济发展提供动力。黄茂兴和林寿富（2013）认为人力资本存量的提高对可持续最优增长率的提高具有积极作用，通过教育、培训等措施加大人力资本的培养力度，鼓励研发活动，提高人力资本的积累。⑤加强环境的治理。刘海英等（2015）认为环境治理与经济发展方式具有内在一致的逻辑性，环境治理能够优化工业结构和能源消费结构、鼓励企业进行"绿色"技术创新，也能让人民得到社会环境的福利，因此环境治理可以驱动经济发展方式转变。

国内外许多学者在研究了经济发展方式转变的瓶颈之后，都进一步对其解决措施进行研究。

（1）坚持走可持续发展道路。William 等（2003）认为解决经济发展方式转变的瓶颈应该注重自然资源和环境制约对经济增长的作用。Sen（2004）认为解决经济发展方式转变的瓶颈必须坚持可持续发展。可持续发展理论是当前较为完善的发展理论，为各国经济发展提供了重要的理论基础。Gradus 和 Smulders（1993）等研究环境与经济发展之间的问题，认为环境的优化与改善能够推动经济的发展。方福前（2007）认为转变经济发展方式，应该坚持走科学发展观的道路，实现经济的循环可持续。

（2）推动产业结构优化升级。产业结构的优化升级，是经济发展方式转变的动力。周丽萍（2010）指出，加速产业结构调整是中国经济发展方式转变的关键，因此应完善产业政策，优化产业布局，推动区域间的产业转移，发展高新技术产业和现代服务业。吴树青（2008）提出转变经济发展方式应该进行产业结构的优化，从而提高经济运行质量和效益。胡毓娟（2007）认为转变经济发展方式要强调和追求经济运行中"质量"的提升与"结构"的优化，应该以调整经济结构为基础、以提高自主创新能力为动力，推动经济发展方式的转变。

（3）提高科技创新。科技创新是经济发展的关键因素，提高科技创新能够推动经济发展方式的转变。高峰（2008）通过对美国、日本、亚洲新兴国家和地区经济发展方式转变的研究，指出利用科技创新来推动新兴产业发展的同时结合国情制定经济发展的调控措施是成功转变经济发展方式的原因。陈清（2011）通过对发达国家和地区的研究，也指出改善产业结构、重视科技创新是推动一国经济发展方式转变的重要因素。提高科技创新能力是实现经济发展方式转变不容忽视的途径之一。

（4）充分发挥政府职能。政府是经济发展中的"无形的手"，只有充分发挥好政府的职能，避免政府的过度干预，才能使市场发挥其资源配置能力，推动经济发展方式的转变。唐龙（2008）同样从政府角度出发，认为只有政府建立和完善有利于经济发展方式转变的体制机制，才能促进经济发展方式的转变产生正向激励。林毅夫（2010）从新结构主义的角度出发，认为政府有必要在经济发展过程中起到积极作用，强调在经济发展中必须发挥市场和政府的协同作用。

（5）提高劳动者素质。劳动者是影响经济发展的因素之一，提高劳动者的素质是实现经济从粗放型向集约型转变的关键因素。陈孝兵（2009）认为推动人才培养能够为经济发展提供动力。夏东民（2011）指出，只有不断提升自主创新能力并快速转化为现实生产力、培养大量创新型人才，才能快速实现经济发展方式的转变。提高劳动者的素质是一个漫长的过程，需要政府和公众的参与，劳动者素质的提高对于经济发展方式的推动作用是不容忽视的。

四、研究现状简评

从对已有的相关文献的分析来看，国内外关于经济发展方式转变的研究涵盖面广，且具有针对性和创造性。尤其对经济增长和经济发展进行了明确的区分，对经济发展方式转变的内涵基本达成一致，并基于其内涵进行评价研究。

国外关于经济增长和经济发展的理论研究广泛而深入，但对经济发展方式及其转变的研究没有提出明确的概念。国内学者对经济发展方式转变的评价研究，多数集中于全国层面或者单个省（自治区、直辖市）的研究，针对区域的研究比较少，对象不具体且宽泛。此外，评价对象主要针对沿海经济发达地区，对经济欠发达的中西部地区的评价研究不多。因此，需要从不同区域、不同层次和不同发展阶段等方面深入研究经济发展方式转变的过程。

另外，现有的经济发展方式转变评价指标的选择涵盖面较少，细分系统的衡量不够充分，且权重的确定多带有主观色彩，不能完全反映指标的真实作用，还需对指标的选取有进一步深入的研究。因此，本书试图在指标选取和研究对象上寻找突破。

第二节 产业空间优化研究现状

一、产业空间优化相关理论

（一）产业空间优化的区位选择理论基础

区位选择理论源于古典经济学，也是研究产业布局优化的理论基础。坎蒂隆（1986）、李嘉图（1976）、斯密（1974）等从各个角度论述了产业分布与原料、燃料、运费、地租及劳动力之间的关系，奠定了古典区位选择论的理论基础。产业区位选择理论的发展历程分为以下阶段。

1. 古典区位选择论

古典区位选择论初始主要从微观静态均衡角度出发，追求成本的最小化。其形成的标志性理论是农业区位论和工业区位论的提出。杜能（1986）的农业区位论认为在中心城市周围，在自然、交通、技术条件相同的情况下，不同地方对中心城市距离所带来的运费差，决定不同地方农产品纯收益，即“经济地租”。Launhardt（1882）的工业区位论，首次提出在资源供给和产品销售的双重约束下，为了使得运输成本最小化的厂商的最优定位问题及尝试性的解法。而后，他研究了运输对生产和消费的影响，建立了“劳恩哈特漏斗”。韦伯（1997）的工业区位论认为区位因子决定生产场所，将企业吸引到生产费用最小、节约费用最大的地点。其中区位因子分成适用于所有工业部门的一般区位因子和只适用于某些特定工业部门的特殊区位因子，而一般区位因子有三个：运费、劳动费、集聚和分散。这一时期的区位论研究以静态为主，以单一的企业或中心为研究对象，力求成本和运费最低。

20 世纪 40 年代以后区位研究从微观向宏观发展，研究三大产业的同时研究与城市相关的区位理论。最小生产成本的目标不再适用，市场因素对产品价格影响越来越大。此阶段以 Christaller（1933）提出的中心地理论为代表。他论述了一定区域内城镇等级、规模、职能之间的关系及其空间结构的规律性，并用六边形图式对城镇等级与规模关系进行了概括。Losch（1940）考察了市场规模和市场需求结构对产业区位的影响，区位分析因此由生产扩展到市场，从单个厂商扩展到整个产业。俄林（1986）提出一般区位论，从整个国民经济以及一般均衡理论出发，基于资本与劳动力这两种生产要素在一定的区域内是否能够自由流动的双重前提，考察并决定整个区位的因素。

2. 近代区位选择论

近代区位选择论的研究重点集中于城市与区域，从宏观动态平衡的角度追求优势最显。该时期最主要代表人物是艾萨德，他 1956 年出版了《区位与空间经济》一书，把区位问题重新表述为一个标准的替代问题，厂商可以看作在权衡运输成本与生产成本。Alonso（1964）用经常在城市与农村来回穿梭的通勤者代替农民，用中央商业区代替城市，建立了一个“中心城市模型”，进一步完善了杜能的模型。Hagerstrand（1953）认为，技术的采用是“学习”或“交流”的结果，有关信息“有效流动”的因素是最重要的，所以技术空间扩散的模式主要由信息流动和采取阻力的空间特征来决定。

3. 现代区位选择论

现代区位选择论的研究重点是在经济理论中加入空间维度。以克鲁格曼为代表，利用 Dixit 和 Stiglitz（1977）建立的垄断竞争模型，并借助 Samuelson（1954）的“冰山”原理以及后来的博弈论和计算机技术等分析工具（DCI 框架），在不完全竞争和规模报酬递增的前提下进一步研究区位理论。Krugman（1991）建立了核心边缘模型（简称 CP 模型），该模型具有本地市场放大效应、需求关联和成本关联的循环因果关系、内生的非对称性、突发性聚集、区位黏性、“驼峰状”聚集租金、叠加区的多重长期均衡等七个主要特征。之后 Krugman 和 Venables（1995）以及 Fujita 等（1999）提出了具有核心边缘结构的垂直联系模型（简称 CPVL 模型），该模型不以 DCI 框架为基础，与核心边缘模型不同的是聚集主要源于企业间的投入产出关系。Martin 和 Rogers（1995）修正了核心边缘模型的一些假设，提出了自由资本模型（简称 FC 模型）。对称的自由资本模型十分简化，但是自由资本模型中的主要表达式可以用于求解一系列非对称问题。在核心边缘模型和自由资本模型的基础上，Ottaviano（2001）和 Forslid（1999）各自独立提出了自由企业家模型（简称 FE 模型），自由资本模型假设作为厂商固定投入的资本是可以自由流动的，而自由企业家模型假设作为厂商固定投入的人力资本或企业家是可以自由流动的。

4. 城市空间区位选择理论

城市空间结构理论是现代空间结构理论的重要组成部分。空间结构理论，又称空间区位选择理论，是在古典区位经济论基础上发展起来的一种具有动态性质的总体性的区位选择经济理论。城市空间区位选择理论主要包括以下理论。

Burgess（1925）提出了同心圆理论。该理论是对芝加哥城市土地利用整体空间结构分析后总结出来的，其基本模式是城市各功能用地以中心区为核心，自内向外扩展而共同形成五个同心圆用地圈层结构。Hoyt（1945）在同心圆理论的基础上于提出了扇形理论。该理论对同心圆理论进行了重大修改并取得了突破，认为各类城市用地趋向于沿主要交通路线和自然障碍物最少的方向由市中心向市郊呈扇形发展。多核心理论最先由 Ernest 和 McKenzie（1933）提出，然后被 Harris 和 Ullman（1945）在《城市特征》一书中引入地价加以发展。该理论也认为中心商务区是城市的核心，但是更强调城市土地利用过程并非只形成一个商业中心区，而会出现多个商业中心，其中一个主要的为城市的核心，其余为次核心。

（二）空间优化中的产业发展理论

空间优化中的产业发展理论是研究产业空间优化过程中的产业间结构关系、产业内企业组织结构变化的规律。

1. 产业布局理论

产业布局是指产业在特定区域范围内的空间分布和组合的经济现象。在此，重点列举以后起国家为出发点的产业布局理论。

Perroux（1950）提出增长极理论，认为在一国经济增长过程中，某些主导部门或者某些具有创新力的企业或行业在某些特定区域集聚，该区域内资本和技术高度集中，增长迅速并且对邻近地区有着经济发展的辐射作用，即增长极。Boudeville（1961）重新探讨了经济空间的含义，认为增长极是指在城市配置不断扩大的工业综合体，并在影响范围内引导经济活动的进一步发展。点轴理论主要强调的是经济发展中的扩散效应，是对增长极理论的延伸。陆大道（2002）首次提出点轴渐进扩散理论。他将区域经济看作由“点”和“轴”构成的网络体系，“点”是指具有增长潜力的中心地域或主导产业，“轴”是指将各中心地域或产业联系起来的基础设施带。魏后凯（1988）认为区域经济发展是一个动态的过程，在发展中呈现出增长极点开发、点轴开发和网络开发三个不同阶段。网络开发理论又是对点轴开发理论的延伸，是指由控制一点的极化过程发展为控制一条轴线的不断延伸和集聚，从广度和深度两方面拓展这一扩散过程，将整个发展引向趋于均衡化的开发。中心外围理论对于空间上的解释与极化理论的进一步发展有很大的相似。该理论的代表人物Friedmann（1972）认为，区域发展是通过一个不连续逐步积累的创新过程实现的，发展一般源于区域内少数的“变革中心”，创新由中心向周边扩散，周边地区依附于中心而获得发展，中心对外围的优势并非长期保持不变。

2. 产业集群理论

产业集群是指在产业发展过程中相互关联的企业或机构在某些特定地域内集中布局所组成的产业群。

产业集群理论是由 Porter（1985）创立的。他认为，在一个特定区域的一个特别领域，集聚着一群相互关联的公司、供应商、关联产业和专门化的制度与协会，通过这种区域集聚构建有效的市场竞争，形成专业化生产要素优化集聚洼地，使企业共享区域公共设施、市场环境和外部经济，降低信息交流和物流成本，形成区域集聚效应、规模效应、外部效应和区域竞争力。Hoover（1948）将产业集聚产生的规模经济定义为某一产业在特定的地区形成聚集体的规模所产生的经济。他认为，就任何一种产业而言，规模经济有三种不同的层次，而第三层次就是产业某个区位的集聚体的规模决定的经济。Krugman（1993）分析了空间结构、经济增长和规模经济之间的关系，提出了新的空间经济理论，进一步发展了集聚经济的思想，他通过工业集聚模型从理论上说明了工业活动倾向于空间集聚的一般性趋势。

3. 产业转移理论

产业转移广义是指单纯的产品市场扩张或迁移，狭义指产业生产设施的空间扩张或迁移。有关产业转移的理论有很多，本书重点引用其中三种有代表性的产业转移理论。

Vernon（1966）提出产品生命周期理论，他认为发达国家之所以向国外转移产业是因为企业顺应产品生命周期的变化，回避某些产品生产上的比较劣势。梯度转移理论是产品生命周期理论在区域经济学的运用，该理论认为，创新活动所包括的新产业部门、新产品、新技术、新的生产管理和组织方法等大多数发源于高梯度地区，随着时间的推移和产品生命周期的变化，创新活动逐步由高梯度向低梯度地区转移（夏禹农和冯文浚，1982）。雁行模式由 Akamatsu（1962）提出，是指某一产业在不同国家伴随着产业转移先后兴盛衰退，以及在其中一国中不同产业先后兴盛衰退的过程。此后学者对雁行模式进一步拓展，解释了以东亚为中心的亚洲国家国际分工和结构变化的过程，以及东亚国家和地区在相互依存、相互波及中依次发展的过程。

4. 产业集聚与扩散理论

产业空间的布局往往不是静态的，而是存在一个动态的变化过程，变化的结果是产业的均衡分布或产业的非均衡分布，即产业扩散与产业集聚。

Fujita 等（1999）提出了中间产品模型，而后 Baldwin（2002）在其基础上提出了垂直联系模型。该模型表明由于前向和后向的联系，运输成本的长期下降首先会形成核心边缘结构，而随着运输成本的继续下降，核心边缘结构的空间不均等状况会发生改变，工资成本的上升导致最终不能维持，进而发生产业的扩散。KFV（Krugman-Fujita-Venables）体系（Fujita et al.，2002）在 1999 年通过建立两部门或更多部门模型，讨论了产业集聚的问题。产业集聚过程与扩散过程是相反的，如果源于产业前向和后向联系的成本节约大于集聚导致的工资成本的上升，那么产业集聚状况将依旧不会扩散。其中，多产业的产业集聚模型最具有现实意义（安虎森，2005），在集聚均衡可维持的范围内，各国的实际收入随着其拥有的产业份额的增加而增长，但是当发生产业流失时并不存在产业的返回机制，关联度较强的产业将成为各国竞相争夺的焦点。

二、产业空间优化与经济增长方式转变相互作用的综述

产业空间优化与经济增长方式转变存在互动的关系，相当多的学者对产业空间优化促进经济增长方式转变进行了研究，而反过来经济增长方式转变促进产业空间优化的研究却相当少。因此，在此主要罗列产业空间优化对经济增长方式转变影响的研究综述。

（1）产业结构优化对经济增长方式转变影响的综述。产业布局的优化会带来经济增长速度的加快，同时能够促使增长方式发生转变。吕铁和周叔莲（1999）认为通过产业结构的调整与升级来实现产业间生产率均衡化，结构变动不仅具有增长效应，且体现为集约增长效应。伍华佳和苏东水（2007）认为技术进步会引起新产业的出现与主导产业的变更，同时通过扩散效应不停推动相关部门高度化。高洋（2010）认为生产要素的转移过程，就是产业结构的高级化或者产业结构升级过程，产业结构升级对技术进步有着突出影响，从而带动经济增长方式的转变。

（2）产业转移对经济增长方式转变影响的综述。经济增长方式的转变促进了产业结构的优化，从而带来产业转移。卢福财和罗瑞荣（2010）认为，中国经济增长方式转变不仅是从低端传统产业转移到新兴高新技术产业，还是中国企业在产业内部全球价值链分工中的组装生产低端环节转向产品科技研发与销售的高端环节。牛勤（2012）认为产业转移过程中会发生技术溢出效应、关联带动效应、优势升级效应、结构优化效应、制度改善效应等，提高地区技术水平、优化产业结构，从量和质两个方面改善了经济的运行，加快经济发展方式的转变。安占然和朱廷珺（2012）认为，产业转移的主体是企业，企业因为成本差异、效率差异等会产生企业空间布局倾向及外迁决策，在合理的政府补贴政策的扶持下，提高产业转移效率，是调整经济结构和转变发展方式的有效路径。

（3）产业集聚对经济增长方式转变影响的综述。产业集聚主要包括指向性集聚和经济联系集聚两种。陈庆和刘禹宏（2007）认为，产业集聚是产业为了适应经济发展而出现的组织形式，集合了市场和企业的优势，一定程度上避免了两者的弊端，有利于微观和中观主体的经济效率提高，因此促进产业集聚发展有利于增长方式的转变。刘新争（2012）指出，中国东部沿海地区劳动密集型产业集聚发展，形成了单纯依靠劳动和资本投入推动型的增长方式。杨玉英（2013）认为，生产性服务业集聚区是产业集聚、集约用地、提高效率的典范，通过合理布局有效开发生产性服务的功能，有利于提高自主创新能力，实现增长方式的转变。

三、研究现状简评

（一）现有研究基础与不足之处

对于经济增长方式转变的研究，虽然中国大量学者进行了各个角度的研究，但是大多从粗放和集约两个方面进行探讨，缺乏更深层次的讨论。

对于产业空间优化的前期研究，研究范围上，重点偏于已经完成工业化的东部发达地区，对于长江上游地区研究甚少；研究方法上，更多的是理论研究，缺少数据与实证，缺少一般均衡角度的动态分析；研究角度上，大多聚焦于城市空间布局，缺乏对区域空间布局的研究。

有关经济增长方式与产业空间优化互动关系的研究成果甚少，其中有关产业空间优化促进经济增长方式转变的研究成果很多，但是经济增长方式促进产业空间优化的研究成果非常少，能够提供的文献参考并不充分。

（二）未来研究趋势

前期的产业空间优化虽然考虑到了经济增长，但忽视了经济增长方式转变对产业空间优化的作用，单方面地考虑产业空间优化对经济增长方式转变的影响，没有同时考虑经济增长方式转变对产业空间优化的影响，所以不能很好地指导经济的发展；现有产业布局理论虽然在不断发展，但是没有引入技术这一要素，所以空间优化空洞不彻底。综上所述，引入技术要素后从经济增长方式转变角度研究产业空间的优化是今后的研究趋势之一。

第二章 经济发展方式转变机理

第一节 经济发展方式转变内在逻辑

一、经济发展方式分类

目前，学者从不同角度、不同层次和不同特点，采用不同的方式、方法对经济发展方式作了具体的划分，概括起来大致如下。

（一）速度型和效益型

从经济发展过程的特点的角度，把经济发展方式分为速度型增长和效益型增长。速度型增长是指在再生产过程中，主要依靠增加物质投入，使产值、产量及增长率上发生数量变化而实现的经济增长；效益型增长是指主要依靠技术进步、提高劳动生产率和资源利用率，使再生产过程中的技术结构、产品结构以及产业结构发生质态变化而实现的经济增长。王积业（1990）指出推进技术进步，技术创造、节约能源和原材料消耗以及提高劳动生产率，都需要适当地追加投入，只不过投入对经济增长的贡献居于次要地位。刘伯华和李长明（1992）认为在现实经济生活中，这两种增长模式并非决然分开、单独运行，而是相互渗透、交错运行的。郭克莎（1993）认为，增长速度并不是越快越好，而是存在一个最适速度，从而让效益达到最大化。速度型和效益型的增长又可以分为高速低效型、高速高效型、低速高效型、低速低效型、高速中效型、中速高效型、中速低效型、低速中效型、中速中效型等九种。

（二）投入驱动型和效率驱动型

从经济增长的源泉的角度，可把经济增长方式划分为投入驱动型增长和效率驱动型增长。这种划分是西方学者和世界银行的通用方法。投入驱动型增长是指经济增长主要依靠生产要素投入的增加；效率驱动型增长是指经济增长主要依靠生产效率的提高。吴明哲（2001）认为要素投入的增加是劳动、资本、资源配置的改善等带来的，要素生产率的提高是由知识进展、技术进步、规模经济、资源配置的改善等带来的。王宏淼（2006）认为全要素生产率在经济增长中的份额低于50%的为投入驱动型，反之则是效率驱动型。李晓春（2008）认为粗放方式等于投入驱动型，集约方式与效率驱动型相当。投入驱动型还可细分为要素投入驱动型和技术投入驱动型，要素投入驱动型可进一步细分为资源投入型、劳动投入型和资本投入型。

（三）粗放（外延）型和集约（内涵）型

从扩大再生产的角度，把经济增长方式分为粗放（外延）型增长和集约（内涵）型增长。据《新帕尔格雷夫经济学大辞典》介绍，在李嘉图的著作《政治经济学及赋税原理》中对粗放与集约的区别进行了界定：粗放经营是指一定量的生产资料和劳动投放到较多的土地上，进行粗耕简作的经营方式；集约经营是指在一定土地面积上投入较多的生产资料和劳动，进行精耕细作的经营方式。后来的马歇尔（1981）等也对粗放和集约进行了划分。目前大多使用的分类是苏联经济学家在20世纪60年代中期提出的，为了分析苏联生产率下降的原因，引发了“利别尔曼建议”（利别尔曼，1962）、“柯西金改革”（柯西金，1965），其中柯尔奈的《社会主义制度》对粗放和集约增长做出了现代经济学界定：粗放型增长是指扩大再生产主要靠生产要素投入的增加；集约型增长则主要靠技术进步和生产效率的增加。集约型经济增长方式又可划分为劳动效率提高型、资本效率提高型、技术改进型、技术扩散型和制度创新型等。

1. 粗放型经济发展方式的特征

粗放型经济发展方式的特征有正、反两方面。田文（1996）提出，在较高的产值、产量、增长率的同时，粗放型经济发展方式有着自身的弊端：大量消耗原材料、能源和劳动力，生产水平和管理水平落后，经济效益低，产品附加值不高。武建奇（1996）认为粗放型经济发展方式中，经营中的自然资源向“多”方向发展，社会资源向“少”方向发展。高志英（2003）认为粗放型经济发展方式意味着经济增长主要是资本和劳动投入增长的贡献，综合要素生产率的增长贡献率较低。

2. 集约型经济发展方式的特征

集约型经济发展方式可划分成若干不同类型，每个类型都各有特征。白永秀（1997）指出劳动集约型增长方式是集约型增长方式发展的第一个阶段，由于资本、技术短缺，只能采取劳动集约型。唐五湘和白二平（1997）认为资本集约型增长方式阶段资本家采取大量投入资本的方法，生产设备的技术水平和其他生产要素的质量大幅度提高，但不利于解决就业问题。最终阶段是技术集约型增长方式。郑慎德（1996）指出，技术进步是实现集约型经济增长的必然选择，主要途径有技术引进、技术改造和技术开发。

以上从不同角度对经济发展方式进行了分类，但是最根本的还是粗放型经济发展方式和集约型经济发展方式这两类。

二、粗放型向集约型发展的内在逻辑

经济发展方式的转变存在一个演进的过程。如图 2-1 所示，发展方式从劳动密集型到资本密集型，再到技术密集型，是一个由粗放向集约转变的过程。

粗放型发展方式主要是通过增加资源投入、扩充新建项目、扩大规模而实现的外延式增长，主要包括劳动密集型和土地密集型。初始状态时，由于技术水平低，资本匮乏，扩大再生产主要靠劳动力和土地要素投入的增加。此时，劳动力要素和土地要素的价格低廉，大量投入劳动力和土地能够迅速促进经济的增长，带来经济效益。经济规模的扩张吸引了大量资本的集聚，资本的累积与增加成为经济增长的新动力，增长方式逐渐转变为资本密集型，技术也在缓慢进步。

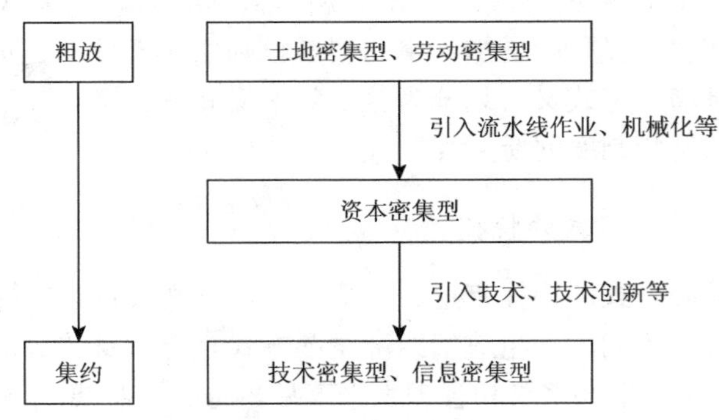

图 2-1　经济发展方式的转变

随着经济的发展和规模的扩张，这种高消耗高投入的增长方式弊处渐显，纯粹的数量扩张已不再适合经济发展的要求。经济发展方式逐渐发生变化，由粗放向集约、由外延式增长向内涵式增长转变。新的增长方式更多的是降低消耗，提高劳动生产率，实现经济的高效增长。此时，科学技术在转变过程中起着决定性作用。技术的创新会带来产品质量的提高和产品的升级换代，生产效率和效益的最大化，增长方式为技术密集型。虽然技术是主导要素，但是仍有对劳动力、土地和资本的少量需求，更多的是对技术和创新、信息以及高素质的劳动力的需求。

第二节　经济发展方式转变内在机制

要素结构的改变、产业结构的演进、科技创新的发展、资源环境的约束和人文社会的支撑共同促进经济发展方式转变。①经济发展离不开劳动力和资本等要素。当劳动力丰富而资本短缺时，发展劳动密集型产业或引进外资成为现实选择；当资本得到积累，劳动力结构变化时，增加人力资本积累成为必然选择，高附加值产业得到发展。当资本不断积累时，资本密集型产业会因为高资本回报率得到发展。当资本过剩时，生产投资的回报率会下降，而研发投入的预期收益则能够达到甚至超过生产投资的回报率，技术或知识密集型产业得到发展。此外，要素禀赋变化还导致要素产出弹性系数的逆转，社会分配方式与发达国家趋同。因此经济发展方式会随要素禀赋的变化而转变。②产业结构变动直接促使发展方式转变。产业结构是要素结构的镜像反映，并滞后于要素结构的改变。当劳动力具有成本优势时，产业结构偏向劳动密集型；当劳动力成本上升时，用资本或技术替代劳动力成为最优选择，产业结构转向资本密集型或技术密集型；当资本回报率不断下降时，追求技术创新带来的超额报酬成为必然选择，产业结构转向技术或知识密集型，产业发展方式与发达国家趋同。③科技创新的发展驱动经济发展方式转变。进入知识经济时代，连续性的颠覆式创新代表了新的发展方式。科技创新不仅能提高劳动力、资本和资源的利用效率，还能创造出新产品和新服务，进而形成新的产业形态，不断向集约型和创新型的发展方式转变。④资源短缺和环境破坏倒逼经济发展方式转变。资源和环境的供给不是无限的。资源不断减少迫使生产活动改进技术提高现有资源的利用效率或者进行资源替代，高效率生产方式和新业态就会形成。政府加强环境治理迫使生产方式落后的企业退出市场，促使企业追求更先进的生产方式。社会对环境污染的关注度提高，迫使政府加强环境治理，也促使企业选择更环保的生产方式。此外，环境质量改善减少健康危害，利于人力资本积累。⑤人文社会发展有力地促进经济发展方式转变。当教育、医疗、住房和社会保障的水平大幅提高时，居民的预期寿命更长，这利于人力资本的积累和劳动生产率的提高。当居民收入水平提高时，消费从以物质消费为主转向以文化和知识等消费为主，需求也更个性化和多元化，需求结构变动反作用于生产结构。区域发展不协调、城乡二元结构、收入分配两极分化等矛盾抑制消费需求增长，削弱社会发展的正外部性，不利于生产活动高效有序进行。发展成果共享、社会和谐发展为发展方式转变提供有力支撑。

本书试图将以上机理分析模型化，建模思路是：借鉴 Gradus 和 Smulders（1993）、袁富华（2010）等的思想，将资源环境承载力、人文社会水平和发展方式转变程度等因素纳入拓展的科布-道格拉斯（Cobb-Douglas，C-D）生产函数中，在假设各因素的成本函数后利用利润最大化原理求解最优发展方式转变程度。

假设经济发展不受其他因素影响时可表示为科布-道格拉斯生产函数：

$$Q_i = A_i^{\tau} L_i^{\alpha} K_i^{\beta} \tag{2.1}$$

其中，Q_i 为 i 地区的产量；A_i 为 i 地区技术水平；L_i 为 i 地区劳动力投入量；K_i 为 i 地区资本投入量；α 、β 、τ 分别为劳动力、资本和技术的产出弹性系数，且 $\alpha \in (0,1)$，$\beta \in (0,1)$，$\tau \in (0,1)$ 。

经济发展方式转变不仅要求生产大发展，而且要求资源环境可持续、人文社会和谐。因此，将资源环境承载力和人文社会水平作为生产要素纳入生产函数中并拓展为

$$Q_i = A_i^{\tau} (S_i L_i)^{\alpha} K_i^{\beta} E_i^{\gamma} \tag{2.2}$$

其中，S_i 为 i 地区人文社会水平；E_i 为 i 地区资源环境承载力，$E_i \in (0,1)$；γ 为资源环境承载力的产出弹性系数，$\gamma \in (0,1)$ 。

发展方式转变是为了更好地发展。转变程度越高，产品供给也会越多。把发展方式转变程度纳入生产函数中为

$$Q_i = A_i^{\tau} (S_i L_i)^{\alpha} K_i^{\beta} E_i^{\gamma} T_i^{\sigma} \tag{2.3}$$

其中，T_i 为 i 地区发展方式转变程度，$T_i \in (0,1)$；σ 为发展方式转变程度的产出弹性系数，$\sigma \in (0,1)$ 。

用式（2.3）表示经济发展，各要素的使用是有成本的。现假定劳动力、资本和技术的价格由市场决定并已知，要素成本为

$$C(A,L,K) = t_i A_i + w_i L_i + r_i K_i \tag{2.4}$$

其中，t_i、w_i、r_i 分别为 i 地区技术使用价格、劳动力价格和资本价格。

资源环境承载力的改善在前期需要投入大量的环境治理费用和生态建设费用，后期主要是将资源环境承载力维持在一定水平，成本较小。假定成本函数为

$$C(E_i) = aE_i^{\theta}，\ a \in \mathbf{R}^+，\ \theta \in (0,1) \tag{2.5}$$

人文社会水平的提高具有一定刚性，总成本按人口数量成比例上升。假定成本函数为

$$C(S_i) = bS_i，\ b \in \mathbf{R}^+ \tag{2.6}$$

发展方式转变程度越高，转变难度就越大，支付的成本也就越高。假定成本函数为

$$C(T_i) = cT_i^{\rho}，\ c \in \mathbf{R}^+，\ \rho \in (1,\infty) \tag{2.7}$$

经济发展方式转变也是追求净收益最大化的过程。假定各地区的产品价格已知，由经济发展的生产函数和各要素成本函数，可得到经济发展方式转变的净收益函数：

$$\begin{aligned}\text{Max: } \mathrm{NR}_{\mathrm{Dep}} &= P_iQ_i - C(A,L,K) - C(E_i) - C(S_i) - C(T_i) \\ &= P_iA_i^{\tau}(S_iL_i)^{\alpha}K_i^{\beta}E_i^{\gamma}T_i^{\sigma} - (t_iA_i + w_iL_i + r_iK_i + aE_i^{\theta} + bS_i + cT_i^{\rho})\end{aligned} \tag{2.8}$$

其中，$\mathrm{NR}_{\mathrm{Dep}}$为经济发展方式转变的净收益；$P_i$为$i$地区产品价格。

对式（2.8）进行一阶求导，经过计算得到经济发展方式转变程度T_i的函数为

$$T_i = \left(\frac{\sigma}{5c\rho}\right)^{\frac{1}{\rho}}\left(\frac{t_i}{\tau}A_i + \frac{w_i}{\alpha}L_i + \frac{r_i}{\beta}K_i + \frac{a\theta}{\gamma}E_i^{\theta} + \frac{b}{\alpha}S_i\right)^{\frac{1}{\rho}} \tag{2.9}$$

对式（2.9）求导可知，$\frac{\mathrm{d}T_i}{\mathrm{d}A_i} > 0, \frac{\mathrm{d}T_i}{\mathrm{d}L_i} > 0, \frac{\mathrm{d}T_i}{\mathrm{d}K_i} > 0, \frac{\mathrm{d}T_i}{\mathrm{d}E_i} > 0, \frac{\mathrm{d}T_i}{\mathrm{d}S_i} > 0$。因此，当技术水平、劳动力投入量、资本投入量、资源环境承载力以及人文社会水平中的任意一个变得更好时，经济发展方式转变程度就会得到相应程度的提高。

第三节　经济发展方式转变影响因素、转变方向及转变重点

一、影响经济发展方式转变的因素

经济发展方式的转变首先是思想观念的转变，通常与经济体的实际情况和发展阶段有关，同时受到经济结构、人力资本、技术水平、对外开放、经济体制等因素的影响，必须从综合的角度来考虑影响经济发展方式的因素。

（1）经济结构。经济结构包括产业空间结构、行业结构、要素禀赋结构、所有制结构、收入分配结构等。白永秀（1997）认为，民营企业与国有企业在很多领域尚不能实现公平竞争，国有垄断企业改革难以深入推进，非公有制经济发展仍存在诸多障碍，不合理的所有制结构制约了中国经济发展方式转变。马强文和任保平（2010）认为，在影响经济发展方式转变的因素中，国有经济比例增加和对外贸易的增加会产生负向影响，第三产业和科研支出比例增加则会带来正向影响。林毅夫和苏剑（2007）认为，一个经济体的目标增长方式由该经济的要素禀赋结构决定，中国应当充分利用劳动力优势，采用劳动密集型增长方式，而不是不具优势的资本密集型增长方式，也不一定是以自主研发来促进生产率提高的增长方式。

（2）人力资本。人力资本具体指人所具有的知识、技能、经验、健康等人口素质的总和，是影响发展方式转变的重要因素之一。倪志远（1999）认为中国要转变增长方式，就必须在人力资本的积累、开发和结构优化方面进行战略性调整。

冯光明（1999）认为人力资本投资与经济增长密不可分，中国需要强化人力资本投资来促进经济增长方式的转变。侯亚非和王金营（2001）通过对未来十年所需人力资本增长的预测，论证了推动未来经济发展方式转变的关键因素是人力资本的质量。这就涉及教育和劳动力受教育程度。

（3）技术水平。技术进步已成为当代经济发展中最重要的因素，它不仅是现代经济增长的重要动力，更是推动经济发展方式转变的核心力量。速水佑次郎和弗农·拉坦提出诱致性技术，制度创新模型表明在一个经济体中，要素禀赋的相对丰度不同会导致技术变迁的有效路径的差异，增长方式的转变必然依赖经济体的要素禀赋的转变。裴辉儒（2001）认为，技术进步可以促进经济结构得到改善，刺激需求结构而改善就业结构，促进新兴产业的诞生；技术的扩散可以使后进国家通过追随技术上领先的国家，先模仿或由领先国家对其在技术领域投资，逐步改善技术水平，继而产生“蛙跳”效应，最后推动国家的经济发展方式快速转型。刘伟（2006）认为增长方式转变首先在于技术创新，技术创新推动下的转变，关键是使效率的提高成为经济增长的第一动力。

（4）对外开放。加大对外开放可以加剧增长方式的转变。刘溶沧和赵京兴（1999）认为生产力发展水平、生产要素的数量和质量以及组合利用方式、制度、经济开放因素都会对发展中国家的增长方式转变产生重要影响。于治国（2007）认为国际贸易自由化的加剧结合中国人口结构变化，决定了中国经济增长方式转变的渐进性和长期性。顾成军和龚新蜀（2012）总结影响经济增长方式转变的原因包括四个主要方面：缺乏国际贸易开放度、高风险性的生态和社会环境、低水平的社会资本、薄弱的基础设施。

（5）经济体制。经济体制对发展方式的制约性很大。刘少武（2000）从制度安排的角度提出，要从粗放型增长方式转变为集约型增长方式，必须对经济活动的组织制度、产权制度、分配制度等进行创新。杨青（2006）指出，对于中国这类的转型国家，要实现增长方式的转变就应从制度创新入手，通过制度创新为技术创新提供保证，推动技术创新。王可达（2010）认为制度变迁是经济发展方式转变的内生因素，通过利益机制、生产要素的社会结合、经济法律手段等影响经济发展方式的转变。

二、经济发展方式转变方向

（1）由不可持续性增长方式向可持续性增长方式转变。按照经济增长的本质及其与人类社会进步的关系，可以分为可持续经济增长方式与不可持续经济增长方式。可持续经济增长方式是指经济、社会、资源和环境保护协调发展的经济增长方式，要求在严格控制人口、提高人口素质和保护环境、资源永续利用的前提下实现经济的增长。长江上游地区多年来一直是靠高消耗和高污染的不可持续经济增长方式，自然资源的有限性与此种增长方式的高消耗存在矛盾。可持续经济增长方式必须在经济上有利可图。因为只有经济上有利可图的发展项目才有可能得到推广，才有可能维持其可持续性；若经济上亏损，则必然要从其他盈利的项目上获取补贴才可能收支平衡正常运转，由此就可能造成此地的环保以彼地更严重的环境损害为代价。

（2）由粗放型增长方式向集约型增长方式转变。粗放型增长方式是指在生产要素质量不变的情况下，单纯依靠生产要素的大量投入和扩张，通过扩大生产场地、添加机器设备、增加劳动力等来实现经济的增长。这种增长方式实质就是以数量的增长和速度为中心。集约型增长方式是指依靠生产要素质量和使用效率的提高，以及生产要素的优化组合，通过技术进步，提高劳动者素质和提高资金、设备、原材料的利用率等来实现经济的增长。这种增长方式实质就是以提高经济增长质量和经济效益为中心。

由粗放型增长方式向集约型增长方式转变就是从主要依靠增加投入，铺新摊子，高投入、高消耗、低质量、低产出的增长方式，转变到主要依靠科技进步和提高劳动者素质上来，转变到以经济效益为中心的轨道上来，转变到生产要素优化组合和充分利用的少投入、低消耗、高技术、高质量、高产出的集约型经济增长方式上来。

（3）由出口拉动型增长方式向出口、消费、投资协调拉动型增长方式转变。增长方式按照一国经济增长的动力结构，可以分为投资拉动型、消费拉动型与出口拉动型。出口拉动型经济增长方式是指出口对国内生产总值的贡献过高，经济增长主要靠出口来拉动。国际经验早已证明了这种经济增长方式是不能长久的，是不可能保证一个国家的国民经济的可持续发展的。出口拉动型经济增长方式的弊端主要有两个：一是引起中国国际收支的双顺差，导致国内通胀的压力太大。二是迫使进行外汇对外投资，使得中国财富贬值。因此，需要从出口拉动型经济增长方式转向内需拉动型经济增长方式。中国目前推动经济增长方式转型的举措是启动内需，内需包括投资和消费。在对经济增长的贡献上，投资虽然要比消费见效快，但是最终经济增长还是要靠消费推动的，如果投资在内需上的比例过大，那么经济增长方式就会表现为投资拉动型经济增长方式。投资拉动型经济增长方式同出口拉动型经济增长方式一样，也是难以保持经济可持续发展的，因此必须向出口、消费、投资协调拉动型增长方式转变。

（4）由结构失衡型增长方式向结构均衡型增长方式转变。只有改变赶超型的非均衡经济增长结构，逐步形成内生的经济发展机制，实施适应中国经济新一轮发展周期的、以空间再配置为基点的“结构均衡增长”，才能够持续推动中国经济的发展。矫正赶超干预下非均衡的经济结构和增长机制，转向一个以城市化为核心的“空间再配置”，以此推动结构均衡化的增长，从而从结构失衡型增长方式向结构均衡型增长方式转变。此处的结构均衡调整不仅包括第一、第二、第三产业结构与就业的调整，更多地包含内需/外需结构及与之相适应的生产贸易金融结构、要素收入分配和居民收入分配结构等问题。

（5）由高碳型增长方式向低碳型增长方式转变。高碳型增长方式即传统的经济增长方式，是通过资源的超常投入来获得更高的产出，其最终目标是产出的增长、生活水平的提高与财富的增加。低碳型增长方式是指依靠技术创新和政策措施，实施一场能源革命，建立较少排放温室气体的经济增长方式。由高碳型增长方式向低碳型增长方式转变的核心问题能源效率和清洁能源结构问题，核心是能源技术创新和制度创新，目标是减缓气候变化和促进人类的可持续发展。

（6）由投资拉动型增长方式向技术进步型增长方式转变。一定时期内，生产过程中资本要素的大量投入将推动经济快速增长，但由于资本的边际报酬递减规律的作用，资本积累及其大量投入并不能无限地推动经济持续、快速增长，资本边际报酬降低到一定程度就会遇到经济增长的转折点。经济增长源泉必须转移到依靠知识和技术为核心的全要素生产率的提高上来，当前中国就面临这样一个转折。

（7）由技术引进型增长方式向自主创新型增长方式转变。先进技术是实现现代化必不可少的投入品，它的来源不外乎是从国外购买，也就是技术引进，或者自己创造，也就是技术创新。创新和引进既可以相互代替，也可以互相补充。落后国家可以通过引进技术迅速缩短与发达国家的技术差距。中国 20 年的技术引进显著促进了经济发展。但是，技术引进型增长方式仍存在过度依赖技术引进、面临技术封锁、缺乏真正核心技术等弊端。所以，目前必须实现由技术引进型增长方式向自主创新型增长方式转变，在引进中加入创新，对引进技术消化、吸收和有效扩散，缩短与发达国家的技术差距，生产出有国际竞争力的产品，提高国际竞争力，促进中国在国际竞争和分配中朝价值链高端的转移。

（8）由第二产业带动型增长方式向三大产业协同带动型增长方式转变。随着中国经济总量规模的不断扩大，以工业为主的第二产业带动型经济增长方式受环境、资源、土地等方面约束日益强烈，可持续性受到严峻挑战。随着世界经济一体化进程的加快，中国产业特别是工业发展面临国际竞争的压力日益加大，为此促进经济增长要由主要依靠第二产业带动向依靠第一、第二、第三产业协同带动转变。作为子系统的三大产业之间实现良性互动，进而发挥三大产业带动经济增长的 1+1＞2 的协同效应；同时，在各产业不断满足最终需求的基础上，产业间形成有效合理的供需关系，从协同和带动两个层次刺激经济的增长。

（9）由忽略环境型增长方式向环境友好型增长方式转变。在经济学的最新发展中，环境不仅仅是维持人类生存的生命保障系统，而且作为能够提供一系列服务的复合型资产。忽略环境则会带来社会经济福利量的增长慢于国内生产总值的增长，经济资源在环境污染与生态破坏中大量流失。在实践中不能为了经济目标而牺牲环境目标，坚决摈弃先发展经济、后治理环境的路子，必须实现由忽略环境型增长方式向环境友好型增长方式转变。

三、经济发展方式转变重点

显然，由不可持续性增长方式向可持续性增长方式转变，由粗放型增长方式向集约型增长方式转变，由出口拉动型增长方式向出口、消费、投资协调拉动型增长方式转变，由结构失衡型增长方式向结构均衡型增长方式转变，由高碳型增长方式向低碳型增长方式转变，由投资拉动型增长方式向技术进步型增长方式转变，由技术引进型增长方式向自主创新型增长方式转变，由第二产业带动型增长方式向三大产业协同带动型增长方式转变，由忽略环境型增长方式向环境友好型增长方式转变，都离不开产业发展这个纽带，由此可见，产业发展方式转变是经济发展方式转变的重点。产业发展方式转变主要体现在产业空间优化，尤其是产业链空间优化上面。而从地区角度分析经济发展方式转变的重点则是产业空间优化和产业链空间优化。

（1）产业空间优化。产业空间优化是经济发展方式转变的核心内容之一，是指产业为了实现利润最大化而进行区位变换的过程，是一个同时具备时间和空间维度的动态的产业转移过程（邹璇，2015）。产业空间优化理论将产业作为一个有机整体，研究经济发展中产业间的关系结构、产业内企业组织结构变化的规律以及方法。产业空间优化促进发展方式转变将在第三章展开专门研究。

（2）产业链空间优化。产业链空间优化是产业空间优化的核心和主要途径。产业链空间优化主要是指同一产业链上的各个产业节点企业向最适合自身发展的资源、劳动力、资本等要素所在空间流动、转移或重新组合，目的是降低成本，实现利润最大化。产业链空间优化是以集聚与扩散这两个相互对立、相互交替的过程来体现的。产业链空间优化促进发展方式转变将在第四章展开专门研究。

（3）信息化推动产业结构升级和发展方式转变。从产业结构的演进规律和历史来看，信息化与产业结构调整升级和发展方式转变之间的关系非常紧密。信息成为生产要素，是转变经济增长方式的重要特征。信息化促进了经济发展方式从粗放型向集约型转变，催生了新兴科技产业和信息服务业。信息技术应用是提高经济运行效率的重要手段。信息技术的快速发展和应用，使信息获取更加便捷、及时，在促进社会分工进一步深化的同时，有利于支持决策、捕捉商机、拓展市场，有利于降低交易成本和提高经济运行效率。

信息化是推动产业结构优化的重要途径。信息产业是高新技术产业中最活跃的部分，提高信息产业在国民经济中的比例有利于产业结构优化。信息服务业是现代服务业的代表，已成为经济发展的重要增长点。同时，应用信息技术改造和提升传统产业，改变其设计、生产和流通方式，有利于推动企业流程再造与组织结构调整，提高传统产品科技含量，降低资源消耗，提高生产效率。

信息化是推动技术创新和体制创新的重要引擎。对技术创新而言，通过信息技术推动相关科学知识、技术和金融、人才、专利等创新要素信息扩散，可以促进创新所需知识和信息的获取，降低创新成本；对体制创新而言，应用信息技术，不仅要求改进生产手段，优化生产流程，而且要求组织调整，管理体制创新，并建立与之相适应的组织架构、管理模式甚至法律法规体系。

（4）提升劳动力受教育程度促进产业结构优化和发展方式转变。教育的第一要务是提高劳动者素质。提升劳动力受教育程度，促使劳动者掌握更多的生产技能，从而促进产业结构优化和发展方式转变。因此教育首先以受教育程度的形式附加在劳动力身上，并通过受教育程度的劳动力进入生产函数，促进产业结构优化和发展方式转变。

接受了一定教育程度的劳动力能提高生产技术，这是因为教育程度直接决定着生产技术水平，生产技术是教育程度的生产函数，即 $A = f(e)$。通常而言，人们受教育程度越高，创新能力越强，技术进步越快，生产技术也越高，从而产业结构优化速度更快，发展方式转变速度也更快。

第三章　发展方式转变Ⅰ：产业空间优化

第一节　产业空间优化促进发展方式转变机理

产业空间优化与发展方式转变之间存在内在关系，这可以从机制框架和数理模型两个方面看出。

一、相互作用机制框架

（一）产业空间优化的机制图分析

1. 两地区模型

如图 3-1 所示，假设只有两个地区，分别是相对发达地区 A 和相对欠发达地区 B。相对发达地区存在两种产业：新兴产业 M_1 和传统产业 M_2；相对欠发达地区仅存在传统产业 M_3。三种产业的技术水平分别用 A_1、A_2、A_3 表示，并且它们满足关系 $A_1 > A_2 > A_3$，即新兴产业 M_1 的技术水平高于传统产业 M_2 的技术水平，传统产业 M_2 的技术水平高于传统产业 M_3 的技术水平。

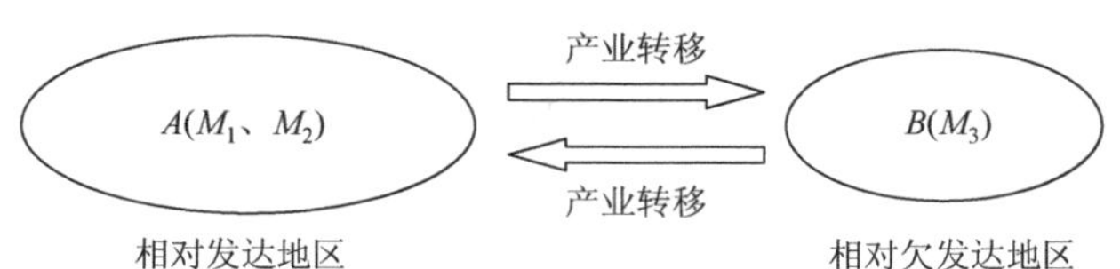

图 3-1　两地区的产业空间优化

随着相对发达地区 A 的发展，该地区的要素成本逐渐上升，劳动力成本即工资、土地成本、资本成本等均逐渐增加。交易成本的增加，意味着企业利润空间的减少，同时引出该地区市场空间上的拥挤效应，导致该区域企业竞争强度增加，促使资本空间扩散。当扩散力大于集聚力的时候，企业往往会选择向竞争者较少的相对欠发达地区 B 转移。地区 B 的人力资本较低，土地成本更加低廉。因此，地区 A 的传统产业 M_2 向地区 B 开始逐步转移。由于地区 B 的配套条件和基础设

施水平落后于地区 A，为地区 A 生产配套产品的下游产业会逐步从地区 B 向地区 A 转移，以减少交易成本。地区 A 面对产业升级压力，更注重新兴产业 M_1 的发展，不断技术创新。地区 A 的传统产业转出，此时传统产业比例减少，新兴产业比例加大，产业结构得到了优化。由于地区 A 的技术水平远高于地区 B 的技术水平，传统产业 M_2 的转入使得地区 B 技术水平更高的传统产业的比例加大，地区 B 的产业结构也得到了优化。

相对发达地区 A 和相对欠发达地区 B 的产业空间结构优化，必须建立在当传统产业 M_2 向地区 B 转移以后，地区 A 的新兴产业 M_1 能够正常发展的基础上。虽然地区 A、B 能够各自优化产业空间结构，但是地区 A 的技术水平会一直高于地区 B，地区 A 的经济水平一直高于地区 B，两地区间的梯度差将一直存在，无法实现区域间的均衡增长。因此，引入三地区模型，改善这种情况。

2. 三地区模型

为了解决雁行的困境，引入如下一个三地区模型。如图 3-2 所示，假设此时有三个地区，分别是相对发达地区 A、相对欠发达地区 B、国外发达地区 C。相对发达地区存在两种产业：新兴产业 M_1 和传统产业 M_2，相对欠发达地区仅存在传统产业 M_3；国外发达地区仅存在新兴产业 M_4。四种产业的技术水平分别用 A_1、A_2、A_3、A_4 表示，并且它们满足关系 $A_4 > A_1 > A_2 > A_3$，即新兴产业 M_4 的技术水平高于新兴产业 M_1 的技术水平，而新兴产业 M_1 的技术水平高于传统产业 M_2 的技术水平，传统产业 M_2 的技术水平高于传统产业 M_3 的技术水平。

当相对发达地区 A 将传统产业 M_2 向相对欠发达地区 B 转移时，地区 B 的高技术相关配套产业向地区 A 转移，地区 A 经济增长方式越来越集约，发展越来越好，地区 B 缺乏高技术产业，增长方式无法从粗放向集约发生改变，发展缓慢，两地区间差距越来越大，并将保持下去。此时，引入国外发达地区 C 作为第三个地区，地区 C 的技术水平明显高于地区 A 和地区 B，它可以选择向地区 A 或者地区 B 进行产业的国际转移。本书重在讨论相对欠发达地区 B，重点描述地区 C 向地区 B 的产业转移。地区 C 的新兴产业 M_4 向地区 A 还是向地区 B 转移关键考虑的是成本最小化的问题，地区 A 与地区 B 相比，地区 A 的优势在于配套设施优良，本身有一定的新兴产业基础，且区位优势明显，运费较低；地区 B 的优势在于生产要素成本较低，劳动力和土地成本的低廉对于国际产业转移很具吸引力，同时在地区 B 有众多政府优惠政策，可以显著降低成本。当地区 C 选择向地区 B 转移其产业时，在国际转移来的产业 M_4 的技术外溢效应带动下，地区 B 也开始发展自己的新兴产业，进行自我研发与创新，产业结构得到进一步的优化。

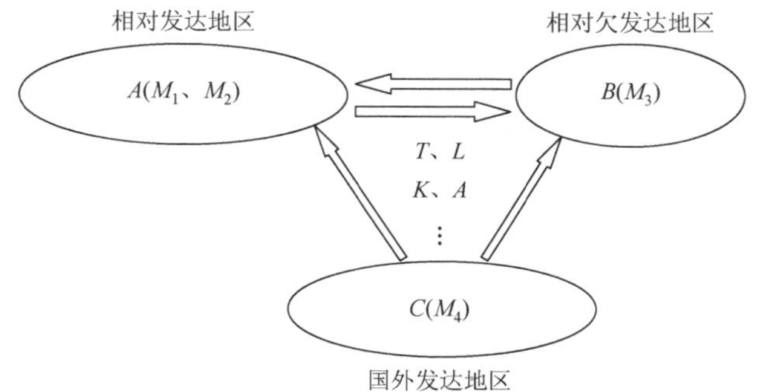

图 3-2　三地区的产业空间优化

（二）产业空间优化与发展方式转变良性互动关系

产业空间优化与增长方式的转变之间存在互动机制，如图 3-3 所示。产业空间优化会使经济增长的速度加快，同时带动经济增长方式发生转变；经济发展方式转变的内涵之一就是把目前区域增长的格局转移到更加符合区域资源禀赋的地区，从而具备比较优势，这种转移直接推进了产业的空间优化。本书重点考虑地区 B 的产业空间优化与经济发展方式转变的互动机制，下面对该互动机制进行详细描述。

首先，初始状态时，地区 A 为相对发达地区，地区 B 为相对欠发达地区。当地区 A 劳动力和土地等要素价格上升使得成本增加时，地区 A 的一些传统产业为了降低成本就会向其他区域转移，而地区 B 依靠劳动力与土地等要素价格廉价的优势吸引了这些传统产业，承接了地区 A 的产业转移。继而大量传统产业在地区 B 形成了产业的集聚和规模经济。由于地区 A 的技术水平高于地区 B 的技术水平，地区 B 承接而来的传统产业的技术水平高于地区 B 原有的传统产业的技术水平，产业的转移使得地区 B 中技术水平更高的传统产业比例加大。经济规模的扩张和技术水平的提高为地区 B 吸引了大量资本的流入，资本的累积与集聚成为经济增长的新动力，这就带动了地区 B 资本密集型产业的迅速发展，从而推动地区 B 向资本密集型经济发展方式转变。同时，地区 B 资本密集型产业的迅速扩张也会使得地区 B 的产业空间实现进一步的优化。

地区 A、B 间的产业转移在一定程度上促进了地区 B 产业的空间优化，从而带动了地区 B 的经济增长，改善了地区 B 的增长方式。但是地区 B 要想发挥后发优势，实现赶超，就不能仅仅依靠承接地区 A 的产业转移。这时，地区 B 不仅要充分利用劳动力和土地等要素成本低廉的比较优势，更要通过政府政策的支撑把资源从较低层次的产业转移到较高层次的产业，利用自身优势从更发达的地区 C

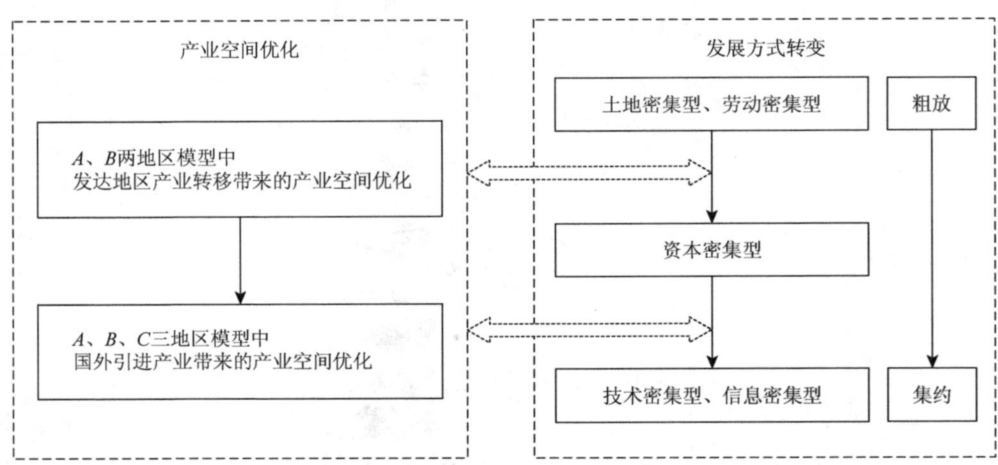

图 3-3　产业空间优化促进发展方式转变互动机制图

将更为先进的产业转移到自己的区域内，由于地区 *C* 转移到地区 *B* 的产业技术水平要高于地区 *A*，地区 *B* 就可以依靠引进的先进技术对产业进行技术创新或技术改进，提高生产效率，逐步摆脱对自然资源或劳动力密集型等粗放型增长方式的依赖，转而向越来越依靠技术进步的集约型经济发展方式转变，从而实现对地区 *A* 的赶超，达到区域经济增长的平衡。地区 *B* 逐步过渡到技术密集型增长方式，进一步带动了地区 *B* 的产业升级与空间优化，从而两者形成良性互动。

二、相互作用机制模型

（一）基本模型

1. 模型的假设

假设经济体中存在两个地区，地区 *A* 和地区 *B*，相对发达地区 *A* 有两个产业，新兴产业 M_1、传统产业 M_2，相对欠发达 *B* 地区仅存在传统产业 M_3。新兴产业 M_1 的技术水平高于传统产业 M_2 的技术水平，传统产业 M_2 的技术水平高于传统产业 M_3 的技术水平。两个地区的所有产业内部都是完全竞争的市场结构，且两个地区的产品市场是统一的市场，地区间存在产品贸易，地区间的产品运输没有运费，不存在贸易壁垒。同时假设两地的产品市场均处于均衡状态，即供给等于需求，产业中厂商所生产的产量即消费者所需求的产品数量。在两个地区内的各自产业中，代表性厂商生产产品的生产函数都符合科布-道格拉斯生产函数，使用的要素是劳动、土地、资本及技术，如下：

$$Q_i = A_i L_i^{\alpha_i} K_i^{\beta_i} T_i^{\gamma_i}, \quad i = 1,2,3\cdots \tag{3.1}$$

其中，A_i 为技术；L_i 为劳动力；K_i 为资本存量；T_i 为土地存量；α_i、β_i、γ_i 分别为不同地区内不同产业中代表性厂商生产过程中投入的劳动力、资本和土地各自产出的弹性系数，且假设 $\alpha_i + \beta_i + \gamma_i < 1$。

假设两个区域内的劳动力、土地和资本要素的禀赋各不相同，其中地区 A 内的资本要素相对充裕，劳动力、土地要素相对缺乏；而在地区 B 内劳动力、土地要素相对充裕，资本要素相对缺乏。地区 A 内劳动力、资本和土地的单位报酬分别为 w_1、r_1 和 t_1，地区 B 内劳动力、资本和土地的单位报酬分别为 w_2、r_2 和 t_2。在这种要素禀赋的假设前提下，进一步假设供给的相对缺乏导致了地区 A 内单位劳动的报酬 w_1 高于地区 B 内的单位劳动的报酬 w_2，地区 A 土地的价格 t_1 高于地区 B 土地的价格 t_2，而地区 A 的单位资本报酬 r_1 则低于地区 B 的单位资本报酬 r_2。

2. 代表性厂商的行为

两个地区内各产业中的代表性厂商均选择最优的劳动力、土地以及资本配置来实现利润的最大化。当存在多个生产区位可以选择时，厂商如果选择改变生产区位，则有可能降低生产成本，实现成本的最小化。根据假设，两个区域除了要素禀赋，各产业中的生产厂商都是对称的，故可以考察其中任意一个代表性厂商的生产行为，这里以地区 A 传统产业 M_2 的代表性厂商 F 作为讨论对象。

首先，根据厂商利润最大化的原则可以得出代表性厂商 F 在实现利润最大化时的最优要素配置。厂商的利润表达式为

$$\pi_1 = P_1 Q_1 - C_1 \tag{3.2}$$

其中，P_1 为产品价格，基于完全竞争的假设框架，单个厂商作为价格接受者无法影响产品的价格，故产品的价格是一个常数；Q_1 为厂商的产品产量，其形式如式（3.1）所述；C_1 为厂商的总成本，其表达式为

$$C_1 = w_1 L_1 + r_1 K_1 + t_1 T_1 \tag{3.3}$$

其中，L_1、K_1 和 T_1 分别为厂商使用的劳动力、资本和土地要素的总量；w_1、r_1 和 t_1 分别为地区 A 内单位劳动力、单位资本和单位土地的报酬，在地区 A 内可以认为这三个价格均不变，为常数。将式（3.1）和式（3.3）代入式（3.2）中可得到新的利润表达式，如下：

$$\pi_1 = P_1 A_1 L_1^{\alpha_1} K_1^{\beta_1} T_1^{\gamma_1} - (w_1 L_1 + r_1 K_1 + t_1 T_1) \tag{3.4}$$

根据利润最大化的原则，分别对式（3.4）中的劳动力、资本和土地求偏导数，可以得到利润最大化时劳动力、资本和土地要素的一阶条件，从而得到代表性厂商在既定的要素价格和产品价格下实现利润最大化的最优要素配置，如下：

$$\frac{K_1}{L_1}=\frac{\beta_1 w_1}{\alpha_1 r_1} \tag{3.5}$$

$$\frac{K_1}{T_1}=\frac{\beta_1 t_1}{\gamma_1 r_1} \tag{3.6}$$

由式（3.5）和式（3.6）可知，在实现利润最大化时，代表性厂商所使用的资本与劳动力的比例、资本与土地的比例在既定的要素价格下分别与其资本和劳动力、其资本和土地的相对密集程度成正比，β_1越大，代表资本密集度越高，其使用的资本要素比例也越高。此时，可以得到厂商使用的劳动力、资本和土地的总量，如下：

$$L_1=\left[\frac{w_1}{\alpha_1 P_1 A_1\left(\frac{\beta_1 w_1}{\alpha_1 r_1}\right)^{\beta_1}\left(\frac{\gamma_1 w_1}{\alpha_1 t_1}\right)^{\gamma_1}}\right]^{\frac{1}{\alpha_1+\beta_1+\gamma_1-1}} \tag{3.7}$$

$$K_1=\frac{\beta_1 w_1}{\alpha_1 r_1}\left[\frac{w_1}{\alpha_1 P_1 A_1\left(\frac{\beta_1 w_1}{\alpha_1 r_1}\right)^{\beta_1}\left(\frac{\gamma_1 w_1}{\alpha_1 t_1}\right)^{\gamma_1}}\right]^{\frac{1}{\alpha_1+\beta_1+\gamma_1-1}} \tag{3.8}$$

$$T_1=\frac{\gamma_1 w_1}{\alpha_1 t_1}\left[\frac{w_1}{\alpha_1 P_1 A_1\left(\frac{\beta_1 w_1}{\alpha_1 r_1}\right)^{\beta_1}\left(\frac{\gamma_1 w_1}{\alpha_1 t_1}\right)^{\gamma_1}}\right]^{\frac{1}{\alpha_1+\beta_1+\gamma_1-1}} \tag{3.9}$$

由式（3.7）～式（3.9）可以看出，代表性厂商在实现利润最大化时使用的劳动力、资本和土地要素的总量与要素价格以及要素密集度直接相关。

在已知代表性厂商的最优要素投入量的情况下，可以求出其最优产量及此时的总成本。将式（3.7）～式（3.9）代入式（3.1）中可得最优产量，如下：

$$Q_1=A_1\left[\frac{w_1}{\alpha_1 P_1 A_1\left(\frac{\beta_1 w_1}{\alpha_1 r_1}\right)^{\beta_1}\left(\frac{\gamma_1 w_1}{\alpha_1 t_1}\right)^{\gamma_1}}\right]^{\frac{\alpha_1+\beta_1+\gamma_1}{\alpha_1+\beta_1+\gamma_1-1}}\left(\frac{\beta_1 w_1}{\alpha_1 r_1}\right)^{\beta_1}\left(\frac{\gamma_1 w_1}{\alpha_1 t_1}\right)^{\gamma_1} \tag{3.10}$$

由式（3.10）可知，厂商实现利润最大化时的产量与其技术、要素密集度、要素价格以及产品价格直接相关。同样，可以得到代表性厂商利润最大化时的总成本，将式（3.7）～式（3.9）代入式（3.3）即可得到总成本，如下：

$$C_1=\frac{\alpha_1+\beta_1+\gamma_1}{\alpha_1}\left[\frac{(w_1)^{\alpha_1+\beta_1+\gamma_1}}{\alpha_1 P_1 A_1\left(\frac{\beta_1 w_1}{\alpha_1 r_1}\right)^{\beta_1}\left(\frac{\gamma_1 w_1}{\alpha_1 t_1}\right)^{\gamma_1}}\right]^{\frac{1}{\alpha_1+\beta_1+\gamma_1-1}} \tag{3.11}$$

由式（3.11）可得，厂商的生产成本同样与技术水平、要素密集度、要素价格以及产品价格直接相关。

此时，已知代表性厂商在利润最大化时的最优产量和总成本，可以得出其平均成本，通过比较平均成本与价格的关系从而判断该厂商是否可以获得利润。用式（3.11）除以式（3.10）可得

$$\frac{C_1}{Q_1}=P_1(\alpha_1+\beta_1+\gamma_1) \tag{3.12}$$

其中，假设 $\alpha_1+\beta_1+\gamma_1<1$，故此时厂商的平均成本小于其产品价格，表明厂商在利润最大化时可以获得正利润。当利润最大化时，厂商的平均成本只与要素密集度以及产品价格相关，与要素价格以及技术均无关。此时，对式（3.12）进行变换可以得到

$$\frac{C_1}{P_1Q_1}=\frac{\alpha_1+\beta_1+\gamma_1}{\alpha_1}w_1L_1 \tag{3.13}$$

由式（3.13）可知，成本与销售产品收入的比值只与要素密集度相关。当要素密集度越来越小，即对生产要素的依赖越来越低时，更少成本即可获得更大的销售收入。

（二）产业空间优化促进经济发展方式转变

在利润最大化时，厂商的利润会随着区位的变化发生变化，利润差的存在促使厂商改变区位，转移到利润更高的区位中去。由于代表性厂商在利润最大化时资源配置最优化，故在此假设代表性厂商变动区位时短期内最优要素配置不会发生改变。

将代表性厂商的生产函数（式（3.1））结合利润最大化时的最优要素比例（式（3.5））重写如下：

$$Q_1=\frac{w_1L_1}{\alpha_1P_1} \tag{3.14}$$

将式（3.3）与式（3.5）组合变形，重写如下：

$$C_1=\frac{\alpha_1+\beta_1+\gamma_1}{\alpha_1}w_1L_1 \tag{3.15}$$

同样将式（3.14）和式（3.15）代入式（3.2）可得到利润的表达式，如下：

$$\pi_1=\frac{1-(\alpha_1+\beta_1+\gamma_1)}{\alpha_1}w_1L_1 \tag{3.16}$$

在式（3.14）～式（3.16）中，

$$w_1L_1=\left[\frac{w_1^{\alpha_1}r_1^{\beta_1}t_1^{\gamma_1}}{\alpha_1P_1A_1\left(\frac{\beta_1}{\alpha_1}\right)^{\beta_1}\left(\frac{\gamma_1}{\alpha_1}\right)^{\gamma_1}}\right]^{\frac{1}{\alpha_1+\beta_1+\gamma_1-1}} \tag{3.17}$$

从式（3.14）～式（3.17）可以看出，一个代表性厂商在利润最大化时，其总产量和总成本都是式（3.17）中要素价格以及要素产出弹性的函数。厂商的区位变化会使厂商面对新的要素价格，而新的要素价格会使厂商产生新的产量和成本。在技术水平和产品价格保持不变的前提下，区位变化带来的要素价格变化以及要素产出弹性的变化会影响总产量，从而影响厂商的总利润以及总成本，影响厂商的区位决定。

在式（3.14）～式（3.16）中都包括 w_1L_1 这一表达式，即要素价格的函数，在此将 w_1L_1 看成一个整体，那么厂商的均衡产量与成本都是 w_1L_1 的函数。在新的要素价格下，若 w_1L_1 增加，则其产量和成本均增加；若 w_1L_1 减少，则其产量和成本均减少。由于产品价格保持不变，这里进一步考察 w_1L_1 如何受要素价格以及要素产出弹性影响。将式（3.17）重写如下：

$$w_1L_1=\frac{(w_1^{-\alpha_1}r_1^{-\beta_1}t_1^{-\gamma_1})^{\frac{1}{1-\alpha_1-\beta_1-\gamma_1}}}{\alpha_1P_1A_1\left(\frac{\beta_1}{\alpha_1}\right)^{\beta_1}\left(\frac{\gamma_1}{\alpha_1}\right)^{\gamma_1}} \tag{3.18}$$

可以看出，式（3.18）的前半部分都是对于一个特定的厂商而言，是一定的，影响其值的是后半部分中的要素价格。由于本书假设 $\alpha_1+\beta_1+\gamma_1<1$，如果将 $w_1^{-\alpha_1}r_1^{-\beta_1}t_1^{-\gamma_1}$ 看成一个整体，则 $(w_1^{-\alpha_1}r_1^{-\beta_1}t_1^{-\gamma_1})^{\frac{1}{1-\alpha_1-\beta_1-\gamma_1}}$ 是一个关于 $w_1^{-\alpha_1}r_1^{-\beta_1}t_1^{-\gamma_1}$ 的增函数。如果新的要素价格使 $w_1^{-\alpha_1}r_1^{-\beta_1}t_1^{-\gamma_1}$ 增加，则 $(w_1^{-\alpha_1}r_1^{-\beta_1}t_1^{-\gamma_1})^{\frac{1}{1-\alpha_1-\beta_1-\gamma_1}}$ 增加，最终产量增加，利润增加；如果新的要素价格使 $w_1^{-\alpha_1}r_1^{-\beta_1}t_1^{-\gamma_1}$ 减少，则 $(w_1^{-\alpha_1}r_1^{-\beta_1}t_1^{-\gamma_1})^{\frac{1}{1-\alpha_1-\beta_1-\gamma_1}}$ 减少，最终产量减少，利润减少。这里，定义函数如下：

$$U(w_1,r_1,t_1)=w_1^{-\alpha_1}r_1^{-\beta_1}t_1^{-\gamma_1} \tag{3.19}$$

假定要素价格 w、r、t 是连续的。通过将式（3.19）全微分，可以考察不同的要素价格变化形式下函数 U 的变化情况，如下：

$$\mathrm{d}(U)=-\frac{\alpha_1\mathrm{d}(w_1)}{w_1^{1+\alpha_1}r_1^{\beta_1}t_1^{\gamma_1}}-\frac{\beta_1\mathrm{d}(r_1)}{w_1^{\alpha_1}r_1^{1+\beta_1}t_1^{\gamma_1}}-\frac{\gamma_1\mathrm{d}(t_1)}{w_1^{\alpha_1}r_1^{\beta_1}t_1^{1+\gamma_1}} \tag{3.20}$$

从式（3.20）可以看出，函数 U 的变化主要取决于厂商区位变化时劳动力价格的变化、资本价格的变化以及两者变化模式和相对值。

现在来考察厂商迁移的利润变化情况。如果一个地区 A 中的代表性厂商转移到地区 B 内生产，在本书的假设条件中，从地区 A 到地区 B，劳动力要素的价格降低，因此利润增加；同样的过程中，资本的价格升高，即本书的要素价格变化模式是劳动力要素价格降低，而资本要素价格升高。这里，进一步假定三种要素变化的相对值关系满足 $\mathrm{d}(w)+\mathrm{d}(r)=0$，$\mathrm{d}(t)=0$，也就是劳动力要素和资本要素价格变化满足方向相反、大小相同的关系。将假定的条件代入式（3.20）中，可以得到

$$\mathrm{d}(U)=-\frac{\alpha_1\mathrm{d}(w_1)}{w_1^{1+\alpha_1}r_1^{\beta_1}t_1^{\gamma_1}}+\frac{\beta_1\mathrm{d}(w_1)}{w_1^{\alpha_1}r_1^{1+\beta_1}t_1^{\gamma_1}} \tag{3.21}$$

进一步化简可以得到

$$\mathrm{d}(U)=\frac{\alpha_1\mathrm{d}}{w_1^{\alpha_1}r_1^{\beta_1}t_1^{\gamma_1}}\left(-\frac{\alpha_1}{w_1}+\frac{\beta_1}{r_1}\right)\mathrm{d}(w_1) \tag{3.22}$$

从式（3.22）中可以看出，在要素价格按照前面所述的模式和相对值发生变化时，函数 U 变化方向主要由括号中的部分决定。这里，如果括号中的部分满足 $\frac{\beta_1}{r_1}-\frac{\alpha_1}{w_1}>0$，即

$$\frac{\beta_1}{r_1}>\frac{\alpha_1}{w_1} \tag{3.23}$$

则 $\mathrm{d}(U)>0$，$\mathrm{d}(w_1L_1)>0$。这说明，在本书的假设前提下，即区域中如果存在两个要素禀赋导致的要素价格各不相同的两个区域，地区 A 内某个产业的代表性厂商在从地区 A 转移到地区 B 生产后，其利润会增加。凡是追求最大化利润的厂商在本书的假设前提下，只要其满足式（3.23）的条件，都会选择改变生产区位转移到地区 B 生产。

在既定的技术水平下，会由于两区域内的产业空间上的布局变动带来生产要素比例的变动，从而促进经济增长方式的转变。在前面假设的基础上，地区 B 的总生产函数和总成本函数表达式如下：

$$Q_2=A_2L_2^{\alpha_2}K_2^{\beta_2}T_2^{\gamma_2} \tag{3.24}$$

$$C_2=w_2L_2+r_2K_2+t_2T_2 \tag{3.25}$$

由于地区 A 的厂商改变生产区位转移到地区 B 生产，假设地区 B 技术水平不变，总生产函数发生了变化。地区 B 新的总生产函数和总成本函数如下：

$$Q_2'=A_2L_2^{\alpha_2'}K_2^{\beta_2'}T_2^{\gamma_2'} \tag{3.26}$$

$$C_2'=w_2'L_2+r_2'K_2+t_2'T_2 \tag{3.27}$$

已知在利润最大化的最优要素配置情况下，成本与销售产品收入的比值只与要素密集度相关，故初始情况下地区 B 有

$$\frac{C_2}{P_2Q_2}=\alpha_2+\beta_2+\gamma_2 \tag{3.28}$$

由于厂商的进入，地区 B 的该比例改变为

$$\frac{C_2'}{P_2Q_2'}=\alpha_2'+\beta_2'+\gamma_2' \tag{3.29}$$

式（3.28）除以式（3.29）可得

$$\frac{C_2}{P_2Q_2}\frac{P_2Q_2'}{C_2'}=\frac{\alpha_2+\beta_2+\gamma_2}{\alpha_2'+\beta_2'+\gamma_2'} \tag{3.30}$$

在长期，由于新厂商的加入，地区 B 所有的要素都是可变的，但是在此仍假设该地区商品的平均价格 P 不变，资本回报率 r 不变。而对于总成本，由于新厂商的进入，对于劳动力的需求和对于土地的需求都会增长，从而地区 B 的劳动力成本 w 和土地成本 t 均增加，地区 B 的总成本增加，即 $C<C'$。

当式（3.30）的左边小于 1，即（C/C'）（PQ'/PQ）<1，也就是 Q'满足 $Q'<$（C'/C）Q 时，等式的右边则满足以下的比例关系：$(\alpha_2+\beta_2+\gamma_2)/(\alpha_2'+\beta_2'+\gamma_2')<1$，又可以表示为

$$\alpha_2+\beta_2+\gamma_2<\alpha_2'+\beta_2'+\gamma_2' \tag{3.31}$$

由于厂商的进入，地区 B 的要素密集度增加。也就是说，因为地区 B 的产业空间布局得到了优化，所以地区 B 的经济增长方式也发生了转变。

（三）发展方式转变带来产业空间优化进而产生良性互动发展

技术进步是经济经济发展方式转变的关键因素，技术的进步代表经济增长方式更加内涵、更加集约。在此进一步假设各地区及各产业的生产函数均是遵循规模报酬的科布-道格拉斯生产函数，表示为

$$Y=AL^{\alpha}K^{\beta} \tag{3.32}$$

$$Y_j=A^*L_j^{\alpha^*}K_j^{\beta^*} \tag{3.33}$$

其中，$\alpha+\beta=1$，$\alpha^*+\beta^*=1$；Y、K、L 分别为产出、资本存量和劳动力要素的投入量；α 和 β 分别为资本和劳动力的产出弹性；A 为技术进步水平；j 为各产业；$*$为各产业生产函数的参数。式（3.32）和式（3.33）分别除以 L，改写为

$$\frac{Y}{L}=A\left(\frac{K}{L}\right)^{\alpha} \tag{3.34}$$

$$\frac{Y_j}{L_j}=A^*\left(\frac{K_j}{L_j}\right)^{\alpha^*} \tag{3.35}$$

在此借鉴技术选择指数（林毅夫，2000），该指数能够反映一个产业的经济发展战略对自身比较优势的偏离程度：

$$\mathrm{TCI}_j=\frac{K_j/L_j}{K/L}=\left(\frac{Y_j}{L_j}\right)^{-\frac{1}{\alpha^*}}\left(\frac{Y}{L}\right)^{-\frac{1}{\alpha}}\frac{A^{-\frac{1}{\alpha}}}{A^{*-\frac{1}{\alpha^*}}} \tag{3.36}$$

转换式（3.36）则有

$$Y_j=(\mathrm{TCI}_j)^{\alpha^*}\left(\frac{Y}{AL}\right)^{\frac{\alpha^*}{\alpha}}A^*L_j \tag{3.37}$$

因此，预期的人均产出受到技术选择和实际的人均产出的影响，在资本产出弹性为正，即 $\alpha^*>0$ 的情况下，技术选择指数对人均产出的影响是正向的，表示改变资本相对缺少的状况，提高产业资本劳动比例，能够使人均产出快速提高，从而提高劳动生产率。对一些产业进行扶持和选择超前技术，可以使其资本深化，提高产出水平，增加其在国民经济中的比例，加速产业结构调整和升级，优化产业的空间布局。因此，技术选择指数越大的产业，在国民经济中的比例增加得越快，增长方式越集约，产业结构调整和升级的速度就越快，产业空间布局也就得到了优化。

三、机理分析小结

在本书假设前提下得到以下结论。

结论 1　产业空间优化能促进经济发展方式转变，而经济发展方式升级又能促进产业空间优化，从而两者形成良性互动发展。

结论 2　在满足一定条件下，代表性厂商会选择区位转移带来的产业空间布局优化，在既定技术水平下，产业空间优化改变了接受地的要素密集度，使得其经济增长方式发生转变。

只要其满足式（3.23）的条件，代表性厂商都会选择改变生产区位转移到地区 B 生产。既定的技术水平下，由于厂商的进入，地区 B 的要素密集度增加，即两区域内的产业空间上的布局变动带来生产要素比例的变动，从而促进经济增长方式的转变。

结论 3　技术选择指数越大的产业发展越快，经济增长方式越集约，从而促进产业空间布局的优化。

在资本产出弹性为正的情况下，技术选择指数对人均产出的影响是正向的，提高产业资本劳动比例，能使人均产出快速提高，从而提高劳动生产率。对一些产业进行扶持和选择超前技术，可以使其资本深化，提高产出水平，加大其在国民经济中的比例，加快产业结构调整和升级，优化产业的空间布局。技术选择指数越大的产业，在国民经济中的比例增加得越快，也就是增长方式越集约，促进产业结构调整和升级，产业空间布局也就得到了优化。

在前面假设框架内，产业空间优化能促进经济增长方式的转变，而经济发展方式转变反过来又能促进产业空间优化，从而两者形成了良好的循环，这样实现可持续的经济发展。值得说明的是，放松上述假设之后，可能会出现更加复杂的情况，这也是本书有待研究和改进的地方。

第二节　产业空间优化促进发展方式转变定量分析：以长江上游地区为例

一、产业空间优化水平测度

产业空间布局达到如何一个状态才算优化并不好通过实证来加以界定，在此对产业空间布局水平构建指标体系加以评价，比较长江上游地区四省市（重庆、四川、贵州、云南）之间产业空间布局水平的差异，进而与所测算的经济增长方式转变数据相比较，从而得出相应的结论。

（一）指标选取

产业空间布局是各种因素共同作用而成的，对其水平进行评价，既要关注区域经济产值最大化、产业集聚度、区域效益、科技力量，还要关注维持、改善区域环境质量。对长江上游地区所辖区域的资料进行分析，结合以往案例，遵照客观性、实用性、系统性、综合性、动态性和可持续发展性的原则，充分考虑资料的可获得性，通过对产业空间布局影响较大的因素进行分析，综合选取产业发展、产业集聚度、社会发展、资源禀赋、交通区位这 5 类因素、28 项因子作为长江上游地区四省市产业空间布局评价指标，并选取 2001 年、2006 年、2011 年、2014 年四年的数据进行综合评价分析。

1. 产业发展指标

产业的发展是产业空间布局的基石，在此选择代表性的七大产业：农业、工业、建筑业、交通运输/仓储及邮政业、批发零售业、金融业、房地产业，以各产业生产总值的占比来表示。

2. 产业集聚度指标

采用 Ellision 和 Glaeser（1997）构建的产业空间集聚指数——E-G（Ellision-Glaester）指数来测量产业聚集程度，其表达式如下：

$$\beta=\frac{G-\left(1-\sum_i q_i^2\right)H}{\left(1-\sum_i q_i^2\right)(1-H)}=\frac{\sum_{i=1}^{M}(p_i-q_i)^2-\left(1-\sum_i q_i^2\right)H}{\left(1-\sum_i q_i^2\right)(1-H)} \tag{3.38}$$

其中，M 为产业个数；β 为产业空间集聚指数；p_i 为第 i 地区某产业就业人数占全国该产业总就业人数的比例；q_i 为第 i 地区就业人数占全国总就业人数的比例；$G=\sum_{i=1}^{M}(p_i-q_i)^2$；$H$ 为赫希曼-赫佛因德指数，其表达式如下：

$$H=\sum_{j=1}^{N}s_j^{\ 2}=\sum_{j=1}^{N}(X_j/X)^2 \tag{3.39}$$

其中，s_j 为第 j 地区该行业产值比例；X_j 为第 j 地区该行业产值；X 为行业总产值；N 为中国地区个数。由于数据的不易获得性，以某地区按行业分城镇单位就业人员数替代该地区某产业就业人数，以求统计口径的一致，该产业就业总人数以及全国就业总人数均使用城镇单位就业人数的统计量作为替代。

3. 社会发展指标

产业的发展离不开社会的发展，评价产业的布局情况也必须考虑到社会发展的情况。主要从城市化水平、科教文卫、就业、住房等方面来设置二级指标，具体包括非农人口占比所反映的城市化水平，每千万人口中在校大学生数以及教育经费在财政支出中占比反映的教育水平，研究与开发（research and development，R&D，简称研发）支出在国内生产总值中的占比所反映的科研水平，每千万人拥有执业（助理）医师数反映的医疗状况，就业人员占劳动力（15～64 岁人口数）的比例所反映的就业状况，以及城镇人均住房建筑面积反映的住房状况。

4. 资源禀赋指标

资源禀赋对区域经济的发展有着重要的影响，这里选取人均耕地面积、煤炭石油天然气和水电、人均水资源、森林面积占国土面积的比例来反映土地、能源、水、森林覆盖率等自然资源禀赋情况。

5. 交通区位指标

交通区位对于产业布局的影响至关重要。选取三个指标分别衡量公路、铁路的运营情况和货物周转情况，具体包括等级公路占公路线路里程比例、铁路运营里程以及货物周转总量。

具体指标如表 3-1 所示。

表 3-1　指标体系及数据选取

一级指标	二级指标	算法
产业发展（ID）	农业（ID1）、工业（ID2）、建筑业（ID3）、交通运输/仓储及邮政业（ID4）、批发零售业（ID5）、金融业（ID6）、房地产业（ID7）	生产总值/国内生产总值
产业集聚度（IC）	农业集聚度（IC1）、工业集聚度（IC2）、建筑业集聚度（IC3）、交通运输/仓储及邮政业集聚度（IC4）、批发零售业集聚度（IC5）、金融业集聚度（IC6）、房地产业集聚度（IC7）	产业空间集聚指数 β
社会发展（SD）	城市化水平（SD1）	非农人口/总人口
	教育水平（SD2）	每千万人口中在校大学生数
	教育水平（SD3）	教育经费/财政支出
	科研水平（SD4）	研发支出/国内生产总值
	医疗状况（SD5）	每千万人拥有执业（助理）医师数
	就业状况（SD6）	就业人员/15～64 岁人口数
	住房状况（SD7）	城镇人均住房建筑面积
资源禀赋（RE）	土地资源（RE1）	人均耕地面积（农村居民家庭经营耕地面积）
	能源供给（RE2）	煤炭石油天然气和水电
	水资源（RE3）	人均水资源
	森林覆盖率（RE4）	森林面积/国土面积
交通区位（TL）	公路运营（TL1）	等级公路/公路线路里程
	铁路运营（TL2）	铁路运营里程
	货物周转（TL3）	货物周转总量

注：指标性质均为正指标。以上资料来源于《重庆市统计年鉴》《四川省统计年鉴》《贵州省统计年鉴》《云南省统计年鉴》《中国统计年鉴》《中国区域统计年鉴》《中国城市统计年鉴》《第三产业统计年鉴》等。

（二）主成分分析处理

采用 SPSS 软件对以上指标数据进行主成分分析，逐年计算各省市产业空间布局评价的综合主成分值，而后对各省市进行综合评价比较。

1. 标准化处理

虽然 SPSS17.0 软件在运行主成分分析时会自动进行数据标准化，但是由于之后综合评价时需要用到标准化的数据，首先对指标数据进行标准化处理，使用软件运行后得到的部分数据见附表3-1～附表3-3。

2. 提取主成分

对2001年的28个指标成功提取了3个主成分，得到了解释的总方差以及成分矩阵。由解释的总方差可以得到，3个主成分对应的系数分别为14.483、9.281、4.236。同上，对2006年的28个指标提取了3个主成分，3个主成分对应的系数分别为12.953、11.209、3.837。对2011年的28个指标提取了3个主成分，3个主成分对应的系数分别为15.704、7.502、4.794。对2014年的28个指标提取了3个主成分，3个主成分对应的系数分别为16.278、8.612、5.782。

用主成分载荷矩阵中的数据除以主成分相对应的特征值开平方根得到各年各个主成分中每个指标所对应的系数即可得到特征向量。同时利用三个主成分的系数加权平均可得总的特征向量（具体值可见附表3-4～附表3-6）：

$$F=\frac{\lambda_1}{\lambda_1+\lambda_2+\lambda_3}F_1+\frac{\lambda_2}{\lambda_1+\lambda_2+\lambda_3}F_2+\frac{\lambda_3}{\lambda_1+\lambda_2+\lambda_3}F_3 \tag{3.40}$$

（三）综合评价

将标准化后的数据分别与对应的特征向量相乘，得到2001年、2006年、2011年、2014年长江上游地区四省市的综合评价得分（表3-2～表3-4）。

表3-2　2001年综合评价及排名

省市	F_1	排名	F_2	排名	F_3	排名	F	排名
重庆	−0.005 700	2	−1.594 949	4	1.557 528	1	−0.295 939	2
四川	2.360 222	1	0.425 521	2	−1.802 974	4	1.089 129	1
贵州	−1.095 842	3	0.357 516	3	0.067 117	3	−0.438 195	4
云南	−1.258 676	4	0.811 905	1	0.178 333	2	−0.354 995	3

由表3-2可以看出，2001年长江上游地区四省市中，四川得分最高，其次是重庆，云南、贵州分列第三和第四。重庆、云南和贵州的得分为负值，说明这些省市未达到平均水平。得分最高的四川 F_3 的得分也为负数，但加总为正。重庆 F_1 和 F_2 得分均为负，故虽然 F_3 得分为正，总得分仍为负。贵州由于 F_1 的得分为较大的负数，综合得分为负，云南也是如此。因此，相比较而言四川的产业空间布局最为合理，其余三省市的产业空间布局没有达到平均水平，需要进一步改善和优化。

表 3-3　2006 年综合评价及排名

省市	F_1	排名	F_2	排名	F_3	排名	F	排名
重庆	−2.035 264	3	−3.694 380	4	0.678 574	2	−2.327 561	4
四川	5.554 359	1	4.271 998	1	−0.400 846	3	4.224 879	1
贵州	−0.912 490	2	−1.175 613	3	−2.468 481	4	−1.231 062	3
云南	−2.606 605	4	0.597 997	2	2.190 757	1	−0.666 255	2

由表 3-3 可以看出，2006 年长江上游地区四省市中，四川得分最高，其次是云南，而后是贵州、重庆。重庆、云南和贵州的得分为负值，说明三省市未达到平均水平。得分最高的四川 F_1 和 F_2 的得分十分高，F_3 的得分虽为负数，但加总为正。云南只有 F_1 的得分为负，故总得分排名第二。贵州的 F_1、F_2、F_3 得分均为负。重庆 F_1 和 F_2 得分均为负，虽然 F_3 得分为正，但总得分仍为负。因此，四省市相比较，四川的产业空间布局最为合理，其余三省市的产业空间布局远没有达到平均水平，需要进一步改善和优化。排名较 2001 年发生了变化，重庆由第二变为第四，说明在这五年的变化中，重庆产业空间优化的速度小于贵州与云南。

表 3-4　2011 年和 2014 年综合评价及排名

年份	省市	F_1	排名	F_2	排名	F_3	排名	F	排名
2011	重庆	0.297 118	2	−2.218 788	4	1.425 619	1	−0.183 750	3
	四川	1.849 231	1	−0.528 132	3	−0.236 662	2	0.855 133	1
	贵州	−1.174 675	4	0.849 901	2	−0.420 785	3	−0.503 156	4
	云南	−0.971 683	3	1.897 025	1	−0.768 170	4	−0.168 230	2
2014	重庆	0.408 228	2	−2.107 678	4	1.536 729	1	−0.072 64	2
	四川	1.738 121	1	−0.639 242	3	−0.347 772	3	0.744 023	1
	贵州	−1.063 565	4	0.961 011	2	−0.309 675	2	−0.392 046	4
	云南	−1.082 793	3	1.785 915	1	−0.879 28	4	−0.279 34	3

由表 3-4 可以看出，2014 年长江上游地区四省市中，四川得分仍为最高，其次是重庆，而后是云南、贵州。重庆、云南和贵州的得分为负值，说明它们未达到平均水平。得分最高的四川 F_1 的得分十分高，虽 F_2 和 F_3 得分为负数，但总得分为正。云南只有 F_2 的得分为正，2011 年总得分排名第二。重庆 F_1 和 F_3 得分均为正，F_2 得分为负，总得分仍为负。贵州的 F_1 和 F_3 得分均为负，F_2 为正，总得分为负。因此，四省市相比较，四川的产业空间布局最为合理，其余三省市的产业空间布局远没有达到平均水平，需要进一步改善和优化。2014 年排名较 2006 年发生了变化，重庆由第四上升为第二，说明在这八年的变化中，重庆产业空间优化的速度大于贵州和云南。

为了与全要素生产率变化指数相比较，通过平移将综合评分 F 转化为正值（表 3-5）。

表 3-5　转换后的综合评价值

省市	2001 年	2006 年	2011 年	2014 年
重庆	0.806 237	0.644 780	0.864 720	0.900 12
四川	1.713 096	1.644 780	1.629 566	1.653 24
贵州	0.713 096	0.812 122	0.629 566	0.769 21
云南	0.767 571	0.898 320	0.876 146	0.836 74

二、发展方式转变程度

经济发展方式的计量主要通过测算全要素生产率来进行判定。大致可以分为三大类：增长会计法、经济计量法、评价体系法，本章采用经济计量法中的潜在产出法。潜在产出法又分为前沿生产函数法以及数据包络分析方法，本章采取的是后者，通过曼奎斯特生产率指数基于长江上游地区 1997～2014 年四省市的面板数据进行测算。

（一）曼奎斯特生产率指数模型

曼奎斯特（Malmquist）生产率指数是卡夫（Caves）等在 Malmquist 数量指数与 Shepherd 距离函数概念的基础上建立起来的用于测量全要素生产率（total factor productivity，TFP）变化的指数。根据卡夫、克里斯滕森（Christensen）和迪沃特（Diewert）的研究，以时期 s 作为参考标准，从时期 s 到时期 t 的曼奎斯特生产率指数可定义为

$$m^s = \mathrm{d}^s(x^t, y^t) / [\mathrm{d}^s(x^s, y^s)] \tag{3.41}$$

以时期 t 作为参考标准，曼奎斯特生产率指数可定义为

$$m^t = \mathrm{d}^t(x^t, y^t) / [\mathrm{d}^t(x^s, y^s)] \tag{3.42}$$

上述两种曼奎斯特生产率指数在一种产出、一种投入的情况下是相同的，但在多种投入和可变规模收益的情况下是不同的，为了避免这种不一致性，法雷（Fare）等根据上述两种指数的几何平均值推导出产出导向的曼奎斯特生产率指数的变化，可以表示为

$$m(x^t, y^t, x^s, y^s) = \left[\frac{\mathrm{d}^s(x^t, y^t)}{\mathrm{d}^s(x^s, y^s)} \times \frac{\mathrm{d}^t(x^t, y^t)}{\mathrm{d}^t(x^s, y^s)}\right]^{1/2} \tag{3.43}$$

$$= \frac{\mathrm{d}^t(x^t, y^t)}{\mathrm{d}^s(x^s, y^s)} \times \left[\frac{\mathrm{d}^s(x^t, y^t)}{\mathrm{d}^t(x^t, y^t)} \times \frac{\mathrm{d}^s(x^s, y^s)}{\mathrm{d}^t(x^s, y^s)}\right]^{1/2} \tag{3.44}$$

其中，等式右边第一项$\mathrm{d}^t(x^t, y^t) / \mathrm{d}^s(x^s, y^s)$衡量从时期 s 到时期 t 的技术效率变化指数（EFFCH），其中技术效率变化指数又可以分解为纯技术效率变化指数（PECH）和规模效率变化指数（SECH）；等式右边括号内的部分衡量两个时期之间技术变化指数（TECHCH），可以表示为

$$\mathrm{EFFCH} = \frac{\mathrm{d}^t(x^t, y^t)}{\mathrm{d}^s(x^s, y^s)} = \mathrm{PECH} \times \mathrm{SECH} \tag{3.45}$$

$$\mathrm{TECHCH} = \left[\frac{\mathrm{d}^s(x^t, y^t)}{\mathrm{d}^t(x^t, y^t)} \times \frac{\mathrm{d}^s(x^s, y^s)}{\mathrm{d}^t(x^s, y^s)}\right]^{1/2} \tag{3.46}$$

（二）变量选取和数据处理

这里利用曼奎斯特生产率指数来揭示长江上游地区全要素生产率变动及增长方式的转变。而测度长江上游地区的曼奎斯特生产率指数需要明确界定经济生产活动中的产出变量与投入变量。

1. 产出变量

产出变量用 1997 年以来各省市生产总值（GDP）表示。之所以采用 1997 年之后的数据，是因为重庆市于 1997 年成为直辖市，这样处理可以保持数据口径的一致和数据的真实性。各省市生产总值资料来源于各省市统计年鉴，实际生产总值的数据根据年鉴中公布的生产总值指数并按照 1990 年的不变价格对名义生产总值进行了折算。

2. 投入变量

劳动力投入量（L）用各省市历年年末从业人员人数来衡量。在完善的市场经济条件下，劳动工资报酬是反映劳动力投入变化的理想指标，但目前中国的劳动力市场仍不够完善，分配体制也不够合理，故采用各省市历年年末从业人员人数替代劳动力投入量。土地投入量（T）在此省略，这一处理是因为城镇住房建筑面积以及耕地面积指标不好取舍，若使用省情总面积概括又过于宽泛。资本投入量（K）用全社会固定资产投资存量来表示。其中的资本存量，由于统计年鉴中有关

全社会固定资本投资的数据均为流量，采用张军等（2004）的方法换算出存量数据，具体公式如下：

$$K_{it}=(1-\delta)K_{i(t-1)}+I_{it} \tag{3.47}$$

其中，K_{it} 为第 t 年的固定资产存量；δ 为折旧率，同样选取张军等在其文章中所取的折旧率 9.6%；I_{it} 为第 t 年各省市的固定资产投资额。对于初始的存量值的估算公式如下：

$$K_{i_0}=\frac{I_{i_0}}{g_{i_0}+\delta} \tag{3.48}$$

其中，K_{i_0} 为资本存量的初始值，参考了 Kohli（1978）的方法；I_{i_0} 为基期 1997 年各省市的固定资产投资；g_{i_0} 为基期附近固定资产投资的增长速度，采用 1997～2014 年的固定资产投资增长速度的几何平均数来表示。

（三）数据分析

此处分析对象为 1997～2014 年长江上游地区四省市面板数据，基于四省市面板数据，运用 DEAP Version2.1 软件计算（产出导向的 BCC（Banker-Charnes- Cooper）模型）并整理出 1997～2014 年曼奎斯特生产率变化指数及其分解，结果如表 3-6 所示。

表 3-6　1997～2014 年长江上游地区曼奎斯特生产率变化指数及其分解

年份	EFFCH	TECHCH	PECH	SECH	TFPCH
1997～1998	1.019	0.835	1.012	1.006	0.85
1998～1999	1.039	0.845	0.997	1.042	0.878
1999～2000	1.011	0.87	0.994	1.017	0.88
2000～2001	1.021	0.859	0.995	1.027	0.877
2001～2002	1.031	0.842	1.012	1.019	0.868
2002～2003	1.035	0.845	1.01	1.025	0.875
2003～2004	0.968	0.931	1	0.968	0.901
2004～2005	1.019	0.881	1	1.019	0.897
2005～2006	1.005	0.874	1	1.005	0.879
2006～2007	1	0.901	1	1	0.901
2007～2008	1.016	0.921	1	1.016	0.936
2008～2009	1.014	0.828	1	1.014	0.839
2009～2010	0.984	0.887	1	0.984	0.873
2010～2011	0.967	0.944	1	0.967	0.912
2011～2012	0.953	0.934	1	0.942	0.921
2012～2013	0.968	0.945	1	0.953	0.945
2013～2014	0.982	0.957	1	0.988	0.963
均值	1.002	0.888	1.001	1.000	0.894

注：表中曼奎斯特生产率变化指数及其分解为历年各省市的几何平均数，所取平均数也为各年份的几何平均数。

测算结果绝大部分小于 1，其中技术效率变化指数缓慢增长后出现了下降和小幅度波动，然后再次下降，纯技术效率变化指数近十年几乎没有发生过变化，规模效率变化指数出现了缓慢的减少，全要素生产率变化指数（TFPCH）也呈现出小幅度波动，后期呈现增加趋势。自 1997 年来长江上游地区平均技术效率变化指数为 1.002，大于 1，这说明 18 年来技术前沿是有所提高的，其中纯技术效率增加了 0.1%。由此可以发现，长江上游地区的经济增长方式正在缓慢转变，但是仍主要依赖要素投入的增加，改进技术效率是提高全要素生产率的潜在动力，所以需要进一步发挥技术的效应，进一步转变增长方式，促进经济的增长。

对比 1997～2014 年四省市年均曼奎斯特生产率变化指数及分解情况（表 3-7）可以发现：四省市的全要素生产率变化指数均小于 1，即全要素生产率平均增长率均为负，其中重庆的全要素生产率减小最缓慢，其次是云南，而后是四川、贵州。技术进步年均增长率也均为负数。在技术效率增长率方面，只有贵州与云南实现了正增长，重庆保持不变，四川略微退后。纯技术效率指数上，各省市几乎均无变化，云南增加了 0.6%。贵州与云南的规模效率指数分别增加了 2.6% 和 0.6%，重庆几乎不变，四川减少了 0.1%。云南的技术效率进步弥补了技术的退步，从而使得全要素生产率退后慢于四川和贵州。总体而言，长江上游地区的技术进步和技术效率进步均是对全要素生产率拉动的动力，虽然目前未充分发挥其功效，但是需要转变经济增长方式，使得全要素生产率呈现正增长，从而推动经济的增长。

表 3-7　1997～2014 年长江上游地区各省市年均曼奎斯特生产率变化指数及其分解

省市	EFFCH	TECHCH	PECH	SECH	TFPCH
重庆	1.000	0.920	1.000	1.000	0.920
四川	0.999	0.875	1.000	0.999	0.874
贵州	1.026	0.814	1.000	1.026	0.835
云南	1.011	0.895	1.006	1.006	0.905
均值	1.009	0.875	1.001	1.008	0.883

注：表中曼奎斯特生产率变化指数及其分解为历年各省市的几何平均数，所取平均数也为各年份的几何平均数。

三、产业空间优化与经济发展方式转变良性互动关系定量分析

根据定量分析的结果，可以发现 1997～2014 年长江上游地区的全要素生产率变化指数均小于 1，但是除小幅波动外均呈现缓慢增长趋势；具体到各省市，全要素生产率指数除贵州外均缓慢增长。技术前沿的提高是全要素生产率增加的潜在动力，长江上游地区的经济增长方式正在缓慢转变中。对于长江上游地区的产

业空间布局情况，通过综合评价发现，2001 年长江上游地区四省市中，四川得分最高，其次是重庆，云南、贵州分列第三和第四。2006 年长江上游地区四省市中，四川得分最高，其次是云南，而后是贵州、重庆。2011 年长江上游地区四省市中，四川得分仍为最高，其次是云南，而后是重庆、贵州，2014 年长江上游地区四省市中，四川得分仍为最高，其次是重庆，而后是云南、贵州。

四省市的全要素生产率变化指数以及综合评价的 F 值如表 3-8 所示。通过散点图的观察可以发现，四省市中的重庆、贵州、云南的 TFPCH 和 F 均呈正相关关系，四川则相反。有可能因为统计口径的变化造成了误差，但是还是能够看出产业空间优化与经济发展方式呈现互为正相关的关系，即产业空间的优化能够促进发展方式的转变，发展方式的转变也能够促进产业空间优化。

表 3-8　长江上游地区产业空间优化水平与全要素生产率变化指数对比

省市	年份	F	TFPCH
重庆	2001	0.806 237	0.910
	2006	0.644 780	0.927
	2011	0.864 720	0.996
	2014	0.900 12	0.998
四川	2001	1.713 096	0.872
	2006	1.644 780	0.858
	2011	1.629 566	0.939
	2014	1.653 24	0.954
贵州	2001	0.713 096	0.802
	2006	0.812 122	0.867
	2011	0.629 566	0.795
	2014	0.769 21	0.801
云南	2001	0.767 571	0.931
	2006	0.898 320	0.865
	2011	0.876 146	0.930
	2014	0.836 74	0.932

不难看出各省市的产业空间布局综合评价值大多数小于零，即低于平均水平，这使得产业空间优化对于发展方式转变的促进也没有理论中那么显著，故需要进一步优化产业空间布局，从而促进增长方式的转变与经济的增长。同时，各省市各年的全要素生产率变化指数均小于 1，即处于缓慢增长中，这使得发展方式转变对于产业空间优化的促进作用不是非常显著，故需要继续加速转变经济发展方式，从而形成更优的产业空间布局。

第三节　长江上游地区产业空间优化与发展方式转变现状

长江上游地区[①]工业的发展源于三线建设时期[②]。重点发展的是攀枝花钢铁工业基地以及与之相联系的交通、煤炭、电力产业，成昆、川黔、滇黔铁路的建设以及各地的军事工业，重庆的汽车摩托车产业也是在该时期打下了基础。“九五”末至“十五”期间，长江上游地区抓住了西部大开发[③]的契机，经济得到迅猛发展。其中，农业基础地位不断巩固，工业门类齐全，分布广阔，实力雄厚。以优势农业资源为基础，发展食品、饮料、纺织、烟草等工业；以优势能源、矿产资源为基础，发展黑色金属和有色金属冶炼及压延加工工业；金属、非金属加工工业中的普通机械、电气机械、交通机械制造，天然气加工，化学原料、化学制品以及电子、通信设备制造等支柱产业迅速发展。“十一五”期间，长江上游地区的腹地成渝地区成为国家区域规划的试点地区，推进实施第二轮西部大开发。

成渝地区是构建长江上游生态安全的保障之一。其中，重庆和成都是两个新形成的增长极：重庆直辖后发展速度加快，超越长江上游地区其他城市；而后成都也加速发展，城市规模急剧扩大。但整个长江上游地区，仅靠两个城市作为增长极是不够的，仅靠成渝经济区的发展也是不够的，必须和云南、贵州协调优化产业的空间布局，从而实现区域一体化发展。

一、长江上游地区产业空间优化现状

（一）各省市主导产业的变化情况

1. 重庆市主导产业的变化情况

在“十一五”期间，重庆市重点提升汽车摩托车、化工医药两大现有支柱产业，加快培育食品、建筑建材、旅游三大新兴支柱产业，同时重点培育信息工程、生物工程和环保工程三大高新技术先导产业。“十二五”期间，原有的支

---

① 长江上游地区指长江上游河段涉及的地区，西起青藏高原各拉丹东，东至湖北宜宾，南至云南及贵州北部的广大地区，涉及西藏、青海、云南、四川、重庆、贵州、山西、湖北等多个省、自治区、直辖市。该地区经济腹地主要包括重庆、四川、贵州、云南四省市，本书所指的长江上游地区正是这四个省市。

② 三线建设是在中国开展的一场大规模的经济建设运动。根据当时从战略角度进行的划分，西南、西北内陆地区属于全国战略布局的第三线（第一线指东北及沿海各省区市，第一线与第三线之间为第二线）。

③ 西部大开发是中国政府的一项政策，目的是把东部沿海地区的剩余经济发展能力用于提高西部地区的经济和社会发展水平、巩固国防。

柱产业有所更新，分别为汽车摩托车、电子信息、装备制造、资源加工、高技术产业。汽车摩托车产业实现了数量扩张型向质量效益型的转变，从原先的纯劳动密集型转变为资金技术密集型，生产更多产品、扩大市场份额不再是主要的目标，而是更加注重对于核心技术的掌握和研发，占领高端摩托车消费市场，主导车型达到20世纪末国际先进水平，部分产品达到当期国际水平。化工医药、食品加工、建材业在“十二五”中统称为资源加工业，意在合理利用各类资源，优化产业空间布局。与“十一五”相比，“十二五”的资源加工业更加注重科技创新，从追求数量到追求质量，从原先的简单加工到精细加工再到深加工，从原先的简单生产到清洁生产、节能生产，从引进技术到自主研发和创新，都体现了经济增长方式从劳动密集型向资本技术密集型的转变。旅游业在“十二五”期间剔除了主导产业行列，列入整个服务业发展的大框架中。对于在“十五”期间起步发展的高新技术先导产业在“十二五”期间已然成为该市的支柱产业，由原先的信息工程、生物工程、环保工程产业发展充实优化，最后形成信息、生物、新材料、新能源等高新技术产业，产业的类别更加细化，科技含量更高，同时带来的经济效益更大。高新技术产业成为主导产业最能体现出经济增长方式向技术密集型的转变。

2. 四川省主导产业的变化情况

“十一五”期间四川省对于优化工业布局的主体思路是，发展壮大支柱产业、调整改造传统产业的同时发展高新技术产业，尤其强调积极发展建筑业，经济增长方式逐渐由劳动密集型向资本技术密集型转变。到了“十二五”时期，该省更加强调提高产业核心竞争力，更加注重自我创新能力的培养，逐渐转变为成熟的技术密集型经济增长方式，推行发展优势产业，包括重大装备业、清洁能源制造业、农产品加工业、高新技术产业，用高新技术和先进适用技术改造提升传统产业，推动产业集群化发展。在“十一五”中，电子信息业、水电业、机械冶金业、医药化工业、饮料食品业均作为四川省的支柱产业。而到了“十二五”，电子信息业并入高新技术产业，水电业、机械冶金业、医药化工业均并入传统产业，饮料食品业更新为农业品加工业。因此，“十二五”重点布局的产业有重大装备业、清洁能源制造业、农产品加工业、高新技术产业。电子信息业的五大特色产品发生了变更，由通信产品、软件、新型元器件及新材料、计算机与网络产品、数字化及信息化视听产品更新为数字电视、集成电路、网络通信、软件和军事电子产品，技术的进步导致电子信息业由原先的资金技术密集型向信息密集型这样更加集约高端的经济增长方式发生转变。随着技术的进步，能源的生产由水电业主导拓展到各种清洁能源的使用，以发展水电和天然气为重点，清洁能源在全省占比已经提高到60%以上。农产品加工是对饮料食品业的拓展，包括中成药、饮料、肉类加工、丝麻纺织、竹浆纸一体化、粮油加工等，更深层次地开发了四川省独有的资源优势，促进农业产业化经营。“十二五”期间高新技术产业不再是“十一五”中形成经济增长点阶段，而是处于高速发展阶段，产业化、集聚化、国际化是其发展方向。包括电子信息在内，生物产业、新材料、航空航天业、民用核工业、制造业广泛采用信息技术，推进生产管理的信息化，更加注重产品的研发设计与创新，信息密集型的经济增长方式正在形成。对于传统产业，用高新技术和先进适用技术对其进行改造，抛弃劳动密集型的粗放增长方式，转而采用资本技术密集型，提升冶金、化工、建材、丝绸、纺织、皮革、采掘、建筑等产业，淘汰浪费资源、污染环境的落后工艺和装备。

3. 贵州省主导产业的变化情况

“十一五”中，贵州省以企业为主体，依靠机制创新和科技创新，培育壮大特色产业，用高新技术和先进适用技术改造传统产业，有重点地发展高新技术产业，其中重点发展的产业有以电力为重点的能源工业、原材料工业、生物制药和特色食品业、高新技术产业，同时用高新技术产业改造提高传统产业。“十二五”中该省进一步做强做大能源新兴支柱产业、原材料新兴支柱产业，培育以旅游业、生态畜牧业为重点的后续支柱产业，发展以民族制药、特色食品为代表的特色优势产业，以及大力发展电子信息产业。由此可以看出，“十二五”期间产业布局重点更加明确，有层次有重点地结合科技创新，发展支柱产业和特色产业，推动经济增长方式向着更加集约的资本技术密集型转变。

4. 云南省主导产业的变化情况

云南省在“十一五”期间工业布局优化的重点是对工业结构进行调整和优化，切实转变增长方式，不断提高工业的整体素质和综合竞争力。改造和提升传统产业，淘汰落后生产能力。关闭产品质量低劣、浪费资源、污染严重、不具备安全生产条件和资源枯竭的厂矿。淘汰落后设备、技术和工艺，压缩过剩生产能力。发展高新技术产业，培育有特色的新兴产业群。昆明、玉溪、曲靖、大理等地区要成为高新技术产业的聚集区，带动和辐射周边地区高新技术产业发展。抓好文山三七、楚雄医药和个旧大屯科技等工业园区建设。优化企业组织结构，规模化、集约经营和专业分工协作地继续发展五大支柱产业。“十二五”期间，工业布局的优化依旧突出在科技含量高、经济效益好、资源消耗低、环境污染少、人力资源优势充分发挥上。尤其突出发展具有云南特色的新型工业和劳动密集型产业。通过对劳动力、资本、资源和技术的集聚，做强烟草及其配套等十大行业、建设烟草及其配套等八大基地，以更加节约、清洁、安全和集约的增长方式良性发展。

（二）两极六区的总体布局

“十二五”以来，在空间布局上长江上游地区已形成了两极和六区的格局。两极即重庆、成都两个特大城市。六区是指区域内水路、公路、铁路主干线串接而成，联系相对紧密、经济互补性强的二级子区域，包括重庆都市经济圈、成德绵乐城市带、西南部资源加工区、三峡库区生态经济区、东北部经济区、南部经济区。该地区主要依据这六区的资源禀赋和发展情况进行相应的产业空间布局。

（1）重庆都市经济圈以重庆主城九区为核心，包括长寿区、涪陵区、綦江区、万盛区等地，侧重于发挥雄厚的制造业中心和物流中心的地位与作用。其中主城区主要发展现代物流、金融、商贸业，着力构建长江上游地区商贸和物流中心，依托重庆高新技术产业开发区、经济技术开发区、北部新区等发展汽车、环保、光电、软件、生物医药等高新技术产业，并大力发展大型装备制造业、仪器仪表制造业；在重庆主城区一小时车程区内布局汽车、摩托车整车及零部件制造业和资源型加工业，重点形成汽车摩托车产业集群、装备制造业集群、高新技术产业集群。

（2）成德绵乐城市带产业沿成德绵高速公路和宝成铁路、成昆铁路、成乐高速公路布局展开，节点上主要有成都、德阳、绵阳、乐山、眉山等城市。成都市主要发展金融/科教/旅游等现代服务业、现代中药、食品、机械工业等，并依托成都高新技术产业开发区、经济技术开发区发展电子信息、生物医药、食品工业、新材料、光机电一体化、核技术等高新技术产业。

（3）西南部资源加工区包括四川南部等地区，产业依托内宜高速公路和隆泸铁路、乐宜铁路等发展轴线布局展开，主要发展水电、天然气化工、食品饮料、轻工、航运等。区域内主要有宜宾、泸州、自贡、内江、攀枝花等城市，主要发展钢铁冶金、能源、新材料开发等基础性产业。

（4）三峡库区生态经济区产业依托渝万宜高速公路、长江水道和渝怀铁路、319 国道、渝长高速公路、渝宜高速公路等轴线布局展开，由之形成三峡库区的渝万宜和渝怀两条经济带。依托渝万宜经济带，以宜昌、涪陵、万州等区域性中心城市为核心，辐射丰都、垫江、梁平、云阳、开县、奉节、巫山、巫溪等区域，这一经济带沿线主要发展水电能源、生态旅游、盐气化工、绿色食品加工、港口航运等产业。依托渝怀铁路、319 国道和渝长高速公路轴线的渝怀经济带包括石柱、彭水、黔江、酉阳、秀山等地，打通了与湘西、黔东南的联系通道，这一经济带沿线重点发展能源、优势矿产资源开发和深加工、特色农副产品、文化生态旅游等产业。

（5）东北部经济区包括四川东北部的遂宁、南充、广安、达州等城市，是重庆、成都两个特大城市的中间过渡地带和交互影响区，主要依托成渝高速公路、成渝铁路，成南—遂渝高速公路、渝邻高速公路、襄渝铁路等轴线布局产业，这一区域主要发展建材、食品、纺织、机械加工等。

（6）南部经济区位于渝黔交界处，是长江上游地区连接南贵昆地区，通江大海的南部出口，是仅次于长江水道和成渝铁路、宝成铁路主轴线的二级发展轴区域。渝黔经济带产业依托渝黔铁路和高速公路展开布局，主要发展能源、资源开发、生态旅游等。

总体上说，长江上游地区经过中华人民共和国成立以来，特别是近二十多年的发展，生产力水平显著提高，经济有了长足的增长，缓解了落后的经济现状，宏观经济布局已经初步展开，产业结构逐渐合理，产业空间布局正逐步优化。

二、长江上游地区经济发展方式现状

长江上游地区的经济发展方式经历了一系列的演变，如表 3-9 所示。经济发展方式一直处于转变的过程中，即不存在纯粹的、单一的经济增长方式，各地不同类型的经济发展方式是并存的，主要比较处于主导地位的经济发展方式，所需要的是持续性地转变经济发展方式，使之向着更高级、更集约的方向转变，让高级的、集约的发展方式主导经济发展。

表 3-9 长江上游地区经济发展方式转变

时期	主导产业	经济发展方式
20 世纪 60～80 年代	能源（电力）、建材、轻纺、食品工业	土地、劳动密集型
20 世纪 90 年代到 21 世纪初	新增：机械制造、加工服务业	新增：资本密集型
21 世纪初至今	新增：高新技术产业、信息产业	新增：技术和知识密集型

三线建设时期，国家在长江上游地区投入了较多的人、财、物，内迁和兴建了一批骨干工业企业，正是三线建设改变了长江上游地区的经济增长方式，由最初的落后的土地密集型增长方式逐渐向劳动密集型转变，形成了冶金、能源、纺织、机械、食品、轻工等门类较齐全的工业体系，带动了长江上游地区工业的发展、经济的发展。

20 世纪 90 年代以后国家的政策倾斜带来了又一次发展契机，使该地区的丰富资源得到有效的开发利用，形成以资本密集型为主的经济增长方式。西部大开发给该地区带来的不仅是资金，还有各种新生产业和企业，更多的是人才、技术、信息等。通过提高劳动者素质，提高资金、设备、原材料的利用率及技术的进步实现增长，经济增长方式实现了向集约型的转变。

新一轮西部大开发，长江上游地区各省市在继续深化发展原先优势产业的基础上，将高新技术产业、信息产业的发展列入了重点发展产业之中。同时，信息产业的发展提高了生物工程、新材料、复合技术和新能源与环境工程技术等高新技术的开发能力，也加快了以信息技术为核心的高新技术对传统产业进行技术改造。例如，重庆市引进的笔记本电脑产业，将高新技术产业、信息产业培育为自己的新主导产业，使得经济发展方式向技术和知识密集型方向发展。

三、长江上游地区发展方式转变与产业空间优化相互作用状况

从转变经济增长方式来看，长江上游地区目前正呈现出以增长集约化、技术密集化和结构均衡化与产业空间优化互动发展的态势。

（一）增长集约化与产业空间优化互动发展

集约型增长方式是指通过生产要素组合，提高科技进步，提高劳动者素质，提高生产要素的质量、使用效率和提高资金、设备及原材料的利用率而实现经济的增长。集约型增长方式通过对生产要素进行空间优化配置来带动产业空间优化，将高投入、高消耗、高排放的产业布局到经济落后地区，将低能耗、高新技术产业和环保产业以及金融等第三产业布局到市区，这样形成明确的分工，可以充分发挥各个地区的比较优势；同样，可以通过产业转移把高能耗、高排放等粗放型产业转移到欠发达地区或进行技术革新，同时可以承接或引入新材料、环保、电子信息等高新技术产业，用高新技术产业带动传统产业的改造，这样不仅形成了明确的产业分工，也使经济增长方式转向集约型、节约型，形成了两者的互动发展。

目前，长江上游地区各省市都对产业进行了合理的布局优化。首先，加强农业集约化经营水平，合理布局农产品结构，完善农村金融服务，使农业向着集约化方向发展；其次，调整工业内部结构，减少高能耗、重污染产业的占有量，在核心区域主要布局电子信息、新材料、环保等高新技术产业，实现集约型经济增长；最后，大力发展金融业、商贸流通、物流业和中介服务，如重庆主城区实行的“退二进三”政策，将高污染、高排放的企业退出主城区，引入更加环保、附加值更高的第三产业，并且与工业、农业形成更好的产业关联，作为产业链下游，获得更高的利润，有效地形成产业链一体化，这种集约型增长方式的转变促使了产业的空间优化，而产业的空间优化同时带动了经济增长方式的转变，两者的互动发展促进了区域经济的增长。

（二）技术密集化与产业空间优化互动发展

技术（知识）密集化增长方式就是通过发展技术密集型产业或技术改造来带动经济增长，通过引入技术密集型产业来带动产业空间优化，即通过发展电子计算机工业、飞机和宇航工业、原子能工业、大规模集成电路工业、高级医疗器械工业等来实现增长方式转变与产业布局优化的发展。

长江上游地区在选择产业时，在发展原先的优势产业的基础上，逐渐转变经济增长方式，由原先的劳动密集型产业逐步向资本密集型、技术密集型转变，体现在产业空间布局上便是该地区支柱产业逐步转向高新技术产业、新能源产业和环保产业。重庆主要集中力量发展壮大汽车摩托车制造业和生物制药业两大产业，加快培育建筑建材业、旅游业和环保产业。四川加快发展电子信息、水电、机械冶金、医药化工等产业，建设电子信息、水电、重大装备制造、钒钛新材料、现代生物制药、天然气化工基地。贵州主要以市场为导向，发展以电力为重点的能源工业，壮大原材料产业和生物制药业，逐步形成以航天航空、电子信息、生物技术为代表的高新技术产业群体。云南则加快发展烟草工业和生物资源开发创新产业，着力培育电力产业。这些技术密集型产业的引入实现了产业的空间优化；这些产业的引入和合理的布局优化也促使了技术密集型产业的集聚。

（三）结构均衡化与产业空间优化互动发展

结构均衡化增长方式就是将资源合理地配置到相应的产业部门，达到产业的协调状态，主要是指产业结构的均衡化和产业结构的高度化。结构均衡化就是通过资源在产业部门间的合理配置来影响产业的空间优化，产业的空间优化过程实际上也是产业结构的均衡化。两者是互动协调发展的。

随着当前地区经济规模的不断扩大，以工业为主的第二产业带动经济增长方式受环境、资源、土地等方面约束日益强烈，可持续性成为难题，目前长江上游地区促进经济增长逐渐从依靠第二产业带动向依靠第一、第二、第三产业协同带动转变。作为子系统的三大产业之间实现良性互动，进而发挥三大产业带动经济增长的 1＋1＞2 的协同效应。重点发展了商贸业、现代物流业、金融业、房地产业、信息服务业、现代中介服务业、旅游和文化业。对于商贸业和现代物流业，主要是深化流通体制改革，推进传统商业经营方式向现代流通方式转变，传统流通格局向大市场、大贸易、大流通转变，发展连锁经营、特许经营、多式联运、电子商务等组织形式和服务方式，支持商贸企业建设物流配送网络，大力推动流通现代化；对于金融业，着力将重庆打造成长江上游金融中心，做强银行、证券、期货、保险、信托产业，做大货币、资本、保险、外汇市场，引进各类金融机构来该地区设立地区总部或分支机构，利用境内外金融资源，拓展企业国内外直接融资渠道；对于房地产业，则是以规范为主，优化发展；对于信息服务业，以网络服务、电信服务、广电服务、计算机增值服务和系统集成等为重点；对于现代中介服务业，则是健康发展为主，规范中介服务业市场。至于曾经的主导产业旅游业，充分利用已有的格局，利用自然、红色、人文旅游资源，实行联合深度配套开发，形成多层级服务。三大产业的均衡化发展促进了产业空间优化，产业空间优化本身也是产业结构调整的均衡化，合理的结构配置带来了规模效益的递增，长江上游地区可以依靠将资源合理配置到各个产业来实现经济增长的加速。

四、长江上游地区以产业空间优化促进发展方式转变存在的问题

然而，长江上游地区的经济发展方式转变与产业空间优化互动过程中仍存在诸多问题，从而导致长江上游地区经济发展较为落后。主要问题如下。

（1）粗放型增长方式制约产业空间优化。长江上游地区虽然在政府的指引下极力地转变经济增长方式，但是仍旧以粗放型经济增长方式为主。企业多以重工业为主，具有投资大、周期长、积累慢、易于自身循环、扩散效应较小等特点，因此，这些地区重工业的迅速发展未能带动其他产业的同步发展，而且大多重工业含碳量高，必然会带来能源消费总量的持续增长，持续增长的“高碳”能源消费总量是长江上游地区转变为低碳型增长方式的制约因素，也是产业空间优化的制约因素。就工业本身而言，能耗高、加工链短的产业比例大，下游产品精深加工的部门比例小，因此经济效益较低。企业多以消耗资源换取经济的增长，属于资源型经济，而资源加工企业规模小、竞争水平低，不仅规模效益差，而且阻碍了区域经济的发展，浪费了资源，污染了环境。不同省级行政区划的分割在自然资源的基础上形成了各自相对封闭、独立的经济体系，“小而全”的发展思路使得各地产业结构具有相似性。

（2）盲目扩张技术密集型产业影响产业空间集聚。技术创新是科技产业化的关键，长江上游地区正缺乏这种技术创新的动力和机制，仍旧依靠增加投资量和引进发达地区夕阳产业的技术来促进经济增长，忽视了技术创新。尽管大多省市都在鼓足劲发展战略性新兴产业，但是盲目的快扩张导致产业趋同严重，而且进行大量低水平的重复建设，甚至陷入发展危机。各地纷纷呈现出低水平重复建设的趋势，并继续以往的“山寨”发展路径，没有占据技术上的制高点。这种盲目扩张的发展趋势导致一些新兴产业刚入正轨却面临经营困境。同时，技术密集型

产业是以技术创新为基础和支撑的产业，核心技术是发展的关键，缺少改变技术创新的思路，没有完善的新技术研发体系，正是难以跳出“山寨”发展模式的关键。遍地开花的多晶硅厂；千篇一律的生物医药园；风电、太阳能发电等新能源行业遭遇设备制造过剩和电力上网受阻的双重尴尬；作为新一代信息技术产业重点发展的物联网、云计算等领域，多地争相建设，但至今大多还停留在概念阶段。甚至因为技术创新具有高风险性的特点，许多企业宁愿维持现状，生产利润空间小的产品，也不愿意冒风险进行技术创新开发新兴产业的新产品。这样盲目的扩张严重影响产业空间布局的优化。

（3）结构失衡型增长方式限制产业空间优化。结构失衡型经济增长方式带来了产业结构的失衡，包括以第二/第三产业结构、就业需求、内需外需结构等相适应的问题。20 世纪 70～90 年代各地竞相上马的项目涉及烟酒、棉纺、手表直至彩电、冰箱、汽车、石化等。各地的支柱产业大多是通用机械、化工医药、建筑建材、食品、能源等部门，种植业和畜牧业则占了农业的主要比例。在种植业中除粮食以外各地均以果、茶、桑、药等为主，畜牧业则以牛、羊、猪等为主，农产品的加工增值程度均较低。目前，各地区产业结构与全国的类同程度仍然较高，特色经济、比较优势和协作效益仍不明显，生产要素在区域间合理流动和配置的体制与机制仍然没有形成。长江上游地区的产业结构高度趋同化问题十分突出，难以实现结构互补，更难以实现产业空间布局的优化。

（4）出口导向型增长方式锁定产业在特定空间布局。外资的流入给长江上游地区带来了巨大的发展契机，出口导向型经济增长方式占有主导地位。在落后地区直接建设生产水平高的企业，这些依赖内迁植入和投资兴建的企业与当地的传统产业关联度低，没有技术辐射的优势。出口在拉动制造业发展的同时会抑制服务业的发展，存在“挤出效应”，造成产业空间布局的过度工业化，会导致资源配置效率的下降和生产成本的上升。一些地区为引进外来企业，不惜一切代价，同意外来企业随意布局，企业布局不合理现象也十分明显，一些地方政府或地方企业为开发资源也任意布局，缺乏合理性。长江上游各地区忽略了本身的区位优势，未能充分发挥水资源优势，对水运投资偏少，造成港口设施落后，船舶陈旧、更新缓慢，运输能力发挥不好，水运发展迟缓甚至萎缩，致使沿河布局受到一定限制。产业空间布局问题很多，现状堪忧。

（5）大量承接“三高”产业导致增长方式粗放。长江上游地区主导产业仍以“三高”产业为主，钢铁工业、黑色金属冶炼及压延加工业、化学原料和化学制品以及电力、热力的生产供应和汽车摩托车制造业都占有很大比例，在承接产业转移时，很难将高新技术产业引入本地，只能大量地承接“高耗能、高耗水、高污染”的制造业，不仅造成产业趋同，布局不均衡，而且未能从根本上改变粗放型的增长模式。“三高”产业同时带来了产业结构的不均衡，技术水平低，只是依靠劳动力、自然资源的投入，无疑使得产业结构处于较低水平，相对应的经济也只能以结构失衡的粗放型方式增长。

（6）产业链空间分布不合理导致增长方式低端化。该地区各个产业的开发程度并不高，城市中心功能不明显，辐射效应弱，企业的布局不合理，从而带来产业的布局十分分散，未形成产业关联。加工产业链断层明显，没有形成完整的产业链，上、下游产业不配套，通常只有中游产业，缺少与之配套的上游与下游产业，而下游产业正是高附加值的无污染产业，中游产业倾向于人力的投入与资本的积累，增长方式粗放低端，获得的利润低，经济效益差。产业链的各环节联系不紧密，造成运输成本的增加。这样的布局使得用地浪费，大量耕地被占用，资源遭到严重破坏和浪费，人多、地少，农业人口生存空间更加狭小；生态环境遭受破坏，污染日趋严重，产业集聚效应难以发挥，最终影响了企业布局和区域经济效益的提高，只能发展低端的、高污染的粗放型经济增长方式。

（7）主导产业集聚度不高导致资本密集型发展方式牵引力不足。长江上游地区产业集聚度不够高，表现在产业同质化严重，化工、建材、纺织和汽车及其零部件加工等产业几乎各个地区都有，都是当地的主导产业，而且集聚度较低，难以形成规模经济；部分产业集聚区的特色不突出，大多数企业都停留在集聚的布局阶段，不仅影响引资的效果，而且导致资本密集型的产业发展动力不足；主集聚区还处于企业集中布局阶段，产业集群还处于发育之中，集聚区内产业链条发展不够完善，上、下游企业衔接不紧密，产业链条不完整，汽车制造、装备制造和医药化工等产业链条短，而且大多处在产业链的低端，附加值较低。主导产业的集聚度不高，导致大多资本密集型产业布局不合理，不能形成完整产业链条，难以促进产业结构的升级与布局的优化，导致整个资本密集型发展方式的牵引力不足，难以促进区域经济的发展。

（8）产业集聚以传统产业为主导致技术密集型发展动力不足。产业集聚显著体现在产业园区的出现。目前，长江上游地区的工业园区布局已初具规模，但是大多新建园区对入园标准制定过低，“捡进篮里就是菜”的现象十分普遍，间接导致园区以传统产业为主，平均投资效益较低，经济增长方式以传统方式为主，没有条件也没有技术向技术密集型转变。工业园区的发展首先考虑投入资金问题、用地问题、指标问题等，并没有考虑技术创新的带动辐射能力，所以园区带来的产业集聚大多是传统的制造业，缺乏高附加值的制造业、服务业、创新型工业等，这样的集聚并没有带来产业集聚效应的最大化，是简单的企业堆砌和产业堆砌，增长方式缺乏技术这个转变的根本动力，导致增长方式的转变缓慢甚至停滞。

第四节　产业空间优化促进发展方式转变的路径：以长江上游地区为例

一、产业空间优化促进经济发展方式转变路径

（一）向外转移“三高”引进“三低”产业促进增长方式转变路径

（1）转变产业选择重心。由以轻纺工业为主要经济结构上升到以重化学工业为主的经济结构；由以原材料为重心的经济结构上升到以加工组装为主的经济结构；由以低附加值的劳动密集型产业为主上升到以高附加值的技术密集型产业为主。

（2）淘汰落后产业。淘汰落后产能，完善淘汰落后产能退出机制，争取提前完成淘汰目标任务，鼓励企业上大压小工程，推进大型企业兼并重组落后企业，促进产业优化升级；充分利用水电资源，加强电力需求侧管理，继续实施节能发电调度；大力促进服务业和高技术产业等节能环保型产业发展，提高其在国民经济中的比例。落实国家重点节能技术推广项目，加大节能重点工程实施力度，计划做好长江上游地区重点耗能企业节能技术改造，大力推行燃油锅炉改造、电子控制节电技术、空气能热泵技术等。

（3）监管“三高”企业。加强长江上游地区重点耗能企业的运行监测管理，监管重点耗能企业、组织完成重点耗能企业能源审计；严格执行能源利用状况报告制度；培育先进节能降耗示范企业。对建筑、交通、重点工程、环保、公共机构等重点领域，职能部门将按年度节能目标要求，结合各自实际制订工作方案，分解目标任务，落实工作措施，加强监督管理，确保完成年度目标任务。宣传贯彻公共节能技术改造，建立健全“可量化、可操作、可考核”的循环经济统计制度；把节能减排工作落实为政府带头的重点节约工程，推进节约型增长方式。

（二）合理分布产业链促进增长方式高端化路径

（1）合理布局特色产业和产业集群。根据长江上游地区的发展战略规划，长江上游地区有待重点发展的产业及产业集群包括烟酒业和食品加工、化工、能源（水电、煤炭）、矿产资源开发及深加工、装备制造、生物医药、电子信息、汽车、摩托车整车及零部件生产等重点产业。按照发挥比较优势和适当错位发展的原则，根据长江上游地区各区域的地理环境、经济技术基础和已形成的产业集聚状况，对特色主导产业和产业集群进行区域分工与合理布局。

（2）以主导产业和龙头企业对产业链进行整合。以主导产业和龙头企业为主导，通过产品的上、下游延伸，沿产业链纵向整合，加强产业内上、下游企业的配套协作；通过收购、兼并、重组等形式，实现龙头和重点企业迅速扩张，以获得规模经济和范围经济；龙头企业所主导的跨行业整合需谨慎，因为企业进入与新的行业不相关的领域的风险系数较高，产生范围经济的难度较大。以主导产业和龙头企业对产业链进行整合形成产业一体化的经济效益，促进增长方式更加集约。

（3）加强地区分工合作。长江上游地区各省市间存在明显的区域差异与区域优势，各省市可以产业链为承接，形成产业互补，明确的分工可以提高集聚效应效益，使得各地优势产业更具竞争力，节约产业布局的成本，减少对资源的浪费和环境的破坏，同时促进增长方式向着可持续的高端形式转变。当然，在目前的政绩考核体制下，对于跨区域的产业链整合，应妥善处理地区之间的经济总量和税收的关系，建立经济总量与税收的分享机制。

（三）由主导产业集聚效应牵引增长方式向资本密集型转变路径

通过产业集聚区集约发展，带动全省（自治区、直辖市）资源的节约集约利用；通过产业集聚区持续增强的内生动力，推动长江上游地区增长动力转型。

（1）产业集聚区作为该地区对内对外招商引资平台，通过各种形式的招商活动，每年都有大量的国内外企业入驻产业集聚区，形成经济增量。近几年表现尤其明显，产业集聚区呈现出突飞猛进的增长态势。集聚区有利于破解在加快工业化进程中的资源环境约束问题。产业集聚区统一规划建设基础设施、污染治理设施，区内企业统一使用公用设施，统一进行污水处理，实现了土地、水资源节约集约利用，保护了生态和环境，减少了资源浪费。

（2）产业集聚区发展有利于吸纳转移人口，加快城镇化进程。产业集聚区建设拉大了城市框架，拉动了当地就业，大量劳动力从农村转移到城镇，从农业转移到非农产业。几年来，产业集聚区就业增长远高于全社会就业的增长，拉动就业和转移人口效应非常显著。

（3）产业集聚区企业集中布局有效地解决了过去企业分布散乱、资源浪费的问题，最大限度地节约了土地资源，对保障耕地稳定和粮食生产具有重要的意义。产业集聚区发展有利于实现以工补农、工业反哺农业，更好地带动农业和农村经济发展。

（四）形成高新产业集群促进向技术密集型增长方式转变路径

长江上游地区在生物与现代医药、电子信息产业等诸多领域，已形成一批高附加值、高成长性的产业集群，并开始形成一定规模程度的产业链体系，这些新兴产业集群正处于成长阶段，面临巨大的市场空间，这是长江上游地区的优势所在。同时当前土地资源紧张、瓶颈约束日益严峻，长江上游地区建设规划做大做强的先进制造业、战略新兴产业必然落地在产业集聚区内，借用产业集聚区平台发展壮大。产业集聚区内各种生产要素相对集中，形成很多产业集群，众多关联企业和同类企业进行竞争与合作，技术外溢不断涌现，创新活动不断发生，新产品和新技术不断出现，规模效应逐渐显现。同时，创新活动增加，更进一步吸引各种资源流向产业集聚区，并促进相关产业迅速发展，逐渐形成增长高地。战略性新兴产业集群也处于技术突破和产业化的关键时期，需要政府加强引导扶持，集群规划，建立发现和培养机制。

（1）提高园区中原有企业的自主创新能力，依靠科技进步，推动产业集群依靠技术创新获取增长。立足于现有基础，注重盘活用好存量资产，鼓励企业自主创新，把提高企业技术水平与优化现有资源配置结合起来，更加集约地发展经济。

（2）引进高新技术产业，通过新技术的进园，带动园内原有技术水平的提高，对集群内部的产业产生辐射作用，对集群周边的产业产生拉动作用。积极引进东部地区的资金、技术和人才，对长江上游地区的企业重组改造投资参股，促进各种资源在竞争中合理流动，进而促进整个地区的增长方式更加集约化，向着技术密集型转变。

（3）以信息化带动工业化，以工业化促进信息化，走新型工业化道路。充分发挥信息对物质、能源的节约和增值作用，降低经济发展对资源和环境的压力。通过信息技术改造传统产业，实现产业结构的优化升级。大力推进国民经济和社会信息化，在政务、商务和国民经济其他领域广泛应用信息化技术，全民生活方式高技术化，增长方式也技术化。

二、强化产业空间优化与发展方式转变良性互动

总的来说，通过市场机制和政府主导的双重调节，长江上游地区增长方式向集约型转变，向技术密集型转变，向结构均衡型转变，向出口、消费、投资协同拉动型转变，从而使产业空间布局更完善、更均衡、更开放、更有动力，等等。产业通过区位选择、转移、集聚等的调节，长江上游地区向外转移“三高”产业、引进“三低”产业，促进增长方式更加集约化，合理分布产业链促进增长方式高端化转变，主导产业集聚效应牵引增长方式向资本密集型转变，形成高新产业集群促进增长方式向技术密集型转变等。长江上游地区增长方式转变与产业空间优化相互促进、相互转换，在螺旋递进中促进经济的增长，带动该区域经济的发展。

第四章　发展方式转变Ⅱ：产业链结构和空间优化

第一节　产业链优化相关文献

一、理论基础

（一）交易成本理论

空间相互作用成本不仅是运输成本，还涉及信息、制度、文化和语言差异等所导致的成本。Coase（1937）认为交易成本是通过价格机制组织生产最明显的成本，就是所有发现相对价格的成本，市场上发生的每一笔交易的谈判和签约的费用以及运用价格机制存在的其他方面的成本。Williamson（1985）对交易成本进行了综合、全面的研究，认为交易成本取决于三个因素：受到限制的理性的思考、机会主义以及资产特殊性，如果三个不是同时出现，交易成本就不存在。Cheung（1983）在阐述企业性质时发展了交易成本理论，他认为企业对市场的替代只不过是用要素市场取代产品市场，把鲁滨孙的经济中不可想象的费用都归入交易成本，广义上交易成本包括不可能存在于没有产权、没有交易、没有任何一种经济组织的成本。林毅夫（2000）认为交易成本包括直接成本和间接成本，并赋予了详细的说明：直接成本包括为获取契约各方所需信息的费用，各方谈判、就契约协议达成一致的费用，把所有规定传达给有关各方的费用。更为重要的是，订立契约的费用还包括间接费用，如监督和实施契约条件的费用以及不履行契约带来的产出损失所造成的费用。

（二）产业集群理论

产业集群是产业在发展过程中，由关联企业或机构在一定地域内集中分布所构成的产业群。Porter（1985）认为，在一个特定区域集聚相互关联的公司、供应商和关联产业等，通过这种集聚形成有效的市场竞争，可以降低信息交流和物流成本。Krugman（1993）提出了新的空间经济理论，发展了集聚经济的思想，他设计了一个工业集聚的模型，从理论上说明了工业活动倾向于空间集聚的一般性趋势。王缉慈（2008）讨论了中国高新技术产业的集群机制，提出了适合中国企业发展集群的对策建议。

二、产业链优化文献

产业链的形成可以有效地带动地区产业的发展与演进。了解产业链的类型、机制、纵向关系以及整合优化会对地区产业的演进有积极的推动作用。

（一）产业链相关理论

产业链最早的理论思想来源于亚当·斯密有关分工的论断，他以制针业为例阐述了产业链的作用。而随后西方学者对于产业链的研究则转向了更为微观层面的价值链和供应链。"产业链"一词最早出现于中国学者姚齐源和宋伍生（1985）的《有计划商品经济的实现模式——区域市场》一文，所以产业链是一个有中国特色的经济学概念。

产业链的本质是描述一个具有某种内在联系的企业群结构，其中大量存在上、下游关系和相互价值的交换。杨公朴和夏大慰（1999）指出，产业链是依据其前向与后向的关联关系组成的一种网络结构，是同一产业内所有具有连续追加价值关系的活动所构成的价值链关系。蒋国俊和蒋明新（2004）认为产业是一种建立在价值链理论基础之上的相关企业集合的新型空间组织形式，总结了推动产业链稳定运行的三种机制，即竞争定价机制、利益调节机制和沟通信任机制。吴金明和邵昶（2006）认为产业链是一个包含价值链、企业链、供需链和空间链四个维度的概念。郑大庆等（2011）构建了产业链整合理论的初步框架——"5＋4＋3"模型，即 5 大内涵：供需链、价值链、产品链、技术链和空间链；4 个促发因素：技术创新、生产要素、产业管制和相关产业；3 种整合方式：纵向一体化、横向一体化和产业链融合。这是目前对产业链内涵最为全面的界定。

（二）对产业链类型的研究

不同学者从不同角度对产业链进行了分类。潘成云（2001）认为从产业价值链的发育过程来看产业链可以分为四种类型，即技术主导型产业链、生产主导型产业链、经营主导型产业链和综合型产业链。李心芹等（2004）从产业链内部企业之间供给与需求依赖强度，将产业链分为资源导向型产业链、产品导向型产业链、需求导向型产业链、市场导向型产业链 4 种类型。刘贵富和赵英才（2006）按照行业、层次范围、形成方式、生态属性、关联结构、龙头企业地位、形成机制和其他分类法对产业进行分类，并对每种分类法的具体含义和所包含的内容进行了详细阐述。

（三）产业链的形成机制研究

对产业链形成机制的研究主要涉及产业链形成的动因。马凤彪和杨建梅（2001）认为我国海峡两岸信息技术产业链的形成与演进动因是各核心节点具有不同的功能作用。吴金明和邵昶（2006）认为产业链形成的动因在于产业价值的实现和创造，价值链、企业链、供需链和空间链的“思维对接机制”是产业链形成的内在模式。许可和王志宏（2012）提出资源型产业链形成的三大动因是产品、价值和知识，并指出价格机制和乘数原理是资源型产业链的利益传导机制。

（四）对产业链纵向关系研究

纵向关系是产业组织理论研究的焦点，也是中国产业链研究的主要领域之一。于立宏和郁义鸿（2005）以产业链整体效率为基准，归纳了 7 种煤电纵向价格规制模式，提出了“基于产业链规制”的概念，并对相关的辅助政策提出了建议。杨蕙馨等（2007）认为通过实施不同的产业链纵向关系可以实现不同分工制度安排的选择与整合。张雷（2007）从产业链纵向关系治理的视角，分析了中国汽车产业链纵向关系治理模式的演变历程、未来调整与创新的方向。

（五）产业链整合的研究

主要从企业与产业链整合关系中研究两者的内在联系。魏农建（2003）认为寻求中小企业在产业链整合中的合理运行轨道，是中小企业维持其社会价值和经济价值的基本保障。卜庆军等（2006）以产业链的整合基础和目标为背景，总结了三种产业链整合模式：股权并购型产业链整合模式、战略联盟型产业链整合模式和产业集群型产业链整合模式。宋旭琴和蓝海林（2012）认为产业链的整合是企业节省交易成本、扩大规模经济和范围经济的有效途径，而在整合后又要考虑新产业链在组织结构上的要求。

从产业链的角度来看，产业的前后关联、上游产业向下游高端产业的不断攀升和上、下游产业的匹配都是产业链空间优化的方式。产业链的形成对于产业的升级优化具有重要推动作用，因为在形成产业链后，能够显著缩短产品的开发周期，而且能大幅度降低生产成本和交易成本，从而提高产业的竞争力。国内众多学者从不同角度研究了产业链的运行机制，主要包含产业链的稳定机制、形成机制、演进机制，还包含产业链中对核心企业的研究等方面。蒋国俊和蒋明新（2004）总结了推动产业链稳定运行的三种机制，即竞争定价机制、利益调节机制和沟通信任机制。刘贵富和赵英才（2006）指出产业链是围绕核心企业建立的，核心企业将选择产业链节点，协调产业链网络中不同节点企业的行为，挖掘产业链潜力并实现集成优势。吴金明等（2007）认为产业链形成的三大机制为需求拉动机制、创新驱动机制和传导机制。严北战（2011）从内部动力机制与外部动力机制的共同作用分析了“三链”（产品链、知识链、价值链）高级化的升级机理。

三、关于产业链优化模式的研究

（一）国外产业链优化模式

研究国外产业链空间优化模式，总结其他国家产业链空间优化的经验得失，对中国更好地调整产业结构，实现赶超战略具有重要的指导意义。

（1）日本模式：政府主导型经济发展的方式。通过制定和实施一系列产业政策，推动产业结构的优化升级，成功地培育了大批具有国际竞争力的支柱性产业，创造了“日本模式”。

（2）美国模式：产业链空间优化主要依赖结构内部的自我平衡、自我调节过程，外部的政策力量是间接的，主要通过市场参数进行调节，并最终影响产业结构的成长。

（3）欧盟模式：欧盟地区产业的演进有其自己的哲学观念。绿色化趋势明显，着重发展低污染、低耗能的环保产业、文化产业和旅游产业等，在产业结构升级的路径中更加强调法律的手段和作用。

（二）国内关于产业链优化模式的研究

国内众多学者也从不同角度对中国产业链空间优化模式进行了总结。

（1）对产业结构演进模式的研究。李欣广（1995）认为在开放型经济中一国演进模式是初级产品出口—劳动密集型制成品出口—资金密集型制成品出口—知识密集型产品出口。陈明森（2003）认为自主成长和外向推动是产业结构演进的两种模式。徐广军和张汉鹏（2006）提出中国应采取的产业链空间优化模式的核心思想是从技术和产业两个层面共同演进，以实现中国的赶超战略。陈晓涛（2007）认为中国产业链空间优化应采用市场与政府相结合的演进模式，两者作用权重应该不同。

（2）对产业链演进模式的研究。赵红岩（2008）认为产业链演进模式要经历“规模经济—专业经济—模块经济—网络经济”四个阶段。藕继红（2010）认为对产业链进行垂直整合的是产业链最终产品的企业。文轩（2011）认为造纸业最终会形成以纸养林、以林促纸的良性循环经营的垂直一体化产业链经营模式。

（3）对产业集群演进模式的研究。李国平等（2003）认为集群内企业演进模式是由最初的校办和民营科技企业转变为跨国公司与本土中小企业。成伟和张克让（2006）指出产业集群是向全球化、技术化和生态化及可持续发展的多维演进模式。张贵林和周寄中（2007）把国家高新区高技术产业循环周期演变模式分成传统型演变模式、生存发展型演变模式和创新成长型演变模式。李伟（2010）认为珠江三角洲地区主题公园产业集群是一种自下而上式的发展模式。

（4）对产业空间布局模式的研究。刘少和等（2007）认为广东旅游休闲产业的空间布局模式应按核心与边缘关系来选择。徐颖和崔昆仑（2011）认为沿海地区城镇与产业空间布局模式应选择“新区＋新城”的发展模式。李利敏和罗守贵（2012）把增长极产业演化模式划分为自然演化模式、创新替代演化模式、周期演化模式和常青产业演化模式四种。

四、文献简评

（一）现有研究基础

当前对产业链优化的文献主要还是对产业结构演进的研究，从对三大产业结构演进到具体的第二产业和第三产业结构演进的相关文献都有一定的研究基础，关于产业空间布局和产业转移的理论与文献也比较充分。现有文献也分别从产业链优化的机制、规律和模式等方面阐述了产业链空间优化。

（二）当前研究的不足之处

现有文献的研究面临以下不足和问题。

（1）现有文献涉及产业链空间优化的研究较少，所以对产业链空间优化的相关文献论证可能存在不足之处。此外有关具体区域的产业链空间优化的文献不足，所以对于现状的研究会缺乏一定说服力。

（2）对产业链优化机制的研究不是很成熟。对影响因素的分析不够全面和透彻，由于各因素间的相互作用、相互制约以及相互联系都共同地影响产业链的结构和空间优化，对各因素分别研究有一定的难度。从产业链角度推导产业链结构和空间优化机制的文献目前还很少，尚未建立一个完整的机制体系。

（3）产业政策对于产业链优化有很大推动作用，产业政策是产业链结构调整与产业链空间优化的主要依据，限于篇幅，本书没有对产业政策进行专门研究。

（三）未来研究趋势

产业链结构和空间优化是一个动态的不断变化的过程，其形成的机制机理与演进规律需要运用最新的理论进行研究，如演化经济学、自组织理论等对于研究产业链结构和空间优化机制都有重大意义，因此，未来在研究产业链结构和空间优化的过程中，需要对一些新理论和新方法有全面的了解与掌握。探讨当今世界产业链结构和空间优化的新方式，产业集群化、高科技产业化、产业转移与产业空间布局等的演进动因和趋势也是未来研究的重点与难点。

第二节　产业链优化机制

一、机制描述

（一）产业链形成机制

产业部门之间通过一定的经济、技术关联而成的链条式的产业前后关联，这就形成了产业链的基本形态。产业链的形成大致分为三种：第一种是有若干个专业化分工属性的产业部门在空间区域上的相对集中，各个专业化性质较强的产业部门以拓展市场联系和降低交易费用为基础，从不同的起点走向联合，逐步形成某种形式的共同体。这种共同体是同一空间区域范围内若干产业部门的链式集结。第二种是分别在不同经济区域的层次、不同的专业化产业部门，以提升产业竞争力和加强产业前向、后向关联关系为目的，突破地域的边界限制，走向链式一体化。第三种是对于发育相对成熟、产业部门比较完备的产业在市场需求拉动下衍生出的若干新兴产业部门，彼此环环相扣而形成的链条式关联集群。本书主要从第二种形成机制着手，研究具有前向、后向关联的企业走向产业链一体化的过程。

（二）产业链中核心企业行为分析

产业链是企业的集合，企业是产业链的载体，所以对产业链形成的机理分析侧重点是对企业行为的分析。从经济活动的组织形式上来看，产业链是一种组织，这种组织结构的稳定存在，要求在产业链的结构中必须具有一个核心节点企业处于支配地位，具有一定的产业链纵向控制能力，其他节点处于被支配地位。研究产业链空间优化的影响时，应重点强调产业链的核心企业节点，因为对其他支配节点产业链的研究主要是围绕核心企业展开的，产业链的形成主要由核心企业的行为所导致。作为核心企业必须具备以下基本条件：①具有较强影响力，能够吸引其他企业加盟；②产品有很高的市场占有率，企业竞争优势大；③具有较强的协调组织能力，因为产业链上核心企业与节点企业之间的战略合作伙伴关系是通过核心企业组织实施的。

范晓屏（2005）按产业链的核心企业地位将产业链分为王国式产业链、共和式产业链和联邦式产业链。本书构建的产业链模型就是基于王国式产业链。王国式产业链就是围绕核心企业，通过对信息流、资金流和物流的控制，把供应商和销售商到最终用户连成一个链式结构，其他企业为核心企业提供中间品和配套产品。核心企业在产业链中处于领导地位，是整个产业链的物流中心，也是整个产业链的信息中心和资金周转中心。其他企业完全围绕核心企业开展生产经营工作，这种合作关系比较稳定与密切，对区域经济发展带头作用较强，技术创新扩散也较易进行，有利于整个产业链的技术进步。

（三）机制框架图说明

由于产业链在各个环节上的分布并不是均匀的，某些产业链的利润较高，而其他一些则较低，产业链会在自身利益驱动下自发地进入或退出竞争，从而拉平整条产业链的利益，这一过程将链条上各个节点串连成一个紧密联系的集合体，从而达到利益共享。这个过程主要是根据利润最大化的原则，产业链的主体总是倾向于进入利润高的企业而退出利润较低的企业，最终表现为产业链内部各企业的竞争而导致利益均等化。

本书构建的机制的核心思想就是比较上、中、下游产业在形成产业链一体化前后的利润变化。在初始条件下，上、下游企业以中游企业作为核心企业进行生产经营：核心企业生产高附加值产品；上游企业作为供应商，为中游企业提供中间品制造；下游企业为中游企业生产相关配套产品。此时，上、下游企业各自追求自身的利润最大化。在形成产业链一体化后，上、中、下游企业作为一个整体，核心企业作为整个产业链的链主，上、下游企业围绕核心企业生产，共同追求产业链的利润最大化。该机制可以用框架图描述如图 4-1 所示。

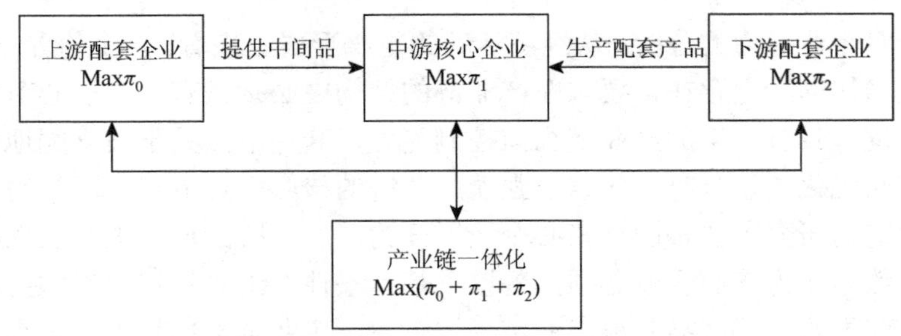

图 4-1 产业链及其一体化内在驱动机制

二、基于完全竞争市场的模型分析

（一）模型的基本假设条件

假设经济体中存在三种企业，分别为上游企业 0、中游企业 1、下游企业 2。其中，中游企业为核心企业，上游企业为其提供中间品，下游企业生产配套产品。首先假定三个企业生产的产品个数按 1∶1∶1 的比例投产。初始的劳动人数分别为 L_0、L_1、L_2，初始资本存量为 K_0、K_1、K_2，每个企业对应的工人工资为 w_0、w_1、w_2，初始资本回报率为 r_0、r_1、r_2，每个企业所采用的生产技术水平也不相同，分别为 A_0、A_1、A_2，在形成产业链一体化之前，企业间是存在交易成本的，上游企业到中游企业的交易成本为 τ_1，中游企业与下游配套企业间的交易成本为 τ_2。首先假定各个企业的市场都是完全竞争的，于是上、中、下游企业产品的价格可以设为 P_0、P_1、P_2。

（二）上游企业厂商行为分析

假设上游企业使用劳动和资本进行生产，市场是完全竞争的，并采用规模报酬递减的形式进行生产，生产函数符合科布-道格拉斯生产函数，形式为

$$Q_0 = A_0 f(K_0,\ L_0) = A_0 {K_0}^{\alpha_0} {L_0}^{\beta_0} \tag{4.1}$$

因为采用规模报酬递减的形式生产，所以 $\alpha_0+\beta_0<1$，投入要素是资本与劳动力，可以得出上游企业的成本为

$$C_0 = w_0 L_0 + r_0 K_0 \tag{4.2}$$

其中，C_0 为上游企业的总成本；L_0 和 K_0 分别为上游企业的劳动力和资本要素的投入量；w_0、r_0 分别为劳动力的报酬和资本的回报率。又因为在完全竞争市场下，上游企业生产的产品既定价格为 P_0，所以可以得到上游企业的利润为

$$\pi_0 = P_0Q_0 - w_0L_0 + r_0K_0 \tag{4.3}$$

其中，π_0 为上游企业的利润，总利润等于上游企业的总收益与其总成本之差。

由式（4.1）和式（4.3）可将上游企业利润最大化条件表示成

$$\text{Max}\,\pi_0 = P_0Q_0 - w_0L_0 - r_0K_0 \quad \text{s.t.}\,Q_0 = A_0K_0^{\alpha_0}L_0^{\beta_0}$$

根据利润最大化原则，分别对劳动力 L_0 和资本 K_0 求一阶导数并使其为 0，则有

$$r_0 = P_0\text{MP}_K = P_0\alpha_0A_0K_0^{\alpha_0-1}L_0^{\beta_0} \tag{4.4}$$

其中，MP_K 为资本的边际产量，此式表明产出品的价格乘以资本要素的边际产量就应该等于资本的回报率，所以其含义为资本的边际产量价值与资本回报率相等。

$$w_0 = P_0\text{MP}_L = P_0\beta_0A_0K_0^{\alpha_0}L_0^{\beta_0-1} \tag{4.5}$$

其中，MP_L 为劳动的边际产量，所以该式表明产品的价格乘以劳动的边际产量就等于工资，含义就是劳动的边际产量价值与劳动的价格是相等的。

从式（4.4）和式（4.5）还可以看出，劳动力和资本的边际产量与产品价格、技术水平、劳动力和资本的产出弹性都相关。技术水平高，产品附加值高，劳动力和资本的产出弹性大。因此，在技术水平的推动下，产业链空间优化是向高技术水平化、高资本密集化和高附加值化方向发展的。

用式（4.4）与式（4.5）相除可得劳动力与资本的比值，即在既定的要素价格与产品价格下实现利润最大化时的最优要素配置：

$$\frac{L_0}{K_0} = \frac{\beta_0 r_0}{\alpha_0 w_0} \tag{4.6}$$

这表明在一定技术条件下，投入要素的相对价格与要素的产出弹性的变动，都会导致劳动-资本的比例变动，而投入要素的相对价格变化也就是资本的边际产量与劳动的边际产量之比的变动，这种变动就是资本对劳动的替代弹性。

通过式（4.4）与式（4.6）就可以得到资本的投入量：

$$P_0A_0\alpha^{1-\beta_0}\beta_0^{\beta_0}r_0^{\beta_0-1}w_0^{-\beta_0} = K_0^{1-\alpha_0-\beta_0} \tag{4.7}$$

令

$$1-\alpha_0-\beta_0=\sigma_0\text{，}\ \sigma_0\text{为常数（}\alpha+\beta<1\text{）} \tag{4.8}$$

经变形后可得出资本的需求量的最终表达式：

$$K_0 = (P_0A_0)^{\frac{1}{\sigma_0}}\left(\frac{\alpha_0}{r_0}\right)^{\frac{1-\beta_0}{\sigma_0}}\left(\frac{\beta_0}{w_0}\right)^{\frac{\beta_0}{\sigma_0}} \tag{4.9}$$

由式（4.9）可以看出，资本的需求量与产品价格和技术水平都相关，与投入要素的产出弹性也存在密切关系，而且与资本回报率和工资成反比。

由式（4.5）、式（4.6）和式（4.8）可得劳动的需求量最终表达式为

$$L_0=(P_0A_0)^{\frac{1}{\sigma_0}}\left(\frac{\alpha_0}{r_0}\right)^{\frac{\alpha_0}{\sigma_0}}\left(\frac{\beta_0}{w_0}\right)^{\frac{1-\alpha_0}{\sigma_0}} \tag{4.10}$$

通过劳动力的需求量表达式同样可以看出，劳动力的需求量与产品价格、技术水平、投入要素的产出弹性和要素价格都有关。

在得到上游企业的最优要素投入量 L_0 和 K_0 后，将其代入科布-道格拉斯生产函数可得厂商最优产量为

$$Q_0=A_0(P_0A_0)^{\frac{1-\sigma_0}{\sigma_0}}\left(\frac{\alpha_0}{r_0}\right)^{\frac{\alpha_0}{\sigma_0}}\left(\frac{\beta_0}{w_0}\right)^{\frac{\beta_0}{\sigma_0}} \tag{4.11}$$

式（4.11）表明，厂商在实现利润最大化条件时的产量与技术水平和产品价格是密切相关的，要素的产出弹性以及要素的价格的变动也会使产量发生改变。可以看出，工资或者资本回报率增加，都会使得厂商最优产量下降。

得到最优的要素投入量之后，还可以得出厂商利润最大化时的总成本，将式（4.9）和式（4.10）代入式（4.2），就可以求出总成本的表示式：

$$C_0=(\alpha_0+\beta_0)\cdot(P_0A_0)^{\frac{1}{\sigma_0}}\left(\frac{\alpha_0}{r_0}\right)^{\frac{\alpha_0}{\sigma_0}}\left(\frac{\beta_0}{w_0}\right)^{\frac{\beta_0}{\sigma_0}} \tag{4.12}$$

在得到厂商最优产量时的总成本与产量之后，将两者代入式（4.3）就能求出上游企业的总利润：

$$\begin{aligned}\pi_0=&(P_0A_0)^{\frac{1}{\sigma_0}}\left(\frac{\alpha_0}{r_0}\right)^{\frac{\alpha_0}{\sigma_0}}\left(\frac{\beta_0}{w_0}\right)^{\frac{\beta_0}{\sigma_0}}-\beta_0(P_0A_0)^{\frac{1}{\sigma_0}}\left(\frac{\alpha_0}{r_0}\right)^{\frac{\alpha_0}{\sigma_0}}\left(\frac{\beta_0}{w_0}\right)^{\frac{\beta_0}{\sigma_0}}\\&-\alpha_0(P_0A_0)^{\frac{1}{\sigma_0}}\left(\frac{\alpha_0}{r_0}\right)^{\frac{\alpha_0}{\sigma_0}}\left(\frac{\beta_0}{w_0}\right)^{\frac{\beta_0}{\sigma_0}}\end{aligned} \tag{4.13}$$

整理可得利润的最终表达式为

$$\pi_0=(1-\alpha_0-\beta_0)\cdot(P_0A_0)^{\frac{1}{\sigma_0}}\left(\frac{\alpha_0}{r_0}\right)^{\frac{\alpha_0}{\sigma_0}}\left(\frac{\beta_0}{w_0}\right)^{\frac{\beta_0}{\sigma_0}} \tag{4.14}$$

由式（4.14）表示的上游企业最大化利润可以看出，在完全竞争市场与规模报酬递减的规律下，企业所获利润与投入要素的产出弹性密切相关，与技术水平和产品价格是呈正相关的，这表明技术水平或者产品的价格越高，企业越可能获得较高的利润；企业的利润与劳动力的工资和资本的回报率是反向关系，这说明要素的价格的升高可能会使得企业的利润减少。由于本书假设规模报酬递减，即 $\alpha+\beta<1$，从式（4.14）中还能够看出企业在利润最大化条件下可以获得正利润。

（三）中游企业厂商行为分析

中游核心企业生产的产品除了投入劳动力与资本两种要素，还要投入上游企业的产品，所以本书对科布-道格拉斯生产函数进行拓展，拓展后的生产函数形式为

$$Q_1 = A_1 f(Q_0,\ K_1,\ L_1) = A_1 K_1^{\alpha_1} L_1^{\beta_1} Q_0^{\varepsilon} \tag{4.15}$$

从式（4.15）中可以看出，中游企业生产产品的产量不仅与劳动力和资本以及要素份额有关，还要受上游企业的产量影响，从而可以得出中游企业成本为

$$C_1 = w_1 L_1 + r_1 K_1 + P_0 Q_0 \tag{4.16}$$

其中，C_1 为中游企业的总成本，它等于中游企业劳动力总量与资本总量之和，还要加上上游企业投入的中间品总量。在完全竞争条件下，中游企业的产品价格为 P_1，于是中游企业的总利润可以表示成

$$\pi_1 = P_1 Q_1 - P_0 Q_0 - w_1 L_1 - r_1 K_1 \tag{4.17}$$

其中，π_1 为中游企业的总利润，由此可得到中游企业利润最大化条件如下：

$$\text{Max}\ \pi_1 = P_1 Q_1 - P_0 Q_0 - w_1 L_1 - r_1 K_1 \qquad \text{s.t.}\ \ Q_1 = A_1 K_1^{\alpha_1} L_1^{\beta_1} Q_0^{\varepsilon}$$

根据厂商利润的最大化条件，分别对 L_1、K_1、Q_0 求一阶导数，并使其为 0。于是可以得到各要素的最优投入量：

$$K_1 = (P_1 A_1)^{\frac{1}{\sigma_1}} \left(\frac{\alpha_1}{r_1}\right)^{\frac{1-\beta_1-\varepsilon}{\sigma_1}} \left(\frac{\beta_1}{w_1}\right)^{\frac{\beta_1}{\sigma_1}} \left(\frac{\varepsilon}{P_0}\right)^{\frac{\varepsilon}{\sigma_1}} \tag{4.18}$$

$$L_1 = (P_1 A_1)^{\frac{1}{\sigma_1}} \left(\frac{\alpha_1}{r_1}\right)^{\frac{\alpha_1}{\sigma_1}} \left(\frac{\beta_1}{w_1}\right)^{\frac{1-\alpha_1-\varepsilon}{\sigma_1}} \left(\frac{\varepsilon}{P_0}\right)^{\frac{\varepsilon}{\sigma_1}} \tag{4.19}$$

$$Q_0 = (P_1 A_1)^{\frac{1}{\sigma_1}} \left(\frac{\alpha_1}{r_1}\right)^{\frac{\alpha_1}{\sigma_1}} \left(\frac{\beta_1}{w_1}\right)^{\frac{\beta_1}{\sigma_1}} \left(\frac{\varepsilon}{P_0}\right)^{\frac{1-\alpha_1-\beta_1}{\sigma_1}} \tag{4.20}$$

从式（4.18）～式（4.20）中可以看出，中游企业的各要素的需求量与技术水平和中游企业产品价格都成正比，与各要素自身的产出弹性正相关，与各要素价格都负相关，即技术水平越高，中游企业产品价格越高，要素的需求量就越大；要素价格越高，要素需求量就越小。

从式（4.11）和式（4.20）对比可以看出，上游企业厂商为实现利润最大化时所得的产量与中游企业所需的上游企业产品的产量是不同的。

中游企业的生产函数为

$$Q_1 = A_1 (P_1 A_1)^{\frac{1-\sigma_1}{\sigma_1}} \left(\frac{\alpha_1}{r_1}\right)^{\frac{\alpha_1}{\sigma_1}} \left(\frac{\beta_1}{w_1}\right)^{\frac{\beta_1}{\sigma_1}} \left(\frac{\varepsilon}{P_0}\right)^{\frac{\varepsilon}{\sigma_1}} \tag{4.21}$$

从式（4.21）可以看出，中游企业的产量与技术水平、产品价格、要素的产出弹性、要素价格都密切相关。中游企业的生产成本表达式为

$$C_1 = (\varepsilon + \alpha_1 + \beta_1) \cdot (P_1 A_1)^{\frac{1}{\sigma_1}} \left(\frac{\alpha_1}{r_1}\right)^{\frac{\alpha_1}{\sigma_1}} \left(\frac{\beta_1}{w_1}\right)^{\frac{\beta_1}{\sigma_1}} \left(\frac{\varepsilon}{P_0}\right)^{\frac{\varepsilon}{\sigma_1}} \tag{4.22}$$

由式（4.21）和式（4.22），最终可得中游核心企业的利润为

$$\pi_1 = (1 - \alpha_1 - \beta_1 - \varepsilon) \cdot (P_1 A_1)^{\frac{1}{\sigma_1}} \left(\frac{\alpha_1}{r_1}\right)^{\frac{\alpha_1}{\sigma_1}} \left(\frac{\beta_1}{w_1}\right)^{\frac{\beta_1}{\sigma_1}} \left(\frac{\varepsilon}{P_0}\right)^{\frac{\varepsilon}{\sigma_1}} \tag{4.23}$$

从中游企业的最终利润表达式能看出，在完全竞争条件下，采用规模报酬递减的形式进行生产，还是能够获得正利润。从式（4.23）还能够看出，上游企业的中间品定价与中游企业的利润存在很大联系，上游企业生产的中间品价格越高，中游企业所获利润可能就越低；而从上游企业的利润表达式（式（4.14））可以看出，上游企业产品价格越高，利润越大，所以在形成产业链之前，各企业追求自身利润最大化，按任何一方的产量生产都会造成总利润的损失，所以需要上游企业和中游企业进行调整，合理调整中间品价格。

（四）下游企业厂商行为分析

假设下游企业生产 n 种配套产品与中游核心企业的产品配套，每种产品的数量与中游企业是匹配的，且每种产品产量都以科布–道格拉斯生产函数形式进行生产。将其生产函数表示为

$$Q_{2i} = A_2 f(K_{2i},\ L_{2i}) = A_2 K_{2i}^{\alpha_{2i}} L_{2i}^{\beta_{2i}}\ ,\quad i = 1, 2, \cdots, n \tag{4.24}$$

其中，Q_{2i} 为各种配套产量的产量；K_{2i}，L_{2i} 分别为下游各个配套企业的资本与劳动力的投入量。这里假设下游各个企业的技术水平与要素价格都是相同的，所以可以得出其总成本的表达式：

$$C_2 = \sum_{i=1}^{n} (w_2 L_{2i} + r_2 K_{2i}) \tag{4.25}$$

下游企业市场同样是完全竞争的，所以可以假设下游各个企业的产品价格为 P_{2i}，于是可得下游企业的总利润为

$$\pi_2 = \sum_{i=1}^{n} P_{2i} Q_{2i} - \sum_{i=1}^{n} (w_2 L_{2i} + r_2 K_{2i}) \tag{4.26}$$

由以上条件得到下游企业的利润最大化约束条件：

$$\text{Max}\ \pi_2 = \sum_{i=1}^{n} P_{2i} Q_{2i} - \sum_{i=1}^{n} (w_2 L_{2i} + r_2 K_{2i}) \quad \text{s.t.}\ \ Q_{2i} = A_2 K_{2i}^{\alpha_{2i}} L_{2i}^{\beta_{2i}}\ ,\ \ i = 1, 2, \cdots, n$$

同理可得两种要素的投入量的公式如下：

$$K_{2i}=\sum_{i=1}^{n}(P_{2i}A_2)^{\frac{1}{\sigma_{2i}}}\left(\frac{\alpha_{2i}}{r_2}\right)^{\frac{1-\beta_{2i}}{\sigma_{2i}}}\left(\frac{\beta_{2i}}{w_2}\right)^{\frac{\beta_{2i}}{\sigma_{2i}}} \tag{4.27}$$

$$L_{2i}=\sum_{i=1}^{n}(P_{2i}A_2)^{\frac{1}{\sigma_{2i}}}\left(\frac{\alpha_{2i}}{r_2}\right)^{\frac{\alpha_{2i}}{\sigma_{2i}}}\left(\frac{\beta_{2i}}{w_2}\right)^{\frac{1-\alpha_{2i}}{\sigma_{2i}}} \tag{4.28}$$

由式（4.27）和式（4.28）可以看出，劳动力和资本的投入量与下游企业产品价格、技术水平、要素价格、要素的产出弹性都有关系，通过所得的要素需求量，可以得到生产函数表达式为

$$Q_{2i}=A_{2i}(P_{2i}A_2)^{\frac{\alpha_{2i}+\beta_{2i}}{\sigma_{2i}}}\left(\frac{\alpha_{2i}}{r_2}\right)^{\frac{\alpha_{2i}}{\sigma_{2i}}}\left(\frac{\beta_{2i}}{w_2}\right)^{\frac{\beta_{2i}}{\sigma_{2i}}} \tag{4.29}$$

还可以得到下游企业生产成本为

$$C_2=\sum_{i=1}^{n}(\alpha_{2i}+\beta_{2i})\cdot(P_{2i}A_2)^{\frac{1}{\sigma_{2i}}}\left(\frac{\alpha_{2i}}{r_2}\right)^{\frac{\alpha_{2i}}{\sigma_2}}\left(\frac{\beta_{2i}}{w_2}\right)^{\frac{\beta_{2i}}{\sigma_{2i}}} \tag{4.30}$$

由式（4.29）和式（4.30）联立，可以得到所有下游配套企业的利润为

$$\pi_2=\sum_{i=1}^{n}(1-\alpha_{2i}-\beta_{2i})\cdot(P_{2i}A_2)^{\frac{1}{\sigma_{2i}}}\left(\frac{\alpha_{2i}}{r_2}\right)^{\frac{\alpha_{2i}}{\sigma_{2i}}}\left(\frac{\beta_{2i}}{w_2}\right)^{\frac{\beta_{2i}}{\sigma_{2i}}} \tag{4.31}$$

在完全竞争和规模报酬递减条件下，下游配套企业也存在正利润，其利润与各配套企业的价格、要素的产出弹性、技术水平、要素价格都有关联。

最后将三个企业的利润相加，再减去运费τ_1和τ_2，可得未形成产业链一体化时三个企业的总利润为

$$\begin{aligned}\pi_3=&(1-\alpha_0-\beta_0)\cdot(P_0A_0)^{\frac{1}{\sigma_0}}\left(\frac{\alpha_0}{r_0}\right)^{\frac{\alpha_0}{\sigma_0}}\left(\frac{\beta_0}{w_0}\right)^{\frac{\beta_0}{\sigma_0}}+(1-\alpha_1-\beta_1-\varepsilon)\cdot(P_1A_1)^{\frac{1}{\sigma_1}}\left(\frac{\alpha_1}{r_1}\right)^{\frac{\alpha_1}{\sigma_1}}\left(\frac{\beta_1}{w_1}\right)^{\frac{\beta_1}{\sigma_1}}\\&\cdot\left(\frac{\varepsilon}{P_0}\right)^{\frac{\varepsilon}{\sigma_1}}+(1-\beta_{2i}-\alpha_{2i})(P_{2i}A_2)^{\frac{1}{\sigma_{2i}}}\left(\frac{\alpha_{2i}}{r_2}\right)^{\frac{\alpha_{2i}}{\sigma_{2i}}}\left(\frac{\beta_{2i}}{w_2}\right)^{\frac{\beta_{2i}}{\sigma_{2i}}}-\tau_1-\tau_2,\ i=1,2\cdots,n\end{aligned} \tag{4.32}$$

由式（4.32）能看出，三个企业的总利润与技术水平、产品价格、要素的产出弹性和要素价格都直接相关。上游企业的中间品价格决定了上游企业与核心企业的利益分配。对于上游的供应商而言总是希望提高产品价格，以便获得更大利润。而对于核心企业而言，其利润要减去上游厂商利润，所以中间品的定价越高，其利润损失越大。两者就存在一个利益分配的矛盾。而在两者形成产业链一体化后，在追求共同利润最大化时，通过一次静态或动态的博弈就可以确定均衡价格，这样就可以达到整条产业链的利润最大化。

（五）产业链一体化分析

根据前面分析可知，在企业尚未形成产业链一体化时，各企业之间会存在一定的交易成本，而为了追求各自的利润最大化，各企业生产的产品数量也不对称，这就会造成资源的浪费，无法达到资源的有效配置，各企业定价的不同也会影响总利润。

当企业形成产业链一体化后，其经济利益就要表现为产业链内所有企业部门的利益总和，所以会使企业间上、下游合作关系更加紧密，集聚优势就会凸显。当企业集中到一个区域时，由于空间距离的接近，就可以节约很多交易成本，包括供求联系成本的降低、技术获取费用的节约等。此外，形成产业链一体化后会引起明显的专业化分工，从而提高运行效率，这种效率的提升必然会为整个产业链带来利益的增加。

（六）产业链一体化厂商行为分析

当三个企业在同一区域形成产业链时，产品的开发周期就会显著缩短，生产成本降低，决策成本和沟通费用等交易成本也会大幅减少，因此可以假设各企业之间的交易成本为零。这里进一步假设在产业链一体化后，整条产业链仍按科布-道格拉斯生产函数形式生产，同样只投入资本与劳动力两种要素，设劳动力投入量为L，资本投入量为K，在形成产业链一体化后，可以假定三个企业的平均工资和平均资本回报率分别为w和r，同样假设各企业市场都是完全竞争的，所以各个企业的产品定价仍为P_0、P_1和P_2。

假定三种产品仍按 1∶1∶1 的产量生产，即$Q=Q_0=Q_1=Q_2$，根据以上条件可以得出产业链一体化的厂商的生产函数：

$$Q=Af(K,\ L)=AK^{\alpha}L^{\beta} \tag{4.33}$$

其中，A为技术进步，在产业链一体化后可以认为各企业的技术条件是相同的；α和β为三个企业平均的资本与劳动力的产出弹性，由于采用规模报酬递减的形式生产，$\alpha+\beta<1$；K和L表示三个企业平均的资本投入量与劳动力投入量，可以得到产业链一体化后的总成本：

$$C=wL+rK \tag{4.34}$$

在形成产业链一体化之后，可以将三个企业看作一个整体，于是w和r为平均工资与平均资本回报率，$w=\dfrac{w_0+w_1+w_2}{3}$，$r=\dfrac{r_1+r_2+r_3}{3}$。

完全竞争条件下，上、中、下游企业的各自的产品价格仍是 P_0、P_1 和 P_2，再由式（4.33）和式（4.34）就可以得到产业链一体化的厂商总利润函数：

$$\pi = (P_0 + P_1 + P_2)Q - wL - rK \tag{4.35}$$

产业链中厂商行为遵循利润最大化原则，由此可以得到利润最大化的约束条件如下：

$$\text{Max}\ \pi = (P_0 + P_1 + P_2)Q - wL - rK \qquad \text{s.t.}\ \ Q = AK^{\alpha}L^{\beta}$$

根据利润最大化原则对劳动力 L 和资本 K 分别求偏导，就可以得到产业链中所有厂商在实现利润最大化时的最优要素投入量：

$$K = [(P_0 + P_1 + P_2)\cdot A]^{\frac{1}{\sigma}}\left(\frac{\alpha}{r}\right)^{\frac{1-\beta}{\sigma}}\left(\frac{\beta}{w}\right)^{\frac{\beta}{\sigma}} \tag{4.36}$$

$$L = [(P_0 + P_1 + P_2)\cdot A]^{\frac{1}{\sigma}}\left(\frac{\alpha}{r}\right)^{\frac{\alpha}{\sigma}}\left(\frac{\beta}{w}\right)^{\frac{1-\alpha}{\sigma}} \tag{4.37}$$

从式（4.36）和式（4.37）可以看出要素的投入量与上、中、下游企业的产品价格和技术水平正相关，与要素价格和要素的产出弹性也有关。将其代入式（4.33），就可以得到利润最大化条件下的总产量为

$$Q = A[(P_0 + P_1 + P_2)\cdot A]^{\frac{1-\sigma}{\sigma}}\left(\frac{\alpha}{r}\right)^{\frac{\alpha}{\sigma}}\left(\frac{\beta}{w}\right)^{\frac{\beta}{\sigma}} \tag{4.38}$$

从式（4.38）中可得，产业链一体化后的厂商利润最大化条件时所需的产量与其技术条件、各节点产品价格、要素的产出弹性和要素的回报率都相关。

再将式（4.36）和式（4.37）所得到的要素最优投入量代入式（4.34），也可以得出总成本如下：

$$C = (\alpha + \beta)\cdot[(P_0 + P_1 + P_2)\cdot A]^{\frac{1}{\sigma}}\left(\frac{\alpha}{r}\right)^{\frac{\alpha}{\sigma}}\left(\frac{\beta}{w}\right)^{\frac{\beta}{\sigma}} \tag{4.39}$$

可以看出，产业链一体化的总成本与产量一样，与各自节点的产品价格、技术水平、要素的产出弹性以及要素的价格都相关。这表明要素的产出弹性、要素价格的变化都会引起产量和成本的变化。

把式（4.36）和式（4.37）代入式（4.35）就能得到产业链一体化后企业的总利润如下：

$$\pi = (1 - \alpha - \beta)\cdot[(P_0 + P_1 + P_2)\cdot A]^{\frac{1}{\sigma}}\left(\frac{\alpha}{r}\right)^{\frac{\alpha}{\sigma}}\left(\frac{\beta}{w}\right)^{\frac{\beta}{\sigma}} \tag{4.40}$$

从式（4.40）能够看出，产业链一体化后的总利润也与产品价格、技术水平、要素的产出弹性和要素价格都相关。

在完全竞争市场上，产品的价格是既定的，技术的进步、要素价格的变化、

要素产出弹性的变化都会导致利润的变化。产业链一体化后，这些都将改变，于是可以将产业链一体化前后的总利润做差，通过利润差值的对比可以看出产业通过形成产业链而在空间上的演进。

用式（4.40）与式（4.32）相减可得

$$\pi-\pi_3=(1-\alpha-\beta)\cdot[(P_0+P_1+P_2)\cdot A]^{\frac{1}{\sigma}}\left(\frac{\alpha}{r}\right)^{\frac{\alpha}{\sigma}}\left(\frac{\beta}{w}\right)^{\frac{\beta}{\sigma}}-\Bigg[(1-\alpha_0-\beta_0)\cdot(P_0A_0)^{\frac{1}{\sigma_0}}\left(\frac{\alpha_0}{r_0}\right)^{\frac{\alpha_0}{\sigma_0}}\left(\frac{\beta_0}{w_0}\right)^{\frac{\beta_0}{\sigma_0}}+(1-\alpha_1-\beta_1-\varepsilon)\cdot(P_1A_1)^{\frac{1}{\sigma_1}}\left(\frac{\alpha_1}{r_1}\right)^{\frac{\alpha_1}{\sigma_1}}\left(\frac{\beta_1}{w_1}\right)^{\frac{\beta_1}{\sigma_1}}\cdot\left(\frac{\varepsilon}{P_0}\right)^{\frac{\varepsilon}{\sigma_1}}+(1-\beta_{2i}-\alpha_{2i})(P_{2i}A_2)^{\frac{1}{\sigma_{2i}}}\left(\frac{\alpha_{2i}}{r_2}\right)^{\frac{\alpha_{2i}}{\sigma_{2i}}}\left(\frac{\beta_{2i}}{w_2}\right)^{\frac{\beta_{2i}}{\sigma_{2i}}}-\tau_1-\tau_2\Bigg],\quad i=1,2,\cdots,n \tag{4.41}$$

假设形成产业链一体化后，技术水平与要素的产出弹性是未形成产业链一体化的均值，那么从式（4.41）可以看出形成产业链一体化后利润明显增大。这主要是由于产业链一体化后能使企业获得协同效率，上游与中游乃至下游企业之间可以减少信息不对称的风险，从而降低核心企业的经营成本，同时节省运输成本，提高企业的整体利润。

第三节　产业链结构优化和空间优化的实证分析

汽车产业经济规模比较大，产业链条长，汽车产业的发展也是衡量国家实力和生活水平的重要标志，所以用汽车产业链作为代表分析产业链空间优化具有代表性，其他产业大体与之一致。近些年，中国汽车产业发展迅速，汽车产量已超越美国跃居世界第一位，但从产业链角度看，仍存在汽车产业链专业化分工不足、产业链上各节点企业协作关系不强、产业链环节布局分散等问题，这些严重制约了汽车产业的发展，本节将用向量自回归（vector autoregression，VAR）模型分析中国汽车产业链各环节间的联系及相互影响，从而找出汽车产业链中存在的问题，来促进形成产业链一体化，提高产业竞争力。

一、汽车产业链的结构优化实证分析：以中国汽车产业链为例

（一）汽车产业链的构成

汽车产业链中整车制造处于产业链中的核心地位，它与上、下游关联产业之间存在紧密的联系。上游涉及钢铁、机械、橡胶、石化等行业，而整车制造对上

游各产业的拉动效应非常明显，因此汽车整车制造一直是汽车产业链的核心环节，对整个产业链的发展动向发挥领导作用。一般而言，狭义汽车产业链只包含整车企业和零部件企业，广义汽车产业链则包括上游的原材料生产部门和下游的相关服务业。这里将汽车产业链限定为与汽车制造本身相关的行业。主要分为以下环节，如图 4-2 和表 4-1 所示。

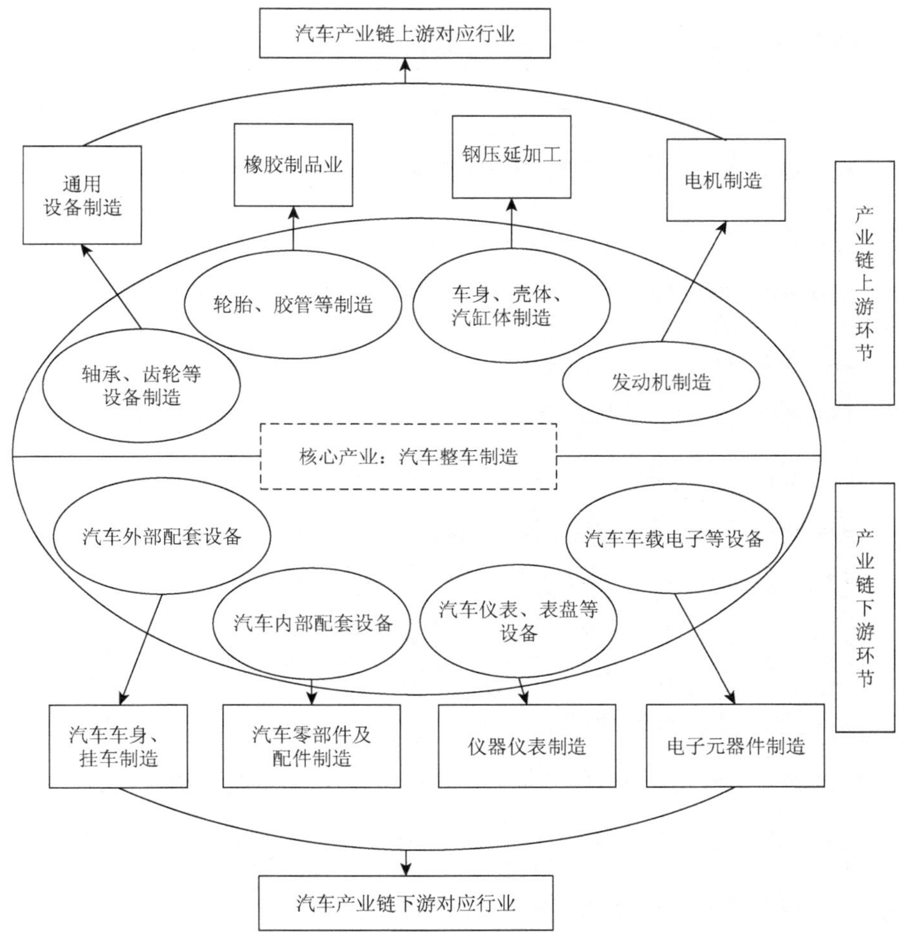

图 4-2　汽车产业链的构成

表 4-1　汽车产业链各环节对应行业

汽车产业链环节	产业链各节点对应行业	具体对应的汽车产业链环节
产业链上游环节（汽车制造原材料）	通用设备制造 橡胶制品业	轴承、齿轮等设备制造 轮胎、胶管等制造

续表

汽车产业链环节	产业链各节点对应行业	具体对应的汽车产业链环节
产业链上游环节（汽车制造原材料）	钢压延加工 电机制造	车身等制造 发动机制造
产业链中游环节（汽车整车制造）	汽车整车制造	汽车整车生产组装
产业链下游环节（汽车的配套设施）	汽车车身、挂车制造 汽车零部件及配件制造 仪器仪表制造 电子元器件制造	汽车外部配套设备 汽车内部配套设备 汽车仪表等设备 汽车车载电子等设备

（二）汽车产业链中各环节之间的关联性分析

汽车产业链上各个环节与汽车整车制造环节的关联性是不同的，通常与汽车整车制造直接关联度越高，对汽车产业链的影响也就越大，直接关联度越低，对汽车产业链的影响也就越小，为了更清晰地了解汽车产业链上各环节与汽车整车制造之间的关联性，以及各环节变动对汽车整车制造造成的冲击和影响，本书通过向量自回归模型以及广义脉冲响应函数和方差分解的形式来进行分析。

向量自回归模型是基于数据的统计性质建立模型，把系统中的每一个内生变量作为系统中所有内生变量的滞后值的函数来构造模型，单变量自回归模型推广到多元时间序列变量组成的向量自回归模型的数学表达形式是

$$Y_t = \sum_{i=1}^{p} \prod\nolimits_i Y_{t-i} + X_t + u_t = \prod\nolimits_1 Y_{t-1} + \prod\nolimits_2 Y_{t-2} + \ldots + \prod\nolimits_p Y_{t-p} + X_t + u_t$$

其中，Y_t 为内生变量向量；X_t 为外生变量向量；Y_{t-i} 为 $N\times1$ 阶应变量 Y 的 $t-i$ 阶滞后变量；p 为滞后阶数；$\prod_i$ 为第 i 个待估参数的 $N\times N$ 阶矩阵；u_t 为随机误差向量。

本书以 Z 表示汽车整车制造，即该向量自回归模型方程的内生变量；外生变量如下：产业链上游环节中 S_1 为通用设备制造，S_2 为橡胶制品业，S_3 为钢压延加工，S_4 为电机制造；下游环节中 X_1 为汽车车身、挂车制造，X_2 为汽车零部件及配件制造，X_3 为仪器仪表制造，X_4 为电子元器件制造。

（三）资料来源与处理

1. 资料来源

本书资料来源于中经网统计数据库，选择中国 2004～2012 年的季度数据分析的汽车产业链环节及产业分类对象界定如附表 4-1 所示。

2. 数据处理及计算结果

由于中经网统计数据库对于数据的统计口径在逐年变化，2006 年以前是以月份为口径进行统计的，而之后是按季度数据进行累计统计的，在利用数据进行分析前，需要对数据进行如下处理。

（1）将月度数据进行整合，换算成累计的季度数据。

（2）为了分析季度销售产值数据的关系，要将数据还原成真正的各季度数据，即当季销售产值数据。

（3）由于 2007～2010 年的资料来源以 2 月为开端，累计数据只有前两个月份，比其他数据少一个月份，剔除这 4 个数据。

（4）在时间序列分析中，多将数据取对数处理，这样得到的数据既不丢失数据原有信息，又能够消除数据的异方差并使数据更加稳定，因此本书将所有数据先进行对数化处理。

（5）用投入产出法计算产业链各环节的价值分配比例。

投入产出模型是通过投入产出表的内部相互连接，从总量与结构上全面、系统地反映国民经济各部门从生产到最终使用的相互联系和平衡关系：

$$\begin{cases} \sum_{j-1}^{n} x_{ij} + y_i = x_i \\ \sum_{i-1}^{n} x_{ij} + g_j = x_j\ , \quad i = 1, 2, \cdots, n \\ \sum_{i=1}^{n} x_i = \sum_{j=1}^{n} x_j \end{cases} \tag{4.42}$$

其中，x_{ij} 为第 j 部门生产时所消耗第 i 种产品的数量；x_i 、y_i 分别为第 i 种产品的生产总量和最终使用的数量；g_j 为第 j 部门增加值。在与投入产出表相关的分析中，涉及与前向、后向关联相关的完全消耗系数。完全消耗系数揭示了部门之间的直接和间接的联系，它更全面更深刻地反映部门之间相互依存的数量关系。完全消耗系数公式为

$$b_{ij} = a_{ij} + \sum_{i-1}^{n} b_{ik} a_{kj}$$

其中，b_{ij} 为第 j 产业对第 i 产业的完全消耗系数；a_{ij} 为第 j 产业对第 i 产业的直接消耗系数；b_{ik} 为其他产业 k 需要第 i 产业的完全消耗系数；a_{kj} 为第 j 产业需要消耗其他产业 k 的产品的直接消耗系数。

本书通过 2007 年的投入产出表和 2010 年的投入产出延长表为样本展开，分别计算与汽车产业相关的上、下游产业的完全消耗系数（表 4-2 和表 4-3）。由于

2010 年投入产出延长表中橡胶制品与塑料制品分属同一部门，对相关部门进行调整，橡胶制品业的完全消耗系数是按照比例进行加权后得出的。通过计算得出的完全消耗系数来计算汽车产业链中游核心行业（汽车整车制造业）在所有环节中的价值分配比例。

表 4-2　2007 年汽车产业链各环节的完全消耗系数

汽车整车制造	汽车车身、挂车制造	汽车零部件及配件制造	通用设备制造	仪器仪表制造	橡胶制品业	钢压延加工	电机制造	电子元器件制造
0.6463	0.6463	0.6463	0.1042	0.0269	0.0456	0.1934	0.0138	0.0472

资料来源：2007 年中国投入产出表。

注：由于汽车车身、挂车制造和汽车零部件及配件制造同属于汽车制造业，其完全消耗系数与汽车整车制造都按汽车制造业的完全消耗系数进行核算。

表 4-3　2010 年汽车产业链各环节的完全消耗系数

汽车整车制造	汽车车身、挂车制造	汽车零部件及配件制造	通用设备制造	仪器仪表制造	橡胶制品业	钢压延加工	电机制造	电子元器件制造
0.6662	0.6662	0.6662	0.1850	0.0232	0.0633	0.1602	0.0298	0.0338

资料来源：2010 年中国投入产出延长表。

注：由于汽车车身、挂车制造和汽车零部件及配件制造同属于汽车制造业，其完全消耗系数与汽车整车制造都按汽车制造业的完全消耗系数进行核算。

3. 数据分析

从表 4-2 和表 4-3 中能看出：首先与汽车制造直接相关的汽车整车制造，汽车车身、挂车制造和汽车零部件及配件制造，其完全消耗系数有所增加，说明这几个行业与汽车制造的关联度更加紧密，这与汽车产业自身的快速发展密不可分，汽车制造业的发展对与其直接相关的行业需求拉动效应显著，所以带动其快速发展。

汽车产业链上游四个环节与汽车整车制造相关性都比较强，其中关联效应最强的是钢压延加工，2007 年钢压延加工对汽车整车制造的完全消耗系数为 0.1934，表明每 1 元的汽车最终产品中要消耗的钢压延加工相关产品的价值约为 0.1934 元。钢压延加工主要提供汽车车身、轴承、齿轮、汽缸体和壳体等部件等所需的钢材，是汽车制造的重要原材料；2010 年钢压延加工的完全消耗系数下降到 0.1602，这其中主要原因是汽车制造业的不断发展，对钢铁质量和数量的要求更高，一些特殊钢材用于汽车制造中，而中国这方面起步晚，技术落后，所以需大量进口，特殊钢材的大量进口对国内市场造成冲击，这也是钢压延加工对汽车整车制造的完全消耗系数下降的主要原因。

从产业协同演进的角度来看，通用设备制造、橡胶制品业和电机制造与汽车整车制造呈现出了协同互动、互为促进的正向关系，这也是汽车整车制造作为核心企业带动上游产业链发展的理想状态。其中通用设备制造2007～2010年的完全消耗系数从0.1042增至0.1850。这一方面是中国近几年来汽车产能及需求快速增长带来的增长效应，另一方面体现了国家对汽车产业零部件国产化相关扶持政策的效果。摒弃了从前“重整车，轻零部件”的观念，产业链一体化程度较高，零部件自产率也越来越高，汽车零部件企业的规模和能力也正逐步提高。

电机制造对汽车整车制造的完全消耗系数由2007年的0.0138上升到2010年的0.0298，上升了一倍多，是汽车产业链各环节中增长幅度最大的。这与国产汽车近些年的迅猛发展是息息相关的，目前中国汽车产量已居世界第一。中国汽车工业协会的统计表明，2008年，国产汽车发动机90%以上来自国内制造，尤其是一些大型发动机的制造更是处于领先地位。这也说明了汽车制造的核心部件正逐步国产化。

同样与汽车整车制造协同演进的还有橡胶制品业，其对汽车整车制造的完全消耗系数上升了大约38.8%。汽车整车制造对橡胶制品业的需求主要是轮胎制造，轮胎对橡胶制品的需求大约占汽车整车制造中橡胶需求的60%。随着汽车产业的发展，轮胎的需求量日益增大。大量国际知名的轮胎制造厂商都在中国设厂或与中方合资办厂，米其林、固特异和普利司通等知名轮胎厂商都积极收购国内轮胎企业，在中国设厂生产，使得轮胎制造所需的橡胶需求量激增，汽车整车制造对橡胶制品业的带动效应也非常明显。

但并非所有产业链环节都与汽车整车制造呈现协同演进的状态，在下游产业中，仪器仪表制造和电子元器件制造与汽车整车制造都呈现了负向关联效应，说明汽车制造业的发展非但没有对它们产生越来越强的拉动作用，反而带动效用越来越小。随着汽车产业的发展，仪器仪表制造和电子元器件制造也在快速发展，但两者对于汽车整车制造的完全消耗系数却在下降，这主要是因为进口汽车仪表和车载电子产品对国内市场的冲击，这两者属于高附加值、高利润环节，受自身技术水平的限制，中国企业的生产技术无法满足要求。在中国的汽车仪器仪表企业中，外资企业占有相当大的比例，即便是中国制造，其核心环节仍掌握在别国手中，大多从国外配套进口。同样，车载电子市场近些年虽发展迅猛，但国产汽车在此方面则要远落后于外国汽车，以车载全球定位系统（global position system，GPS）配置为例，如表4-4所示。

表4-4　2012年中国汽车全球定位系统标配比例

类别	全部数量/款	有导航数量/款	汽车导航标配比例
日系	551	118	21.42%

续表

类别	全部数量/款	有导航数量/款	汽车导航标配比例
美系	209	49	23.44%
欧系	789	286	36.25%
韩系	168	37	22.02%
本土	1056	94	8.9%
其他	50	22	21.47%

资料来源：中国商业情报网（http://www.51tradeinfo.com/Default.aspx）。

在电子产品生产中，中国一直都落后于发达国家，所以无法追上汽车产业发展的脚步，导致非协同演进的结果。这也从侧面说明汽车整车制造作为核心企业，其关联和带动作用不仅取决于汽车产业本身，也受上、下游产业自身的发展水平影响。

（四）汽车整车制造与汽车产业链上游环节分析

汽车制造环节的上游产业环节包括钢压延加工、轴承和齿轮等通用设备制造、轮胎等橡胶制品业和电机制造。

1. 平稳性检验

使用 EViews8.0 软件的单位根方法来检验汽车整车制造和产业链上游四个环节的时间序列的平稳性，具体的检验结果如表 4-5 所示。

表 4-5　汽车整车制造与产业链上游环节的单位根检验结果

变量	ADF 检验值	1%临界值	5%临界值	概率	结论
$\ln Z$	−3.315 675	−4.284 580	−3.562 882	0.082 4	不平稳
$\mathrm{D}\ln Z$	−8.655 173	−4.296 729	−3.568 379	0.000 0	平稳
$\ln S_1$	−5.022 658	−4.284 580	−3.562 882	0.001 7	不平稳
$\mathrm{D}\ln S_1$	−5.014 446	−4.416 345	−3.622 033	0.002 8	平稳
$\ln S_2$	−2.232 006	−4.356 068	−3.595 026	0.453 5	不平稳
$\mathrm{D}\ln S_2$	−3.734 479	−4.356 068	−3.595 026	0.037 7	平稳
$\ln S_3$	−3.236 478	−4.284 580	−3.562 882	0.096 0	不平稳
$\mathrm{D}\ln S_3$	−5.897 963	−4.296 729	−3.568 379	0.000 2	平稳
$\ln S_4$	−1.972 694	−4.296 729	−3.568 379	0.592 0	不平稳
$\mathrm{D}\ln S_4$	−12.015 55	−4.296 729	−3.568 379	0.000 0	平稳

注：ln 为变量取对数后的数值，D 为变量取一阶差分，有截距项和趋势项。

从表 4-5 的单位根检验结果可以看出：在 5%的显著水平下，除了 S_1 通用设备制造，所有变量均没有通过显著性检验，所以可以认为在 5%显著水平下，所有变量的水平值都是不平稳的；但取了一阶差分后，所有变量在 5%水平下都是平稳的，可以认为所有数据都是一阶单整的。

2. 协整检验

协整检验是检验变量之间是否存在长期的均衡关系。由于上述对面板数据单位根检验的结果表明所有数据都是一阶单整的，可以进一步检验变量之间是否存在协整关系。本书采用约翰逊协整检验，在滞后期为 0 的情况，用 EViews8.0 输出的约翰逊协整检验结果如表 4-6 所示。

表 4-6　汽车整车制造与产业链上游环节的协整检验结果

特征变量个数	特征值	统计值	临界值	概率**
无*	0.812 985	122.963 9	88.803 80	0.000 0
最多一个*	0.742 945	72.666 92	63.876 10	0.007 6
最多两个	0.509 942	31.912 91	42.915 25	0.393 2
最多三个	0.204 967	10.515 96	25.872 11	0.901 1
最多四个	0.114 108	3.634 821	12.517 98	0.794 1

* MacKinnon-Haug-Michelis（1999）的 P 值。

** 在 0.05 置信水平下拒绝原假设。

注：追踪临界值为 0.05；选择序列有确定性趋势，方程有截距项。

从表 4-6 中可以看出，五个变量之间存在协整关系，表明汽车整车制造与汽车产业链上游环节之间有长期的均衡关系。

3. 格兰杰因果检验

变量之间存在协整关系就可以进行格兰杰因果检验，格兰杰因果检验可以看出变量之间的关系，用 EViews8.0 输出的检验结果如表 4-7 所示。

表 4-7　汽车整车制造与产业链上游环节的格兰杰因果检验结果

原假设（零假设）	样本容量	F 统计量	概率
LOG(S_1)不是 LOG(Z)格兰杰的因果关系	30	6.546 95	0.005 2
LOG(Z)不是 LOG(S_1)格兰杰的因果关系		2.691 28	0.087 4
LOG(S_2)不是 LOG(Z)格兰杰的因果关系	30	8.055 21	0.002 0
LOG(Z)不是 LOG(S_2)格兰杰的因果关系		2.210 21	0.130 7
LOG(S_3)不是 LOG(Z)格兰杰的因果关系	30	11.262 4	0.000 3

续表

原假设（零假设）	样本容量	F统计量	概率
LOG(Z)不是LOG(S_3)格兰杰的因果关系		2.640 35	0.091 1
LOG(S_4)不是LOG(Z)格兰杰的因果关系	30	7.512 79	0.002 8
LOG(Z)不是LOG(S_4)格兰杰的因果关系		4.967 82	0.015 3
LOG(S_2)不是LOG(S_1)格兰杰的因果关系	30	2.166 94	0.135 6
LOG(S_1)不是LOG(S_2)格兰杰的因果关系		0.451 58	0.641 7
LOG(S_3)不是LOG(S_1)格兰杰的因果关系	30	3.255 74	0.055 4
LOG(S_1)不是LOG(S_3)格兰杰的因果关系		5.025 50	0.014 6
LOG(S_4)不是LOG(S_1)格兰杰的因果关系	30	1.460 57	0.251 2
LOG(S_1)不是LOG(S_4)格兰杰的因果关系		0.007 23	0.992 8
LOG(S_3)不是LOG(S_2)格兰杰的因果关系	30	0.904 92	0.417 4
LOG(S_2)不是LOG(S_3)格兰杰的因果关系		4.232 78	0.026 1
LOG(S_4)不是LOG(S_2)格兰杰的因果关系	30	3.133 01	0.061 1
LOG(S_2)不是LOG(S_4)格兰杰的因果关系		1.923 80	0.167 1
LOG(S_4)不是LOG(S_3)格兰杰的因果关系	30	8.024 94	0.002 0
LOG(S_3)不是LOG(S_4)格兰杰的因果关系		3.533 18	0.044 5

注：在5%的水平下，拒绝原假设，即存在格兰杰因果关系。
LOG执行ln命令，余同。

由格兰杰因果检验可以看出：通用设备制造、橡胶制品业、钢压延加工、电机制造四个上游环节都是引起汽车整车制造的格兰杰原因，且显著性明显，这说明汽车整车制造的产值对这四个上游行业产生明显的影响；而汽车整车制造是引起电机制造的格兰杰原因，并没有显著格兰杰引起产业链上游其他各环节，这是因为通用设备制造、橡胶制品业、钢压延加工三个行业的下游产业众多，汽车整车制造的变动对它们影响比较小。

从产业链上游四个行业之间的格兰杰因果检验结果可以看出：通用设备制造、橡胶制品业和电机制造都是引起钢压延加工的格兰杰原因，这说明这三个行业的需求量也影响了钢压延加工的产量；而电机制造和钢压延加工之间则互为格兰杰因果关系，说明两者的销售产值会互相影响；其余变量之间则没有显著的因果关系。

4. 建立向量自回归模型

在上述平稳性检验、约翰逊检验和格兰杰因果检验之后，可以检验向量自回归模型是否恰当，上述确定最大滞后阶数为2，利用EViews8.0得出结果如表4-8所示。

表 4-8　汽车整车制造与产业链上游环节的向量自回归模型

	LOG(Z)	LOG(S_1)	LOG(S_2)	LOG(S_3)	LOG(S_4)
	0.578 672	0.307 114	0.495 102	0.523 504	0.479 738
LOG(Z(−1))	(0.2405)	(0.1829)	(0.1613)	(0.163 98)	(0.2035)
	[2.405 86]	[1.678 90]	[3.069 18]	[3.192 45]	[2.357 23]
	0.264 495	−0.293 455	0.013 247	0.200 209	−0.363 739
LOG(S_1(−1))	(0.3864)	(0.293 87)	(0.259 16)	(0.263 44)	(0.326 96)
	[0.684 49]	[−0.998 57]	[0.051 12]	[0.759 97]	[−1.1125]
	0.112 948	0.741 887	0.613 206	−0.341 908	0.470 946
LOG(S_2(−1))	(0.526 47)	(0.400 39)	(0.353 09)	(0.358 93)	(0.445 46)
	[0.214 54]	[1.852 91]	[1.736 70]	[−0.952 58]	[1.057 20]
	−0.147 764	0.668 163	0.394 596	1.004 504	0.541 473
LOG(S_3(−1))	(0.262 14)	(0.199 36)	(0.175 81)	(0.178 72)	(0.221 81)
	[−0.5637]	[3.3515]	[2.2445]	[5.6206]	[2.4412]
	0.136 971	−0.407 374	−0.435 301	−0.351 728	0.022 534
LOG(S_4(−1))	(0.385 63)	(0.293 28)	(0.258 63)	(0.262 91)	(0.326 29)
	[0.355 19]	[−1.389 03]	[−1.683 10]	[−1.337 84]	[0.069 06]
	1.827 019	−0.406 896	−3.236 746	−2.695 922	−3.214 638
C	(1.727 29)	(1.313 64)	(1.158 44)	(1.177 60)	(1.461 52)
	[1.057 74]	[−0.309 75]	[−2.794 05]	[−2.289 33]	[−2.1995]
R^2	0.951 458	0.969 839	0.978 613	0.975 163	0.975 138
调整的 R^2	0.941 749	0.963 807	0.974 335	0.970 196	0.970 165

由建立的向量自回归模型可以看出，调整后的拟合程度都比较高，说明向量自回归模型建立得较好。汽车整车制造滞后一期的值对产业链上游所有行业的影响系数都是正值，且系数的数值都较大，说明汽车整车制造对上游行业都有较强正向的影响，汽车整车制造对产业链上游四个行业的影响都不显著，这与格兰杰因果检验的结论也一致。通过 EViews8.0，得到模型的代数表达式如下：

$$\begin{aligned}\mathrm{LOG}(Z) = {} & 0.578\,671\,573\,433\times \mathrm{LOG}(Z(-1)) + 0.264\,494\,661\,421\times \mathrm{LOG}(S_1(-1)) \\ & + 0.112\,948\,040\,168\times \mathrm{LOG}(S_2(-1)) - 0.147\,764\,053\,413\times \mathrm{LOG}(S_3(-1)) \\ & + 0.136\,971\,007\,937\times \mathrm{LOG}(S_4(-1)) + 1.827\,018\,561\,54\end{aligned}$$

$$\begin{aligned}\mathrm{LOG}(S_1) = {} & 0.307\,113\,693\,011\times \mathrm{LOG}(Z(-1)) - 0.293\,454\,684\,648\times \mathrm{LOG}(S_1(-1)) \\ & + 0.741\,887\,453\,327\times \mathrm{LOG}(S_2(-1)) + 0.668\,163\,439\,746\times \mathrm{LOG}(S_3(-1)) \\ & - 0.407\,373\,561\,112\times \mathrm{LOG}(S_4(-1)) - 0.406\,895\,817\,842\end{aligned}$$

$$\begin{aligned}\mathrm{LOG}(S_2) = & 0.495\,101\,523\,785 \times \mathrm{LOG}(Z(-1)) + 0.013\,246\,849\,689\,8 \times \mathrm{LOG}(S_1(-1)) \\ & + 0.613\,205\,912\,759 \times \mathrm{LOG}(S_2(-1)) + 0.394\,596\,311\,065 \times \mathrm{LOG}(S_3(-1)) \\ & - 0.435\,301\,302\,945 \times \mathrm{LOG}(S_4(-1)) - 3.236\,746\,365\,91\end{aligned}$$

$$\begin{aligned}\mathrm{LOG}(S_3) = & 0.523\,504\,052\,465 \times \mathrm{LOG}(Z(-1)) + 0.200\,208\,713\,029 \times \mathrm{LOG}(S_1(-1)) \\ & - 0.341\,907\,728\,613 \times \mathrm{LOG}(S_2(-1)) + 1.004\,504\,334\,68 \times \mathrm{LOG}(S_3(-1)) \\ & - 0.351\,727\,896\,025 \times \mathrm{LOG}(S_4(-1)) - 2.695\,922\,068\,71\end{aligned}$$

$$\begin{aligned}\mathrm{LOG}(S_4) = & 0.479\,737\,981\,874 \times \mathrm{LOG}(Z(-1)) - 0.363\,738\,741\,794 \times \mathrm{LOG}(S_1(-1)) \\ & + 0.470\,945\,650\,986 \times \mathrm{LOG}(S_2(-1)) + 0.541\,472\,581\,192 \times \mathrm{LOG}(S_3(-1)) \\ & + 0.022\,534\,202\,802\,7 \times \mathrm{LOG}(S_4(-1)) - 3.214\,638\,114\,05\end{aligned}$$

由上述方程可以看出：滞后一期的汽车整车制造、通用设备制造、橡胶制品业、电机制造对汽车整车制造的影响系数都为正值，且数值较大，说明这四个变量对汽车整车制造产生较大的正向影响，而滞后一期的钢压延加工的系数为负，但数值很小，说明这个变量对汽车整车制造产生了微小的负向影响。

5. 向量自回归模型的平稳性检验

平稳性变量建立的向量自回归模型是平稳性的，而建立的平稳向量自回归模型的变量不一定是平稳变量，若向量自回归模型不稳定，则脉冲响应函数的标准差就不是有效的，所以要对向量自回归模型进行平稳性检验。若所有特征根倒数的模都小于 1，则模型是稳定的，否则不稳定，利用 EViews8.0 得出结果如表 4-9 所示。

表 4-9　汽车整车制造与产业链上游环节向量自回归模型的平稳性检验

特征根	模数
0.962 750	0.962 750
0.669 143	0.669 143
0.519 530	0.519 530
–0.112 981–0.211 801i	0.240 051
–0.112 981 + 0.211 801i	0.240 051

由第二列的结果可以看出，所有特征根倒数的模都小于 1，因此建立的向量自回归模型是稳定的，可以进行脉冲响应函数分析。

6. 脉冲响应函数分析

向量自回归模型是一种非理论性的模型，单个参数估计值的经济解释是较困难的，除了预测，最重要的是用于结构分析的脉冲响应函数和方差分解。脉冲响应函数是指系统对其某一变量的一个冲击或新生所做出的反应，并随着时间的推移，观察模型中的各变量对于冲击是如何反应的。产业链上游环节与汽车整车制造的脉冲响应函数分析如图 4-3 所示，其中纵轴为影响程度，横轴为影响时期（选择前 10 期）。

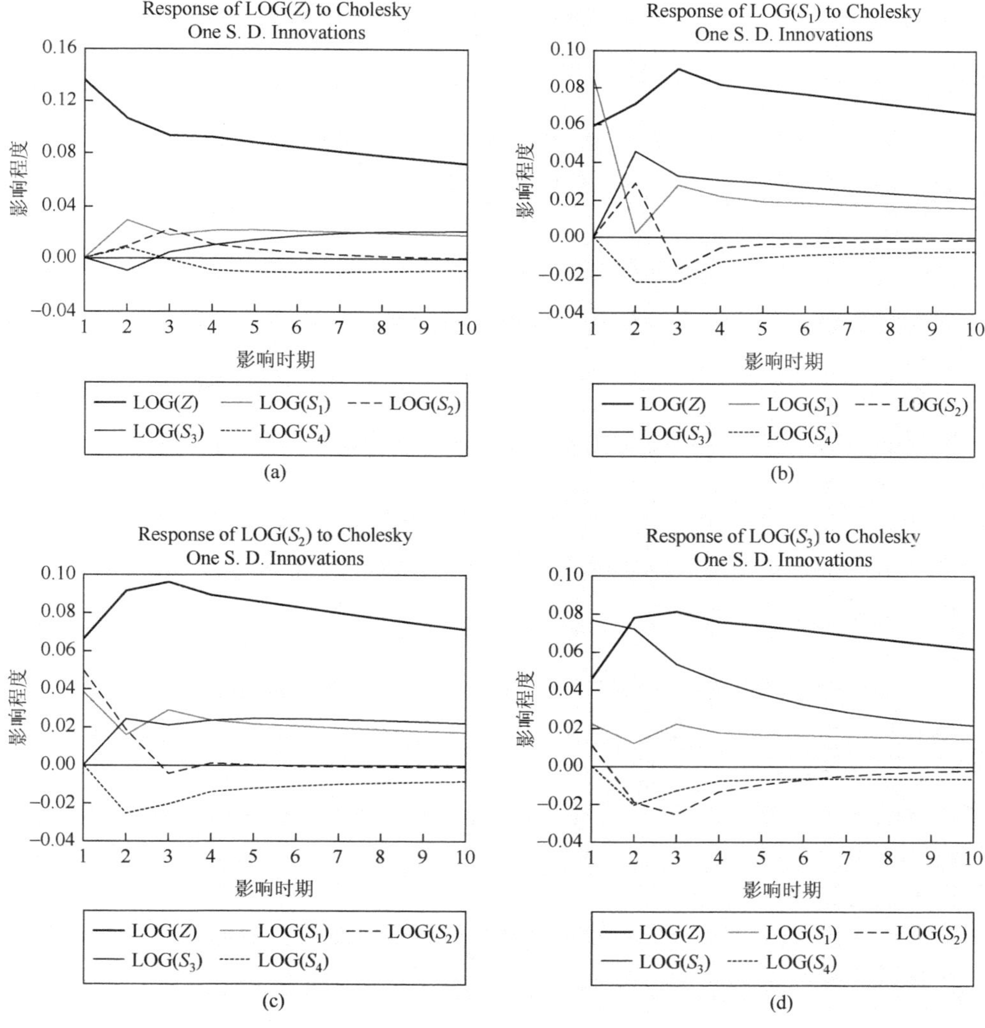

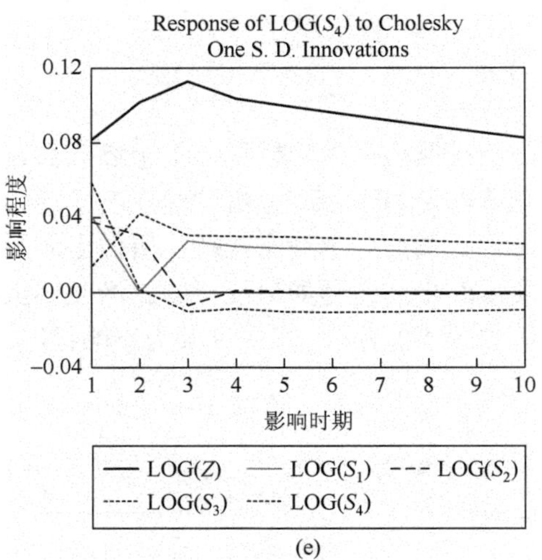

(e)

图 4-3　汽车整车制造与产业链上游环节的脉冲响应函数图

Response of LOG(S_i) to Cholesky One S.D. Innovation，表示 LOG(S_i)的 Cholesky 一个标准差脉冲分解相应分解，其中 $i = 1, 2, 3, 4$

图 4-3（a）是产业链上游环节的一个标准差脉冲的变动对汽车整车制造需求变动的影响。首先看出汽车整车制造对自身一个标准差的冲击时，立即作出了大约 13.65%的正向响应，随后快速下降至第二期的 10.65%，接着缓慢下降，一直下降到最后一期的 7.22%左右，且仍有下降趋势；通用设备制造一个标准差脉冲的变动对汽车整车制造的需求有一个先升后降的过程，开始未立即反应，在前两个期处于上升阶段，第二期上升到最高点（2.91%），随后在 2%波动，在第三期又下降到 1.74%，然后开始上升，第五期达到 2.12%，后缓慢下降，最后下降到第十期的 1.76%左右；橡胶制品业一个标准差脉冲的变动对汽车整车制造的影响是先升后降，前三期上升较快，第三期上升到 2.2%左右，之后下降到第五期趋于零，表明橡胶制品业对汽车整车制造的影响最后基本消失；钢压延加工的一个标准差冲击对汽车整车制造需求的影响是一个先降后升的过程，在第二期有轻微负向影响，随后逐渐上升，且上升幅度不大，在第八期后逐渐趋于平稳，最后一直稳定在 2%左右；电机制造的一个标准差冲击对汽车整车制造需求的变动影响很微小，开始有轻微的正向影响，随后产生了负向影响，从第五期后基本维持在−1%以下，这说明电机制造一个标准差的冲击对汽车整车制造有轻微的负向影响。

从图 4-3（b）～（e）中可以看出汽车整车制造对产业链上游各个环节的一个标准差脉冲的需求变动影响。可以看出汽车整车制造的一个标准差的需求冲击对产业链上游各个环节的需求影响都很大，并且影响的时间也比较长，都有持续性，同时都表现出一个先升后降的过程。图 4-3（b）能看出汽车整车制造一个标准差的冲击对通用设备制造的需求冲击立即做出了 5.93%的正向响应，在前三期都表现为逐渐上升，需求量增加到 9.05%左右，随后缓慢下降，在最后一期下降到大约 6.6%。图 4-3（c）是汽车整车制造的一个标准差的脉冲对橡胶制品业的需求量的影响，首先立即做出了 6.65%的正向响应，在前三期由 6.65%快速上升到 9.63%左右，第三期之后开始逐渐下降，最后降到 7.15%左右。图 4-3（d）能看出汽车整车制造一个标准差的冲击对钢压延加工需求的影响，首先立即做出 4.62%的正向响应，第二期快速上升到 7.82%，第三期达到最高（8.14%），随后开始缓慢下降，最后大约下降到 6.18%。图 4-3（e）能看出汽车整车制造的一个标准差的脉冲对电机制造需求的影响，首先立即做出 8.19%的正向响应，由最初的 8.19%上升到 11.3%左右，说明汽车整车制造对电机制造的影响比上游产业链其他环节要大一些，随后一直平稳下降，最后下降到 8.3%左右。

结论 1　从汽车整车制造与产业链上游环节各行业的脉冲响应函数可以看出，汽车整车制造的一个标准差的脉冲对产业链上游其他环节的影响都很大，且持续时间长，说明了汽车整车制造的核心地位，也很好地说明了中游核心企业的龙头地位。

7. *方差分解*

方差分解是将系统的预测均方误差分解成系统中各变量冲击所作的贡献度，进一步评价不同结构冲击的重要性。汽车整车制造与产业链上游环节的方差分解结果如图 4-4 所示，其中横轴代表影响时期，纵轴为贡献度。

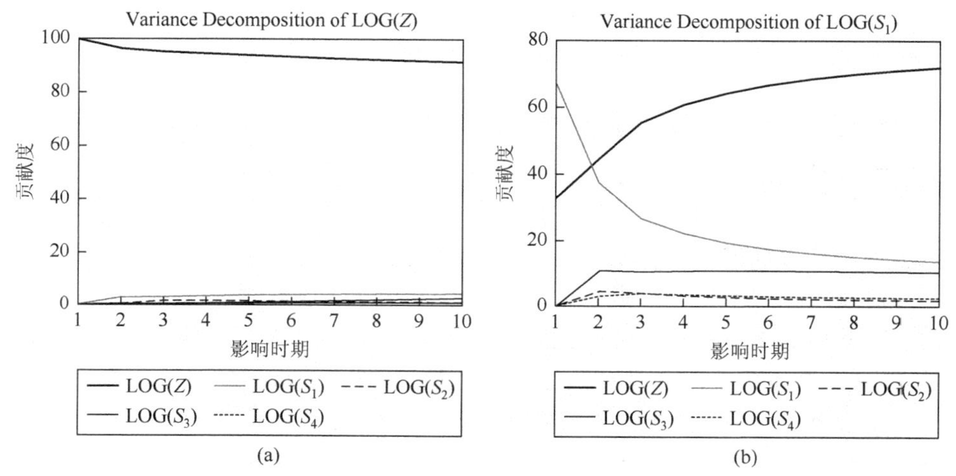

(a)　(b)

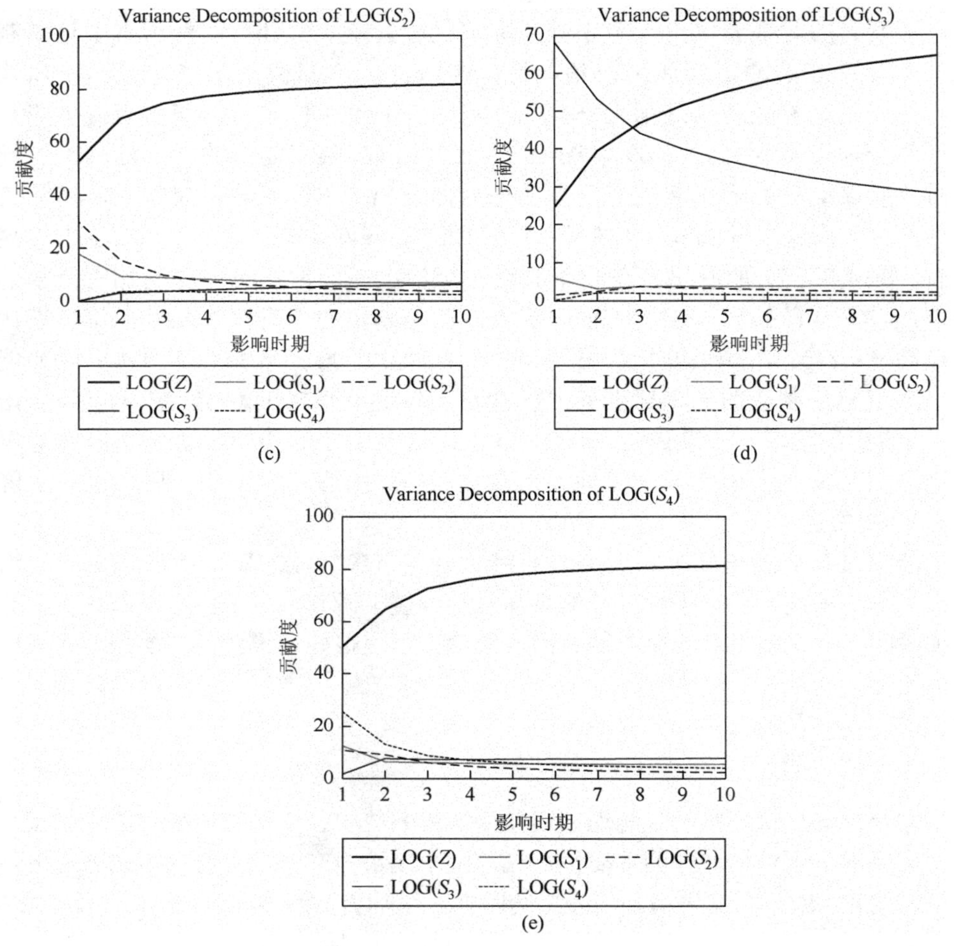

图 4-4　汽车整车制造与产业链上游环节的方差分解图

Variance Decomposition of LOG(S_i)，表示 LOG(S_i)的方差分解，其中 $i=1, 2, 3, 4$

从图 4-4（a）可以看出汽车产业链上游环节对汽车整车制造的贡献度，通用设备制造对汽车整车制造的贡献度呈现出逐步上升的趋势，在第二期由零快速上升到 2.73%，随后缓慢上升，在最后一期其贡献度达到了 4.19%，是整个产业链上游环节贡献度最高的行业，说明通用设备制造是上游环节中对汽车整车制造影响最大的环节；而橡胶制品业是先升后降的，其中橡胶制品业对汽车整车制造的贡献度在前三期是逐渐上升的，在第三期达到最高（1.4%），随后缓慢下降，最后一期贡献度约为 0.82%；而钢压延加工对其的贡献度也是逐渐上升的，但相比通用设备制造，其上升幅度较小，最后一期其贡献度为 2.46%，仍有上升趋势，说明钢压延加工对汽车整车制造有重要影响；电机制造对汽车整车制造的贡献度大体也是逐渐上升的，只是在第三期为 1.61%，略低于第二期的 2.1%，随后都是逐渐上升的，在第十期下降到 0.79%，而对于汽车整车制造本身而言，其贡献度则是逐步下降的，这说明了汽车产业链的上游环节对中游核心企业的贡献度正逐步增大，产业链的整体关联性逐步加强，但总体贡献度还比较小，未能超过 10%。

图 4-4（b）～（e）可以看出汽车整车制造对产业链上游各行业的贡献度。明显能看出汽车整车制造对上游各个环节的贡献度都是逐期增加的。汽车整车制造对通用设备制造的贡献度起初有 32.69%，随后逐渐上升，在第二期就高于通用设备制造自身的贡献度，在第十期甚至达到了 72.16%，同时能看出橡胶制品业对通用设备制造的贡献度在第二期达到 4.38%之后就开始逐期下降，最后贡献度仅为 1.59%，是所有环节中最低的，而钢压延加工对其贡献度则比较平稳，维持在 10.5%左右，表明钢压延加工对通用设备制造的影响持续而且稳定。从图 4-4（c）能看出，汽车整车制造最开始的贡献度就超过了橡胶制品业本身，而且汽车整车制造的贡献度逐期上升，从最初的 52.75%到最后一期的 81.78%，是所有环节中贡献度最大的，说明整车制造业对橡胶制品业影响很大，通用设备制造对其贡献度起初也达到了 17.6%，但从第二期开始明显下降，而钢压延加工对橡胶制品业的贡献度则逐步上升，最后其贡献度与通用设备制造相仿。在图 4-4（d）中，汽车整车制造对钢压延加工贡献度也是逐渐上升的，并在第三期超过其本身的贡献度，最后达到了 64.7%，通用设备制造和橡胶制造业起初都对钢压延加工有一定的贡献，但贡献度都比较小，最终都未达到 5%。从图 4-4（e）可以看出，汽车整车制造在最初的贡献度也超过了电机制造本身贡献度，并从最初的 50.27%一直上升到第十期的 81.36%，上升幅度明显，其他环节对其起初都有一定的贡献度，通用设备制造和橡胶制品业对其的贡献度一开始都超过了 10%，但随后开始下降，而钢压延加工对其贡献度则逐步增加，在第四期超过电机制造本身的贡献度，最后达到了 7.49%。

结论 2　从产业链上游环节与汽车整车制造的方差分解图能够得出，虽然上游环节对整车制造的总体贡献度仍很小，但贡献度是逐步增大的，其产业链的整体关联性也是逐步加强的；汽车整车制造对上游环节的贡献度则都是逐渐增加的，而且比例比较高，贡献度在第十期都超过 60%，其产业链的核心地位十分突出。

（五）汽车整车制造与汽车产业链下游环节分析

汽车制造环节的下游产业环节包括汽车车身、挂车制造，汽车零部件及配件制造，仪器仪表制造，电子元器件制造。

1. 平稳性检验

使用 EViews8.0 软件中的单位根方法来检验汽车整车制造和产业链下游环节的时间序列的平稳性，具体的检验结果如表 4-10 所示。

表 4-10 汽车整车制造与产业链下游环节的单位根检验结果

变量	ADF 检验值	1%临界值	5%临界值	概率	结论
$\ln Z$	−3.315 675	−4.284 580	−3.562 882	0.082 4	不平稳
$D\ln Z$	−8.655 173	−4.296 729	−3.568 379	0.000 0	平稳
$\ln X_1$	−4.932 628	−4.284 880	−3.562 882	0.002 1	不平稳
$D\ln X_1$	−6.775 758	−4.323 979	−3.580 623	0.000 0	平稳
$\ln X_2$	−2.323 352	−4.296 729	−3.568 379	0.409 5	不平稳
$D\ln X_2$	−10.061 16	−4.296 729	−3.568 379	0.000 0	平稳
$\ln X_3$	−4.169 794	−4.284 580	−3.562 882	0.013 1	不平稳
$D\ln X_3$	−7.563 079	−4.323 979	−3.580 623	0.000 0	平稳
$\ln X_4$	−1.252 152	−4.284 580	−3.562 882	0.881 1	不平稳
$D\ln X_4$	−5.135 865	−4.296 729	−3.568 379	0.001 3	平稳

注：ln 为变量取对数后的数值，D 为变量取一阶差分，有截距项和趋势项。

从表 4-10 的单位根检验结果可以看出：在 1%的显著水平下，除了 X_1 汽车车身、挂车制造，所有变量均没有通过显著性检验，所以可以认为在 1%显著水平下，所有变量的水平值都是不平稳的；但取了一阶差分后，所有变量在 1%水平下都是平稳的，可以认为所有数据都是一阶单整的。

2. 协整检验

使用 EViews8.0 的约翰逊检验方法来检验汽车整车制造和产业链下游环节的协整关系，具体的检验结果如表 4-11 所示。

表 4-11 汽车整车制造与产业链下游环节的协整检验结果

特征变量个数	特征值	统计值	临界值	概率**
无*	0.743 825	97.816 60	88.803 80	0.009 6
最多一个*	0.617 022	56.959 77	63.876 10	0.166 4
最多两个	0.339 823	28.166 41	42.915 25	0.612 1
最多三个	0.331 888	15.708 99	25.872 11	0.516 1
最多四个	0.113 375	3.609 986	12.517 98	0.797 5

* MacKinnon-Haug-Michelis（1999）的 P 值。

** 在 0.05 置信水平下拒绝原假设。

从表 4-11 中看出，五个变量之间存在协整关系，表明汽车整车制造与下游环节之间有长期的均衡关系。

3. 格兰杰因果检验

汽车整车制造与产业链下游环节存在长期均衡关系，则可以利用格兰杰因果检验验证它们之间的关系，利用 EViews8.0 输出的检验结果如表 4-12 所示。

表 4-12　汽车整车制造与产业链下游环节的格兰杰因果检验结果

原假设（零假设）	样本容量	F 统计量	概率
LOG(X_1)不是 LOG(Z)格兰杰的因果关系	30	6.988 35	0.003 9
LOG(Z)不是 LOG(X_1)格兰杰的因果关系		3.609 66	0.042 0
LOG(X_2)不是 LOG(Z)格兰杰的因果关系	30	16.5103	3×10^{-5}
LOG(Z)不是 LOG(X_2)格兰杰的因果关系		5.391 42	0.011 3
LOG(X_3)不是 LOG(Z)格兰杰的因果关系	30	5.902 15	0.008 0
LOG(Z)不是 LOG(X_3)格兰杰的因果关系		4.155 53	0.027 7
LOG(X_4)不是 LOG(Z)格兰杰的因果关系	30	1.543 15	0.233 4
LOG(Z)不是 LOG(X_4)格兰杰的因果关系		9.095 85	0.001 1
LOG(X_2)不是 LOG(X_1)格兰杰的因果关系	30	2.089 36	0.144 9
LOG(X_1)不是 LOG(X_2)格兰杰的因果关系		2.513 48	0.101 2
LOG(X_3)不是 LOG(X_1)格兰杰的因果关系	30	2.872 93	0.075 3
LOG(X_1)不是 LOG(X_3)格兰杰的因果关系		5.453 05	0.010 8
LOG(X_4)不是 LOG(X_1)格兰杰的因果关系	30	0.435 23	0.651 9
LOG(X_1)不是 LOG(X_4)格兰杰的因果关系		1.781 39	0.189 1
LOG(X_3)不是 LOG(X_2)格兰杰的因果关系	30	5.525 35	0.010 3
LOG(X_2)不是 LOG(X_3)格兰杰的因果关系		3.028 87	0.066 4
LOG(X_4)不是 LOG(X_2)格兰杰的因果关系	30	2.225 60	0.129 0
LOG(X_2)不是 LOG(X_4)格兰杰的因果关系		8.762 86	0.001 3
LOG(X_4)不是 LOG(X_3)格兰杰的因果关系	30	1.932 84	0.165 8
LOG(X_3)不是 LOG(X_4)格兰杰的因果关系		5.312 68	0.011 9

注：在 5%的水平下，拒绝原假设，即存在格兰杰因果关系。

由表 4-12 的格兰杰因果检验可以看出：汽车车身、挂车制造，汽车零部件及配件制造和仪器仪表制造三个下游环节都是引起汽车整车制造的格兰杰原因，且显著性明显，这说明这三个下游行业的产值对汽车整车制造的需求有明显的影响；而汽车整车制造是引起电子元器件制造的格兰杰原因，但电子元器件制造并不是引起汽车整车制造的格兰杰原因，这说明汽车整车制造的需求会对电子元器件制造产生影响，而电子元器件制造由于涉及行业众多，对汽车整车制造的影响不够显著。同时能看出，汽车整车制造与汽车车身、挂车制造，汽车零部件及配件制造都互为格兰杰因果关系，这两个环节是与汽车整车制造直接相关的，所以它们之间的需求量与供给量是相关联的。在其他产业链下游的各环节之间，仪器仪表制造是引起汽车零部件及配件制造的格兰杰原因，汽车零部件及配件制造和仪器仪表制造是引起电子元器件制造的格兰杰原因，这说明这些环节之间的销售产值也受其他环节的影响，剩余环节之间并无显著影响。

4. 建立向量自回归模型

在上述平稳性检验、约翰逊检验和格兰杰因果检验之后，可以检验向量自回归模型是否合适，上述确定最大滞后阶数为 2，利用 EViews8.0 得出结果如表 4-13 所示。

表 4-13　汽车整车制造与产业链下游环节的向量自回归模型

	LOG(Z)	LOG(X_1)	LOG(X_2)	LOG(X_3)	LOG(X_4)
	0.297 195	0.237 547	−0.006 599	−1.258 753	−0.354 386
LOG(Z(−1))	（0.380 34）	（0.615 22）	（0.347 30）	（0.459 20）	（0.294 83）
	[0.781 40]	[0.386 12]	[−0.019 00]	[−2.741 22]	[−1.202 02]
	−0.775 765	−0.121 762	−0.470 279	0.040 726	−0.123 458
LOG(X_1(−1))	（0.203 17）	（0.328 64）	（0.185 52）	（0.245 29）	（0.157 49）
	[−3.818 34]	[−0.370 51]	[−2.534 95]	[0.166 03]	[−0.783 91]
	0.958 882	0.671 074	1.349 958	1.886 766	1.076 680
LOG(X_2(−1))	（0.486 79）	（0.787 41）	（0.444 50）	（0.587 72）	（0.377 35）
	[1.969 80]	[0.852 25]	[3.037 02]	[3.210 31]	[2.853 30]
	0.469 401	0.210 439	0.285 695	−0.020 682	−0.262 944
LOG(X_3(−1))	（0.195 59）	（0.316 38）	（0.178 60）	（0.236 14）	（0.151 62）
	[2.399 92]	[0.665 15]	[1.599 65]	[−0.087 58]	[−1.734 28]
	−0.056 317	0.027 245	−0.176 338	−0.160 783	0.410 722
LOG(X_4(−1))	（0.250 39）	（0.405 02）	（0.228 64）	（0.302 31）	（0.194 10）
	[−0.224 92]	[0.067 27]	[−0.771 25]	[−0.531 85]	[2.116 08]
	0.135 111	−3.019 332	−0.841 475	−0.393 885	−1.526 176
C	（0.736 39）	（1.191 16）	（0.672 42）	（0.889 07）	（0.570 83）
	[0.183 48]	[−2.534 79]	[−1.251 42]	[−0.443 03]	[−2.673 62]
R^2	0.971 189	0.948 005	0.984 424	0.958 985	0.982 686
调整的 R^2	0.965 426	0.937 606	0.981 309	0.950 782	0.979 223

从建立的下游环节与中游核心企业的向量自回归模型可以看出，调整后的拟合度都比较高，说明向量自回归模型建立得较好。滞后一期的汽车整车制造只对其本身和汽车车身、挂车制造产生了正向影响，而对其他环节都是负向影响。通过 EViews8.0，得到模型的代数表达式如下：

$$\begin{aligned}\mathrm{LOG}(Z) = {} & 0.297\,194\,754\,088 \times \mathrm{LOG}(Z(-1)) - 0.775\,765\,081\,65 \times \mathrm{LOG}(X_1(-1)) \\ & + 0.958\,882\,074\,197 \times \mathrm{LOG}(X_2(-1)) + 0.469\,401\,481\,457 \times \mathrm{LOG}(X_3(-1)) \\ & - 0.056\,316\,990\,109\,9 \times \mathrm{LOG}(X_4(-1)) + 0.135\,111\,003\,89\end{aligned}$$

$$\begin{aligned}\mathrm{LOG}(X_1) = {} & 0.237\,546\,962\,086 \times \mathrm{LOG}(Z(-1)) - 0.121\,762\,012\,914 \times \mathrm{LOG}(X_1(-1)) \\ & + 0.671\,074\,118\,464 \times \mathrm{LOG}(X_2(-1)) + 0.210\,439\,332\,836 \times \mathrm{LOG}(X_3(-1)) \\ & + 0.027\,244\,694\,584 \times \mathrm{LOG}(X_4(-1)) - 3.019\,332\,469\,57\end{aligned}$$

$$\begin{aligned}\mathrm{LOG}(X_2) = {} & -0.006\,598\,633\,600\,75 \times \mathrm{LOG}(Z(-1)) - 0.470\,278\,935\,569 \times \mathrm{LOG}(X_1(-1)) \\ & + 1.349\,957\,837\,95 \times \mathrm{LOG}(X_2(-1) + 0.285\,695\,258\,591 \times \mathrm{LOG}(X_3(-1)) \\ & - 0.176\,337\,545\,784 \times \mathrm{LOG}(X_4(-1)) - 0.841\,475\,437\,688\end{aligned}$$

$$\begin{aligned}\mathrm{LOG}(X_3) = {} & -1.258\,753\,360\,33 \times \mathrm{LOG}(Z(-1)) + 0.040\,726\,487\,116\,8 \times \mathrm{LOG}(X_1(-1)) \\ & + 1.886\,765\,754\,16 \times \mathrm{LOG}(X_2(-1)) - 0.020\,681\,851\,965\,6 \times \mathrm{LOG}(X_3(-1)) \\ & - 0.160\,782\,557\,758 \times \mathrm{LOG}(X_4(-1)) - 0.393\,884\,575\,276\end{aligned}$$

$$\begin{aligned}\mathrm{LOG}(X_4) = {} & -0.354\,385\,761\,154 \times \mathrm{LOG}(Z(-1)) - 0.123\,457\,855\,232 \times \mathrm{LOG}(X_1(-1)) \\ & + 1.076\,680\,425\,06 \times \mathrm{LOG}(X_2(-1)) - 0.262\,943\,977\,689 \times \mathrm{LOG}(X_3(-1)) \\ & + 0.410\,722\,333\,508 \times \mathrm{LOG}(X_4(-1)) - 1.526\,175\,543\,64\end{aligned}$$

从公式可以看出：滞后一期的汽车车身、挂车制造对汽车整车制造有较强的负向影响，这是因为汽车车身、挂车的制造对汽车整车制造没有时滞性，当期就会造成很强的影响，滞后一期的电子元器件制造也对汽车整车制造有轻微的负向影响。其他滞后一期的下游环节对汽车整车制造都具有正向影响，且滞后一期的汽车零部件及配件制造对汽车整车制造的影响比较大，这也充分反映了汽车配套行业对中游核心企业具有重要影响，汽车零部件及配件制造是汽车制造的重要组成部分。

5. 向量自回归模型的平稳性检验（表 4-14）

表 4-14　汽车整车制造与产业链下游环节的向量自回归模型的平稳性检验

特征根	模数
0.973 866	0.973 866
0.007 946–0.563 610i	0.563 666
0.007 946 + 0.563 610i	0.563 666
0.462 836–0.062 781i	0.467 074
0.462 836 + 0.062 781i	0.467 074

由第二列的结果可以看出，所有特征根倒数的模都小于 1，因此建立的向量自回归模型是稳定的，可以进行脉冲响应函数分析。

6. 脉冲响应函数分析

产业链下游环节与汽车整车制造的脉冲响应函数分析如图 4-5 所示，其中纵轴为影响程度，横轴为影响时期。

从图 4-5（a）能够看出产业链下游环节的一个标准差脉冲的变动对汽车整车制造需求变动的影响。汽车整车制造对自身一个标准差的冲击时，立即作出大约 10.5%的正向响应，随后快速下降至第三期的 2.67%，接着又上升到第五

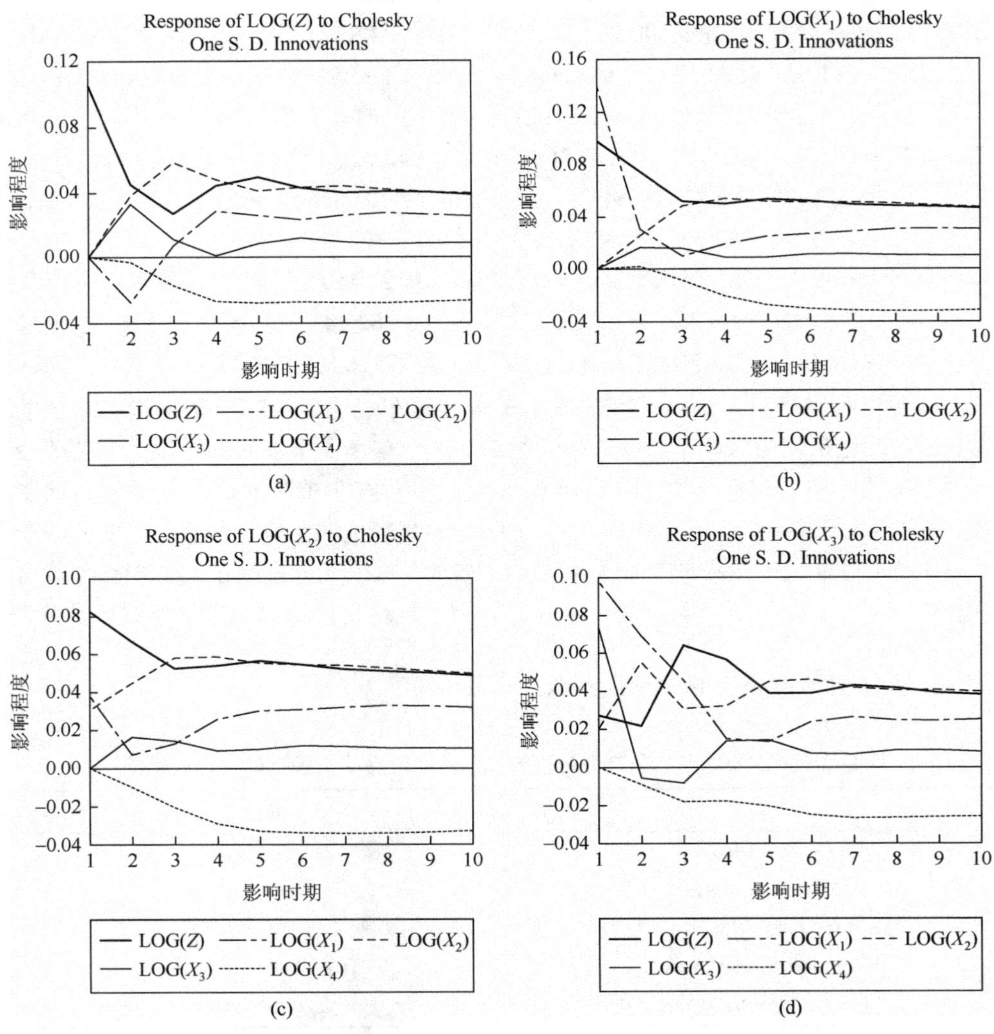

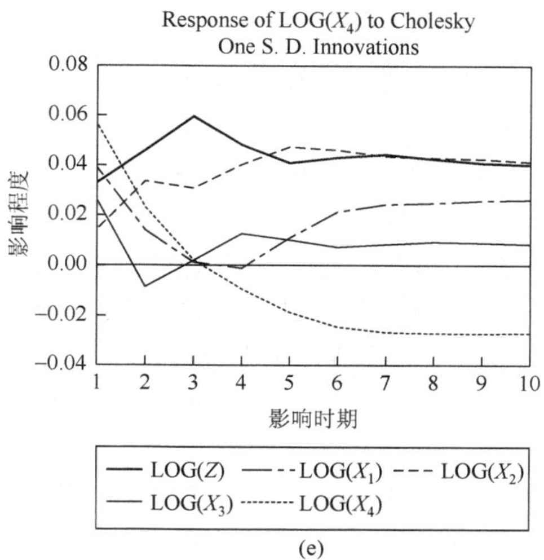

(e)

图 4-5　汽车整车制造与产业链下游环节的脉冲响应函数分析

Response of LOG(X_i) to Cholesky One S.D. Innovation，表示 LOG(X_i)的 Cholesky 一个标准差脉冲分解相应分解，其中 $i = 1, 2, 3, 4$

期的 5%，到第六期后趋于平稳，一直稳定在 4%左右。汽车车身、挂车制造一个标准差的冲击对汽车整车制造的需求有一个先降后升的过程，起初未作反应，第二期下降至−2.75%，然后开始上升，第四期后逐渐趋于平稳，最后稳定在 2.5%左右；汽车零部件及配件制造一个标准差脉冲的变动对汽车整车制造的影响也是先升后降，第三期最高到 5.86%左右，随后开始下降，最后在第五期逐渐稳定在 4.2%左右；仪器仪表制造的一个标准差的冲击对汽车整车制造需求的影响是先升后降，随后平稳的过程，第二期上升到 3.29%，随后开始下降，在第四期下降到最低（0.8%），随后波动，但幅度很小，基本稳定在 0.8%左右；电子元器件制造的一个标准差冲击对汽车整车制造需求的变动影响在前两期没有明显的响应，随后开始下降，其影响一直处于负值，在第四期后一直稳定在−2.7%。

图 4-5（b）～（e）反映的是汽车整车制造对产业链下游各个环节的一个标准差脉冲的需求变动影响。同产业链上游一样，汽车整车制造的一个标准差的需求冲击对产业链下游各个环节的需求影响都比较大，并且影响的时间长，波动性也比较大。图 4-5（b）能看出汽车整车制造一个标准差的冲击对汽车车身、挂车制造的需求冲击立即做出了 9.8%的正向响应，而后逐渐下降，在最后一期下降到大约 4.67%，汽车零部件及配件制造对其一个标准差的冲击的需求是先升后降，但波动幅度较小，这也看出三个关联企业的需求量都是互相影响的，与格兰杰因果检验结果是一致的。图 4-5（c）能看出汽车整车制造的一个标准差

的脉冲对汽车零部件及配件制造的影响，汽车整车制造立即做出了 8.26%的正向响应，随后开始下降，在第三期后稳定在 5.2%左右，汽车车身、挂车制造一个标准差的冲击对汽车零部件及配件制造需求量的影响则是先降后升，最后稳定的过程，首先立即做出了 3.8%的正向响应，在第二期快速下降到 0.7%，随后慢慢上升，在第五期后稳定在 3%左右。图 4-5（d）能看出汽车整车制造一个标准差的冲击对仪器仪表制造需求的影响，其立即做出了 2.7%的正向响应，在第二期则下降到 2.17%，在第三期快速上升到 6.4%，最后开始波动，在第五期后稳定在 4%左右。图 4-5（e）能看出汽车整车制造的一个标准差的脉冲对电子元器件制造需求的影响，首先也立即做出了 3.3%的正向响应，在前三期内也是逐渐上升的，在第三期达到最高的 5.97%，然后开始下降，第五期后在 4%波动。电子元器件制造一个标准差的冲击除了对自身和汽车整车制造的需求有正向影响，对其他环节都是负向影响，说明电子元器件制造对其他环节的影响并不明显，这也与格兰杰因果检验的结果是相符的。

结论 3　从汽车整车制造与产业链下游环节各行业的脉冲响应函数可以看出，汽车整车制造的一个标准差的脉冲对产业链下游其他环节的影响也比较大，但影响程度不如对上游环节的影响大，这很好地说明了汽车整车制造仍处于产业链的核心地位，但下游的配套环节的利润要高于上游环节。

7. *方差分解*

汽车整车制造与汽车产业链下游环节的方差分解结果如图 4-6 所示，其中横轴为影响时期，纵轴为贡献度。

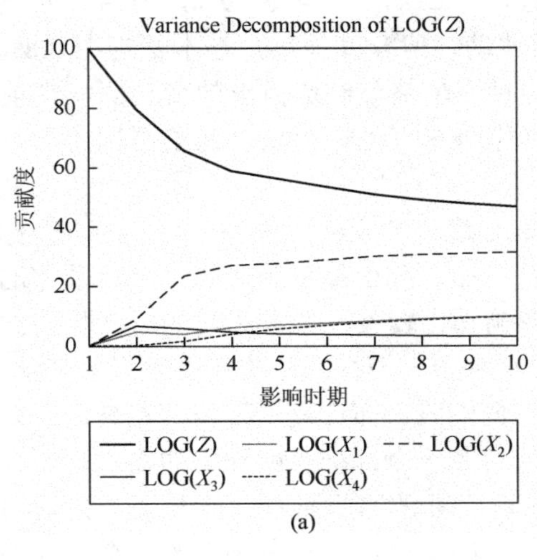

(a)

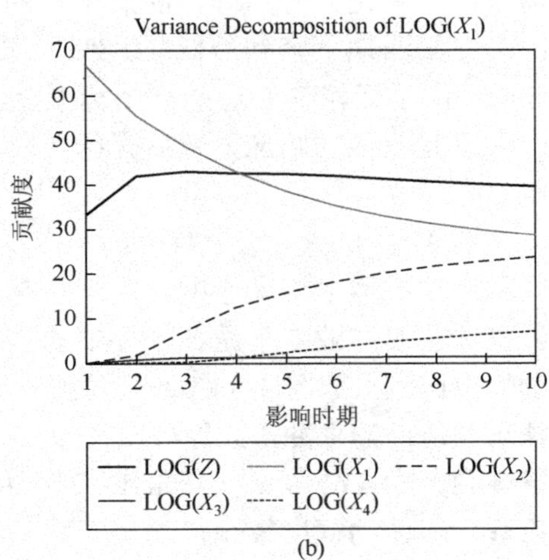

(b)

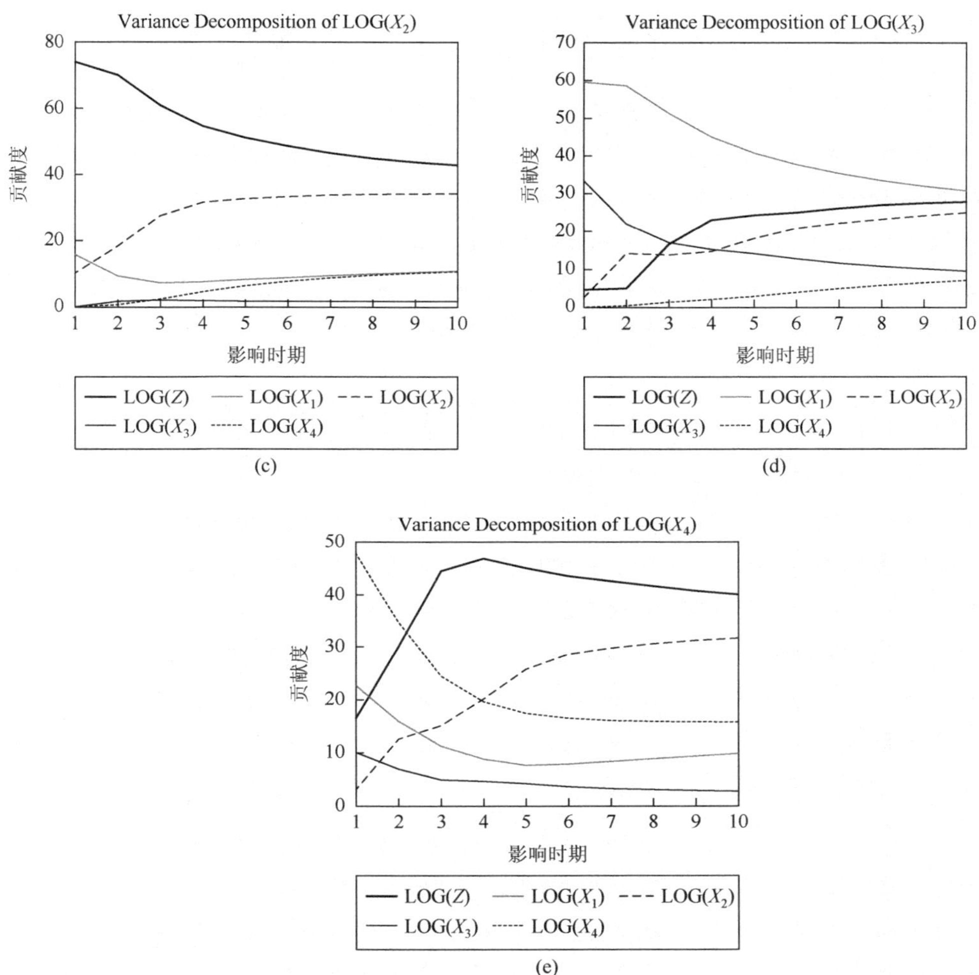

图 4-6 汽车整车制造与产业链下游环节的方差分解图

Variance Decomposition of LOG(X_i)，表示 LOG(X_i)的方差分解，其中 $i = 1, 2, 3, 4$

图 4-6（a）反映的是汽车产业链下游各个环节对汽车整车制造的贡献度。汽车车身、挂车制造对汽车整车制造的贡献度起初为零，随后缓慢上升（第三期略微下降），在第十期其贡献度达到了 9.7%，并且仍有上升趋势；汽车零部件及配件制造对汽车整车制造的贡献度在下游所有环节中是最大的，在前三期上升幅度非常明显，从零直接上升到第三期的 23.3%，随后开始缓慢上升，在最后一期贡献度达到了 31.1%，说明汽车零部件及配件制造对汽车整车制造的贡献度非常大，关联性很强；电子元器件制造对汽车整车制造的贡献度也是逐期上升的，但上升幅度较之汽车零部件及配件制造要小得多，最后贡献度也达

到了 9.68%左右；而仪器仪表制造对汽车整车制造的贡献度则是先升后降的趋势，在第二期快速上升到 6.59%，而后开始缓慢下降，最后其贡献度仅为 3%左右；反观汽车整车制造本身的贡献度则是逐期下降的，而且下降得比较明显，从 100%下降到不足 50%，这充分说明了汽车产业链下游各个环节对中游核心企业的贡献度正逐步增强，产业链整体的关联性更加显著，而且产业链下游的总体贡献度明显要高于产业链上游各环节，这也说明了下游配套设施的销售产值要明显高于上游环节，产业链下游各个环节对汽车制造的整体贡献度已超过 50%，从侧面反映出产业链下游的配套设施环节的利润和附加值是高于上游企业的。

图 4-6（b）～（e）可以看出汽车整车制造对产业链下游各环节的贡献度和下游各环节之间的贡献度。汽车整车制造对汽车车身、挂车制造的贡献度起初就达到了 33.25%，随后其贡献度开始波动，在第三期达到了 42.95%，并在第五期开始高于汽车车身、挂车制造自身的贡献度，而后贡献度缓慢下降，其贡献度稳定在 40%左右，而汽车车身、挂车制造自身的贡献度在最后一期下降到了 28.54%，汽车零部件及配件制造对汽车车身、挂车制造的贡献度则快速上升，直至最后一期到了 23.59%，并仍有上升趋势，贡献度与汽车车身、挂车制造自身的贡献度已相差不多。汽车整车制造对汽车零部件及配件制造的贡献度最初高达 74.1%，随后逐步下降到最后一期的 42.82%，汽车车身、挂车制造对汽车零部件及配件制造的贡献度最初也达到了 15.68%，这两者都超过了汽车零部件及配件制造自身的最初贡献度，不过其自身的贡献度是逐渐上升的，最后达到了 34.15%，但仍低于汽车整车制造对其贡献度。可以看出：汽车整车制造与汽车车身、挂车制造和汽车零部件及配件制造密切相关，其相互间的贡献度要高于其他环节，这也与格兰杰因果检验和脉冲响应函数的结论一致，而汽车整车制造对与其本身相关行业的关联性强、贡献度高，这也很好地佐证了实证的结论。汽车整车制造与汽车车身、挂车制造对仪器仪表制造的贡献度都很高，尤其是汽车车身、挂车制造对其贡献度最初达到了 59.6%，甚至高于其本身贡献度，但汽车整车制造和汽车零部件及配件制造对仪器仪表制造的贡献度逐渐上升，最后分别达到了 27.8%和 24.92%，远高于其他环节，这说明仪器仪表制造与各环节联系紧密；汽车整车制造对电子元器件制造的贡献度先升后降，在第四期最高达到了 46.88%，而后下降，最后仍有 40.1%的贡献度，并且其贡献度在第三期就超过其本身贡献度，还能看出电子元器件制造对产业链下游各环节的贡献度都是一个缓慢上升的过程，说明电子元器件制造与所有环节都有一定联系，但影响较小，并不显著，这与格兰杰因果检验的结果基本一致。

结论 4　通过汽车整车制造与产业链下游环节的方差分解能够得出汽车整车

制造对下游环节的贡献度依旧很明显，除了对仪器仪表制造的贡献度为 27.8%，对其余环节的贡献度都在 40%以上，但远低于其对上游环节的贡献度，这也反映出下游配套环节在产业链中所占的利润虽不如中游核心企业多，但要远高于上游环节，还能看出产业链下游各环节的关联性更强，它们对汽车整车制造的贡献度也要高于产业链上游各行业的贡献度。

（六）总结

汽车产业链较长，产业关联度高，上游涉及通用设备制造、钢压延加工、电机制造和橡胶制品业等原材料行业，下游包括汽车零部件及配件制造、电子元器件制造和仪器仪表制造等配套行业。产业链中游核心企业（汽车整车制造）的龙头地位对产业链其他环节需求的影响和贡献度都比较大，下游配套企业的贡献度要高于上游供应企业，厂商都倾向于向高附加值、高利润的行业靠拢，所以在产业链中要合理分工，合理配置资源，形成产业链一体化，加强企业间关联度，这样才能提高整个行业的利润。

综合而言，从以上对中国汽车产业链相关环节间的实证分析可以看出，汽车整车制造环节的需求变动对其相关环节的需求冲击影响比较大，并且对上、下游各环节影响的时间比较长，对下游零部件及配件制造和车身、挂车制造等直接相关环节在短期内的冲击也比较大，同时产业链上、下游相关环节对汽车整车制造环节的影响较小，说明汽车整车制造环节对汽车产业链上的其他环节具有很强的带动作用。此外，上游环节对汽车整车制造环节的贡献度要远小于下游环节，下游环节的汽车车身、挂车制造，汽车零部件及配件制造的贡献度要大于上游环节的贡献度，这主要是由于上游各环节的需求方比较多，且比较分散，它们的影响会小一些。在下游环节中汽车整车制造环节对汽车零部件及配件制造的贡献度起初是最大的，而汽车零部件及配件制造对汽车整车制造的贡献度也是所有环节中最高的，这也说明了汽车零部件及配件制造与汽车整车制造之间具有密切的联系，汽车零部件及配件制造是汽车制造的重要组成部分，这与汽车制造中零部件尤其是关键零部件的研发、制造密不可分相一致。因此在汽车产业链的发展过程中要注重零部件环节，特别是关键零部件环节的发展。同时，汽车产业链下游各环节对汽车整车制造环节的贡献度都要比上游各环节的贡献度高，说明产业链下游环节与汽车整车制造的关联性更强，也能得出在整个汽车产业链环节中，中游核心企业的龙头地位是十分突出的，其对所有环节的贡献度都比较大，远超过其他行业，说明中游核心企业是利润值和附加值最高的行业；下游配套企业的贡献度要高于上游供应企业，也说明下游配套企业的利润值虽低于中游核心企业，但要高于上游供应企业。

二、汽车产业链空间优化实证分析：以重庆汽车产业链为例

（一）重庆汽车产业链空间优化历程

重庆汽车工业起源于20世纪60年代，在引进了国外先进技术后，投资建设了大量汽车制造厂、发动机厂、配件厂等。1969年正式重组成重庆汽车制造厂，为重庆汽车产业链的形成打下了坚实的基础。

在“六五”到“九五”期间，重庆汽车工业快速发展，初步形成了微型汽车、轻型汽车和重型汽车多品种发展格局，1991年引进了日本铃木汽车的设计技术后，开始形成以长安铃木为龙头企业的汽车产业链布局。这一时期，大约有10家整车生产企业，这些企业多布局在市区，虽分布较多，但企业布局分散，企业间关联度低，难以形成规模经济。

“十五”以来，汽车工业继续保持较好的发展势头，到2005年，全市有整车生产企业24家，其中核心制造企业10家，即长安、庆铃、重汽、铁马集团等，生产轿车、微型车、轻型卡车、重型卡车等产品；改装类企业14家，生产客车、自卸车、汽车起重机、高空作业车、防弹运钞车等。整车生产企业布局在市区，大多区县也开始以这些企业为龙头，积极投资建厂，生产配件及配套产品，但配套品的生产要落后于整车制造业的生产，未能形成产业链。

“十一五”以来，重庆汽车工业逐步形成产业链一体化，从原料加工到整车生产，再到配套设备生产，逐步完善。各地区的分工协作也逐渐明显。汽车整车产量增加到2010年的220万辆，逐步形成了以长安、力帆、庆铃、隆鑫和宗申五大汽摩企业为核心的汽车产业链，在周边区县有大量企业为其作为原材料供应商和配套品制造商，形成了较为明确的地域分工格局。

（二）重庆汽车产业链的地域分工

汽车工业是重庆市第一支柱产业，为了实现“做大做强重庆汽车工业，打造中国汽车名称”战略，重庆市以两江新区国家汽车城为核心区域，围绕汽车产业链上、下游相关行业，在重庆市及其周边地区集聚了一批原材料加工和关键零部件的制造研发企业，逐步形成汽车产业链一体化，打造国内最大的汽车生产基地。重庆汽车产业链各环节主要生产地区如图4-7所示。

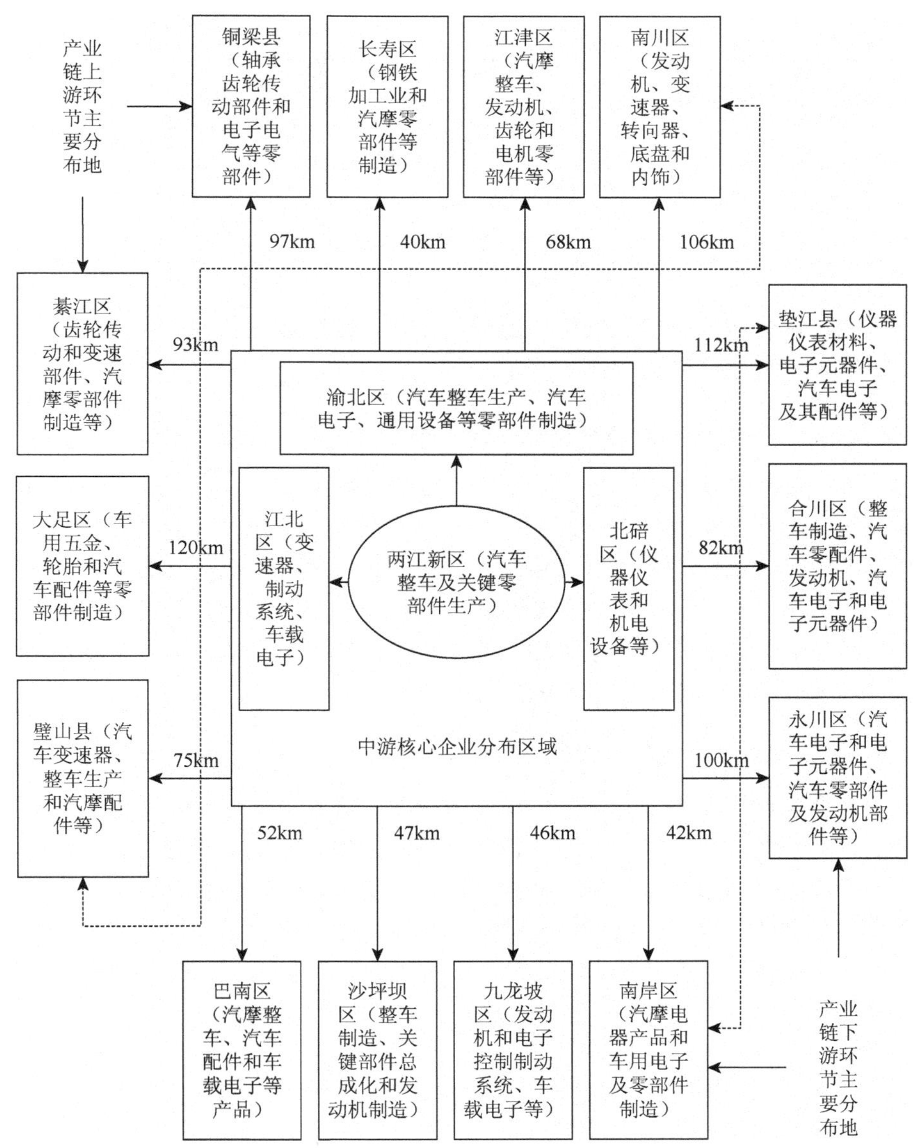

图 4-7　重庆汽车产业链各环节分布示意图

1. 中游核心企业分布地（表 4-15）

表 4-15　中游核心企业分布地

园区（功能区）	主要发展方向
鱼复工业园	汽车（包括新能源汽车）、高端装备

续表

园区（功能区）	主要发展方向
国际汽车城	整车及关键零部件生产、汽车研发、新能源汽车等
港城工业园	汽摩整车及零部件、金属加工
空港工业园	汽车制造（汽车整车及零部件）、汽车电子设备制造
同兴工业园	电子器件制造、半导体照明、通用仪器仪表制造、汽摩整车及零部件

以两江新区国家汽车城为核心地带，以长安福特等企业为龙头，主要进行整车及关键零部件生产制造和汽车研发。

2. 产业链下游配套产品企业主要分布地

下游配套产品企业主要集中在主城及周边临近区县，大部分地区以车载电子、汽车仪器仪表和汽车摩托车配件生产为主。主要分布地点在九龙坡区、南岸区、沙坪坝区以及巴南区、合川区、垫江县、永川区等地区。围绕井口工业园区和花溪工业园区，大力发展了汽车制动总成、电子控制制动防抱死系统等汽车关键零部件，培育底盘控制、车身电子和车载电子等汽车电子系统，同时主动承接了电子材料及元器件和汽车电子等相关配件产业。

3. 产业链上游产品企业主要分布地

上游产品制造及供应地区大部分集中于非主城九区的区县，主要进行通用设备制造、钢铁制造、橡胶制造和电机制造等。主要分布地在长寿区、江津区、璧山县、綦江区、铜梁县、南川区和大足区，主要进行钢铁原料的供应与生产，研发制造汽车摩托车整车，汽车用发动机、齿轮、电机等上游零部件产品，在工业园区内重点发展汽车发动机及零部件、变速器系列、转向器系列、底盘零部件等关键零部件，以及车内构件及内饰装置等配套部件。

（三）重庆汽车产业链地域分工的成本测算

冰山运输成本给定参数 $\tau\in[0，1]$表示，两地的运输距离为 D，假设中游核心企业需要从上、下游厂商购买 Q，则厂商最后能用于最终产品生产的 Q 数量为 QC。其中，C 为每单位 Q 运送到目的地时的数量，则 $C=\mathrm{e}^{-\tau D}$，如图 4-8 所示。

从图 4-8 中可以看出，运输距离与每单位运送到目的地的产品数量成反比，即随着运输距离 D 的增加，运输成本会提高，而每单位 Q 运送到目的地的货量 C 就要减少，企业所获利润就会减少。

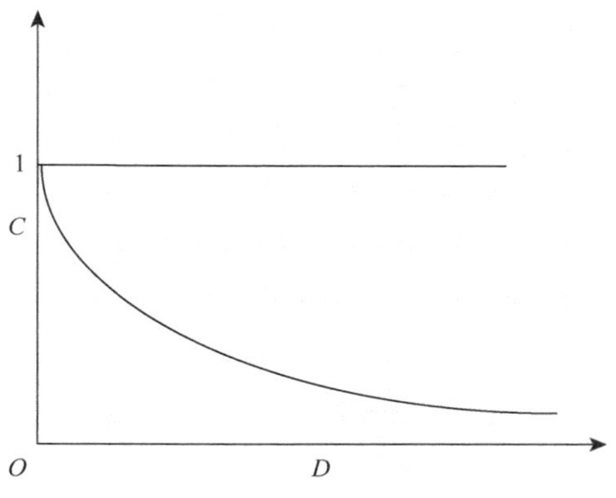

图 4-8　冰山运输成本与运输距离的关系

根据测算，下游配套产品的企业分布地距离中游核心企业分布地平均大约为68.6km，上游原料供应企业距离中游核心企业的分布地平均大约为85.6km。

代入公式 $C = e^{-\tau D}$ 可得

$$C_{下} = e^{-68.6\tau} \tag{4.43}$$

$$C_{上} = e^{-85.6\tau} \tag{4.44}$$

可以看出：$C_{下} < C_{上}$，即上游企业的运输成本要高于下游企业，前面实证也可看出，上游企业本身的收益也是低于下游企业的，加之其运输成本较高，所以上游企业的总利润是低于下游企业的。

（四）重庆汽车产业链地域分工的原因及总结

在汽车产业链中，每个环节创造的价值也不相等，中游核心企业所占利润最高，下游配套企业次之，上游供应企业最少，所以其利益分配是有显著差别的。中游核心企业分布在两江新区，其配套设施、技术和政府政策都要优于其他地方，所以占据了产业链的核心环节；下游配套品多分布在主城区内，具有良好的工业基础，技术水平较高，所以也占据了整条产业链中较高附加值的环节；上游供应商多以区县为主，由于这些产业技术要求较低，需要的就业人员较多，而且污染较重，分布地要远离市区，而各区县的配套设施和技术水平都要落后于市区，且具有就业人员上的比较优势，所以各区县只能占据较低利润的环节。

从重庆汽车产业链各环节主要分布地区来看，中游核心企业的产品生产和下游配套设施等高附加值产品主要生产地多在重庆市区，而上游原材料供应地则以区县为主，所以离中游核心企业生产地要远一些，其运输成本也要高一些。两江新区、市内九区与其他区县之间已经体现出了一定的地域分工，并且县级地域单元间的产业链分工已经取得一定的发展，呈现出本地组合、近域推进并逐步向周边扩散的形势，汽车制造的空间布局也更加分散。整车生产开始集中化发展，零部件生产扩散加快。总体上说重庆汽车产业链地域分工的程度仍比较低，整车生产与配套产品的地域分工不断减弱，但整车生产与改装、一般零部件生产之间，配套产品与一般零部件生产之间则表现出较明晰的分工发展态势，且后者的空间分离进程较快，成为当前各地区间产业链分工推进的主要动力。

第四节　长江上游地区产业链优化现状

长江上游地区东起湖北宜昌市，西至四川攀枝花市，南至贵州遵义市，北至四川绵阳市，东北至四川达州市。其经济腹地主要包括重庆、四川、贵州和云南四省市。从经济学角度看，长江上游地区是指现代交通意义上建立起来的长江上游经济带，是依托重庆和成都两座大型城市，由 16 个中等城市和 17 个小城市、142 个县级行政单位形成的“双核多级”型跨行政区的经济区域，是典型的流域经济带。该经济带是推进西部大开发的重要增长极，是西南内陆地区与东部沿海地区产业对接的桥梁，所以其在新型工业化和城市化及对外开放等战略中起着承东启西、沟通南北的重大作用。

一、长江上游地区产业链优化研究现状

研究长江上游地区产业链空间优化对于加强区域合作、促进区域间产业布局优化和产业转移都具有重要意义，所以以下将从长江上游地区的四个经济腹地与整个长江上游地区的有关产业链空间优化的文献进行论述。

（一）对重庆市产业链优化的研究

杜政清（1998）指出重庆产业布局实施点轴系统开发模式：开发两线，南北展开，依托城市，带动全局。陈龙等（2001）认为重庆应该抓住西部大开发的机遇，加快产业结构调整，并给出三种产业调整的新思路。李录青（2010）认为重庆应该大力发展金融和物流为重点的现代服务业，推进主导产业向高端化发展和发展低碳经济作为产业结构调整的方向。刘伟和李万军（2012）利用 Hoover 系数的动态拓展模型确定了重庆在承接东部产业转移的产业时，应将重心置于通信设备、交通运输及其他电子设备制造业、化学原料及化学制品制造业等产业。

（二）对四川省产业链优化的研究

吴耀宏和李永东（2007）对四川三大产业产值的变化做回归模型，预测出四川产业结构将由“二、三、一”格局向“三、二、一”格局转变。江世银（2009）认为四川在承接产业转移、实现产业结构优化升级过程中，还需要更新承接产业转移的落后观念，制定和实施中长期规划，提升园区集聚能力，营造优良的环境，健全承接产业转移的政策法律体系等。马林（2011）从产业链角度出发认为，完善优势产业链，充分发挥大企业大集团的优势带动作用，有助于四川产业集群促进区域创新体系的构建战略思路。

（三）对云南省产业链优化的研究

李宪钧（2002）认为云南产业结构在发展过程中要通过强化比较优势为创造竞争优势培育良好的产业基础，要跨越式发展高新技术产业，建立区域性的特色经济。廖春花等（2006）提出云南产业结构调整应集中优势发展特色产业，积极促进与参与区域产业集群建设。豆鹏（2010）分析了云南产业内部结构演进认为，第一产业中农业逐渐向畜牧业转变；工业结构中行业的发展趋势是由劳动密集型行业逐渐向资本密集型行业转变；第三产业还处于比较低的层次结构水平，与其他发达的地区和国家相比，第三产业缺乏竞争力。

（四）对贵州省产业链优化的研究

宋文平（2005）认为贵州在产业结构调整中要发挥能源工业、矿产采掘业和与此相关的深加工业来逐步推动产业升级。刘竞（2010）指出贵州产业结构优化调整的路径是加强农产品产业链的发展，提高行业集中度，加强企业规模效益，优化第三产业内部结构，加速新兴服务业的发展形成。邢文杰（2010）认为贵州应结合自身比较优势，采取“差异化”补缺的产业承接及选择模式，更好地融入泛珠江三角洲区域发展中去。

（五）对整个长江上游地区产业链优化的研究

姚寿福（1998）认为长江上游地区的产业结构演进大致可分为工业化初期、工业化中期和工业化后期三阶段。张雷等（1999）对长江上游地区的工业发展与布局进行了战略调控研究：首先，在地区工业结构调整方向上提出“先轻后重”的逆向发展模式；其次，在重点行业选择上提出名牌产品＋知名企业＋重点行业的选择模式；最后，在工业布局方面提出“两线一点”的相对集中方案。彭劲松（2005）指出推动长江上游经济带产业结构调整，要建立“一中心，三基地”，扶持三大战略产业，六大优势特色产业，按照“三线两极六圈”的板块进行产业布局调整。王西琴等（2010）对长江上游地区1991～2007年的三大产业结构演进特征进行分析，得出了长江上游地区产业结构经历了从“一、二、三”型向“二、一、三”型转变，目前维持在“二、三、一”型的变化过程。

二、长江上游地区产业链优化历程

（一）1937～1949年，工业化起步阶段

抗日战争爆发后，为了保存沿海工业，出于战备需要，大部分工厂迁入区位交通较为闭塞的西南地区，这些内迁的工厂为长江上游地区的发展带来了先进的技术、设备、管理经验，由此带动了长江上游地区现代工业的起步。短短几年，该地区就建立了比较完备的重工业生产体系，形成了以重庆为中心的西部钢铁、机械、军工、化工、煤炭、电力行业基地。但由于内迁的都是重工业，产业布局严重畸形，工厂过度集中，且和居民区交错，生产分布极不均衡，产地与原料、市场等严重脱节，所以中华人民共和国成立前西南地区的工业基本全面崩溃。

钢铁业的上游产业主要有铁矿石、煤炭、电力、石油等原材料及机电设备，钢铁工业处于中游，下游产业有建筑、机械、汽车制造、交通、能源、石油化工等重要行业。该时期长江上游地区的钢铁业主要集中在中游钢铁的生产，下游与机械和化工行业也形成了关联。

如图4-9所示，机械行业的上游是机型设计、零部件制造（主要有发动机、液压装置变速箱、驱动桥等）和系统生成（主要是液压传动装置和智能控制系统）。产业链中游是整机装配和机械设备的制造，包括挖掘机、起重机、混凝土机械和气动工业等大型机械装置。下游可以是机械装置销售，也可作为农业、石油、电力、冶金、化工、纺织、建筑、汽车和军工等产业的配套产业。此时长江上游地区的机械行业多是机械设备的制造，处于产业链的中游。

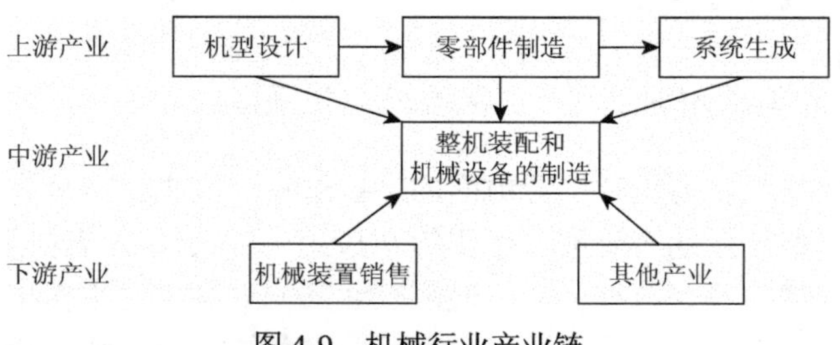

图4-9　机械行业产业链

如图 4-10 所示，化工行业上游是天然气、原油的开采，进一步经过抽取和炼制生成乙烯等基本化工原料，中游是经过基本原料生产多种有机化工原料，如氯乙烯、苯乙烯、精对苯二甲酸等以及三大合成材料（合成树脂、合成纤维、合成橡胶），下游行业是精细化工，是通过有机原料深加工而成的化工产品，如染料、医药、助剂、涂料等高附加值化工品。

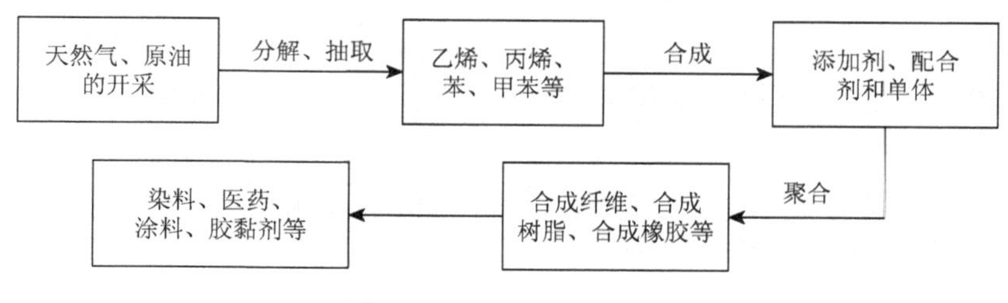

图 4-10　化工行业产业链

煤炭产业链是通过煤炭采选业、煤气生产和供应业、电力及蒸汽生产和供应业、石油加工及炼焦业等二次能源产业形成的。

电力行业供应链大致可以分为发电、输电、配电和电能销售等环节。其中发电的主要任务是进行电能产品生产，这一环节的主要企业是发电厂；输电与产品的运输相对应；配电是配送电能产品；电能销售包括电能的批发、零售，相关部门是电力公司营销部等。此时电力的发展主要是为其他产业提供支撑，并未形成自身完整的产业链。

（二）1949～1978 年，工业化改造阶段

在“一五”计划和“二五”计划期间，长江上游地区新建一批机械企业（如西南第一座现代化精密工具制造厂——成都量具刃具厂）和化工企业（如西南第一个大型化肥厂——四川化工厂），并恢复了内河运输和公路运输，修建了成渝铁路等，为产业发展提供了足够的支撑。同时新建了一批电子工业和轻纺工业，电子行业产业链如图 4-11 所示，此时的电子行业主要是上游行业的圆片制造和一些初级电子品的制造；机械产业仍以机械制造为主，但其下游产业有所延伸，不仅为军工、电力和化工行业进行配套，也与新建的电子与轻纺工业形成关联，延伸了产业链；同时由于国防事业的需要，军工产业及其配套产业在长江上游地区得到大力发展，新建了一批电子元件、通信雷达等电子专用设备，正是在这一时期，重庆和成都两大城市的未来发展方向也逐渐明确，形成了各具特色和优势互补的产业结构体系。此外，重庆被选为国家重点建设的三个电子工业基地之一。

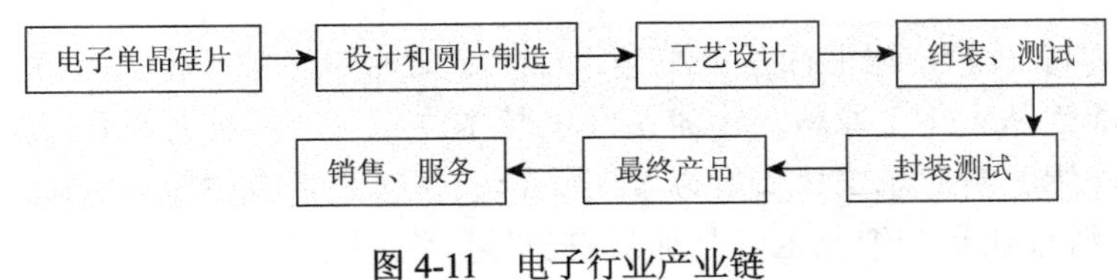

图 4-11　电子行业产业链

1964 年国家开始了大规模三线建设。出于战备考虑，国家在西南地区内迁和兴建了一批重点工业，于是在长江上游地区形成了冶金、能源、纺织、机械、食品、轻工等门类较齐全的工业体系，并且建设了航空航天、船舶、电子以及核工程等大批重要项目和配套产业，加快了长江上游地区的工业化进程。形成了一批原材料、能源以及加工业生产基地，并建成新工业中心，其中有以重庆为中心的兵器工业基地和以成都为中心的航空工业基地，还有从重庆到万县为轴心的造船工业基地等。重庆、成都、攀枝花和德阳等相继成为机械、电子、钢铁、航空和装备制造工业中心。这些完整的产业链基地成为长江上游地区经济发展的重要增长极。此外，攀枝花的钢铁厂、成都的无缝钢管厂和第二汽车制造厂等一批企业至今仍是长江上游地区的龙头企业，这些龙头企业作为核心，吸引了大批配套产业落户该地区，延长了产业链，带动了产业集聚。

（三）1979～2007 年，工业化过渡阶段

中国共产党十一届三中全会以后，长江上游地区的经济发展步入了快速发展时期，产业结构也发生了重大改变。第一产业由单一的农业向农、林、牧、渔业全面发展；第二产业中的传统产业得到改善，电子、机械、建材、化工和纺织等行业全面发展，轻重工业比例失调得以缓解，高新技术产业也获得了一定的发展；第三产业中的科教、信息、金融、房地产等新兴产业得到了快速发展，传统的旅游和餐饮业也发生了质与量的飞跃。尤其在 1992 年，三峡水利枢纽工程的建设，为长江上游地区，尤其是三峡库区的建设提供了机遇。1997 年重庆被国家列为直辖市，借助西部大开发的契机，长江上游经济带获得了迅猛发展。产业发展呈现多元化趋势：以丰富的农业资源为上游原料产业，在产业链下游大力发展了食品、纺织、烟草等行业；以能源、矿产资源等优势资源为产业链上游，发展了黑色金属和有色金属的冶炼与加工工业；金属、非金属加工工业中的机械制造，天然气加工，化学原料以及电子、通信设备制造等支柱产业都在不同程度上完善了产业链，产品的生产、制造逐渐转向附加值高的下游行业。同时，产业结构不断优化，在发展加工工业的基础上，重化工业也得以快速发展，原本落后的第三产业有了较大发展，全区经济面貌发生了根本变化，从落后的农业区域转变为中国重要的综合性的现代化工业基地。

（四）2007～2014年，工业化全面调整阶段

借助新一轮西部大开发的机遇，加上沿海地区劳动力和土地等要素成本提高，产业逐步由东部向西部实现梯度转移。立足于长江上游经济带的功能定位和特色优势，确定了这一时期的八大支柱产业，建设了一批有竞争力的现代产业基地：重大装备制造业基地，汽车、摩托车整车及零部件生产研发基地，电子信息产业基地，化工原料生产基地，生物医药基地，农副产品以及烟草、名酒生产基地，石油天然气化工基地，盐化工基地，做优做强轻纺、食品和农产品业，并建立了以生物制药为核心、化学原材料制药为基础、地道药材为特色的产业体系。

总体上说，长江上游各地区经过中华人民共和国成立以来，特别是近20年的发展，生产力有了很大提高，产业链逐渐延伸，产业结构不断优化。

三、长江上游地区产业链优化阶段

为从总体上把握长江上游地区的产业链优化趋势，明确不同阶段的产业发展重点、目标，促进产业结构有序演进，有必要探讨长江上游地区产业链优化的三个阶段，如表4-16所示。

表4-16　长江上游地区产业链优化表

产业链优化阶段	产业发展重点	产业发展目标	主导产业及其产业链
劳动、资本密集型阶段（工业化初期向中期过渡阶段）	产业结构调整	产业结构合理、协调发展	能源（电力）、建材、轻纺、食品工业，产成品多位于产业链上游，利润较低
资本密集型阶段（工业化中期向后期过渡阶段）	产业结构转型	产业结构重工业化、服务业化	机械制造、加工服务业，主要生产产业链中、上游产品
技术、知识密集型阶段（进入工业化后期阶段）	产业结构升级	生产高附加值产品、实现产业升级	高新技术产业、信息产业，主要生产产业链下游的高利润、高附加值产品

（一）劳动、资本密集型阶段

在“十二五”之前，长江上游地区产业发展重点是结构调整，着重发展劳动、资本密集型产业，为向工业化中期演进打下良好基础。借助西部大开发的国家宏观战略，实施开放、开发一体化，积极承接发达国家或地区产业转移，并积极引进外资，吸引世界500强企业作为龙头企业，形成工业园区，吸引和带动了大批

配套产业的集聚，逐步完善产业链，确保实现三大产业协调发展，增加投入，加强基础设施建设，缓解交通、邮电、科教等“瓶颈”产业的制约。利用一些优势资源作为产业链上游，积极发展中游与下游产业：利用丰富的水能资源，建设发电站，发展能源工业；开发硫、磷、天然气等资源，发展重化工产业；围绕铁、钒、钛等金属矿产资源发展相应的建材、机械工业；利用特色农产品资源发展轻纺和食品工业。加强技术创新和产品开发，进一步提高市场占有率，扩大出口。

（二）资本密集型阶段

从目前所处发展阶段到未来10～15年，产业发展的重点是结构转型，发展目标为产业结构重工业化和服务业化。在这一阶段，随着三峡水利枢纽工程和长江上游干、支流大型水电站的相继建成投产，能源工业基地基本形成，化学工业也将由产业链上游的基础、原材料化工品的生产转向以合成橡胶、合成树脂和合成纤维等为主的有机化工和以医药、农药、染料、涂料等为主的精细化工等产业链的中、下游产品的生产，基本确立其化工基地地位；以冶金、矿山设备为主的重型机械工业，以发电输变电设备为主的复杂机械工业和以农机、船舶、车辆为重点的大型设备制造业将随着化工、电力、交通等基础设施的发展而获得较快发展，从而加深该地区产业间的关联，逐步延伸各行业的产业链条。在这一阶段，集成电路、光纤和微波通信设备、生物工程等高新技术产品的生产将初具规模；以商贸、金融、房地产和旅游等为主体的第三产业将有较快发展。产业结构将演进到工业化中期阶段。

（三）技术、知识密集型阶段

经过以上两个阶段的发展，最终发展目标是生产产业链下游的高附加值产品、实现产业结构升级。在这一阶段需要10～15年。能源、机械和化工作为主导产业将会进一步发展，但其主要作用是作为产业链上游产品，为下游高附加值、高利润产品提供原材料和配套服务，而电子信息产业和高新技术产业将会占主导地位。信息产业的迅猛发展带动了生物医药、新材料和新能源等高新技术的开发能力，同时使得以信息技术为核心的高新技术向传统产业领域广泛渗透，对传统产业进行技术改造，并建立起相应的产业，从而为本区产业结构的高级化演进奠定基础。第三产业将基本形成以金融和保险为先导、商贸物流为支柱、信息咨询为基础的高层次发展格局和高效社会化服务体系，全面进入工业化后期，实现产业转型。在这一阶段，产业的前向与后向关联都十分密切，各个行业的产业链条趋于完整。

四、长江上游地区支柱产业链现状

根据长江上游四个重要地区（重庆、四川、贵州和云南）产业发展状况，本书总结了适于该地区发展的八条产业链。

（一）化工产业链

化工产业是长江上游地区的老牌工业，所以要结合自身特色及优势，利用黄磷尾气生产二甲醚、甲醛等高附加值产品、精细产品，提升产品的价值链。形成以开磷、宏福公司为龙头，中小企业配套发展的大型化工产业集群。整合开阳、瓮福的磷化工资源，打造出“开阳—息烽—瓮安—福泉”磷化工产业带，发展磷化工精细产品，延长产业链。以遵义烧碱厂、桐梓煤化工为重点，发展烧碱、聚氯乙烯、电石等下游产品，初步形成异地改造绥阳氯碱基地为主的相互配套的循环经济型重化工生态工业基地。氯碱化工产业在电石、烧碱、聚氯乙烯的整个环节中，不断向后延伸产业链，带动石灰石采选、电冶产业以及盐化工和塑料、纤维、建材等产业的发展。依托万州索特、自贡鸿化和晨光院等企业与科研院所，加快盐工艺和设备的更新换代步伐，抓好盐的深加工，有效利用锶矿资源和钡矿资源，形成国内大型的锶盐、钡盐生产基地，并积极向精细化工延伸。调整的重点是以优势企业为龙头，以氯化钾、硫酸钾为重点，实施镁、铷、铯、碘等资源综合利用。

（二）钢铁冶金产业链

钢铁产业在长江上游地区有举足轻重的地位，要利用好攀枝花钢铁的龙头企业地位，整合水钢、重钢、长钢等大型钢企，打造成长江上游地区的大型钢铁企业集团，推动区域内的中小冶金企业向特色化、专门化方向发展，逐步淘汰小的冶金和炼钢企业。加强技术改造，提高产品质量，增强市场竞争能力，为经济带及全国的装备制造业提供优质原材料。利用长江上游地区丰富的铝土矿资源和西南铝加工厂强大先进的工艺设备，做大做强铝土矿→电解铝→铝材深加工产业链，为国内外提供优质铝材产品。重点发展电解铝和氧化铝生产，开发铝合金材料、铝合金装饰板材以及其他市场紧缺的深加工铝产品，研发高新技术所需的超微细粉体材料、电子铝箔、大型铝型材和涂层铝材，将铝产品的应用扩展到航空航天、汽车和集装箱制品等领域，建成全国重要的铝工业生产基地。

（三）装备制造产业链

加强大型装备制造业的发展，重点发展大型输变电设备、重型机械设备、大型水电发电设备、大型工程机械设备、城市轨道交通车辆设备及电力机车等重要装备、大中型船舶等水上交通机械、环保设备等。以东方公司、二重集团和攀长钢公司等为龙头企业，在大型机械产品和大型工程施工设备产业形成产业链一体化。坚持配套协作、强化社会分工，发展中小配套企业，推动龙头企业将非关键、重点的产业环节向社会扩散，延长装备产业链和产品链。图 4-12 为轨道交通产业链。

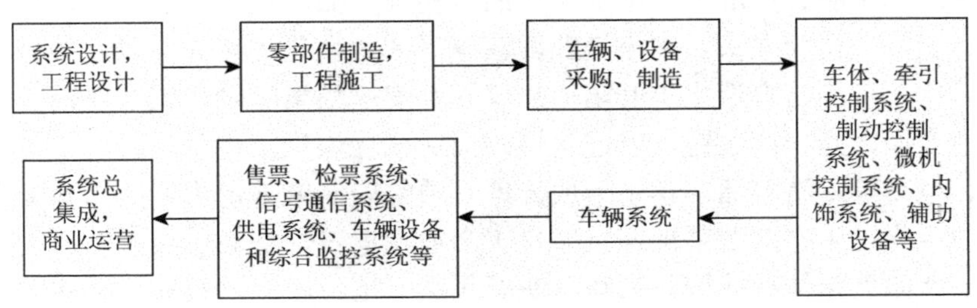

图 4-12　轨道交通产业链

加快机械制造业规模化生产，做好通用设备制造的上游产业供应，重点发展大型通用设备的制造；仪器仪表制造配合上、下游产业，做好配套产品的发展，如电子仪器仪表、汽车仪器仪表、光电设备等主要产品；航天航空设备重点是开发民用直升机、支线客机等通用飞机和发动机；电子系统工程重点是研制各种级别的自动化空管系统，提高系统集成和系统配套生产能力。

（四）汽车摩托车产业链

长江上游地区汽车生产制造实力较强，摩托车生产量更在全国占有重要位置。要依托长安福特、长安铃木等长江上游地区的汽车知名企业集团，并且依托大学、研究所等汽车研发机构，不断改进技术，重点发展新型汽车、中小轿车和大型汽车，做好电子元器件及仪器仪表的配套产品，开发新型汽车发动机，形成汽车产业链一体化；发展汽车的专业物流及售后服务等相关服务产业；摩托车要依托嘉陵、力帆、宗申、隆鑫等知名摩托车企业，自主创新大排量的新车型，使产品国际化。要发挥区域产业的比较优势，做大做好汽车、摩托车零配件等配套产品，最终形成比较完备的整车、发动机和零部件配套及研发能力为一体的汽车摩托车产业链生产基地（图 4-13）。

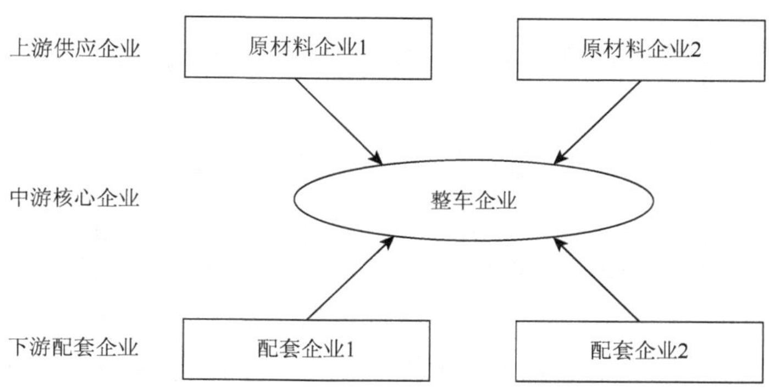

图 4-13 汽车摩托车产业链一体化示意图

目前围绕重庆构建的汽车摩托车产业链，如实证中指出，基本形成了以两江新区为依托，国家汽车城内的企业为核心的格局，不仅在重庆各区县配备了相关配套产品的生产，在达州、遵义等地也有大量企业为其进行配套产品的生产，其产业链基本辐射了整个长江上游地区，形成纵向一体化的产业链条。

（五）烟草产业链

烟草产业链由烟草种植—烟叶烤制—卷烟生产等环节构成。通过对云南烟草企业的一系列兼并、重组，打造以红云红河集团和红塔集团为核心的两大卷烟工业集团，红云红河集团是国内大型烟草工业企业，该集团以烟草为主业，是跨地区、跨行业的大型国有企业。红塔集团包含玉溪、大理、昭通等卷烟生产企业，并涉及进出口、证券和建材等行业，是跨地区、跨国、跨行业发展的大型国有企业。这两大集团在云南烟草产业链中发挥了很强的带动作用。在烟草种植、烟叶烤制和卷烟生产快速发展的同时，烟草的配套及衍生品也得到全面发展，烟肥、醋酸纤维、造纸化学品及其他化学品工业，烟纸工业，烟用印刷包装工业，香精香料工业，烟机配件工业等产业全面投产，门类基本齐全。

（六）农副产品产业链

依托长江上游地区及周边地区丰富的农业资源，重点实施农业产业化经营和高效生态优势农业战略，引导优势企业向优势产区集中，做大榨菜、柑橘、辣椒、花卉、烟叶、香料、咖啡、松茸和林浆等绿色产业规模，推动农业工业化和绿色经济产业链的形成，如图 4-14 和图 4-15 所示。

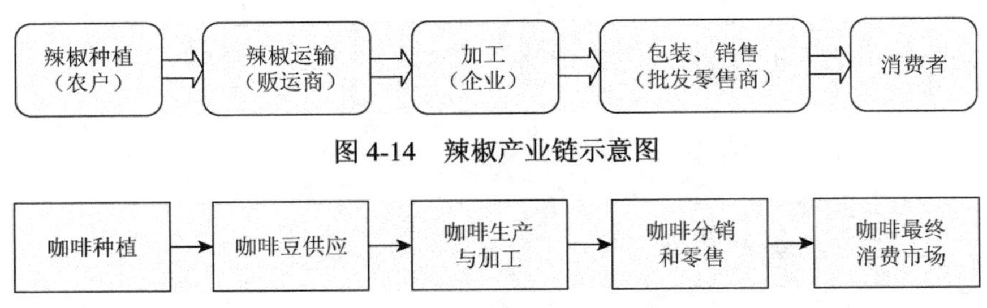

图 4-14　辣椒产业链示意图

图 4-15　咖啡产业链示意图

推动农副产品向高级价值链发展，并且以此直接带动食盐业、食用油业的发展，并辐射到包装业、玻璃制品业、广告业、运输业等各个相关产业的发展，成为农产品稳定发展的重要路径。

（七）电子信息产业链

电子信息产业是高附加值、技术密集型的产业，也是未来体现产业竞争力和产业技术水平的重要行业，所以任何国家或地区在经济快速发展时都把电子信息业作为其主导产业，是产业政策的重要导向。长江上游经济带有发展电子信息产业的良好条件，首先整合了一些电子类大学、各大邮电学院等科研院所，还有军事科技所，并依托长虹电子、惠普、成都英特尔、富士康、博恩、金算盘、朝华科技等电子信息为龙头企业，形成了信息产品的制造、销售和信息服务一体化的电子信息产业链，如图 4-16 所示。

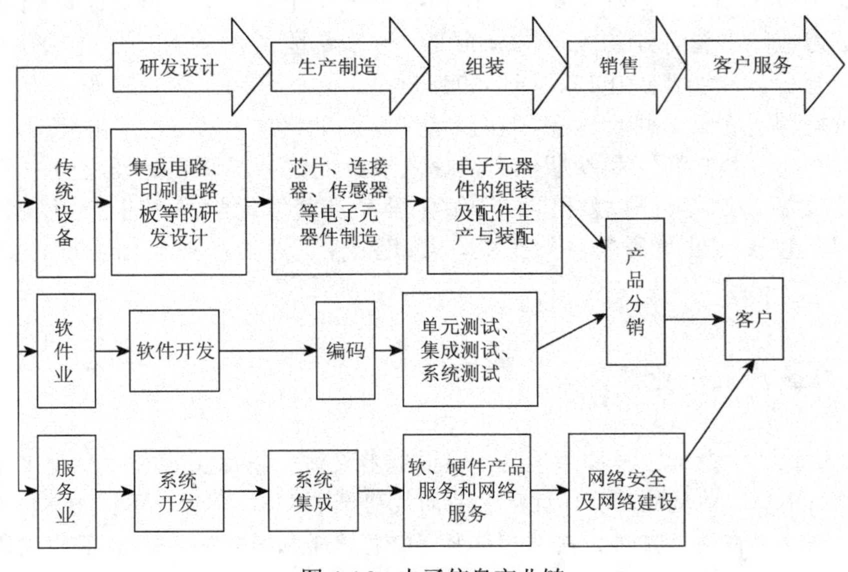

图 4-16　电子信息产业链

数字家电依靠长虹整机、九州系统设备、菲斯特显示器为代表的中国最大的数字视听产品生产基地，形成较为完备的产业链。集成电路形成以英特尔、中芯国际、宇芯等集成电路封装测试及芯片制造业为“龙头”的代表性企业，带动相关企业进行集成电路设计，多晶硅、单晶硅和专用设备仪器的研发、制造。

（八）生物工程及现代医药产业链

长江上游地区有丰富的生物资源，其生物工程研发、生产匹配较好。要依托一些知名的大型科研所和各大医学院校的科研力量，如中国人民解放军陆军军医大学、四川大学华西医学中心等，以太极集团和华邦等为龙头企业，加强产学研的协作关系，带动中小企业发展。此外，以基因工程、生物加工和化学原料以及现代中草药等产品为核心，进行企业技术创新，培育生物医药资源综合利用，形成优势互补，建设长江上游地区的生物及现代医药产业集群，如图 4-17 所示。

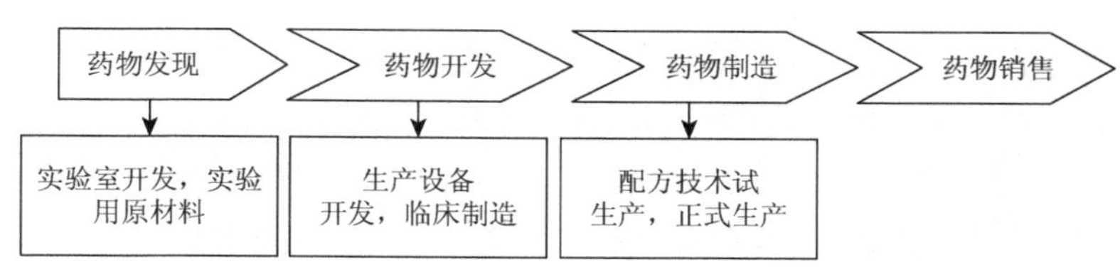

图 4-17　生物医药产业链

五、长江上游地区产业链优化存在的问题

（一）产业趋同现象严重

长江上游地区的产业趋同化问题比较突出，主要产业的相似度非常高，难以实现结构互补。目前，大多地区支柱产业都是机械制造、化工医药、建筑建材、食品和天然气、铝等资源型产业，如表 4-17 所示。

表 4-17　长江上游地区主要经济区支柱产业

地区	支柱产业
重庆市	汽车、摩托车及其零部件产业，风电，轨道交通等重装设备，石油、天然气化工，铝工业、钢铁工业，计算机制造，软件等电子产品
成都市	软件、集成电路、网络及通信设备等电子产品，生物制药，中型载货车和客车等汽车产业，航天设备，大型装备制造

续表

地区	支柱产业
绵阳市	数字视听产品、越野车和汽车零部件、建材、冶金、食品、纺织
攀枝花市	建筑建材、化工医药、机电、食品、化纤、钢铁工业
贵阳市	磷化工、铝加工、装备制造、汽车零部件、电子信息、生物医药
昆明市	烟草业、磷化工、钢铁工业、医药工业、有色金属、制糖

长江上游地区产业趋同的原因大体如下。

第一，资源禀赋相似。长江上游经济带各地区的气候、矿产、植被、地理条件等资源都比较相似，和西部许多地区一样，属于资源型经济。不同省级行政区的划分又在自然资源的基础上形成了各自相对封闭独立的经济体系，所以资源型经济必然导致各地产业结构的相似性。

第二，缺乏健全的运行机制。市场经济的核心问题，就是打破各种行政限制及垄断，使资源能在更大空间范围内实现自由流动和合理配置。但是，地方政府往往出于自身经济利益的考虑，热衷于发展短平快的加工业，进行市场分割，保护地方产业，重复招商引资，搞小而全的区域经济，严重阻碍了生产要素的合理流动，浪费了资源，污染了环境，而且使得区域内部各地区不能建立跨地区的产业链。

第三，运输条件落后。自然资源分布不均使得地区之间产业交易存在时间与空间的障碍，长江上游地区交通运输尚欠发达、运输成本较高，若在各地区形成差异过大的产业结构，会拉大区际协作的空间距离，势必会造成大量产品跨地区远程运输，区域间配置资源成本很高。这不仅会导致各地区产品交换的流通费用过大，而且会加剧交通运输的紧张状况。

第四，产品的生命周期及发展特点。一些产业或产品仍处于生产初期，企业布局不规范、较分散、规模较小、产业集中度低，而且随着市场需求的不断扩大，企业竞争加剧，必然会使得产业与产品的集聚不断上升。处在发展初期的产业会伴随产业的集聚出现结构类似、产业趋同的现象。

（二）产业关联程度低

一直以来，长江上游地区部分企业与当地经济发展步调不一致，在一些经济落后地区投入了较多资金发展新兴产业，这些企业过分依赖政府投资，缺乏自主创新，生产水平较低，与当地传统产业关联度低，没有产生技术的外溢效应。此外，这些企业多以重工业为主，众所周知，重工业投资较大，见效慢，周期很长，积累慢，并且扩散效应小。因此，即便这些地区的重工业发展迅速，也未能带动其他产业发展。由于大部分企业在郊区，远离市区，不能发挥产业的集聚优势，生产要素的比较优势不能充分发挥，在经济较落后地区直接发展资本密集型产品而忽视劳动密集型产品的发展，使得产业发展不规律、技术落差较大，产业链空间优化过程中出现了断层。第二产业本身能耗高，加工产业链短，下游高附加值配套产品较少，因此获得的利润低，经济效益就差。

这主要是历史原因造成的。在抗日战争时期以及三线建设时期，由于战备需要和生产布局调整等问题，大量的重工业企业，尤其是军工产业内迁。这些企业或产业，一来由于战争而仓促迁入，二来由于战备需要，其产业布局分散，盲目规划，缺乏科学性布局。一方面忽视了长江上游地区的地理、资源、气候、市场等现状，使得市场与原材料供应和消费服务等环节出现了脱节，未能形成产业链一体化；另一方面忽视了内迁的企业与当地产业的融合，产业关联低，不仅没有带动当地传统产业的发展，反而造成当地产业链空间优化中出现了明显的“二元结构”。

（三）产业链节点布局不合理

从产业链的布局角度看，各个产业的开发程度不高，城市中心功能不明显，辐射效应弱，企业的布局不合理。一方面，产业的布局十分分散，没能形成产业关联。产业链各环节联系不紧密，运输成本增加。这样的布局还造成了用地的浪费，大量耕地占用，资源遭到严重破坏和浪费，人多、地少，使得农业人口生存空间狭小的矛盾进一步激化；生态环境遭受破坏，污染日趋严重，产业集聚效应难以发挥，最终影响了企业布局和区域经济效益的提高。另一方面，企业布局的轴线过度依赖铁路。工业布局的企业选址及运输方式配置规划过多地依赖铁路，造成铁路负担过重，每年都有成百万吨的货物在各火车站积压待运，没利用好长江水路的便利条件。因此，整个产业的布局没有形成网络，直接导致产业间的关联很低，产业链各节点联系不紧密。

产业布局不合理的原因如下：一是将行政区作为布局核心，随意性和盲目性较大；二是为了引进外资企业，不惜政策和资本的代价，让外资企业随意布局，占用大量资源却不能创造相应的效益；三是政府为了开发资源，将企业布局在不合理的地方，造成资源浪费；四是国有企业占用大量土地，随意布局，核心企业与上、下游企业分散布局；五是长江上游各地区未能充分发挥长江的水资源优势，对水运投资偏少，造成港口设施落后，船舶陈旧、更新缓慢，运输能力发挥不好，水运发展迟缓甚至萎缩，致使沿河布局受到一定限制。

（四）承接产业转移面临困难

（1）区位优势不明显。长江上游地区基础设施相对落后，生活设施不完备，交通运输成本高，信息流通也不方便，供应商竞争力较低；西部许多地方自然环境恶劣，交通落后，位置偏远，大部分地区基础设施十分薄弱，远离世界经济中心，绝大多数城市和乡村聚落在空间上都很分散，所有这些条件使得投资于该地区的企业相对投资于区位较好的东中部地区的竞争对手处于劣势。由于外资企业和东部企业大多是出口导向型，而且以欧美日等大西洋沿岸地区和太平洋沿岸地区为中心，不适合向深居欧亚大陆腹地的西部地区转移。这些都构成了外资和东部投资西进的重要阻力。

（2）市场观念相对落后，阻碍了产业的转移。在引进外资方面，长江上游各省市都不同程度地存在落后于沿海地区观念的问题。一大部分城市的政府盲目引资，其招商引资观念相对落后；只重招商引资，忽视管理的重要性，员工自身素质较低，不能接受外国先进技术；竞争意识差，开放程度落后于沿海地区；政府工作效率较低，大多外资企业不能适应当地的办事机制，手续不健全，不能尽快入驻，这些落后的市场观念从根本上阻碍了发达地区的产业转移。

（3）产业配套不完整。产业配套能力是影响承接产业转移的重要因素，产业配套能力低在一定程度上阻碍了长江上游地区承接发达地区产业的转移。只有良好的产业配套能力，才能有效降低生产成本，增强产品的市场竞争力。而长江上游地区在这方面面临较大的挑战。很多企业需要的面料和辅料都需要从江苏等地采购；而四川需要的面料和辅料要到广州、福建等地采购，无疑增加了企业的运输成本与时间成本。在整个长江上游地区利用外资中，有部分项目终止的原因就是工业基础薄弱，当地产品或原料达不到外企和东部企业的要求。

（4）缺少熟练工人，劳动生产率低。产业转移的最高层面是人才的联合。随着现代经济的发展，企业更看重人力资源的积累和使用，人才的培育和联合也就成了产业结构优化的一种最为重要的途径与最高的层面。长江上游地区的工资水平低，很难吸引外出的熟练工人返乡就业，虽然总体上劳动力数量多，但是文盲率高，基础教育和职业教育都比较落后。部分企业进行培训后人员流失严重，而技术工人的频繁更换不能保证工艺的统一延续，进而会影响产品质量的稳定。

第五节　产业链优化模式：以长江上游地区为例

一、国外产业链优化模式借鉴

伴随着经济全球化的发展，世界产业链空间优化也有了新的特点与变化趋势。

一些发达国家和地区往往是产业链空间优化的先驱，研究这些国家或地区的产业链空间优化模式，总结其他国家产业链空间优化的经验得失，对中国更好地调整产业结构，实现赶超战略具有重要的指导意义。

（一）日本模式

日本的产业链空间优化模式即政府主导型经济发展的方式。第二次世界大战后日本为了追赶欧美国家，通过制定和实施一系列产业政策，推动了产业结构的优化升级，成功地培育了大批具有国际竞争力的支柱性产业，创造了"日本模式"。日本起初采用的是发挥技术贸易及开发机制的政府参与模式，后期是发挥自主创新机制的政府参与模式，强化企业的创新能力，重视市场机制作用和市场的平稳性，使得日本由最初的技术追赶逐渐转变成为后期的技术领先，促进了日本产业的演进。

（二）美国模式

美国的产业链空间优化模式是发达国家产业结构成长模式的代表，市场机制十分完善，产业链空间优化主要依赖于结构内部的自我平衡、自我调节过程，外部的政策力量是间接的，主要通过市场参数如利率、税收、价格以及货币等进行调节，并最终影响产业结构的成长。自第二次世界大战之后，美国各届政府对技术创新都尤为重视，并制定了相关产业政策促进高新技术产业发展。政府不仅维持了对基础科学研究的传统投资，还更加注重高新技术，特别是有商业前景的民用高新技术的研究开发，极力推动美国经济实行技术革新，以加强美国在全球民用市场上的竞争力。

（三）欧盟模式

欧盟地区的产业链空间优化模式绿色化趋势明显，着重发展低污染、低耗能的环保产业、文化产业和旅游产业等，在产业结构升级的路径中更加强调法律的手段和作用。欧盟产业的演进注重的是国家间联合、政府协调、企业为主的发展模式。通过建立一个跨国的技术合作发展协调机构，把分散在各国的技术、人才、资金组织起来，实现优势集成与互补，主导思想是政府协调，项目合作由企业自行解决，激发企业的积极性。

二、中国产业链优化模式借鉴

（一）自主成长和外向推动模式

自主成长和外向推动是中国产业链空间优化的两种模式。自主成长产业链空间优化以经济结构相对封闭为前提，产业的演变主要受到国内需求结构、供给结构和产业创新等因素影响与制约；而外向推动产业链空间优化则以经济结构开放为前提，国际贸易、国际投资和技术引进在产业演变与升级中起着至关重要的作用。在很长一段时间，中国产业链空间优化形成了封闭的特征：产业结构与其他经济之间以及产业内部各产业部门之间实行封闭运行、自我平衡；即使出现结构矛盾和比例失调，也往往从国内产业结构调整这一思维定式出发，进行封闭型的结构自我调整。在经济全球化的大背景下，一国的产业结构已经逐步融入以国际分工合作为主线的国际产业结构体系之中，其产业结构调整已不是传统意义上产业结构调整的延伸，而要以构建开放型的经济体系为导向，形成与开放经济相适应的资源配置方式、经济运行流程和利益分配机制，使中国将要进行的产业结构调整不仅需要数量关系的明显变化，更需要在质量方面大的改进。因此整个产业的演进应当以参与国际经济循环为立足点，以提高国际竞争力为中心，使生产结构适应国内、国际的市场需求结构及其变化，才能形成产业结构升级的良性循环。

（二）技术和产业共同演进模式

从技术层面上看，在产业链空间优化过程中，由于新技术的不断形成，一些国家总能抓住机遇，采取适宜的发展策略顺利实现主导产业的更替，从而保持技术领先。而中国作为发展中国家，一直面临这种机遇，所以采取了技术跟随模式。因为新技术的形成总要经过一个阶段，而在其尚未成熟之时，新技术系统的不完善性导致领先国家和发展中国家存在同样的技术提升空间，为发展中国家提供了发展新兴产业——高新技术产业的可能性。中国在一些高科技领域具备很强的实力，如电子及通信、设备制造业等，应牢牢把握住机会，并逐步使之成为中国的主导产业。

从产业层面上讲，新兴技术在不断完善，新兴产业也在不断发展，目前新兴产业就是以信息通信产业为主体的高新技术产业。由于这些产业关系中国占领战略制高点的问题，中国非常注重这些产业的发展，为此中国正全力做好以下两方面工作：第一，加速高新技术产业化的进程，使高新技术产业不断发展壮大；第二，建立扶持高新技术产业发展的综合配套政策体系，具体政策包括减免税政策、资金信贷政策、进出口产品关税优惠政策等。采取技术和产业共同演进模式，使得中国在主导产业群中占据主导地位。

（三）产业集群演进模式

1. 以高端制造业为核心的产业集群

目前中国正处于产业集群整合之中。在集群内的大企业，尤其是具有品牌的企业主要是围绕主导产业进行同业兼并或产业链并购的，以此加快做大产业集群规模的速度。大型企业自主创新能力较强，依靠内生技术研发，走“自主化”发展道路。通过开创自主品牌产品，实现市场与品牌并举的产业集群升级，完成从产业链的低端到高端的演进。集群内中小企业则围绕核心业务做专做精做特，以核心价值环节嵌入全球产业链。同时，在充分发挥自主成本控制优势的基础上，不断开发新功能产品，逐步实现“代工贴牌”与“自主创牌”并举的产业升级，逐步从产业链低端走向高端。

2. 以现代服务业为主导的产业集群

现代服务业是促进产业集群调整升级的强大动力，解决产业集群发展层次低的问题，需要把发展现代服务业，尤其是生产性服务业摆在更加突出的位置。根据微笑曲线，制造业发展到一定阶段，其利润必然会向研发、设计、咨询等生产性服务业转移，制造业核心也就由生产制造环节变化为前端的研发和设计环节，以及后端的营销和服务环节。但是，生产性服务业不是一蹴而就的，它建立在制造业产业链日益复杂、完善、发达的基础上。大力发展国际产业链上的生产性服务业，已成为中国产业集群转型升级、制造业高端化和核心竞争力提升的关键。

3. 以战略性新兴产业为龙头的产业集群

从历史经验看，每轮经济周期都必然有一批新兴产业带动整个经济成长，抓住新兴产业就是抓住经济发展的龙头。目前，中国正处于新兴产业培养的重要机遇期，在物联网、智能电网、电动汽车、生物与医药、电子信息产业等诸多领域，已形成一批高附加值、高成长性的大产业集群，并开始形成一定规模的产业链体系，这些新兴产业集群正处于成长阶段，面临巨大的市场空间，这是中国经济发展的希望所在。同时战略性新兴产业集群处于技术突破和产业化的关键时期，需要政府加强引导扶持，规划集群，建立发现和培养机制，采取切实有效的政策措施加以推广，从而构建具有中国特色的全球新兴产业链。

三、长江上游地区产业链优化模式选择

在借鉴世界产业链优化模式的基础上，从长江上游地区产业链优化的现状出发，本书认为长江上游地区产业链优化可以选择以下模式。

（一）政府推动市场发展模式

此发展模式实际上是在市场自发调节的同时，政府积极进行干预，主动弥补市场机制的不足，通过制定产业规划和政策，不断促进产业结构优化。长江上游地区产业总体发展水平不高，主要产业的比较优势不明显，产业竞争力较弱，纯粹的市场发展机制无法适应，所以要先让政府选择可以扶植和发展的产业，然后让其适应市场自发的发展，政府在产业链空间优化中起主导作用。政府部门制定专门的工业发展规划和总体方向，通过产业政策的实施从财政、技术和人才等方面支持产业结构优化升级，主要鼓励发展高新技术产业，改造传统产业，使优先发展的产业形成区域的比较优势，带动一批具有竞争力的企业优先发展。此后，随着市场机制的完善，政府的干预要逐渐减少，因为这时的产业发展竞争力会逐步提高，产业的比较优势会逐步形成，可以考虑让市场进行自发的选择，再由政府干预，通过扶持或培育，即通过供求机制、价格机制等来实现市场的主导作用。政府的主要作用则转向创造良好环境，提供服务，通过制定一些产业政策来有效打击市场垄断，稳定市场秩序，为产业的发展提供强有力的法治服务、科技服务和信息服务。

（二）产业集群模式

产业集群的竞争决定了区域经济的发展。产业集群是区域经济发展的核心竞争力，大量企业在空间集聚，打造产业链一体化，使本地企业关联度增强，这就是区域产业的比较优势，是其他地区难以模仿的。而对欠发达地区来讲，从自身的资源条件出发，逐步形成能够体现和发挥自身优势的产业集群，才有可能实现区域经济的跨越发展。根据长江上游地区的发展战略规划，长江上游地区有待重点发展的产业及产业集群包括烟酒业和食品加工、化工、能源（水电、煤炭）、矿产资源开发及深加工、装备制造、生物医药、电子信息、汽车、摩托车整车及零部件生产等重点产业。目前，长江上游地区重点产业集群已经初具规模，空间聚集性明显，产业集群内企业的规模经济和范围经济突出，适合集群化发展的技术日益强化，形成了较长的产业链。产业内企业间的专业化分工进一步深化，形成

了大量的关联企业和中间产品的交易市场。包括供应商和专业化基础设施提供者、销售者、客户和辅助性产品制造商的产业集群组织正在逐步完善。集群间企业的互动、关联有利于构成集群内企业的创新，并由此带来一系列的产品创新，促进产业升级的加快，这种产业链空间优化模式所具有的群体竞争优势和集聚发展的规模效益是其他模式难以相比的。

（三）产业链整合模式

1. 纵向一体化整合模式

根据资产专用性理论，企业纵向一体化的所有权控制比市场契约更为有效。但是在知识经济和信息化时代，企业在产业和市场中的地位与影响力，不再体现在它的“大而全”和纵向一体化程度，而是体现在它对核心技术、关键模块、行业标准等的控制。纵向生产链的缺陷就是很难形成市场联盟优势，基本上属于孤军作战的竞争局面，不易与专业化管理企业、营销企业、技术服务机构等构建协作关系，市场空间会因企业管理能力和营销网络的限制难以拓展。但是，在产业基础较差的地区，由于缺乏产业之间的有效协作和激烈的市场竞争，企业能够获得沿产业链纵向延伸的条件和空间，甚至沿产业链纵向延伸才是企业生存发展的最佳选择。这种模式对一些经济欠发达地区的企业有着重要作用，是这些区域中的内生性企业发展的有效参照模式。例如，长江上游地区的农产品加工和不会造成污染的矿产资源就地转化就比较适合这种模式。

2. 横向配套产业链演进模式

配套企业往往容易集中在具有较强带动和辐射作用的主导企业周围，导致产业在空间分布上极不均衡，因而配套协作链在不同区域中都有可能实现。例如，长江上游地区的汽车摩托车产业、装备制造业和电子信息产业就比较适合这种发展模式。集群内部存在核心企业以及大量与核心企业发生联系的相关小企业，但小企业相互间的合作关系较少。例如，汽车摩托车产业，以较大规模的厂家为核心，集中了众多在业务上相互联系的零部件配套生产企业及其支持企业，形成了汽车摩托车企业集群。既有长安、宗申、力帆等核心大公司，也有大量的相关的配套和服务企业，同时存在许多规模较小的生产企业。在核心地位的大企业带动下，各中小企业一方面按照它的要求，为它加工或生产零部件，另一方面完成相对独立的生产运作，取得自身的发展。其集群模式的主要特点是核心与配套企业共存，核心企业不仅带动配套企业的发展，也为散存的中小企业提供机会、共享市场；核心企业与配套企业以自身雄厚的技术和强大的品牌为核心竞争力，散存的中小企业以低成本为竞争优势，借助品牌的地域优势销售。

3. 循环产业链模式

尽管这种模式在产业链动态演进过程中有承上启下的功效，为推动产业链从低级向高级演进提供了技术条件，也为一个区域培育壮大具有竞争优势的产业提供了可能，但循环产业链各环节的企业要集聚在一个系统内，需要特定的地域空间支持。这种模式比较适合于在技术上具有互补关系、上游与下游关联紧密和可能造成严重污染的矿产资源业。例如，长江上游地区的石化产业和有色金属矿产开发以及煤炭等资源型产业链，就比较适合该模式的发展。

（四）传统产业改造的技术跟随模式

传统产业创造了绝大部分的产值、利税和就业机会，有着庞大的规模和雄厚的基础。在今后相当长时期内仍将是长江上游地区经济发展的主体，是促进经济增长的基本力量。要提高长江上游地区企业自主创新水平和能力，最为现实、最直接、最根本的是对传统产业实施技术改造。需要明确的是这种改造不能是过去单一企业或者单一行业的自我封闭式改造，而是需要充分利用高新技术和先进适用技术的集成实施改造。

高新技术与先进适用技术的主要改造方式如下：运用信息技术提高连续生产过程自动化、控制智能化及管理信息化水平，提高传统产业的生产效率和产品质量；发展自动检测与控制技术，实现生产过程的自动化和最优化，提高工厂综合自动化水平；发展企业信息管理系统技术，实现实时管理与数据共享，提高企业管理水平；发展数控技术，提高设备的自动化水平；发展计算机辅助设计与制造技术，提高制造自动化、柔性化和集成化水平；发展与应用综合自动化技术，重点推行并行工程、敏捷制造、企业资源计划等先进制造方式；研究开发新工艺，推广新型制造技术，提高制造效率和产品质量。选择对行业影响大、应用面宽的核心技术与关键设备，组织技术开发与科技攻关，促进在行业中的应用，提高重大技术设备研制水平和成套设备集成能力，满足传统产业装备更新换代的需要。围绕产业结构升级急需解决的共性技术、关键技术及配套技术，加强产学研合作，加大技术开发投入，开发形成一批拥有自主知识产权的产品和技术，并积极推广应用。围绕市场需求，立足产品结构调整，积极开发高新技术产品，重点加强智能化、数字化和网络化等高技术、高附加值主导产品的研制，提高和改善产品可靠性与质量，形成知名品牌。开发和推广应用一批高效节能降耗环保的新工艺、新装备，提高生产效率和资源综合利用率，防止环境污染，实现可持续发展。在传统产业内的企业完成改造后，通过上市、兼并、联合、重组等形式，大力培育和发展一批拥有自主知识产权、主业突出、核心能力强的大公司、大集团和企业集群，发挥其在经济结构调整中的重要支撑和推动作用。

（五）新兴产业的技术创新推动模式

创新主体以矩阵式创新模式构建创新平台，突破重点技术，实现创新目标，其重点在于形成产业的近期、中期和长期战略目标：近期内，通过产学研的联合，集成各方面的技术创新资源和能力，构筑和完善重点产业技术创新平台，构建起一个具有世界先进水平的、具有雄厚的创新实力、运行机制良好的创新平台，从而与产业发展实现良性互动，以支持长江上游地区高新技术产业的跨越发展，形成国际竞争力；中长期，利用建立起的良好运行机制，形成持续创新能力，实现产业高端技术的重点突破，促进长江上游地区高新技术产业的可持续发展。其中，企业与企业联合以共性技术创新为主，科研院所与企业联合以专项技术创新为主，科研院所之间联合以基础技术创新为主。

加大对高新技术产业化的投入力度，做好光电子信息、生物产业等专项的组织实施工作，重点支持一批对产业发展具有重要支撑带动作用、对产业结构优化升级具有重要示范作用的自主创新成果产业化项目。要进一步提升产业的自主创新能力，必须加快抓取一批产业规模较大、产业关联度强的典型产业，如电子信息产业及先进制造产业等，在一些重大核心技术上，取得自主创新突破。坚定不移走创新驱动型产业发展道路，实现向产业链高端环节攀升。

第六节　对策建议

一、加强企业专业化分工，完善产业链

从长江上游地区已形成的产业集群来看，大多是一些小规模的企业，而且企业的集中度偏低，造成集群中产业链的短缺和不完整。因此，必须加强集群内现有企业的专业化分工和合作，还要创造出若干承上启下的产业部门链环，实现断环接续。即在原有产业群体的基础上产生若干新兴产业部门，产生的新兴产业部门不仅创造了若干劳动力和人才就业岗位，还可以吸引相应的资本和技术的投入，促进整个产业集群的升级换代，加强长江上游地区产业集群的竞争力。除此之外，集群内的支柱产业只有和区域内的其他产业形成有效的产业链，才能实现长江上游地区经济的增长。否则，支柱产业不但不能成为支柱带动其他产业，其自身的发展也会受到限制，得不到长足的发展。

二、合理布局特色主导产业和产业集群

产业缺乏合理的空间布局、区域间产业结构雷同、相互在招商引资上无序竞争，是产业竞争力难以生成的重要原因。因此，必须按照发挥比较优势和适当错位发展的原则，根据长江上游地区各区域的地理环境、经济技术基础和已形成的产业集聚状况，对特色主导产业和产业集群进行区域分工与合理布局。同时，应明确各区域的产业定位，构建特色鲜明、分工协作、布局合理的区域产业结构，按照区域产业定位，对于没有鼓励或者允许发展某些产业的区域，应当通过土地、信贷等政策限制发展。

三、以龙头企业带动产业链的整合

在整合产业链、发展产业集群中，龙头企业具有不可替代的资本、市场、技术、管理等方面的优势，是产业链中"四链"（价值链、企业链、供需链和空间链）整合的引擎。在龙头企业整合产业链的过程中，一是应充分发挥市场机制作用；二是要通过主导产品的上、下游延伸，沿价值链纵向整合，加强产业内上、下游企业的配套协作；三是以产权为纽带，通过收购、兼并、重组等形式，实现龙头和重点企业迅速扩张，以获得规模经济和范围经济；四是对于龙头企业的跨行业整合总体上应持谨慎态度，因为进入与企业目前所从事的行业不相关的领域往往潜伏着巨大的风险，产生范围经济的难度较大；五是在目前的政绩考核体制下，对于跨区域的产业链整合，应妥善处理地区之间的经济总量和税收的关系，建立经济总量与税收的分享机制。

四、以垂直分工与协作生产体系促进中小企业集聚

目前，长江上游地区多数大中型企业整个生产流程相对封闭，大企业未能与中小企业形成紧密合作关系，产业关联度较低。应支持重庆的中央企业、军工企业与当地企业联合创办企业，通过军工企业价值链、技术链、供需链的分解，在当地发展配套中小型企业。为促进中小企业的集聚，应对龙头企业的价值链环节进行整合，把龙头企业引到战略管理、核心技术开发、市场开拓上来，而把生产制造环节尽可能地分解外包，给中小企业的衍生和成长创造市场机会。当今市场竞争已演变为价值链环节的竞争，在市场快速反应能力的竞争的背景下，长江上游地区企业尤其是中小型企业应实行外包战略，专长于整个价值链流程的某阶段。当前，信用关系缺失、社会资本贫瘠所造成的交易费用过高是阻碍分工向纵深发

展的重要因素，因此，培育社会资本显得十分重要和紧迫。社会资本的积累要靠建设信用文化，形成以道德为支撑、产权为基础、法律为保障的社会信用制度，营造信用区域、信用政府、信用企业、信用中介、信用个人体系，规范企业、政府和专业服务机构的行为，使信用交易、信用监督和信用服务有章可循。

五、提升企业自主创新能力

技术创新是产业链空间优化的核心动力，必须加快企业技术创新步伐，提高技术创新能力，提升产业层次，形成自主创新的新机制，明确并加强科技创新主体培育。长江上游地区要想促进产业结构升级，全面提升优势产业链的科技含量和竞争力，既要加大研发投入及相关配套措施，又要重点培育一批骨干企业，促进其加强科研队伍和科研平台建设，形成产学研一体化的创新链条，具体有以下三个措施：①建立专项资金，加大研发投入。建立和发挥优势产业研制专项资金的支持与引导作用，带动企业加大对研发和技术创新的投入，加强技术创新和技术改造，大力提高装备制造企业自主研发能力。②进一步加强产学研用合作，积极推进企业的国际国内技术合作与交流，集中研制一批重大关键技术项目，为产业化和技术改造提供技术支撑，尽快提升企业自主创新能力。③集中资源支持国家级和省级工程中心以及大型骨干企业技术开发中心的建设，全面落实国家鼓励企业技术创新的配套政策。

六、营造良好投资环境，承接优势产业的断链转移

投资环境不好将使企业的交易成本过高，造成企业成本的整体上升。因而，长江上游地区产业结构要优化升级，就要营造适合长江上游地区承接产业转移企业的优良环境。长江上游地区在产业承接过程中，要加强对高新技术企业的培育、扶持和引导，通过营造产业承接的优良环境来实现长江上游地区产业结构的优化升级，特别是要加大宣传力度，提高全社会对承接产业转移重大意义的认识，只有形成了承接产业转移的良好环境，承接产业转移的企业交易成本才会降低，这些企业才会有积极性。产业链分拆外包及由此引发的产业集群整体转移，已成为当前一种普遍的经济现象。长江上游地区不能只满足于承接单个产业或一些零部件加工，更要着力引进符合本地比较优势的产业集群，使引入的集群不仅要加强已有集群的优势，自身也要逐步成为本地优势产业。

第五章　发展方式转变Ⅲ：信息化促进产业结构升级

第一节　信息化与产业结构升级研究现状

从产业结构的演进规律和历史来看，信息化与产业结构调整升级之间的关系非常紧密。根据钱纳里对经济增长阶段的划分，经济增长的第三阶段也称信息时代。随着信息化的发展及普及，其在经济中的作用也日益凸显，信息化与产业结构调整之间的关系已经成为当前国内外学术界研究的重点。其中，国外学者的研究主要集中在信息技术对经济增长以及产业演变的影响方面，国内学者则是从信息化改造传统产业以及信息化与工业化融合的角度来阐述信息化对产业结构的调整作用，国内外研究角度差异较大。

一、国外研究现状

信息化的概念来源于国外，因此国外学者关于信息产业或信息化与产业结构调整的研究均要早于国内学者。日本学者梅棹忠夫在 1963 年发表的《信息产业论》一文中提出了信息化的问题，引起社会广泛关注和热烈讨论。1965 年，日本经济学家小松崎清介是首次提出信息化指数法的人，信息化指数法选取信息系数、信息量、通信主体水平、信息装备率这四个因素，从这四个因素中逐步分化出 11 个三级变量来衡量信息化水平，并通过与基准年的相关数据相比较便能得出相应年份的信息化指数。此后，国外学者关于这一课题的研究主要集中在信息化对产业结构影响的方面。Porat（1973）提出信息具有调整社会经济活动，特别是具有调整产业结构的作用，信息化将会加速第三产业的发展，并进一步加大第三产业在社会经济活动中所占有的份额。Bell（1973）认为信息化将导致经济和社会形态发生质变，人类社会将进入后工业社会。也就是说人类社会将会进入一个信息社会，在这个社会生活中，信息将具有决定性的作用。Huber 和 William（1995）从企业的微观层面研究了企业信息化的发展对企业组织设计与企业决策的影响，指出信息技术的创新通过改变企业的管理模式，促使企业由纵向一体化向横向一体化扩展，提高和改变了企业间信息的交流速度与交流方式，并进一步指出企业管理与合作模式的改变促使产业结构发生改变。Dewan（2000）从产业关联的角度出发，指出信息技术研发是完善庞大的产业关联体系的基础，工业化后期国家通过发展以信息技术为主的自主创新发展模式，掌握大量关键技术和核心技术，不仅使得本国信息基础设施建设和信息服务业都处于全球领先地位，而且使得产业结构调整更加有利于经济增长。Hacklin 等（2004）认为信息技术的发展改变了产业的技术基础和关联程度，促使原有产业结构失衡。Gerum（2003）对移动通信业的产业演变发展进程进行了分析，探讨了多种产业融合类型以及它们对移动通信业的影响，认为移动通信业与不同产业的相互融合转变了产业创新体系，进而推进产业的不断演化发展。关于信息技术通过提高产业生产率来促进经济增长方面的研究也不断出现。Correa（2006）的研究证实了信息发展对于国家和部门的生产表现不仅体现在信息部门内部的生产能力，而且会通过溢出效应影响到相关行业和部门。信息技术通过改变原有的产业技术效率组织形式和竞争力（Dosi，1982），缩短了人与商品之间的接触距离（Jorgenson et al.，2008），提高了劳动力和资本生产效率（Freeman et al.，1989），促进经济增长。Jalava 和 Pohjola（2007）论证了芬兰 1995～2005 年的信息产业对产出和生产率增长具有重要的促进作用。

二、国内研究现状

（一）信息化与工业化的研究

关于信息化与工业化的融合，中国学者就其本质、内涵以及融合机制进行了深入的研究。姜奇平（2005）认为工业化与信息化的融合是生产方式内在矛盾发生、演变和转化的过程，在融合的过程中可使信息技术产业的发展与制造业改造结合起来。周叔莲（2008）认为信息化与工业化融合的内涵不仅是在工业部门应用信息技术，而且是在国民经济各个部门和社会各个领域应用信息技术，在技术、业务、产品、市场等各个层次施行融合。贾纪磊（2009）认为信息化与工业化融合有以下三个方面的内涵：一是指信息化与工业化的发展战略路线的融合；二是指信息资源与能源、材料等工业化资源的融合；三是指信息技术与工业技术、信息技术设备与工业装备的融合。谢康等（2009）借助技术效率的概念来定义信息化与工业化融合的范围和内涵，认为信息化与工业化融合是一种技术效率的表现，提出信息化与工业化融合机制的技术效率模型，较好地解释了信息化与工业化融合中成本最小化和收益递增的观点。王金杰和董永凯（2009）认为信息化与工业化融合的内在机制是两者的相互作用关系以及它们之间相互融合、相互渗透的动态规律和原理；外在机制即信息化与工业化融合和市场运行、企业主体、政策体制等之间的相互作用关系。苗圩（2012）

认为信息化与工业化融合从广义上理解，是工业化与信息化两大历史进程的重合，从狭义上说，是指信息技术广泛应用于工业后引发的生产效率、生产方式变革，是工业结构调整和升级的过程。而在实证方面，中国学者主要就信息化与工业化之间的促进作用以及信息化与工业化融合的程度进行了实证研究。谢康等（2012）从实证的角度提出了融合具有周期大约为 5 年的间断平衡性，信息化带动工业化路径与两者融合的相关性高于工业化促进信息化。李琳等（2013）分别以区域工业化和区域信息化建设为研究内容，以山东省为例，利用灰色关联法深入分析信息化与工业化融合的程度和水平，从而为区域管理决策者提供信息化与工业化互相促进的对策建议。王瑜炜和秦辉（2014）运用耦合协调度模型，对中国 31 个省级单元的信息化与新型工业化耦合度和协调度计算后进行空间格局分析，研究发现，中国信息化与新型工业化系统整体上处于中低耦合阶段，东部省级单元（北京、天津）的耦合度、协调度较高，西北、西南省级单元则较低。张向宁和孙秋碧（2009）运用单位根检验及格兰杰因果检验对信息化与工业化融合进行实证研究，得出信息化对工业化具有促进作用，同时信息化与工业化融合存在界限的结论，最后提出用不同滞后期信息化与工业化平均水平比值的方法来测度界限，为政府决策提供依据。

（二）信息化改造传统产业的研究

中国学者认为信息化改造传统产业的实质是高新技术改造传统产业，也就是利用信息技术对传统产业生产方式、竞争方式、部门关系、组织结构的改造，因此传统产业的信息化改造既是中国经济持续发展的必经之路，也是中国产业结构升级的关键。李寿德（2002）认为信息技术在传统产业的应用实质上就是高技术产业在改造传统产业。黄建富（2002）认为对发展中国家来讲，信息化发展与对传统产业改造的互动是一个重大的战略性政策选择，发展中国家的产业战略必须立足传统产业，通过信息化使经济持续增长，发展自己的“新经济”，在分析了信息产业对中国传统产业将产生积极影响的同时，还论述了中国传统产业信息化过程中所必需的运行机制和外部环境。刘慧和吴晓波（2003）指出信息化改造传统产业实际上是从产品信息化到产业信息化的一系列的升级过程，信息化通过产业结构高度化、产业劳动率提高、生产方式转变、产业重组以及生产要素转移等推动了传统产业升级。周振华（2000）指出现代信息化发展与对传统产业改造的良性互动是实现产业升级的关键。杨蕙馨和黄守坤（2005）提出在振兴东北地区老工业基地的战略决策中，信息化建设起着关键作用，并用实证分析方法对信息化发展的现状、症结等问题进行了论述，提出今后东北地区信息化发展的方向以及通过信息化实现东北地区产业结构优化升级的途径。黄建富（2002）认为信息化对传统产业的改造，除了信息技术的运用与扩散，主要表现在信息化对传统产业生产方式、竞争方式、部门关系、组织结构的改造。冯光辉（2012）提出加速传统产业的技术进步，以高新技术及先进适用技术实现传统产业结构的优化升级，是信息化改造山西省传统产业的关键，高新技术可以从两个方面对传统产业改造发挥作用：①带动整个产业结构的高级化；②开发新产品，提高传统产业的技术含量。余利丰和肖六亿（2015）指出技术创新已成为实现地区经济增长、产业结构升级的有效途径。利用高新技术改造提升传统产业，有利于促进传统产业结构调整、资源整合和产业集聚，高新技术改造传统产业的一项重要内容就是产业信息化。关于信息化对传统制造业的作用机制以及最终效果的影响因素多为实证研究。毕克新等（2012）借助时偏估计（timing offset estimation，TOE）分类量表对制造业企业信息化与工艺创新互动关系的影响因素进行了分析，运用回归分析方法对各个因素的影响进行了实证检验，研究发现制造业企业信息化与工艺创新互动关系受制造业企业技术资源配置、技术认知、技术人才、组织战略以及政策环境、市场环境等因素的共同影响。谭清美和陈静（2016）基于微观、宏观双视角定性论述以及广义矩估计（generalized method of moments，GMM）模型对中国31个省区市10年的面板数据进行定量测度，探讨了信息化改造制造业的作用机制，结果显示，信息化与制造业升级存在倒U形关系，即当信息化程度未跨过拐点时，信息化提升有利于制造业升级，而当信息化程度跨过拐点时，信息化提升抑制制造业发展。

（三）信息化与产业结构优化的研究

在信息化与产业结构优化的理论研究方面，中国学者立足国情，结合信息技术本身的特点对新时期信息化推动产业结构转型升级的有效途径进行了研究。

杜传忠和马武强（2003）认为信息化是实现中国产业结构跨越式升级的有力杠杆，表现在信息化过程本身蕴含着高科技产业快速成长的机制，能够迅速提高产业资源配置效率，刺激产业需求。刘克逸（2003）指出信息技术可以低成本扩散，而且具有边际收益递增和规模报酬递增的特征，因此充分利用信息技术对促进中国产业结构升级具有重要的意义，并分析了产业信息化对中国三大产业的影响。徐险峰和李咏梅（2003）提出产业的跨越式发展必须建立在产业结构调整升级的基础之上，以信息化促进产业结构调整升级是中国实现跨越式发展的必由之路，相关的对策是利用信息技术改造提升传统产业，促进产业结构升级，提高企业管理水平和竞争力，促进产业分工协作。李志翠和杨海峰（2005）认为信息技术与工业部门的高度融合使工业企业在技术、管理、生产方式和企业文化等多个层面得到优化与提高，从工业结构的调整来看，信息化能使工业结构进一步趋于

“软化”。信息化带动新兴高新技术产业的发展，促进劳动生产率的提高和国际竞争力的增强，这点在李伟光等（2005）、何伟和夏莘栋（2006）的研究中得到了肯定，以信息化建设促进经济结构调整和产业结构的优化，是提升中国整体经济竞争力的关键（杨学坤和吴树勤，2009）。实证方面，中国学者从不同视角对信息化与产业结构升级的相关性、作用路径、效果评价、对策建议等方面进行了相关研究。吴伟萍（2008）从信息产业化、产业信息化等角度深入分析信息化对产业转型的作用机制，同时以广东省为例，采用科布-道格拉斯生产函数模型考察信息化对产业结构变动的影响，并探讨以信息化推动产业转型的创新路径。张敏和马泽昊（2013）利用 1998～2010 年中国 31 个省区市的面板数据基于系统广义矩估计方法讨论了信息化对中国区域经济增长以及产业结构的影响，主要结论为：第一，信息化水平对于经济增长的正向影响非常显著；第二，信息化对优化农业和工业的产业结构、加快经济增长方式转变效果显著，但对服务业的影响并不显著。刘丹等（2013）分别采用 2000～2004 年和 2004～2009 年中国省际面板数据，得出了信息化不同程度地促进产业结构调整的一致结论。除此之外，齐亚伟和刘丹（2014）从区域层面的东、中和西部论证了信息化发展与产业结构合理化之间的关联度。赵昕和茶洪旺（2015）通过研究得出产业结构变迁和信息化发展之间具有重要的相关性，两者存在相互促进的关系，基于实证研究，提出政府应从实现产业结构升级的角度，确定信息产业的发展战略的对策建议。张文婷（2016）采用 2002～2014 年中国各省区市的面板数据，利用系统矩估计方法，研究了信息化发展对中国各地区产业结构调整的差异化影响。茶洪旺和左鹏飞（2017）通过相关性检验验证了中国省域信息化与产业结构升级存在空间相关性，并利用 2004～2014 年省际面板数据构建空间计量模型，分析了信息化对中国产业结构升级的影响，结果表明信息化对产业结构升级具有显著的正向空间冲击效应。

三、研究现状简评

纵观以往文献，存在以下特点：在理论研究上，国外学者做了首创性的工作，奠定了理论基础，国内学者在借鉴国外理论的基础上，结合中国的数据和实际国情，从地区、产业等角度对相关问题进行了实证分析，也得到了不同的结果，在很大程度上弥补了这一领域对发展中国家研究的欠缺。

但是对于信息化对产业结构的影响问题，国内外的研究仍然薄弱。关于将信息化与产业结构直接联系在一起的研究还不充分，尤其是缺乏多层面的研究。另外，关于信息化影响产业结构升级的作用机制的研究还需要深入，而信息化对产业结构升级影响的实证研究也需要进一步加强。

第二节　信息化促进产业结构升级的内在机理

一、信息化相关概念

（一）信息化的含义

信息化的概念最早起源于日本。日本著名学者梅棹忠夫在1963年发表的《信息产业论》一文中提出了信息化的问题，引起了广泛的注意和热烈的讨论。1967年，日本科技与经济研究学者小组第一次提出了“信息化”这一词汇，并以此来描述和概括人类社会从低级向高级的进步，从以有形的物质生产为主的社会向以无形的知识经济为主的社会的进化，这也是在全社会的经济结构中，信息产业得到充足发展并渐渐获得主导地位的社会变革。按照当时日本学者的理解，信息化就是从物质生产占领导地位的社会向信息产业占主导地位的社会更新的过程。因此在探索信息化时，必须把信息技术作为信息化概念的本质，信息技术的发展与应用作为推动信息化发展的动力，信息化社会产业结构发展的过程，也是人类开发和利用信息资源能力提高的过程。由此，信息化是指采用信息技术等手段，通过提高人类开发和利用资源的能力，推动经济发展、社会进步甚至人们生活方式变革的过程。

（二）信息化的内容与层次

信息化的层次是一个动态概念，包含以下五个层次。

（1）产品信息化。产品信息化是信息化的基础。可以从以下两个方面来理解：产品包含的信息比例日益增大，物质比例不断下降；各种电子高科技产品中都嵌入了智能化内核，从而能发挥超强的信息处理功能，如智能洗衣机等。

（2）企业信息化。企业信息化作为整个社会经济信息化的根本，它指企业从产品的研发、生产到经营管理等各个环节上充分发挥信息技术的作用，装备信息设备，积极培养信息化人才，提高信息服务，大力建设企业信息化设备。

（3）产业信息化。传统产业充分利用先进的信息技术，大力整合信息资源，成立各种行业信息数据库，从而达到行业内各种资源重组、要素优化的目的，促进产业结构进一步合理化并促进产业的升级。

（4）国民经济信息化。信息在经济系统里面实现大流动，生产、流通、分配以及消费这四个重要环节在信息化的作用下联结成一个有机整体。

（5）社会生活信息化。信息技术不仅涉及经济、军事、教育、科技，还涉及日常生活在内的社会体系，构建信息网络，积极开发各种信息资源，可以丰富人们的精神生活，拓展活动空间。

二、产业结构升级的内涵

产业结构升级就是经济增长方式的转变与经济发展模式的转轨。产业结构升级是产业升级从量变到质变的结果。从微观来看，产业结构升级指企业通过技术升级、管理模式改进、企业结构改变、产品质量与生产效率提高、产业链升级实现企业整体结构升级。从中观来看，产业结构升级指一个产业中主要企业的技术水平、管理模式、产品质量、生产效率、产业链定位、产品附加值全部上升到一个新的层级，从而形成新的、更高级的产业结构。例如，高速铁路以机车技术、铁路技术、管理模式、运行速度为主要标志的运营效率，对于经营者和社会的效益都比老式铁路要高出一个档次，就是铁路的产业结构升级。其他如智慧农业与传统农业也一样：在土壤改良、农产品品种选择培育、生产过程可控性增强、成本降低、产量质量提高、产品有利于人体健康、可再生性可持续性发展方面，智慧农业比传统农业全方位上升到一个新的档次，就是农业的产业结构升级。从宏观来看，产业结构升级指一个国家经济增长方式转变，如从劳动密集型增长方式向资本密集型、知识密集型增长方式转变，资源运营增长方式向产品运营、资产运营、资本运营、知识运营增长方式转变，经济增长动力由要素驱动向投资驱动、创新驱动转变。由于这些增长方式转变是社会生产方式内部要素与结构全面升级，这些增长方式转变也称产业结构升级。宏观的产业结构升级一般指新的、更高级的产业业态的产生。无论微观、中观还是宏观，产品附加值提高都是产业结构升级的核心与灵魂，经济活动的主体性提高是产品附加值提高的根本。产品附加值提高不能等同于生产率提高。根据产业结构内部各要素的相互关系，生产率提高只是产品附加值提高的途径和手段之一。虽然提高企业利润率和国内生产总值增长指数是产业升级、产业结构升级、产品附加值提高的动力，但产品附加值提高也不能仅仅等同于企业利润率、国内生产总值增长指数提高。通过社会产业结构升级带来的产品附加值提高不但可以带来利润率与国内生产总值增长指数提高，而且可以带来社会发展指数、人类发展指数、社会福利指数、人民幸福指数的提高。因此，对于真正的产业结构升级，增长和发展是统一的。

三、影响产业结构升级的主要因素

技术进步、人力资本、社会总需求等因素都能通过各种作用机制对产业结构的调整产生重大影响。可以说，技术进步是产业结构升级的动力源泉，而社会总需求、人力资本等供给因素通过相应的作用机制来调整产业结构。在不同的经济发展阶段，这些因素在产业结构升级过程中处于不同的地位，发挥不同的作用。产业结构的变化不是孤立的，任何影响经济发展的因素都可能影响产业结构的变化。把众多的因素进行归类，主要包括下面两种。

（一）供给因素对产业结构升级的影响

供给因素从广义上来说包括自然条件和资源禀赋、提供劳动力的人口、投资、商品供应、进口、技术进步等，也包括国内外的政治、经济、法律等环境，还包括体制和思想，这些因素的变动往往会引起产业结构的变动。

（1）自然条件和资源禀赋。资源是人类社会赖以生存和发展的基础，自然资源在社会经济建设中发挥着重要作用。自然资源对产业结构的影响起着基础性作用，推动产业结构的发展演进。一国自然禀赋，如资源的种类、蕴藏量、分布状态、可利用的经济价值等，对该国的经济发展有着重大影响，在很大程度上决定着其经济增长和产业结构。自然资源状况和产业结构调整与升级有着密切关系。自然资源丰富的国家往往比较容易形成资源开发型产业结构。

（2）人力资源供给。人力资源供给是经济增长的必要条件，又是决定经济发展的主要因素。前者指劳动力资源，后者指人的需求。依据一国经济发展水平，保持适当的人口增长率，提高人口素质，对产业结构合理化和高级化有着举足轻重的作用。人力资源丰富的国家应该大力发展劳动密集型产业。因此，人力资源的数量和劳动力素质的水平在一定程度上决定着产业结构优化升级的程度与方向。

（3）资金资源供给。资金资源就是指货币资金。货币资金作为产业形成与演进的主要推动力和持续推动力，对产业结构的变动有着深远的影响，一方面资金的充裕程度对产业结构影响巨大，另一方面资金在不同产业部门的投向分布对产业结构有很大的影响。前者从总量方面来调整产业结构，后者从资金投向方面来调整产业结构。

（4）技术进步因素。科学技术是第一生产力，是经济增长的内在动力。技术进步是生产力中最活跃的因素，更是经济增长的主要动力；技术进步还能突破其他阻碍经济增长的限制因素，为经济增长提供持续动力。由于技术进步促进产业结构升级是一个内生机制的作用过程，其对产业的增长和结构的调整的作用都是持续且日益增强的。技术进步作用于产业结构不仅通过调整产业结构来使之合理化，更通过推动产业结构升级使之高度化，其作用主要表现为：①通过技术进步逐渐形成新的技术，而这些新的技术又催生了不少新的产业。技术的不断更新和专业化协作生产的扩大又有利于这些新的产业甚至产业群采用先进技术、装备，降低生产成本，提高劳动生产率，从而形成技术进步与专业化协作生产不断相互推进的一个过程，导致产业结构不断优化升级。②技术进步通过高新技术来改造传统产业，无论技术还是设备乃至最后的产品都经过高新技术改造，都是传统产业更新的技术基础。③技术进步对不同产业作用效果是不同的，有些产业能充分利用新的技术，从而提高生产率，获得快速的产业扩张，有些产业对技术不具备承载能力，从而停滞不前，被市场经济淘汰。那些因为技术突破而新生的产业往往能发展成高新产业，并且发展迅速，而有些产业由于技术落后只能走向衰落，甚至消亡，产业结构得到调整。

（二）需求因素对产业结构升级的影响

（1）消费需求。研究表明，消费需求变动与经济发展周期、经济发展水平、人口数量、技术水平和社会发展水平等因素密切相关。消费需求的变化体现在两方面：需求总量的增长和需求结构的变化。这两个因素都会引起相应产业部门的扩张和缩小，甚至会引起新产业部门的产生和旧产业部门的衰落。从需求总量的角度来考虑，人口数量的增加和人均收入水平的提高都会扩大消费需求。在不同的经济发展时期，各种消费需求也会出现波动。从需求结构的角度去考虑，它的变化促使生产结构和供给结构发生变化，从而导致产业结构的变化。

（2）投资需求。企业扩大再生产力以及产业扩张都与投资息息相关，不同方向的投资是改变已有产业结构的直接原因，新的需求投资将形成新的产业，对已有产业进行投资，将会使得它们比其他未投资产业以更快的速度扩张，从而影响原有产业结构。由于投资对产业结构的影响是巨大的，政府常常采用对应的投资策略，使投资结构得到调整，从而达到促进产业结构升级的目标。

（3）国际贸易因素对产业结构的影响。国际贸易对产业结构的影响，主要是通过进出口结构的变动，进而带动国内产业结构、消费结构和贸易结构的变动。国际贸易对产业结构升级的影响体现在：劳动力、资本、能源、商品出口，对国内有关产业起促进作用；国内稀缺能源、劳动力进口，可以弥补国内在该领域的不足；新技术、新思想的引进，将为国内同类产业的发展带来有利条件，推动产业结构的高度化。当然，事物都有两面性，有些商品的引进也可能对某些产业起到抑制作用。

（4）国际投资因素对产业结构的影响。国际投资也是影响产业结构的重要因素，包括对外投资以及外国投资。对外投资（本国资本的流出）引起本国产业向外转移，外国投资（外国资本的流入）则会导致国外产业转移到国内，这都会引起产业结构的变化。外国投资对国内产业结构的影响更为深远，主要体现在以下三个方面：一是由外资企业决定的产品品种和数量的改变会对原有的产业结构带来改变；二是外资企业中间产品的供应结构和最终产品的销售结构将会直接影响国内的产业结构；三是外资企业的技术创新间接地影响一个国家或地区的产业结构。

四、信息化促进产业结构升级的作用机制

（一）通过影响需求结构促进产业结构升级

信息化通过信息技术手段对投资结构、产业之间协作与供给关系以及贸易结构等方面进行改造升级，从而影响产业需求结构的升级和改造。信息技术手段对其他产业影响巨大，传统行业与信息化相结合极大地提高了企业生产效率，加速了企业的改造升级，对市场资源的合理配置起到了优化作用，如现在提倡的“互联网＋”就是传统行业与信息化技术结合的典范，这种结合最终提高了社会经济效益。社会经济效益与人均收入息息相关，它的提高势必会使得人均收入提高，从而进一步使人们的生活水平提高。信息化对市场资源的再配置和再优化主要体现在生产要素逐步向收入弹性高的企业与产业转移，而收入弹性低的产业将逐渐被市场淘汰，改善国民经济产出结构。另外，人均收入提高改变了人们的消费结构，人们不再只寻求基础消费品的满足，越来越追求高档耐用以及售后服务完善的产品，这也导致了生产要素向服务优良、加工过硬的产业转移。同时对于信息服务业来说，原有的空间和地域限制得以突破，甚至全球都可以连接在一起，这使得需求市场进一步扩大，需求结构发生巨大变化，产品的更新迭代周期显著缩短，需要满足不同需求者的要求，这种变化在一定程度上加剧了企业之间的竞争，也促使了企业必须向管理高效性、生产个性化以及知识技术密集型方向发展，对产业结构高度化的要求更为迫切，推动产业结构转型升级。

（二）通过影响劳动力就业结构促进产业结构升级

信息化的发展过程是一个优化生产质量，合理配置生产要素，使得生产系统有序运行，并最终实现经济的规模增长以及生产结构优化的过程。信息化技术的广泛应用将提高产业的自动化程度，会对原有的生产模式造成冲击，从而导致一部分人失业。但从长远来看，信息化技术的广泛应用带来了高新技术产业以及相关产业的蓬勃发展，将创造许多新的职业，从而拉大劳动力市场需求，使得社会就业率提高。劳动力结构受信息化进程的影响巨大，主要体现在两个方面：①在

信息化进程中随着产业结构的升级改造，生产资料将向信息形态转变，与其配套的劳动力结构也将发生变化，逐步向高级化和信息化方向发展；②信息化催生的信息产业对就业结构产生了影响，这也间接改变了劳动力的结构，高新技术产业的涌现将吸引大批高素质青年人。劳动是社会财富积累的基石，经济增长离不开劳动力的良性增长以及质量的提高。因而一般来说，在市场经济国家，就业与经济增长表现为同向变动关系。可以得出这样的结论，信息化通过提升劳动力结构进而促进产业结构升级。

（三）通过提高劳动生产率和经济效益促进产业结构升级

信息化促使信息技术渗透到其他部门，导致整个技术体系都发生变化，从而优化整个经济活动的技术支撑，大幅度地促进劳动生产率的提高。在生产技术方面，信息技术的发展促进了智能化系统的广泛应用；在事务处理方面，信息技术催生了办公自动化，显著缩短了大数据信息处理的时间。随着信息技术的普及，国民经济出现了新的经济增长点，甚至发展形成了许多新兴产业，它们不仅构成了国民经济的重要组成部分，更通过对其他产业部门产生作用，如更新技术设备、提高劳动生产率、形成产业核心竞争力，来促进国民经济总效率的提升，从而促进经济增长。另外，随着信息化的发展，市场的地域和时间限制也得到了突破，加快市场的交易速度，促进消费者与生产者的联系，从而提高整个经济的运行效率。

（四）通过推动产业向高附加值生产发展来促进产业结构升级

信息化作用于产业的过程就是信息技术逐渐渗透融合到其他产业中的一个过程。首先，信息技术向产业渗透提高了原有产业的技术水平，大幅度提高了旧产品的技术含量，也提高了原产品的附加值。其次，随着信息技术拉动了相关服务的需求，旧产品中包含的服务性附加值也提高。由于信息技术适用性强且具有高度的渗透性，在其向产业渗透的过程中也就是产业信息化的过程中，各个产业也会不断互相渗透，进一步促进产业附加值的渗透，从而提高产业附加值，促使产业向高附加值产业进化。产业的附加值越高，其对国民经济的贡献越大，因此随着产业附加值的提高，产业结构也得到了优化升级。

五、信息化对三大产业的影响分析

信息化对产业的影响不仅体现在信息产业在国民经济中的比例不断增大，成为主导产业，其他产业的比例不断缩小，而且体现在信息产业对其他产业不断渗透，使其他产业部门发生巨大变化。

（1）信息技术对第一产业的改造，使传统农业部门得到新生。信息技术使农业在机械化的基础上进一步实现自动化和智能化。例如，运用电子预测系统能有效地预测植物病虫害和气候；运用计算机可以优化农业生产方案，实行灌溉、施肥、作物布局、家畜饲养等管理的自动化；借助智能设备可以开展动植物育种和遗传、系谱追踪等方面的研究；利用生物遗传信息工程改善农业物种，使农业技术化得到更进一步的提高。

（2）信息技术对第二产业的改造，使得第二产业信息化的程度日益加深。信息技术的广泛应用使得分工更加精细，技术更加精深，专业化程度大幅提高。同时，通信网络使制造业企业实现了全部生产经营活动的信息化。在企业内部，各部门人员都由网络联系在一起，在不同的范围能够互相沟通、协调，提高经营管理效率。在企业外部，企业通信网络又与本行业、上游企业和下游企业乃至地区和全国的信息网络实行联网，企业可以对外界因素的变化做出迅速反应，有利于提高企业的生存能力。

（3）传统服务业与信息技术的联系越来越紧密。第三产业通过信息产业的不断融合与渗透，从中产生一批新的信息服务业，并得到进一步的发展，尤其是电子金融和电子商务。同时，产业本身日益加大含新量，增加服务品种，更有针对性地为企业、个人和机构提供全方位的服务。

第三节　信息化发展水平概况与产业结构演进轨迹

一、中国信息化发展水平描述

（一）信息化总体水平

中国经济进入新常态，实现转型升级成为中国经济发展的关键。自工业革命以来的人类历史表明，重大技术革命是推动经济转型升级的巨大动力。当前，信息技术引领新一轮技术革命浪潮。牢牢把握信息化带来的重大机遇，实施信息化促进经济转型升级的战略，对中国未来发展具有十分重大的战略意义。信息化作为经济发展的重要驱动力，对于实现经济跨越式发展、转变经济发展方式、推动结构转型都有着举足轻重的作用。从 2005～2014 年数据来看，2005～2012 年一直保持着逐年增长的态势。2005 年以来，国民经济和社会发展信息化快速推进，经济和社会各行业各领域信息化呈现出快速发展势头，全国信息化指数从 2005 年的 59.5%，提升到 2012 年的 75.6%。但受到 2013 年世界经济形势下滑直接与间接的影响，整体的信息化发展水平出现了短暂的小幅回落。不过，经中央政府应付国家危机的短期战略模式调整，2014 年的信息化发展仍然保持稳定增长的乐观局面，从 2013 年的 74.3%上升到 2014 年的 77.7%，见图 5-1。

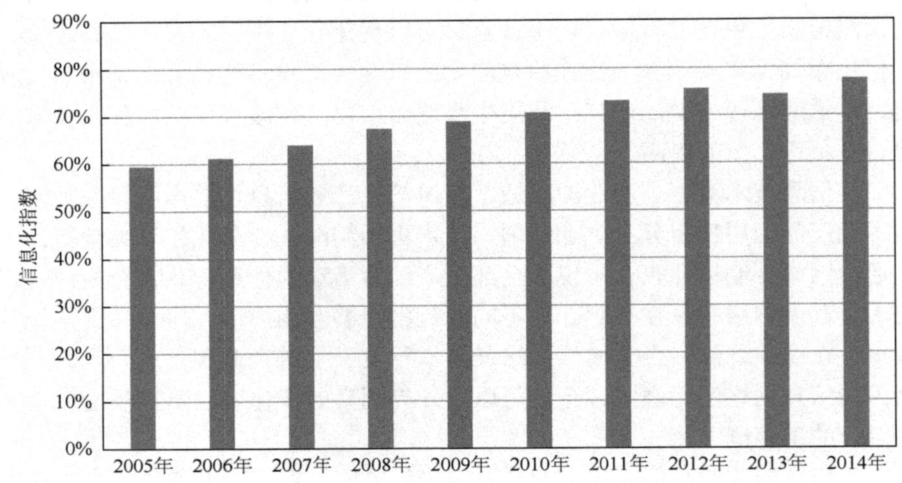

图 5-1　2005～2014 年中国信息化指数

资料来源：2006～2015 年《中国信息年鉴》

（二）信息化基础设施

近十年来，信息化基础设施建设进程加快，中国信息化基础设施普及率逐年提高，尤其是农村居民的信息化基础设施建设取得了飞速发展。从图 5-2～图 5-4

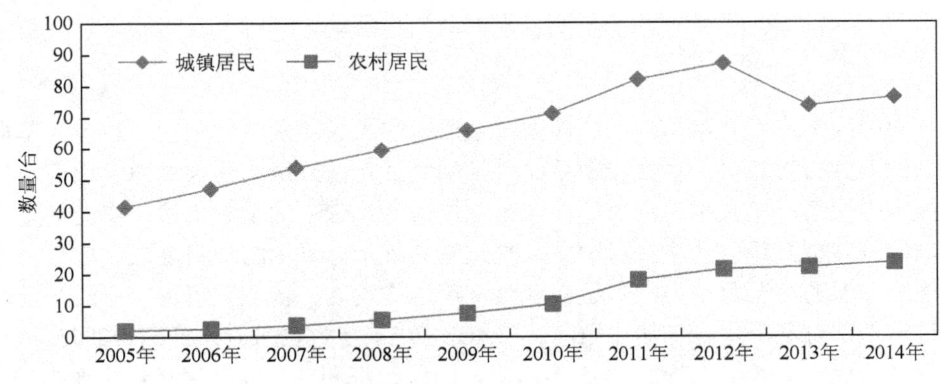

图 5-2　2005～2014 年中国每百户居民计算机拥有量

资料来源：《中国统计年鉴》

可以看出，中国居民 2005～2014 年对电子信息产品（此处以计算机、移动电话、彩色电视为例来说明）的拥有量有了大幅度提高，尤其是计算机和移动电话的拥有量。此外，2005 年城镇居民和农村居民对计算机、移动电话、彩色电视的拥有量差距很大，说明中国农村的信息化基础设施建设起步较晚，但经过十年发展，农村和城镇居民的差距在缩小，尤其是移动电话和彩色电视的城镇、农村居民拥有量已经很接近，说明农村的信息化建设发展迅猛，这也得益于国家对农村在信息化基础设施方面的补贴优惠政策，如农村加快网络建设和“家电三下乡”活动等。

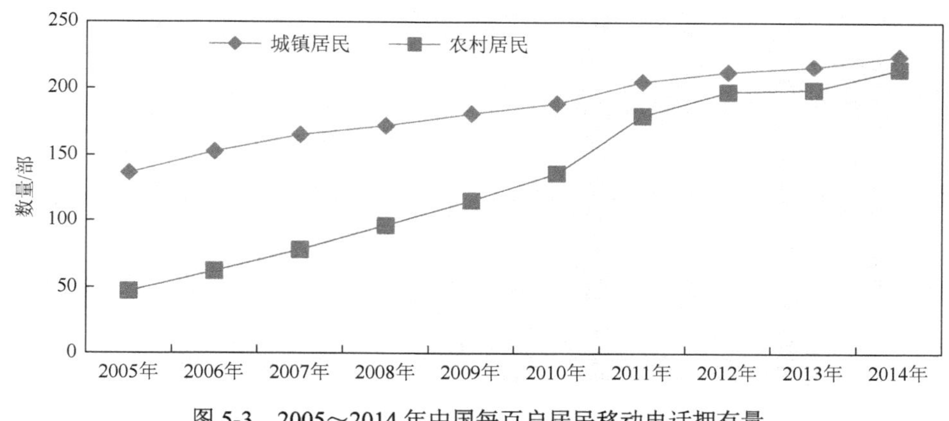

图 5-3　2005～2014 年中国每百户居民移动电话拥有量

资料来源：《中国统计年鉴》

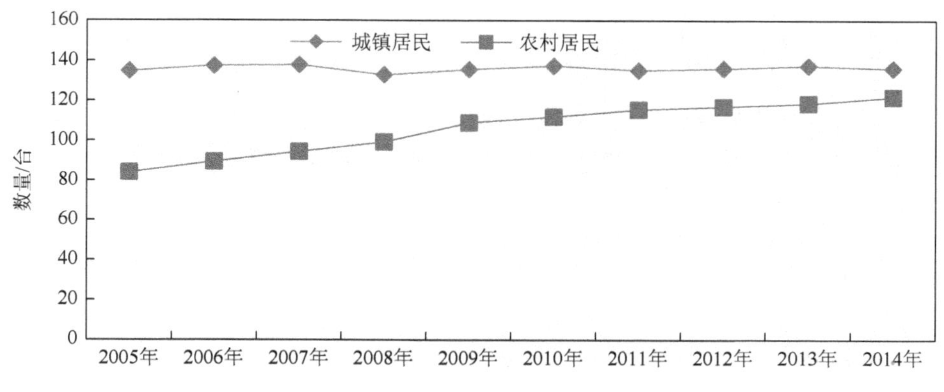

图 5-4　2005～2014 年中国每百户居民彩色电视拥有量

资料来源：《中国统计年鉴》

（三）互联网应用

中国互联网应用发展迅速，经历了从量到质的变化过程，这种质变表现在信息的精准性以及与经济发展的贴近性：一方面，互联网信息服务向精准性发展，通过技术手段提升信息提供的针对性，达到开发、维系用户的目的；另一方面，互联网应用与社会经济的融合更为深入，网络购物、旅行预订等网络消费拉动经济增长。中国网民规模从 2005 年的 1.1 亿人到 2014 年的 6.5 亿人，新增网民 5.4 亿人，人数增加接近 5 倍。互联网普及率从 2005 年的 8.5%增长到 2014 年的 47.9%，见图 5-5。

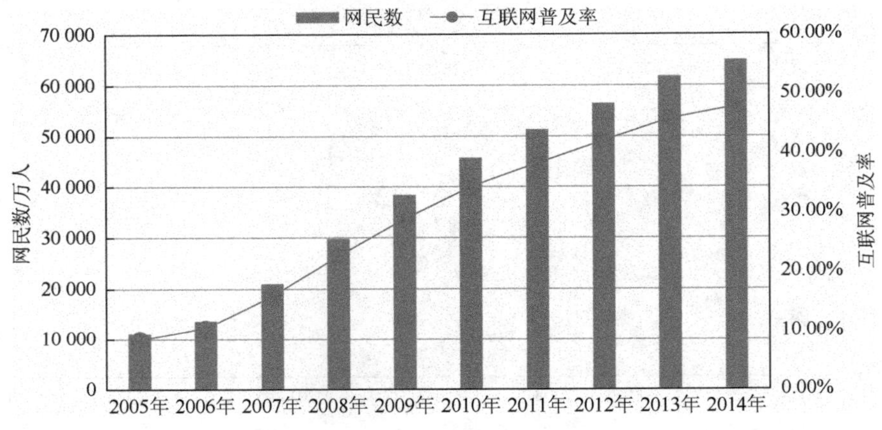

图 5-5　2005～2014 年中国网民数和互联网普及率

资料来源：《中国互联网络发展状况统计报告——网民规模与结构》

（四）电子信息产业的发展

电子信息行业是国民经济的支柱产业，与人们生活息息相关。在全球经济持续低迷、国内经济增速放缓的情况下，电子信息行业仍保持较快的增长速度，见图 5-6。

（五）信息消费

信息消费是一种直接或间接以信息产品和信息服务为消费对象的消费活动。近几年中国信息消费规模保持较快增长，对国民经济增长的拉动作用明显提高。

据工业和信息化部测算，2016 年中国信息消费规模达到 3.9 万亿元，对国内生产总值增长直接贡献 0.26 个百分点。由于中国对信息消费的测算起步较晚，相关权威机构也没有公布中国信息消费指数，以中国居民家庭人均交通通信消费支出来大致描述中国居民在信息消费方面的趋势。从图 5-7 可以看出，中国居民在

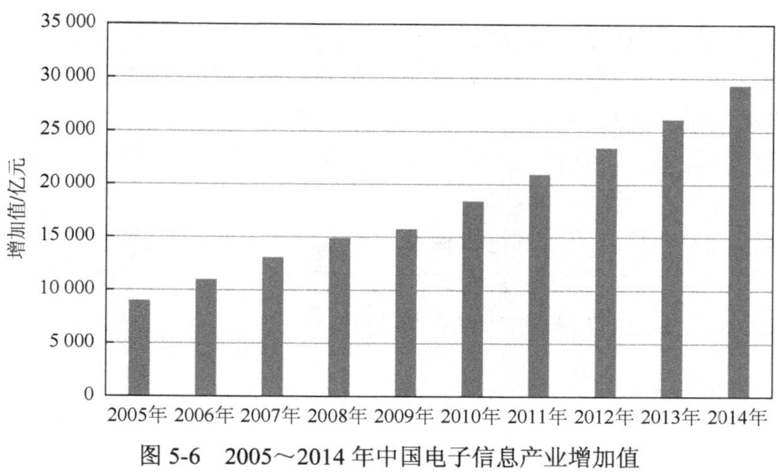

图 5-6　2005～2014 年中国电子信息产业增加值

资料来源：《中国电子信息产业年鉴》

交通通信方面的消费支出保持平稳的增长趋势，虽然农村居民在交通通信方面的支出也逐年增长，但城乡依然差距明显。

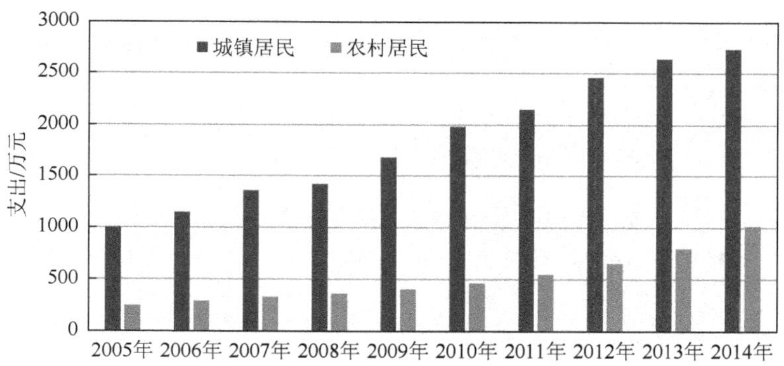

图 5-7　2005～2014 年中国居民家庭人均交通通信消费支出

资料来源：《中国统计年鉴》

二、中国产业结构的演变

（一）产值结构变动

附表 5-1 和图 5-8 显示了 1978～2014 年中国三大产业产值的组成情况及其变动趋势。从总体上看，第一产业产值的比例呈现逐步下降的走势。在改革开放初期，第一产业产值占国内生产总值的比例约 30%，但是到 2014 年，下降到 9.16%，降幅非常明显。需要注意的是，从改革开放初期到 20 世纪 80 年代中期，第一产业产值占国内生产总值的比例呈现上升趋势，20 世纪 80 年代后期开始转为下降趋势。20 世纪 90 年代之后，开始呈现明显的下降趋势。而第二产业始终在国内生产总值结构中占据最重要的地位，自改革开放以来，第二产业产值占国内生产总值的比例变化不大，保持在 40%～50%。第三产业产值占国内生产总值的比例整体呈上升趋势。由图 5-8 可以看出，从改革开放直到 20 世纪 80 年代，第三产业产值占国内生产总值的比例基本保持不变，直到 1984 年，第三产业产值比例迅猛上升，在 1985 年首次超过了第一产业产值比例。2012 年，第二产业与第三产业产值比例最为接近，仅相差 0.53 个百分点。

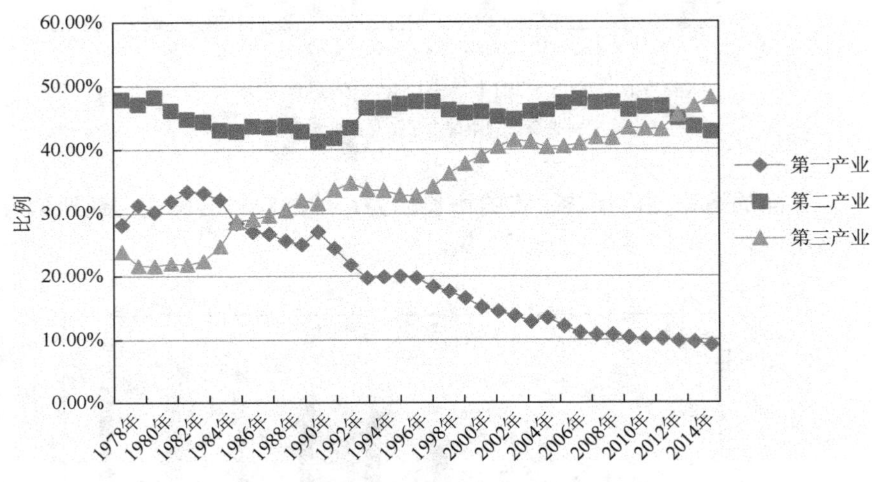

图 5-8　1978～2014 年三大产业产值比例变化图

资料来源：《新中国 60 年统计资料汇编》以及 2010～2015 年《中国统计年鉴》

（二）就业结构变动

附表 5-2 和图 5-9 显示了 1978～2014 年中国三大产业就业人数的组成情况及其变动趋势。自改革开放以来中国三大产业结构的变动情况具有如下特点：第一，从就业结构变动趋势的方面而言，它和产业产值结构的变动趋势从整体上来说是一致的。第一产业吸纳的就业人数占总就业人数的比例自 1978 年以后就逐步下降，从 1978 年超过 70%下降到 2014 年不足 29.5%；而第二产业和第三产业吸纳的就业人数占比却呈不断上涨的趋势，分别从 1978 年的 17.3%和 12.2%提升到 2014 年的 29.9%和 40.6%。第二，即使产值结构与就业结构的变动趋势方向一致，但从比例上来说，两者仍然有明显的差异。第一产业产值对国内生产总值所作出的贡献与其吸纳的就业人口数是不成比例的，这也是因为第一产业的劳动生产率远低于其他产业造成的产出水平与劳动力投入水平之间的巨大反差。同时，必须注意的是，中国第三产业吸纳的就业人口数非常有限，单位劳动力产出远低于第二产业，这和通常的观点存在差异。

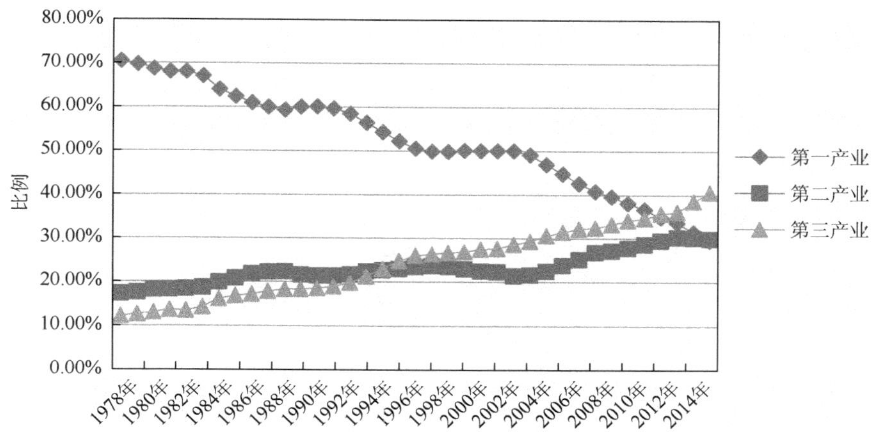

图 5-9　1978～2014 年三大产业就业人数占总就业人数变化图

资料来源：《新中国 60 年统计资料汇编》以及 2010～2015 年《中国统计年鉴》

（三）劳动生产率变动

改革开放以来，中国整体经济效益不断提高。附表 5-3 和图 5-10 显示了中国三大产业劳动生产率的变动趋势。改革开放以来，中国全社会的劳动生产率保持稳定上涨，由 1978 年的 908 元/人增加为 2014 年的 82 333 元/人，特别是 20 世纪 90 年代以来，第二产业和第三产业的劳动生产率迅速提高，第一产业的劳动生产率保持小幅稳定提高。

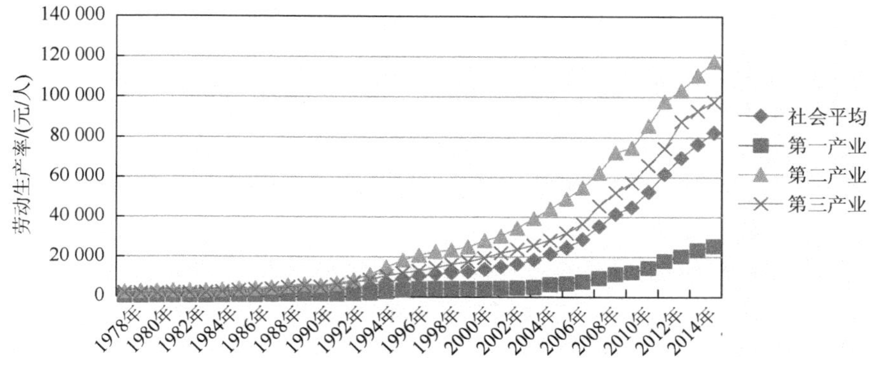

图 5-10　1978～2014 年中国三大产业劳动生产率变化图

资料来源：《新中国 60 年统计资料汇编》以及 2010～2015 年《中国统计年鉴》

与此同时，三大产业之间的生产效率差别却日益扩大。如图 5-10 所示，20 世纪 90 年代以前，三大产业的劳动生产率之间的差距并不明显，均接近社会平均劳动生产率，第二产业和第三产业的劳动生产率甚至越来越接近。20 世纪 90 年代以来，第二产业不仅与第一产业的劳动生产率相差越来越大，与第三产业差距也逐渐扩大。目前，第一产业、第三产业的劳动生产率均低于第二产业，第三产业的劳动生产率又远高于第一产业，与社会平均劳动生产率较为接近。

（四）中国东中西部地区产业结构的演变

由于 1978～2004 年省区市产业结构数据不完整，故选择 2005～2014 年来描述中国东中西部地区产业结构演变情况。

1. 东中西部产值结构状况及其比较

中国区域经济发展水平差异较大，东部是发达地区，中西部是欠发达地区。区域经济发展的不平衡直接表现在产业结构上区域产值结构不同，产业间所占比例也会发生增减变动，产业间的变动速度也不尽相同。由图 5-11～图 5-13 可以看出，中国各个区域的第一产业产值比例都有明显的下降，中部和西部的第一产业产值比例一直高于东部。就第二产业产值的变化而言，东部地区是先上升后下降的趋势，中西部地区大体上呈上升趋势，其中 2005～2008 年，东部地区的第二产业产值所占比例最大；2009 年，中部地区第二产业产值比例超过了东部。东部地区产值结构表现出第一产业比例最小，第二产业比例优先下降，第三产业快速增长的趋势；中西部地区产值结构表现为第一产业比例下降，第二产业比例逐渐上升，第三产业比例先降后升。在三大产业内部，东中西部所占比例差距很大。以 2014 年为例，分析各地区三大产业产值结构情况。

表 5-1 中的比较可以看出，中国东中西部三大区域的产值结构具有明显的区别。首先，就第一产业而言，东部地区的第一产业比例比起第二、第三产业较低，只有 5.91%，而中西部地区由于经济较为落后，第一产业所占比例比较高，约为东部地区的 2 倍；就第二产业比较看来，三大区域的所占比例都很高，都将近达到 50%，其中由于中部地区特殊的地理位置，农业所占比例较大，服务业发展较为落后，第二产业已达 48%；就第三产业而言，东部地区的第三产业高于中西部地区，分别高于 8 个、3 个百分点，其原因在于东部地区经济发达，金融业、信息与通信产业发展迅速，中西部地区以传统服务业为主，如旅游业，东部地区产业结构优于中西部地区。

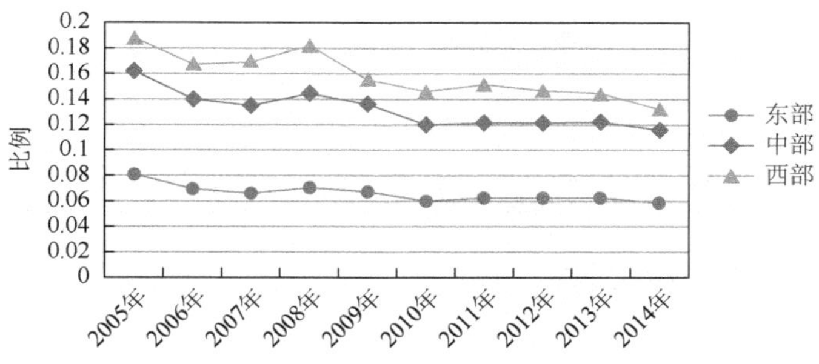

图 5-11　2005～2014 年第一产业产值比例

资料来源：2006～2015 年《中国统计年鉴》

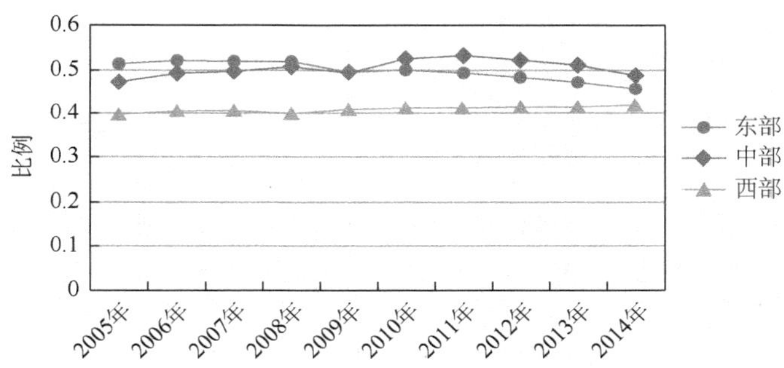

图 5-12　2005～2014 年第二产业产值比例

资料来源：2006～2015 年《中国统计年鉴》

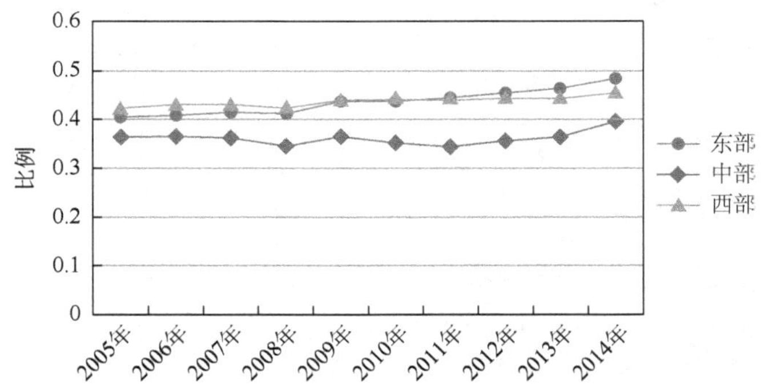

图 5-13　2005～2014 年第三产业产值比例

资料来源：2006～2015 年《中国统计年鉴》

综上可以得出结论：近几年来，东部地区产业结构变动比较稳定，产业结构逐渐向服务型经济转型；中西部地区在三大产业结构上变动具有一致性，均为第一产业所占比例和下降幅度大体相同，第二产业变动幅度不大，第三产业先降后升。由此可见，中西部地区产值结构情况基本相同，与东部具有明显不同。

表 5-1　2014 年中国东中西部地区三大产业产值结构

产业	东部	中部	西部
第一产业	5.82%	11.73%	13.21%
第二产业	45.84%	48.63%	41.72%
第三产业	48.34%	39.61%	45.06%

资料来源：2015 年《中国统计年鉴》。

2. 东中西部就业结构的变动趋势

库兹涅茨在克拉克的研究成果基础上对劳动力就业与产业结构做了进一步研究，研究结果是：农业部门无论产值结构还是就业结构都处于下降之中；工业和服务业的产值比例与就业结构都是上升的，但是两者速度不一样。就业结构的变化与产业结构的变化保持相关性。研究东中西部的就业结构动态有助于更好地对区域产业结构进行分析。

从附表 5-4～附表 5-7 可以看出，随着科技进步和劳动生产率的提高，第一产业对劳动力需求减少，劳动力从第一产业流向第二、第三产业。东部第一、第二、第三产业产值占国内生产总值比例由 2005 年的 8.01%、51.46%、40.54%调整为 2014 年的 5.82%、45.85%、48.34%。东部就业结构也发生了变化，三大产业吸纳的劳动力人数占总就业人数之比分别由 2005 年的 33.30%、32.97%、33.71%调整为 2014 年的 22.86%、38.22%、38.90%。第一产业就业人数占总就业人数的比例下降了 10.4 个百分点，而第二产业上升了 5.2 个百分点，第三产业也上升了 5.2 个百分点。东部的第一产业就业比例下降速度优先于产值比例下降的速度，第二产业就业比例变化的方向与产值比例变化的方向相反，第三产业就业比例上升速度落后于产值比例上升速度。中部 2005～2014 年第一产业产值比例减少了 4.6 个百分点，第二产业产值比例增加了 1.3 个百分点，第三产业产值比例增加了 3.2 个百分点；第一产业的就业人数占总就业人数的比例下降了 11.7 个百分点，第二产业就业比例增加了 5.5 个百分点，第三产业就业比例增加了 6.2 个百分点。西部产值比例表现为第一产业下降 5.5 个百分点、第二产业增加 2.3 个百分点、第三产业增加 3.2 个百分点，就业人数比例是第一产业下降 9.3 个百分点、第二产业上升 4.6 个百分点、第三产业上升了 4.7 个百分点。中西部三大产业就业比例与产值比例变动方向相同，且第三产业就业比例与产值比例变动速度接近。

第四节　信息化影响产业结构升级的实证分析

一、计量模型的设定与变量选取

为了检验信息化与产业调整之间的关系，本书借鉴张文婷（2016）的模型，建立如下基本模型：

$$\text{Industry}_{it} = \beta_0 + \beta_1 \text{IDI}_{it} + \beta_2 \sum \text{CV}_{it} + \varepsilon_{it} \tag{5.1}$$

其中，Industry 为产业结构高度化指数（简称产业结构指数），作为被解释变量。中国产业结构指数的测度方法主要有静态比较法、动态判别法以及指标法，为体现出产业比例变化和生产率，本书借鉴林春艳和孔凡超（2016）的做法，利用指标法构建产业结构指标，公式如（5.2）所示：

$$R_{it} = \sum_{n}^{N} r_{int} L_{int} \tag{5.2}$$

其中，i、n、t 分别为地区、产业和时间；r_{int} 为 t 年份 i 地区第 n 产业的增加值占总体产业增加值的比例；L_{int} 为 t 年份 i 地区第 n 产业的劳动生产率（产业增加值除以就业人数）；N 为产业总数目。一地区经济体中劳动生产率高的产业部门所占比例越高，该地区产业结构指数 Industry_{it} 就越大。

IDI 为信息化水平，作为核心解释变量。对于信息化水平的度量，考虑到数据的可获得性、权威性以及综合性，本书采用的是 2006～2015 年的《中国信息年鉴》上公布的信息化发展指数（简称信息化指数），它是由全面反映信息化发展水平的五大要素（信息化基础设施、信息化使用、知识水平、发展环境与效果和信息消费）合成的一个复合指标，是评价一个国家或地区信息化发展水平的综合性指标。该指数由网络就绪度指数、信息通信技术应用指数以及应用效益指数三个二级指标组成，是衡量社会信息技术发展水平的综合指数。

CV 为控制变量，包括外商直接投资、人力资本、政府行为和城镇化率。外商直接投资为各地区实际利用外商直接投资与各地区生产总值的比值，投资额按美元的当年平均汇价折算；人力资本为各地区大专以上人口占地区总人口的比值；政府行为为各地区财政支出与各地区生产总值的比值；城镇化率为各地区城镇人口与各地区总人口的比值。

以上数据中，信息化指数资料来源于《中国信息年鉴》，产业结构指数、外商直接投资、人力资本、政府行为以及城镇化率的原始资料来源于《中国统计年鉴》、《中国财政年鉴》、国家统计局网站。

考虑到产业结构调整升级是一个动态调整的过程，可能会受到上一期产业结

构调整的影响，防止模型设定的遗漏，进一步引入其产业结构调整的滞后项，将其模型修正为

$$\text{Industry}_{it} = \beta_0 + \beta_1 \text{Industry}_{it-1} + \beta_2 \text{IDI}_{it} + \beta_3 \sum \text{CV}_{it} + \varepsilon_{it} \tag{5.3}$$

二、全样本信息化影响因素分析

本书基于全国 30 个省区市（港澳台和西藏地区由于数据不全除外）2005～2014 年产业结构指数及相应指标的面板数据作为研究对象，表 5-2 给出了模型中涉及的变量名称、标识及含义。

表 5-2　模型中的变量及其符号

变量	符号
产业结构指数	Y
信息化指数	X_1
城镇化率	X_2
人力资本	X_3
外商直接投资	X_4
政府行为	X_5

（一）描述性分析

本书按照上述的原则选择了 30 个省区市 2005～2014 年的面板数据作为样本，首先运用 EViews8.0 软件对变量进行描述性统计分析，并将描述性分析的结果汇总，如表 5-3 所示。

表 5-3　描述性分析结果

	Y	X_1	X_2	X_3	X_4	X_5
均值	0.2638	0.6994	0.5122	0.0965	0.1057	0.2048
中位数	0.2345	0.6531	0.4838	0.0821	0.0896	0.1846
最大值	0.7888	0.9537	0.8961	0.4121	0.3037	0.6121
最小值	0.0286	0.3934	0.2686	0.0272	0.0024	0.0798
因变量标准差	0.1656	0.1169	0.1420	0.0610	0.0716	0.0896
偏度	1.0654	0.7464	1.0692	2.3863	0.9012	1.6138
峰度	3.7829	3.1403	3.8389	9.8175	3.4118	6.7840

续表

	Y	X_1	X_2	X_3	X_4	X_5
Jarque-Bera 值	64.4114	28.1025	65.9573	865.6993	42.7249	309.1954
概率	0.0000	0.0000	0.0000	0.0000	0.0000	0.0000
残差平方和	79.1532	179.8124	153.6621	28.9643	31.7133	61.4300
因变量残差平方和	8.2038	4.0862	6.0272	1.1113	1.5309	2.4003
样本量	300	300	300	300	300	300

由表 5-3 可以看出 30 个省区市各变量的偏度均大于零，表现为右偏形态。各变量的峰度值均大于 3，故而其分布呈现“高瘦”（尖峰）形状。由 Jarque-Bera 值可得，所有的变量均不服从正态分布。

（二）单位根检验

面板数据反映了时间和截面二维上的信息。因此，与时间序列相同，面板数据也有可能存在单位根。为了保证变量序列的平稳性，即为避免因时间序列的非平稳性所造成的“伪回归”问题。在进行模型估计前，首先使用单位根检验方法检验各变量的平稳性。面板数据的单位根检验和普通的单序列单位根检验类似，但两者又有所不同。本书运用 EViews8.0 软件采用 Fisher-ADF（augmented Dickey-Fuller）检验、Fisher-PP（Phillips-Perron）检验两种面板数据单位根检验方法，运行结果如表 5-4 和表 5-5 所示。

表 5-4　原序列单位根检验结果

变量序列		Y	X_1	X_2	X_3	X_4	X_5
原序列	Fisher-ADF 值	76.5871 （0.0731）	17.1543 （1.0000）	11.4976 （1.0000）	16.4671 （1.0000）	61.584 （0.4191）	46.1164 （0.9064）
	Fisher-PP 值	73.4342 （0.1141）	54.0357 （0.6922）	19.5129 （1.0000）	25.1379 （1.0000）	69.0951 （0.1971）	68.242 （0.2175）
	结论	非平稳	非平稳	非平稳	非平稳	非平稳	非平稳

表 5-5　一阶差分序列单位根检验结果

变量序列		Y	X_1	X_2	X_3	X_4	X_5
一阶差分序列	Fisher-ADF 值	290.484 （0.0000）	130.377 （0.0000）	94.9018 （0.0027）	141.528 （0.0000）	99.2743 （0.0011）	89.3339 （0.0083）
	Fisher-PP 值	372.495 （0.0000）	209.815 （0.0000）	163.879 （0.0000）	203.63 （0.0000）	131.016 （0.0000）	191.288 （0.0000）
	结论	平稳	平稳	平稳	平稳	平稳	平稳

由表 5-4 和表 5-5 的单位根检验结果可以发现，所有变量原序列都是不平稳序列，因此需要对原序列进行差分，继续用单位根检验法检验差分后序列的平稳性。对所有变量进行一阶差分后，进行单位根检验，得到其概率 P 值均是小于 0.1 的显著水平，即认为所有序列都是平稳序列。说明六个变量均为一阶单整变量。

（三）协整检验

面板数据原变量序列是非平稳的，而差分后的各个变量通过 Fisher-ADF 检验、Fisher-PP 检验都被证实是平稳的且为一阶单整变量，但是这不能说明它们之间的线性组合也是平稳的。为了探究变量之间的线性组合关系，此时就需要通过协整检验来确定变量之间的线性组合是否存在长期稳定的关系。运用 EViews8.0 软件对所有变量的二阶差分变量做 Kao 协整检验，检验结果如表 5-6 所示。

表 5-6　Kao 协整检验的 EViews8.0 软件运行结果

	t 统计量	概率
ADF 检验值	−3.500 335	0.000 2
余值方差	0.012 699	
HAC 方差	0.008 920	

由表 5-6 的结果可知，在 0.05 的显著水平下，Kao 协整检验的 ADF 统计量的值为−3.500 335，小于显著水平为 0.05 的临界值，且协整检验的 ADF 统计量值的伴随概率 P 值为 0.0002，在 0.05 的显著性水平下拒绝序列中不存在协整关系的原假设，表明变量之间存在显著的协整关系。说明信息化指数等变量与产业结构升级之间存在长期的均衡关系。下面建立具体模型。

（四）全样本面板模型估计与分析

面板数据是同时包含若干个体成员和时期的二维数据，因此面板数据需要同时对截面和时刻的观测值进行组织。面板数据模型主要有三种：第一种是固定效应模型；第二种是随机效应模型和混合效应模型；第三种与时间序列处理方式一致，不过多介绍。为了判别采用哪种模型更为恰当，首先建立固定效应模型，通过固定效应 F 检验，若 F 检验对应的 P 值小于相应的显著水平 5%，那么拒绝原假设采用固定效应模型，否则采用混合效应模型；其次建立随机效应模型，并通过 Hausman 检验来判别，若其 P 值小于显著水平 5%，那么拒绝原假设，即采用个体固定效应模型，否则采用个体随机效应模型。基于本书的研究需要，建立基本模型如下：

$$Y_{it}=\beta_0+\beta_1X_{1it}+\beta_2X_{2it}+\beta_3X_{3it}+\beta_4X_{4it}+\beta_5X_{5it}+\beta_6Y_{it-1}+\varepsilon_{it} \quad (5.4)$$

其中，$i=1,2,\cdots,30$ 为个体成员；$t=1,2,3,\cdots,T$ 为时间跨度。

本书运用 EViews8.0 软件对模型建立随机效应模型后进行 Hausman 检验，如表 5-7 所示，所得模型的 Hausman 检验的 t 统计量为 113.1158，P 值为 0.0000，小于显著性水平 5%，因此拒绝固定效应模型与随机效应模型不存在系统差异的原假设，初步断定为固定效应模型，随后对固定效应模型和混合效应模型进行似然比（likelihood ratio，LR）检验和 F 检验，LR 检验和 F 检验的 F 统计量为 2.294 396，P 值为 0.0000，因此拒绝混合效应模型优于固定效应模型的原假设，采用固定效应模型。

综合 Hausman 检验与 F 检验结果，对模型选用固定效应模型进行估计。结果如表 5-8 所示。

表 5-7　模型设定形式检验结果

检验类型	χ^2 统计值	概率
截面随机	113.115 8	0.000 0
截面固定	2.294 396	0.000 0
截面 χ^2	135.657 3	0.000 0

表 5-8　全样本回归结果

变量	回归系数	标准误差	t 统计量	概率
C	0.3028	0.0156	19.4597	0.0000
Y（−1）	0.1099	0.0370	2.9694	0.0031
X_1	0.0675	0.0226	2.9911	0.0029
X_2	−0.0328	0.0365	−0.8988	0.3692
X_3	0.0560	0.0346	1.6214	0.1056
X_4	0.0305	0.0181	1.6867	0.0923
X_5	0.0722	0.0205	3.5289	0.0005
R^2	0.8726	被解释变量均值		0.3020
调整后 R^2	0.8278	被解释变量标准误差		0.0177
回归标准误差	0.0108	Akaike 信息标准		−6.1020
残差平方和	0.0554	Schwarz 标准		−5.5775
对数似然值	1713.5420	Hannan-Quinn 标准		−5.8969
F 统计量	14.9839	Durbin-Watson 值		1.8658
F 统计量概率	0.0000			

由表 5-8 可知，回归模型的调整后 R^2 为 0.8278，拟合优度好，所选取的自变量都能很好地解释产业结构指数。F 统计量为 14.9839，其 P 值为 0.0000，表明模型整体上通过显著性检验。综上可知，该模型拟合效果很好，且整体上显著，可以很好地解释产业结构指数的影响因素。全样本模型的估计表达式为

$$\begin{aligned} Y = &0.3028 + 0.1099 \times Y(-1) + 0.0675 \times X_1 - 0.0328 \times X_2 + 0.0560 \times X_3 \\ &+ 0.0305 \times X_4 + 0.0722 \times X_5 \end{aligned} \tag{5.5}$$

变量 Y（-1）、X_1、X_4、X_5 的回归系数为 0.1099、0.0675、0.0305、0.0722，其 t 检验 P 值均小于显著性水平 0.10，因此通过显著性检验，产业结构指数滞后期、信息化指数、政府行为、外商直接投资与产业结构指数之间为显著的正相关，即上一期产业结构指数越大、信息化指数越大、政府行为越大、外商直接投资越大，当期产业结构指数便越大。但变量 X_2、X_3 的 P 值均大于显著性水平 0.05，因此未通过显著性检验，即城镇化率、人力资本对产业结构指数影响不显著，且城镇化率与产业结构指数负相关，人力资本与产业结构指数正相关。

三、地区信息化影响因素分析

为了研究信息化各影响因素的地区差异，将 30 个省区市分为东部、中部、西部和东北地区进行分析，其中 30 个省区市所属地区分布如表 5-9 所示。

表 5-9　各地区划分情况

地区	省区市
东部地区（10 个）	北京、上海、天津、福建、江苏、浙江、广东、海南、河北、山东
中部地区（6 个）	山西、河南、湖北、湖南、江西、安徽
西部地区（11 个）	重庆、四川、贵州、云南、陕西、甘肃、宁夏、青海、新疆、内蒙古、广西
东北地区（3 个）	吉林、黑龙江、辽宁

本书利用式（5.3）对东部地区、中部地区、西部地区和东北地区不同样本建立多元面板回归模型。

（一）东部地区回归结果

本书运用 EViews8.0 软件对东部地区模型建立随机效应模型后进行 Hausman 检验，如表 5-10 所示，所得模型的 Hausman 检验的 t 统计量为 22.5398，P 值为 0.0010，小于显著性水平 5%，LR 检验和 F 检验的 F 统计量为 2.6900，P 值为 0.0092，

因此拒绝混合效应模型优于固定效应模型的原假设，采用固定效应模型。综合Hausman检验与F检验结果可以发现，对东部地区模型选用固定效应模型进行估计。结果如表5-11所示。

表5-10　东部地区模型设定形式检验结果

检验类型	χ^2统计值	概率
截面随机	22.5398	0.0010
截面固定	2.6900	0.0092
截面χ^2	25.4738	0.0025

表5-11　东部地区模型回归结果

变量	回归系数	标准误差	t统计量	概率
C	0.2149	0.0230	9.3439	0.0000
Y（−1）	0.2228	0.0751	2.9674	0.0039
X_1	0.0048	0.0125	2.3791	0.0056
X_2	0.0127	0.0168	0.7540	0.4530
X_3	0.1297	0.0306	4.2350	0.0001
X_4	0.0479	0.0186	2.5813	0.0116
X_5	−0.0128	0.0218	−0.5876	0.5584
R^2	0.9366	被解释变量均值		0.3126
调整后R^2	0.9205	被解释变量标准误差		0.0211
回归标准误差	0.0103	Akaike信息标准		−6.2345
残差平方和	0.0088	Schwarz标准		−6.0401
对数似然值	287.5516	Hannan-Quinn标准		−6.1561
F统计量	48.1009	Durbin-Watson值		1.5498
F统计量概率	0.0000			

由表5-11可知，R^2为0.9366，调整后R^2为0.9205，拟合程度优。F统计量为48.1009，检验P值小于显著性水平5%，表明模型整体上通过显著性检验。综上可知，该模型拟合效果较好，且整体上显著，可以很好地解释产业结构指数的影响因素。东部地区模型的估计表达式为

$$\begin{aligned}Y = 0.2149 + 0.2228\times Y(-1) + 0.0048\times X_1 + 0.0127\times X_2 + 0.1297\times X_3 \\ + 0.0479\times X_4 - 0.0128\times X_5\end{aligned} \tag{5.6}$$

变量Y（−1）、X_1、X_3、X_4的回归系数为0.2228、0.0048、0.1297、0.0479，其t检验P值均小于显著性水平0.05，因此通过显著性检验，产业结构指数滞后

期、信息化指数、人力资本、外商直接投资与产业结构指数之间为显著的正相关关系，即上一期产业结构指数越大、信息化指数越大、人力资本越多、外商直接投资越大，当期产业结构指数便越大。但变量 X_2、X_5 的 P 值均大于显著性水平 0.05，因此未通过显著性检验，即政府行为、城镇化率对产业结构指数影响不显著，且政府行为与产业结构指数负相关，城镇化率与产业结构指数正相关。

（二）中部地区回归结果

由于中部地区仅山西、河南、湖北、湖南、江西、安徽 6 个省份，而变量有 7 个，不采用随机效应模型，直接建立固定效应模型进行 LR 检验和 F 检验，见表 5-12，由表可知 F 统计量为 1.8012，P 值为 0.1335，因此无法拒绝混合效应模型优于固定效应模型的原假设，采用混合效应模型。综合 Hausman 检验与 F 检验结果，对中部地区模型选用混合效应模型进行估计。结果如表 5-13 所示。

表 5-12　中部地区模型设定形式检验结果

检验类型	χ^2 统计值	概率
截面固定	1.8012	0.1335
截面 χ^2	10.4909	0.0625

表 5-13　中部地区模型回归结果

变量	回归系数	标准误差	t 统计量	概率
C	0.1966	0.0341	5.7643	0.0000
Y（−1）	0.3253	0.1050	3.0990	0.0033
X_1	0.0408	0.0295	2.3845	0.0728
X_2	0.1381	0.0713	1.9357	0.0589
X_3	−0.2219	0.1442	−1.5389	0.1305
X_4	0.0231	0.0386	0.5990	0.5520
X_5	−0.1233	0.0579	−2.1302	0.0384
R^2	0.7514	被解释变量均值		0.3442
调整后 R^2	0.7386	被解释变量标准误差		0.1036
回归标准误差	0.0112	Akaike 信息标准		0.0058
F 统计量	4.2447	Durbin-Watson 值		1.6073
F 统计量概率	0.0017			

由表 5-13 可知，R^2 为 0.7514，调整后 R^2 为 0.7386，拟合程度较好。但 F 统计量为 4.2447，检验 P 值小于显著性水平 5%，表明模型整体上通过显著性检验。综上可知，该模型拟合效果很好，且整体上显著，可以很好地解释产业结构指数的影响因素。中部地区模型的估计表达式为

$$Y = 0.1966 + 0.3253 \times Y(-1) + 0.0408 \times X_1 + 0.1381 \times X_2 - 0.2219 \times X_3 + 0.0231 \times X_4 - 0.1233 \times X_5 \quad (5.7)$$

变量 $Y(-1)$、X_1、X_2、X_5 的回归系数为 0.3253、0.0408、0.1381、−0.1233，其 t 检验 P 值均小于显著性水平 0.10，因此通过显著性检验，产业结构指数滞后期、信息化指数、城镇化率与产业结构指数之间为显著的正相关关系，即上一期产业结构指数越大、信息化指数越大、城镇化率越高，当期产业结构指数便越大，政府行为与产业结构指数之间为显著的负相关关系，即政府行为越低，当期产业结构指数便越大。但变量 X_3、X_4 的 P 值均大于显著性水平 0.05，因此未通过显著性检验，即人力资本、外商直接投资对产业结构指数影响不显著，且人力资本与产业结构指数负相关，外商直接投资与产业结构指数正相关。

（三）西部地区回归结果

本书运用 EViews8.0 软件对西部地区模型建立随机效应模型后进行 Hausman 检验，如表 5-14 所示，所得模型的 Hausman 检验的 t 统计量为 18.3521，P 值为 0.0054，小于显著性水平 5%，LR 检验和 F 检验的 F 统计量为 2.0486，P 值为 0.0384，因此拒绝混合效应模型优于固定效应模型的原假设，采用固定效应模型。综合 Hausman 检验与 F 检验结果，对西部地区模型选用固定效应模型进行估计。结果如表 5-15 所示。

表 5-14　西部地区模型设定形式检验结果

检验类型	χ^2 统计值	概率
截面随机	18.3521	0.0054
截面固定	2.0486	0.0384
截面 χ^2	22.0780	0.0147

表 5-15　西部地区模型回归结果

变量	回归系数	标准误差	t 统计量	概率
C	0.2657	0.0316	8.4187	0.0000
Y（−1）	0.1614	0.0863	1.8699	0.0647

续表

变量	回归系数	标准误差	t 统计量	概率
X_1	−0.0852	0.0355	−2.4013	0.0183
X_2	0.0169	0.0290	0.5816	0.5623
X_3	0.1516	0.0774	1.9570	0.0534
X_4	0.0953	0.0382	2.4927	0.0145
X_5	0.0136	0.0143	0.9508	0.3442
R^2	0.7594	被解释变量均值		0.2963
调整后 R^2	0.7111	被解释变量标准误差		0.0135
回归标准误差	0.0120	Akaike 信息标准		−5.9448
残差平方和	0.0132	Schwarz 标准		−5.7613
对数似然值	301.2672	Hannan-Quinn 标准		−5.8706
F 统计量	5.3704	Durbin-Watson 值		1.7389
F 统计量概率	0.0001			

由表 5-15 可知，R^2 为 0.7594，调整后 R^2 为 0.7111，拟合程度较好。F 统计量为 5.3704，检验 P 值小于显著性水平 5%，表明模型整体上通过显著性检验。综上可知，该模型拟合效果一般，但整体上显著，可以很好地解释产业结构指数的影响因素。西部地区模型的估计表达式为

$$
\begin{aligned}
Y = &0.2657 + 0.1614 \times Y(-1) - 0.0852 \times X_1 + 0.0169 \times X_2 + 0.1516 \times X_3 \\
&+ 0.0953 \times X_4 + 0.0136 \times X_5
\end{aligned}
\quad (5.8)
$$

变量 Y（−1）、X_1、X_3、X_4 的回归系数为 0.1614、−0.0852、0.1516、0.0953，其 t 检验 P 值均小于显著性水平 0.10，因此通过显著性检验，产业结构指数滞后期、信息化指数、人力资本、外商直接投资与产业结构指数之间为显著的正相关关系，即上一期产业结构指数越大、信息化指数越大、人力资本越多、外商直接投资越大，当期产业结构指数便越大。但变量 X_2、X_5 的 P 值均大于显著性水平 0.05，因此未通过显著性检验，即城镇化率、政府行为对产业结构指数影响不显著，且城镇化率、政府行为与产业结构指数正相关。

（四）东北地区回归结果

由于东北地区仅吉林、黑龙江和吉林 3 个省份，而变量有 7 个，不采用随机效应模型，直接建立固定效应模型进行 LR 检验和 F 检验，见表 5-16，由表可知 F 统计量为 0.7738，P 值为 0.4760，因此无法拒绝混合效应模型优于固定效应模

型的原假设，采用混合效应模型。综合 Hausman 检验与 F 检验结果，对东北地区模型选用混合效应模型进行估计。结果如表 5-17 所示。

表 5-16 东北地区模型设定形式检验结果

检验类型	χ^2 统计值	概率
截面固定	0.7738	0.4760
截面 χ^2	2.2270	0.3284

表 5-17 东北地区模型回归结果

变量	回归系数	标准误差	t 统计量	概率
C	0.2511	0.0847	2.9648	0.0077
Y（−1）	0.3543	0.1567	2.2611	0.0351
X_1	0.0059	0.0335	0.1771	0.8612
X_2	−0.1098	0.1176	−0.9334	0.3617
X_3	−0.1604	0.0901	−1.7811	0.0901
X_4	0.1276	0.0403	3.1686	0.0048
X_5	0.0465	0.0887	0.5247	0.6056
R^2	0.8874	被解释变量均值		0.4372
调整后 R^2	0.8586	被解释变量标准误差		0.2615
回归标准误差	0.0100	Akaike 信息标准		0.0020
F 统计量	9.3584	Durbin-Watson 值		2.2389
F 统计量概率	0.0001			

由表 5-17 可知，R^2 为 0.8874，调整后 R^2 为 0.8586，拟合程度好。F 统计量为 9.3584，检验 P 值小于显著性水平 5%，表明模型整体上通过显著性检验。综上可知，该模型拟合效果很好，且整体上显著，可以很好地解释产业结构指数的影响因素。东北地区模型的估计表达式为

$$\begin{aligned} Y = 0.2511 + 0.3543Y(-1) + 0.0059 \times X_1 - 0.1098 \times X_2 - 0.1604 \times X_3 \\ + 0.1276 \times X_4 + 0.0465 \times X_5 \end{aligned} \tag{5.9}$$

变量 Y（−1）、X_3、X_4 的回归系数为 0.3543、−0.1604、0.1276，其 t 检验 P 值均小于显著性水平 0.10，因此通过显著性检验，产业结构指数滞后期、人力资本、外商直接投资与产业结构指数之间为显著的正相关关系，即上一期产业结构指数越大、人力资本越多、外商直接投资越大，当期产业结构指数便越大。但变量 X_1、X_2、X_5 的 P 值均大于显著性水平 0.05，因此未通过显著性检验，即信息化指数、

城镇化率、政府行为对产业结构指数影响不显著，且城镇化率与产业结构指数负相关，信息化指数、政府行为与产业结构指数正相关。

四、结论

从表 5-18 的全国层面的估计结果可知，在 1%的水平上，信息化对产业结构升级具有显著的促进作用，信息化指数每上升 1 个单位，产业结构指数上升 0.0675 个单位。这与理论分析结果相吻合，并为新常态下信息产业化发展指明了方向，以信息产业推动中国产业结构升级是当下中国实现跨越式发展的必然要求。此外，产业结构调整的一期滞后值在 1%水平上正显著，这说明产业结构调整具有显著的经济惯性，上一期的产业结构调整水平对当期的产业结构调整水平具有显著的正向影响。

从东部地区的估计结果来看，信息化对产业结构升级的促进作用在 1%的水平上显著。东部地区作为中国信息化发展较快、信息化基础设施最发达的地区，2015 年全国信息化水平排名前十的省区市有 8 个来自东部地区，东部地区信息化的发展在推进区域产业结构升级上发挥了一定作用，但是从实证结果来看，信息化指数每上升 1 个单位，产业结构指数只上升 0.0048 个单位，显著性还有待提升。这也为东部地区的信息化建设提供了方向。此外，东部地区产业结构的一期滞后值在 1%水平上正显著，这说明产业结构优化具有显著的经济惯性，上一期的产业结构优化水平对当期的产业结构优化水平具有显著的正向影响。

从中西部地区的结果来看，信息化对产业结构升级的正向影响分别在 10%和 5%的水平上显著。中部地区崛起计划如火如荼，中部地区政府大力倡导发展电子信息产业，致使其规模增速突出，信息化发展速度加快。政府主导的决心使得中部地区产业结构趋于合理化。中部地区信息化发展与产业结构的日趋合理化互相促进。西部地区虽然信息化基础较为薄弱，产业结构还有待优化，但随着西部大开发政策的有力实施，其在信息化建设和产业优化上都取得了不小的成绩，因此信息化对产业结构升级的促进作用也得到了体现。另外，中部地区产业结构的一期滞后值在 1%水平上正显著，这说明产业结构优化具有显著的经济惯性。但西部地区产业结构的一期滞后值不显著，这说明西部地区上一期的产业结构优化水平对当期的产业结构优化水平影响不显著。

从实证结果来看，东北地区作为唯一信息化对产业结构升级的促进作用不显著的地区，这与其较为落后的产业结构有关联。东北地区重工业发达，但很多属于落后产能，不仅附加值低，还存在污染偏大等问题，这势必造成东北地区产业结构比较陈旧。由于产业层次低，信息化对传统产业的改造程度浅，东北地区信息化对产业机构优化的作用还有待提高。另外，东北地区产业结构一期滞后值在5%的水平上显著。

表 5-18　结果汇总

变量	全国	东部地区	中部地区	西部地区	东北地区
C	0.3028*** (0.0000)	0.2149*** (0.0000)	0.1966*** (0.0000)	0.2657*** (0.0000)	0.2511*** (0.0077)
Y（−1）	0.1099*** (0.0031)	0.2228*** (0.0039)	0.3253*** (0.0033)	0.1614 (0.0647)	0.3543** (0.0351)
X_1	0.0675*** (0.0029)	0.0048*** (0.0056)	0.0408* (0.0728)	0.0852** (0.0183)	0.0059 (0.8612)
X_2	−0.0328 (0.3692)	0.0127 (0.453)	0.1381* (0.0589)	0.0169 (0.5623)	−0.1098 (0.3617)
X_3	0.056 (0.1056)	0.1297*** (0.0001)	−0.2219 (0.1305)	0.1516* (0.0534)	−0.1604* (0.0901)
X_4	0.0305* (0.0923)	0.0479** (0.0116)	0.0231 (0.552)	0.0953** (0.0145)	0.1276*** (0.0048)
X_5	0.0722*** (0.0005)	−0.0128** (0.5584)	−0.1233** (0.0384)	0.0136 (0.3442)	0.0465 (0.6056)

注：括号内为 t 检验 P 值。

* 在 10%水平下显著。

** 在 5%水平下显著。

*** 在 1%水平下显著。

第五节　对 策 建 议

在中国的新型工业化道路、城镇化、居民消费结构升级的过程中，产业结构优化升级发挥着重要的作用，中国的产业结构升级正处于关键时刻。从实证分析中可以看出，信息化在当今产业结构调整过程中发挥着巨大的作用，中国产业结构调整的重点应该是加强产业信息化的发展，扩大其广度和深度，推进信息化与工业化的融合，通过产业信息化推进产业结构优化升级，实现以信息化带动工业化，使国民经济结构得到优化发展。基于上述分析和认识，中国推进信息化建设应该从以下两个方面着手。

一、利用信息化促进中国产业结构升级

（1）从国家战略的高度来重视信息化建设。一个国家如果具备了信息经济意识，即充分重视信息经济对产业结构升级的巨大推进作用，信息产业得到长足发展的潜力就增大。因此，只有充分重视信息的价值并不断强化信息经济意识，才

能把推进社会信息化发展与国民经济发展列入战略优先地位，并在不断的实践中实行促进传统产业的信息化改造，通过信息产业化与产业信息化，完成按价值链整合资源的工作，实现产业的跨越式发展。

（2）依据市场原则制定促进产业信息化和产业结构升级的政策。产业结构升级应根据世界产业结构发展的规律，结合中国经济发展的具体现实，大力加强第一产业，深化农村土地制度改革，强化市场对农村经济的调节作用，坚持依靠科技和教育兴农，不断提高农业集约化经营水平和综合生产能力，努力提高农业劳动生产率；调整和提高第二产业，加强基础工业和基础设施的建设，解除基础产业对产业结构升级的制约；加强对国有大中型企业的技术改造，促进中国产业结构的更新换代；积极发展信息服务业，促进产业信息化。

（3）促进信息化对传统产业的改造，深化信息化与产业化融合。传统产业作为中国经济体系的主要组成部分，也是中国经济快速发展的中坚力量。因此，加快实现传统产业的改造升级也是产业升级的必经之路，充分利用信息技术的高关联性与高渗透性的特点，深化信息技术对传统产业的改造，更进一步促进信息化与工业化的融合，抓住“互联网＋”这一时代变革的奇迹，继续推进互联网技术与制造业的创新融合，驱动中国产业结构的调整和转型升级。

二、因地制宜，根据不同地区有针对性推行信息化建设

中国信息化发展呈现出区域发展不平衡性，与中国经济增长的区域二元性相对应，东、中部地区信息化发展较发达，东北、西部地区信息化发展欠发达，因此为了均衡和推动各地区的信息化发展，针对信息化发展水平的不同地区，采取不同的政策措施。

（1）东部地区是中国信息化高度发达地区，如北京、上海、广东、浙江、福建等，但是总体而言信息产业的科技含量都不高，相对于发达国家来说，仍然缺乏核心竞争力。因此必须不断提高信息产业的科技创新能力，在面对国内外激烈的竞争时，拥有自己的核心竞争力。同时积极鼓励和支持各级院校与企业参加信息产品的研发，加强信息产业与传统产业的研发合作，争取实现产学研于一体。实现科技成果的产业化，从而形成产业，以信息产业带动其上、下游产业的发展，并不断加强信息产业和非信息产业的融合，形成产业集群效应。同时使得东部沿海城市对周边区域形成辐射效应，且适当给予中部、西部、东北地区必要的支持，以带动信息化水平中等偏上地区的发展。

（2）中部地区信息化欠发达，因此要紧紧抓住中国信息化发展的黄金期，发挥后发优势，实现信息产业的崛起。加快以信息产业为龙头的高新技术产业发展，形成以高新技术为主导、基础产业和制造业为支撑的产业格局。同时要大力发展

电子信息产品制造业，加大软件开发应用力度，扶持培育一批竞争能力强、能带动行业发展的骨干企业，全面提升中部地区电子信息产品制造水平，增强软件企业自主开发能力。从中国目前的状况可知，中国信息化高技术人才主要集中在东部沿海城市，这样严重导致了中国中西部城市高技术人才的匮乏，因此各地区应完善培养机制，吸引高技术人才，以此来进一步缩小信息化的地区差异。

（3）针对西部地区较为落后的产业结构，以及信息产业还在起步阶段的局面，更应坚持西部大开发战略，积极发展信息产业，推动信息化对基础农业和工业的促进作用。在推进信息化方面，政府需要从宏观上加以引导，鼓励发展核心技术，密切联系地区的实际，综合规划发展布局，保持适度的发展战略，提高信息化发展水平。政府应该加大对交通和通信基础设施投入，改善通信网络，实现内陆地区更大的经济与市场整合。同时，制定相关的优惠政策和完善信息产业领域的产业政策，并把信息产业作为制定产业发展战略的重要战略目标之一，鼓励和引导信息产业的发展。

（4）东北地区在调整产业结构、培育主导产业和新的经济增长点等工作中，应最大限度地发挥信息技术的创新、渗透、倍增与带动作用，系统、协调地推动老工业基地振兴是至关重要的。针对东北地区经济及产业发展现状，同时结合信息产业发展演变速度较快的国家和地区的实际经验，东北地区要实现经济的跨越式发展必须将信息产业作为先导产业，加快发展符合东北地区特点的信息产品制造业。东北老工业基地的企业以制造业尤其是装备制造业为主，因此要把信息技术与制造技术相结合，充分利用社会资源，协同开展产品开发和设计、制造、销售、采购、管理等产品全生命周期业务活动，以快速、及时地响应和适应市场、用户需求变化，提高企业群体竞争优势。

第六章　发展方式转变Ⅳ：提高教育程度促进产业结构优化

教育程度一般分为小学、初中、高中、专科、本科和研究生教育六个等级。劳动力受教育程度构成是指在就业劳动力中，各级受教育劳动力的构成状态和比例关系，不同的受教育程度代表不同的生产力水平。根据中国的实际情况，本章将劳动力受教育程度分成初等教育、中等教育和高等教育三大块，其中，初等教育包含小学及以下的教育程度，中等教育包含初中和高中两级教育，高等教育包含专科、本科和研究生三级教育。本章研究的劳动力受教育程度涉及工业和高新技术产业两个行业，行业内劳动力受教育程度及各教育程度回报率难以分离，因此分三级教育考虑。另外，高等教育各层次中，除了全日制教育培养的劳动力，还存在大量非全日制教育培养的劳动力，对于非全日制教育，该类劳动力一般是半工半学，在数量和投入上难以统计，对此类受教育劳动力没有统计数据，因此，本章的高等教育只针对全日制的各类高等教育。

第一节　研 究 综 述

一、教育程度影响产业结构的理论基础

（一）产业结构理论

产业结构理论的基本体系由多种理论组成，包括产业结构形成理论、产业结构演变规律理论、产业结构影响因素理论、产业结构优化理论等。以下按照时间顺序梳理最主要的产业结构理论的演进。

1. 配第-克拉克定理

17 世纪末期，英国古典政治经济学家配第对产业间劳动力的工资差异问题进行了研究，归纳出在不同的工资水平驱动下，劳动力在产业间的流动规律。20 世纪 40 年代，基于配第的研究成果，克拉克对 40 多个国家和地区不同时期三大产业的劳动投入产出资料进行了整理与归纳，结合费希尔的三大产业分类方法，将

国民经济分成农业、制造业和服务业三大产业，总结出在不同工资水平下，劳动力会从第一产业向第二产业转移，进而向第三产业转移的流动规律，印证了配第的研究，后人将两人的研究成果合称为配第-克拉克定理（苏东水，2000）。

配第-克拉克定理描述的是各产业间收入水平和工资水平的差异所导致的劳动力在不同产业间的流动规律。具体内容是，随着经济发展和人均收入水平的提高，劳动力会向能带来更高收入的产业移动，即第一产业劳动力会不断向第二产业转移，随着经济发展水平进一步提升，第一、第二产业劳动力进而向第三产业转移。就业结构按"一二三"的梯度形式逐次升高，这种递进过程也是产业结构高度化的过程。这一定理表明，经济发展越发达的地区，第一产业劳动力所占份额越小，而第二、第三产业劳动力所占份额越大，产业结构高度化越完善；反之，经济发展越落后的地区，第一产业劳动力所占份额越大，而第二、第三产业劳动力所占份额越小，产业结构高度化越落后。

2. 库兹涅茨产业结构论

库兹涅茨在克拉克的研究基础上，运用统计分析方法，对大量历史经济资料和原始数据进行整理分析，研究在经济发展过程中产业结构的演进规律。与克拉克类似，库兹涅茨将产业部门分为三类，第一产业称为农业部门，第二产业称为工业部门，第三产业称为服务业部门。在此基础上，深入分析国民经济与产业结构的关系。库兹涅茨（1999）将国民收入和劳动力的变动规律整理得出了库兹涅茨产业结构论。

库兹涅茨产业结构论描述了在经济发展过程中，各产业间的工资差异导致的各产业间国民收入份额和劳动力份额的变动规律。具体内容是，在经济发展的过程中，第一产业生产总值占整体生产总值的份额以及第一产业劳动力占就业总人数的份额都是不断下降的；第二产业生产总值占整体生产总值的份额及第二产业劳动力占就业总人数的份额都是不断上升的；第三产业生产总值占整体生产总值的份额略有上升，而第三产业劳动力占就业总人数的份额显著上升。这一理论解释了工资的差异造成的劳动力在三大产业之间转移的基本规律，验证并扩展了配第-克拉克定理。

3. 霍夫曼的工业化阶段理论

20世纪30年代初，霍夫曼整理了20多个国家工业化早期和中期的经验数据，将工业分成消费品工业和资本品工业，发现这些国家工业化过程中，资本品工业净产值相对比例不断上升，而消费品工业净产值相对比例不断下降。由此霍夫曼提出霍夫曼系数，即消费品工业净产值与资本品工业净产值之比，用来衡量工业化发展水平。霍夫曼认为，在一个国家工业化进程不断加深的过程中，资本品工业净产值所占的份额会越来越高，即霍夫曼系数不断下降，这一规律又称为霍夫曼定理（Hoffman，1931）。

霍夫曼定理将工业化进程分成四个阶段：在第一阶段，消费品工业发展迅速，资本品工业欠发达，消费品工业净产值为资本品工业净产值的 5 倍，霍夫曼系数为 5；在第二阶段，消费品工业发展速度有所减缓，资本品工业迅速发展，然而仍然远小于消费品工业的发展规模，此时的霍夫曼系数大约为 2.5；在第三阶段，消费品工业发展规模与资本品工业发展规模大致相当，霍夫曼系数大约为 1；在第四阶段，资本品工业发展规模不断扩大，并最终超过消费品工业的发展规模，此时霍夫曼系数小于 1。霍夫曼系数适用于工业化的早期阶段，但是随着工业化进入中后期，一国工业发展的主要推动将不仅仅依靠资本品的投入，更重要的将是技术的进步和生产效率的提高。

4. 罗斯托的主导产业理论

20 世纪 60 年代，罗斯托运用多元历史的方法，通过考察经济史，结合大量经验数据，分析世界各国经济发展的阶段和每个阶段主导产业的变更，将各国经济发展与扩张过程总结成五个阶段，并指出每个经济发展阶段必然存在相应的主导产业部门，通过扩散效应带动其他部门的发展。他定义了经济增长过程中主导产业的选择基准，即罗斯托基准（Rostow，1956）。实质上，罗斯托提出的主导产业的演进与更替的过程也就是产业结构高度化的过程。

罗斯托指出，在产业政策的制定上，应该选择扩散效应较强的产业作为主导产业，主导产业通过扩散效应带动关联产业共同发展，从而促进整个产业结构的优化。罗斯托的主导产业理论是在考察世界经济发展的历史后提出的，结合发达国家经济发展和产业选择的历史经验，为发展中国家选择和确立主导产业、在较短时间内实现经济大跨越式发展提供了经验借鉴。一些国家在现代化进程中曾经自觉地实践了罗斯托的理论并取得了巨大的成功。

5. 其他产业结构理论

钱纳里整理第二次世界大战后 100 多个发展中国家的历史资料，对发展中国家的发展历程进行分析，建立多国模型（钱纳里和塞尔奎因，1988），提出经济增长的标准产业结构，根据人均年国内生产总值将工业化过程分成准工业化阶段、工业化阶段和后工业化阶段 3 个阶段，同时将工业化阶段划分成初、中、后三个时期，将后工业化阶段分成初级和高级两个时期，共 6 个时期，通过产业结构从低级向高级的转变推进经济的发展和产业结构的升级。

刘易斯提出二元结构模型（Lewis，1999），指出在发展中国家中，农村以传统的农业生产方式为主，而城市以现代化的制造业生产方式为主，两种生产方式并存。由于农业生产部门生产效率较低，存在较多的剩余劳动力，而现代化生产部门的生产效率较高，这些剩余劳动力会不断向城市转移，直到农村剩余劳动力消失。最终实现工农业生产部门的均衡发展，二元经济解体，实现一元经济。农村剩余劳动力为零的点称为刘易斯拐点。

（二）劳动力素质理论

第二次世界大战之后，战败国（如德国、日本等）的国内经济受到毁灭性的打击，但是经过之后的20年的恢复与发展，德国、日本经济得到快速复苏与长足的发展；一些资源匮乏的国家和地区，如丹麦、瑞士及“亚洲四小龙”也在短时间内实现了经济的腾飞，“亚洲四小龙”成为亚洲经济发展水平最高的地区；美国经济学家在研究美国经济发展历程的过程中，也发现美国经济产出率远高于要素的投入率。经济学家将这一现象称为“现代经济增长之谜”，对这一现象展开了广泛的研究，大量研究成果纷纷面世，劳动力素质理论逐渐形成。

舒尔茨在研究劳动力素质对经济增长的作用方面取得了较大的成就。舒尔茨对20世纪初～20世纪50年代的美国农业经济进行深入的研究，数据表明，美国农业经济快速发展、生产率迅速提高的原因并非土地、资本等要素投入的增加，而是人的能力和技术进步，即劳动力素质的提高。舒尔茨利用教育衡量劳动力素质，对美国劳动力素质促进经济增长的贡献率进行了测度，结果表明，劳动力素质的提高对经济增长的贡献率远高于单纯的劳动力投入和资本投入对经济增长的贡献率（Schultz，1961）。舒尔茨提出，提高劳动者素质是促进生产效率提高的关键，高素质的劳动力必然能较快地促进生产效率的提高。

贝克尔是继舒尔茨之后对劳动力素质理论进行深入研究并作出重大贡献的又一位经济学家。贝克尔在舒尔茨的基础上，将教育、时间、健康和寿命等因素都综合到劳动力素质中。贝克尔的劳动力素质理论有三个假定前提，效用最大化、市场稳定及稳定偏好，在此基础上，贝克尔对教育、培训对经济增长的促进作用进行了深入的分析，证明教育、培训能显著提高劳动力的生产效率。贝克尔的劳动力素质理论是对舒尔茨理论的补充，相对于舒尔茨的劳动力素质理论而言，贝克尔的理论具有更强的操作性和科学性。

丹尼森运用实证的方法对劳动力素质在经济增长中的作用进行了更为严谨的计量，对传统的计量方法起到了极大的补充作用。传统计量方法最大的缺陷就是，估计结果会产生较大的、无法用劳动和资本投入解释的余值，而丹尼森的算法对此进行了充分的解释与说明。他通过研究指出，随着劳动力受教育程度的提高，劳动力素质会不断提升，劳动力平均素质提升0.9%，对美国国民经济的贡献率为0.67%，占美国人均国民收入增长的 42%。这说明教育是提高劳动者素质的主要途径，能够在很大程度上提高劳动者的收入水平。许多学者认为，20 世纪 60 年代至今的世界各国教育经费的激增，在相当程度上应归功于丹尼森及其一大批追随者的努力。

20 世纪七八十年代，由于石油危机及经济危机的影响，劳动力素质理论进入短暂的沉寂。进入 80 年代末期，资本主义国家经济逐渐复苏，以劳动力素质为中心的新经济增长理论开始发展，学者对劳动力素质的研究扩展到更广泛的领域，劳动力素质理论又迎来了研究热潮。

罗默、卢卡斯等学者认为知识积累和劳动力素质的提高是推进经济增长的内生因素，且劳动力素质的提高还能通过改善和提高其他生产要素的结构与生产效率，促进经济增长，具有较强的外部性（Romer，1986；Lucas，1988）。尼尔森、杨小凯等学者也将专业化学习与经济增长联系起来，提出提高劳动力素质确实是促进经济增长的主要因素（Nelson et al.，1966；杨小凯等，1990）。20 世纪 90 年代末，经济学家和政治经济学家初步形成了一致的认识：决定一个国家或民族国际竞争力最基础、最重要的因素是劳动力的素质，而高素质的劳动力主要来自于教育和培训。

（三）教育经济理论

教育经济思想起源与萌芽可以追溯到 18 世纪。斯密在《国富论》中就曾提到"每个人在少年时期就必须接受教育，以使其在成为劳动者后能掌握基本的劳动技能"，他还认为，劳动者的素质、劳动者的良好行为和劳动者的劳动技能的提高是增加国民财富的源泉（斯密，2001）。潘恩在斯密的教育经济学思想的基础上，进一步提出自己的教育经济思想，在《人的权利》一书中，强调对低收入群众给予教育补贴，同时要保障基础教育，实现教育公平（潘恩，2011）。20 世纪 60 年代，弗里德曼提出"教育自由化"的教育经济学思想，即将市场机制引入教育领域，通过市场竞争来促使学校提高教学水平、合理配置资源、完善组织管理，从而提高教育的效能与效益（弗里德曼，2011）。李斯特（1961）继承了斯密的教育资本和教育投资的思想，并提出与物质资本相对应的精神资本的概念，认为精神资本是智力发展的成果和积累，对推进生产发展具有主要作用。1890 年，英国经济学家马歇尔在《经济学原理》中指出，"用于教育的投资是最有效的投资"，并认为教育投资产生的效益不能单纯用金钱来衡量，教育投资的效益具有滞后性。马克思科学地揭示了教育与经济之间的辩证关系，认为劳动力是生产力中最活跃的因素，而教育会生产劳动能力，教育与劳动相结合，不仅能提高社会生产，而且能造就全面发展的人（马克思，2009）。

20 世纪 60 年代，舒尔茨首次提出人力资本的概念，创立了人力资本理论，认为人力资本和物质资本一样，都是生产要素（Schultz，1961）。贝克尔在 *Human Capital*（人力资本）一书中从微观经济行为角度对人力资本理论做了完善和补充，并用实证研究的方法对各级教育收益率的差别进行了验证，指出个人可以通过教育的方式积累人力资本，提高劳动生产率，从而获得更高的收入（Becker，1964）。丹尼森提出经济增长多因素分析法，对教育的经济价值进行了细致的研究与计算，他提出的这套计算方法至今仍具有极大的利用价值（Denison，1962）。

20 世纪 70 年代，史潘斯提出把劳动力受教育程度作为区分劳动力能力的信号，将受教育程度高的劳动力视为高素质劳动力，而受教育程度较低的劳动力视为低素质劳动力，帮助雇主识别劳动力的能力，以便将不同素质的劳动力安排到合理的工作岗位上，充分发挥各类型劳动力的生产效率（Spence，1973）。劳动力市场划分理论指出教育对个人的经济价值，在于它是决定一个人在何种劳动力市场工作的重要因素；教育对整个经济增长的作用，在于它将人们分配到不同的劳动力市场，从而使整个社会形成一个有效的经济运行体（张昭时和钱雪亚，2009）。

中国的教育经济学思想始于春秋时期，孔子在《论语》中就曾提到“庶富教”的思想，讨论三者之间的先后关系，认为庶与富是实施教育的先决条件，在抓好经济建设的基础上再抓紧教育建设。思想家孟子也详尽地论述了教育与经济的关系，将经济发展与教育视为平等地位。近代思想家王夫之提出“衣食足”而“治天下”“乃可以文”，指出了教育与政治、经济的关系，并认识到了教育对国家的重要性。蔡元培（1912）指出密切教育与国民经济的关系，加强职业技能的培训，使教育能发挥提高国家经济和改善人民生活水平的作用；教育理论学家杨贤江（1915）将教育视为上层建筑，认为经济对教育具有支配作用，而教育对经济也具有反作用，这种反作用通过劳动力实现，这一理论对中国现代教育经济理论发展具有开创作用；厉以宁（1999）认为随着经济社会的发展，教育在促进经济与社会协调发展、提升劳动力劳动技能、推动劳动力全面发展方面的作用必定越来越突出；王善迈（1997）以马克思的历史唯物论为指导，利用经济学方法研究教育中的经济问题，形成了独特的教育经济学思想体系，涵盖了教育与经济、教育体制、教育财政制度等多方面的内容；范先佐（2008）立足于社会主义市场经济视角，着重探寻了在社会主义市场经济环境下，义务教育均衡发展改革的重难点和历史意义。

二、教育程度影响产业结构调整的相关研究

（一）国外研究现状

自从舒尔茨提出人力资本的概念之后，教育与产业之间的关系就成为学术界

的研究热点。学者开始利用各种经济模型估算教育在经济增长中的贡献度，量化教育的经济增长作用。舒尔茨是研究人力资本对经济增长贡献度的第一人。20 世纪 50 年代初，他利用教育收益法估算了 1929～1957 年美国教育投资的成本和收益率，进而测量出了教育对经济增长的贡献度（王一鸣，2008）。丹尼森将教育程度提高归入人力资本投入量增加的范畴，把教育水平提高看作促进人力资本质量提高，是对经济产生影响的主要因素，由此计算出美国 1929～1957 年的经济增长有 1/5 应归于教育（Denison，1962）。尼尔森等认为教育是一个对人进行投资的过程，他们通过模型的实证分析发现教育对经济的促进作用会大于单纯的技术进步带来的经济增长（Nelson et al.，1966）。

20 世纪 80 年代以来，新增长理论开始把技术和人力资本作为内生变量引入经济增长模型，并且定量分析技术进步和人力资本在经济增长中的作用。罗默指出专业知识存在边际产出递增的效应，同时知识的流通存在溢出效应，即一个企业或一个行业可以从其他企业或行业的知识积累中获得好处（Romer，1986）。卢卡斯在罗默的基础上，以科布-道格拉斯生产函数为基础，将人力资本要素纳入函数，为测算人力资本对经济的贡献率提供了有效的方法（Lucas，1988）。Tsamadias 和 Panagiotis（2012）沿用 MRW（Mankiw-Romer-Weil）模型对 1960～2000 年希腊教育与经济增长之间的关系进行了实证研究，证明教育能显著优化产业结构，进而促进经济增长。

随着教育的不断发展，各级教育规模不断扩大，然而教育质量并未与教育规模同步提升，加之高校毕业生就业困难，教育质量，尤其是高等教育质量严重下滑，部分学者开始质疑教育的扩张规模和扩张速度对经济增长的贡献度。Benhabib 和 Spiegel（1994）以科布-道格拉斯生产函数为基础，估计人力资本对经济增长率的贡献度，研究认为教育投资及人力资本无法为国内生产总值的增长提供有力的解释；Pritchett（2001）在 Benhabib 和 Spiegel 的基础上，更新跨国面板数据集，并利用工具变量修正估计误差后，重新研究教育资本对经济增长的贡献，研究结果表明培养人力资本投入的教育资本对人均产出的促进作用不明显。

国际学术界不仅从教育宏观层面研究了教育对经济增长和产业结构调整的影响，还从各等级教育的微观层面研究了劳动力受教育程度构成对经济增长和产业结构调整的影响。Barro（1991）、Englander 和 Gurney（1994）等以普通教育的入学率作为衡量教育的指标，估算了普通教育入学率对产业结构优化和经济增长的作用，指出人力资本作为促进技术扩散的因素之一，在帮助发展中国家赶超发达国家方面发挥了重要作用；McMahon（1998）在模型中使用了东亚国家的数据，用总入学率衡量人力资本，结果显示，在小学教育普及的基础上，中学和高等教育支出更为重要。Vega-Jurado 等（2008）研究拉丁美洲产业结构与大学教育的关系，指出高等教育能培养出多类型的专业型人力资本，人力资本与企业的生产结合将增强企业吸纳知识的能力，加速产业结构的优化升级。Paradiso 等（2013）利用扩展的索洛模型对澳大利亚人力资本增长效应进行了研究，结果表明，教育对工人的产出增长率有着持久且重要的影响。

（二）国内研究现状

国内学者对教育对产业结构及经济增长的贡献率测度起步较晚，且没有得出一致的研究结果。蔡增正（1999）利用外生增长模型和 1965～1990 年的 194 个国家和地区的数据估计了各国的教育投入对于经济增长的促进作用，研究结果表明教育的发展有力地支持了经济的增长，其研究结论有力地支持了科教兴国战略。崔玉平（2000）采用麦迪逊、丹尼森的算法，以人均受教育年限计算教育投入，估计中国 1982～1990 年教育对经济增长率的贡献；陆根尧和朱省娥（2004）运用两部门模型测定教育部门对经济增长的促进作用及对非教育部门的外溢效应，研究结果表明教育能促进经济增长，但是与国际水平相比，该作用仍然较小；于凌云（2008）利用 1996～2005 年中国面板数据，在卢卡斯的基础上，将教育投资分成政府投入和非政府投入，分析两类投入与长期经济增长的关系，刻画出了非政府投入对经济增长的重要意义；詹新宇（2012）利用中国省级面板数据，将人力资本要素引入经济增长模型，研究表明，人力资本对经济增长的贡献显著为正；于彬（2014）利用折算的教育发展指标，建立自回归模型，测得教育的产出弹性，认为其能够为产业结构优化以及经济增长提供充足的人力资本和强大的智力支持。

与此同时，国内部分学者进一步分级测度了教育对经济增长及产业结构的贡献率。Armer 和 Liu（1993）用台湾地区 1953～1985 年的时序数据研究各级教育水平对经济增长的贡献，以受不同教育层次的人数衡量人力资本，分别测算了小学、初中、高中及大学教育对经济增长的贡献，其中初等教育对经济增长的贡献更显著；安雪慧（2002）研究中国三级教育对经济增长的贡献率，指出初等教育的贡献率最大；Lin（2003，2006）利用台湾地区 1965～2000 年的数据对不同受教育水平劳动力对经济增长的贡献进行了研究，得出了小学、初中、高中、本科各个教育层次的劳动力受教育年限的增加对经济增长的贡献度；叶茂林等（2003）将劳动力按受教育程度分为 4 个等级，分别测量了初等教育、中等教育、高等教育和研究生教育劳动力对经济增长的贡献，得出不同受教育程度的劳动力对经济增长的影响差别较大，其中研究生教育和高等教育对经济增长的贡献较大，初等教育劳动力对经济增长的贡献最小；陈晋玲（2013）以科布-道格拉斯生产函数为基础，建立不同教育层次的生产函数，计算出初等教育、中等教育、高等教育劳动力对经济增长的产出弹性，研究表明，中等教育对经济增长的贡献最大，高等教育次之，初等教育对经济增长的贡献最小；何菊莲（2013）构建了高等教育人力资本和产业结构优化升级测评体系，结果表明，高等教育人力资本能显著优化产业结构；刘新华等（2013）运用主成分分析法分析了中国职业教育的层次结构与产业结构优化之间的相互关系，并指出当前中国初等职业教育发展规模逐步缩小，而高等职业教育发展规模逐年递增，中国职业教育层次结构的发展趋势与产业结构优化方向一致；黄燕萍（2013）运用面板数据分析不同层级教育对中国地区经济差异的影响，指出在全国，初等教育对经济增长的作用更大，而中西部地区高等教育对经济增长的促进作用大于东部地区。

三、研究现状简评

综上可见，当前国内外文献主要侧重于研究教育投入或高等教育劳动力对经济增长、产业结构的影响，且由于研究的时间、地区及经济背景的差异，研究结果的差异性较大。鲜有学者将教育深入行业中，并同时考虑行业间、行业内部劳动力受教育程度构成，从不同类型受教育者角度，综合测度劳动力受教育程度构成对产业结构优化的影响。因此，为了全面考量教育结构的经济效益，优化教育资源的配置，发挥教育促进产业结构优化升级的作用，本书运用两步回归法，以全国 30 个省区市为研究样本，以高新技术行业和工业为研究对象，分析行业间、行业内部劳动力受教育程度构成对产业结构优化的影响及差异，为调整劳动力受教育程度构成，进而促进产业结构优化提供理论依据。

第二节　劳动力受教育程度对产业结构调整影响的现状

劳动力一般定义为“在一定年龄范围内，具有劳动能力和就业要求，能够从事某种职业劳动的全部人口，包括就业者和失业者”（斯密，1974）。但是目前由于受到统计数据的限制以及基于经济中劳动力参与社会实践活动的考虑，本书所用到的劳动力概念采用就业人员数来代替。根据《中国统计年鉴》的定义，就业人员指 16 周岁以上，从事一定的社会劳动并取得劳动报酬或者经营收入的人员，该指标反映了一定时期的劳动力资源的实际利用情况。

一、中国劳动力受教育程度构成现状

由劳动力素质理论可知，早期人们一直侧重于研究劳动力数量的增长对经济增长的贡献，当经济增长的贡献无法用资本及劳动力数量的增长来解释的时候，即出现了“经济增长之谜”，劳动力素质差异随即进入研究者的视野。影响劳动力素质的最主要的因素就是教育，接受不同教育程度的劳动者在创新能力、生产效

率等方面会表现出较大的差异。随着经济发展方式的转变，经济要实现平稳有效健康增长，产业结构要实现优化升级，越来越依靠于劳动力受教育程度构成的改善，下面基于中国劳动力相关数据资料对其进行分析说明。

（一）中国劳动力总体现状

当前中国劳动力数量供给面临人口红利的转折点，根据《世界人口前景：2012年订正本》估计，中国人口自然增长率呈现下降趋势，2005年为13.07亿人，2010年达到13.4亿人，其中15～64岁劳动年龄人口有99 256万人，在2015年达到最高峰（图6-1）。然而根据国家发布的统计公报来看，从2010年起，劳动年龄人口就一直呈下降趋势，2015年的统计公报显示，中国的劳动年龄人口为92 547万人，比2010年减少了6709万人，下降了6.7%。

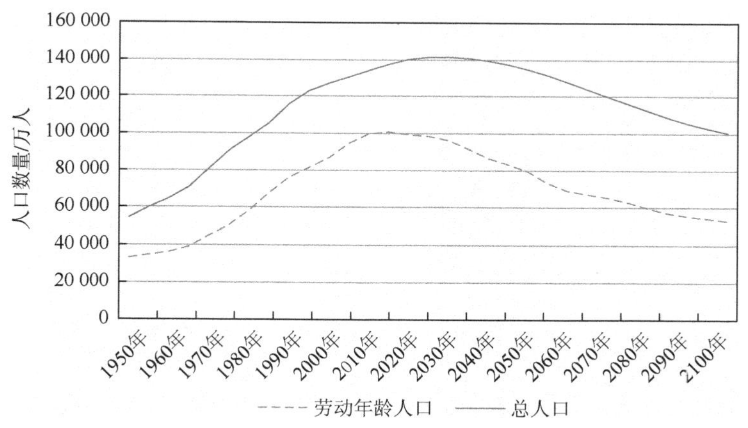

图6-1　中国总人口和劳动年龄人口

资料来源：《世界人口前景：2012年订正本》

目前的劳动力市场环境也发生了巨大的变化。随着中国经济提升，人民生活水平提高，改革初期的劳动力成本优势已不再突显，当前东亚一些发展中国家在制造业中的成本优势更为明显，部分加工及制造类企业开始向东亚地区迁移。在未来，中国人工成本将继续上升，人口自然增长率也会减缓，老龄化问题突显，人口负担系数将加大，劳动力数量增长对经济增长的贡献将会受到限制。

（二）中国受教育劳动力规模及构成现状

随着社会、经济的高速发展，教育所培养的劳动力成为影响产业结构的最活跃的因素。分析各级受教育劳动力规模及构成状况，能反映出中国劳动力的总体质量。

将当前中国劳动力总量按照受教育程度分离开后可以看出，当前中国劳动力市场中，中等教育劳动力占据主体地位，并且每年都有缓慢增长的趋势；初等教育劳动力的规模依然较大，但随着中国经济发展水平的提高，初等教育劳动力已经越来越不适应于现代化生产的大环境，因此，从图 6-2 也可以看出，初等教育劳动力数量呈下降趋势；在劳动力总量中，高等教育劳动力数量最少，但由于知识产业的迅猛发展，科技创新、知识创造在生产中的经济效益和社会效益越来越大，对科技人才的需求量越来越大，高等教育劳动力数量的增长速度越来越快，即将赶超初等教育劳动力数量。

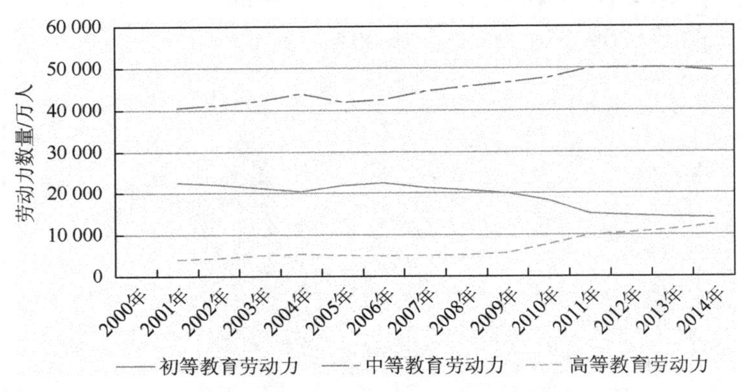

图 6-2　就业人口中各级受教育劳动力规模

以上从总体上分析了中国各级受教育劳动力的规模现状，反映出了历年来中国各级受教育劳动力变化趋势。然而由于各地区经济发展水平、工业基础、资源禀赋等方面的差异，就业人口中各级受教育劳动力规模和构成也有较大差异。表 6-1 列出了 2000 年和 2014 年各地区各级受教育劳动力的规模及构成。

表 6-1　2000 年和 2014 年各地区受教育劳动力规模及构成

地区	初等教育				中等教育				高等教育			
	2000 年		2014 年		2000 年		2014 年		2000 年		2014 年	
	规模/万人	构成	规模/万人	构成	规模/万人	构成	规模/万人	构成	规模/万人	构成	规模/万人	构成
全国	20 675	30.9%	15 150	18.2%	37 515.9	55.8%	52 983	63.9%	3 719.1	5.6%	13 320	16.1%
北京	50.31	8.0%	34.70	3.0%	452.81	72.0%	471.93	40.8%	116.98	18.6%	646.25	55.9%
天津	88.88	18.2%	58.77	6.7%	337.93	69.2%	517.55	59.0%	52.74	10.8%	299.57	34.2%

续表

地区	初等教育				中等教育				高等教育			
	2000年		2014年		2000年		2014年		2000年		2014年	
	规模/万人	构成	规模/万人	构成	规模/万人	构成	规模/万人	构成	规模/万人	构成	规模/万人	构成
河北	983.46	29.1%	643.01	15.3%	2 122.39	62.8%	2 946.1	70.1%	114.91	3.4%	564.42	13.4%
山西	324.68	23.2%	206.71	11.1%	947.46	67.7%	1 322.2	71.0%	93.77	6.7%	312.68	16.8%
内蒙古	294.49	27.6%	294.11	19.8%	582.58	54.6%	892.73	60.1%	73.62	6.9%	275.10	18.5%
辽宁	552.50	26.7%	320.28	12.5%	1 345.05	65.0%	1 803.8	70.4%	128.30	6.2%	427.89	16.7%
吉林	323.37	27.7%	256.15	17.7%	743.64	63.7%	965.26	66.7%	80.55	6.9%	214.90	14.9%
黑龙江	440.37	27.0%	413.57	19.7%	1 025.90	62.9%	1 425.5	67.9%	104.38	6.4%	244.15	11.6%
上海	78.99	10.5%	57.36	4.2%	522.07	69.4%	721.05	52.8%	128.64	17.1%	585.17	42.9%
江苏	1 220.0	27.5%	752.21	15.8%	2 644.12	59.6%	3 042.2	63.9%	248.44	5.6%	870.76	18.3%
浙江	962.05	34.4%	746.54	20.1%	1 507.39	53.9%	2 098.5	56.5%	106.27	3.8%	799.29	21.5%
安徽	1 105.0	32.6%	892.38	20.7%	1 708.41	50.4%	2 707.3	62.8%	149.15	4.4%	500.08	11.6%
福建	577.16	34.4%	532.35	20.1%	870.77	51.9%	1 599.7	60.4%	107.38	6.4%	477.00	18.0%
江西	741.78	36.1%	510.25	19.6%	1 070.55	52.1%	1 775.5	68.2%	127.40	6.2%	284.80	10.9%
山东	1 363.4	24.9%	1 103.3	16.7%	3 323.51	60.7%	4 228.2	64.0%	339.47	6.2%	1 142.26	17.3%
河南	1 362.6	24.7%	951.92	14.6%	3 547.17	64.3%	4 668.3	71.6%	292.38	5.3%	780.45	12.0%
湖北	915.09	26.8%	578.94	15.7%	2 058.94	60.3%	2 430.1	65.9%	198.04	5.8%	588.89	16.0%
湖南	1 179.8	32.7%	630.88	15.6%	2 099.83	58.2%	2 737.9	67.7%	176.79	4.9%	632.10	15.6%
广东	1 250.1	30.8%	754.35	12.2%	2 463.59	60.7%	4 439.6	71.8%	219.17	5.4%	950.98	15.4%
广西	925.50	35.9%	511.49	18.3%	1 441.10	55.9%	1 967.7	70.4%	92.81	3.6%	292.36	10.5%
海南	95.76	28.3%	62.46	11.5%	196.94	58.2%	388.86	71.6%	18.27	5.4%	82.77	15.2%
重庆	696.53	43.1%	495.51	29.2%	715.92	44.3%	924.83	54.5%	61.41	3.8%	240.46	14.2%
四川	1 805.3	38.7%	1 275.9	26.4%	2 094.50	44.9%	2 928.8	60.6%	256.56	5.5%	530.66	11.0%
贵州	839.61	40.6%	593.91	31.1%	744.48	36.0%	1 017.9	53.3%	95.13	4.6%	194.60	10.2%
云南	1 131.1	48.7%	1 220.5	41.2%	726.94	31.3%	1 350.8	45.6%	58.06	2.5%	302.74	10.2%
陕西	506.94	28.4%	243.91	11.8%	990.68	55.5%	1 360.1	65.8%	105.32	5.9%	434.28	21.0%
甘肃	455.61	30.6%	390.60	25.7%	659.60	44.3%	823.76	54.2%	68.49	4.6%	218.25	14.4%
青海	90.55	31.7%	86.31	27.2%	105.98	37.1%	162.14	51.1%	10.57	3.7%	52.04	16.4%
宁夏	75.05	26.9%	267.92	23.6%	139.50	50.0%	605.08	53.3%	20.09	7.2%	174.49	15.4%
新疆	239.20	34.9%	263.38	23.2%	326.24	47.6%	659.57	58.1%	74.02	10.8%	200.60	17.7%

注：资料来源于《中国人口和就业统计年鉴》《中国劳动统计年鉴》和各省区市统计年鉴。

从时间纵向来看，经过15年的发展，中国教育结构有所改善。相对来说，初等教育规模比例有所下降，从2000年的30.9%缩小为2014年的18.2%；中等教育规模的比例略有上升；高等教育规模明显扩大，尤以东部沿海地区更为明显。这说明中国高等教育扩招政策效果明显，高等教育发展与普及的速度较快，劳动力的总体素质有所提升；也说明东部地区高新技术产业发展较快，对高等教育的需求较大。2000年，从全国平均水平上看，高等教育劳动力占劳动力总数的比例为5.6%，到2014年，该比例上升为16.1%。这表明在这15年，中国劳动力素质得到了极大的提升。但与发达国家相比，这一比例依然较为落后，相关资料统计，2000年，美国高等教育劳动力占受教育劳动力比例为34.8%，日本、韩国等亚洲国家的高等教育劳动力占比也高达35%和24%[①]，远高于目前中国高等教育劳动力占受教育劳动力的水平。

从地区横向来看，中国教育发展在地域间存在较强的不平衡性。北京、天津、上海、江苏等东部省市高等教育发展规模远领先于全国平均水平，而在中西部地区，依然以中等教育、初等教育发展为主。这与这些地区的经济发展水平、教育政策、人才需求结构等因素息息相关。

二、中国工业结构调整的现状

（一）中国产业结构调整现状

改革开放40年给中国带来了经济的快速增长，但也造成了资源的大量消耗和环境的严重污染。中国经济能否继续保持快速、协调增长，很大程度上将取决于产业结构的优化能否顺利推进。

产业结构是一种生产技术联系，也是一种比例关系，主要是指社会再生产过程中，各个国民经济的生产部门之间及生产部门内部结构之间存在的联系和比例关系。考虑到目前中国处于发展中国家的阶段，第二产业依然是中国的主导产业，本书以第二产业为主要研究对象。

表6-2列出的是根据《中国工业经济统计年鉴》计算得出的中国历年各类工业产值在工业总产值中占比变化。根据表6-2的统计数据，2000年以来，在工业产值组成中，规模最大的是中技术产业，其次是高新技术产业，再次是资源型产业，最后是低技术产业。从构成上看，中国工业结构一直在缓慢优化，能耗高、附加值小、技术含量低的低技术产业在工业结构中的占比略有下降，中技术产业和高新技术产业在工业结构中的占比缓慢上升。

---

① 资料来源：世界银行世界发展指标（World Development Indicators，WDI）数据库。

其中，高新技术产业是推动工业结构优化升级的重要动力之一，经过 2000 年以来的发展，高新技术产业产值在工业总产值中的比例不断增多，是仅次于中技术产业的第二大支撑力。对于工业结构的优化能起到较大的促进作用。然而，这一比例在国际上看依然是较小的。有关统计显示，早在 20 世纪 90 年代，主要发达国家高新技术产业产值在国内生产总值中的比例就已经超过了 50%，其中，德国达 58.6%，美国占 55.3%，日本占 53%。与这些发达国家相比，中国工业构成中高新技术产业还具有极大的发展空间。

表 6-2 各类工业产值占工业总产值比例变化①

年份	资源型产业	低技术产业	中技术产业	高新技术产业
2000	19.7784%	14.3726%	24.0146%	23.8093%
2001	23.6153%	14.4143%	23.9710%	25.0655%
2002	23.0352%	14.1617%	23.8239%	26.4117%
2003	22.0583%	14.2511%	25.4076%	27.7616%
2004	20.6301%	13.0340%	26.9921%	26.1367%
2005	20.8954%	12.9605%	27.3081%	25.2930%
2006	20.6945%	12.7388%	27.8345%	25.3275%
2007	20.6829%	12.5490%	28.9360%	24.9422%
2008	21.3923%	12.1016%	29.5149%	23.7709%
2009	20.0490%	10.2143%	21.6073%	24.5440%
2010	18.9646%	11.7500%	28.4846%	24.6078%
2011	22.5692%	11.1293%	29.1146%	23.8133%
2012	21.3642%	11.7450%	30.0979%	23.4564%
2013	24.1951%	11.9873%	27.4137%	23.8167%
2014	24.3031%	12.2637%	27.0808%	24.5998%

注：根据《中国工业经济统计年鉴》中公布的各行业相关数据计算。

（二）各地区工业结构调整现状

中国幅员辽阔，地形复杂多样，使得各地区的地理位置、资源禀赋等自然条

① 根据联合国工业发展组织制造业分类标准，将制造业分为四类，分别是资源型制造业、低技术制造业、中技术制造业和高技术制造业。资源型制造业主要是农副食品加工业、食品制造业、饮料制造业、烟草制造业、造纸及纸制品业、塑料制造业、石油加工/炼焦及核燃料加工业、木材加工业和非金属矿物制品业；低技术制造业主要是纺织业、纺织服务业、皮革毛皮制造业、家具制造业、文教体育用品制造业、金属制品业和工艺制品业；中技术制造业主要有印刷业和记录媒介复制业、化学原料业、化学纤维制造业、橡胶制造业、黑色金属冶炼和压延加工业、有色金属冶炼和压延加工业、通用设备制造业、专用设备制造业；高技术制造业主要有交通运输设备制造业、电气机械及器材制造业、医药制造业、通信设备制造业、仪器设备制造业。

件有较大差异，再加上各地区教育发展水平、人才结构、经济基础等软实力差别较大，经济发展水平在地区之间有较大的不平衡性，产业结构也有所不同。表 6-3 列出了 2000 年和 2014 年各地区各类工业的产值比例，依此分析各地区产业结构的差异。

表 6-3　各地区各类工业产值占比分析

地区	资源型产业		低技术产业		中技术产业		高新技术产业	
	2000 年	2014 年	2000 年	2014 年	2000 年	2014 年	2000 年	2014 年
北京	23.92%	12.27%	7.03%	3.46%	21.19%	10.47%	43.84%	43.99%
天津	16.28%	14.63%	12.62%	8.02%	23.44%	34.22%	27.44%	37.19%
河北	25.68%	18.01%	14.40%	14.14%	32.44%	40.21%	11.19%	12.15%
山西	15.61%	14.10%	4.87%	1.32%	39.04%	27.52%	6.70%	7.82%
内蒙古	21.52%	23.46%	11.49%	5.57%	30.90%	26.33%	4.59%	4.54%
辽宁	29.30%	29.46%	6.58%	7.79%	30.31%	35.03%	17.43%	16.77%
吉林	17.36%	30.61%	2.92%	3.27%	25.09%	17.99%	40.10%	37.80%
黑龙江	28.23%	46.13%	2.66%	3.95%	7.96%	13.33%	10.71%	7.74%
上海	15.18%	13.43%	13.60%	7.57%	30.82%	29.04%	35.27%	45.01%
江苏	14.97%	11.61%	17.29%	13.83%	29.83%	34.95%	23.51%	34.89%
浙江	20.93%	12.21%	28.58%	22.17%	22.56%	34.60%	21.22%	22.30%
安徽	29.84%	28.13%	11.12%	13.03%	27.15%	28.62%	18.69%	19.19%
福建	27.01%	45.20%	19.29%	16.29%	15.81%	21.35%	25.35%	21.63%
江西	29.15%	22.30%	6.79%	13.81%	27.36%	36.29%	21.99%	18.89%
山东	31.13%	25.71%	14.35%	14.34%	23.83%	35.21%	14.92%	17.09%
河南	32.94%	30.45%	9.81%	11.53%	25.52%	30.09%	10.02%	16.13%
湖北	28.07%	29.11%	14.86%	11.68%	23.82%	26.35%	23.37%	25.01%
湖南	35.82%	28.17%	6.37%	8.18%	29.39%	35.45%	15.57%	17.92%
广东	21.26%	13.73%	18.54%	16.37%	11.76%	19.04%	36.74%	39.67%
广西	34.37%	33.00%	4.42%	5.17%	28.35%	28.72%	17.20%	21.64%
海南	37.91%	57.25%	10.04%	1.65%	16.43%	12.30%	21.94%	14.61%
重庆	15.01%	18.44%	4.32%	6.66%	23.97%	35.65%	32.32%	31.32%
四川	27.96%	28.05%	6.02%	7.67%	29.00%	26.43%	23.34%	24.37%
贵州	26.90%	35.48%	2.50%	2.23%	32.69%	18.86%	17.52%	18.82%
云南	49.60%	18.04%	1.76%	2.21%	28.67%	21.37%	6.59%	6.42%
陕西	20.26%	26.28%	6.45%	3.00%	16.37%	23.46%	29.66%	25.46%

续表

地区	资源型产业		低技术产业		中技术产业		高新技术产业	
	2000 年	2014 年	2000 年	2014 年	2000 年	2014 年	2000 年	2014 年
甘肃	28.30%	29.02%	4.15%	2.34%	35.10%	38.94%	7.68%	5.56%
青海	7.53%	13.36%	1.86%	3.96%	39.96%	44.43%	2.72%	5.58%
宁夏	21.56%	26.89%	6.29%	7.20%	39.19%	28.97%	4.36%	2.93%
新疆	31.51%	32.91%	9.30%	2.90%	9.84%	24.89%	2.91%	4.90%

注：根据《中国工业经济统计年鉴》及各省区市统计年鉴中公布的各行业相关数据计算。

表 6-3 列出的是根据《中国工业经济统计年鉴》和各省区市统计年鉴计算出的各地区 2000 年和 2014 年各类工业产值在工业总产值中的比例。从表 6-3 中可以看出，在北京、天津、上海、江苏、广东等东部地区的省市的产业结构中，中技术产业产值和高新技术产业产值在工业总产值中占比过半，尤以高新技术产业产值为主，说明这些地区高新技术产业发展较快，对经济增长的贡献度较高，经过 15 年的发展，巩固了高新技术产业在工业结构中的主体地位。

而在内蒙古、黑龙江、吉林、辽宁、河南、福建、海南等省区中，资源型工业是其工业发展的主要支撑，尤其海南、福建和黑龙江、吉林、辽宁，经过 15 年的发展，其资源型工业的发展规模越来越大，在工业总产值中的占比均有较大幅度的上升，说明这些地区依然在以资源消耗为代价，低效率地发展经济，这样的产业结构难以长期带动当地经济高效高速的增长，反而会为日后环境污染、资源枯竭等问题埋下隐患，产业结构亟须优化。

在大部分中西部地区中，中技术产业在其工业发展过程中占主体地位，经过 15 年的发展与调整，中技术产业产值和高新技术产业产值在工业总产值中的比例均有不同程度提高，说明这些地区产业结构调整取得了些许成效，但是资源型工业和低技术工业在这些地区的经济发展过程中依然占有较大的比例，产业结构调整的压力依然较大。

三、产业内各级受教育劳动力数量及构成现状

本节所研究的劳动力受教育程度构成主要针对的是本书的研究对象——工业和高新技术产业内部的劳动力受教育程度构成。因为在中国目前的经济发展条件下，第二产业依然是推动经济发展的主导产业，而高新技术产业代表着第二产业中高效率生产行业的生产水平，以工业和高新技术产业为研究对象，可以代表第二产业的产业结构和劳动力受教育程度构成状况。下面对工业和高新技术产业内部各级受教育劳动力数量及其构成进行定量分析。

图 6-3 和图 6-4 分别反映出了中国工业和高新技术产业内部各级受教育劳动力数量关系。从图中可以看出，在工业和高新技术产业中，中等教育劳动力占据主体地位；而两大产业内部初等教育劳动力和高等教育劳动力的分布有较大差别，高新技术产业高等教育劳动力数量显著高于初等教育劳动力，且上涨速度逐年加快，已经远超于初等教育劳动力数量，这与高新技术产业的知识密集性有较大关系，而工业初等教育劳动力数量比高等教育劳动力数量略多，但近年来，两者的变化趋势截然相反，初等教育劳动力数量逐步减少，而高等教育劳动力数量正逐年增多。

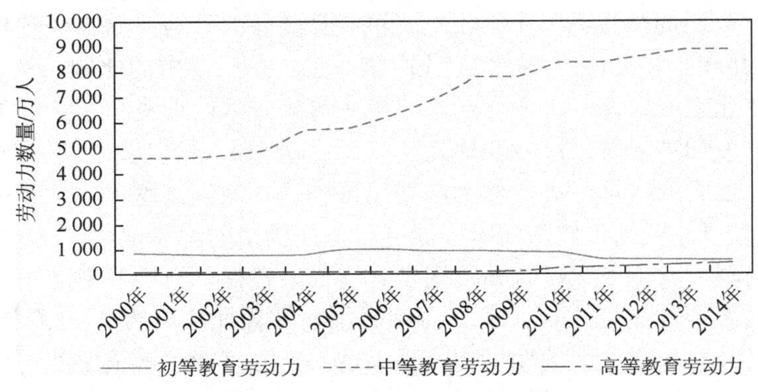

图 6-3　工业内各级受教育劳动力数量图

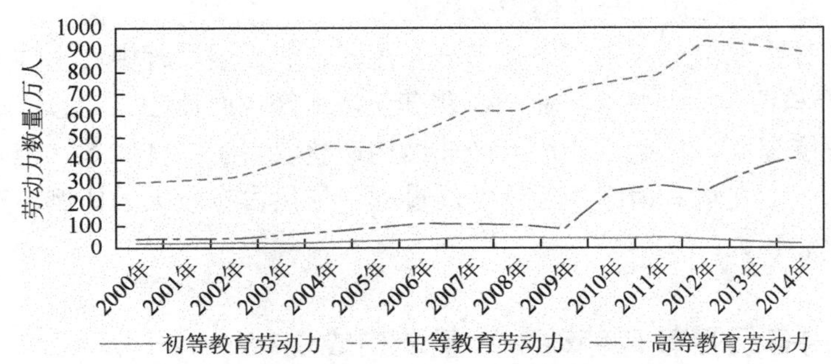

图 6-4　高新技术产业内各级受教育劳动力数量

(一) 各地区行业内各级受教育劳动力规模的计算

各地区经济、资源、政策等方面的差异使得各地区工业和高新技术产业内劳动力受教育程度构成有较大差别，分析各地区工业和高新技术产业内劳动力受教育程度对产业结构的影响，首先需要估算出各地区工业和高新技术产业内各级受教育程度劳动力的规模（以工业为例）。

虽然各地区历年按初等、中等、高等教育划分的工业劳动力规模没有统计，但是可以通过各地区劳动力总数拆分得到。具体拆分方法如下。

1. 求取拆分比例

首先，以全国工业劳动力受教育程度构成比例替代各地区工业劳动力受教育程度构成比例，以此比例乘以各地区工业劳动力总量，得到各地区工业各级受教育劳动力规模。

全国各行业劳动力受教育程度构成比例从《中国劳动统计年鉴》“按行业、性别分的全国就业人员受教育程度构成”中查到，该比例用 X_E 表示，$E=(P, M, H)$，分别表示初等教育、中等教育和高等教育。各地区工业劳动力总量从《中国工业经济统计年鉴》中查到，用 L_S 表示，则各地区各级受教育劳动力规模 $L_{SE}=L_S \times X_E$。

然后，由于全国各行业劳动力受教育程度构成比例 X_E 属于全国平均水平，不包含地区因素，必然会低估发达地区受高等教育劳动力规模和欠发达地区受初等教育、中等教育劳动力规模，而高估发达地区受初等教育劳动力规模和欠发达地区受高等教育劳动力规模，需要对其进行修正后，再求取拆分比例。

数据的修正借助于《中国劳动统计年鉴》中“分地区全国就业人员受教育程度构成”。各地区各级受教育程度构成比例用 Z_{SE} 表示，全国各级受教育程度构成比例用 Z_{AE} 表示，利用各地区各级受教育程度构成比例 Z_{SE} 与全国各级受教育程度构成比例 Z_{AE} 之比，就可以实现对各地区各级受教育劳动力规模 L_{SE} 的修正，即修正后的各地区各级受教育劳动力规模为 $L'_{SE}=L_{SE} \times Z_{SE}/Z_{AE}$。

那么，各地区工业受初等教育劳动力构成比例 $w_{SP}=L'_{SP}/(L'_{SP}+L'_{SM}+L'_{SH})$，同理，各地区工业受中等教育劳动力构成比例 $w_{SM}=L'_{SM}/(L'_{SP}+L'_{SM}+L'_{SH})$，各地区工业受高等教育劳动力构成比例 $w_{SH}=L'_{SH}/(L'_{SP}+L'_{SM}+L'_{SH})$。

2. 估算各地区工业内初等、中等、高等教育劳动力规模

利用各地区工业劳动力总量 L_S 乘以上述工业各级受教育劳动力构成比例 w_{SE} 即可得到修正后的各地区工业内各级受教育劳动力规模。各地区工业内受各级教育劳动力规模 $L''_{SE}=L_S \times w_{SE}$。

由于修正数据借助的“分地区全国就业人员受教育程度构成”是以全国和各地区劳动力总量为基础计算的各地区就业人员受教育程度构成比例，在估算各地区工业内初等、中等、高等教育劳动力规模 L''_{SE} 时会有一定的误差，导致各地区某级受教育劳动力规模的加总与按全国平均水平计算得出的该级受教育劳动力规

模有一定误差，但该误差绝大部分可控制在 5%左右。由于作者学术研究水平有限，目前还未找到更适用的修正方法，有待更加深入的研究。

由于篇幅限制，利用上述估算方法得出各地区工业和高新技术产业各级受教育劳动力规模数据详见附录四。

（二）工业内劳动力受教育程度构成与产业结构现状

表 6-4～表 6-7 分别列出了根据上述估算方法得出的各地区 2000 年和 2014 年工业与高新技术产业内各级受教育劳动力规模及劳动力受教育程度构成和产业结构之间的关系。要注意的是，为保证统计口径的一致性，排除价格因素的干扰，表中所有的产值数据全都采用以 1990 年为基准的不变价。

表 6-4 列出的是根据上述估计方法得出的 2000 年和 2014 年各地区工业各级受教育劳动力规模及工业产值。从表 6-4 中可以看出，经过 15 年的发展，各地区工业内，中等、高等教育劳动力规模有不同程度的扩充，具体而言，中等教育劳动力从 2000 年的 4346.1 万人扩张为 2014 年的 7389.4 万人，增长了 70%；而高等教育劳动力从 2000 年的 410.6 万人增长为 2014 年的 1560.2 万人，扩张了接近 3 倍，在三级教育劳动力中，其扩张速度最快；初等教育劳动力规模略有扩张，从 2000 年的 802.69 万人增长为 2014 年的 1027.6 万人。从总体上看，各地区劳动力受教育水平总体上有所提升。从工业产值来看，各类工业产值也都有大幅提升，总产值扩张都接近 10 倍，各地区经济发展水平越来越高。从地区来看，北京、天津、上海、江苏、浙江、广东等地的高等教育劳动力规模较大，领先于全国其他地区，这些地区工业内高等教育劳动力总数占全国工业内高等教育劳动力总数的 55%，而这些地区的高新技术产业产值也高于全国其他地区。

表 6-4　2000 年和 2014 年工业各级受教育劳动力规模及工业产值

地区	工业内各级受教育劳动力规模/万人						工业产值/亿元			
	初等教育		中等教育		高等教育		非高新技术产业		高新技术产业	
	2000 年	2014 年	2000 年	2014 年	2000 年	2014 年	2000 年	2014 年	2000 年	2014 年
全国	802.69	1 027.6	4 346.1	7 389.4	410.6	1 560.2	44 374.1	419 146.3	5 392.3	50 183
北京	2.72	1.90	87.55	56.84	22.8	58.03	1 328.97	6 989.19	503.89	1 643.7
天津	7.19	6.01	97.94	110.58	15.0	50.92	1 350.21	10 524.21	349.98	1 695.3
河北	32.55	33.00	216.52	304.56	20.6	51.59	1 774.84	17 895.15	82.29	597.31
山西	17.79	13.41	153.39	160.14	12.3	36.50	630.38	5 800.81	20.16	314.21

续表

地区	工业内各级受教育劳动力规模/万人						工业产值/亿元			
	初等教育		中等教育		高等教育		非高新技术产业		高新技术产业	
	2000 年	2014 年	2000 年	2014 年	2000 年	2014 年	2000 年	2014 年	2000 年	2014 年
内蒙古	10.64	14.17	67.13	87.33	7.5	26.91	388.00	7 482.19	10.66	139.93
辽宁	29.82	26.00	241.04	293.01	24.3	59.76	2 201.40	18 612.17	185.69	931.09
吉林	16.13	14.89	107.22	113.26	11.4	23.02	870.26	8 863.13	52.77	660.35
黑龙江	22.18	14.88	159.27	100.67	13.7	18.70	1 274.84	5 010.64	91.53	250.38
上海	8.46	5.63	165.58	151.64	30.9	89.91	3 214.20	12 430.54	520.17	2 793.9
江苏	64.57	101.48	424.12	851.42	29.5	195.05	5 415.03	54 074.27	655.02	1 033.9
浙江	47.60	83.71	245.76	491.13	29.8	147.94	3 420.97	24 902.55	273.57	1 897.4
安徽	29.24	42.11	125.66	253.03	7.7	40.31	860.70	14 009.76	42.44	1 002.9
福建	26.89	49.72	116.86	310.36	11.8	73.87	1 355.26	14 365.31	232.92	1 436.3
江西	19.77	27.56	81.78	196.17	7.3	26.73	482.92	10 976.22	61.58	1 034.1
山东	56.07	90.42	424.04	709.52	42.2	157.37	4 305.72	53 748.54	191.10	4 043.1
河南	34.64	55.91	290.93	554.62	19.6	79.32	1 810.54	25 774.11	71.62	2 095.6
湖北	44.68	32.93	169.64	288.21	16.0	57.87	1 587.50	16 149.51	113.25	1 167.2
湖南	26.54	28.21	128.92	256.01	11.2	50.89	843.34	13 218.42	56.04	1 122.2
广东	63.23	94.90	466.34	1 173.1	43.2	202.45	6 465.65	44 700.52	1 405.7	12 008
广西	15.76	16.95	70.44	133.49	5.0	18.81	519.72	7 542.04	25.97	552.03
海南	1.28	0.68	9.83	9.12	0.8	1.84	105.10	725.74	11.54	52.42
重庆	19.65	32.25	66.55	123.93	4.5	27.11	498.52	7 112.63	36.92	1 462.2
四川	41.82	58.98	152.95	273.60	13.2	43.35	1 075.95	14 372.19	172.93	2 116.7
贵州	16.52	20.92	46.31	67.50	5.51	14.00	327.22	3 516.62	40.44	176.78
云南	24.46	26.98	48.96	59.79	3.65	12.98	550.87	3 893.42	18.61	123.44
陕西	18.53	12.08	97.35	136.99	9.10	38.95	613.66	7 664.09	135.85	418.26
甘肃	16.86	10.47	68.25	45.70	6.15	12.43	435.46	2 965.82	22.08	61.14
青海	3.26	3.65	11.37	13.86	1.24	4.13	101.58	948.21	1.54	22.63
宁夏	3.08	4.94	17.01	22.43	2.33	6.44	123.87	1 405.76	3.36	14.81
新疆	6.56	10.00	32.26	49.68	7.70	15.55	441.38	3 472.53	2.70	10.64

注：根据《中国劳动统计年鉴》《中国工业经济统计年鉴》中分布的各行业相关数据计算，其中产值数据以1990 年为基准不变价。

表 6-5 列出的是 2000 年和 2014 年工业各级劳动力受教育程度构成及各类工业的产业结构。从工业劳动力受教育程度构成可以看出，工业劳动力中，中等教育劳动力占据主体部分，在大部分地区，经过 2000～2014 年的发展，中等教育劳动力在总劳动力中的份额减小，缩小了 4.12 个百分点。初等教育劳动力在总劳动力中的份额也从 2000 年的 14.44%缩减为 2014 年的 10.30%，而高等教育劳动力份额则从 2000 年的 7.39%上升为 2014 年的 15.64%。从产业结构上来看，非高新技术产业份额增长较快，而高新技术产业份额略有下降，但从表 6-4 中可知，其绝对值规模在 15 年增长了 8.3 倍。就地区而言，北京、天津、上海等地高等教育劳动力份额增长较快，初等、中等教育劳动力份额有所减小，而在这些地区，高新技术产业的产值份额也是全国领先的，远高于全国平均水平。

表 6-5　2000 年和 2014 年工业各级劳动力受教育程度构成及工业产业结构

地区	工业劳动力受教育程度构成						产业结构			
	初等教育		中等教育		高等教育		非高新技术产业		高新技术产业	
	2000 年	2014 年	2000 年	2014 年	2000 年	2014 年	2000 年	2014 年	2000 年	2014 年
全国	14.44%	10.30%	78.18%	74.06%	7.39%	15.64%	87.85%	88.40%	12.15%	11.60%
北京	2.40%	1.63%	77.39%	48.68%	20.21%	49.69%	62.08%	77.32%	37.92%	22.68%
天津	5.98%	3.59%	81.49%	66.01%	12.54%	30.40%	74.08%	84.47%	25.92%	15.53%
河北	12.07%	8.48%	80.27%	78.26%	7.67%	13.26%	95.36%	96.78%	4.64%	3.22%
山西	9.69%	6.38%	83.56%	76.24%	6.74%	17.38%	96.80%	94.78%	3.20%	5.22%
内蒙古	12.47%	11.04%	78.66%	68.01%	8.87%	20.96%	97.25%	98.20%	2.75%	1.80%
辽宁	10.10%	6.86%	81.66%	77.36%	8.24%	15.78%	91.57%	95.18%	8.43%	4.82%
吉林	11.96%	9.85%	79.51%	74.93%	8.52%	15.23%	93.94%	92.82%	6.06%	7.18%
黑龙江	11.37%	11.08%	81.60%	74.99%	7.03%	13.93%	92.82%	95.18%	7.18%	4.82%
上海	4.13%	2.28%	80.79%	61.35%	15.08%	36.37%	83.82%	78.33%	16.18%	21.67%
江苏	12.46%	8.84%	81.85%	74.17%	5.69%	16.99%	87.90%	81.56%	12.10%	18.44%
浙江	14.73%	11.58%	76.03%	67.95%	9.24%	20.47%	92.00%	92.65%	8.00%	7.35%
安徽	17.98%	12.55%	77.28%	75.43%	4.74%	12.02%	95.07%	93.10%	4.93%	6.90%
福建	17.29%	11.46%	75.13%	71.52%	7.58%	17.02%	82.81%	90.36%	17.19%	9.64%
江西	18.17%	11.00%	75.13%	78.33%	6.71%	10.67%	87.25%	90.91%	12.75%	9.09%
山东	10.73%	9.45%	81.18%	74.12%	8.09%	16.44%	95.56%	92.75%	4.44%	7.25%
河南	10.04%	8.10%	84.28%	80.40%	5.69%	11.50%	96.04%	92.16%	3.96%	7.84%

续表

地区	工业劳动力受教育程度构成						产业结构			
	初等教育		中等教育		高等教育		非高新技术产业		高新技术产业	
	2000 年	2014 年	2000 年	2014 年	2000 年	2014 年	2000 年	2014 年	2000 年	2014 年
湖北	19.39%	8.69%	73.64%	76.04%	6.96%	15.27%	92.87%	93.03%	7.13	6.97%
湖南	15.92%	8.42%	77.33%	76.40%	6.75%	15.19%	93.36%	91.81%	6.64%	8.19%
广东	11.04%	6.45%	81.42%	79.78%	7.55%	13.77%	78.26%	74.10%	21.74%	25.90%
广西	17.27%	10.02%	77.20%	78.87%	5.53%	11.12%	95.00%	92.94%	5.00%	7.06%
海南	10.64%	5.86%	81.94%	78.31%	7.41%	15.83%	89.02%	93.03%	10.98%	6.97%
重庆	21.64%	17.59%	73.30%	67.61%	5.06%	14.79%	92.59%	80.18%	7.41%	19.82%
四川	20.11%	15.69%	73.53%	72.78%	6.36%	11.53%	83.93%	85.80%	16.07%	14.20%
贵州	24.17%	20.43%	67.77%	65.90%	8.06%	13.67%	87.64%	95.15%	12.36%	4.85%
云南	31.74%	27.05%	63.53%	59.94%	4.74%	13.01%	96.62%	96.94%	3.38%	3.06%
陕西	14.83%	6.42%	77.89%	72.86%	7.28%	20.72%	77.86%	94.74%	22.14%	5.26%
甘肃	18.47%	15.27%	74.79%	66.62%	6.74%	18.12%	94.93%	98.01%	5.07%	1.99%
青海	20.54%	16.86%	71.65%	64.04%	7.81%	19.10%	98.48%	97.70%	1.52%	2.30%
宁夏	13.74%	14.61%	75.88%	66.35%	10.38%	19.04%	97.29%	98.98%	2.71%	1.02%
新疆	14.10%	13.30%	69.35%	66.03%	16.55%	20.67%	99.39%	99.70%	0.61%	0.30%

注：根据《中国劳动统计年鉴》《中国工业经济统计年鉴》《中国高技术产业统计年鉴》公布的相关数据计算而得。

（三）高新技术产业内劳动力受教育程度构成与产业结构现状

表 6-6 列出的是 2000 年和 2014 年高新技术产业内各级受教育劳动力规模及高新技术产业的产值规模。2000～2014 年，高新技术产业内中等、高等教育劳动力规模有了显著扩大，具体而言，中等教育劳动力规模从 2000 年的 188.73 万人扩张为 2014 年的 452.29 万人，增长了 1.4 倍，高等教育劳动力规模从 2000 年的 191.50 万人增长为 2014 年的 848.87 万人，扩张了 3.4 倍；初等教育劳动力规模从 2000 年的 9.72 万人增长为 2014 年的 23.87 万人。与此同时，高新技术产业产值规模也从 2000 年的 5393.58 亿元增长为 2014 年的 50 426.97 亿元，增幅也接近 10 倍。从地区来看，高等教育劳动力扩张规模较大的地区有北京、天津、上海、江苏、浙江、广东等，而这些地区的高新技术产业产值规模也在高新技术产业总产值中占了 60%的比例。

表 6-6　2000 年和 2014 年高新技术产业各级受教育劳动力规模及产值规模

地区	高新技术产业各级受教育劳动力规模/万人						高新技术产业产值规模/亿元	
	初等教育		中等教育		高等教育			
	2000 年	2014 年	2000 年	2014 年	2000 年	2014 年	2000 年	2014 年
全国	9.72	23.87	188.73	452.29	191.50	848.87	5 393.58	50 426.97
北京	0.03	0.02	3.95	2.23	11.64	25.95	503.89	1 643.67
天津	0.09	0.11	5.42	5.74	8.36	23.97	349.98	1 695.33
河北	0.21	0.35	4.81	7.93	4.90	11.59	82.29	597.31
山西	0.07	0.15	2.11	5.27	2.00	8.45	20.16	314.21
内蒙古	0.03	0.06	0.82	0.97	0.87	2.06	10.66	139.93
辽宁	0.32	0.25	8.80	7.19	8.84	13.80	185.69	931.09
吉林	0.14	0.28	3.71	5.28	3.99	9.61	52.77	660.35
黑龙江	0.17	0.20	4.40	3.33	3.78	4.42	91.53	250.38
上海	0.08	0.11	7.56	8.73	13.59	49.22	520.17	2 793.94
江苏	0.94	3.55	21.91	79.70	16.40	161.40	655.02	10 338.93
浙江	0.48	1.13	9.08	17.77	12.54	48.36	273.57	189 7.40
安徽	0.22	0.66	2.92	9.63	2.26	14.92	42.44	100 2.87
福建	0.35	0.69	5.72	11.51	6.35	25.01	232.92	143 6.29
江西	0.37	0.77	5.29	14.08	3.87	16.27	61.58	103 4.09
山东	0.30	1.14	8.28	24.27	8.58	47.22	191.10	404 3.14
河南	0.23	1.20	6.39	31.16	5.00	37.38	71.62	209 5.62
湖北	0.46	0.49	6.53	11.77	5.95	19.77	113.25	1 167.18
湖南	0.22	0.47	3.88	12.08	3.36	17.92	56.04	1 122.18
广东	1.48	4.65	39.45	159.17	40.20	223.46	1 405.70	12 007.70
广西	0.15	0.33	2.17	6.13	1.59	6.97	25.97	552.03
海南	0.01	0.02	0.36	0.64	0.26	0.96	11.54	52.42
重庆	0.28	0.79	3.19	8.24	2.40	15.60	36.92	1 462.22
四川	0.77	1.77	9.81	21.42	9.20	26.93	172.93	2 116.75
贵州	0.42	0.35	3.93	2.77	4.95	4.14	40.44	176.78
云南	0.19	0.01	1.19	0.06	0.94	0.10	18.61	123.44
陕西	0.003	0.23	0.06	7.14	0.05	16.82	135.85	418.26
甘肃	0.81	0.08	12.29	0.89	9.15	1.70	22.08	61.14
青海	0.17	0.02	2.05	0.21	2.35	0.48	1.54	22.63
宁夏	0.01	0.02	0.13	0.23	0.15	0.49	3.36	14.81
新疆	0.01	0.02	0.24	0.21	0.53	0.46	2.70	10.64

注：根据《中国劳动统计年鉴》《中国工业经济统计年鉴》中公布的各行业相关数据计算，其中产值数据以 1990 年为基准的不变价。

表 6-7 列出的是 2000 年和 2014 年高新技术产业劳动力受教育程度构成及产业结构。从表中可以看出，2000～2014 年，高新技术产业内高等教育劳动力份额有较大程度的扩张，而高新技术产业内的初等、中等教育劳动力份额均有一定程度的缩减。具体而言，高新技术产业内高等教育劳动力份额从 2000 年的 49.11%扩张为 2014 年的 64.06%，中等教育劳动力份额从 2000 年的 48.40%缩减为 2014 年的 34.13%，初等教育劳动力份额从 2000 年的 2.49%缩减为 2014 年的 1.80%。虽然从绝对值上看，高新技术产业内中等教育劳动力规模有一定的扩张，但是由于其增长速度小于高等教育劳动力规模，从份额上看，中等教育劳动力份额有所缩减。产业结构方面，高新技术产业的产值在工业中的占比略有减小，但从绝对规模上看，有较大幅度的增加，这可能是因为中国高新技术产业发展尚处初期，发展速度慢于非高新技术产业。从地区上看，2014 年北京、天津、上海等地高等教育劳动力在其高新技术产业内占比超过 50%，在 15 年间，其劳动力受教育程度构成出现了根本性的变化，而这些地区高新技术产业产值在工业中的占比也远高于全国平均水平和其他地区。

表 6-7　2000 年和 2014 年高新技术产业劳动力受教育程度构成及产业结构

地区	高新技术产业劳动力受教育程度构成						产业结构	
	初等教育		中等教育		高等教育			
	2000 年	2014 年	2000 年	2014 年	2000 年	2014 年	2000 年	2014 年
全国	2.49%	1.80%	48.40%	34.13%	49.11%	64.06%	12.15%	11.60%
北京	0.17%	0.09%	25.31%	7.90%	74.51%	92.02%	37.92%	22.68%
天津	0.64%	0.38%	39.06%	19.24%	60.30%	80.38%	25.92%	15.53%
河北	2.09%	1.74%	48.47%	39.92%	49.44%	58.34%	4.64%	3.22%
山西	1.57%	1.09%	50.59%	38.00%	47.83%	60.90%	3.20%	5.22%
内蒙古	1.95%	1.88%	47.73%	31.45%	50.32%	66.67%	2.75%	1.80%
辽宁	1.78%	1.20%	48.99%	33.86%	49.23%	64.94%	8.43%	4.82%
吉林	1.80%	1.85%	47.28%	34.82%	50.92%	63.33%	6.06%	7.18%
黑龙江	2.02%	2.47%	52.70%	41.90%	45.28%	55.64%	7.18%	4.82%
上海	0.39%	0.18%	35.62%	15.04%	63.99%	84.78%	16.18%	21.67%
江苏	2.39%	1.45%	55.83%	32.58%	41.79%	65.97%	12.10%	18.44%
浙江	2.19%	1.68%	41.08%	26.42%	56.72%	71.91%	8.00%	7.35%
安徽	4.05%	2.63%	54.08%	38.21%	41.87%	59.16%	4.93%	6.90%
福建	2.84%	1.85%	46.04%	30.94%	51.12%	67.21%	17.19%	9.64%
江西	3.90%	2.47%	55.49%	45.25%	40.62%	52.28%	12.75%	9.09%
山东	1.76%	1.57%	48.26%	33.42%	49.98%	65.01%	4.44%	7.25%

续表

地区	高新技术产业劳动力受教育程度构成						产业结构	
	初等教育		中等教育		高等教育			
	2000年	2014年	2000年	2014年	2000年	2014年	2000年	2014年
河南	1.95%	1.72%	55.02%	44.69%	43.03%	53.60%	3.96%	7.84%
湖北	3.54%	1.54%	50.47%	36.74%	45.99%	61.72%	7.13%	6.97%
湖南	2.96%	1.55%	51.98%	39.64%	45.06%	58.81%	6.64%	8.19%
广东	1.83%	1.20%	48.63%	41.10%	49.55%	57.70%	21.74%	25.90%
广西	3.76%	2.49%	55.59%	45.62%	40.65%	51.90%	5.00%	7.06%
海南	1.93%	1.14%	57.12%	39.64%	40.95%	59.22%	10.98%	6.97%
重庆	4.77%	3.21%	54.32%	33.46%	40.92%	63.33%	7.41%	19.82%
四川	3.90%	3.52%	49.59%	42.74%	46.51%	53.74%	16.07%	14.20%
贵州	4.48%	4.79%	42.28%	38.19%	53.24%	57.03%	12.36%	4.85%
云南	8.11%	6.10%	51.29%	33.74%	40.60%	60.16%	3.38%	3.06%
陕西	2.69%	0.93%	52.82%	29.52%	44.49%	69.54%	22.14%	5.26%
甘肃	3.63%	2.95%	55.25%	33.36%	41.13%	63.69%	5.07%	1.99%
青海	3.66%	2.85%	44.89%	28.95%	51.45%	68.20%	1.52%	2.30%
宁夏	2.15%	2.67%	44.19%	30.99%	53.66%	66.34%	2.71%	1.02%
新疆	1.54%	2.39%	30.80%	30.80%	67.66%	66.82%	0.61%	0.30%

注：根据《中国劳动统计年鉴》《中国工业经济统计年鉴》《中国高技术产业统计年鉴》的相关数据计算得到。

四、教育程度影响产业结构调整中的问题

通过对中国劳动力受教育程度构成影响产业结构调整现状的梳理不难看出，经过改革开放以来的发展，中国劳动力受教育程度构成正逐步优化，各类型工业不断壮大，产业结构调整取得些许成效，然而在中国产业结构调整的过程中依然存在一些问题，这些问题严重削弱了中国劳动力受教育程度构成对产业结构调整的影响力。

首先，劳动力数量优势逐渐丢失，而劳动力质量优势并未凸显。根据分析可以知道，目前的劳动力市场环境发生了巨大的变化。随着中国经济提升，人民生活水平提高，改革初期的劳动力成本优势已不再突显，当前东亚一些发展中国家在制造业中的成本优势更为明显，部分加工及制造类企业开始向东亚地区迁移。在未来，中国人工成本将继续上升，人口自然增长率也会减缓，老龄化问题突显，人口负担系数将加大，劳动力数量增长对经济增长的贡献将会受到限制。虽然近年来中国教育发展迅速，各级受教育劳动力规模不断扩大，总体上劳动力素质不

断提升，但是与发达国家相比，中国受高等教育劳动力占劳动力总量的比例远低于美国、日本、欧洲、韩国等发达国家和地区。

其次，各类型工业结构不合理，高新技术产业发展缓慢。在中国产业构成中，传统的资源型产业、低技术产业依然在工业中占有较大的比例，高新技术产业经过十几年的发展，其在工业产值中所占比例依然在24%徘徊。发达国家产业转型主要还是依靠中技术产业和高新技术产业的拉动实现的。虽然中国高新技术产业产值在不断增加，但是其在工业总产值中占的比例与发达国家相比，还存在较大的差距。这样的产业构成严重阻碍了中国工业的优化升级。中国高新技术产业起步较晚，基础较为薄弱，经过十几年的不断发展，虽然取得了可喜的成绩，但是与发达国家相比，规模依然偏小，远低于发达国家高新技术产业的比例。2000～2014年，虽然高新技术产业产值绝对数在不断增长，但是就比例来看，增加的幅度较小，这使得高新技术产业对工业结构优化的拉动作用较小。这也从侧面反映了中国高新技术产业技术开发与创新动力不足，在国内及国际市场上的竞争力小，产值难以大幅提升。

最后，区域内劳动力受教育程度构成与产业结构发展不匹配，导致各级受教育劳动力对产业结构调整的促进作用弱化。劳动力素质是影响产业结构调整的重要因素，不同受教育程度的劳动力为不同类型的工业生产提供劳力支持和智力支撑。劳动力受教育程度构成只有符合地区产业结构的需要，才能最有效率地支撑产业结构的优化升级。然而，中国大多数地区劳动力受教育程度构成与产业调整的需求并不匹配，一些地区注重发展教育，科教实力雄厚，然而经济发展水平低；一些地区经济发达，然而缺乏充足有力的高素质劳动力的支撑，这都为产业结构调整造成了阻碍。

第三节　教育程度影响产业结构升级机理

一、教育与产出的内在关系

产业发展源于各类生产要素的有机组合，不同产业类型对应不同的要素有机组合。生产函数是要素有机组合的载体，对生产具有决定性作用，不同的生产函数对应不同技术下的产业类型。要素可分为直接要素、间接要素和交叉要素三类，直接要素主要有劳动、资本、土地等，直接作用于生产函数（要素有机组合）带来产出；间接要素主要有企业家才能、企业文化等，首先作用于直接要素，进而由直接要素通过生产有机组合带来产出；交叉要素主要是教育、技术等，既通过自身直接作用于生产函数，也通过直接要素间接作用于生产函数。

既然作为要素有机组合载体的生产函数对产出具有决定性作用，那么分析教育结构对产业结构的影响就离不开一定技术的生产函数形式。假定技术是中性的，有希克斯中性 $Y=Af(K,L)$、索洛中性 $Y=f(AK,L)$和哈罗德中性 $Y=f(K,AL)$三种技术中性生产函数。由于中国当前仍为发展中国家，技术对资本和劳动力的作用具有零阶齐次性，本书仅以希克斯中性生产函数作为要素有机组合载体。同时考虑到教育是人才培养的主要方式，从教育经费的投入到人才的产出需要一定的时间，对教育变量设定 k 阶滞后。如果以科布-道格拉斯生产函数为基础，那么直接要素和交叉要素有机组合的产出形式为

$$Y_{l,t}=A_{l,t}K_{\mathrm{um}E,l,t}{}^{\alpha_{l,t}}L_{P,l,t}{}^{\beta_{l,t}}L_{M,l,t}{}^{\gamma_{l,t}}L_{H,l,t}{}^{\phi_{l,t}}K_{EP,l,t}{}^{\lambda_{l,t}}K_{EM,l,t}{}^{\eta_{l,t}}K_{EH,l,t}{}^{\theta_{l,t}} \tag{6.1}$$

其中，$l=(i,h)$分别为工业和高新技术行业；P 为初等教育；M 为中等教育；H 为高等教育；$Y_{l,t}$ 为产业的产出；$A_{l,t}$ 为技术进步；$K_{\mathrm{um}E,l,t}$ 为固定资本投入；$L_{P,l,t}$ 为受初等教育的劳动力（即初等教育劳动力）；$L_{M,l,t}$ 为受中等教育的劳动力（即中等教育劳动力）；$L_{H,l,t}$ 为受高等教育的劳动力（即高等教育劳动力）；$K_{EP,l,t}$ 为初等教育资本投入；$K_{EM,l,t}$ 为中等教育资本投入；$K_{EH,l,t}$ 为高等教育资本投入。上角标 $\alpha_{l,t}$、$\beta_{l,t}$、$\gamma_{l,t}$、$\phi_{l,t}$、$\lambda_{l,t}$、$\eta_{l,t}$、$\theta_{l,t}$ 分别表示固定资本、初等教育劳动力、中等教育劳动力、高等教育劳动力、初等教育资本投入、中等教育资本投入及高等教育资本投入的产出份额。

此式直观地展示了直接要素和交叉要素在生产中的有机组合，但没有直接展示出间接要素和交叉要素对产出的作用，而是隐含在技术进步 $A_{l,t}$、高等教育劳动力 $L_{H,l,t}$ 中。显然，教育作为交叉要素，除了以初等教育劳动力、中等教育劳动力、高等教育劳动力的形式以及初等教育资本投入、中等教育资本投入、高等教育资本投入的形式影响产出，还通过提高劳动者素质、提升企业家管理才能、培养高等教育劳动力、改进生产技术等途径，间接地优化要素的有机组合，进而促进产业发展。

定义劳动力受教育程度构成为

$$\mathrm{con}L_{X,t}=L_{X,h,t}/L_{X,i,t}$$

其中，$X=(P,M,H)$分别为初等教育、中等教育和高等教育；$\mathrm{con}L_{P,t}$ 为初等教育劳动力份额；$\mathrm{con}L_{M,t}$ 为中等教育劳动力份额；$\mathrm{con}L_{H,t}$ 为高等教育劳动力份额。

考虑到劳动力受教育程度和生产技术水平直接影响行业中劳动力受教育程度构成，为此进一步分析劳动力受教育程度构成和生产技术水平与劳动力受教育程度之间的内在关系。

二、教育程度构成与受教育程度的关系

教育的第一要务是提高劳动者素质，因此教育必须首先附加在劳动力身上，

并通过劳动力进入生产函数提高产出。如果劳动力受教育年限用 t 表示，则初等教育劳动力受教育年限 $t=t_P$（一般是 1～6 年，$1\leqslant t\leqslant 6$）；中等教育劳动力受教育年限 $t=t_M$（一般是 7～12 年，$7\leqslant t\leqslant 12$）；高等教育劳动力受教育年限 $t=t_H$（一般在 12 年以上，$t>12$）。如果初等教育劳动力受教育程度为 $e_P=t_P/t_P=1$，则中等教育劳动力受教育程度为 $e_M=t_M/t_P$，高等教育劳动力受教育程度为 $e_H=t_H/t_P$。

如果初等教育劳动力数量为 L_P，中等教育劳动力数量为 L_M，高等教育劳动力数量为 L_H，则劳动力平均受教育的年限 t_A 为

$$t_A=\frac{L_Pt_P+L_Mt_M+L_Ht_H}{L_P+L_M+L_H}$$

劳动力平均受教育程度为

$$e_A=\frac{L_Pe_P+L_Me_M+L_He_H}{L_P+L_M+L_H}=\frac{L_P+e_ML_M+e_HL_H}{L_P+L_M+L_H}$$

根据 t_A 和 e_A，能得到用受教育程度表示的各行业内部高等教育劳动力份额、中等教育劳动力份额和初等教育劳动力份额分别为

$$\begin{aligned}
\text{con}L_{H,l,t}&=\frac{L_{H,l,t}}{L_{H,l,t}+L_{M,l,t}+L_{P,l,t}}=\frac{e_{A,l,t}t_{P,l,t}-t_{A,l,t}}{e_{M,l,t}t_{H,l,t}-e_{H,l,t}t_{M,l,t}}\\
\text{con}L_{M,l,t}&=\frac{L_{M,l,t}}{L_{H,l,t}+L_{M,l,t}+L_{P,l,t}}=\frac{1-e_{H,l,t}t_{A,l,t}+e_{A,l,t}(t_{H,l,t}-t_{P,l,t})}{e_{M,l,t}t_{H,l,t}-e_{H,l,t}t_{M,l,t}}\\
\text{con}L_{P,l,t}&=\frac{L_{P,l,t}}{L_{H,l,t}+L_{M,l,t}+L_{P,l,t}}\\
&=\frac{e_{A,l,t}(t_{M,l,t}-t_{H,l,t})+e_{H,l,t}(t_{A,l,t}-t_{M,l,t})+e_{M,l,t}(t_{H,l,t}-t_{A,l,t})}{e_{M,l,t}t_{H,l,t}-e_{H,l,t}t_{M,l,t}}
\end{aligned}\tag{6.2}$$

其中，$\text{con}L_{H,l,t}$ 为行业 l 内部高等教育劳动力份额；$\text{con}L_{M,l,t}$ 为行业 l 内部中等教育劳动力份额；$\text{con}L_{P,l,t}$ 为行业 l 内部初等教育劳动力份额；$e_{A,l,t}$、$e_{H,l,t}$、$e_{M,l,t}$、$e_{P,l,t}$ 分别为各行业内劳动力的平均受教育程度、受高等教育的程度、受中等教育的程度和受初等教育的程度；$t_{A,l,t}$、$t_{H,l,t}$、$t_{M,l,t}$、$t_{P,l,t}$ 分别为各行业内劳动力的平均受教育年限、受高等教育年限、受中等教育年限和受初等教育年限。高等教育劳动力份额与中等、初等教育劳动力份额之和等于 1，即 $\text{con}L_{H,l,t}+\text{con}L_{M,l,t}+\text{con}L_{P,l,t}=1$。式（6.2）说明，高等教育劳动力份额与平均受教育程度、受高等教育程度正相关，与受中等教育程度负相关，中等教育劳动力份额、初等教育劳动力份额也与平均受教育程度正相关。

三、教育程度对生产技术的影响机理

教育的另一重要作用是提高生产技术，因此，生产技术是教育的函数，即 $A=f(e)$。一般来说，人们受教育程度越高，创新能力越强，技术进步快，生产技术也越高。但是，教育程度与技术水平不是直接的线性关系，而是边际递减的。考虑到劳动力从受教育到实现技术进步需要一定的传导时间，对函数中受教育程度 e 设定 k 阶滞后，即 $e(k)$，从而设定如下函数表示教育程度与技术之间的关系：

$$A_{l,t}=c_0+c_1 e_{A,l,t}{}^{m}+c_2 e_{A,l,t}{}^{n} \tag{6.3}$$

其中，A 为技术进步，将人均有效专利数 pa 和研发经费投入率 r&d 进行无量纲化处理，合成衡量技术进步的指标 A；$e_{A,l,t}=[t_{A,l,t}+(e_{M,l,t}t_{H,l,t}-e_{H,l,t}t_{M,l,t})\mathrm{con}L_{H,l,t}]/t_{P,l,t}$；$c_0$、$c_1$、$c_2$ 是参数，$c_0>0$；$\mathrm{d}^2A_{l,t}/\mathrm{d}^2e_{A,l,t}<0$。$\mathrm{d}^2A_{l,t}/\mathrm{d}^2e_{A,l,t}<0$ 表示平均受教育程度对技术水平的促进作用是边际递减的。如果平均受教育程度为零，则技术停留在原有技术 c_0 的基础上。

此式能够说明产业中劳动力平均受教育程度与技术水平的关系，两者并不是线性关系，而是技术水平随平均受教育程度的增大边际递减。

四、产业内劳动力受教育程度构成与各级受教育劳动力的关系

产业内劳动力受教育程度对该产业的生产效率有直接影响，合理的各级教育劳动力配比关系能加速产业的成长与升级，因此分析产业内劳动力受教育程度构成也具有极大的意义。用 $L_{l,t}=f(\mathrm{con}L_{l,t})$的函数形式表示劳动力受教育程度与各级受教育劳动力之间的关系。

根据劳动力受教育程度构成的表达式，能得到初等、中等、高等教育劳动力数量与产业结构之间的关系为

$$\begin{aligned}
L_{P,l,t}&=\frac{(L_{M,l,t}+L_{H,l,t})\mathrm{con}L_{P,l,t}}{1-\mathrm{con}L_{P,l,t}}\\
L_{M,l,t}&=\frac{(L_{P,l,t}+L_{H,l,t})\mathrm{con}L_{M,l,t}}{1-\mathrm{con}L_{M,l,t}}\\
L_{H,l,t}&=\frac{(L_{P,l,t}+L_{M,l,t})\mathrm{con}L_{H,l,t}}{1-\mathrm{con}L_{H,l,t}}
\end{aligned} \tag{6.4}$$

五、提升教育程度促进产业结构优化的理论模型

（一）考虑产业间劳动力受教育程度与产业结构的关系

在学术界，学者多以三大产业产值比例来衡量产业结构（赵玉林，2008）或以高效率行业占总产出的份额来衡量产业结构调整的程度，高效率行业份额越大，产业结构越优化（刘楷，2007）。本书借鉴第二种方法，以高新技术行业为高效率行业的代表。用高新技术行业产值与工业总产值之比衡量产业结构。

因此，根据式（6.1），当 l 分别是工业（$l=i$）和高新技术行业（$l=h$）时，能得到工业和高新技术行业的生产函数，将两个函数相比，则能得到行业间劳动力受教育程度构成与产业结构之间的关系为

$$\begin{aligned}\text{con}Y_t=&(A_{h,t}/A_{i,t})\text{con}L_{H,t}{}^{\phi_{h,t}}\text{con}L_{M,t}{}^{\gamma_{h,t}}\text{con}L_{P,t}{}^{\beta_{h,t}}\text{con}K_{\text{um}E,t}{}^{\alpha_{h,t}}\text{con}K_{EP,t}{}^{\lambda_{h,t}}\\&\cdot\text{con}K_{EM,t}{}^{\eta_{h,t}}\text{con}K_{EH,t}{}^{\theta_{h,t}}L_{H,i,t}{}^{\phi_{h,t}-\phi_{i,t}}L_{M,i,t}{}^{\gamma_{h,t}-\gamma_{i,t}}L_{P,i,t}{}^{\beta_{h,t}-\beta_{i,t}}\\&\cdot K_{\text{um}E,i,t}{}^{\alpha_{h,t}-\alpha_{i,t}}K_{EP,i,t}{}^{\lambda_{h,t}-\lambda_{i,t}}K_{EM,i,t}{}^{\eta_{h,t}-\eta_{i,t}}K_{EH,i,t}{}^{\theta_{h,t}-\theta_{i,t}}\end{aligned}\tag{6.5}$$

其中，$\text{con}L_{H,t}=L_{H,h,t}/L_{H,i,t}$ 为高等教育劳动力份额，$\text{con}L_{M,t}=L_{M,h,t}/L_{M,i,t}$ 为中等教育劳动力份额，$\text{con}L_{P,t}=L_{P,h,t}/L_{P,i,t}$ 为初等教育劳动力份额，这三者是教育程度的组成部分；$\text{con}K_{EP,t}=K_{EP,h,t}/K_{EP,i,t}$ 为初等教育投资份额，$\text{con}K_{EM,t}=K_{EM,h,t}/K_{EM,i,t}$ 为中等教育投资份额，$\text{con}K_{EH,t}=K_{EH,h,t}/K_{EH,i,t}$ 为高等教育投资份额，$\text{con}K_{\text{um}E,t}=K_{\text{um}E,h,t}/K_{\text{um}E,i,t}$ 为资本结构，$\text{con}Y_t=Y_{h,t}/Y_{i,t}$ 为产业结构。由式（6.5）可知，行业之间的初等教育劳动力份额、中等教育劳动力份额、高等教育劳动力份额、资本结构、行业内部各级劳动力存量及各级教育投资量对产业结构具有内在决定性。

（二）效益最大化下的要素结构关系

在生产过程中，所有生产者都是理性的，都追求效益最大化，于是根据式(6.1)的生产函数求行业 l 的效益最大化：

$$\begin{aligned}\text{Max}\pi_{l,t}=&P_{l,t}A_{l,t}K_{\text{um}E,l,t}{}^{\alpha_{l,t}}L_{P,l,t}{}^{\beta_{l,t}}L_{M,l,t}{}^{\gamma_{l,t}}L_{H,l,t}{}^{\phi_{l,t}}K_{EP,l,t}{}^{\lambda_{l,t}}K_{EM,l,t}{}^{\eta_{l,t}}K_{EH,l,t}{}^{\theta_{l,t}}\\&-(r_{\text{um}E,l,t}K_{\text{um}E,l,t}+w_{P,l,t}L_{P,l,t}+w_{M,l,t}L_{M,l,t}+w_{H,l,t}L_{H,l,t})\\&-(r_{EP,l,t}K_{EP,l,t}+r_{EM,l,t}K_{EM,l,t}+r_{EH,l,t}K_{EH,l,t})\end{aligned}\tag{6.6}$$

其中，变量右下角 l 为工业（i）、高新技术行业（h）；$r_{\text{um}E,l,t}$ 为行业资本回报率；

$w_{P,l,t}$ 为行业初等教育劳动力的工资水平；$w_{M,l,t}$ 为行业中等教育劳动力的工资水平；$w_{H,l,t}$ 为行业高等教育劳动力的工资水平；$r_{EP,l,t}$ 为行业培养初等教育劳动力的资本回报率；$r_{EM,l,t}$ 为行业培养中等教育劳动力的资本回报率；$r_{EH,l,t}$ 为行业培养高等教育劳动力的资本回报率；$P_{l,t}$ 为行业生产品价格指数，为了简化分析，不妨设价格指数 $P_{l,t}=1$。

根据利润函数 $\pi(K_{\text{um}E,l,t}, L_{P,l,t}, L_{M,l,t}, L_{H,l,t}, K_{EP,l,t}, K_{EM,l,t}, K_{EH,l,t})$ 的一阶条件求导，得到工业和高新技术行业资本投入与初等教育劳动力之间的关系为 $\beta_{l,t}K_{\text{um}E,l,t}/\alpha_{l,t}L_{P,l,t}=w_{P,l,t}/r_{\text{um}E,l,t}$。由于高新技术行业的资本回报率难以获取，而且各行业各级教育劳动力工资水平难以剥离，本书假定在效益最大化的最优状态下，劳动回报率与资本回报率之比保持稳定，是一个常数。

显然，式（6.6）是行业 l 效益最大化条件下的资本投入与劳动力之间的最优关系通式，由此能够得到资本结构、劳动力结构之间的最优协调关系为

$$\text{con}K_{\text{um}E,t}=\text{con}L_{P,t}\times(\beta_{i,t}r_{\text{um}E,i,t}\alpha_{h,t}w_{P,h,t}/\beta_{h,t}r_{\text{um}E,h,t}\alpha_{i,t}w_{P,i,t})$$

效益最大化下变量结构关系体现了要素之间的内在协调关系，由于篇幅较大，在此仅列出了资本投入结构和初等教育劳动力结构之间的最优协调关系。

（三）效益最大化下的劳动力受教育程度构成与产业结构关系

将上述得到收益最大化条件下资本结构和各级教育劳动力份额之间的关系式代入式（6.5）的产业结构模型中，得到在附加收益最大化约束条件的理论模型：

$$\begin{aligned}\text{con}Y_t^*=&c^*\frac{A_{h,t}}{A_{i,t}}\text{con}L_{H,t}{}^{\phi_{h,t}}\text{con}L_{M,t}{}^{\gamma_{h,t}}\text{con}L_{P,t}{}^{\beta_{h,t}+\alpha_{h,t}}\text{con}K_{EP,t}{}^{\lambda_{h,t}}\text{con}K_{EM,t}{}^{\eta_{h,t}}\text{con}K_{EH,t}{}^{\theta_{h,t}}\\&\cdot L_{H,i,t}{}^{\phi_{h,t}-\phi_{i,t}}L_{M,i,t}{}^{\gamma_{h,t}-\gamma_{i,t}}L_{P,i,t}{}^{\beta_{h,t}+\alpha_{h,t}-\beta_{i,t}-\alpha_{i,t}}K_{EP,i,t}{}^{\lambda_{h,t}-\lambda_{i,t}}K_{EM,i,t}{}^{\eta_{h,t}-\eta_{i,t}}K_{EH,i,t}{}^{\theta_{h,t}-\theta_{i,t}}\end{aligned}\tag{6.7}$$

其中，$c^*=\left(\dfrac{\alpha_{h,t}\beta_{i,t}r_{\text{um}E,i,t}w_{P,h,t}}{\alpha_{i,t}\beta_{h,t}r_{\text{um}E,h,t}w_{P,i,t}}\right)^{\alpha_{h,t}}\left(\dfrac{\alpha_{i,t}w_{P,i,t}}{\beta_{i,t}r_{\text{um}E,i,t}}\right)^{\alpha_{h,t}-\alpha_{i,t}}$。从式（6.7）可以看出，初等教育劳动力份额 $\text{con}L_{P,t}$、中等教育劳动力份额 $\text{con}L_{M,t}$、高等教育劳动力份额 $\text{con}L_{H,t}$，分别从不同程度的受教育者角度反映劳动力受教育程度构成对产业结构的影响。

由式（6.7）可知，产业结构与初等教育劳动力份额、中等教育劳动力份额、高等教育劳动力份额相关，也与初等教育投资份额、中等教育投资份额、高等教育投资份额、资本结构、工业资本存量、工业初等教育劳动力存量、工业中等教育劳动力存量、工业高等教育劳动力存量、工业前 k 期的初等教育投资量、工业前 k 期的中等教育投资量和工业前 k 期的高等教育投资量等变量相关。

式（6.5）反映的是产业间劳动力受教育程度构成与产业结构关系的现实理论

模型，式（6.7）反映的是收益最大化下，产业间劳动力受教育程度构成与产业结构的最优关系理论模型。接下来本书将对这两种情况下理论模型的实证结果进行比较分析。

（四）产业间和产业内的劳动力受教育程度与产业结构的现实及最优关系

基于前面分析得到了产业内劳动力受教育程度与生产技术及各级受教育劳动力之间的关系，从这个角度再将产业内劳动力受教育程度引入生产函数。将式（6.4）代入以希克斯中性生产函数（式（6.1））中，得到各行业产出与产业内劳动力受教育程度间的关系：

$$Y_{l,t}=A_{l,t}\left(\frac{\mathrm{con}L_{P,l,t}}{1-\mathrm{con}L_{P,l,t}}\right)^{\beta_{l,t}}\left(\frac{\mathrm{con}L_{M,l,t}}{1-\mathrm{con}L_{M,l,t}}\right)^{\gamma_{l,t}}\left(\frac{\mathrm{con}L_{H,l,t}}{1-\mathrm{con}L_{H,l,t}}\right)^{\phi_{l,t}}K_{\mathrm{um}E,l,t}{}^{\alpha_{l,t}}(L_{M,l,t}+L_{H,l,t})^{\beta_{l,t}}$$
$$\cdot(L_{P,l,t}+L_{H,l,t})^{\gamma_{l,t}}(L_{M,l,t}+L_{P,l,t})^{\phi_{l,t}}K_{EP,l,t}{}^{\lambda_{l,t}}K_{EM,l,t}{}^{\eta_{l,t}}K_{EH,l,t}{}^{\theta_{l,t}} \tag{6.8}$$

同样地，当 l 分别是工业（$l=i$）和高新技术行业（$l=h$）时，能得到现状条件下包含工业和高新技术行业内部劳动力受教育程度的生产函数，将两个函数求比例，则得到同时考虑产业间和产业内劳动力受教育程度与产业结构之间的关系的函数：

$$\begin{aligned}\mathrm{con}Y_t=&\frac{A_{h,t}}{A_{i,t}}[\mathrm{con}L_{P,h,t}/(1-\mathrm{con}L_{P,h,t})]^{\beta_{h,t}}\ [\mathrm{con}L_{M,h,t}/(1-\mathrm{con}L_{M,h,t})]^{\gamma_{h,t}}\\&\cdot[\mathrm{con}L_{H,h,t}/(1-\mathrm{con}L_{H,h,t})]^{\phi_{h,t}}[(1-\mathrm{con}L_{P,i,t})/\mathrm{con}L_{P,i,t}]^{\beta_{i,t}}\\&\cdot[(1-\mathrm{con}L_{M,i,t})/\mathrm{con}L_{M,i,t}]^{\gamma_{i,t}}[(1-\mathrm{con}L_{H,i,t})/\mathrm{con}L_{H,i,t}]^{\phi_{i,t}}\\&\cdot(c_1\mathrm{con}L_{M,t}+c_2\mathrm{con}L_{H,t})^{\beta_{h,t}}(c_3\mathrm{con}L_{P,t}+c_4\mathrm{con}L_{H,t})^{\gamma_{h,t}}\\&\cdot(c_5\mathrm{con}L_{M,t}+c_6\mathrm{con}L_{P,t})^{\phi_{h,t}}\mathrm{con}K_{EP,t}{}^{\lambda_{h,t}}\mathrm{con}K_{EM,t}{}^{\eta_{h,t}}\mathrm{con}K_{EH,t}{}^{\theta_{h,t}}\mathrm{con}K_{\mathrm{um}E,t}{}^{\alpha_{h,t}}c_7\end{aligned} \tag{6.9}$$

其中，$c_1=L_{Mi}/(L_{Mi}+L_{Hi})$，$c_2=L_{Hi}/(L_{Hi}+L_{Mi})$，$c_3=L_{Pi}/(L_{Pi}+L_{Hi})$，$c_4=L_{Hi}/(L_{Hi}+L_{Pi})$，$c_5=L_{Mi}/(L_{Mi}+L_{Pi})$，$c_6=L_{Pi}/(L_{Pi}+L_{Mi})$，$c_7=(L_{M,i,t}+L_{H,i,t})^{\beta_{h,t}-\beta_{i,t}}(L_{P,i,t}+L_{H,i,t})^{\gamma_{h,t}-\gamma_{i,t}}(L_{M,i,t}+L_{P,i,t})^{\phi_{h,t}-\phi_{i,t}}K_{EP,i,t}{}^{\lambda_{h,t}-\lambda_{i,t}}K_{EM,i,t}{}^{\eta_{h,t}-\eta_{i,t}}K_{EH,i,t}{}^{\theta_{h,t}-\theta_{i,t}}K_{\mathrm{um}E,i,t}{}^{\alpha_{h,t}-\alpha_{i,t}}$。

同样地，在综合考虑产业间和产业内劳动力受教育程度和产业结构关系时，生产者依然追求效益最大化，因此，根据利润函数一阶求导，得到工业和高新技术行业资本投入与初等教育劳动力之间的关系为

$$\beta_{l,t}K_{\mathrm{um}E,l,t}/\alpha_{l,t}(L_{H,l,t}+L_{M,l,t})=w_{P,l,t}/r_{\mathrm{um}E,l,t}$$

进而算得资本结构、劳动力结构之间的最优协调关系为

$$\mathrm{con}K_{\mathrm{um}E,t}=(c_1\mathrm{con}L_{M,t}+c_2\mathrm{con}L_{H,t})[\beta_{i,t}r_{\mathrm{um}E,i,t}\alpha_{h,t}w_{P,h,t}/(\beta_{h,t}r_{\mathrm{um}E,h,t}\alpha_{i,t}w_{P,i,t})]。$$

将上式代入式（6.9）中，得出效益最大化条件下，综合考虑产业间和产业内劳动力受教育程度与产业结构之间的最优关系：

$$\begin{aligned}\mathrm{con}Y_t^*=&\frac{A_{h,t}}{A_{i,t}}[\mathrm{con}L_{P,h,t}/(1-\mathrm{con}L_{P,h,t})]^{\beta_{h,t}}[\mathrm{con}L_{M,h,t}/(1-\mathrm{con}L_{M,h,t})]^{\gamma_{h,t}}\\&\cdot[\mathrm{con}L_{H,h,t}/(1-\mathrm{con}L_{H,h,t})]^{\phi_{h,t}}[(1-\mathrm{con}L_{P,i,t})/\mathrm{con}L_{P,i,t}]^{\beta_{i,t}}\\&\cdot[(1-\mathrm{con}L_{M,i,t})/\mathrm{con}L_{M,i,t}]^{\gamma_{i,t}}[(1-\mathrm{con}L_{H,i,t})/\mathrm{con}L_{H,i,t}]^{\phi_{i,t}}\\&\cdot(c_1\mathrm{con}L_{M,t}+c_2\mathrm{con}L_{H,t})^{\beta_{h,t}+\alpha_{h,t}}(c_3\mathrm{con}L_{P,t}+c_4\mathrm{con}L_{H,t})^{\gamma_{h,t}}\\&\cdot(c_5\mathrm{con}L_{M,t}+c_6\mathrm{con}L_{P,t})^{\phi_{h,t}}\mathrm{con}K_{EP,t}{}^{\lambda_{h,t}}\mathrm{con}K_{EM,t}{}^{\eta_{h,t}}\mathrm{con}K_{EH,t}{}^{\theta_{h,t}}c_8\end{aligned}\qquad(6.10)$$

其中，

$$\begin{aligned}c_8=&(L_{M,i,t}+L_{H,i,t})^{\beta_{h,t}-\beta_{i,t}+\alpha_{h,t}-\alpha_{i,t}}(L_{P,i,t}+L_{H,i,t})^{\gamma_{h,t}-\gamma_{i,t}}\\&\cdot(L_{M,i,t}+L_{P,i,t})^{\phi_{h,t}-\phi_{i,t}}K_{EP,i,t}{}^{\lambda_{h,t}-\lambda_{i,t}}K_{EM,i,t}{}^{\eta_{h,t}-\eta_{i,t}}\\&\cdot K_{EH,i,t}{}^{\theta_{h,t}-\theta_{i,t}}(w_{P,i,t}\alpha_{i,t}/r_{\mathrm{um}E,i,t}\beta_{i,t})^{\alpha_h-\alpha_i}\\&\cdot(\beta_{i,t}r_{\mathrm{um}E,i,t}\alpha_{h,t}w_{P,h,t}/\beta_{h,t}r_{\mathrm{um}E,h,t}\alpha_{i,t}w_{P,i,t})^{\alpha_{h,t}}。\end{aligned}$$

由式（6.9）和式（6.10）可知，产业结构 $\mathrm{con}Y_t$ 与各行业内部各级教育劳动力份额相关，也与行业间各级教育劳动力份额相关，还受各级教育投资结构、行业的资本结构、工业资本存量、工业中等教育劳动力存量、工业初等教育劳动力存量、工业高等教育劳动力存量、工业前 k 期的中等教育投资量、工业前 k 期的初等教育投资量和工业前 k 期的高等教育投资量等变量的影响。

式（6.9）反映的是行业间和行业内劳动力受教育程度提升促进产业结构优化的现实关系模型，式（6.10）反映的是效益最大化下，行业间和行业内劳动力受教育程提升促进产业结构优化的最优关系模型。下面将对这两种情况下理论模型的实证结果进行比较分析。

第四节　教育程度影响产业结构调整的实证分析

一、计量模型设计

为了构建便于实证回归的计量模型，分别对理论模型（式（6.5））取对数，

整理得到反映产业间劳动力受教育程度对产业结构调整影响的现实状况计量模型：

$$
\begin{aligned}
\ln \mathrm{con}Y_t = & \ln A_{h,t} - \ln A_{i,t} + \phi_{h,t} \ln \mathrm{con}L_{H,t} + \gamma_{h,t} \ln \mathrm{con}L_{M,t} \\
& + \beta_{h,t} \ln \mathrm{con}L_{P,t} + \alpha_{h,t} \ln \mathrm{con}K_{\mathrm{um}E,t} + \gamma_{h,t} \ln \mathrm{con}K_{EP,t} \\
& + \eta_{h,t} \ln \mathrm{con}K_{EM,t} + \theta_{h,t} \ln \mathrm{con}K_{EH,t} + (\phi_{h,t} - \phi_{i,t}) \ln L_{H,i,t} \\
& + (\gamma_{h,t} - \gamma_{i,t}) \ln L_{M,i,t} + (\beta_{h,t} - \beta_{i,t}) \ln L_{P,i,t} \\
& + (\alpha_{h,t} - \alpha_{i,t}) \ln K_{\mathrm{um}E,i,t} + (\lambda_{h,t} - \lambda_{i,t}) \ln K_{EP,i,t} \\
& + (\eta_{h,t} - \eta_{i,t}) \ln K_{EM,i,t} + (\theta_{h,t} - \theta_{i,t}) \ln K_{EH,i,t} + \varepsilon_t
\end{aligned} \tag{6.11}
$$

式（6.11）是反映现实的希克斯中性计量模型。对式（6.7）做同样的处理得到效益最大化约束下，产业间劳动力受教育程度对产业结构调整影响的最优关系计量模型：

$$
\begin{aligned}
\ln \mathrm{con}Y_t = & \ln A_{h,t} - \ln A_{i,t} + \phi_{h,t} \ln \mathrm{con}L_{H,t} + \gamma_{h,t} \ln \mathrm{con}L_{M,t} \\
& + (\beta_{h,t} + \alpha_{h,t}) \ln \mathrm{con}L_{P,t} + \lambda_{h,t} \ln \mathrm{con}K_{EP,t} \\
& + \eta_{h,t} \ln \mathrm{con}K_{EM,t} + \theta_{h,t} \ln \mathrm{con}K_{EH,t} \\
& + (\phi_{h,t} - \phi_{i,t}) \ln L_{H,i,t} + (\gamma_{h,t} - \gamma_{i,t}) \ln L_{M,i,t} \\
& + (\beta_{h,t} + \alpha_{h,t} - \beta_{i,t} - \alpha_{i,t}) \ln L_{P,i,t} + (\lambda_{h,t} - \lambda_{i,t}) \ln K_{EP,i,t} \\
& + (\eta_{h,t} - \eta_{i,t}) \ln K_{EM,i,t} + (\theta_{h,t} - \theta_{i,t}) \ln K_{EH,i,t} + a_0 + \varepsilon_t
\end{aligned} \tag{6.12}
$$

其中，$a_0 = \alpha_{h,t} \ln[(\alpha_{h,t}\beta_{i,t} / \alpha_{i,t}\beta_{h,t})(r_{\mathrm{um}E,i,t} / w_{P,i,t})(w_{P,h,t} / r_{\mathrm{um}E,h,t})] + (\alpha_{h,t} - \alpha_{i,t}) \ln[(\alpha_{i,t} / \beta_{i,t})(w_{P,i,t} / r_{\mathrm{um}E,i,t})]$

式（6.12）是最优关系的希克斯中性计量模型。

同样地，根据式（6.9）和式（6.10）也可以得出反映产业间与产业内劳动力受教育程度对产业结构调整影响的现实状况和最优关系的计量模型，由于篇幅较大，书中不再列出。

对式（6.11）和式（6.12）都采用分步回归法回归推进实证，首先用受教育程度与技术函数（式（6.3））进行回归，验证技术进步与受教育程度之间的关系，再将技术水平与回归模型中的其他变量对产业结构进行回归。

二、变量选择、数据的来源与处理

本书采用中国省际面板数据进行定量分析，根据实证模型的推导，将可能利用的变量予以说明，见表 6-8。

表 6-8　变量的选取与界定

名称		指标设计
因变量	产业结构（conY_t）	按照现有文献普遍做法，利用高新技术行业总产值与工业总产值的比值表示产业结构
核心变量	高等教育劳动力份额（con$L_{H,t}$）	借鉴教育层次比例法，以受教育程度在大专及以上的就业人口作为高等教育劳动力，利用高新技术行业高等教育劳动力与工业高等教育劳动力的比值作为衡量高等教育劳动力份额
	中等教育劳动力份额（con$L_{M,t}$）	以受教育程度在中学程度的就业人口作为中等教育劳动力，用高新技术行业中等教育劳动力比工业中等教育劳动力来衡量中等教育劳动力份额
	初等教育劳动力份额（con$L_{P,t}$）	以受教育程度在小学及以下的就业人口作为初等教育劳动力，用高新技术行业初等教育劳动力比工业初等教育劳动力来衡量初等教育劳动力份额
	行业内高等教育劳动力份额（con$L_{H,l,t}$）	利用行业中受高等教育的劳动力数量比行业中劳动力总量得到行业高等教育劳动力份额，$l=(i,h)$分别为工业和高新技术行业
	行业内中等教育劳动力份额（con$L_{M,l,t}$）	利用行业中受中等教育的劳动力数量比行业中劳动力总量得到行业中等教育劳动力份额，$l=(i,h)$分别为工业和高新技术行业
	行业内初等教育劳动力份额（con$L_{P,l,t}$）	利用行业中受初等教育的劳动力数量比行业中劳动力总量得到行业初等教育劳动力份额，$l=(i,h)$分别为工业和高新技术行业
控制变量		以高新技术行业高等教育经费投入比工业高等教育经费投入作为衡量高等教育投资结构的指标（con$K_{EH,t}$）；以高新技术行业中等教育经费投入比工业中等教育经费投入作为衡量中等教育投资结构的指标（con$K_{EM,t}$）；以高新技术行业初等教育经费投入比工业初等教育经费投入作为衡量初等教育投资结构的指标（con$K_{EP,t}$）；将技术进步 A 表示为研发经费投入率 r&d（即研发经费占总产值的比例）和人均有效专利数 pa 脱量纲的函数，用来验证其与平均受教育程度的关系，具体计算公式为 $A_l = \text{r\&d}_l \times 50\% + \text{pa}_l \times 50\%$；用高新技术行业固定资产投资比工业固定资产投资表示资本结构（con$K_{umE,t}$）

本书的样本为 2000～2014 年全国 30 个省区市（港澳台和西藏地区除外）的面板数据。1999 年国家开始高考扩招，取 2000 年及以后的数据可以保证样本研究结构的一致性，而且这段时间内的数据相对完整，具有较强的实证研究价值。在数据采集上，工业总产值取自《中国工业经济统计年鉴》(1999～2004 年、2006～2015 年)，缺失数据取自各省区市统计年鉴和《中国经济普查年鉴 2004》；工业有效专利数和工业研发经费取自《中国科技统计年鉴》(1999～2015 年)；工业劳动力数据取自《中国劳动统计年鉴》(1999～2015 年)；高新技术行业相关数据均取自《中国高新技术产业统计年鉴》(2002～2015 年)；高等、中等、初等教育经费取自《中国教育经费统计年鉴》(1999～2015 年)。

利用插值法补全少数缺失的数据。同时，为了提高实证分析的准确性，本书考虑价格因素对数据的影响，将所有名义的"产值""投资"等含有价格因素的数据都进行了平减，调整为以 1990 年为基准的实际值。主要变量的统计特征见表 6-9。

表 6-9　变量的描述性统计

变量	观测值	均值	标准差	最小值	最小值
conY_t	420	0.248	0.259	0.005	1.243
con$L_{P,t}$	420	0.019	0.035	0.001	0.446
con$L_{M,t}$	420	0.047	0.044	0.001	0.524
con$L_{H,t}$	420	0.477	0.397	0.002	3.220
con$L_{P,i,t}$	420	0.136	0.069	0.011	0.442
con$L_{M,i,t}$	420	0.751	0.065	0.478	0.895
con$L_{H,i,t}$	420	0.113	0.063	0.092	0.488
con$L_{P,h,t}$	420	0.027	0.018	0.001	0.109
con$L_{M,h,t}$	420	0.415	0.101	0.089	0.649
con$L_{H,h,t}$	420	0.558	0.107	0.329	0.909
con$K_{EP,t}$	420	0.019	0.035	0.001	0.446
con$K_{EM,t}$	420	0.047	0.045	0.001	0.527
con$K_{EH,t}$	420	0.580	0.491	0.002	3.688
$A_{i,t}$	420	1.163	0.089	1.027	1.533
$A_{h,t}$	420	1.103	0.077	1.001	1.505
con$K_{\mathrm{um}E,t}$	420	0.068	0.058	0.001	0.407

三、数据的检验

（一）数据平稳性检验

为了防止伪回归，首先对变量进行单位根检验，以判断序列的平稳性。如果单位根检验判断序列是非平稳的，可以采用差分的方法消除序列的非平稳性，差分阶数选择规则是直至变量变成平稳序列。本书采用 ADF 检验法来进行单位根检验。

单位根检验的基本模型为$Y_t = \gamma Y_{t-1} + u_t$，其中，$u$ 为随机扰动项。原假设 H_0：$\gamma = 1$，备择假设 H_1：$\gamma \neq 1$；若 t 统计量值小于临界值，则拒绝原假设，说明序列不存在单位根，表明该时间序列稳定；若 t 统计量值大于或等于临界值，则接受原假设，说明序列存在单位根，表明该时间序列是不稳定的。

检验结果列于表 6-10。从表 6-10 列出的检验结果可知，所有变量一阶差分序列的单位根检验都是平稳的。

表 6-10 变量的单位根检验

变量	水平值	结论	一阶差分	结论
$\ln conY_t$	59.419（0.496）	不平稳	237.108***（0.000）	平稳
$\ln conL_{P,t}$	121.142***（0.000）	平稳	356.538***（0.000）	平稳
$\ln conL_{M,t}$	85.090**（0.018）	平稳	334.544***（0.000）	平稳
$\ln conL_{H,t}$	100.109***（0.001）	平稳	331.311***（0.000）	平稳
$\ln conL_{P,i,t}$	142.652（0.000）	平稳	340.288***（0.000）	平稳
$\ln conL_{M,i,t}$	143.796（0.000）	平稳	418.501***（0.000）	平稳
$\ln conL_{H,i,t}$	24.038（1.000）	不平稳	396.360***（0.000）	平稳
$\ln conL_{P,h,t}$	110.419（0.000）	平稳	341.455***（0.000）	平稳
$\ln conL_{M,h,t}$	85.938（0.016）	平稳	328.000***（0.000）	平稳
$\ln conL_{H,h,t}$	94.576（0.003）	平稳	350.205***（0.000）	平稳
$\ln conK_{EP,t}$	121.142***（0.000）	平稳	356.538***（0.000）	平稳
$\ln conK_{EM,t}$	99.847***（0.001）	平稳	308.561***（0.000）	平稳
$\ln conK_{EH,t}$	84.752*（0.019）	平稳	335.678***（0.000）	平稳
$\ln A_{i,t}$	42.327（0.959）	不平稳	197.954***（0.000）	平稳
$\ln A_{h,t}$	69.118（0.197）	不平稳	313.367***（0.000）	平稳
$\ln conK_{umE,t}$	117.396***（0.000）	平稳	226.036***（0.000）	平稳

注：括号内数据表示统计量的 P 值。

*在 10%的显著性水平下显著。

**在 5%的显著性水平下显著。

***在 1%的显著性水平下显著。

（二）协整检验

由于所有变量都是一阶单整序列，满足协整检验的前提，可以运用协整检验来判定两变量间是否具有长期的稳定关系。协整检验一般有三个方法：恩格尔和格兰杰两阶段估计法、约翰逊极大似然估计法和 Kao 检验。恩格尔和格兰杰检验法易于计算，但是在小样本下，参数估计的误差较大，而且在变量超过两个时，变量间可能存在多个协整关系，无法找到所有存在的协整向量，而约翰逊极大似然估计法估计行较佳。但由于本书的研究变量较多，运用约翰逊极大似然估计法无法得出协整检验结果。因此本书采用 Kao 检验进行协整检验，检验结果显示，t 统计量为−1.884，P 值为 0.030，小于 0.05，说明检验结果在 5%的显著性水平下显著，拒绝原假设，变量之间存在协整关系。

（三）Hausman 检验

在研究劳动力受教育程度构成对产业结构调整的影响时，考虑了地区间及随时间推移各级教育与经济发展水平的差异（体现在截面和时间两个方向），因此需要采用面板模型才能同时反映在时间纵向和省际横向上，中国劳动力受教育程度构成对产业结构优化的影响。

无论使用哪种面板模型，都有固定效应和随机效应两种形式，因此还需要借助于 Hausman 检验来确定采用哪种效应的模型。首先利用面板数据对模型进行固定效应估计和随机效应估计，根据 Hausman 检验，随机效应模型的估计结果的 χ^2 统计量为 93.5，P 统计量为 0.00，拒绝原假设，因此选取固定效应模型对面板数据进行估计。

四、各行业受教育程度与技术进步关系

运用两步回归法分析劳动力受教育程度对产业结构优化的影响，首先对技术进步与受教育程度之间的关系进行计量回归。回归模型见式（6.3），对式（6.3）两边同时取对数，得到计量模型，再利用计量工具辅助回归，具体的计量结果见式（6.13），括号内数据表示回归估计系数 t 统计量，所有变量均通过了 5%显著性水平下的检验。

$$\begin{cases} \ln A_{i,t} = -0.139 + 0.542 \ln e_{Ai,t}(-4) \\ \qquad (-1.502)\ (2.931) \qquad R^2 = 0.469 \quad \text{DW} = 0.488 \quad \text{S.E.} = 0.054 \\ \ln A_{h,t} = -0.221 + 0.400 \ln e_{Ah,t}(-3) \\ \qquad (-3.047)\ (4.427) \qquad R^2 = 0.502 \quad \text{DW} = 0.828 \quad \text{S.E.} = 0.053 \end{cases} \tag{6.13}$$

其中，第一式表明工业技术进步与劳动力平均受教育程度 4 阶滞后变量之间存在内在关系。从回归结果来看，工业劳动力平均受教育程度是工业技术进步的幂函数，幂指数为 0.542，这一结果与理论预期一致，表明工业劳动力平均受教育程度对工业技术进步是具有显著促进作用的。这主要是因为工业一直是推进中国经济增长的主力军。改革开放后，依靠薄弱的经济基础，中国大力发展工业，成为如今的世界制造中心，跻身经济大国的行列，中国工业生产水平、规模与生产技术显著提升，在国际市场中的竞争力和地位都大幅度提高。此外，中国工业正逐步从低端制造业向中高端制造业转型，在转型的过程中，高素质劳动力的投入对工业经济的促进作用将越来越大。因此，提高劳动力的平均受教育程度对工业技术进步具有显著的促进作用。

第二式说明高新技术行业技术进步与高新技术行业平均受教育程度 3 阶滞后变量之间存在内在关系，这说明高新技术行业中，劳动力教育资本能迅速转换成经济实力，意味着为推进高新技术行业的快速发展，促进产业结构的优化升级，相关部门需要提前布局和规划高新技术行业所需劳动力的培养计划，确保高新技

术行业发展具有强有力的高等教育劳动力支撑。从回归结果可以看出，高新技术行业技术进步与劳动力平均受教育程度呈幂函数关系，幂指数为0.400，这一结果与预期的方向是一致的。高新技术行业劳动力平均受教育程度越高，促进技术进步的速度就会越快，但这种促进速度是以边际递减的速度递增的。这主要是因为高新技术行业作为技术、知识密集型产业，中等教育劳动力和高等教育劳动力占比较高，平均受教育程度较高，这类人才具有活跃的创新意识和极强的实践能力，能有效地推进技术进步；中国高新技术行业属于新兴产业，具有较强的活力和极大的发展空间。但高新技术行业受教育程度对技术进步的推进作用有一个饱和点，在不断接近临界值的过程中，受教育程度对技术进步的推动作用是不断减小的。

五、教育程度对产业结构优化的影响

基于劳动力受教育程度角度，分别从行业内（高新技术行业内部和工业内部）、行业间（高新技术行业与工业间）以及行业间和行业内三个层次，分析劳动力受教育程度对产业结构调整影响的现实状况及最优关系。为此，首先基于全国范围分析劳动力受教育程度影响产业结构调整的现实状况和最优关系；然后分析各地区之间劳动力受教育程度影响产业结构调整的差异性。

（一）行业间劳动力受教育程度对产业结构调整的现实状况及最优关系

根据计量模型（式（6.11））得到现实状况下的行业间劳动力受教育程度构成影响产业结构调整的面板回归结果，见表6-11第二列。由于教育投资转化为社会效益的过程有一定的时滞，通过测算，对工业中的初等教育投资、中等教育投资、高等教育投资分别取3阶滞后、2阶滞后和1阶滞后，对高新技术产业的初等教育投资、中等教育投资分别取2阶滞后和1阶滞后。从估计结果可以看出，在全国样本范围内，劳动力受教育程度构成对产业结构调整的促进作用是显著的，而且高等教育劳动力对产业结构的优化作用最大，其次是中等教育劳动力，初等教育劳动力对产业结构优化的作用最小。高等教育劳动力份额增大1%，会带来产业结构优化0.290%，中等教育劳动力份额增大1%，能促进产业结构优化0.148%，而初等教育劳动力份额增大1%，对产业结构调整的作用为–0.360%。其次，控制变量中，初等教育投资结构、中等教育投资结构、高等教育投资结构等要素也能促进产业结构的优化，尤以中等教育投资结构的作用最为明显。

根据计量模型（式（6.12））得到效益最大化条件下，劳动力受教育程度对产业结构优化的最优关系的面板回归结果，如表6-11第三列所示。对工业中的初等教育投资、中等教育投资、高等教育投资分别取3阶滞后、2阶滞后和1阶滞后，对高新技术产业的初等教育投资、中等教育投资分别取 2 阶滞后和 1 阶滞后。从回归结果可以看出，劳动力受教育程度构成能显著促进产业结构优化，且中等和高等教育劳动力份额的增大对产业结构调整的促进作用均有加强效应，且受高等教育劳动力构成对产业结构调整的作用大于受中等教育劳动力构成。具体而言，初等教育劳动力份额、中等教育劳动力份额分别增大 1%，对产业结构的优化升级的作用分别是–0.316%和 0.240%，而高等教育劳动力份额增大 1%，对产业结构优化的贡献率为 0.321%。其次，控制变量各级教育投资结构也能促进产业结构的优化，以中等教育投资结构对产业结构优化的作用最大，工业各级受教育劳动力余量也能显著促进产业结构的优化。

（二）行业内劳动力受教育程度对产业结构优化的现实状况及最优关系

表 6-11 第四列是根据计量模型（式（6.9））得到现实情况下行业内劳动力受教育程度对产业结构优化的面板回归结果。对工业中的初等教育投资取 3 阶滞后，中等教育投资和高等教育投资均取 2 阶滞后，对高新技术行业中的初等教育投资取 3 阶滞后。从估计结果中可以看出，在全国样本范围内，从产业内部劳动力受教育程度构成看，增大工业内部初等教育劳动力份额、中等教育劳动力份额、高等教育劳动力份额都能对产业结构调整起到促进作用，分别对产业结构优化的作用为 0.139%、0.752%和 0.193%，而高新技术行业内部中等教育劳动力份额、高等教育劳动力份额的提升也能有效地促进产业结构优化，分别为 0.493%和 0.410%，而初等教育劳动力份额的提高对产业结构调整的作用为负数。在高新技术产业内，中等教育劳动力、高等教育劳动力是推进产业结构调整的主要动力，这也说明了高新技术产业知识、技术密集型的特点。但这一推动力依然小于工业内中等教育劳动力份额对产业结构调整的作用。这表明在当前中国高新技术行业的发展状态下，高新技术行业高等教育劳动力份额的优化能促进产业结构的优化，但是这种优化的速度较慢，这可能是由于中国高新技术行业处于发展初期，技术、基础设施、资源配置等环境发展不成熟，这为当下推进高新技术行业的全面优化发展提供了理论依据。

表 6-11 第五列是根据计量模型（式（6.10））得到的面板回归结果，反映了效益最大化假设下，行业内劳动力受教育程度构成对产业结构优化的最优关系。对工业中的初等教育投资取 3 阶滞后，中等教育投资和高等教育投资均取 2 阶滞后，对高新技术行业中的初等教育投资取 3 阶滞后。从估计结果可以看出，在效益最大化的最优状态下，从产业内部劳动力受教育程度构成看，增大工业初等教育劳动力份额、中等教育劳动力份额、高等教育劳动力份额对产业结构优化的作用与现实状况中方向基本一致，且对产业结构调整的促进作用都有不同程度的提升；而高新技术行业中，初等教育劳动力份额对产业结构优化具有削弱作用，中等教

育劳动力份额和高等教育劳动力份额对产业结构优化具有不同程度的提升作用。此外，在工业行业中，中等教育劳动力份额的提升对产业结构调整的促进作用最大，而在高新技术产业中，高等教育劳动力份额的提升对产业结构调整的促进作用不显著。控制变量各级教育投资结构可以显著促进产业结构的优化，各行业技术进步以及工业各级受教育劳动力余量均能对产业结构优化产生影响。

（三）行业间和行业内劳动力受教育程度对产业结构优化的现实状况及最优关系

根据计量模型（式（6.9）），得到在不考虑效益最大化的约束条件下，对劳动力受教育程度构成影响产业结构调整的现实回归。对工业行业中的初等教育投资和高新技术产业中的中等教育投资取 2 阶滞后，对工业行业中的中等教育投资和高新技术产业中的初等教育投资取 1 阶滞后，对高新技术产业受中等教育劳动力和受初等教育劳动力分别取 2 阶滞后和 1 阶滞后。表 6-11 第六列列出了在无效益最大化约束条件下，反映现实中劳动力受教育程度构成对产业结构优化的估计结果。从回归结果来看，在全国样本范围内，行业间的初等教育劳动力份额对产业结构调整有削弱作用，为–0.187%；中等教育劳动力份额和高等教育劳动力份额的增大对产业结构的调整都具有显著的促进作用，分别为 0.462%和 0.238%；同时，行业内部各级受教育劳动力份额的增大对产业结构调整也是具有促进作用的，就工业来说，工业行业内初等教育劳动力份额、中等教育劳动力份额的增加能明显促进产业结构的优化；而在高新技术产业内，高等教育劳动力份额对产业结构调整的促进作用最大。这主要是因为工业中，中等教育劳动力是工业生产的主导力量，能够不断促进产业结构优化升级，但是高新技术行业是以创新和研发为主导的产业，初等教育劳动力占比过高不利于该产业的发展，因而会减缓产业结构优化的进程。

根据计量模型（式（6.10）），得到在考虑效益最大化的条件下，对劳动力受教育程度影响产业结构调整的最优回归。对高新技术行业中的初等教育投资取 3 阶滞后，中等教育投资、高等教育投资取 1 阶滞后，对工业中的初等教育投资、中等教育投资分别取 2 阶滞后和 3 阶滞后，对高新技术产业各级受教育劳动力取 2 阶滞后。表 6-11 中第七列列出了在效益最大化约束条件下，反映劳动力受教育程度构成对产业结构优化的最优关系的估计结果。从表中来看，在效益最大化条件下，行业间增大初等教育劳动力份额对产业结构优化有削弱作用，达到–0.251%；而增大中等教育劳动力份额和高等教育劳动力份额对产业结构优化具有促进作用，分别达到 0.453%和 0.344%，与现实情况相比，初等教育劳动力份额增加对产业结构调整的促进作用减小，说明在最优状态下，高等教育是促进产业结构调整的最主要的力量；从各行业内部不同受教育水平劳动力结构来看，工业内部各受教育水平的劳动力都能促进工业的发展，带来产业结构的优化升级，相比于现实状况下，工业初等教育劳动力对产业结构调整的促进作用减小，而工业高等教育劳动力对产业结构调整的促进作用有较大的提升，为 0.137%；由于目前中国高新技术行业处于起步阶段，发展水平不成熟，相比于工业而言，高新技术行业中劳动力受教育程度构成对产业结构优化升级的促进作用较小，在高新技术产业中，对产业结构调整促进作用最大的依然是高等教育劳动力，高新技术行业高等教育劳动力份额每增大1%，会促进产业结构优化 0.875%，且通过了 5%的显著性检验。与现实状况下的各级受教育劳动力份额对产业结构调整的作用相比，效益最大化条件下，这些作用均有不同程度的提升，这说明，当所有参与者都是理性人时，教育对产业结构的优化程度会加大，这为大力发展教育，尤其是发展高等教育提供了理论支持。

（四）现实情况回归结果与最优状况回归结果的对比分析

三个层次六组模型的估计结果均表示，无论何种教育层次的劳动力份额的增加都能促进产业结构的优化。但在不同的条件下，这种促进作用的水平是不一致的。其中，中等教育劳动力份额、高等教育劳动力份额的增大对产业结构优化的促进作用显著；而在最优关系回归结果下，高等教育劳动力份额对产业结构优化

表 6-11　模型回归结果

指标		考虑行业间劳动力受教育程度构成		考虑行业内部劳动力受教育程度构成		考虑行业间和行业内劳动力受教育程度构成	
		现状	最优	现状	最优	现状	最优
核心变量	$\ln conL_{P,t}$	-0.360^{***} (−2.930)	-0.316^{**} (−2.542)			-0.187^{*} (−1.889)	-0.251^{**} (−2.266)
	$\ln conL_{M,t}$	0.148 (0.726)	0.240 (0.115)			0.462^{*} (2.803)	0.453^{***} (3.174)
	$\ln conL_{H,t}$	0.290 (1.152)	0.321 (1.348)			0.238 (1.483)	0.344^{***} (3.566)
	$\ln conL_{P,i,t}$			0.139^{**} (2.292)	0.158^{**} (2.481)	−0.129 (−1.175)	-0.190^{*} (−1.511)
	$\ln conL_{M,i,t}$			0.752^{**} (2.093)	0.783^{**} (2.161)	1.001^{*} (2.429)	1.035^{**} (2.467)
	$\ln conL_{H,i,t}$			0.193^{***} (2.660)	0.229^{***} (3.044)	0.086 (0.519)	0.137 (1.122)
	$\ln conL_{P,h,t}$			-0.229^{***} (−3.199)	-0.331^{***} (−4.568)	−0.036 (−0.324)	0.027^{**} (0.242)
	$\ln conL_{M,h,t}$			0.493^{***} (3.749)	0.497^{***} (3.606)	−0.328 (1.261)	−0.085 (−0.315)
	$\ln conL_{H,h,t}$			0.410 (1.215)	0.057 (0.188)	0.276 (0.877)	0.875^{**} (2.413)

续表

指标		考虑行业间劳动力受教育程度构成		考虑行业内部劳动力受教育程度构成		考虑行业间和行业内劳动力受教育程度构成	
		现状	最优	现状	最优	现状	最优
控制变量	$\ln conK_{EP,t}$	0.222*** (3.203)	−0.119 (−1.179)	0.176*** (2.624)	0.235*** (4.116)	−0.095** (−2.213)	−0.065* (−1.650)
	$\ln conK_{EM,t}$	0.249*** (3.008)	0.647*** (5.905)	0.126 (1.065)	−0.004 (−0.034)	0.069 (0.654)	0.126* (1.925)
	$\ln conK_{EH,t}$	0.002 (0.016)	0.010 (0.121)	0.026 (0.217)	0.079 (0.711)	0.055 (1.497)	−0.072 (−1.076)
	$\ln conK_{umE,t}$	−0.031 (−0.733)		0.053 (1.283)		0.073* (1.806)	
	$\ln L_{P,i,t}$	−0.285** (−2.336)	−0.226* (−1.837)				
	$\ln L_{M,i,t}$	0.662*** (3.516)	0.484** (2.722)				
	$\ln L_{H,i,t}$	0.322** (2.187)	0.346** (3.063)				
	$\ln K_{EP,i,t}$	0.097 (0.814)	−0.064 (−0.631)	0.118 (1.317)	0.212** (3.533)		
	$\ln K_{EM,i,t}$	−0.185 (−1.427)	−0.107 (−0.818)	0.032 (0.193)	−0.224 (−1.584)		
	$\ln K_{EH,i,t}$	0.001 (0.002)	−0.148** (−2.026)	0.026 (0.214)	0.121 (0.949)		
	$\ln A_{i,t}$	−1.113** (−2.101)	−1.564*** (−3.053)	−0.132** (−2.136)	−0.867* (−1.868)	−1.631*** (−3.476)	−1.686** (−3.492)
	$\ln A_{h,t}$	−0.088 (−0.190)	0.356 (0.839)	0.254 (0.575)	0.279 (0.646)	0.218 (0.502)	0.184 (0.445)
	$\ln K_{umE,i,t}$	0.031 (0.733)		−0.132** (−2.136)			
	c	1.877 (1.101)	−1.652 (−1.448)	−0.190 (−0.183)	−1.930** (−2.546)	−0.632 (−0.990)	−0.422 (−0.671)
R^2		0.955	0.950	0.946	0.936	0.951	0.947
DW		1.025	0.855	0.884	0.702	1.005	0.863
S.E.		0.241	0.257	0.260	0.285	0.247	0.261
样本容量		330	360	330	360	360	360
模型效应		固定效应	固定效应	固定效应	固定效应	固定效应	固定效应

注：括号内数据表示回归估计系数 t 统计量。

*在 10%的显著性水平下显著。

**在 5%的显著性水平下显著。

***在 1%的显著性水平下显著。

的作用还会得到增强。同时，从后四组回归模型可以看出，在不同的约束条件下，产业内部劳动力各级受教育程度构成对产业结构的优化促进作用是不一致的。一般而言，加入效益最大化约束条件后，高新技术产业受高等教育劳动力对产业结构优化的促进作用显著增强，成为促进产业结构调整的重要力量。此外，工业内部受中等教育劳动力仍然是促进产业结构优化的主力军。比较而言，当前中国高新技术产业各级教育程度劳动力对产业结构优化的促进作用较小，这一现象可以用生命周期理论解释，中国高新技术行业目前处于成长初期，高新技术行业内部结构布局尚不成熟，产业投入较大，但回报率偏低。

首先，这肯定了中国当前的劳动力受教育程度对产业结构调整有积极的优化作用，教育是人才培养最重要的途径，是提高高等教育劳动力存量、优化高等教育劳动力质量的关键手段。初等、中等教育培养的更多是应用型人才，这类人才的社会适应能力强，在长期的实践过程中积累大量的经验，并及时反馈在实际的生产过程中，能充分发挥其劳动效率，是促进技术升级、结构调整最直接的渠道。高等教育更多培养的是具有创新思维和意识的创新型人才，这类人才具有敏锐的洞察力和较强的研发能力，在当前国际竞争日益激烈的环境下，创新型人才是将中国建立成创新型国家的中坚力量，具有“四两拨千斤”的效应。这正是科教兴国战略的目标所在。其次，这表明中国工业发展日趋成熟，生产结构逐渐向高级化过渡。依据《中国工业经济统计年鉴》公布的统计数据，对 2000～2014 年中国资源型产业、低技术产业、中技术产业、高新技术产业四类产业的总产值在工业总产值中所占的份额进行计算，结果表明，资源型产业、低技术产业产值在工业总产值中占比不断下降，而中技术产业和高新技术产业产值占比不断提高，从 2000 年的 47.8%上升到 2014 年的 52.6%（表 6-3）。

六、教育程度提升对产业结构优化的地区差异

（一）各地区各级受教育劳动力份额对产出结构调整的相对贡献度

在前面的分析中，对全国范围内劳动力受教育程度构成影响产业结构调整的关系进行了研究，假设全国所有省区市不同层次和类型的教育结构对产业结构调整的作用是相同的。但是各个省区市自身的经济发展基础实际上存在很大的差异。资源禀赋、基础设施等硬件条件及科研水平、经费、高等教育劳动力等软件条件的差异会显著影响地区教育发展环境，从而对产业结构及经济发展水平带来不同的影响。因此，在后面的分析中，以综合考虑行业间和行业内劳动力受教育程度构成对产业结构调整影响的回归模型（式（6.11）和式（6.12））为基础，对 30 个省区市劳动力受教育程度构成做了固定效应变系数模型进行分析，得出不同地区劳动力受教育程度构成对产业结构优化的相对贡献度，结果如表 6-12 所示。从表 6-12 可以明确看出，各省区市之间劳动力受教育程度构成对产业结构调整作用

的区际差异较大，而与最优水平仍存在一定的差距。在最优条件下，各地区初等教育劳动力份额的增加对产业结构调整的促进作用会减弱，而中等教育劳动力份额、高等教育劳动力份额的增加对产业结构调整的促进作用会有较大的提升，这一结论也为大力发展中等、高等教育提供了理论支持。

表 6-12　各省区市各级受教育劳动力份额对产出结构调整的相对贡献度

省区市	受初等教育劳动力份额相对贡献度		受中等教育劳动力份额相对贡献度		受高等教育劳动力份额相对贡献度	
	现状	最优	现状	最优	现状	最优
北京	−0.277*** (−5.517)	−0.293*** (−5.714)	0.523** (2.436)	1.297*** (2.635)	0.848 (0.952)	1.075 (0.932)
天津	−0.275*** (−4.995)	−0.237*** (−4.911)	0.407** (2.271)	1.794*** (3.557 8)	1.392*** (3.336)	1.279*** (2.871)
河北	0.054 (0.776)	0.138*** (2.685)	0.828*** (5.653)	1.527** (2.387)	0.557* (1.701)	0.113 (0.509)
山西	0.053 (0.784)	0.108** (2.113)	0.862*** (5.699)	1.581*** (8.507)	0.699*** (2.681)	0.827*** (3.208)
内蒙古	−0.046 (−0.654)	0.052 (0.964)	0.759*** (5.006)	2.808*** (5.356)	0.537*** (6.155)	0.373*** (7.445)
辽宁	−0.060 (−0.910)	0.148 (0.302)	0.679*** (4.510)	1.322*** (3.553)	1.084*** (3.457)	1.011** (2.187)
吉林	0.016 (0.235)	0.068 (1.289)	0.757*** (5.066)	1.300 (4.144)	0.594 (1.279)	−0.039 (−0.108)
黑龙江	0.037 (0.555)	0.131** (2.496)	0.782*** (5.293)	1.186*** (3.053)	0.352 (1.333)	0.358 (1.177)
上海	−0.279*** (−5.590)	−0.301 (−6.241)	0.452** (2.319)	1.280*** (3.249)	1.109** (2.548)	1.510*** (3.782)
江苏	−0.286*** (−3.942)	−0.283*** (−4.896)	0.263* (1.703)	1.405*** (4.565)	0.547*** (2.502)	0.892 (0.841)
浙江	−0.127* (−1.794)	−0.058 (−1.085)	0.561*** (3.735)	1.371** (2.275)	0.551* (1.691)	0.817* (1.794)
安徽	−0.057 (−0.072)	0.001 (0.015)	0.664*** (4.789)	1.785*** (4.466)	0.438* (1.665)	0.282 (0.988)
福建	−0.316*** (−4.351)	−0.242*** (4.334)	0.314** (2.126)	1.127 (2.411)	0.975** (2.555)	1.262*** (2.802)
江西	−0.078 (−1.104)	−0.019 (0.326)	0.615*** (4.221)	1.782*** (3.870)	0.594* (1.886)	0.289 (0.875)
山东	−0.103* (1.508)	−0.057 (1.095)	0.607*** (4.202)	1.666** (4.426)	0.709** (2.505)	0.632** (2.137)
河南	−0.011 (−0.161)	0.033 (0.597)	0.767*** (5.232)	1.763*** (9.008)	0.842*** (2.818)	0.350 (0.974)
湖北	−0.111* (−1.528)	−0.045 (−0.833)	0.608*** (4.150)	1.127** (2.265)	0.592 (1.329)	0.544 (1.200)

续表

省区市	受初等教育劳动力份额相对贡献度		受中等教育劳动力份额相对贡献度		受高等教育劳动力份额相对贡献度	
	现状	最优	现状	最优	现状	最优
湖南	−0.065 （−0.901）	−0.020 （−0.347）	0.663*** （4.573）	1.456*** （5.916）	0.416 （0.861）	0.543 （1.052）
广东	−0.397*** （−5.800）	−0.362*** （−6.480）	0.478*** （2.889）	1.550*** （3.916）	0.551* （1.770）	0.577 （0.498）
广西	−0.058* （−0.778）	0.001* （0.019）	0.669*** （4.650）	2.198*** （5.298）	0.645** （2.183）	0.481 （1.563）
海南	−0.058 （−0.904）	0.040 （0.765）	0.687*** （4.425）	0.310*** （2.262）	0.049 （0.180）	0.007 （0.026）
四川	−0.218*** （−2.638）	−0.153** （−2.337）	0.349** （2.258）	1.199*** （2.844）	0.467 （1.417）	0.293 （1.096）
重庆	−0.144* （−1.751）	−0.093 （1.446）	0.528*** （3.814）	2.136*** （10.402）	0.328 （1.177）	0.113 （0.510）
贵州	−0.901 （−1.067）	0.059 （0.907）	0.567** （4.090）	0.988*** （3.923）	0.585*** （3.619）	0.529*** （3.772）
云南	0.004 （0.052）	0.141** （2.118）	0.720*** （5.328）	0.292** （2.323）	0.214 （1.054）	0.226 （1.312）
陕西	−0.275*** （−3.714）	−0.231*** （−4.005）	0.512*** （3.543）	0.219*** （2.149）	1.222*** （4.457）	1.330*** （7.446）
甘肃	0.398*** （4.245）	0.613*** （7.760）	1.189*** （7.331）	0.261** （1.825）	0.403 （1.407）	0.350*** （1.302）
青海	0.322*** （3.726）	0.499*** （7.319）	1.127*** （6.922）	0.222 （1.519）	0.192 （1.177）	−0.011*** （−0.066）
宁夏	0.042 （0.594）	0.167*** （3.314）	0.875*** （5.767）	0.242 （0.681）	0.150*** （3.365）	1.046*** （3.007）
新疆	0.154** （2.106）	0.271** （4.882）	0.994*** （6.469）	0.541*** （3.668）	0.366*** （341 8）	0.344*** （3.375）

注：括号内数据表示回归估计系数 t 统计量。

*在 10%的显著性水平下显著。

**在 5%的显著性水平下显著。

***在 1%的显著性水平下显著。由于篇幅的限制，控制变量投资结构、技术进步及工业各余量的估计结果均未列于表中。

（二）各地区各级受教育劳动力份额对产出结构调整的区际差异分析

将表 6-12 中各级受教育劳动力对产业结构调整的相对贡献度进行排序，并对各省区市内部受初等教育劳动力、受中等教育劳动力、受高等教育劳动力对产业结构调整的相对贡献度进行排序。将贡献度在 1.0（含）以上的定义为有显著优化作用；贡献度在 0.5（含）～1.0 的定义为有较明显的优化作用；将贡献度在 0（含）～0.5 的定义为微优化；将贡献度在 0 以下的定义为负优化。贡献度越大，表示该等级受教育劳动力对产业结构优化的促进作用越大，依此原则，进行分类。对比现状和最优关系，可以看出，各地区受初等教育劳动力构成对产业结构优化的贡献度普遍较低，且受初等教育劳动力对产业结构优化贡献较高的地区主要集中在中西部地区；受中等教育劳动力对中国大部分地区产业结构优化的作用都较明显，而且在实现效益最大化后，各地区受中等教育劳动力促进产业结构优化的作用会得到显著加强，目前来看，受中等教育劳动力依然是促进中国各地区产业结构优化的主要力量；在效益最大化的最优关系下，受高等教育劳动力主要对东部沿海发达地区的促进作用较大，而在一些高等教育或高新技术产业较发达的内陆地区，如陕西、宁夏，其对产业结构优化的促进作用也较大。根据表 6-12，可以将各地区劳动力受教育程度构成影响产业结构调整的作用归纳为如下地区差异分析。

1. 在发达地区，中等教育劳动力份额、高等教育劳动力份额越大，产业结构越优化

从表 6-12 的回归结果可看出，各级受教育劳动力的投入都能显著优化发达地区产业结构，而且高等教育劳动力份额越大，对发达地区产业结构优化的促进作用越大。

在北京、天津、上海、浙江、江苏、福建等发达地区，优化高等教育劳动力份额都能显著促进产业结构升级。这主要因为，地缘优势、优惠政策是东部地区不断积累和发展的垫脚石，也推进了东部地区市场化进程的建设；发达的经济水平及高等教育劳动力的聚集，便于吸收外资及先进的生产技术和经验，为本地技术研发提供智力和财力支持；各级各类教育部门、科研机构全面发展，先进的教育模式为本地区人才培养提供强有力的支撑；高新技术产业园、经济开发区等基础建设，吸引大量高新技术企业的入驻，创造就业机会的同时提高了科研成果的转化力。这些优势条件为教育的经济外部性发挥提供了便利条件，尤其是对高等教育经济效益的外溢打通了渠道，势必能加强高等教育对产业结构优化的促进作用。

广东、海南也位于东部沿海地区，且广东经济发展水平居于全国前列，但其中等教育劳动力份额、高等教育劳动力份额对产业结构调整的促进作用却远不如北京、天津、上海高。这可能与广东经济发展水平远超教育发展水平相关，导致劳动力受教育程度构成与经济发展的协动性较差；与北京、天津、上海相比，广东工业发展重心偏低，劳动密集型的加工制造业在该省的工业发展体系中占重要地位，中等教育劳动力、初等教育劳动力对产业结构优化的作用更显著。海南高等教育劳动力份额对产业结构优化的促进作用极小。这可能与海南特殊的产业结构相关，海南以旅游业为主导产业，而工业发展水平较低，对高技术人才吸引力小，且海南高等教育发展水平较落后，难以满足产业结构调整所需的智力支持，而高等教育劳动力具有趋利性，高等教育劳动力的外流更加弱化了其对海南产业结构优化的作用。

2. 在人口大省，中等教育劳动力份额越大，产业结构越优化

中国人口大省主要集中在中部地区，根据表 6-12 的回归结果可以看出，人口大省产业结构优化的最主要驱动力依然是中等教育劳动力份额。

根据第六次全国人口普查数据，河北、湖北、山东、河南等是中国人口总量排在前列的人口大省。依据表 6-12 的回归结果可以看出，这些人口大省的产业结构优化主要依靠中等教育劳动力份额的提高。这些省份主要集中在中部地区，区位条件较差，然而由于国家政策扶持或靠近发达地区，承接大量东部地区产业转移，提供了更多的就业机会，减少受教育劳动力的流失；促进了该地区产业结构的调整与经济增长，为该地区教育的建设提供了更有保障的财力支持；紧抓中部崛起、西部大开发、城市经济圈等发展机遇，适时调整产业结构和就业结构，合理利用不同教育层次的受教育劳动力，保障了经济增长的教育动力。但是由于这些地区经济发展起步较晚，工业结构重心偏低，中等教育对当下的经济增长及产业结构升级的促进作用更大，中等教育劳动力更能充分发挥其劳动效率。

四川在中国各省区市中人口数量排第 9 位，而对于四川来说，中等教育劳动力、高等教育劳动力构成对当地产业结构调整的优化作用偏弱，这可能与四川特殊的地理位置和地形有关，四川地处内陆，以山地为主要地形，地理位置相对闭塞，加上历史原因，四川工业发展以嵌入型为主，并非内生型，嵌入型工业为四川奠定了良好的工业基础，但是没有形成一条完整的工业链，而且产业集中度不高，组织水平和生产效率都较低，这为四川工业发展带来了阻碍。此外，虽然四川高等教育发展较为发达，但是没有相匹配的工业发展结构，也使得四川高等教育劳动力流失严重。

3. 在民族地区，产业结构优化主要依赖初等教育劳动力份额、中等教育劳动力份额的提高

中国民族省区主要集中于西部内陆地区，从表 6-12 的回归结果来看，与其他地区相比，产业结构优化主要依赖于初等教育劳动力份额、中等教育劳动力份额提高，其中，增加中等教育劳动力份额对产业结构优化的促进作用更大。

云南、内蒙古、贵州、新疆等是中国少数民族聚居的省区，在这些地区，提高初等教育劳动力份额、中等教育劳动力份额对产业结构调整的促进作用较大，这主要是因为这些中西部地区内陆省区在基础设施、科教建设及经济发展水平等方面都较落后，对资源、生产要素的凝聚力弱；教育经费投入较少，教育机构的数量与质量均落后于东部地区，教育与产业结构的协调性差，高等教育劳动力呈净流出的状态；长期以来，一直发展采掘业、初级加工制造业等位于价值链低端的产业，长期扮演着为东部地区经济发展提供原材料和代工厂的角色，工业结构长期处于低水平的状态，对初等教育劳动力、中等教育劳动力的需求较大。

然而，青海、广西也是少数民族聚居的省区，但在这些地区，提高中等教育劳动力份额对产业结构的优化作用更加显著。青海、广西由于地广人稀、交通不便，加上市场发展不完善等一系列原因，教育、经济等方面发展水平落后于中部、东部地区，但凭借政策、地缘、成本等方面的优势，提高中等教育劳动力份额对该地区产业结构的优化作用较为显著。青海地处世界屋脊，环境优美，旅游产业为当地工业的发展提供经济支撑，青海利用自身丰富的矿产资源和独特的生态环境，开发具有青海特色的工业结构，借助于西宁经济技术开发区和柴达木循环经济试验区做大做强盐湖化工、有色金属等优势产业。广西毗邻广东，虽然省区内教育发展及经济发展水平并不突出，但是凭借政策、地缘、成本优势，不仅能够大量承接广东产业转移，还能享受西部大开发优惠政策，极大地改善了广西经济发展环境，提高其中等教育劳动力份额能增强其对产业结构的调整作用。

4. 在老工业基地，提高中等教育劳动力份额、高等教育劳动力份额对产业结构调整的促进作用更为显著

中国老工业基地工业基础雄厚，从表 6-12 回归结果可看出，对于老工业基地而言，提高中等教育劳动力份额、高等教育劳动力份额对产业结构的升级促进作用更为显著。

陕西、甘肃、辽宁分别位于中国西北老工业基地和东北老工业基地。从回归结果看，提高中等教育劳动力份额、高等教育劳动力份额对产业结构的优化作用更显著。这主要是因为陕西是西部能源大省，也是西部地区的教育强省，产业结构优化动力主要依靠高等教育劳动力。虽然陕西地处内陆，在区位、基础设施、经济基础等方面缺乏优势，但陕西能源丰富，教育发达，能为技术密集型产业的发展提供充足的人才支撑；地处承东启西、连接南北的中心；先进装备制造业、军事工业较为发达，是中国最大的国防工业基地，在航空航天、卫星、飞机等装备制造方面具有较大的优势，因此，高等教育劳动力对该地区产业结构调整的促进作用较大。

甘肃是中国航空航天产业发展的重要基地之一，这里的酒泉卫星发射中心是中国建立最早、规模最大的卫星发射中心；甘肃科研实力雄厚，在核物理、石油化工、冰川冻土等方面都能代表国家领先水平，是西部科研技术设施较为完备的地区，是中等教育劳动力、高等教育劳动力的聚集地；甘肃把握西部大开发的良机，积极推动产业转型，加大自主创新，提升传统产业，培育新兴行业，从多方面保证了中等、高等教育促进产业结构优化的高效率。

以辽宁为中心的东北老工业基地发展历史悠久，具有良好的工业基础；处于京津冀城市圈辐射带，能承接部分产业转移；振兴东北老工业基地的政策支持，使黑龙江、吉林、辽宁高等教育规模和质量不断提高，为产业结构优化提供了人才储备和智力支持。但由于老工业基地工业结构趋于僵化，高新技术产业发展滞

后，科研成果转化率偏低，提高中等教育劳动力份额、高等教育劳动力份额对产业结构优化的促进作用还有一定的上升空间。

通过对各省区市劳动力受教育程度构成影响产业结构优化的分析，可以看出，各省区市劳动力受教育程度构成对产业结构调整的作用存在较大的地区差异。提高经济发达地区高等教育劳动力份额对产业结构具有显著优化作用；提高中部地区人口大省中等教育劳动力份额能显著促进产业结构优化；对于少数民族地区而言，由于经济、教育、资源禀赋等各方面的劣势，初等教育劳动力份额、中等教育劳动力份额的提升对当地产业结构调整的促进作用较明显；而老工业基地凭借良好的工业基础和各级人才的流入，提高中等教育劳动力份额、高等教育劳动力份额对产业结构的优化作用显著。

七、实证小结

本书将教育变量加入生产函数中构建产业结构模型，该模型反映了产业间和产业内部劳动力受教育程度对产业结构优化的影响，得出以下结论：①各行业劳动力受教育程度能有效地推进技术进步，而技术进步是产业结构优化升级的重要动力；②在当前中国经济发展水平下，大部分地区中等教育对产业结构优化的促进作用最大，其次是高等教育，最后是初等教育；③当前，劳动力受教育程度构成能够有效地促进产业结构优化，但是与效益最大化下的促进程度相比，还有一定差距，效益最大化条件下，在经济发达的东部沿海地区，提高初等教育劳动力份额对产业结构调整的促进作用会减弱，而在大部分地区，提高中等教育劳动力份额、高等教育劳动力份额对产业结构调整的促进作用会显著提升；④从行业内部劳动力受教育程度构成的角度看，工业内部以中等教育劳动力为推动产业结构优化升级的主要力量，而高新技术行业内部，中等教育劳动力和高等教育劳动力对产业结构优化的作用都较显著；⑤由于各地区经济发展水平和发展条件的不同，劳动力受教育程度构成对各地区产业结构的优化作用具有较大的差异性。

第五节 对策建议

基于前面分析的中国劳动力受教育程度对产业结构优化影响的现实状况和最优关系，以及各省区市劳动力受教育程度对产业结构优化的区际差异，提出如下对策建议。

一、通过提高平均受教育程度，促进技术进步，进而推动产业结构优化

首先，要尽快落实教育部提出的十二年义务教育制度[①]，推进义务教育均衡发

①《国家中长期教育改革和发展规划纲要（2010—2020年）》。

展。完善义务教育经费投入保障机制，对农村、贫困、偏远地区予以投资倾斜；推进教师资源在地区和学科上的合理配置，改善农村教师的工资、职称等条件，吸引优秀教师或大学生到农村任教，配齐各个学科的教师，使学生德智体美劳全面发展。其次，要推进职业教育建设，促成高校转型。政府部门应以地区经济发展水平、产业优化方向和人才需求结构为依据，改革专业设置，实现人才培养结构与市场需求结构对接；通过税收优惠、政府补贴、政策保障等一系列激励约束机制，促成校企合作，培养应用型人才；修订课程体系、完善考核机制，实现职教与普教的衔接，提高职校生源质量，打通职教学生向更高学历深造的通道。再次，要创新人才培养模式，提高本研教育质量。改革教学模式，实现互动型教学，活跃创新意识；将社会与课堂相结合，鼓励课外创新创业活动，增强学生创新实践能力；下放地方高校专业设置自主权，实现高校特色化发展。最后，由于教育社会功能的滞后性，政府部门应根据产业结构优化的方向，对教育资源进行提前规划和布局。通过各级教育结构的配合与调整，全面提升中国教育质量和平均受教育程度，推进产业结构优化。

二、沿着劳动力受教育程度构成促进产业结构优化的最佳路径，加大教育结构调整力度，促进产业结构优化升级

首先，调整教育投资结构，保障各级教育发展的经济基础。中等教育是推动产业结构优化的主要动力，财政性教育经费应保障中等教育，尤其是初中教育经费的落实；高等教育对产业结构优化的作用具有较大的上升空间，应加大对基础性研究的支持，根据市场需求，对相关应用性研究予以资助；开拓教育投资渠道，引进市场资源办学，大力促进民办教育的发展，对民办教育与公办教育一视同仁，通过加强民办教育与公办教育的竞争，提高整体教育质量。其次，引导各级教育劳动力的合理布局，充分发挥劳动力生产效率。在教育和劳动力市场间建立信息交流平台，降低搜寻成本，提高生产效率；利用信息交流平台的数据，相关部门对未来劳动力供求结构进行预测，从而及时调整劳动力供求结构；对于生产效率较高的高新技术行业，政府部门出台相关优惠政策，增加高等教育劳动力的投入，提高生产效率。多角度多层次地调整教育结构，推进产业结构向最优目标演进。

三、依据各地区经济发展环境的差异，因地制宜调整劳动力受教育程度构成，推进各地区产业结构优化升级

不同地区由于发展水平的差异，对人才需求结构也会不同。因此，各地区需因地制宜，合理调整教育结构，主动适应产业结构优化的需要。

（1）对于经济发达地区，提高中等教育劳动力份额、高等教育劳动力份额能显著促进产业结构优化升级，要通过提升高等教育质量，培养创新型人才，加速发达地区产业结构优化升级的进程；兴建高新技术产业园、高新技术产业开发区，并提供优惠政策吸引高科技企业进驻，促进工业集群，提升生产技术水平，吸引高等教育劳动力的集聚；促进教育结构与产业结构在高水平上的协调发展，实现最优关系下教育结构调整对产业结构优化的促进作用。

（2）对于人口大省而言，中等教育劳动力份额的增大仍然是推动该地区产业结构优化的主要动力，要加大中等教育的投入力度，完善中等教育基础设施，提高中等教育的质量，有效推动产业结构的优化；大力发展高新技术产业，加大科研经费和科技人员的投入，加速产业结构高级化、合理化的进程。

（3）对于少数民族聚居省区而言，提高经济发展水平，并加强对教育，尤其是初等、中等教育的投入与管理，实现经济发展与教育结构在低水平上协调；利用原材料优势，引进新技术，发展特色产业，改造传统的产业结构，增加生产环节的附加值，减少高等教育劳动力的流失；形成激励机制，积极引导初等教育劳动力、中等教育劳动力和高等教育劳动力到少数民族聚居的省区就业。

（4）老工业基地由于具有良好的工业基础，能够吸引各级人才流入，但这并不能为老工业区提供长期稳定的人力保障，有必要通过加大中等、初等教育投资，提高高等院校的数量与教学质量，为老工业基地的发展提供稳定的人才保障；引进新技术，改造夕阳产业，发展新兴产业，增强老工业基地产业活力。

四、构建劳动力受教育程度促进产业结构优化的协调机制，提高劳动力受教育程度推动产业结构优化效率

若教育发展水平过度超前于经济发展水平，会占用经济发展资源；若教育发展水平滞后于经济发展水平，则无法为经济发展提供相应的智力支持。因此，应以最优的产业结构为优化目标，调整各级各类受教育劳动力培养规模和专业结构，为产业结构优化提供充分的人才支撑和智力保障；主动调整教育资金在各级各类教育间的分配结构，以适应产业结构优化的需要；制定适当的产业发展政策，构建劳动信息交流平台，引导各级各类劳动力和高等教育劳动力合理就业，实现各级各类劳动力和高等教育劳动力在不同产业间与产业内的合理布局，充分提高劳动效率。通过劳动力受教育程度构成促进产业结构优化的不同机制与路径，实现教育结构与产业结构优化相适应，加速产业结构优化升级的进程。

第七章　经济发展方式转变评价指标体系构建

第一节　指标体系构建原理

一、经济发展方式转变评价指标体系的构建原则

理想的经济发展方式既要求经济结构、效率和动力优化，又保证资源有效利用与环境持续改善，按照人与社会、人与自然协调发展的原则，实现全面、协调、可持续的经济增长的方式和途径。经济发展方式转变的评价要遵循客观性、科学性、准确性、全面性的基本原则。

（1）客观性原则。对经济发展方式转变的评价要以客观的标准为依据，不能带有主观的偏见和个人的喜好。在指标的选择上，要真实反映经济发展方式转变，尽量避免指标的片面性、分散性及复杂化；在权重的分配上，要采用科学的数学方法进行赋值，尽量避免人为因素的影响和个人的主观判断。

（2）科学性原则。经济发展方式转变评价的科学性要求在指标选择、权重分配、数据处理等方面要严格按照科学规范进行操作。评价的科学性是评价结果准确的重要保证，因此评价过程中既要有科学的态度，又要具备科学的方法和手段。

（3）准确性原则。经济发展方式转变的评价也要力求在数据收集、处理、计算等方面保证数据的真实、准确和完整，只有这样才能使经济发展方式转变的评价结果准确可信。评价指标的选择要能准确反映经济发展方式的转变；指标权重的分配要能准确衡量各种因素的重要程度；数据的计算结果要能准确反映经济发展方式转变的实际情况等。因此，在经济发展方式转变的评价过程中要牢牢把握准确性的原则。

（4）全面性原则。综合指标评价法的一个突出优点就是把多个指标加权合成一个综合的指数，以这个指数来衡量所分析的对象。经济发展方式的转变不仅包括对经济增长的速度、质量和效率等因素的度量，而且要兼顾社会产品的公平分配、能源资源的有效利用、生态环境的可持续发展等，所以对经济发展方式转变的评价要兼顾多个方面。在经济发展方式转变的评价过程中要遵循全面性的原则。

二、经济发展方式转变评价指标体系的构建

（1）指标体系构建思路。研究和评价经济发展方式转变的效果与程度，需要建立一个能够客观、准确地对经济发展方式转变程度进行分析、评价和研究的指标体系。经济发展方式转变的评价涉及内容十分丰富，包括经济、科技、社会、环境的各个方面，因此可从经济、科技、民生、资源环境这四个方面来衡量，通过这四个方面来对经济发展方式进行综合测度。

（2）经济发展方式转变评价指标体系的构建。依据上述指标体系构建的原则和思路，参考现有文献（沈露莹，2010；李玲玲和张耀辉，2011；白雪飞，2013），本书所构建的经济发展方式转变评价指标体系包含三级指标，一级指标设立为经济增长、经济结构、经济效益、科技创新、民生保障、资源环境。其中，经济增长具体由规模速度、财政收入两个二级指标构成；经济结构由产业结构、城乡结构、需求结构、市场化程度四个二级指标构成；经济效益则由劳动资本效益、能源效益、土地利用效益三个二级指标构成；科技创新由创新投入和创新成果两个二级指标构成；民生保障由人口素质、生活质量、社会保障三个二级指标构成；资源环境由环境效应、环境治理两个二级指标构成，各二级指标也分别由若干三级指标来综合衡量。因此，整个指标体系由一个目标层——经济发展方式转变评价指标、六个一级指标、十六个二级指标、四十个三级指标构成（表 7-1）。

三、指标权重的确定

（一）指标权重的计算方法

绩效评价指标权重的确定在综合评价中起到关键性的作用，权重对评价结果直接产生影响，并反映出各指标的相对重要性。

由于不能充分地考虑各个指标提供的信息量，人为赋权往往缺乏客观依据，而且不能完全地反映出研究对象的实际状况，本书选择熵值法确定权重。

熵值法是一种客观确定权重较为常用的方法，其根据各项观测值所提供的信息量来确定指标权重，能够克服人为确定权重的主观性以及多指标变量间信息的重叠。

（二）熵值法的计算步骤

（1）选取 n 个国家，m 个指标，则 x_{ij} 为第 i 个国家的第 j 个指标的数值（$i=1, 2, \cdots, n$；$j=1, 2, \cdots, m$）。

表 7-1　经济发展方式转变评价指标体系

	一级指标	二级指标	三级指标
综合指标	经济增长	规模速度	X_1 人均国内生产总值
			X_2 国内生产总值增长率
		财政收入	X_3 人均地方财政收入
			X_4 地方财政收入增长率
	经济结构	产业结构	X_5 工业化水平
			X_6 第三产业产值占国内生产总值比例
		城乡结构	X_7 城镇化率
			X_8 城乡居民收入比
		需求结构	X_9 最终消费率
			X_{10} 人均全社会固定资产投资额
			X_{11} 外贸出口依存度
		市场化程度	X_{12} 地方财政支出占国内生产总值比例
			X_{13} 私营、个体企业从业人员占就业人口比例
			X_{14} 私营企业产值占工业总产值比例
	经济效益	劳动资本效益	X_{15} 规模以上工业企业全员劳动生产率
			X_{16} 固定资产投资效果系数
		能源效益	X_{17} 单位国内生产总值能耗
		土地利用效益	X_{18} 单位建设用地产出量
	科技创新	创新投入	X_{19} 研发支出占国内生产总值比例
			X_{20} 科技经费支出占地方财政支出比例
			X_{21} 研发人数
		创新成果	X_{22} 发明专利授权量
			X_{23} 技术合同成交金额
			X_{24} 高技术产业总产值占国内生产总值比例
	民生保障	人口素质	X_{25} 每十万人拥有的在校大学生人数
			X_{26} 教育投入占国内生产总值比例
			X_{27} 平均期望寿命
		生活质量	X_{28} 城镇恩格尔系数
			X_{29} 农村恩格尔系数
		社会保障	X_{30} 城镇失业率
			X_{31} 社会保障支出占地方财政支出比例
			X_{32} 基本养老保险参保人数占比
			X_{33} 卫生费用支出占地方财政支出比例
	资源环境	环境效应	X_{34} 工业废水排放总量
			X_{35} 工业废气排放总量
			X_{36} 工业单位产值的固体废弃物生产量
		环境治理	X_{37} 环保投资占国内生产总值比例
			X_{38} 生活垃圾无害化处理率
			X_{39} 工业固体废弃物综合利用率
			X_{40} 三废综合利用产品产值

（2）指标的标准化处理。由于各项指标的计量单位不统一，在计算综合指标前，先对各指标进行标准化处理，即把指标的绝对值转化为相对值，并令 $x_{ij}=|x_{ij}|$，从而解决各项不同质指标值的同质化问题。此外，由于正向指标和负向指标数值代表的含义不同，用不同的算法进行数据标准化处理。具体方法如下：

正向指标标准化公式为

$$X_{ij}=[x_{ij}-\min(x_{1j},x_{2j},\cdots,x_{ij})]/[\max(x_{1j},x_{2j},\cdots,x_{ij})-\min(x_{1j},x_{2j},\cdots,x_{ij})] \tag{7.1}$$

负向指标标准化公式为

$$X_{ij}=[\max(x_{1j},x_{2j},\cdots,x_{ij})-x_{ij}]/[\max(x_{1j},x_{2j},\cdots,x_{ij})-\min(x_{1j},x_{2j},\cdots,x_{ij})] \tag{7.2}$$

其中，正向指标越大越好，负向指标越小越好。

（3）计算第 j 个指标的信息熵：

$$e_j=-k\sum_{i=1}^{n}p_{ij}\ln(p_{ij}) \tag{7.3}$$

其中，$k>0$，$k=1/\ln(n)$，ln 为自然对数；$p_{ij}=X_{ij}/\sum_{i=1}^{n}X_{ij}$，假定 $p_{ij}=0$ 时，$p_{ij}\ln(p_{ij})=0$。

（4）计算第 j 个指标的差异系数：

$$d_j=1-e_j \tag{7.4}$$

各级指标权重计算结果见表 7-2。

（5）求各指标的权重：

$$W_j=d_j\Big/\sum_{j=1}^{m}d_j,\ 1\leqslant j\leqslant m \tag{7.5}$$

各级指标权重计算结果见表 7-2。平均经济发展方式转变能力的 40 个指标原始数据见附表 7-1～附表 7-4。

表 7-2　熵值法计算出的各级指标权重

一级指标	权重	二级指标	权重	三级指标	权重
经济增长	0.098	规模速度	0.047	X_1 人均国内生产总值	0.034
				X_2 国内生产总值增长率	0.013
		财政收入	0.051	X_3 人均地方财政收入	0.031
				X_4 地方财政收入增长率	0.020

续表

一级指标	权重	二级指标	权重	三级指标	权重
经济结构	0.268	产业结构	0.037	X_5 工业化水平	0.014
				X_6 第三产业产值占国内生产总值比例	0.023
		城乡结构	0.060	X_7 城镇化率	0.035
				X_8 城乡居民收入比	0.025
		需求结构	0.083	X_9 最终消费率	0.023
				X_{10} 人均全社会固定资产投资额	0.031
				X_{11} 外贸出口依存度	0.029
		市场化程度	0.088	X_{12} 地方财政支出占国内生产总值比例	0.013
				X_{13} 私营、个体企业从业人员占就业人口比例	0.031
				X_{14} 私营企业产值占工业总产值比例	0.044
经济效益	0.073	劳动资本效益	0.051	X_{15} 规模以上工业企业全员劳动生产率	0.022
				X_{16} 固定资产投资效果系数	0.029
		能源效益	0.017	X_{17} 单位国内生产总值能耗	0.017
		土地利用效益	0.005	X_{18} 单位建设用地产出量	0.005
科技创新	0.158	创新投入	0.062	X_{19} 研发支出占国内生产总值比例	0.026
				X_{20} 科技经费支出占地方财政支出比例	0.032
				X_{21} 研发人数	0.004
		创新成果	0.096	X_{22} 发明专利授权量	0.033
				X_{23} 技术合同成交金额	0.013
				X_{24} 高技术产业总产值占国内生产总值比例	0.050
民生保障	0.242	人口素质	0.077	X_{25} 每十万人拥有的在校大学生人数	0.025
				X_{26} 教育投入占国内生产总值比例	0.022
				X_{27} 平均期望寿命	0.030
		生活质量	0.044	X_{28} 城镇恩格尔系数	0.016
				X_{29} 农村恩格尔系数	0.028
		社会保障	0.121	X_{30} 城镇失业率	0.014
				X_{31} 社会保障支出占地方财政支出比例	0.019
				X_{32} 基本养老保险参保人数占比	0.057
				X_{33} 卫生费用支出占地方财政支出比例	0.031

续表

一级指标	权重	二级指标	权重	三级指标	权重
资源环境	0.161	环境效应	0.049	X_{34} 工业废水排放总量	0.024
				X_{35} 工业废气排放总量	0.014
				X_{36} 工业单位产值的固体废弃物生产量	0.011
		环境治理	0.112	X_{37} 环保投资占国内生产总值比例	0.020
				X_{38} 生活垃圾无害化处理率	0.027
				X_{39} 工业固体废弃物综合利用率	0.025
				X_{40} 三废综合利用产品产值	0.040

四、经济发展方式转变的测度公式

根据式（7.3）和式（7.5），计算各地区经济发展方式转变能力的综合得分：

$$S_j = \sum_{j=1}^{m} W_j \times X_{ij},\ i = 1, 2, \cdots, n \qquad (7.6)$$

经济发展方式转变的综合得分的满分为 1，各级指标的满分为各自权重与 1 的乘积。对于综合得分和各级指标的得分而言，得分越高，其转变程度也就越高。

第二节　指标赋值及总体评价

一、指标权重的计算结果分析

（一）资料来源及处理

本书以省域经济发展方式为研究对象，具体来说，可以划分为东部地区、东北地区、中部地区、西南地区、西北地区。根据上述经济发展方式转变评价指标体系，查找了 2005～2014 年经济、环境、社会、工业等的相关数据，资料来源包括《中国统计年鉴》（2006～2015 年）、《中国能源统计年鉴》（2006～2015 年）、《中国环境统计年鉴》（2006～2015 年）、《中国科技统计年鉴》（2005～2015 年）及各省区市统计年鉴和统计公报等。其中部分数据缺失通过简单的线性回归方程计算出。

（二）熵值法计算结果

通过熵值法的计算得出了各级指标的权重（表 7-2）。

第一，在经济发展方式转变评价指标体系中，经济结构所占的比例最大，为 0.268，说明合理的经济结构对发展方式有着巨大的推动作用，各区域在转变经济发展方式的过程中应该注重经济结构的调整，推动经济发展方式向投资、出口、消费三驾马车共同带动的方向转变。

第二，民生保障和资源环境在经济发展方式中的比例较大，分别为 0.242 和 0.161。民生保障是经济发展方式的体现，只有经济发展水平较高，一国的民生保障才会较完善。民生保障和资源环境的比例较大，在一定程度上也体现了中国政府坚持“以人为本”和“经济可持续发展”的战略。各区域在转变经济发展方式的过程中应该注重民生保障体系，提高环境保护意识，走“两型社会”的建设道路。

第三，科技创新的比例为 0.158，处于一个较高的水平，说明科技对经济发展方式的作用较大，各区域在转变经济发展方式的过程中应该注重科技创新，在提高自主创新能力的同时推动资源的优化配置，实现科教兴国。

第四，经济增长和经济效益的比例相差不大，但经济增长的比例略大于经济效益，说明中国当前在经济发展方式的转变过程中，对经济增长的注重程度大于经济效益，这与中西部经济发展迅速、经济呈赶超型态势有一定的关系。

通过熵值法的计算得出了各级指标的权重，计算结果如表 7-3～表 7-5 所示。

表 7-3　2005～2014 年经济发展方式转变绩效评价体系中一级指标权重

一级指标	2005 年	2006 年	2007 年	2008 年	2009 年	2010 年	2011 年	2012 年	2013 年	2014 年
经济增长	0.092	0.090	0.091	0.106	0.106	0.109	0.112	0.116	0.116	0.118
经济结构	0.252	0.245	0.247	0.242	0.248	0.230	0.233	0.239	0.234	0.238
经济效益	0.094	0.091	0.083	0.079	0.079	0.081	0.093	0.091	0.091	0.095
科技创新	0.165	0.168	0.186	0.172	0.169	0.171	0.165	0.173	0.179	0.176
民生保障	0.213	0.221	0.226	0.220	0.228	0.242	0.224	0.217	0.216	0.192
资源环境	0.184	0.185	0.167	0.181	0.170	0.167	0.173	0.166	0.165	0.182

一级指标由经济增长、经济结构、经济效益、科技创新、民生保障和资源环境六个方面构成，平均权重约为 16.67%。由表 7-3 可以看出：①经济结构的权重大于平均权重，虽然总体呈波动下降趋势，但是其权重仍较大，说明在转变经济

发展方式的过程中，各地区都应该重视经济结构对经济发展方式的推动作用，推动经济发展方式向投资、出口、消费三驾马车共同带动的方向转变。②科技创新的权重超过16%，虽然在部分年份存在下降的现象，但总体呈上升趋势，说明科技创新对转变经济发展方式的作用越来越大，不容忽视，各省区市在转变经济发展方式的过程中应该注重科技创新，提高自主创新能力的同时推动资源的优化配置，实现科教兴国。③民生保障的指标和资源环境的指标权重均大于16.5%，说明各省区市在转变经济发展方式的过程中应注重社会发展与民生的改善，注重生态环境的建设，坚持“以人为本”和“经济可持续发展”的道路，体现了中国构建资源节约型和环境友好型社会的发展道路。④经济增长和经济效益的权重均低于平均权重，且两者较为接近，说明在转变给经济发展的过程中，不能片面地追求经济增长，在追求经济增长的过程中也应该最大化地实现经济效益，提高资源配置的有效性。

表7-4　2005～2014年经济发展方式转变绩效评价体系中二级指标权重

二级指标	2005年	2006年	2007年	2008年	2009年	2010年	2011年	2012年	2013年	2014年
规模速度	0.0434	0.0461	0.0477	0.0504	0.0463	0.0561	0.0537	0.0608	0.0676	0.0598
财政收入	0.0488	0.0437	0.0431	0.0555	0.0593	0.0529	0.0583	0.0547	0.0485	0.0580
产业结构	0.0361	0.0284	0.0295	0.0283	0.0285	0.0291	0.0311	0.0321	0.0332	0.0352
城乡结构	0.0592	0.0572	0.0586	0.0579	0.0575	0.0610	0.0563	0.0570	0.0491	0.0446
需求结构	0.0850	0.0868	0.0864	0.0799	0.0885	0.0764	0.0841	0.0866	0.0875	0.0888
市场化程度	0.0721	0.0726	0.0723	0.0757	0.0738	0.0638	0.0613	0.0630	0.0637	0.0691
劳动资本效益	0.0588	0.0517	0.0469	0.0458	0.0470	0.0484	0.0448	0.0373	0.0373	0.0381
能源效益	0.0187	0.0183	0.0181	0.0178	0.0168	0.0169	0.0211	0.0256	0.0275	0.0297
土地利用效益	0.0164	0.0215	0.0178	0.0155	0.0153	0.0157	0.0273	0.0276	0.0259	0.0272
创新投入	0.0688	0.0733	0.0847	0.0805	0.0803	0.0818	0.0793	0.0833	0.0866	0.0785
创新成果	0.0958	0.0951	0.1011	0.0919	0.0891	0.0886	0.0856	0.0893	0.0926	0.0972
人口素质	0.0737	0.0713	0.0757	0.0711	0.0782	0.0841	0.0718	0.0711	0.0705	0.0557
生活质量	0.0417	0.0550	0.0472	0.0565	0.0465	0.0546	0.0426	0.0412	0.0400	0.0390
社会保障	0.0978	0.0942	0.1035	0.0921	0.1035	0.1032	0.1095	0.1042	0.1050	0.0976
环境效应	0.0601	0.0605	0.0567	0.0695	0.0547	0.0523	0.0501	0.0515	0.0499	0.0621
环境治理	0.1238	0.1244	0.1105	0.1117	0.1148	0.1151	0.1230	0.1148	0.1151	0.1195

在经济发展方式转变绩效评价体系中，二级指标的平均权重约为6.25%。由

表 7-4 可以看出：①财政收入的权重呈波动上升的趋势并且与规模速度所占的权重越来越接近，说明各省区市在转变经济发展方式的过程中在注重经济总量增长的同时还应注重经济增长对地方带来的贡献度，真正落实到推动地区的经济发展。②需求结构的权重超过平均权重，说明需求结构的优化对地方经济发展方式转变起着重要的推动作用。各省区市在转变经济发展的过程中，应该注重提高居民的消费率，增强内需对经济发展的拉动作用。③市场化程度的权重超过平均权重，但呈下降趋势，说明在经济发展的过程中，市场化程度所起的作用有一定的减弱。经济的市场化有其固有的弊端和趋势，各省区市在经济发展方式的转变过程中应注重市场和政府的相辅相成，政府应引导经济的发展趋向。④劳动资本效益的权重低于平均权重且呈下降趋势，与此同时人口素质的权重却高于平均权重。说明在经济发展方式转变的过程中，劳动资本效益的作用在减弱，中国劳动力廉价的优势对经济发展方式的转变作用在减小；提高国民的素质对经济发展方式转变具有重要推动作用，因此各省区市在转变经济发展方式的过程中应该注重人才的教育和培养，给予其充分的资金支持，推动国家由人口大国向人才大国的转变，同时体现了国家科教兴国的发展战略。⑤创新投入的权重均大于平均权重，且创新成果的权重大于创新投入。说明创新投入和创新成果在经济发展方式转变的过程中起着不容忽视的作用，各省区市在经济发展的过程中应该注重创新的投入力度，提高自身的创新能力，推动自主创新产业的发展，从而实现经济发展方式的转变。⑥创新成果的权重大于平均权重，且创新成果所占的比例大于创新投入，创新成果不仅是对创新投入效果的反映，与创新投入相比，创新成果对经济发展方式的转变起着更重要的推动作用，对经济的增长、效益的提高、结构的优化都有着推动作用。⑦社会保障的权重也大于平均权重且都大于 9%，说明社会保障在经济发展方式转变的过程中所起的作用较大。各省区市在经济发展的过程中应注重国民基本的社会保障问题，完善就业、医疗服务、养老体系等各方面的建设。中国虽然仍是发展中国家，但是已步入“老龄化”的阶段，因此社会民生的发展是各省区市在转变经济发展方式的过程中不容忽视的方面。完善和健全社会民生不仅是推动经济发展方式转变的必然要求，也是对中国“以人为本”发展方针的体现。⑧环境治理的权重超过平均权重且大于 11%，说明环境治理对于各省区市转变经济发展方式的作用较大。各省区市在经济发展的过程中，应该提高资源的使用效率，减少环境的污染，推动“两型社会”的建设。

经济发展方式转变绩效评价指标体系的三级指标中，平均权重为 2.5%。由表 7-5 可以看出，①人均国内生产总值和人均地方财政收入的权重大于平均权重，且呈上升趋势，最终超过 3%。说明在经济发展方式的转变过程中，相对于整体的数量水平而言，人均数量水平在经济发展的过程中起着更重要的作用，体现了人均指标的重要性。②第三产业产值占国内生产总值比例这一指标虽未超过平均增长率，

表 7-5　2005～2014 年经济发展方式转变绩效评价体系中三级指标权重

三级指标	2005 年	2006 年	2007 年	2008 年	2009 年	2010 年	2011 年	2012 年	2013 年	2014 年
X_1	0.0288	0.0284	0.0278	0.0274	0.030	0.034	0.032	0.032	0.033	0.037
X_2	0.0146	0.0178	0.0200	0.0230	0.017	0.023	0.022	0.029	0.034	0.023
X_3	0.0287	0.0307	0.0320	0.0333	0.035	0.035	0.033	0.033	0.033	0.035
X_4	0.0201	0.0129	0.0111	0.0222	0.024	0.018	0.025	0.022	0.015	0.023
X_5	0.0209	0.0135	0.0134	0.0123	0.012	0.012	0.012	0.012	0.012	0.012
X_6	0.0152	0.0149	0.0161	0.0160	0.016	0.017	0.019	0.020	0.021	0.023
X_7	0.0288	0.0277	0.0267	0.0252	0.025	0.029	0.028	0.028	0.028	0.029
X_8	0.0304	0.0295	0.0319	0.0327	0.032	0.032	0.029	0.029	0.022	0.015
X_9	0.0221	0.0240	0.0248	0.0242	0.030	0.027	0.035	0.033	0.032	0.028
X_{10}	0.0319	0.0323	0.0312	0.0268	0.022	0.020	0.022	0.026	0.030	0.033
X_{11}	0.0310	0.0305	0.0303	0.0289	0.036	0.029	0.027	0.027	0.026	0.028
X_{12}	0.0194	0.0175	0.0163	0.0199	0.019	0.014	0.014	0.014	0.014	0.014
X_{13}	0.0217	0.0212	0.0202	0.0189	0.019	0.018	0.018	0.019	0.020	0.024
X_{14}	0.0310	0.0339	0.0358	0.0370	0.036	0.032	0.030	0.030	0.030	0.031
X_{15}	0.0366	0.0276	0.0219	0.0220	0.015	0.020	0.019	0.012	0.012	0.012
X_{16}	0.0222	0.0241	0.0250	0.0237	0.032	0.029	0.026	0.026	0.025	0.026
X_{17}	0.0187	0.0183	0.0181	0.0178	0.017	0.017	0.021	0.026	0.028	0.030
X_{18}	0.0164	0.0215	0.0178	0.0155	0.015	0.016	0.027	0.028	0.026	0.027
X_{19}	0.0199	0.0191	0.0193	0.0191	0.019	0.019	0.020	0.021	0.021	0.023
X_{20}	0.0216	0.0241	0.0338	0.0317	0.030	0.032	0.031	0.034	0.036	0.034
X_{21}	0.0273	0.0300	0.0316	0.0297	0.031	0.030	0.028	0.028	0.029	0.022
X_{22}	0.0264	0.0292	0.0328	0.0326	0.032	0.033	0.033	0.036	0.040	0.042
X_{23}	0.0235	0.0224	0.0217	0.0208	0.021	0.021	0.020	0.020	0.020	0.021
X_{24}	0.0459	0.0436	0.0465	0.0385	0.036	0.035	0.032	0.033	0.033	0.034
X_{25}	0.0241	0.0226	0.0219	0.0207	0.021	0.021	0.019	0.019	0.018	0.018
X_{26}	0.0267	0.0263	0.0315	0.0288	0.035	0.042	0.033	0.033	0.033	0.017
X_{27}	0.0229	0.0223	0.0223	0.0216	0.022	0.021	0.020	0.020	0.020	0.021
X_{28}	0.0185	0.0264	0.0201	0.0226	0.022	0.019	0.019	0.018	0.016	0.016
X_{29}	0.0232	0.0286	0.0271	0.0339	0.024	0.036	0.024	0.023	0.024	0.023
X_{30}	0.0140	0.0154	0.0272	0.0181	0.020	0.021	0.022	0.022	0.018	0.018
X_{31}	0.0295	0.0257	0.0192	0.0204	0.027	0.018	0.030	0.032	0.033	0.030
X_{32}	0.0258	0.0277	0.0297	0.0301	0.031	0.031	0.029	0.023	0.029	0.024
X_{33}	0.0285	0.0254	0.0274	0.0236	0.026	0.033	0.029	0.028	0.025	0.025
X_{34}	0.0188	0.0192	0.0239	0.0238	0.023	0.023	0.022	0.022	0.021	0.024
X_{35}	0.0256	0.0176	0.0140	0.0265	0.014	0.016	0.014	0.016	0.013	0.018
X_{36}	0.0157	0.0237	0.0187	0.0192	0.018	0.013	0.014	0.014	0.015	0.020
X_{37}	0.0293	0.0258	0.0168	0.0236	0.028	0.023	0.037	0.026	0.027	0.025
X_{38}	0.0270	0.0312	0.0299	0.0239	0.027	0.025	0.025	0.022	0.017	0.023
X_{39}	0.0338	0.0344	0.0342	0.0325	0.031	0.040	0.029	0.031	0.036	0.033
X_{40}	0.0337	0.0330	0.0297	0.0317	0.029	0.028	0.033	0.034	0.036	0.039

但是呈上升趋势，在 2014 年达到了 2.3%，接近于平均增长率，说明在经济发展方式的转变过程中第三产业所起的作用越来越大，各省区市在转变经济发展方式的过程中应注重产业结构的高级化，加大第三产业的发展力度。③城镇化率的权重虽然在十年间存在波动幅度，但是仍大于平均增长率，说明推动城镇化率，缩小城乡差距，实现城乡之间的均衡发展有利于推动经济发展方式的转变。④单位国内生产总值能耗的权重在 2008～2010 年虽然存在下降的趋势，但在 2011～2014 年逐渐上升且在 2014 年其权重为 3.0%，超过了平均权重，说明各省区市在经济发展的过程中应注重经济发展的环境效益，推动经济可持续发展的实现。⑤科技经费支出占地方财政支出比例的权重不断上升，且 2007～2014 年都大于 3%，说明政府对科技创新的推动作用较大。因此，在经济发展方式转变的过程中，各省区市应在科技创新方面积极发挥政府的作用，加大对科技创新的投入力度，提高自主创新产出水平。⑥研发人数、发明专利授权量和高技术产业总产值占国内生产总值比例这三个指标的权重较大，且衡量的是创新成果对经济发展方式的推动作用，说明了自主创新对经济发展方式有着举足轻重的推动作用，各省区市应加强对科技的投入力度，通过提高自主创新能力来加速经济发展方式的转变。⑦教育投入占国内生产总值比例的权重除了 2014 年，其他年份均超过平均权重，说明在经济发展方式转变的过程中人口素质对经济发展方式的推动作用。⑧社会保障支出占地方财政支出比例、基本养老保险参保人数占比、卫生费用支出占地方财政支出比例这三个指标的权重都超过或者接近于平均权重，说明民生保障是转变经济发展方式的关键，同时体现了国家对民生问题的重视。⑨工业固体废弃物综合利用率、三废综合利用产品产值的权重都超过平均权重，说明在经济发展方式的转变过程中，提高环境治理，提高资源的利用率能够加速经济发展方式的转变，同时体现了中国走可持续发展道路的政策。

二、中国经济发展方式转变综合得分

通过建立省域经济发展方式转变评价指标体系，运用熵值法的计算得出了中国 30 个省区市 2005～2014 年经济发展方式转变评价的综合得分，其中评价结果的总得分为 1 分，得分越高说明经济发展方式的转变程度越高。

由于数据收集的可得性，本书剔除了西藏以及港澳台地区，搜集了 30 个省区市的数据资料，并通过建立省域经济发展方式转变评价指标体系，运用熵值法的计算得出了中国30个省区市2005～2014年经济发展方式转变评价的综合得分(表7-6)。

首先，全国经济发展方式转变的综合得分在 2014 年达到最高，为 0.4576，即总体上达到了经济发展方式转变阶段性目标的 45.76%。但全国经济发展方式转变的综合得分距离满分 1 分还有很大的差距，说明中国实现经济发展方式道路的转变还有很长的路要走。

其次，2008 年的经济发展方式的综合得分虽然没有出现下降的现象，但是提升的幅度很小，这有可能是由于 2008 年金融危机的影响。

表 7-6 2005～2014 年各省区市经济发展方式转变的综合得分情况

地区		2005 年	排名	2007 年	排名	2008 年	排名	2010 年	排名	2013 年	排名	2014 年	排名
东部地区	北京	0.4856	1	0.5622	1	0.7020	1	0.5921	1	0.6445	1	0.6766	1
	天津	0.4187	3	0.4511	3	0.5430	3	0.4880	4	0.5358	5	0.5528	5
	河北	0.2747	13	0.3086	15	0.3582	19	0.3672	14	0.3947	23	0.4058	23
	山东	0.3098	7	0.3587	7	0.4315	7	0.4144	7	0.4889	7	0.5014	7
	江苏	0.3479	5	0.4026	5	0.4940	5	0.4717	5	0.5690	3	0.5962	2
	上海	0.4435	2	0.5079	2	0.5873	2	0.5412	2	0.5738	2	0.5919	3
	浙江	0.3612	4	0.4291	4	0.5278	4	0.4887	3	0.5397	4	0.5608	4
	福建	0.2983	10	0.3286	9	0.3867	12	0.3713	11	0.4578	9	0.4790	8
	广东	0.3201	6	0.3661	6	0.4594	6	0.4431	6	0.5235	6	0.5340	6
	海南	0.2373	27	0.2757	26	0.3131	26	0.3154	27	0.3774	26	0.3756	27
东北地区	黑龙江	0.2986	9	0.3198	11	0.4027	8	0.3637	17	0.4050	21	0.4109	21
	吉林	0.2875	11	0.3254	10	0.4017	9	0.3802	10	0.4300	15	0.4408	16
	辽宁	0.3007	8	0.3477	8	0.3986	10	0.4051	9	0.4459	12	0.4526	13
中部地区	山西	0.2644	16	0.2921	24	0.3409	21	0.3433	21	0.4177	18	0.4273	19
	河南	0.2618	19	0.3021	18	0.3708	14	0.3565	20	0.3976	22	0.4105	22
	安徽	0.2448	24	0.2959	21	0.3628	17	0.3625	18	0.4583	8	0.4703	10
	湖北	0.2853	12	0.3138	13	0.3671	15	0.3677	13	0.4209	17	0.4445	15
	湖南	0.2621	18	0.3081	16	0.3631	16	0.3660	16	0.4106	19	0.4308	18
	江西	0.2540	22	0.2981	20	0.3451	20	0.3592	19	0.4386	13	0.4542	12
西南地区	四川	0.2630	17	0.3008	19	0.3215	23	0.3428	23	0.4210	16	0.4384	17
	云南	0.2355	28	0.2701	28	0.3018	28	0.3176	26	0.3716	28	0.3733	28
	贵州	0.2273	29	0.2515	30	0.2727	30	0.3021	29	0.3344	30	0.3488	30
	广西	0.2408	25	0.2716	27	0.3044	27	0.3307	24	0.3814	25	0.3899	25
	重庆	0.2705	14	0.3175	12	0.3872	11	0.4084	8	0.4554	10	0.4735	9
西北地区	新疆	0.2374	26	0.2772	25	0.3213	24	0.3238	25	0.3896	24	0.4047	24
	甘肃	0.2229	30	0.2584	29	0.2979	29	0.2934	30	0.3770	27	0.3813	26
	青海	0.2521	23	0.2937	23	0.3336	22	0.3152	28	0.3581	29	0.3645	29
	内蒙古	0.2653	15	0.3103	14	0.3750	13	0.3664	15	0.4474	11	0.4659	11
	宁夏	0.2548	21	0.3074	17	0.3212	25	0.3429	22	0.4105	20	0.4230	20
	陕西	0.2587	20	0.2956	22	0.3610	18	0.3708	12	0.4350	14	0.4487	14
	均分	0.2895		0.3316		0.3918		0.3837		0.4437		0.4576	

注：由于篇幅限制，只列出部分年份数据。

根据熵值法计算出的各省区市经济发展方式转变的综合得分，反映了2005～2014年中国各省区市经济发展方式转变的总体成效。由表7-6中可以看出，经济发展方式的平均综合得分最高的年份是2014年，达到0.4576，即总体上达到了经济发展方式转变阶段性目标的45.76%。其中，综合得分最高的是北京，为0.6766，说明北京经济发展方式的转变程度仅达到了67.66%，距1分的经济发展水平差距还很大，实现经济发展方式道路的转变还有很长的路要走；而综合得分最低的是贵州，综合得分为0.3488，说明其经济发展方式转变程度仅达到34.88%，经济发展方式还很不完善。除此之外，部分省区市经济发展方式存在明显的上升和下降趋势，例如，安徽的经济发展方式近年来得到了比较迅速的发展，经济发展的综合得分不断提高，综合排名也不断上升，这是由于安徽由原来的长江中游划入了长江三角洲经济带，长江三角洲经济带的辐射作用推动了安徽经济发展方式的飞速转变；相比之下，河北的经济发展综合排名却不断下降，这是由于河北在经济发展方式的转变过程中没有注重经济结构的调整，其产业的核心技术水平低，创新不足制约了经济发展方式的转变。

对2005～2014年各省区市经济发展的综合得分进行动态分析，从总体上看各省区市经济发展方式的综合得分呈不断上升的趋势，但仍然有部分省区市的综合得分是波动上升的，说明经济发展方式并不是一帆风顺的，在不同的经济发展环境下仍然有可能存在综合得分的下降。例如，2008年全国的平均综合得分为0.3918，而2010年全国的平均综合得分为0.3837，说明2010年中国经济发展方式总体上没有得到改善。经济发展方式综合得分下降主要是由于2008年的金融危机，为了应对金融危机，国家提出了四万亿元投资的政策，并且四万亿元投资主要领域为传统产业，使得中国的经济结构水平下降，经济发展向粗放型和规模扩张的方向转变，从而造成了经济发展方式的综合得分下降。由于金融危机影响的减弱，2011～2014年中国经济发展方式得到了改善，经济发展方式的综合得分持续上升。总体而言，经济发展方式转变的综合得分并不是一个衡量省区市经济发展方式的绝对标准，其反映的是经济发展方式的动态变化过程。

为了体现出各省区市2005～2014年经济发展方式的转变程度，对2005年和2014年30个省区市的综合得分进行比较与分析，如表7-7所示，对经济发展方式的程度进行一个大体的判断，对中国省域经济发展方式的转变脉络有初步的了解。

表7-7　2005～2014年各省区市经济发展方式转变的综合得分变动情况

省区市	2005年	2014年	得分变化情况	增长幅度
北京	0.4856	0.6766	0.1909	0.3932
天津	0.4187	0.5528	0.1341	0.3203
河北	0.2747	0.4058	0.1312	0.4776

续表

省区市	2005 年	2014 年	得分变化情况	增长幅度
山东	0.3098	0.5014	0.1916	0.6185
江苏	0.3479	0.5962	0.2483	0.7135
上海	0.4435	0.5919	0.1485	0.3348
浙江	0.3612	0.5608	0.1996	0.5525
福建	0.2983	0.4790	0.1807	0.6058
广东	0.3201	0.5340	0.2139	0.6682
海南	0.2373	0.3756	0.1383	0.5827
黑龙江	0.2986	0.4109	0.1124	0.3764
吉林	0.2875	0.4408	0.1533	0.5332
辽宁	0.3007	0.4526	0.1519	0.5051
山西	0.2644	0.4273	0.1628	0.6158
河南	0.2618	0.4105	0.1488	0.5683
安徽	0.2448	0.4703	0.2256	0.9215
湖北	0.2853	0.4445	0.1592	0.5579
湖南	0.2621	0.4308	0.1687	0.6439
江西	0.2540	0.4542	0.2002	0.7880
四川	0.2630	0.4384	0.1754	0.6669
云南	0.2355	0.3733	0.1379	0.5855
贵州	0.2273	0.3488	0.1214	0.5342
广西	0.2408	0.3899	0.1491	0.6192
重庆	0.2705	0.4735	0.2030	0.7506
新疆	0.2374	0.4047	0.1673	0.7049
甘肃	0.2229	0.3813	0.1584	0.7105
青海	0.2521	0.3645	0.1125	0.4463
内蒙古	0.2653	0.4659	0.2006	0.7563
宁夏	0.2548	0.4230	0.1681	0.6598
陕西	0.2587	0.4487	0.1900	0.7346
平均得分	0.2895	0.4576	0.1681	0.5808

由表 7-7 可以看出，所有省区市的综合得分均有提高。平均综合得分的增幅达到了 58.08%，并且通过表 7-7 可以观察得出，部分经济发展水平较高的地区其综合得分的上升幅度反而不及经济发展水平较低的地区，例如，北京、上海、天津、浙江的经济发展上升幅度都小于平均的经济发展得分，而安徽、江苏、江西、

内蒙古、重庆等的经济发展得分远超过平均的经济发展得分，尤其是安徽，其最终经济发展的增长幅度达到了 92.15%。中国部分经济发展落后的地区，其经济发展方式得分也远低于全国经济发展方式得分，例如，贵州经济发展方式得分仅为 0.3488，远低于全国经济发展方式得分。由此可以看出，对于经济较为发达、经济发展转变程度较高的东部地区，其经济发展方式的转变速度较为缓慢，经济发展方式所遇到的难度也较大；而经济欠发达的西部地区，由于地理、资源、环境等方面的限制，其经济增长速度仍然不高，对于西部欠发达地区，当前的重中之重是先实现经济的大发展，再从经济发展的规模向经济发展的结构合理化转变，在增长中实现发展；对于广大经济发展较为蓬勃的地区，发展态势较好，经济增长较为迅速，虽然经济发展的层次仍较低，但是有望在经济增长中慢慢推动经济发展。

第八章　东部地区经济发展方式转变

第一节　东部地区经济发展方式转变的评价

东部地区地处沿海，是中国对外开放的最早的地区，凭借着优越的地理位置和优惠的国家政策，经过多年的发展已经成为中国最具有活力、经济发展水平最高的地区。与世界发达地区相比，虽然在自主创新等方面还存在一定差距，但是在基础设施建设等方面却并不逊色。随着经济水平的提高，工资不断上涨，东部地区的成本优势逐渐丧失，而先进科技却被国外垄断，经济发展面临巨大的困难。目前中国正在加快推进经济发展方式的转变，东部地区在此过程中扮演重要的角色，其经济发展方式转变程度将直接关系中国整体经济发展方式的转变进程，对中西部地区经济发展方式的转变也会产生示范效应。因此，对东部地区整体的经济发展状况进行评价，将有利于认清东部地区存在的发展瓶颈，为国家的区域宏观调控提供一定的参考。

一、东部地区经济增长评价

东部地区 2005～2014 年经济增长及其二级指标转变能力如表 8-1 和图 8-1 所示。

表 8-1　东部地区 2005～2014 年经济增长及其二级指标转变能力

年份	规模速度	财政收入	经济增长总体得分
2005	0.0098	0.0120	0.0217
2006	0.0112	0.0117	0.0228
2007	0.0130	0.0160	0.0290
2008	0.0131	0.0157	0.0288
2009	0.0142	0.0156	0.0299
2010	0.0164	0.0201	0.0364
2011	0.0176	0.0240	0.0416
2012	0.0184	0.0244	0.0427
2013	0.0198	0.0265	0.0463
2014	0.0206	0.0287	0.0493
增幅	0.0108	0.0167	0.0276

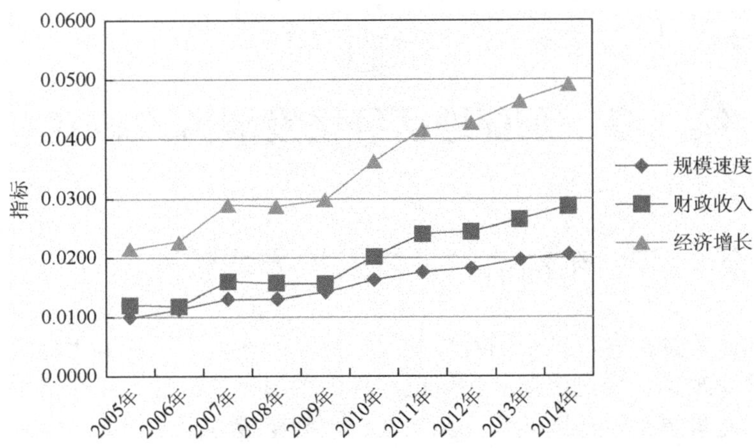

图 8-1　东部地区 2005～2014 年经济增长及其二级指标转变能力变化趋势

从表 8-1 和图 8-1 中的经济增长指标可看出：东部地区规模速度和财政收入得分均实现了翻倍，经济增长得分也实现了大幅提高。规模速度得分从 0.0098 提高到 0.0206，提高幅度超过 110%，金融危机期间，规模速度得分提高放缓，其余年份都稳步提高；财政收入得分从 0.0120 提高到 0.0287，提高幅度近 140%，在金融危机期间，财政收入得分有所下降，这与政府推出的刺激政策有关，为了减轻企业的经营压力，政府对企业实行了各种补贴或税收减免政策，2009 年之后，随着经济形势的稳定，政府的财政收入得分便有了较大幅度的提高。相较而言，财政收入的提高幅度要高于规模速度，并且两者的差距有拉大的趋势，一方面，这使得东部地区的政府能够对该地区的经济发展提供更大程度的支持；另一方面，这也会使得企业的负担有所增加，造成企业发展的困难。东部地区财政收入提高和企业负担减轻之间的平衡是影响东部地区经济增长的一个重要因素，当财政收入增加较快，政府对该地区经济发展提供了较好支持后，就要适当转变以前的发展模式，可适当放缓财政收入的增速，为企业的发展提供更多的支持，减轻企业负担，为企业赢得生存空间。因此，在东部地区经济增长表现良好的情况下，要未雨绸缪，想办法在一定程度上减轻企业负担，使得企业在激烈的国际竞争中能够生存下来，当企业生存下来后就会提供源源不断的财政收入，由此形成一个良性循环，地方经济发展就更有保障。企业发展不仅促进经济增长，也带动社会就业，有利于社会的稳定和繁荣。财政收入的稳定增加使得公共产品的供给更加充分，从而为企业发展营造良好的外部经营环境。

二、东部地区经济结构评价

东部地区 2005～2014 年经济结构及其二级指标转变能力如表 8-2 和图 8-2 所示。

表 8-2　东部地区 2005～2014 年经济结构及其二级指标转变能力

年份	产业结构	城乡结构	需求结构	市场化程度	经济结构总体得分
2005	0.0093	0.0172	0.0111	0.0164	0.0540
2006	0.0094	0.0171	0.0116	0.0175	0.0555
2007	0.0097	0.0172	0.0124	0.0182	0.0575
2008	0.0096	0.0173	0.0137	0.0196	0.0602
2009	0.0108	0.0174	0.0164	0.0206	0.0652
2010	0.0108	0.0183	0.0178	0.0211	0.0680
2011	0.0110	0.0192	0.0190	0.0214	0.0705
2012	0.0113	0.0196	0.0213	0.0254	0.0776
2013	0.0117	0.0207	0.0240	0.0250	0.0814
2014	0.0123	0.0214	0.0263	0.0260	0.0860
增幅	0.0030	0.0042	0.0153	0.0096	0.0321

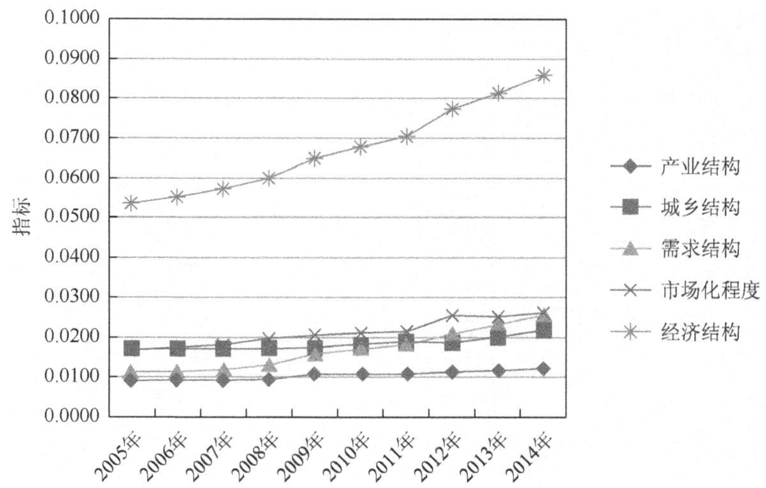

图 8-2　东部地区 2005～2014 年经济结构及其二级指标转变能力变化趋势

从表 8-2 和图 8-2 中的经济结构指标可看出：东部地区经济结构的各二级指标得分都有不同程度的提高，而经济结构得分在 2011 年后有一个加速提高的趋势。二级指标中，产业结构得分提高最少，只有 0.0030，提高幅度为 32%；城乡结构得分提高次少，只有 0.0042，提高幅度仅有 24%；市场化程度得分提高 0.0096，提高幅度近 60%；需求结构得分提高最多，为 0.0153，提高幅度 138%，占经济结构提高程度的近 50%，这说明需求结构得分不断提高是促进经济结构优化的主要原因。需求结构改善对经济结构优化的重要性由第三位上升到第一位，东部地区在 2008 年后，出口需求比例有所降低，而 2012 年之后，消费比例有所提高，消费、投资和出口三者的比例得到优化。东部地区的市场化程度得到进一步提升，对经济结构优化的作用一度排在第一位，只是在 2014 年被需求结构超越，东部地区的个体、私营企业发展状况良好。东部地区经济结构优化的主要瓶颈在于产业结构和城乡结构的得分提高较为缓慢，特别是城乡结构。城乡结构改善对经济结构优化的作用由第一位下降到第三位，并且改善幅度也远低于其他指标，城乡差距并没有随着经济增长而得到相应程度的缩小，城乡资源分配的合理性还有待进一步提高。产业结构得分提高最少，虽然东部地区的第二产业产值比例在降低，第三产业产值比例在提高，产业结构有了一定程度改善，但相比发达国家第三产业产值 70%～80%的比例来看，东部地区第三产业产值还有提升的空间，在发展第三产业的过程中，还要注重生产性服务业的发展，这有利于促进第二、第三产业的融合发展，有利于产业的优化升级。

三、东部地区经济效益评价

东部地区 2005～2014 年经济效益及其二级指标转变能力如表 8-3 和图 8-3 所示。

表 8-3　东部地区 2005～2014 年经济效益及其二级指标转变能力

年份	劳动资本效益	能源效益	土地利用效益	经济效益总体得分
2005	0.0137	0.0036	0.0037	0.0210
2006	0.0143	0.0036	0.0046	0.0225
2007	0.0150	0.0036	0.0053	0.0240
2008	0.0149	0.0037	0.0061	0.0248
2009	0.0137	0.0038	0.0068	0.0243
2010	0.0146	0.0038	0.0078	0.0262
2011	0.0172	0.0040	0.0094	0.0306
2012	0.0176	0.0039	0.0104	0.0320
2013	0.0174	0.0040	0.0112	0.0325
2014	0.0175	0.0040	0.0117	0.0332
增幅	0.0038	0.0004	0.0080	0.0122

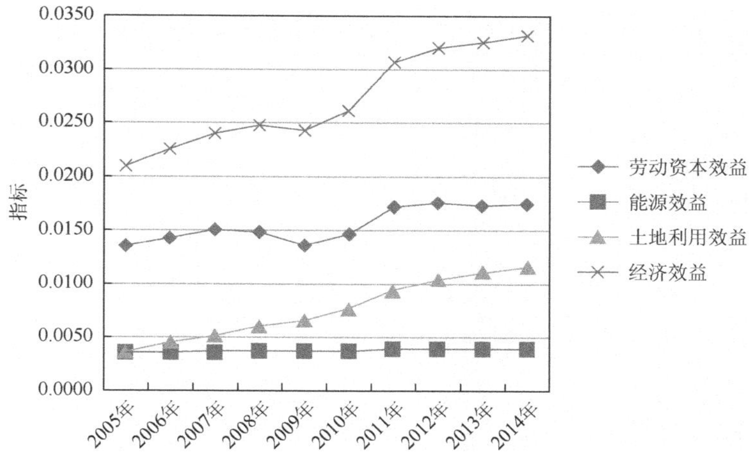

图 8-3　东部地区 2005～2014 年经济效益及其二级指标转变能力变化趋势

从表 8-3 和图 8-3 中经济效益指标可看出：经济效益得分在波动中提高，2008～2009 年的得分有所下降，总体波动和劳动资本效益的波动相似。二级指标中，能源效益得分仅仅提高了 0.0004，提高幅度 11%；劳动资本效益得分提高 0.0038，提高幅度近 30%；土地利用效益得分提高 0.0080，提高幅度 216%，成为经济效益提高最大的贡献因素。能源效益的提高在一定程度上需要技术的突破作为保证，但东部地区是中国技术发展最高的地区，能源效益提高幅度也依然很小，能源效益不能得到有效提高，会造成资源的大量浪费，不利于摆脱粗放式的发展道路，这是东部地区和全国其他地区都急需解决的困境。劳动资本效益得分占经济效益得分的比例超过 50%，因此，劳动资本效益的变化对经济效益的变化是具有决定性作用的。劳动资本效益得分在 2007～2009 年是下降的，而其中最重要的是固定资产投资效果系数的下降，2009 年之后劳动资本效益反弹回升，2011 年之后则表现为稳中有降的趋势，这时表现为更严重的固定资产投资效果系数下降，全员劳动生产率在上升。东部地区基础设施建设相对完善，随着投资的增加，重复投资等无效率投资就会增加，从而资本收益率下降；东部地区是中国人才流入最多的地区，虽然用工成本在提高，但是劳动生产率是在不断提高的。因此，东部地区的经济效益提高面对的瓶颈主要是资本投资收益率下降、能源利用技术发展落后等，减少重复投资等无效率投资行为，增加对先进技术的投资是转变经济发展方式的必由之路。

四、东部地区科技创新评价

东部地区 2005～2014 年科技创新及其二级指标转变能力如表 8-4 和图 8-4 所示。

表 8-4　东部地区 2005～2014 年科技创新及其二级指标转变能力

年份	创新投入	创新成果	科技创新总体得分
2005	0.0238	0.0387	0.0625
2006	0.0258	0.0421	0.0679
2007	0.0427	0.0442	0.0869
2008	0.0456	0.0469	0.0925
2009	0.0412	0.0516	0.0927
2010	0.0428	0.0597	0.1025
2011	0.0440	0.0701	0.1141
2012	0.0462	0.0829	0.1292
2013	0.0484	0.0890	0.1374
2014	0.0475	0.0971	0.1447
增幅	0.0237	0.0584	0.0822

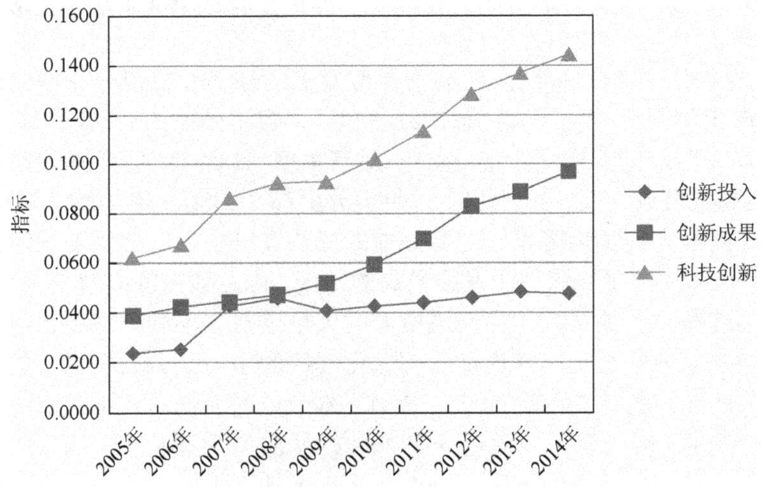

图 8-4　东部地区 2005～2014 年科技创新及其二级指标转变能力变化趋势

从表 8-4 和图 8-4 中科技创新指标可看出：东部地区科技创新取得了快速发展，其得分提高了 0.0822，提高幅度超过 130%。二级指标中，创新投入得分提高 0.0237，提高幅度接近 100%；创新成果得分提高 0.0584，提高幅度超过 150%，这说明东部地区的科技创新提高主要是创新成果增加导致的，科技创新的投入产出率较高。创新成果得分占科技创新得分比例超过 50%，对科技创新的趋势具有主导作用，创新成果得分在 2009 年之前提高速度较为缓慢，而之后提高速度明显加快，而创新投入在 2009 年之前也明显增加，尤其是 2007 年和 2008 年，之后创新投入就保持一个稳中有增的趋势。在创新投入中，科技经费支出占地方财政支出比例增加要快于研发支出占国内生产总值比例，这表明政府投入比例明显要高于企业投入比例，政府对创新投入的力度要强于企业，也说明了中国发明专利授权量多，但是技术合同成交金额、高技术产业总产值占国内生产总值比例低的现象，主要原因就是中国政府投入导致的科技成果转换率较低，企业直接研发活动开展不足。总体上中国科技创新投入产出率较高，但这些科技成果产业化应用度不高，企业研发活动又不足以支持产业化的应用创新，创新主体的错位是东部地区科技创新繁荣背后的一颗炸弹，也是东部地区科技创新转变存在的瓶颈。

五、东部地区民生保障评价

东部地区2005～2014年民生保障及其二级指标转变能力如表8-5和图8-5所示。

表8-5 东部地区2005～2014年民生保障及其二级指标转变能力

年份	人口素质	生活质量	社会保障	民生保障总体得分
2005	0.0167	0.0082	0.0158	0.0406
2006	0.0177	0.0090	0.0169	0.0437
2007	0.0188	0.0088	0.0216	0.0493
2008	0.0194	0.0081	0.0232	0.0506
2009	0.0198	0.0088	0.0244	0.0530
2010	0.0225	0.0092	0.0268	0.0585
2011	0.0222	0.0092	0.0345	0.0660
2012	0.0218	0.0092	0.0402	0.0712
2013	0.0223	0.0096	0.0412	0.0732
2014	0.0223	0.0105	0.0429	0.0757
增幅	0.0056	0.0023	0.0272	0.0351

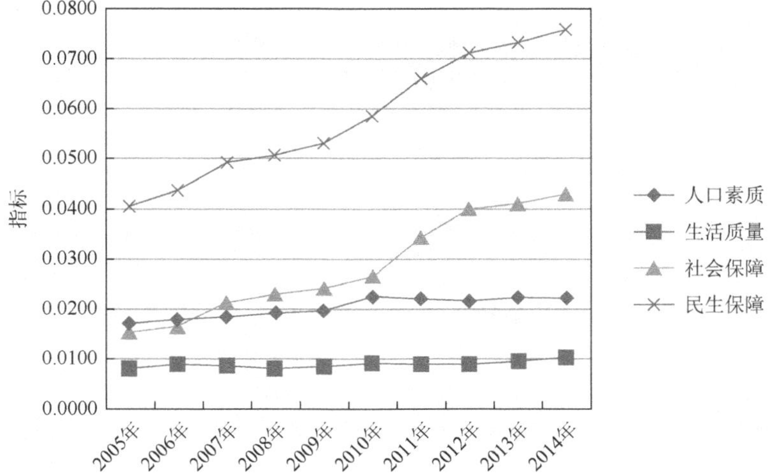

图8-5 东部地区2005～2014年民生保障及其二级指标转变能力变化趋势

从表 8-5 和图 8-5 中的民生保障指标可看出：民生保障得分在波动中上升，提高了 0.0351，提高幅度 86%。二级指标中，生活质量得分提高最少，只有 0.0023，提高幅度为 28%；人口素质得分提高 0.0056，提高幅度为 34%；社会保障得分提高最多，为 0.0272，提高幅度超过 170%。东部地区生活质量得分稳中有升，变化程度并不大，说明东部地区的生活水平在较早时期就已经达到较高水平。平均期望寿命增加导致人口素质得分在 2010 年明显提高，教育投入占国内生产总值比例的不断提高以及每十万人拥有的在校大学生人数的增加导致人口素质提高。社会保障得分逐渐超过人口素质得分，并成为主导民生保障得分的因素，社会保障得分有两次明显的提升，第一次是 2005～2007 年，第二次是 2010～2011 年，社会保障有了较大程度的提高，就业状况有所改善，基本养老保险参保人数占比和社会保障支出占地方财政支出比例都在不断提高。与此同时，社会保障程度提高的幅度要高于人口素质和生活质量的提高，这一方面表明中国的社会保障水平还比较低，对人口素质和生活质量的提升作用并不明显；另一方面表明人们对教育、医疗以及文化生活都提出了更高的要求，而现阶段的资源配置还不能够很好地满足人们的这种需求。因此，民生保障看似有了较大程度的提高，但是人们的感受并不明显，民生保障的改善要在人民关注的民生问题上多做文章，重点解决人民关注的上学难、看病难等问题，让广大人民增强发展的获得感，这样更有利于实现经济发展方式的转变。

六、东部地区资源环境评价

东部地区 2005～2014 年资源环境及其二级指标转变能力如表 8-6 和图 8-6 所示。

表 8-6　东部地区 2005～2014 年资源环境及其二级指标转变能力

年份	环境效应	环境治理	资源环境总体得分
2005	0.0091	0.0237	0.0327
2006	0.0089	0.0272	0.0362
2007	0.0088	0.0324	0.0412
2008	0.0089	0.0359	0.0448
2009	0.0088	0.0356	0.0444
2010	0.0085	0.0389	0.0475
2011	0.0082	0.0383	0.0466
2012	0.0085	0.0404	0.0488
2013	0.0085	0.0423	0.0507
2014	0.0085	0.0438	0.0522
增幅	–0.0006	0.0201	0.0195

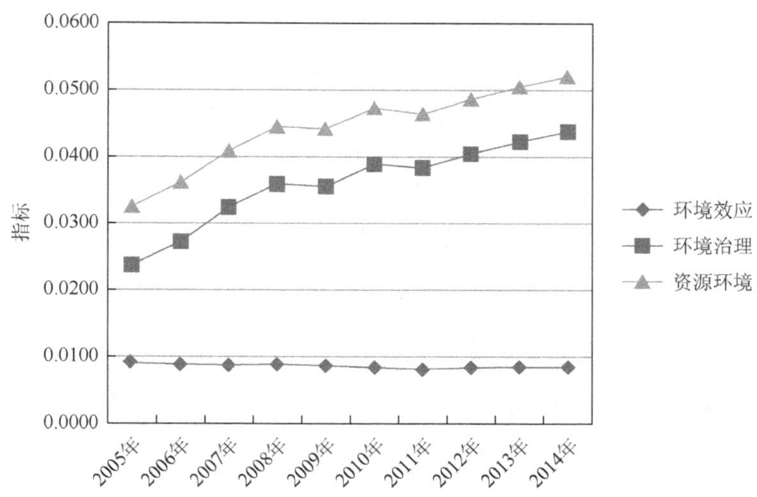

图 8-6　东部地区 2005～2014 年资源环境及其二级指标转变能力变化趋势

从表 8-6 和图 8-6 中资源环境指标可看出：资源环境的得分在波动中上升，环境治理得分变化趋势和资源环境总得分一致，而环境效应得分则略有下降。资源环境得分提高 0.0195，提高幅度近 60%，环境治理得分提高 0.0201，提高幅度为 85%，而环境效应得分下降 0.0006，这说明即便环境治理投入在不断增加且增加幅度不小的情况下，环境污染也依然没有得到有效治理，工业三废中，工业废水排放总量有所减少，但是工业废气排放总量和工业单位产值的固体废弃物生产量却在增加，这与人们感受到的雾霾天气的增多相印证。虽然环保投资在不断增加，三废综合利用产品产值也在增加，但是环保投资效果并不明显，循环经济发展的速度也赶不上工业污染的速度。当资源环境污染越来越严重的时候，人们的生产和生活都会受到影响，这是经济发展的外部硬约束。东部地区环保投资很多，但是治理效果不明显，并且后治理的速度跟不上污染增加的速度，这是东部地区资源环境方面面临的问题。

综合上述分析，东部地区经济发展方式转变面临的瓶颈主要如下。

（1）东部地区财政收入增长过快，企业负担有所加大。一方面，东部地区经济增长势头较好，财政收入得到了较快增长，政府提供公共产品的能力有所提高，对地区经济发展的支持力度增强；另一方面，财政收入的过快提高也使得企业负担增加，经济增速放缓后，企业盈利能力下降，原先的税赋征收力度则会让企业吃不消，反而不利于企业的生存和发展。因此，保持财政收入合理增长，适当减轻企业负担是当前经济新常态下的必然选择。

（2）东部地区城乡差距还有待缩小，第三产业发展空间较大。东部地区经济得到了快速发展，但城乡差距却并没有得到相应速度的缩小，城乡发展不平衡的问题比较突出。东部地区“退二进三”的产业结构调整进展顺利，虽然第三产业产值增加较快，但相比发达国家第三产业产值比例达到 70%～80%，东部地区第三产业还有较大提升空间，其中生产性服务业的发展是重点。只有生产性服务业得到快速发展，才能促进第二、第三产业的深度融合，使得第二产业更具有竞争力，增强经济发展的内生性。

（3）东部地区能源效益有待提高，资本投资效益下降幅度大。东部地区虽然交通地理位置优越，但是能源资源缺乏，经济发展受到很大限制。国家西气东输、西电东送等大型资源调配工程的帮助才使得东部地区能源资源有了一定保障。作为中国科学技术水平最高的地区，东部地区能源资源利用效益相对发达国家来讲还是比较低的。东部地区生产资料以及基础设施投资已经相对完善，大规模的简单投资阶段已经过去，当资本积累不断增加，投资范围和投资方式没有较大改善的情况下，资本投资收益下降是必然的。因此，应促进科学技术的发展，提高能源资源利用率；扩大资本投资范围，创新资本投资方式，提高资本回报率。

（4）东部地区企业创新投入相对于政府来说有所不足，科技成果产业化应用不高。虽然东部地区企业发展较好，但企业多进行加工制造，处于产业价值链的下游，产业前沿的研发投入并不多，企业核心科技并未完全掌握，在向产业价值链的上游迈进的过程中受制于人。科技创新的投入多依赖于政府财政经费支出，因此政府掌握了较多的科技成果，但是这些科技成果却面临着两方面的转换难题：一方面科研成果难以有效契合企业发展的需要，产业化应用水平不高；另一方面满足企业发展需要的科技成果难以有效对接，产学研的合作方式还有待创新。

（5）东部地区民生保障发展存在的瓶颈在于人民关注的民生问题未得到有效解决，人民获得感较低。虽然东部地区社会保障程度在全国较高，但与人民群众生活息息相关的教育和医疗等重大民生问题并没有得到有效解决，住房难（贵）、上学难（贵）、出行难（贵）、看病难（贵）等问题依然困扰着广大人民，让人们难以享受到发展的成果。

（6）东部地区资源环境瓶颈则是环境治理效果不理想。东部地区在环境治理方面投入了很多的资金，但是污染的速度依然快于治理的速度，环境污染依然加剧。先污染后治理的模式，一方面使得人们的资源环境变差，另一方面限制了财政支出用于社会保障的额度。因此，要真抓实干，从源头上减少污染排放。

除此之外，东部地区经济发展还面临以下这些问题。

（1）外部发展环境的不确定性。东部地区是中国开放程度最高的地区，与世界其他国家的经济联系日益密切，而近年来国际局势风云变化，不确定性增加，这使得东部地区企业“走出去”的步伐受到挑战。

（2）激烈的国际和国内竞争。在世界经济联系日益紧密的情况下，发达国家凭借多年的技术积累，控制着核心技术，不愿进行转让，这让东部地区经济发展遇到很大麻烦；而其他较为落后的发展中国家又具有更低的成本优势，国内中西部地区也在积极进行招商引资，这使得东部地区产业外流的压力较大。因此，东部地区既需要加快突破发达国家的技术封锁，又要减缓因成本提高而导致的产业外流。

第二节　东部地区经济发展方式转变的对策建议

东部地区作为中国经济发展水平最高的地区，其经济发展方式转变将带动中国整体经济发展方式转变，并为中国其他地区的经济发展转型提供示范效应。目前，中国经济发展进入“三期叠加”阶段，供给侧改革稳步推进，东部地区要顺应时代潮流，努力化解上述面临的问题。对此，本书提出以下的对策建议。

一、先行试点改革财税制度，切实减轻企业税费负担

目前中国正在进行供给侧改革，就是要从机制和制度供给方面来促进经济增长，释放经济新活力。深化财税体制改革是中国未来改革的重点内容之一，东部地区要抓住财税体制改革的机会，先行先试。地方政府往往面临着“收不抵支”的财政困境，地方财政收入中税收较少，更多依靠行政性收费等方式来增加收入，这造成了地方债务问题比较严重、政府行政干预过多、企业税费负担较重等问题。因此，东部地区先行试点财税制度改革。做到财政收入应量出而入，既要考虑支撑经济合理增长的、公共基础设施建设的财政支出强度，又要考虑企业发展状况和应税能力。

二、注重城乡一体化发展，促进第二、第三产业深度融合

（1）东部地区城镇化率较高，但城乡一体化速度较慢。城市快速发展，吸引大量人财物等资源集聚，当超过城市空间容纳能力之后，人财物等资源才会向城市周边农村流动，这使得城市过度拥挤，公共资源得不到有效满足，而农村地区发展缺乏规划，发展水平不高。促进城乡一体化发展，一是制定合理的城镇化发展规划。明确城市群发展目标、空间结构和开发方向，明确各城市的功能定位和分工，强调城市群规划与城镇体系规划、土地利用规划、生态环境规划等的衔接，依法开展规划环境影响评价。二是建立并完善城乡发展协调机制。推动城乡在产业分工、基础设施、环境治理等方面的协调联动。引导部分产业向县城、重点乡镇及产业园区等集中。加强规划引导和市场开发，培育农产品加工、商贸物流等

专业特色小城镇。加快交通和通信等基础设施的建设，补齐农村地区的短板。三是创新城乡要素市场管理机制，破除行政壁垒和垄断，促进生产要素自由流动和优化配置，在城市年度建设用地指标中单列一定比例，专门用于新型农业经营主体进行农产品加工、仓储物流、产地批发市场等辅助设施建设。健全农产品产地营销体系，推广农超、农企等形式的产销对接，鼓励在城市社区设立鲜活农产品直销网点。促进基础设施和公共服务设施共建共享，促进创新资源高效配置和开放共享。

（2）东部地区的工业化水平全国领先，但在全球产业分工中，东部地区制造业处于全球价值链的中、下游，因此东部地区要努力向价值链的上游攀升。一是推动部分劳动密集型产业向中国中西部地区转移，以便消除因成本上升带来的利润下降。二是利用技术创新来突破原有产业的困境。利用新技术改造升级生产设备，创新企业管理方式，不断降低生产成本，提高产业竞争力。促进"互联网＋"的发展，创新营销模式，让原有产业焕发新的生机。三是发展壮大新兴制造业，推动制造业智能化发展。大力发展装备制造、机器人、新能源、新材料、生物医药、信息网络等产业，引领产业发展的方向，不断缩小与国际先进水平的差距。借助国家《中国制造2025》的产业发展战略以及互联网信息产业的发展，推动制造业，尤其是装备制造业的智能化升级。东部地区产业结构正在进行"退二进三"的调整，第三产业发展水平要比国内其他地区高，但与国际先进水平的竞争中还处于劣势，尤其是第三产业中的生产性服务业。东部地区提升第三产业发展质量可以通过以下方式进行：一是促进传统服务业与互联网的融合。运用大数据等网络信息技术的发展，分析发现新的消费需求，不断改善服务质量。二是大力发展金融、物流、电子商务、信息服务等生产性服务业，延伸工业发展链条，促进第二、第三产业的深度融合。三是促进新兴的文化休闲、养老健康、家庭服务等产业的发展壮大，满足人们日益多元化的消费需求。

三、提高能源利用效率，创新资本投资方式

（1）东部地区能源资源缺乏，能源需求依赖于巨大的外部供给。东部地区的发展依赖于中国西气东输、西电东送等跨区域的资源调配工程的实施，对海外能源资源的依存度也越来越高，这是中国东部地区持续发展的一个重大隐忧。因此，东部地区要不断提高能源资源的利用效率，尽量减少外部依赖。一是利用技术创新寻找新的替代能源，推动页岩气等新兴能源的使用。二是大力发展风能、太阳能等可再生能源，逐步减少传统能源的使用。三是改造现有的生产设备，提高能源资源的利用率。四是积极宣传，改变居民的使用习惯，减少资源的浪费。

（2）东部地区尽快遏制资本收益持续下降的趋势。东部地区基础设施相对完善，资本积累不断增加，但资本收益开始出现明显下降。要提高资本收益，可以从两个方面入手解决：一是扩大投资范围。东部地区试点逐步开放资本账户，利于东部地区前期积累的大量资本在全球范围内自由配置优质资产。二是深度试点民间资本宽幅参股、入资国有企业。只要是不涉及国防及社会稳定，原则上所有的国有企业都应该向民间资本敞开大门。这样既能抑制民间资本收益率下滑，又能激发国有企业资本的盈利斗志。

四、鼓励企业加大研发投入，提高科技成果转换率

（1）科技经费的投入主体是企业，强化企业创新主体地位。政府对科技活动的经费投入受到政府治理目标的影响，科技经费增幅有限，这就需要企业增加对研发的投入，提升企业原始创新、集成创新和引进消化吸收再创新能力。一是加强创新型企业和高新技术企业培育，形成一批有竞争力的领军企业。二是支持行业骨干企业与高校、科研院所、上游与下游企业等建立以利益为纽带、网络化协同合作的产业技术创新战略联盟，推动跨行业跨领域协同创新。三是鼓励企业运用网络平台集聚对接社会创新资源，建立首席技师、工匠工作室等机制，带动职工投入制造环节创新，提高新产品开发能力，提升产品品质。四是积极主动融入全球创新网络，开辟国际科技合作新渠道，通过并购重组、技术特许、委托研究、技术合伙、战略联盟等模式，建设高水平的国际科技合作研究基地，大幅度提升自主创新能力。

（2）不断提高科技成果转换率，提升产业化应用水平。政府的科技经费投入产生了一大批优秀科技成果，而这些成果却难以有效推动产业发展，这主要受制于科技成果的性质。因此，一是鼓励科技成果面向产业化。科技经费的投入适度向产业发展的前沿问题倾斜，不断解决产业发展的困难，这便会促进科技成果的产业化应用。二是创新产学研合作模式。在明确科技成果所有权的同时，让科技成果的使用更加便利，鼓励科技成果转让、科技成果授权使用等多种方式的合作。

五、改善人们关注的民生问题，增强人民获得感

政府要重点解决人们关注的高房价问题、上学难问题以及看病难问题，这样才能让人民群众深刻感受到发展成果。

（1）解决高房价问题，一方面要抑制房价过快增长，另一方面要增加土地供给，适时出台房地产税，使得房子真正成为用来居住的，而不是用来炒的。因此

要完善以政府为主提供基本保障、以市场为主满足多层次需求的住房供应体系，扩大保障房有效供给，加快推进廉租住房建设，扩大经济适用住房供应范围，推进公共租赁住房建设，抑制投资投机性购房需求，增加普通商品住房供应，发展二手房市场和住房租赁市场，促进房地产市场健康发展。

（2）解决上学难问题，政府要注重教育服务的均等化配置，并不断提高教育质量。教育作为一种公共产品，政府应该成为该产品的提供主体，市场为多层次的教育需求提供多样化的供给。对于中小学教育，政府要提供均质化的教育资源，使得同一地区的教育质量相差不大，避免优质教育资源扎堆的现象。对于人口密集的区域，要增加学校数量，保证教育供给数量的充足。对于高等教育，政府要注重高等教育的公平性。为了满足多样化的教育需求，支持有资质的教育机构的发展，最大限度满足人民群众的教育需求。

（3）解决看病难、看病贵问题，就要深化医药卫生体制改革。一是加强农村三级卫生服务网络和城市社区卫生服务体系建设，建立家庭医生制度，推进公立医院改革试点，加快床位等医疗资源发展。二是实施国家基本药物制度，规范药物流通和使用环节，不断降低药物费用。三是提高医疗信息透明度，提高医生薪资水平，避免以药养医的情况出现。四是完善城镇居民基本医疗保险和新型农村合作医疗，建立稳定的筹资增长机制，提高保障补偿水平。提高大病医疗补助程度，减少因病返贫现象的出现。

六、减少污染排放，加强环境监管

东部地区是中国工业发展最好的地区，工业污染排放也较多，虽然工业污染治理投资在增加，但治理效果并不理想。因此，要使得生态环境有所改善，就要努力减少污染物排放，加强环境督查，增强生态环境建设。一是推动节能减排新技术、新装备的研发、引进与应用。二是改变整出多头和多头管理环境监管与治理体制。三是大力发展循环经济和绿色经济，积极倡导绿色生活方式和消费模式，推进废旧物品回收和循环利用。开发低碳技术，努力建设以低碳排放为特征的产业体系和消费方式。四是利用内河水系及水资源，与城市园林绿地系统相互融合、相辅相成，打造独具特色的绿色滨水空间。五是加强环境风险的防控，增加生态环境的修复和建设工程，营造良好的生存和工作环境。

针对东部地区面临的其他方面的瓶颈，可以通过以下措施进行解决。

（1）建设长期合作关系，加强国内区域经济合作。面对国际市场的不确定，国内企业可以通过与其他国家的企业建立长期的合作关系来防范不确定性，还可以通过游说政府签订两国友好合作的双边关系来减少风险。在一国之内，区域合作就显得更加容易，区域关系也更加确定，因此，加强国内区域合作也是一个重要的方法来化解风险。

（2）加强与发达国家间和国内中西部地区的合作。通过不同的合作方式实现核心技术的转让和引进，加强与国外顶尖科技人才和优秀人才的交流合作，不断提高东部地区的科技研发实力，努力掌握核心科技。将本地区失去优势的产业转移到国内中西部地区，创新产业转移和利益共享机制，实现共同发展。

第九章　中部地区经济发展方式转变

第一节　中部地区经济发展方式转变的评价

中部地区在地理位置上承东启西，接南连北，是中国经济的纵深推进和南北结合的重要纽带。中部地区有着丰富的自然资源、瑰丽的文化资源以及大量的劳动力资源，但是在改革开放的过程中，这些资源优势并没有及时转换成经济优势，还曾一度是中国经济发展版图中的塌陷地带。随着党中央中部崛起战略的实施，中部地区经济发展迎来巨大的机遇，经过近十年的发展，经济发展水平已经迈上了更高的台阶。新时期，中部地区是中国新一轮工业化、城镇化、信息化和农业现代化的重点区域，也是扩大内需、提升开放水平最具潜力的区域，在《促进中部地区崛起“十三五”规划》中，明确了中部地区“一中心、四区”的定位，即全国重要先进制造业中心、全国新型城镇化重点区、全国现代农业发展核心区、全国生态文明建设示范区、全方位开放重要支撑区。站在新的发展平台上，中部地区肩负着缩小区域差距的重大责任。但是中部地区的经济发展依然面临重重困境，“三农”问题、产业结构问题等制约着中部地区的经济发展。在加快经济发展方式转变的历史进程中，中部地区将会起到衔接东部和西部地区经济发展的桥梁作用，这将有力地推动中国经济增长空间由沿海向内陆地区拓展，加快形成东中西区域良性互动、协调发展新局面。因此，中部地区经济发展方式转变对中国区域经济协调发展具有重要意义。

一、中部地区经济增长评价

中部地区2005～2014年经济增长及其二级指标转变能力如表9-1和图9-1所示。

表9-1　中部地区2005～2014年经济增长及其二级指标转变能力

年份	规模速度	财政收入	经济增长总体得分
2005	0.0048	0.0058	0.0106
2006	0.0053	0.0072	0.0126
2007	0.0066	0.0062	0.0128
2008	0.0066	0.0070	0.0136

续表

年份	规模速度	财政收入	经济增长总体得分
2009	0.0070	0.0058	0.0128
2010	0.0093	0.0093	0.0186
2011	0.0103	0.0125	0.0228
2012	0.0105	0.0117	0.0221
2013	0.0107	0.0118	0.0226
2014	0.0110	0.0121	0.0231
增幅	0.0062	0.0063	0.0125

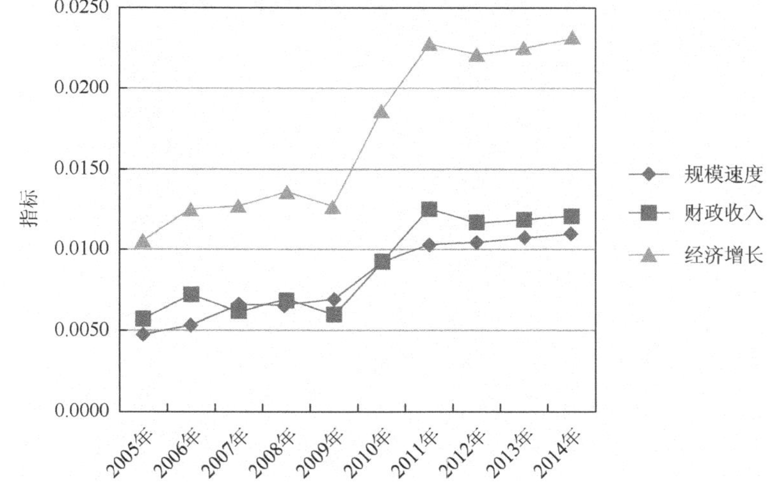

图 9-1　中部地区 2005～2014 年经济增长及其二级指标转变能力变化趋势

从表 9-1 和图 9-1 中经济增长指标可看出：中部地区经济增长得分有了大幅提高，但是波动性也很大。2008 年受金融危机影响，经济增长得分有所下降，而之后在国家刺激政策的作用下，经济增长得分在 2009～2011 年有了大幅改变，2011 年经济增长得分略有下降，之后其得分又开始稳定增长。经济增长得分提高了 0.0125，提高幅度近 120%。二级指标中，规模速度和财政收入的得分分别提高 0.0062 和 0.0063，但规模速度的提高幅度却明显快于财政收入。规模速度在 2007 年和 2008 年持平，得分增速放缓，而在 2009 年之后，规模速度得分有了明显提高，这主要是国家刺激政策实施后的效果。财政收入得分在 2005～2009 年波动下降，政府为了帮助企业摆脱困境，主动为部分企业减轻税收负担，这导致财政收入有了明显下降，2009 年之后，随着企业经营状况的改善，财政收入又猛然回升。总体上，规模速度和财政收入的得分变化没有发生太大背离，财政收入得分随着规模速度得分的变化而变化，当宏观经济形势良好，企业生产状况较好时，财政收入就得到了相应程度的提高，而当宏观经济形势较差，企业生产状况不佳时，财政收入就出现较大问题，政府的财政收入取决于经济发展状况。因此，中部地区经济增长想要依靠政府的力量来推动比较困难，政府财政收入对地方经济发展的支持力度有限。经济增长面临的问题是承受外部冲击的能力比较弱，经济增长的内生性还有待加强。

二、中部地区经济结构评价

中部地区2005～2014年经济结构及其二级指标转变能力如表9-2和图9-2所示。

表9-2　中部地区2005～2014年经济结构及其二级指标转变能力

年份	产业结构	城乡结构	需求结构	市场化程度	经济结构总体得分
2005	0.0067	0.0083	0.0156	0.0135	0.0440
2006	0.0067	0.0085	0.0154	0.0148	0.0454
2007	0.0066	0.0089	0.0152	0.0161	0.0467
2008	0.0061	0.0096	0.0153	0.0178	0.0487
2009	0.0068	0.0098	0.0158	0.0192	0.0516
2010	0.0064	0.0107	0.0185	0.0208	0.0563
2011	0.0062	0.0117	0.0186	0.0215	0.0580
2012	0.0066	0.0123	0.0207	0.0319	0.0715
2013	0.0070	0.0131	0.0237	0.0312	0.0750
2014	0.0081	0.0149	0.0256	0.0328	0.0814
增幅	0.0014	0.0066	0.0100	0.0193	0.0374

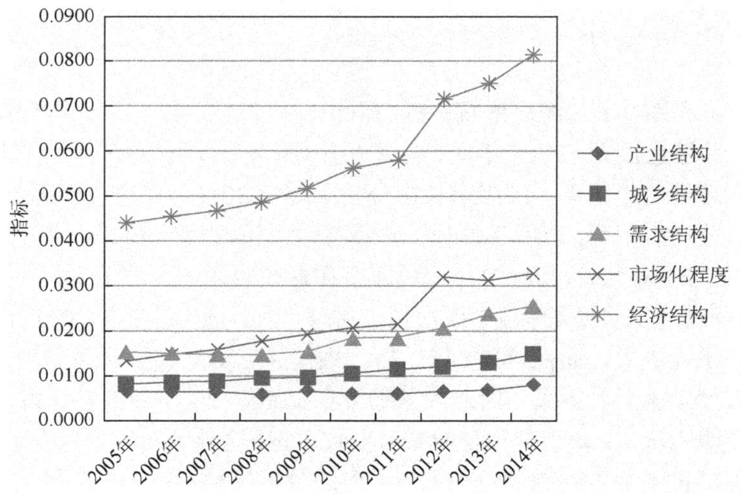

图9-2　中部地区2005～2014年经济结构及其二级指标转变能力变化趋势

从表 9-2 和图 9-2 中的经济结构指标可看出：经济结构得分提高速度先慢后快，得分提高 0.0374，提高幅度为 85%。二级指标中，市场化程度得分提高最多，为 0.0193，提高幅度超过 140%，市场化程度超过需求结构成为对经济结构优化贡献最大的因素，市场化程度在 2012 年之后有了较大程度的提高，中部地区的市场活力得到更充分释放，个体、私营企业得到了较快发展。需求结构得分提高 0.0100，提高幅度为 64%，2009 年之前，中部地区的需求结构得分有所降低，主要是消费比例有所下降，投资比例上升，2011 年之后，消费比例重新升高，需求结构得分也在稳步提升。产业结构得分提高最少，只有 0.0014，提高幅度也只有 21%，产业结构得分呈现 W 形，2005～2008 年产业结构得分略有下降，2009 年产业结构得分有所反弹，2010～2012 年产业结构得分略有降低，2012 年之后产业结构得分才有较大提高，这说明中部地区的产业结构调整并不是一帆风顺的，而是有所反复，直到近几年产业结构才逐渐趋于合理，第三产业产值占国内生产总值比例上升，第二产业产值占国内生产总值比例有所下降，中部地区第三产业的发展水平与东部地区相比还有较大提升空间；城乡结构得分提高次少，只有 0.0066，但提高幅度为 80%，中部地区的城乡差距还未拉大，城乡收入差还位于库兹涅茨曲线的左端，城镇化率的提高带动了城乡结构的优化。因此，中部地区经济结构调整的主要瓶颈在于第三产业产值比例还有待提高，以及防范城乡收入差距扩大的风险。

三、中部地区经济效益评价

中部地区 2005～2014 年经济效益及其二级指标转变能力如表 9-3 和图 9-3 所示。

表 9-3　中部地区 2005～2014 年经济效益及其二级指标转变能力

年份	劳动资本效益	能源效益	土地利用效益	经济效益总体得分
2005	0.0110	0.0029	0.0029	0.0168
2006	0.0105	0.0030	0.0036	0.0170
2007	0.0108	0.0031	0.0045	0.0184
2008	0.0109	0.0032	0.0055	0.0196
2009	0.0087	0.0033	0.0056	0.0176
2010	0.0100	0.0034	0.0068	0.0202
2011	0.0132	0.0037	0.0085	0.0253
2012	0.0129	0.0037	0.0093	0.0259
2013	0.0123	0.0037	0.0101	0.0261
2014	0.0120	0.0037	0.0104	0.0261
增幅	0.0010	0.0008	0.0075	0.0093

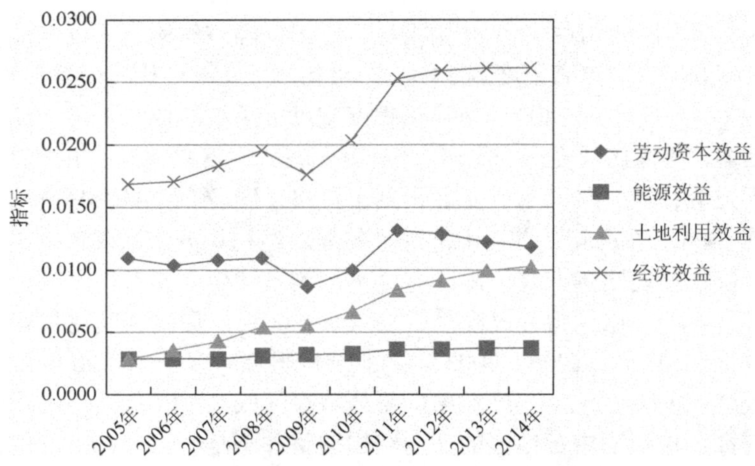

图 9-3　中部地区 2005～2014 年经济效益及其二级指标转变能力变化趋势

从表 9-3 和图 9-3 中经济效益指标可看出，经济效益在波动中提高，提高速度在 2011 年之后放缓。经济效益得分提高 0.0093，提高幅度超过 50%，2008～2009 年经济效益明显下滑，这主要是劳动资本效益下降引起的，其中固定资产投资效果系数下降明显；在国家刺激政策的作用下，固定资产投资效果系数有所反弹，2009～2011 年劳动资本效益快速提高，导致经济效益得分也快速上升；2011 年后，固定资产投资效果系数缓慢下降，而土地利用效益缓慢上升，两者合力将经济效益得分稳定在 0.0260 的水平上，在经济效益变化的过程中，全员劳动生产率是在不断提升的，只是不同时期提升的速度有所不同。二级指标中，能源效益得分提高最少，只有 0.0008，提高程度为 28%，能源利用技术发展缓慢和利用方式落后使得能源效益较低，这是中部地区经济效益提高的一个瓶颈。土地利用效益得分提高最大，为 0.0075，提高幅度为 2.5 倍以上。劳动资本效益和经济效益的变动趋势大致类似，其得分主导了经济效益得分的变动趋势，劳动资本效益得分变动主要受到固定资产投资效果系数的影响，资本的投资收益率有下降的趋势，国家的刺激政策也只是让资本投资收益率有了暂时性的提高，而中部地区的投资多是低水平重复投资，这也使得资本收益率下降趋势难以扭转，而与此同时，全员劳动生产率虽然在提高，但是高素质人才流失严重，劳动效益提高幅度有限。因此，中部地区经济效益提高的瓶颈主要有人才缺乏，劳动效益提高程度受限，低水平重复投资使得资本收益率不断降低，能源利用效率不高导致能源资源浪费。

四、中部地区科技创新评价

中部地区 2005～2014 年科技创新及其二级指标转变能力如表 9-4 和图 9-4 所示。

表 9-4　中部地区 2005～2014 年科技创新及其二级指标转变能力

年份	创新投入	创新成果	科技创新总体得分
2005	0.0101	0.0067	0.0168
2006	0.0113	0.0076	0.0189
2007	0.0181	0.0083	0.0264
2008	0.0195	0.0097	0.0292
2009	0.0187	0.0119	0.0306
2010	0.0193	0.0139	0.0332
2011	0.0203	0.0190	0.0393
2012	0.0215	0.0226	0.0441
2013	0.0247	0.0262	0.0509
2014	0.0261	0.0303	0.0564
增幅	0.0160	0.0236	0.0396

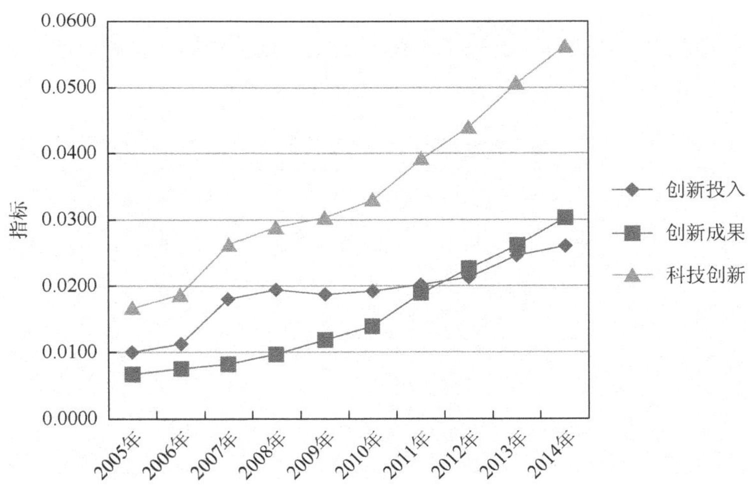

图 9-4　中部地区 2005～2014 年科技创新及其二级指标转变能力变化趋势

从表 9-4 和图 9-4 中科技创新指标可以看出：中部地区科技创新得分快速提高，十年里提高了 0.0396，提高幅度超过 200%。二级指标中，创新成果得分 0.0303，与 2005 年相比提高了 3 倍多，创新投入提高了 0.0160，提高幅度近 160%。创新投入得分在 2007～2008 年有大幅提高，之后保持平稳增长，而创新成果得分在不断提高，2010 年之前提高较慢，之后则快速提高，并在 2012 年超过创新投入，成为科技创新的最大贡献因素。创新成果得分的快速提高与创新投入的大幅提高是分不开的，中部地区的创新投入有了大幅提高，使得创新成果也十分丰富，这对于技术的积累起到了重要的作用。中部地区也存在企业研发投入不足的困境，研发支出占国内生产总值比例相对科技经费支出占地方财政支出比例较低，这表明政府的科技投入较多，而企业的研发投入相对不足。发明专利授权量的得分较高，而技术合同成交金额和高科技产业总产值占国内生产总值比例这两个指标得分较低，这也反映出科技成果转换率低，科技成果产业化应用程度不高。因此，中部地区也存在企业研发投入不足和科技成果产业化应用程度不高的问题。

中部地区科技成果虽然取得了良好的发展，但与东部地区的差距依然明显。2014 年中部地区科技创新得分为 0.0564，而东部地区同期则是 0.1447，两地区的差距十分明显。东部地区 2005 年的科技创新得分为 0.0625，这依然要比中部地区 2014 年的得分高，因此，中部地区科技创新要落后东部地区至少十年。

五、中部地区民生保障评价

中部地区 2005～2014 年民生保障及其二级指标转变能力如表 9-5 和图 9-5 所示。

表 9-5 中部地区 2005～2014 年民生保障及其二级指标转变能力

年份	人口素质	生活质量	社会保障	民生保障总体得分
2005	0.0100	0.0062	0.0102	0.0264
2006	0.0113	0.0075	0.0109	0.0296
2007	0.0126	0.0074	0.0176	0.0375
2008	0.0133	0.0067	0.0194	0.0394
2009	0.0139	0.0079	0.0221	0.0440
2010	0.0171	0.0084	0.0224	0.0479
2011	0.0181	0.0086	0.0280	0.0546
2012	0.0175	0.0094	0.0332	0.0601
2013	0.0182	0.0102	0.0345	0.0629
2014	0.0194	0.0111	0.0354	0.0659
增幅	0.0094	0.0049	0.0252	0.0395

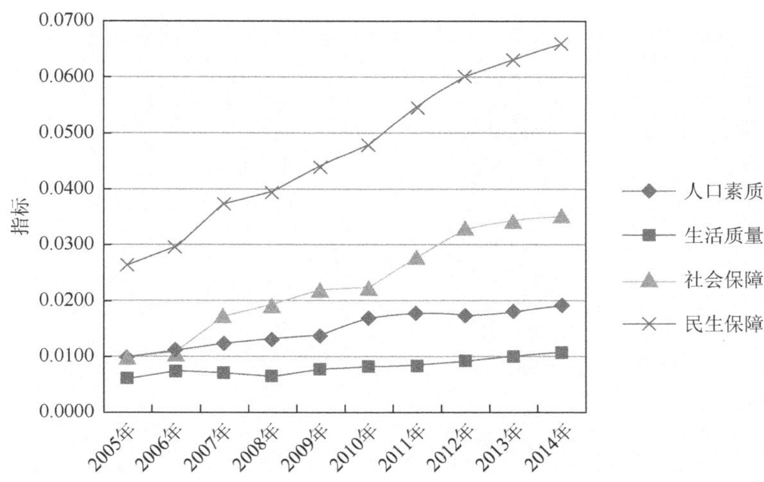

图 9-5　中部地区 2005～2014 年民生保障及其二级指标转变能力变化趋势

从表 9-5 和图 9-5 中民生保障指标可看出：民生保障得分一路向上，得分提高了 0.0395，提高幅度为 150%。生活质量得分提高最少，为 0.0049，提高幅度接近 80%，人口素质得分提高了 0.0094，提高幅度为 94%，社会保障得分提高最多，为 0.0252，提高幅度超过 240%。社会保障得分占民生保障得分的比例最大，其次是人口素质，最后是生活质量。社会保障得分呈现两个阶段性的特征，2006～2009 年得分有了大幅提高，这主要是因为社会保障支出占地方财政支出比例和卫生费用支出占地方财政支出比例有所提高，社会保障水平和医疗水平有所提高；2010～2014 年在之前的基础上又有了较大程度的提高，这主要是因为社会保障覆盖率的提高。人口素质得分在不断提高，2010 年后有较大起伏，这主要是因为平均期望寿命的提高，2012 年教育投入有所波动导致人口素质得分有所下降。总体上，中部地区的教育投入在增加，每十万人拥有的在校大学生人数也在增加。生活质量得分整体上呈现缓慢上升的趋势，2008 年受金融危机影响，生活质量得分略有下降，但并不影响整体上升的趋势。社会保障程度的提高对人口素质和生活质量的提高起到了一定的帮助作用。虽然中部地区民生保障发展良好，但与东部地区相比，2014 年中部地区人口素质得分为 0.0194，东部地区则为 0.0223，中部地区社会保障得分为 0.0354，东部地区为 0.0429，中部地区的人口素质水平和社会保障水平与东部地区相比还有一定的差距。因此，中部地区民生保障方面的瓶颈为：一方面，教育水平落后使得高素质人才流失；另一方面，社会保障水平不高，高素质劳动力流失。

六、中部地区资源环境评价

中部地区 2005～2014 年资源环境及其二级指标转变能力如表 9-6 和图 9-6 所示。

表 9-6　中部地区 2005～2014 年资源环境及其二级指标转变能力

年份	环境效应	环境治理	资源环境总体得分
2005	0.0100	0.0150	0.0250
2006	0.0098	0.0166	0.0265
2007	0.0096	0.0206	0.0302
2008	0.0096	0.0245	0.0341
2009	0.0095	0.0264	0.0359
2010	0.0092	0.0299	0.0391
2011	0.0086	0.0308	0.0395
2012	0.0088	0.0330	0.0418
2013	0.0087	0.0339	0.0427
2014	0.0088	0.0334	0.0422
增幅	–0.0012	0.0184	0.0172

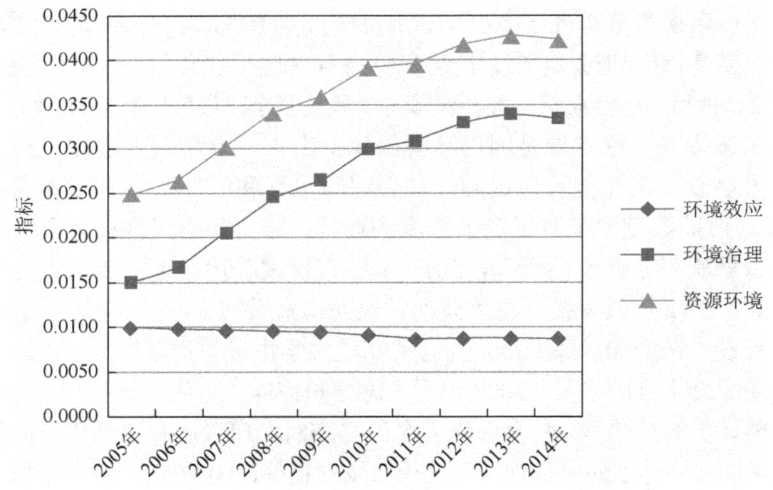

图 9-6　中部地区 2005～2014 年资源环境及其二级指标转变能力变化趋势

从表 9-6 和图 9-6 中资源环境指标可看出：中部地区的资源环境得分在不断提高，十年里提高了 0.0172，提高幅度近 70%，但从二级指标来看，环境效应得分反而下降了 0.0011，下降幅度为 11%，只是因为环境治理得分大幅提高了 0.0184，提高幅度超过 120%。环境治理得分占资源环境得分的比例超过 50%，所以环境治理得分的趋势主导了资源环境的变化趋势，环境治理得分在不断提高，而近年来环境治理得分的提高遇到了阻碍，2014 年环保投资占国内生产总值比例、工业固体废弃物综合利用率等略有下降，只有三废综合利用产品产值略有提高，所以资源环境得分在 2013 年也出现了短期高点。环境效应的得分则呈现不断下降的趋势，2010～2011 年有一个明显下降，主要是工业废气排放总量和工业单位产值的固体废弃物生产量有明显的增加。随着环境治理得分的不断提高和环境效应得分的下降，两者的“剪刀差”也越来越大，环境治理投入增加仅仅使环境效应没有变得更差。当现有生产技术没有较大革新，工业三废排放继续增加，而环境投入不再随之增加后，环境效应可能会更差。目前环保投资的提高已经达到一个高点，追加投资的空间已经较小，而循环经济还未得到充分发展，固体废弃物综合利用率的短期提高还不现实，这些都成为制约中部地区资源环境发展的瓶颈。与东部地区相比，中部地区资源环境总体得分更低，环境治理也处于落后状态，环境效应得分下降幅度更大，这表明中部地区的环境污染程度比东部地区更加严重，而环保投资和工业三废的综合利用率却没有东部地区高，中部地区资源环境恶化程度要比东部地区更明显。

综合上述分析，中部地区经济发展方式转变面临的瓶颈主要如下。

（1）中部地区经济增长内生性不足，财政收入增长速度放缓，财政对经济发展的支持作用减弱。中国经济增长进入换挡期，增速由高速转为中高速，企业盈利能力有所下降，财政收入也随之下降。而中部地区经济发展的硬件环境还有待改善，财政收入的下降必然影响对本地区公共产品的提供和基础设施建设，政府对当地经济发展的支持力度就会受到削弱。若想保持之前的财政投入，政府势必就会举债搞建设，在经济不景气的时候反而存在债务违约的风险。

（2）中部地区产业结构的调整难度大，市场化活力有待加强，城镇化率有待提高。中部地区的工业发展多依赖“原”字头和“初”字号产业发展，近年来随着装备制造和电子信息制造产业的发展，工业发展结构有向好的趋势，但总体上工业发展依然依赖资源型产业。第三产业比例在近年来不断发展，但发展水平与东部地区相比还有较大差距，尤其是生产性服务业要落后东部地区很多。在工业发展水平还未达到先进的情况下，生产性服务业也难以得到有效发展，所以产业结构调整任重道远。中部地区位于内陆，思想较为保守，并且一直以农业生产为主，所以经商理念与东部地区相比较差，企业数量也较少，市场活力还有待提高。中部地区的农村还有很多剩余劳动力，城镇化发展大有可为。

（3）中部地区劳动资本效益下滑严重，能源效益不高。在改革开放的浪潮下，中部地区的很多优秀人才都纷纷流入东部地区，虽然中部地区劳动生产率在提高，但提高速度较慢。中部地区产业发展较为粗放，而进行的投资多是低水平的重复建设，在产能过剩的时代，资本投资收益下降也就不足为奇。中部地区有较为丰富的煤炭和矿产资源，但这些资源的使用效率并不高，一方面是生产设备不够先进，另一方面存在“资源诅咒”的现象。

（4）中部地区企业创新投入相对于政府来说也有所不足，科技成果产业化应用不高。中部地区企业多是资源型企业和初级加工制造业，企业的发展并不依赖高科技的支撑，只要有足够的资源投入就可以。因此，企业研发投入动力不足。随着资源的枯竭和装备制造业的发展，企业逐渐开始重视研发投入，但投入幅度并不大。中部地区科技成果主要是政府科研机构产出的，而政府科研机构与企业之间的产学研合作方式不佳，其产出的多数科技成果难以满足企业的需要，而少数满足企业发展需要的科技成果又难以有效对接具体产业。因此，中部地区的科技成果产业化程度不高。

（5）中部地区民生保障提高速度较慢，高素质人才缺失。中部地区社会保障有了较大改善，社会保障覆盖范围和保障水平都稳步提高，人口素质和生活质量有小幅改善，但与东部地区相比，中部地区整体民生保障水平并不占优，这也使得中部地区人才流失严重，引进的高素质人才难以留住。中部地区教育水平低于东部地区，高素质人才的培养也有待提高。

（6）中部地区资源环境污染更为严重，环保投资难以有效增加。中部地区产业粗放发展使得工业三废排放量巨大，尤其是工业废水和工业废气的排放，而环保经费的投入却严重不足，这使得工业治理设施难以保证正常运转，企业生产设备升级改造也难以得到政府补贴，生态修复和建设工程不能保证顺利进行，资源环境恶化较为严重。生态恶化影响了生产活动，生产活动的减少又使得财政收入减少，由此陷入一个恶性循环中。

除此之外，中部地区经济发展还面临以下这些问题。

（1）中部各省份合作协调不够。在战略上中部各省份都想争当龙头，都从各省份自己的利益出发，缺乏整体行动和统一计划，恶性竞争比较严重。而产业结构都形成了煤炭、钢铁、汽车、机械、电力、电子信息、建材等产业，彼此的竞争大于彼此的合作。中部地区“对内形不成凝聚力，对外形不成竞争力；对上形不成注意力，对下形不成号召力”，基本处于分崩离析的状态。

（2）“三农”问题突出。中部单位耕地面积负担的农业人口明显高于西部和东部，农业劳动力转移压力大。城镇经济欠发达，农业的发展、农民的小康生活相对滞后，农业产业化率低，城乡之间经济发展、文化水平存在较大差异，农民普遍文化素质不高。

（3）开放程度不高。观念封闭，行动封闭，政策决策封闭，在对外开放的领域、引进外资的规模、进出口贸易等方面都显著低于东部地区，也低于全国平均水平。经济运行与国际接轨程度偏低。

（4）县域经济依然弱小。中部地区六个省份都是农业大省，县域经济发展仍比较薄弱，县域经济缺少特色，产业支撑不够，与东部发达地区相比仍有比较大的差距。

第二节　中部地区经济发展方式转变的对策建议

在加快经济发展方式转变的历史进程中，中部地区将会起到重要的桥梁作用，中部地区经济发展水平处于东部和西部之间，正好能够衔接东部和西部地区的经济发展。中部崛起战略实施以来，中部地区经济发展已经迈向了一个更高的水平。新时期，站在新的起点上，克服经济发展中的产业结构问题、“三农”问题和环境保护问题等，不断缩小与东部地区的差距，中部地区还有很长的路要走。针对中部地区经济发展方式转变存在的一些问题，主要提出了以下的对策建议。

一、提升经济增长内生性，保持财政收入稳定增长

中部地区经济的持续快速增长面临较大困难，相当一部分大型企业处于产能过剩行业，是国家重点调控的对象，因此企业承受着较大的经营压力。新兴产业发展过程中，东部地区占据着明显的优势，而中部地区则由于科技发展水平落后、企业经营管理经验欠缺和商业发展模式老旧而处于劣势，新增加企业较少。一方面原有资源型企业濒临灭亡；另一方面新增加企业较少，经济发展的活力不足，相应的地方财政收入就会减少。对此，中部地区要增加市场经济主体，保持财政收入稳定增长。一是对过剩行业的企业进行破产清算和兼并重组等以增加企业竞争力，让部分无竞争力的企业退出市场，而让优秀的企业获得更多的市场，获得更高的利润。二是积极进行招商引资，鼓励更多项目落地生根，在中部地区设立新公司或分公司。三是鼓励有条件的人进行创业活动，为创业者提供相关的场地支持和财政税收支持。不断增强原有企业的竞争力，增加新兴的市场主体，不断提高经济增长的动力。

二、做优做强第二产业，促进第三产业发展，提升城镇化发展质量

（1）中部地区工业化发展水平还有提高的空间，因此要做优做强第二产业。一是通过技术创新促进传统产业改造和升级。利用人工智能、大数据、云计算等新技术改造升级传统设备。二是强化现代企业管理方式，培育自主品牌，采用“互联网 +”的生产和营销模式，让传统产业焕发新活力。三是吸引东部地区产业进行转移，对转移产业进行配套基础设施建设，并提供相应的税收和土地等优惠政策，例如，河南省引进富士康企业入驻，带动该地区电子信息产业发展。四是以智能化、信息化为抓手，推进现代制造业体系建设。大力发展智能机器人、信息

技术、现代装备制造、新能源、新材料、生物医药等产业，借助国家《中国制造2025》的产业发展战略以及互联网信息产业的发展，建设现代化产业体系。发挥湖南湘江新区、江西赣江新区等重要制造业基地的作用，利用山西省煤炭和新能源方面的发展优势，借鉴湖北武汉东湖高新技术开发区为代表的一批高新技术企业快速发展的经验，共同促进中部地区第二产业转型升级。

（2）中部地区第三产业的发展要借鉴吸收东部地区的经验，同时结合本地区工业发展需要进行创新发展。一是全面推进“传统服务业 + 互联网”发展模式。运用大数据等分析消费者个性化需求，个性化消费者通过电子商务网即时下订单，生产企业利用物联网为个性化产品及时设计生成模具，并快速生产个性化产品。二是大力发展数字化互联网金融、北斗卫星跟踪系统物流、供销一体化电子商务、大数据云计算信息服务等生产性服务业，为第二产业发展提供强力支持，并不断促进第二产业和第三产业的深度融合。三是促进文化教育体育、旅游休闲、医疗养老健康、人工智能家政服务等产业的发展和壮大。

（3）中部地区人口相对密集，大量农村人口需要转移，城镇化发展基础良好且潜力巨大。特别是中部地区是中国农民工的主要流出地，是落实全国 3 个 1 亿人城镇化战略中就地城镇化战略的主要区域。一是促进长江中游城市群、中原城市群、皖江城市带、山西中部城市群发展壮大，不断增强中心城市的辐射带动能力。二是大力发展现代农业生产方式，将农业剩余劳动力释放出来，促进劳动力进入城市中的服务行业。

三、提高劳动者素质，创新资本投资方式，提高能源利用效率

（1）中部地区高素质劳动力流失严重，劳动生产率提升速度也较慢。对此，中部地区可采取以下措施：一是鼓励本地区优秀的人才回乡创办企业或者进行项目的牵线搭桥，造福乡梓。二是创造条件吸引优秀人才留在本地区。给予优秀人才优厚的报酬和一流的科研环境，解决优秀人才的后顾之忧。三是提升本地区教育水平，提高高等教育质量，培养更多优秀的人才。让人才回得来，留得住，并不断培养新生代优秀人才，不断促进劳动生产率的提升。

（2）中部地区低水平重复投资较多。提高资本收益可以从两个方面入手解决：一是从国家宏观层面制定中部地区的产业错位发展政策，做到分类指导和有保有压相结合，不同区域错位培育新兴产业和提升传统产业相结合；二是国家从土地、信贷、环保、监察、项目等方面制定综合法规，并促使土地、信贷、环保、监察、项目审核等管理部门紧密配合，坚决杜绝促使中部地区低水平重复的现象。

（3）中部地区煤炭等能源资源丰富，而利用效率的提高主要从两方面入手：一是不断进行技术创新，提高生产设备的技术含量，提升能源的利用效率。二是

提倡勤俭节约的优良作风，不浪费资源，要时刻都有危机感，一旦出现资源的枯竭或替代产品，要有良好的解决方案。

四、鼓励企业加大研发投入，提高科技成果转换率

（1）强化企业创新主体地位。随着中部地区产业升级和资源枯竭的发展，企业增加研发投入的动力会有所增强。一是从国外引进一批有技术实力的新兴企业，带动当地企业加强科技创新。二是培育创新型高新技术领军企业。三是建立以利益为纽带、网络化协同合作的产业技术创新战略联盟，推动中部地区企业跨行业跨领域协同创新。

（2）提高科技成果转换率。一是改革完善科技评价考核机制，构筑有效的知识产权保护体系和严格的科研诚信体系。二是构建成果转化信息发布平台，实现科研成果与市场的有效对接。三是加快中试基地建设，让科技成果及时得到试验、应用和推广。

五、减少污染排放，增加环保经费

中部地区受其产业发展的影响，工业污染严重，并且环保投资跟不上，这会使得该地区生态环境状况日益严重。因此，要使得生态环境能有所改善，就要努力减少污染物排放，想办法增加环保经费投入。一是依法取缔关闭污染严重的企业，坚决淘汰落后产能。中部地区河网密布，湖泊众多，应充分发挥河长制、湖长制的管理优势，严厉排查和监管河流与湖泊流域内的生产企业，促其对三废达标排放。二是大力发展装备动力设备的高效技能技术，强力推广高效节能产品，着力抓好工业、建筑、交通、公共机构等重点领域节能。三是建立全社会齐抓共管新模式，改变政府单方治理状况，实现政府、企业、居民等多方共同参与治理。四是完善生态补偿政策措施，推进重要生态功能区、重点资源开发区和生态良好区的分区保护。充分发挥江西全国生态文明示范省、武汉城市圈、长株潭城市群“两型社会”综合配套改革试验区等系列综合试验平台的作用，积极探索创新生态文明建设机制。五是加强环境风险的防控，实施天然林草资源、湿地等重点生态环境保护和修复工程。对长江、黄河、淮河等大江大河的中游与上游以及鄱阳湖、洞庭湖等众多湖泊，南水北调中线水源地进行严格的生态保护。

此外，针对中部地区面临的其他方面的瓶颈，可以通过以下措施进行解决。

（1）加强联合与协作。建立官方正式的协作机制，加强经济的横向联合。中部六省份产业比较雷同，但是也有很大的互补空间，通过协同攻关，集中中部各省份优势资源共同将产业做大做强。中部生产力布局应该构建“宏观成带、中观

组团、极核突出”的战略格局，有效联通和集聚区内外各种要素，在中观层面上着重发展若干集聚组团，组团间以及组团内城市间要形成合理的功能组合以及产业关联，强化分工协作，同时要突出组团中心城市尤其是龙头城市的集聚辐射能力，形成区域增长极效应。

（2）加快城乡经济社会一体化发展进程。一是大力发展现代农业，适度扩大农业生产规模，促进土地流转，加强农业科技的开发利用。二是培育现代农民。对农民进行农业技能培训，不断提高农民种田水平。三是加强社会主义新农村建设。根据当地资源优势，培育和发展各具特色的优势产业，形成产业集群。通过对资源型产品的深加工、精加工，切实把资源比较优势转化成经济竞争优势。

（3）扩大对外开放。继续转变思想，进一步破除内陆意识，深化产权制度、分配制度、法律制度等方面的改革，营造符合国际通行规则的对外开放的制度环境、人文环境。积极招商引资，通过优选具有比较优势和竞争优势项目与招商项目，实行有机嫁接，以项目为载体，促使外资落地生根、开花结果。

（4）加快推进县城、中心镇的建设。通过产业支撑，打造具有本地特色的矿产资源开发型小城镇、生态文化旅游型小城镇、交通枢纽型小城镇、科技依托型小城镇、贸易流通型小城镇。加强小城镇的辐射带动作用，形成城因业立、人因城聚、小城镇和农村协调发展的良性互动格局。

第十章　东北地区经济发展方式转变

第一节　东北地区经济发展方式转变的评价

东北地区与蒙古、俄罗斯、朝鲜接壤，与韩国、日本隔海相望，东北平原一望无垠，沃野千里，是中国重要的商品粮生产基地，同时拥有丰富的石油、煤炭等能源和森林、铁等自然资源，成为中国著名的重工业基地。由于历史等因素，东北地区还存在众多国有企业。近年来，伴随着国际低价粮食的竞争、自然资源的枯竭、国有企业经济效益的下降以及人才的不断流失，东北地区经济发展面临着诸多的困难。东北地区作为中国区域经济发展格局中的重要一环，实现东北老工业基地的振兴对于中国经济发展方式转变，尤其是国有企业改革具有重要意义。因此，对东北地区经济发展出现的问题进行评价，有助于重现中国工业基地的辉煌。

一、东北地区经济增长评价

东北地区 2005～2014 年经济增长及其二级指标转变能力如表 10-1 和图 10-1 所示。

表 10-1　东北地区 2005～2014 年经济增长及其二级指标转变能力

年份	规模速度	财政收入	经济增长总体得分
2005	0.0060	0.0059	0.0119
2006	0.0073	0.0063	0.0136
2007	0.0085	0.0083	0.0168
2008	0.0095	0.0104	0.0199
2009	0.0098	0.0082	0.0180
2010	0.0118	0.0114	0.0231
2011	0.0134	0.0167	0.0302
2012	0.0138	0.0155	0.0293
2013	0.0140	0.0148	0.0288
2014	0.0137	0.0135	0.0272
增幅	0.0077	0.0076	0.0153

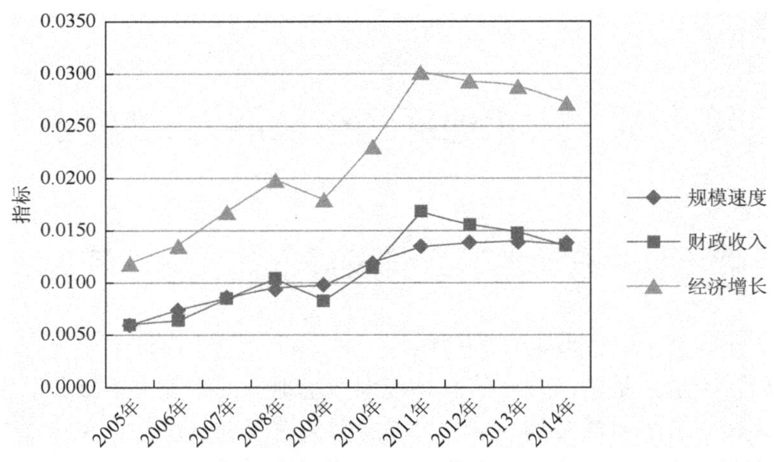

图 10-1　东北地区 2005～2014 年经济增长及其二级指标转变能力变化趋势

从表 10-1 和图 10-1 中的经济增长指标可看出：东北地区经济增长在近期遇到了很大困难。经济增长得分提高了 0.0153，提高幅度接近 130%，从其变化趋势来看，2008 年之前东北地区经济增长表现较好，受金融危机的影响，2008 年经济增长有所下降，在国家刺激政策的作用下，东北地区利用国有企业优势，实现了经济增长的大幅反弹，但 2011 年之后经济增长却呈现出快速下降的趋势。二级指标中，财政收入和规模速度对经济增长的贡献率各 50%，但财政收入的变化趋势与经济增长走势基本一致，规模速度则呈现稳定上升的趋势，2014 年略有下降。东北地区财政收入和规模速度这两个指标在 2008～2010 年发生背离，财政收入得分低于规模速度，这表明金融危机期间，受企业经营困难的影响，政府为了减轻企业负担，使得财政收入有了大幅下降。这两个指标在 2010～2013 年再次发生背离，财政收入得分高于规模速度，当政府刺激政策的作用消失后，宏观发展速度减缓，企业发展状况受到冲击，财政收入出现了下降，财政支持地方经济发展能力减弱。因此，东北地区经济增长的瓶颈在于财政收入大起大落，财政对地方经济发展的支持作用受到很大影响。东北地区国有企业偏多，当宏观经济发展良好时，财政收入增加较多，而当宏观经济较差时，政府为了支持国有企业渡过难关，财政收入增加已经不太可能，而且要动用往年的财政资金来支持国有企业的发展，这导致财政对地方经济其他方面的支持力度就会小得多。因此，东北地区经济增长的瓶颈是财政收入不能稳定增长，对经济增长的支持作用有限。

二、东北地区经济结构评价

东北地区 2005～2014 年经济结构及其二级指标转变能力如表 10-2 和图 10-2 所示。

表 10-2　东北地区 2005～2014 年经济结构及其二级指标转变能力

年份	产业结构	城乡结构	需求结构	市场化程度	经济结构总体得分
2005	0.0068	0.0157	0.0135	0.0111	0.0471
2006	0.0071	0.0156	0.0129	0.0122	0.0479
2007	0.0068	0.0158	0.0148	0.0140	0.0515
2008	0.0066	0.0165	0.0167	0.0169	0.0566
2009	0.0076	0.0162	0.0186	0.0193	0.0617
2010	0.0071	0.0175	0.0224	0.0212	0.0681
2011	0.0068	0.0187	0.0214	0.0219	0.0689
2012	0.0074	0.0190	0.0248	0.0283	0.0795
2013	0.0076	0.0191	0.0274	0.0284	0.0824
2014	0.0086	0.0193	0.0277	0.0292	0.0848
增幅	0.0018	0.0036	0.0142	0.0181	0.0377

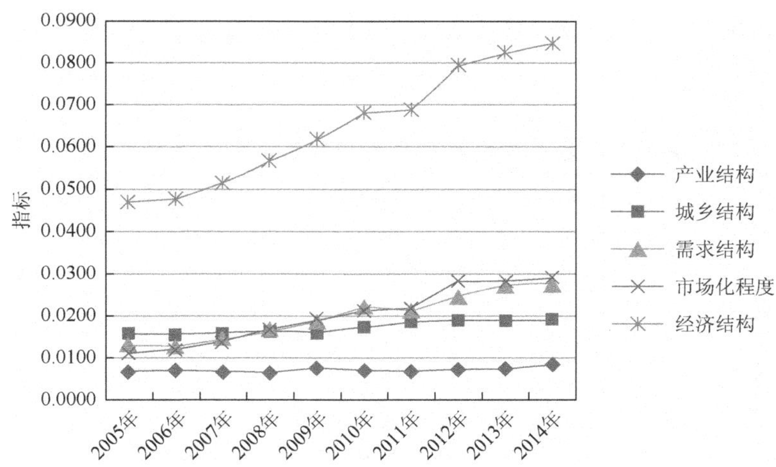

图 10-2　东北地区 2005～2014 年经济结构及其二级指标转变能力变化趋势

从表 10-2 和图 10-2 中经济结构指标可看出：东北地区经济结构得分在提高，十年里提高了 0.0377，提高幅度为 80%，前五年增速快而后五年增幅放缓。二级指标中，产业结构得分提高最少，只有 0.0018，提高幅度为 26%，城乡结构得分提高是产业结构的 2 倍，但提高幅度只有 23%，需求结构得分提高 0.0142，提高幅度超过 100%，市场化程度得分提高最多，有 0.0181，提高幅度达到 163%，这表明经济结构转变主要依靠市场化程度的提高和需求结构的改善。城乡结构得分占经济结构得分的比例最高，2008 年被市场化程度和需求结构超过，2011 年之后市场化程度得分占经济结构得分的比例最大。东北地区有大量的国有企业，但这十年里私营企业产值占工业总产值的比例还是有所提高，这使得东北地区的经济活力有所增强，市场化程度得到增强。消费比例的提高也使得东北地区的需求结构得到优化，金融危机对东北地区的出口影响并不大。城乡结构得分每年增加并不多，但是城乡结构得分基本一直在提高，这主要得益于城镇化的推进，城乡收入差距变化不大。东北地区产业结构优化进展缓慢，由于东北地区是中国重工业基地，工业发展水平较高，第二产业产值占国内生产总值比例较高，第三产业产值占国内生产总值比例就比较低，第三产业还有较大的提升空间，第三产业发展反过来促进第二产业的发展，从而使得第二、第三产业能够得到融合发展。因此，东北地区经济结构转变存在的瓶颈如下：个体、私营企业发展不足，市场活力有待增强；第三产业发展水平有待提高，第二、第三产业的融合还不够。

三、东北地区经济效益评价

东北地区 2005～2014 年经济效益及其二级指标转变能力如表 10-3 和图 10-3 所示。

表 10-3　东北地区 2005～2014 年经济效益及其二级指标转变能力

年份	劳动资本效益	能源效益	土地利用效益	经济效益总体得分
2005	0.0134	0.0029	0.0018	0.0181
2006	0.0120	0.0029	0.0025	0.0174
2007	0.0120	0.0030	0.0032	0.0183
2008	0.0114	0.0031	0.0037	0.0182
2009	0.0098	0.0033	0.0040	0.0171
2010	0.0114	0.0032	0.0046	0.0192
2011	0.0156	0.0035	0.0059	0.0250
2012	0.0148	0.0035	0.0067	0.0250
2013	0.0148	0.0035	0.0073	0.0256
2014	0.0157	0.0035	0.0072	0.0264
增幅	0.0023	0.0006	0.0054	0.0083

从表 10-3 和图 10-3 中经济效益指标可看出：东北地区经济效益得分有三个阶段，2005～2008 年经济效益基本保持稳定，2009～2011 年快速提高，2011 年之后缓慢提高。经济效益得分提高了 0.0083，提高幅度为 46%，二级指标中，能源效益得分提高最少，只有 0.0006，提高幅度为 21%，劳动资本效益得分提高了

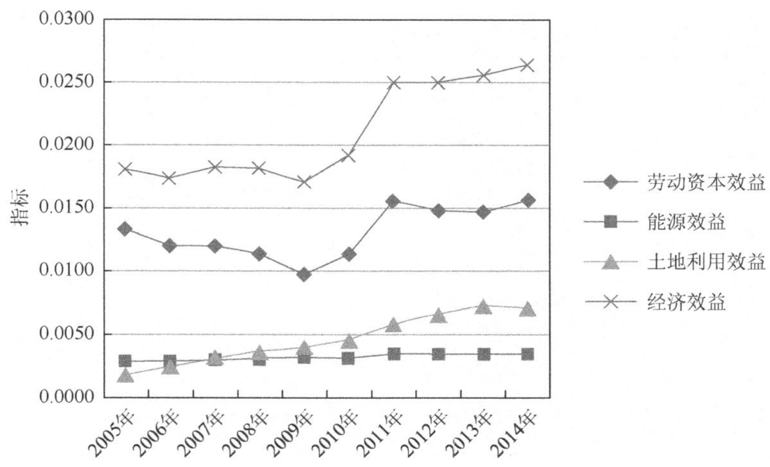

图 10-3　东北地区 2005～2014 年经济效益及其二级指标转变能力变化趋势

0.0023，提高幅度为 17%，土地利用效益得分提高最多，为 0.0054，提高了 3 倍。土地利用效益得分占经济效益得分的比例超过了能源效益，上升到第二位。能源效益不高，而东北地区的重工业发展又需要很多的能源，这造成能源资源的浪费，并且能源效益的得分在近几年没有得到有效提高，这成为制约东北地区经济发展的一个瓶颈。劳动资本效益得分占经济效益得分比例超过 50%，所以劳动资本效益变动趋势与经济效益基本一致。2005～2009 年，东北地区劳动资本效益呈直线下降趋势，这主要是因为固定资产投资效果系数在下降，投资收益不佳，而与此同时全员劳动生产率却是提高的，但提高幅度小于固定资产投资效果系数下降幅度。2009～2011 年受到国家刺激政策的作用，东北地区的国有企业更容易拿到投资，经济的扩张使得资本取到了较好的收益，加上全员劳动生产率的提高，劳动资本效益有了大幅提升。2011 年刺激政策作用消失后，固定资产投资效果系数又开始下降，2014 年有所回升，而全员劳动生产率的提高幅度并不大，所以劳动资本效益就有下降的趋势。因此，东北地区经济效益转变存在的瓶颈是能源效益不高，资本投资效益下降。

与东部地区相比，东北地区的劳动资本效益、能源效益和土地利用效益都还有所差距，其中差距最大的是土地利用效益，东北地区地广人稀，是中国重要的商品粮生产基地，农业生产的低效率是土地利用效益较低的一个原因。其次是劳动资本效益的差距，其中最主要的是资本投资收益差距。能源效益差距最小。

四、东北地区科技创新评价

东北地区 2005～2014 年科技创新及其二级指标转变能力如表 10-4 和图 10-4 所示。

表 10-4　东北地区 2005～2014 年科技创新及其二级指标转变能力

年份	创新投入	创新成果	科技创新总体得分
2005	0.0145	0.0106	0.0251
2006	0.0145	0.0104	0.0249
2007	0.0229	0.0119	0.0348
2008	0.0226	0.0128	0.0354
2009	0.0218	0.0150	0.0368
2010	0.0212	0.0169	0.0381
2011	0.0210	0.0199	0.0409
2012	0.0212	0.0239	0.0450
2013	0.0219	0.0227	0.0446
2014	0.0216	0.0240	0.0456
增幅	0.0071	0.0134	0.0205

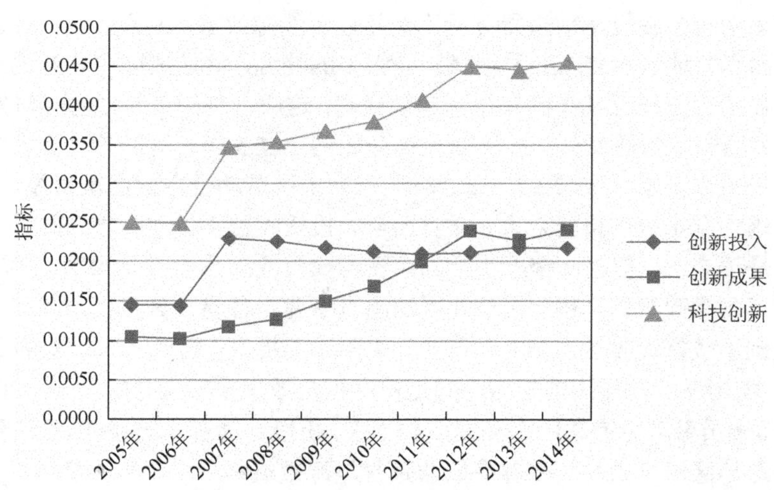

图 10-4　东北地区 2005～2014 年科技创新及其二级指标转变能力变化趋势

从表 10-4 和图 10-4 中科技创新指标可看出：东北地区科技创新得分变化分为三个阶段，2005～2006 年变化不大，甚至略有下降，这主要是因为创新成果有所下降；2006～2012 年，科技创新得分迅速提高，这主要是创新投入和创新成果共同作用的结果，先是创新投入增加带动科技创新提高，之后则是创新成果增加带动科技创新提高，创新成果得分在 2012 年超过创新投入得分；2012 年后科技创新得分有所停滞，大约稳定在 0.0450 的水平上，这主要是创新投入和创新成果都没有太大提高所致。科技创新得分提高了 0.0205，提高幅度为 82%，二级指标中，创新成果得分提高较多，为 0.0134，提高幅度超过 120%，创新投入得分提高了 0.0071，提高幅度接近 50%。创新投入在 2007 年猛然提高很多，这主要是科技经费支出占地方财政支出比例有了大幅度提高所致，2007 年之后，创新投入得分略有下降，得分保持在 0.0210 之上，这主要是因为科技经费支出占地方财政支出比例有所调整，研发人数投入有所下降，但与此同时研发支出占国内生产总值比例有所增加。虽然总体上，政府科技经费支出要多于企业研发投入，但东北地区的企业研发投入确实在增长，这表明东北地区的创新主体逐渐由政府转向企业。创新成果得分在 2012 年之前呈现明显上升趋势，发明专利授权量、技术合同成交金额和高技术产业总产值占国内生产总值比例都有所提高，其中发明专利授权量提高最快，而 2012 年之后变动不明显，这主要是因为技术合同成交金额和发明专利授权量有所波动，高技术产业总产值占国内生产总值比例是在不断增加的，由此表明东北地区的创新成果产业化应用还不稳定，而一旦把创新成果应用到产业中就会产生很大的价值。因此，东北地区科技创新要强化企业创新的主体地位，提高科技成果转换率，不断促进高技术产业的发展。

与东部地区相比，东北地区的创新投入和创新成果都还有较大差距，尤其是创新成果方面差距更大。东北地区国有大型企业多，为了推动国家创新驱动战略的实施，企业创新投入虽然在增加，但是创新投入的产出效率还有待提高。

五、东北地区民生保障评价

东北地区 2005～2014 年民生保障及其二级指标转变能力如表 10-5 和图 10-5 所示。

表 10-5　东北地区 2005～2014 年民生保障及其二级指标转变能力

年份	人口素质	生活质量	社会保障	民生保障总得分
2005	0.0136	0.0091	0.0165	0.0392
2006	0.0147	0.0098	0.0178	0.0423
2007	0.0159	0.0099	0.0226	0.0484
2008	0.0170	0.0098	0.0228	0.0496
2009	0.0173	0.0111	0.0281	0.0565
2010	0.0188	0.0109	0.0261	0.0558
2011	0.0202	0.0107	0.0290	0.0598
2012	0.0198	0.0104	0.0313	0.0615
2013	0.0206	0.0120	0.0332	0.0658
2014	0.0216	0.0134	0.0356	0.0705
增幅	0.0080	0.0043	0.0191	0.0313

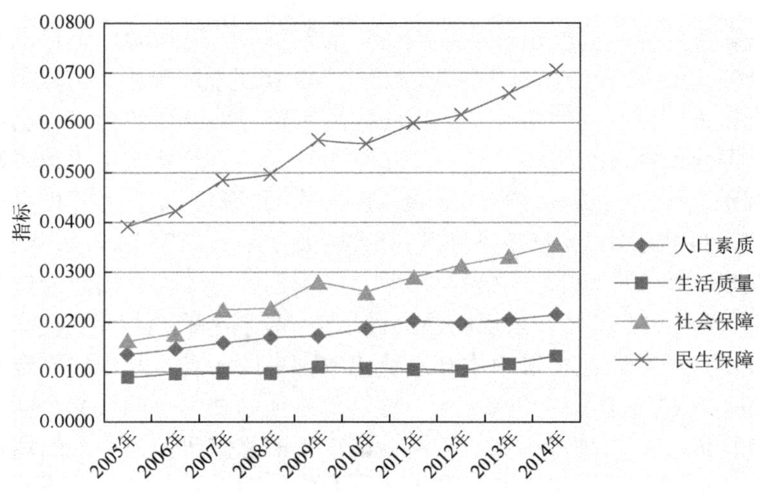

图 10-5　东北地区 2005～2014 年民生保障及其二级指标转变能力变化趋势

从表 10-5 和图 10-5 中民生保障指标可看出：东北地区民生保障得分在波动中不断提高，得分增加了 0.0313，提高幅度为 80%。二级指标中，生活质量得分提高最少，只有 0.0043，提高幅度为 47%，人口素质得分提高 0.0080，提高幅度接近 60%，而社会保障得分提高最多，为 0.0191，提高了 116%。社会保障得分占民生保障得分比例一直是最大的，东北地区社会保障得分在 2010 年之前是有所波动的，这主要是社会保障支出占地方财政支出比例有所波动，东北地区的就业状况在改善，基本养老保险参保人数占比每年都有较大提高，卫生费用支出占地方财政支出比例也有了大幅提高；2005～2014 年东北地区社会保障得分稳步提升，前两年社会保障支出占地方财政支出比例略有下降，基本养老保险参保人数占比却有大幅提高，之后两年，社会保障支出占地方财政支出比例、卫生费用支出占地方财政支出比例、就业率和基本养老保险参保人数占比有不同程度的改善。东北地区人口素质得分稳步提升，2011 年之后提高速度有所放缓，这主要是因为教育投入占国内生产总值比例有所下降，而每十万人拥有的在校大学生人数和平均期望寿命是在提高的，这也反映出教育经费投入与在校大学生数量增加不匹配，大学生培养质量得不到有效保障。生活质量得分在近期明显改善，城乡生活质量改善较为同步，人民对精神文化生活的需求更多。因此，东北地区民生保障改善存在的问题如下：社会保障支出和卫生费用支出不能保持稳定增长，政府会为了实现经济增长等目标而牺牲一部分社会保障支出；在校大学生数量的不断增加使得教育经费紧张，高素质人才的培养难以保证；人民群众对文化生活的需求增加，大众文化亟待发展。

与东部地区相比，东北地区的社会保障水平还有明显差距，东北地区社会保障水平提高较为缓慢，往往不能实现养老保险覆盖率、就业率、社会保障支出以及卫生费用支出的同步增加，人民对社会保障提高的感受不强烈。人口素质差距较小，而生活质量得分反而高于东部地区。

六、东北地区资源环境评价

东北地区 2005～2014 年资源环境及其二级指标转变能力如表 10-6 和图 10-6 所示。

表 10-6　东北地区 2005～2014 年资源环境及其二级指标转变能力

年份	环境效应	环境治理	资源环境总体得分
2005	0.0103	0.0140	0.0243
2006	0.0102	0.0146	0.0248
2007	0.0103	0.0159	0.0261
2008	0.0101	0.0188	0.0289
2009	0.0103	0.0183	0.0285
2010	0.0102	0.0203	0.0305
2011	0.0097	0.0198	0.0296
2012	0.0096	0.0229	0.0325
2013	0.0098	0.0220	0.0317
2014	0.0096	0.0191	0.0286
增幅	–0.0007	0.0051	0.0043

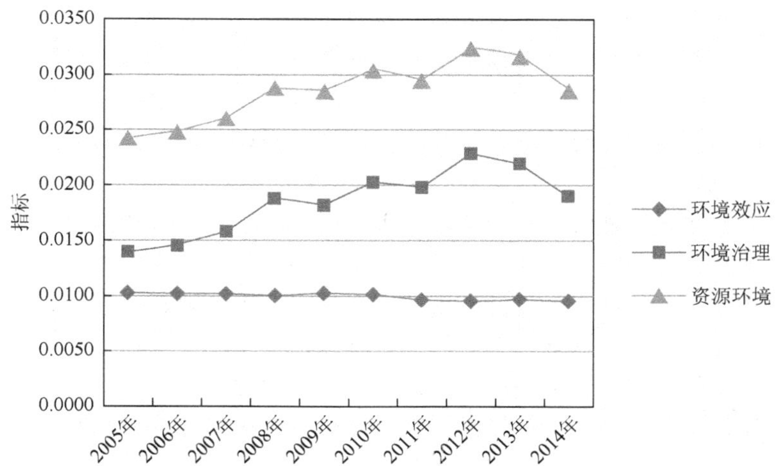

图 10-6　东北地区 2005～2014 年资源环境及其二级指标转变能力变化趋势

从表 10-6 和图 10-6 中资源环境指标可看出：东北地区资源环境得分在波动中提高，之后又有所下降，总体得分提高并不多，只有 0.0043，提高幅度也仅为 18%。二级指标中，环境效应得分下降了 0.0007，下降幅度为 7%，环境治理得分提高 0.0051，提高幅度为 36%。环境效应得分变动趋势可分为两个阶段，2005～2010 年，环境效应得分稳定在 0.0100 以上，而 2011～2014 年则稳定在 0.0100 以下，2010～2011 年，环境效应得分下降主要是因为工业废水和工业废气排放总量增加，与此同时，工业单位产值的固体废弃物生产量则是下降的。环境治理得分占资源环境得分超过 50%，因此，两者的变动趋势基本一致。2009 年环境治理得分下降是因为三废综合利用产品产值下降，而 2011 年则因为工业固体废弃物综合利用率和三废综合利用产品产值的双双下降，2012 年之后主要是因为环保投资占国内生产总值比例以及工业固体废弃物综合利用率下降，每次下降的原因都是不同的。东北地区是中国重工业基地，生产过程比较粗放，工业废水和工业废气排放在增加，而环保投资又难以保持大幅投入，并且清洁生产和循环经济发展困难，这导致东北地区的资源环境承受很大的压力。如何增加环保投资是东北地区经济发展亟待解决的问题，也是东北地区资源环境改善的瓶颈。

与东部地区相比，东北地区的环境效应得分下降幅度更大，而环境效应得分却更高，这表明东北地区的环境污染在加剧，但污染程度没有东部地区那么严重；东北地区的环境治理得分与东部地区差距明显，东部地区在加大环境治理，而东北地区环境治理面对很多掣肘，政府环保投资增加有限，而清洁生产和资源的循环利用还未得到有效发展。因此，东北地区要协调好环境污染与环境治理之间的关系，及时对环境污染进行治理，避免出现污染加剧而治理资金不足的尴尬境遇。

综合上述分析，东北地区经济发展方式转变面临的瓶颈主要如下。

（1）东北地区经济增长速度放缓，财政收入增长不可持续，对经济发展的支持作用减弱。在中国经济增长速度步入中高速增长的阶段，东北地区经济增长速度下降严重，低于全国的平均水平，经济增长下滑导致财政收入不能够有效提高，而东北地区的国有企业还要依赖财政支持，这使得东北地区的财政难以有效促进其他方面的发展。

（2）东北地区产业结构的调整难度大，市场化活力有待加强。东北地区是中国重工业基地，形成了以能源、基础原材料、装备制造为主的工业发展体系，轻工业发展相对落后。随着资源的枯竭和生产技术的不断更新换代，原有产业发展模式陷入困境，偏重、偏老、偏大的产业结构已经不能很好地适应市场的需求，而新的产业又没有得到充分发展，东北地区工业发展没有得到良好的延续。没有工业的发展，第三产业中的生产性服务业就难以有效发展，而传统服务业发展增长空间有限，这使得东北地区产业结构升级困难。东北地区以重工业为主，企业也以国有企业为主，居民多在国有企业中工作，个体、私营企业发展就相对不足。

（3）东北地区经济效益提高面临的瓶颈是劳动资本效益下滑严重，尤其是提高资本效益。东北地区的资本投资多在重工业中，而这些工业发展遇到了很大的困难，投资也就成为了无效率投资，投资效益下滑也就成为必然。

（4）东北地区科技创新的发展遇到的瓶颈是企业创新投入相对不足，科技成果产业化应用不高。东北地区科技创新的投入多依靠政府，企业投入虽然有所增加，但是国有企业的管理相对僵化，缺乏创新动力。政府科技经费投入产生了较多成果，但科技成果转换率还不够高，科技成果没有很好地解决企业面临的产业难题。

（5）东北地区民生保障发展存在的瓶颈有高素质人才流失严重，人民精神文化需求增加。东北地区在校大学生数量在增加，但是由于东北地区产业发展困难，经济形势较差，培养出来的高素质人才多寻求到东部地区就业。人民生活质量得到提高，相应的文化需求就会增多，而东北地区文化发展的产业化程度还有待提高。

（6）东北地区资源环境瓶颈则是工业废水、废气排放增加，而环保投资增加困难。重工业的发展产生了较多的工业三废，环境污染在加重，而政府由于财政收入的减少，环保投资缺口增大。生态恶化影响了生产活动，生产活动的减少又使得财政收入减少，由此陷入一个恶性循环中。

除此之外，东北地区经济发展还面临以下这些问题。

（1）农业发展面临困难。长期以来，东北三省作为中国的大粮仓，但是土地透支严重，东北地区长期过量施用化肥造成土壤板结，土质下降。农田基础设施比较落后，农业的抗风险能力比较差。国内国外粮食价格出现倒挂，国际低价粮对中国的粮食价格造成很大冲击，粮食高价难以长期维持，地方存储压力增大。

（2）东北的地理区位也是制约其发展的重要因素。东北与中国长江三角洲、珠江三角洲，甚至环渤海地区的交通并不方便；在周边相邻国家中，俄罗斯和蒙古都是地广人稀的落后国家，而朝鲜半岛至今局势不稳定，这些都影响着东北地区的经济发展。

（3）官僚主义盛行，政府服务态度差。东北地区受到东北亚文化的影响，产生了攀比心态、面子心态、等级心态等，这使得东北地区的部分官员有浓浓的官僚主义作风，一方面导致了贪污腐败、寻租侵吞国有资产等问题；另一方面则是以权谋私，任人唯亲。政府对企业和人才的引进并不是十分热情，出现了“投资不过关东”的现象。

（4）人口老龄化与大量人口外流。改革开放以前，东北地区具有较高的吸引力，大量人才流入也为东北地区经济发展作出了重要贡献。而第六次全国人口普查显示东北净流出人口 180 万人，其中大多数流向长江三角洲、珠江三角洲等地区就业，而且以年轻人为多数。另外，由于东北三省积极响应国家计划生育政策，人口出生率低，老龄化严重。

第二节　东北地区经济发展方式转变的对策建议

虽然东北地区具有雄厚的自然资源优势和物质基础，但是在经济发展方式的转变过程中，东北地区的区位优势、资源优势和物质基础并没有发挥出作用。整个东北地区经济增长速度缓慢，缺乏活力，效益低，称为“东北现象”。而近期东北三省经济增长速度和经济效益出现明显下降的事实又称为“新东北现象”。针对上述东北地区经济发展方式转变过程中存在的瓶颈，给出以下对策建议。

一、深化国企改革，保持财政收入稳定增长

东北地区经济增长面临较大困难，中国宏观经济下行压力较大，而东北地区企业中国有企业较多，国有企业在生产效率等方面处于劣势，国企改革一直是个老大难的问题。东北地区受计划经济思维影响，政府部门在服务地方经济发展方面存在怠政、乱作为等现象，新兴企业设立和招商引资方面都还不够。

（1）继续推进国有企业改革，增强国有企业竞争力。对于“僵尸”企业、长期亏损企业和低效无效资产则加大处置力度，主动清退一批国有企业，整合一批国有企业，使国家资本向具有核心竞争力的优势企业集中，优先支持、加快培育符合国家战略的新兴企业。

（2）明确国企定位，分类推进国企改革。国有企业基本可分为商业类和公益类，对于主业处于充分竞争行业和领域的商业类国有企业，实行公司制股份制改革，积极引入其他国有资本或各类非国有资本实现股权多元化，并着力推进整体上市；对于主业关系国家安全和国民经济命脉的商业类国有企业，在保持国有资本控股的基础上，支持非国有资本参股，促进股权多元化。而公益类国有企业可以采取国有独资形式，具备条件的也可以推行投资主体多元化，还可以通过购买服务、特许经营、委托代理等方式，鼓励非国有企业参与经营。

（3）完善现代企业制度，实现政企分开。推进股份制改革，健全公司法人治理结构，推进董事会、监事会和经理层的建设，有效发挥各部门的监督和制衡机制。

二、调整第二产业结构，促进第三产业发展

（1）东北地区长期形成了偏重、偏老和偏大的工业结构，轻工业发展相对滞后，高新技术产业发展不足。因此，东北地区可采取以下措施：一是继续做优做强重工业，相关企业要不断进行技术改造和设备升级，结合网络信息技术的发展，

升级传统管理模式和生产方式，推进智能化管理系统和操作系统。二是发展轻工业，吸引东部地区企业进行转移，重点在家具、陶瓷、泳装、袜业、旅游用品等行业打造一批国家级知名品牌。促进“互联网＋”新业态创新，积极发展电子商务、供应链物流、互联网医疗、互联网教育等新兴业态。三是培育壮大战略性新兴产业。支持新一代信息技术、新能源汽车、高端装备和材料、数字创意、绿色低碳和生态环保等领域的新兴产业发展壮大。积极推进智能交通、精准医疗、虚拟现实等新兴前沿领域创新和产业化，形成一批新增长点。推动在结构单一的老工业城市设立新兴产业集聚发展园区。国家战略性新兴产业布局重点向东北地区倾斜。

（2）东北地区第三产业的发展也可以借鉴吸收东部地区的经验，同时结合本地区工业发展需要进行创新发展。一是促进传统服务业与互联网的融合。运用大数据等网络信息技术的发展，分析发现新的消费需求，不断提供优质服务。二是大力发展金融、物流、电子商务、信息服务等生产性服务业。提升大连商品交易所国际化水平和服务功能，建设全球重要的期货交易中心，大力发展现代物流业，完善物流信息平台和标准化体系，推进软件外包产业向高端化发展，建设面向东北亚、辐射全球的软件基地，为工业发展提供更多支持，并不断促进第二、第三产业的深度融合。三是促进新兴的文化、休闲、旅游、养老健康、家庭服务等产业的发展壮大。积极发展网络视听、移动多媒体等新兴产业，积极发展体育产业，推进文化业态创新，扩大和引导文化消费；大力发展冰雪产业；鼓励发展温泉疗养、康体保健、中医理疗等健康养生产业，满足人们日益多元化的消费需求。

三、提高劳动者素质，创新资本投资方式

（1）东北地区劳动力流失严重，劳动生产率提升速度也较慢。对此，东北地区可采取以下措施：一是提高学龄人口的义务教育入学率，加强高职高专教育的普及力度，重视劳动力继续教育，加大再教育培训力度；二是根据本地区经济社会发展的需要，调整东北地区高等教育的学科结构和专业结构，以培养更多适应东北地区经济发展的高层次人才；三是为鼓励本地区优秀的人才回乡创业提供软硬支撑条件；四是创造条件吸引优秀人才留在东北地区。给予优秀人才优厚的报酬和一流的科研环境，为优秀人才提供广阔的事业发展空间，解决其父母养老、子女入托入学等方面后顾之忧。

（2）东北地区投资于传统重工业行业较多，这些行业投资回收周期长，当经济形势不好时，这些行业的投资收益难以得到最低保障。提高资本收益，可以从两个方面入手解决：一是扩大资本投资范围。东北地区既要保证传统重工业行业

的基本投资规模，也要扩大对新型重工业、轻工业、新型服务业、新型农业等投资，并加大投资力度。二是创新投资方式。不断加强企业股份制改革，建立现代企业制度，推动符合条件的企业在境内外主板、创业板上市，在“新三板”和区域性股权交易中心挂牌，提升资本的回报率。加快推进国有企业股份制改革，通过增发、配股等再融资方式吸引民间资本投资，推动政府投融资平台加快转型，优化业务结构，促进盈利能力提升。拓宽资金来源渠道，满足企业信贷需求，提高资金使用效率。鼓励企业通过银行间市场、证券交易所发债融资，提高直接融资比例。

四、鼓励企业加大研发投入，提高科技成果转换率

（1）科技经费的投入主体是企业，强化企业创新主体地位。随着东北地区产业升级和资源枯竭的发展，企业增加研发投入的动力会有所增强。一是充分利用老工业基地大型国有企业雄厚的研发基础，理顺体制机制，激发国有企业研发活力和科技成果转化的动力。二是建立企业与高校科研院所的科研联盟，东北地区的企业应充分利用吉林大学、哈尔滨工业大学、东北大学、大连理工大学等众多大学和科研院所的雄厚科研实力，联合攻关关键技术，共同推进成果中试和成果转化。

（2）不断提高科技成果转换率，提升产业化应用水平。一是改革以政府专项资金为主的支持方式，鼓励各类企业、各类行为主体共同注资、参股促进科技成果产业化。完善政府采购法规，加大对创新产品采购力度，促进创新产品研发和规模化生产。二是建立科技成果转化年度报告制度和绩效评价机制。三是开展专项督查，狠抓各项政策措施的落实。

五、减少污染排放，增加环保经费

东北地区受重工业发展和技术水平落后的影响，工业污染较为严重，并且环保投资跟不上，这会使得该地区生态环境状况日益严重。因此，要使得生态环境能有所改善，就要努力减少污染物排放，想办法增加环保经费投入。一是加大东北老工业基地生产设备的改造升级，尤其是设备的节能环保升级，坚决淘汰落后产能，推动节能减排新技术、新装备的研发、引进与应用。二是建立排放权交易市场，化解政府环保投资不足困境。企业生产不可避免有废弃物排放，因此，政府要制定合理的排污标准，推动企业排放权交易市场建立，促进生产的节能减排。三是推进生态保护和环境综合整治，做到重要生态功能区、重点资源开发区和生态良好区的分区保护。实施天然林草资源、湿地等重点生

态环境保护和修复工程。全面停止天然林商业采伐，推进大小兴安岭和长白山等重点林区保护，推进呼伦贝尔、锡林郭勒、科尔沁等重点草原保护，控制草原退化沙化趋势，加强三江平原、松辽平原、松嫩平原等重点湿地保护，推进大江大河入海口和大湖周边湿地保护，实施黑土地保护工程，推进退化耕地综合治理、水土流失治理、污染耕地阻控修复、土壤污染治理修复、土壤肥力保护提升和耕地质量监测。

此外，针对东北地区面临的其他方面的瓶颈，可以通过以下措施进行解决。

（1）大力发展现代农业，扩大农业生产规模，促进土地流转，加强农业科技的开发利用。完善粮食生产布局。巩固提升国家商品粮主产区地位，划定粮食生产功能区，落实粮食主产区利益补偿机制，建成一批优质高效的粮食生产基地。全面划定永久基本农田，大力实施农村土地整治，完善耕地质量等级调查评价与监测制度，推进耕地数量、质量、生态“三位一体”保护，扩大黑土地保护利用试点范围，开展定期深松整地、耕地质量保护与提升补贴试点。大力推广玉米与大豆、花生、马铃薯、杂粮杂豆等轮作，促进种地养地结合。大力提升种业自主创新能力，实施农业良种工程和种业自主创新工程。开展粮食绿色高产高效创建，提升农作物重大病虫害监测预警和防控能力。全面提升农业气象、生态气象预报能力和防灾减灾预警能力。推行科技特派员制度。

（2）推进中蒙俄经济走廊建设。建立健全三方毗邻地区地方政府合作机制，对接俄罗斯跨欧亚大通道、蒙古“草原之路”倡议，促进政策沟通。共同规划发展三方公路、铁路、航空、港口、口岸等基础设施资源，加强在国际运输通道、边境基础设施和跨境运输组织等方面的合作。发展中蒙俄定期国际集装箱运输班列，建设一批交通物流枢纽。加强三方在能源矿产资源、高技术、制造业和农林牧等领域合作。积极加强与亚洲基础设施投资银行、金砖国家新开发银行、上海合作组织银行联合体、丝路基金等金融机构的沟通衔接，丰富与俄蒙人文交流层次。开辟跨境跨区域旅游线路。支持呼伦贝尔中俄蒙合作先导区建设。发挥中俄、中蒙双（多）边海关和口岸合作机制作用，深化知识产权保护执法合作。

（3）加快政府职能、政府角色、治理方式的转变。厘清政府的职能边界。要逐步实现区域发展的“改革驱动”，以改革对接市场化规则和机制，提高区域竞争力。对制度变迁中政府而言，必须要做到“法无授权不可为”，严禁政府“法外授权”，实现政府职能的回位和归位；必须要约束与市场相关政府部门的公权力，推行“政府权力清单制度”，避免公权力的肆意妄为，构建“尊重契约观念、倡导契约精神”的良好发展环境，释放改革红利。同时，要牢固树立依法执政和执政为公的观点，有序激活相关利益主体的参与规模和程度，引入制度化的外部监督机制，建立违规用权的问责追究机制，逐步改变政府部门“权力大、责任小”

的现状，真正形成“规范权力边界、完善权力运行程序、落实权力监督责任”的体制机制。

（4）鼓励生育二孩，增加人口。国家全面放开二孩政策，东北地区可依据本地情况，适度提高生育率，改善人口年龄结构。在短期内还是要通过产业结构升级，不断提高发展水平，先留住当地优秀人才，然后创造条件吸引人才流入。国家政策也要适度对东北地区进行倾斜，对东北地区加大对口支援。

第十一章　西北地区经济发展方式转变

第一节　西北地区经济发展方式转变的评价

西北地区位于亚欧大陆内部，虽然气候条件恶劣，干旱少雨，荒漠化严重，但是拥有丰富的石油、天然气等自然资源。在地理位置上与中亚地区相连，也与蒙古、俄罗斯接壤，是中国“一带一路”倡议的重要组成部分。随着西部大开发战略的实施，西北地区凭借着丰富的油气资源得到了一定程度的发展，但是总体来看，西北地区经济发展水平依然较低，产业发展受自然条件的限制较大，与中国东部地区的经济发展水平相比，两者差距明显。西北地区少数民族较多，贫困人口较多，对西北地区经济发展方式转变存在的问题进行详尽的分析，努力实现西北地区经济发展方式转变，对于中国民族团结和社会稳定具有重要意义。

一、西北地区经济增长评价

西北地区 2005～2014 年经济增长及其二级指标转变能力如表 11-1 和图 11-1 所示。

表 11-1　西北地区 2005～2014 年经济增长及其二级指标转变能力

年份	规模速度	财政收入	经济增长总体得分
2005	0.0054	0.0060	0.0114
2006	0.0059	0.0062	0.0121
2007	0.0069	0.0091	0.0161
2008	0.0077	0.0088	0.0165
2009	0.0079	0.0078	0.0157
2010	0.0100	0.0114	0.0214
2011	0.0117	0.0162	0.0279
2012	0.0124	0.0134	0.0259
2013	0.0127	0.0148	0.0276
2014	0.0129	0.0148	0.0277
增幅	0.0075	0.0088	0.0163

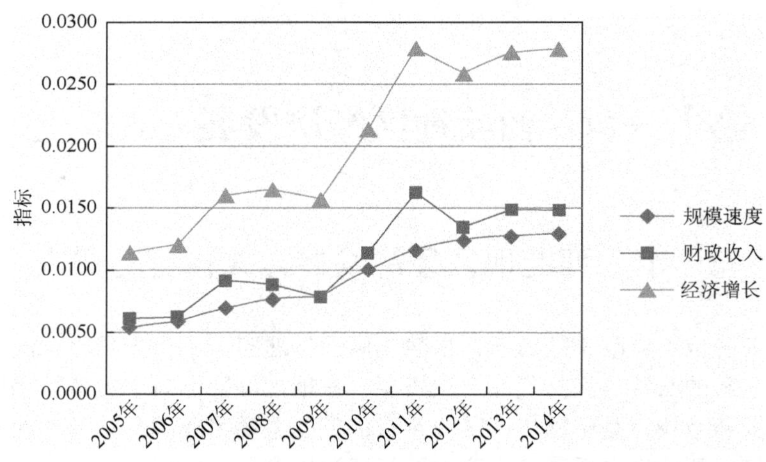

图 11-1　西北地区 2005～2014 年经济增长及其二级指标转变能力变化趋势

从表 11-1 和图 11-1 中经济增长指标可看出：西北地区经济增长得分变动可划分为三个阶段，2005～2008 年得分不断提高；受金融危机影响，2009 年得分有所下降；2009～2011 年受国家刺激政策的影响，经济增长得分快速提高；2011 年之后经济增长得分维持在较高水平。十年里，经济增长得分提高了 0.0163，提高幅度为 143%。二级指标中，财政收入得分提高 0.0088，提高幅度为 147%，规模速度得分增加 0.0075，提高幅度为 139%。财政收入得分变动趋势与经济增长变动趋势基本一致，财政收入的得分也基本上高于规模速度，财政收入得分在宏观经济发展良好的情况下有较快增长，并且拉大了与规模速度得分之间的差距，当宏观经济状况较差时，财政收入得分就有所下降。2007～2009 年，受到金融危机的影响，一方面企业经营困难，另一方面政府主动为部分企业减免税收负担，因此，财政收入得分下降，财政收入对经济发展的支持作用较强。2009 年后，在国家刺激政策的作用下，经济发展速度有所加快，财政收入也有了大幅度提高，2011 年后，当刺激政策作用消退后，宏观经济发展速度减慢时，财政收入增长也略有下降。总体上，西北地区财政收入对地方经济的支持作用比较强，政府在该地区经济增长过程中扮演着重要的角色，但这也表明西北地区企业发展还有待加强，经济增长的内生动力还不够。因此，西北地区经济增长要注重提高政府的经济管理能力，多培养本地优秀企业，提高经济增长的内生性。

与东部地区相比，西北地区规模速度和财政收入的得分落后比较多，尤其是财政收入，这表明西北地区要加强企业的发展，促进财政收入的提高，对地方经济发展提供更多的支持。

二、西北地区经济结构评价

西北地区 2005～2014 年经济结构及其二级指标转变能力如表 11-2 和图 11-2 所示。

表 11-2　西北地区 2005～2014 年经济结构及其二级指标转变能力

年份	产业结构	城乡结构	需求结构	市场化程度	经济结构总体得分
2005	0.0076	0.0065	0.0177	0.0095	0.0413
2006	0.0081	0.0065	0.0172	0.0104	0.0423
2007	0.0078	0.0067	0.0174	0.0112	0.0432
2008	0.0072	0.0071	0.0175	0.0114	0.0433
2009	0.0083	0.0075	0.0191	0.0126	0.0475
2010	0.0075	0.0088	0.0216	0.0133	0.0512
2011	0.0075	0.0096	0.0227	0.0130	0.0527
2012	0.0079	0.0102	0.0260	0.0206	0.0647
2013	0.0081	0.0105	0.0291	0.0206	0.0683
2014	0.0093	0.0115	0.0325	0.0216	0.0749
增幅	0.0017	0.0050	0.0148	0.0121	0.0336

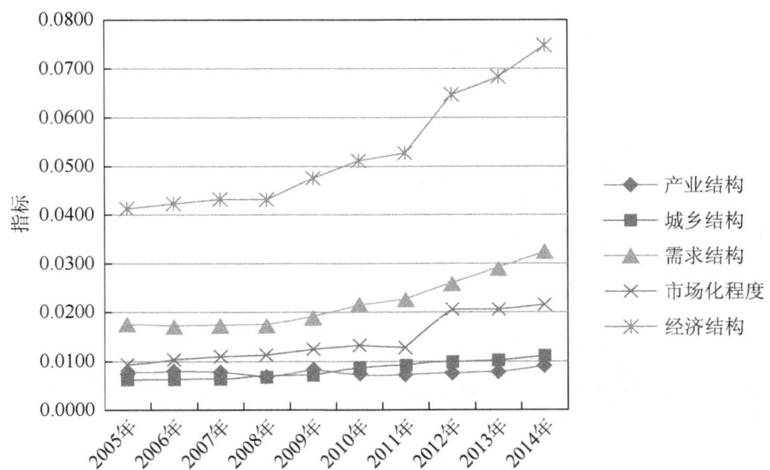

图 11-2　西北地区 2005～2014 年经济结构及其二级指标转变能力变化趋势

从表 11-2 和图 11-2 中经济结构指标可看出：西北地区经济结构得分提高速度由慢变快，十年里提高了 0.0336，而 2011 年之后就提高了 0.0222，占提高幅度的 66%，这表明西北地区经济结构转变时间较晚。二级指标中，产业结构得分提高最少，只有 0.0017，提高幅度为 22%，城乡结构得分提高 0.0050，提高幅度为 77%，市场化程度得分提高 0.0121，提高幅度为 127%，需求结构得分提高最多，为 0.0148，提高幅度为 84%。需求结构得分占经济结构得分的比例最高，其次是市场化程度，城乡结构超越产业结构排名第三。需求结构得分缓慢上升，2010 年之后，需求结构得分提高速度加快，这主要是人均全社会固定资产投资额有所提高，而最终消费率有所降低导致的，外贸出口依存度变化不大，这表明西北地区的全社会固定资产投资还不够，对外经济联系比较稳定。市场化程度得分 2010～2011 年有了较明显提高，这主要是私营、个体企业从业人员占就业人员比例提高导致的，私营企业产值占工业总产值比例只是略有增加，这也反映出西北地区私营企业发展状况并不是很好，投入产出效率并不高，市场活力不够，这是西北地区经济结构调整的一个瓶颈。城乡结构得分在不断提高，而这主要是城镇化率提高推动的，城乡收入差距反而在扩大，城乡差距的拉大是经济结构调整另外一个瓶颈。产业结构得分在波动中略有上升，第二、第三产业产值比例变动很小，第三产业产值比例在近年来才有所提高，西北地区第三产业的发展空间还很大，无论传统服务业还是现代服务业，都有较大的发展空间。因此，西北地区经济结构调整的瓶颈如下：市场活力有待发掘，个体、私营等企业发展不足；第三产业发展较为滞后，对第二产业发展支持不足；城乡收入差距拉大，农村贫困问题突出。

与东部地区相比，西北地区城乡结构、市场化程度以及产业结构明显滞后，尤其是城乡结构得分落后更多，西北地区城乡发展差距较大，而西北地区某些城市的发展水平和东部地区某些农村的发展水平类似，西北地区农村发展落后问题相当严重，这也是亟待解决的问题之一。

三、西北地区生经济效益评价

西北地区 2005～2014 年经济效益及其二级指标转变能力如表 11-3 和图 11-3 所示。

表 11-3　西北地区 2005～2014 年经济效益及其二级指标转变能力

年份	劳动资本效益	能源效益	土地利用效益	经济效益总体得分
2005	0.0090	0.0018	0.0018	0.0126
2006	0.0106	0.0018	0.0024	0.0148
2007	0.0127	0.0019	0.0036	0.0182
2008	0.0140	0.0021	0.0044	0.0205
2009	0.0116	0.0023	0.0050	0.0189
2010	0.0134	0.0024	0.0062	0.0221
2011	0.0168	0.0029	0.0077	0.0274

续表

年份	劳动资本效益	能源效益	土地利用效益	经济效益总体得分
2012	0.0170	0.0030	0.0086	0.0285
2013	0.0172	0.0030	0.0086	0.0288
2014	0.0170	0.0030	0.0087	0.0287
增幅	0.0080	0.0012	0.0069	0.0161

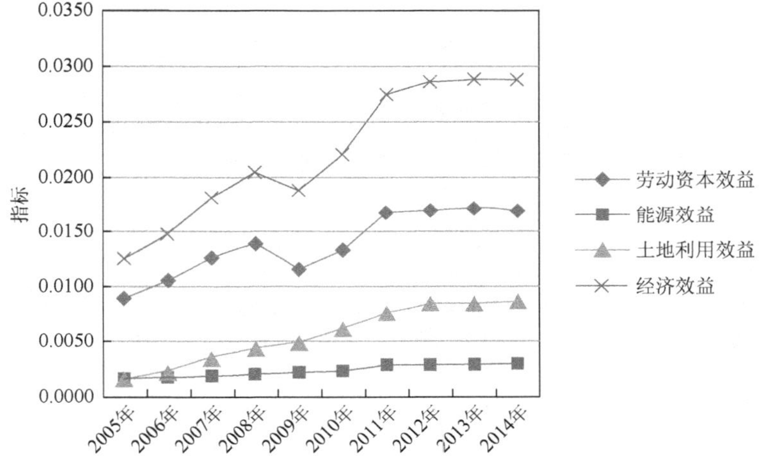

图 11-3　西北地区 2005～2014 年经济效益及其二级指标转变能力变化趋势

从表 11-3 和图 11-3 中经济效益指标可看出：西北地区经济效益得分有了大幅提高，十年里提高了 0.0161，提高幅度近 130%。二级指标中，能源效益得分提高了 0.0012，提高幅度为 67%，土地利用效益提高 0.0069，提高了近 4 倍，劳动资本效益得分提高最多，为 0.0080，提高幅度为 89%。劳动资本效益得分占经济效益得分比例最大，其次是土地利用效益，能源效益所占比例最小。西北地区土地利用效益有了很大程度的提高，对经济效益的提高起到了重要的作用。西北地区地广人稀，有丰富的太阳能、风能、石油和天然气等资源，能源效益得分提高，对西北地区经济发展将起到重要支持作用。西北地区劳动资本效益的提高有波折，2005～2008 年由于全员劳动生产率提高幅度高于固定资产投资效果系数下降幅度，所以劳动资本效益在上升，2009 年全员劳动生产率和固定资产投资效果系数都有所下降，使得劳动资本效益下降，2009～2011 年全员劳动生产率提高幅度超过固定资产投资效果系数下降幅度，劳动资本效益提高，2011 年之后，全员劳动生产率提高幅度弥补了固定资产投资效果系数下降幅度，劳动资本效益保持在 0.0170 左右的水平，西北地区全员劳动生产率在不断提高，而固定资产投资效果系数在不断下降，只是不同阶段上升和下降的幅度有所不同。因此，西北地区经济效益提高面对的挑战是全员劳动生产率的提高幅度能否抵消固定资产投资效果系数下降幅度。

与东部地区相比，西北地区土地利用效益、能源效益和劳动资本效益都还有提升空间，但西北地区土地利用效益和能源效益都已经得到了较大幅度的提高，继续保持这样的快速提高是有一定难度的。

四、西北地区科技创新评价

西北地区 2005～2014 年科技创新及其二级指标转变能力如表 11-4 和图 11-4 所示。

表 11-4　西北地区 2005～2014 年科技创新及其二级指标转变能力

年份	创新投入	创新成果	科技创新总体得分
2005	0.0073	0.0047	0.0120
2006	0.0074	0.0046	0.0120
2007	0.0130	0.0046	0.0176
2008	0.0123	0.0044	0.0167
2009	0.0119	0.0052	0.0171
2010	0.0114	0.0060	0.0174
2011	0.0110	0.0087	0.0197
2012	0.0116	0.0106	0.0222
2013	0.0124	0.0122	0.0246
2014	0.0125	0.0136	0.0261
增幅	0.0052	0.0089	0.0141

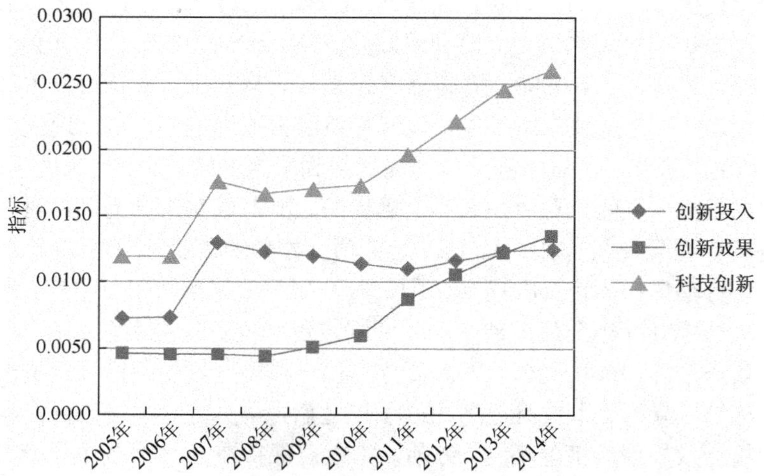

图 11-4　西北地区 2005～2014 年科技创新及其二级指标转变能力变化趋势

从表 11-4 和图 11-4 中科技创新指标可看出：西北地区科技创新在 2010 年前发展并不顺利，而后才有了较快发展。科技创新得分提高了 0.0141，提高幅度为 118%。二级指标中，创新投入得分提高了 0.0052，提高幅度为 71%，创新成果得分提高了 0.0089，提高了近 2 倍。创新投入得分在 2007 年有大幅度提高，这主要是科技经费支出占地方财政支出比例得到了提高，2008～2011 年科技经费支出占地方财政支出比例有所下降，研发支出占国内生产总值比例有所提高，所以创新投入得分略有下降，2011 年之后政府科技经费支出增加，研发人数增多，而研发支出占国内生产总值比例相对稳定，创新投入得分逐步提高。这表明政府对科技创新的重视程度提高，科技经费投入比例得到了提高，而企业的研发投入也得到了带动，企业研发经费也有所增加。创新成果得分在 2009 年之前变化不大，随着创新投入的不断增加，创新成果也得到了大发展。2008 年之前发明专利授权量较少，技术合同成交金额也较低，到 2008 年高技术产业总产值占国内生产总值比例还有所下降，创新成果得分略微下降。随着创新投入的不断增多，从 2009 年开始，西北地区发明专利授权量增加，技术合同成交金额也在增加，而高技术产业总产值占国内生产总值比例比较稳定，这表明政府科技经费投入取得了不错的成果，而企业的研发投入也获得了相应的回报。西北地区需要突破的是提高高技术产业总产值占国内生产总值比例，这就需要推广科技成果产业化应用，提高科技成果转换率，将研发经费用于产业前沿技术的突破上。

西北地区的创新投入和创新成果与东部地区相比还有很大差距，这都需要不断进行技术积累，遵循科技创新的规律，注重技术的引进、消化、吸收和再创新，以此来不断缩小与东部地区的差距。

五、西北地区民生保障评价

西北地区 2005～2014 年民生保障及其二级指标转变能力如表 11-5 和图 11-5 所示。

表 11-5　西北地区 2005～2014 年民生保障及其二级指标转变能力

年份	人口素质	生活质量	社会保障	民生保障总体得分
2005	0.0089	0.0080	0.0106	0.0276
2006	0.0098	0.0092	0.0108	0.0297
2007	0.0114	0.0090	0.0169	0.0373
2008	0.0124	0.0082	0.0176	0.0382
2009	0.0135	0.0093	0.0189	0.0417
2010	0.0176	0.0096	0.0222	0.0493

续表

年份	人口素质	生活质量	社会保障	民生保障总体得分
2011	0.0186	0.0101	0.0324	0.0611
2012	0.0175	0.0108	0.0362	0.0645
2013	0.0181	0.0116	0.0375	0.0671
2014	0.0189	0.0120	0.0386	0.0696
增幅	0.0100	0.0040	0.0280	0.0420

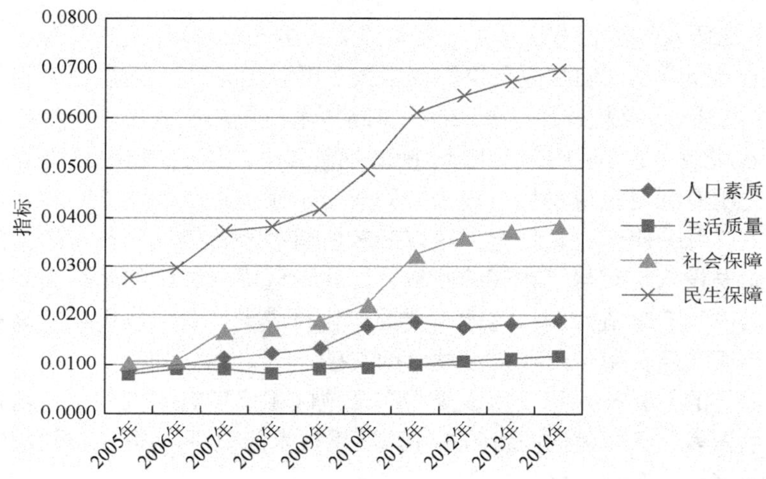

图 11-5　西北地区 2005～2014 年民生保障及其二级指标转变能力变化趋势

从表 11-5 和图 11-5 中民生保障指标可看出：西北地区民生保障有了大幅提高，十年里得分提高了 0.0420，提高幅度超过 150%，社会保障得分和人口素质得分的提高速度决定了民生保障得分的提高速度。二级指标中，生活质量得分提高最少，只有 0.0040，提高幅度为 50%，人口素质得分提高 0.0100，提高了 1 倍多，社会保障得分提高最多，为 0.0280，提高幅度为 264%。生活质量得分占民生保障得分比例最低，人口素质其次，而社会保障最高。生活质量得分在 2008 年有所降低，之后都是在不断提高的，人们对精神文化生活的需求也在增多。人口素质由于平均期望寿命的提高在 2010 年有较大幅度提高，而之后由于教育投入占国内生产总值比例有所下滑，人口素质得分有所降低。在教育投入占国内生产总值比例有所下降时，每十万人拥有的在校大学生人数却在不断增加，大学生的培养质量难以有效保障。根据西北地区社会保障得分可划分三个阶段，2005～2006 年社会保障程度比较低，随着社会保障支出占地方财政支出比例和卫生费用支出占地方财政支出比例的增加，社会保障水平在 2007 年迈上了一个新台阶，之后在 2011 年，随着基本养老保险参保人数占比的大幅提高，社会保障水平又达到一个更高水平。西北地区民生保障方面存在的瓶颈如下：教育经费投入增加空间有限，大学生数量在增加，教育质量难以有效保证；社会保障覆盖率在提高，而社会保障支出的费用提高很难，社会保障水平较低。

与东部地区相比，西北地区社会保障得分和人口素质得分还比较低，由于西北地区财政收入有限，社会保障支出就会更少，即便卫生费用支出有所增加，但医疗卫生水平上与东部地区相差较多。西北地区无论在教育投入还是教育质量方面都与东部地区相差较多。西北地区生活质量得分还比东部地区略高，两者相差不大。

六、西北地区资源环境评价

西北地区 2005～2014 年资源环境及其二级指标转变能力如表 11-6 和图 11-6 所示。

表 11-6　西北地区 2005～2014 年资源环境及其二级指标转变能力

年份	环境效应	环境治理	资源环境总体得分
2005	0.0114	0.0113	0.0227
2006	0.0113	0.0131	0.0244
2007	0.0113	0.0159	0.0272
2008	0.0111	0.0160	0.0271
2009	0.0111	0.0170	0.0281
2010	0.0109	0.0199	0.0308
2011	0.0106	0.0228	0.0334
2012	0.0106	0.0251	0.0357
2013	0.0105	0.0283	0.0388
2014	0.0103	0.0292	0.0395
增幅	–0.0011	0.0179	0.0168

从表 11-6 和图 11-6 中资源环境指标可看出：西北地区资源环境得分基本上呈现直线上升趋势，得分提高了 0.0168，提高幅度为 74%，2008 年得分有略微下降，主要是环境效应得分下降较大，而环境治理得分提高较小导致的。二级指标中，环境效应得分下降了 0.0011，下降幅度为 10%，环境治理得分提高 0.0179，提高幅度为 158%。环境治理得分占资源环境得分比例自 2006 年开始超过 50%，这也决定了资源环境得分与环境治理得分变动趋势基本一致。西北地区环境效应得分呈现一路下滑的趋势，这主要是因为工业废气排放总量和工业单位产值的固体废

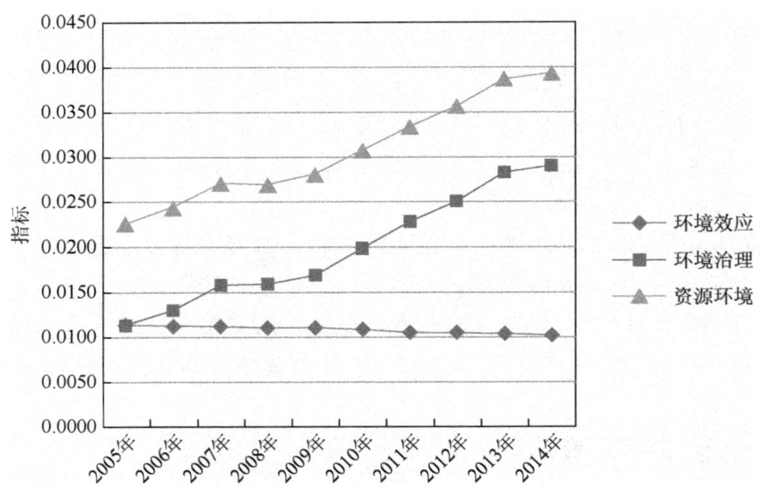

图 11-6　西北地区 2005～2014 年资源环境及其二级指标转变能力变化趋势

弃物生产量得分下降。工业废水排放总量虽然有所增多，但工业废气排放总量以及工业单位产值的固体废弃物生产量更多，西北地区环境恶化趋势严重。环境治理得分在 2008 年有所停滞，这主要是因为环保投资占国内生产总值比例有所下降，而三废综合利用产品产值提高，之后由于环保投资占国内生产总值比例有所增加，三废综合利用产品产值以及工业固体废弃物综合利用率提高，环境治理得分不断提高。西北地区环境治理投资在不断增加，循环经济和清洁生产稳步推进，但环境恶化的趋势丝毫没有改变，西北地区由于地理位置和自然条件，资源环境承载力本来就比较薄弱，当工业污染不断增加时，只会让西北地区的发展受到更大的制约，因此，西北地区经济发展最大的瓶颈就是资源环境承载力差，只有资源环境改善了，才会促进经济发展。

综合上述分析，西北地区经济发展方式转变面临的瓶颈主要如下。

（1）西北地区经济增长的内生动力不够，经济增长速度放缓使得财政收入减少，对经济发展的支持作用减弱。中国经济增长进入换挡期，西北地区经济增长速度也有相应程度下降，在全国的排名较为靠后。西北地区企业发展水平较低，在企业数量和质量上与东部地区相比还有较大差距，当中国宏观经济形势较差，西北地区的企业发展面临较大困难时，财政收入应该相应降低，为企业发展减轻税费负担。

（2）西北地区市场化程度有待提高，产业结构的调整难度大，农村贫困问题突出。西北地区深居内陆地区，受生活方式和思维习惯的影响，个体、私营企业发展较少，市场活力不足。凭借丰富的自然资源，第二产业多为“原”字头和“初”字号产业，煤炭开采和石油产业发展较好。受干旱的自然条件的影响，工业发展受限。工业发展不足，第三产业发展也受到了一定限制，产业结构调整困难。西北地区地广人稀，居民点较为分散，偏远地区农村贫困问题严重。

（3）西北地区经济效益提高面临的瓶颈是资本效益下滑严重，劳动效益提高有限。西北地区的资本投资多在煤炭、石油等资源型产业中，当这些产业发展受到较大冲击时，资本效益就会有所下滑。西北地区高等教育发展水平相对有限，劳动生产率的提高幅度也会受到相应程度的限制。

（4）西北地区科技创新的发展遇到的瓶颈是高技术产业总产值占国内生产总值比例较低，科技成果产业化应用不高。西北地区科技创新取得了较大的发展，但是高科技产业发展较为缓慢，该地区企业多为资源型企业，科技型企业发展没有相应的集聚环境，加上区位条件和自然环境较差，高素质人才不愿留在当地，高科技产业发展较为缓慢。

（5）西北地区民生保障发展存在的瓶颈有高等人才培养水平有限，社会保障支出增加困难。西北地区在校大学生数量增加，但教育经费支出却没有相应增加，一方面高等教育质量难以保证，另一方面培养出来的优秀人才多流失到经济发展水平更好的地区，这使得该地区经济发展更加困难。当经济发展放缓时，财政收入增长也会放缓，社会保障支出就难以得到有效提高。

（6）西北地区资源环境瓶颈则是工业废气排放总量和工业单位产值的固体废弃物生产量增加，而环保投资占国内生产总值比例增加困难。西北地区自然条件较为恶劣，工业污染的增加使得生态环境承载力进一步下降，而西北地区财政经费用于环境治理的投资有限，环境治理任务重。

除此之外，西北地区经济发展还面临以下这些问题。

（1）“三农”问题严重。西北地区干旱少雨，土地荒漠化严重，农业科技发展落后，农业生产还处在靠天吃饭的状态，农业的抗风险能力比较差，农田基础设施比较落后，农业发展受到很大限制；人口流失，农村凋敝情况严重，同时造成众多留守儿童、留守妇女和留守老人等社会问题。

（2）地理区位条件的限制。西北地区深居内陆，基础设施建设相对落后，交通网络通达度较差，与东部地区经济联系较弱，而周边中亚国家的经济发展水平也不高，对外经济联系也较弱。

（3）人口外流严重，贫困人口较多。西北地区自然条件较差，经济发展水平较低，近年来，西北地区人员多外出打工，人口贫困和流失现象严重。西北地区还有大量少数民族，民族地区经济发展有待提高。

第二节　西北地区经济发展方式转变的对策建议

西北地区受到自身区位条件和气候条件的影响，经济发展具有先天的劣势。随着西部大开发战略的实施，西北地区凭借丰富的石油、天然气、太阳能、风能等资源得到了巨大的发展。但从全国来看，西北地区仍然是中国经济发展较为落后的地区。西北地区面临着自然条件艰苦的劣势，同时具有资源丰富的优势，在转变经济发展方式的大背景下，西北地区必须要扬长避短，攻坚克难，不断化解经济发展存在的问题。对西北地区面临的共性问题和特色问题，提出以下的对策建议。

一、提升经济增长内生性，保持财政收入稳定增长

西北地区经济发展水平较低，很大一部分原因就是企业的数量较少，企业经营管理水平不高。对此，要不断增加市场主体的数量，改善企业的经营状况。

（1）积极进行招商引资，吸引海外和东部地区优秀的企业家到本地区投资设厂，带动本地区人民的就业。

（2）响应国家“大众创业，万众创新”的号召，鼓励当地的能人建立企业或者成为个体工商户，解决就业问题，政府为创业者提供相关的场地支持和财政税收支持。

（3）学习借鉴东部地区先进企业的管理经验，不断提高经营管理水平，做大做强本地企业，培育自主品牌，提高竞争力。

进行税费体制改革，保持财政收入稳定增长。通过税费制度改革、合理设置税种费目、调整相关税费率等方式，保持财政收入的合理增长。一是加快资源税改革。西北地区资源丰富，资源类企业众多，尤其是矿类企业较多，因此应重视资源税对生态环境和财政收入之间的调节作用。抓紧全面推进矿产资源税从价计征改革，相应清理取消涉及的行政事业性收费和政府性基金；逐步将资源税扩展到水流、草原、滩涂、森林等自然生态空间。二是建立生态修复补贴制度。设立沙漠戈壁绿化补贴制度，为自愿承担沙漠戈壁地区绿化工作的志愿者提供单位绿化面积的相应补贴费用，以此激励全国各地甚至世界各国的志愿者广泛参与西北地区的沙漠戈壁生态修复工作。三是建立环境保护税制度。将现行排污收费改为环境保护税，新设二氧化碳税目、废渣税目和 PM2.5 税目。

二、培育现代产业体系，提高城镇化发展水平

（1）西北地区要因地制宜，利用自身资源优势，构建现代产业体系。一是合理推动油气资源开发，建设塔里木盆地、准噶尔盆地、鄂尔多斯盆地等油气生产基地。加大页岩气、煤层气勘探开发力度。重点建设新疆、酒泉、蒙西和蒙东四大风电基地，加快发展太阳能发电，大力推广分布式光伏发电系统，开展甘肃、宁夏、内蒙古新能源综合示范区建设，培育准东、哈密、敦煌、柴达木、蒙西等风光电清洁能源基地。有序推进陇东、宁东、准东等能源化工基地建设。推动资

源深加工，加强有色金属、战略性新兴矿产、盐湖等资源的勘探开发、冶炼分离、精深加工和综合利用。二是吸引东部地区产业进行转移，对转移产业进行配套基础设施建设，并提供相应的税收和土地等优惠政策。三是发展壮大新兴制造业，推动制造业智能化发展。培育符合西北地区实际的新一代信息技术、高端装备、新材料、新能源、生物医药等战略性新兴产业，形成新的主导产业。引导和支持有条件的地区发展大数据产业，开展云计算应用示范。支持陕西电子信息产业集聚发展，研究在有条件的地区建设中外创新产业合作平台。借助国家《中国制造2025》的产业发展战略以及互联网信息产业的发展，推动制造业智能化升级。

（2）西北地区要借鉴吸收东部地区的经验，同时结合本地区的特点大力发展第三产业。一是促进传统服务业与互联网的融合。运用大数据等网络信息技术的发展，分析发现新的消费需求，不断提供优质服务。二是大力发展金融、物流、电子商务、信息服务等生产性服务业，发挥商业功能区和流通节点城市功能，打造高效便捷的西北地区物流大通道，为工业发展提供更多支持。三是促进新兴的文化、旅游、休闲、养老健康、家庭服务等产业的发展壮大，落实西部大开发文化产业税收优惠政策，促进西北地区文化产业健康发展。推动出版发行、影视制作等传统文化产业转型升级，实施特色文化产业发展工程，大力发展具有地方和民族特色的文化创意、网络视听、移动多媒体、数字出版、动漫游戏产业，规划建设一批具有民族特色的文化产业基地。鼓励多元资本进入旅游市场，优化旅游发展软硬环境，推进旅游配套设施建设。重点打造丝绸之路等旅游带，加快培育黄河文化、沙漠探险旅游带，以及新疆、内蒙古、宁夏旅游目的地，加快敦煌国际文化旅游名城和国际旅游港建设，不断满足人们日益多元化的消费需求。

（3）西北地区城镇化发展水平不高，大量贫困人口分布在农村地区，因此要提高城镇化发展质量，让农村地区人口转移到城镇中。一是发展壮大关中平原城市群，规划引导呼包鄂榆、兰州—西宁、宁夏沿黄、天山北坡等城市群有序发展，完善城市群基础设施网络，发挥综合性交通枢纽作用，打造西北地区经济增长重要引擎。二是积极培育和发展中小城市，完善市政基础设施，提高公共服务水平和宜居水平。以县城为重点发展小城镇，加快人口有序集聚，带动周边农村发展，提高县域经济发展活力和综合承载能力。积极开展国家新型城镇化试点和中小城市综合改革试点工作，依托相邻重点城市、特色优势资源、重要边境口岸与对外贸易通道等，培育发展一批特色小城镇。创新西北中小城市和小城镇行政管理体制，培育发展新生中小城市。

三、创新资本投资方式，提高劳动者素质

（1）西北地区投资多集中在资源型行业，在资源价格发生较大波动时，资本

投资收益就会有所下降。要提高资本收益，可以从两个方面入手解决：一是扩大资本投资范围。引导外资和民间资本进入沙漠戈壁与裸露黄土的覆绿产业、太阳能光伏产业、风力发电产业等。二是创新资本投资方式。建立沙漠绿洲银行、草原牧业银行等储蓄银行，鼓励立志改善西北地区荒漠状况的志愿者远期储蓄。设立西北绿化股权投资基金，通过私募基金，支持西北地区发展。三是加强企业股份制改革，建立现代企业制度，推动符合条件的西北地区企业在境内外主板、创业板上市，在"新三板"和区域性股权交易中心挂牌，提升资本的回报率。

（2）西北地区劳动力流失严重，高素质人才更是严重缺乏，因此劳动生产率提升速度较慢。对此，西北地区可采取以下措施：一是鼓励本地区优秀的人才回乡创办企业或者进行项目的牵线搭桥，造福乡梓。二是创造条件吸引优秀人才留在本地区。给予优秀人才优厚的报酬和一流的科研环境，解决优秀人才的后顾之忧。三是加大教育投入，提升本地区教育水平，提高高等教育质量，培养更多优秀的人才。让人才回得来，留得住，并不断培养新生代优秀人才，不断促进劳动生产率的提升。

四、鼓励企业加大研发投入，提高科技成果转换率

（1）西北地区高技术产业产值比例低，本地区产业多为资源型产业，研发投入动机不强，并且高科技人才缺乏。因此，一是引进一批技术实力雄厚的企业，为当地企业做出示范效应；二是强化企业创新的主体地位；三是加大高科技人才的培养和引进力度，尤其是高科技企业要给予高科技人才一定的股份，行政层面给予高科技人才一定的行政奖励。

（2）不断提高科技成果转换率，提升产业化应用水平。一是改进政府、科研机构与企业之间合作方式，促进政产学研有机结合，联成一体，协调联动；二是以企业的技术需要为引领，全程介入科研机构的技术研发、成果转化。

五、提高社会保障水平，增加优秀人才数量

（1）进一步完善城乡基本养老保险制度，按照国家统一部署合理调整西北地区退休人员基本养老金水平。健全失业保险制度，逐步提高失业保险金等待遇发放标准，扩大失业保险覆盖面。加强医疗保障体系建设，完善医疗保险关系转移接续措施，逐步实现符合转诊规定的异地就医住院费用直接结算。完善城乡居民大病保险制度，全面开展重特大疾病医疗救助工作，健全疾病应急救助制度。提高工伤保险统筹层次，基本实现法定人群全覆盖，开展工伤预防和工伤康复试点。加大西北地区养老服务设施建设支持力度，建立跨区域养老服务协作机制。

（2）促进县域内义务教育均衡发展和城乡一体化发展。科学推进城乡公办义务教育学校标准化建设，统筹普通高中和中等职业教育发展，新建、改扩建一批普通高中和中等职业学校。发展以就业为导向、服务西北地区经济社会发展的现代职业教育，加强职业教育实习实训基地建设和“双师型”教师队伍建设，逐步分类推进中等职业教育免除学杂费。实施乡村教师支持计划（2015—2020 年）、中西部高等教育振兴计划、省级免费师范生定向培养计划等工程。加强东部高校对口支援西北高校工作，鼓励和支持西北地区有条件的高校开展中外合作办学。继续提高重点高校西北招生比例。国家重大人才工程向西北高校倾斜。加快民族教育和特殊教育发展，支持民族院校建设。

六、加大修复与治理自然环境力度

西北地区沙漠戈壁面积广，黄土裸露率高，土地沙化严重，而这里常年降水稀少，夏日日照强，冬季风力大，这使得该地区生态环境日益恶化。为此，一是加大防护林建设，选育和培植适宜沙漠地区生长的耐旱、耐寒植物和农作物，并将其在广阔的西北沙漠地带种植和推广。二是尽快启动西线南水北调工程——红旗渠建设，通过青藏高原调水缓解西北地区严重缺水状况，使得黄土高原和沙漠戈壁得到外来水分的滋润，利于人工绿化工程的展开。三是调整产业结构，正视西北地区严重缺水现实，大力发展节水型产业。针对冬季风力强劲特点，大力发展风力发电产业。利用夏秋季节日照猛烈的特点，大量发展光伏发电产业。四是推进生态保护和环境综合整治，全面落实生态功能区建设，推进重要生态功能区、重点资源开发区和生态良好区的分区保护。五是加强环境风险的防控，实施水资源等重点生态环境保护和修复工程。重点对天山北坡、吐（鲁番）哈（密）盆地、河西走廊等地区实施地下水保护和超采漏斗区综合治理。

针对西北地区面临的其他方面的瓶颈，可以通过以下措施进行解决。

（1）发挥西北地区光热水土独特资源优势，科学定位农业地区、林区山区、草原牧区产业发展方向，优化特色农业结构布局，推进现代农业示范区建设。建设西北马铃薯产业带、优质酿酒葡萄产业带。调整优化棉花种植结构，建设新疆优质棉基地。西北生态严重退化地区开展耕地轮作休耕制度试点，统筹粮经饲，探索农牧结合、种养结合等模式。加强农村公路、乡村机耕道等设施建设，支持林区、垦区、特色农业基地、高产稳产饲草基地等区域作业道路建设，提高机械化作业水平。重点加强节水型农业基础设施布局建设，推动水资源集约高效利用。开展西北干旱地区找水工作。

（2）大力发展内陆开放型经济。积极融入国家“一带一路”倡议中，进行基础设施建设，加强与中亚各国之间的经贸往来和文化交流。依托地缘优势，大力发展口岸经济。支持沿边地区建设面向“一带一路”沿线国家的西北地区特色出口产品质量安全示范区，支持边境旅游试验区和跨境旅游合作区建设。探索建设“飞地产业园区”、跨省合作园区等合作模式，鼓励和支持沿海发达地区与西北地区共建进口资源深加工基地和出口加工基地。

（3）加强对口支援建设，繁荣民族地区经济。西北地区由于工业和服务业发展不足，社会保障水平不充分，劳动力流失严重。这就需要东部地区进行对口支援工作，将东部地区优秀人才派遣到西北地区，谋划当地经济发展。经济发展，人口流失速度就会减慢，贫困人口也会减少。鼓励少数民族聚居地区发展绿色农畜产品生产加工、民族医药、生态文化旅游、优势资源开发利用等特色产业。加强少数民族传统手工艺品保护与发展，扶持民族贸易和少数民族特需商品生产。探索实施民族地区“互联网+”特色产业工程，加快发展生态旅游经济。完善民族地区城乡基础设施，加大就业、教育、医疗等投入力度，提高生产生活保障能力和基本公共服务水平。

第十二章　西南地区经济发展方式转变

第一节　西南地区经济发展方式转变的评价

西南地区雨水丰沛，是中国大江大河的发源地，拥有丰富的林牧资源和秀丽的山水，形成了独特的旅游资源，同时有色金属等矿产资源含量十分丰富，但是其地形多为高原和山地，地形和地势结构复杂。在地理位置上，西南地区与东南亚、南亚相邻。在西部大开发战略的催化下，西南地区的成渝平原得到了快速发展，成为西南地区经济发展水平最高的地区。近年来，西南地区积极打造内陆开放高地，引进了一批东部地区的产业，经济发展得到了较好的发展，但西南地区地形条件复杂，经济发展的空间受到限制。西南地区是少数民族的聚集地，贫困人口较多，地区不安定因素频发，实现西南地区经济发展方式转变对于当地人民生活的改善、民族的团结和社会的稳定具有重要作用，因此，对西南地区经济发展进行详尽的评价就很有必要。

一、西南地区经济增长评价

西南地区 2005～2014 年经济增长及其二级指标转变能力如表 12-1 和图 12-1 所示。

表 12-1　西南地区 2005～2014 年经济增长及其二级指标转变能力

年份	规模速度	财政收入	经济增长总体得分
2005	0.0038	0.0050	0.0088
2006	0.0045	0.0056	0.0101
2007	0.0058	0.0079	0.0136
2008	0.0053	0.0074	0.0127
2009	0.0067	0.0061	0.0128
2010	0.0081	0.0107	0.0187
2011	0.0095	0.0141	0.0236
2012	0.0098	0.0126	0.0223
2013	0.0101	0.0120	0.0221
2014	0.0101	0.0123	0.0224
增幅	0.0063	0.0073	0.0136

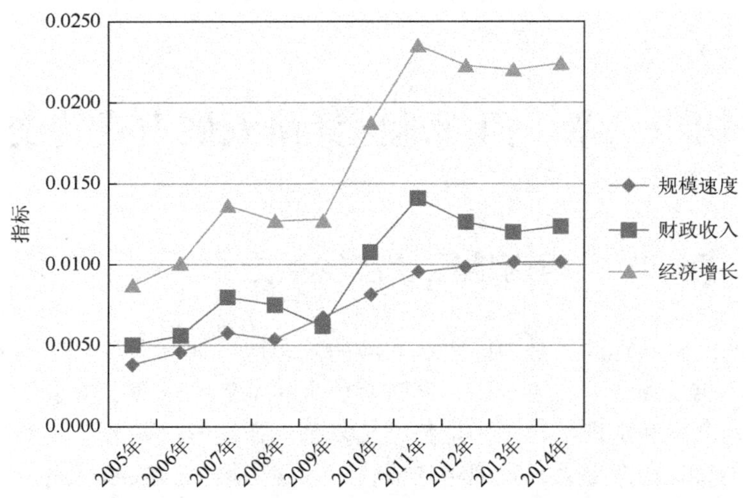

图 12-1　西南地区 2005～2014 年经济增长及其二级指标转变能力变化趋势

从表 12-1 和图 12-1 中经济增长指标可看出：西南地区经济增长得分趋势和西北地区相一致，但得分和提高程度都没有西北地区高。西南地区经济增长得分提高 0.0136，提高幅度为 155%，2005～2007 年经济增长得分提高较快，2008～2009 年受金融危机影响，经济增长得分有所下降，在国家刺激政策的作用下，经济增长得分在 2010～2011 年有了强势反弹，而近几年经济增长得分在一个较高的水平徘徊。二级指标中，规模速度得分提高 0.0063，提高幅度为 166%，财政收入得分提高 0.0073，提高幅度为 146%。财政收入得分占经济增长得分的比例基本上在 50%以上，财政收入得分变化趋势和经济增长得分趋势一致，并且财政收入得分要高于规模速度得分。当规模速度得分有所下降时，财政收入得分也有所下降，这表明当宏观经济形势较差时，一方面企业经营出现困难，另一方面政府为部分企业减免税收负担，这使得财政收入有一定下降，当宏观经济形势较好时，财政收入便有大幅上升，当发展速度放缓时，财政收入便有所下降。当经济发展受到外部冲击时，财政收入变化比规模速度变化还大，因此，财政收入受经济发展影响较大，这会削弱政府对该地区经济发展的支持。西南地区除了 2008 年规模速度得分有短暂下降，其余年份都在缓慢提高，近年来，规模速度得分几乎停滞，经济发展速度受到了较大挑战。因此，西南地区经济增长面临的瓶颈有经济发展速度有所减缓，财政收入对经济发展的支持作用将受到较大限制。

与东部地区和西北地区相比，西南地区经济增长指标全面落后，财政收入指标和规模速度指标的差距都在扩大。

二、西南地区经济结构评价

西南地区 2005～2014 年经济结构及其二级指标转变能力如表 12-2 和图 12-2 所示。

表 12-2　西南地区 2005～2014 年经济结构及其二级指标转变能力

年份	产业结构	城乡结构	需求结构	市场化程度	经济结构总体得分
2005	0.0073	0.0041	0.0201	0.0117	0.0432
2006	0.0071	0.0041	0.0197	0.0125	0.0434
2007	0.0071	0.0047	0.0191	0.0139	0.0447
2008	0.0067	0.0054	0.0185	0.0165	0.0470
2009	0.0076	0.0056	0.0192	0.0167	0.0492
2010	0.0074	0.0066	0.0216	0.0180	0.0535
2011	0.0077	0.0076	0.0205	0.0182	0.0539
2012	0.0078	0.0083	0.0220	0.0275	0.0656
2013	0.0083	0.0095	0.0242	0.0273	0.0693
2014	0.0085	0.0112	0.0262	0.0288	0.0747
增幅	0.0012	0.0071	0.0061	0.0171	0.0315

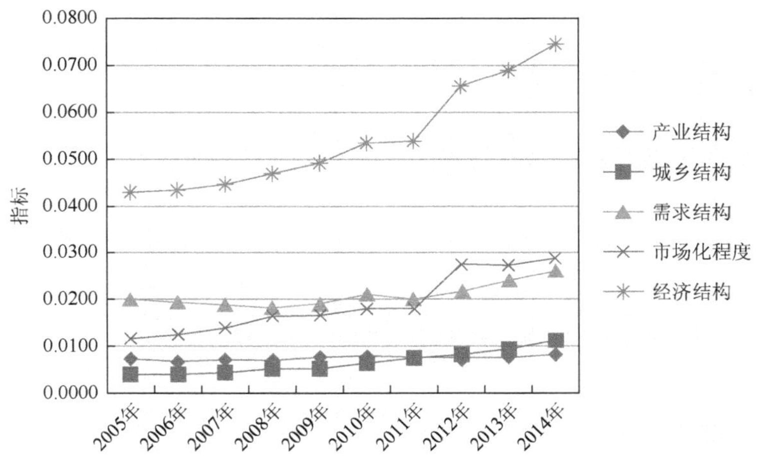

图 12-2　西南地区 2005～2014 年经济结构及其二级指标转变能力变化趋势

从表 12-2 和图 12-2 中经济结构指标可看出：西南地区经济结构得分在 2011 年前提高缓慢，之后则有较快提高，十年里提高了 0.0315，提高幅度为 73%。二级指标中，产业结构得分提高最少，只有 0.0012，提高幅度为 16%，需求结构得分提高了 0.0061，提高幅度为 30%，城乡结构得分提高了 0.0071，提高幅度为 173%，市场化程度得分提高最多，为 0.0171，提高幅度为 146%。市场化程度得分占经济结构得分的比例超过需求结构，排名第一，成为经济结构调整最大的贡献因素，市场化程度在 2012 年有明显提高，这主要是私营、个体企业从业人员占就业人口比例有了明显提高，私营企业产值占工业总产值比例在缓慢提高，这表明西南地区市场活力在不断增强，个体、私营企业发展状况较好。2005～2008 年需求结构得分不断下降，这主要是因为最终消费率较高，而人均全社会固定资产投资额较低。随着投资比例的上升，消费、投资和出口三者之间的比例更加协调，需求结构得到了优化。城乡结构得分在 2012 年超过产业结构得分，占经济结构得分比例上升到第三位。城乡结构有如此大幅提高，其主要原因在于城镇化推进较快，而城乡收入差距又在不断缩小。2005～2008 年产业结构得分有所下降，这主要是由于第二产业产值占国内生产总值比例在上升，而第三产业产值占国内生产总值比例有所下降，2009 年之后，第三产业产值占国内生产总值比例在不断上升，第二产业产值占国内生产总值比例略有下滑，产业结构得到了调整。西南地区经济结构调整要注重社会固定资产投资的增加，投资比例还有待加强。

西南地区城乡结构得分和产业结构得分与东部地区相比还有较大差距，而需求结构得分和市场化程度得分与东部地区不相上下。城乡结构得分的差距在缩小，而产业结构得分的差距在扩大。与西北地区相比，西南地区市场化程度得分较高，而需求结构得分较低。

三、西南地区经济效益评价

西南地区 2005～2014 年经济效益及其二级指标转变能力如表 12-3 和图 12-3 所示。

表 12-3 西南地区 2005～2014 年经济效益及其二级指标转变能力

年份	劳动资本效益	能源效益	土地利用效益	经济效益总体得分
2005	0.0101	0.0026	0.0030	0.0157
2006	0.0099	0.0027	0.0036	0.0162
2007	0.0104	0.0028	0.0042	0.0174
2008	0.0107	0.0029	0.0050	0.0186
2009	0.0088	0.0031	0.0056	0.0175
2010	0.0088	0.0031	0.0066	0.0186
2011	0.0116	0.0034	0.0080	0.0230

续表

年份	劳动资本效益	能源效益	土地利用效益	经济效益总体得分
2012	0.0127	0.0035	0.0093	0.0255
2013	0.0122	0.0035	0.0102	0.0259
2014	0.0121	0.0035	0.0105	0.0261
增幅	0.0020	0.0009	0.0075	0.0104

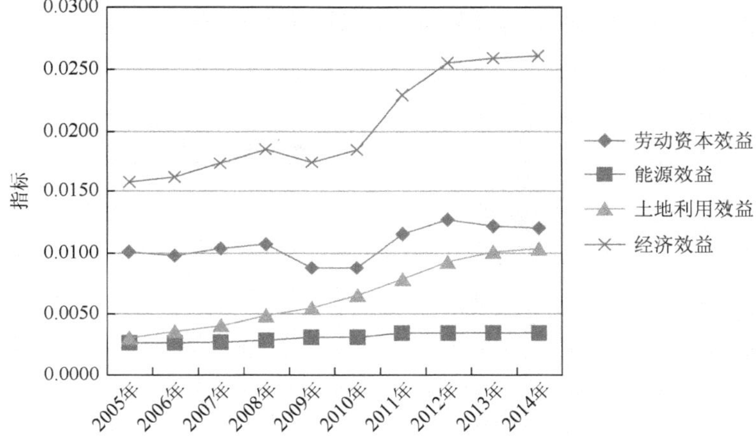

图 12-3　西南地区 2005～2014 年经济效益及其二级指标转变能力变化趋势

从表 12-3 和图 12-3 中经济效益指标可看出：西南地区经济效益得分有了大幅提高，十年里提高 0.0104，提高幅度为 66%，2005～2008 年经济效益在不断提高，2009 年经济效益有所下降，之后经济效益在不断提高。二级指标中，能源效益提高了 0.0009，提高幅度为 35%，劳动资本效益提高了 0.0020，提高幅度为 20%，土地利用效益提高了 0.0075，提高了 2.5 倍。西南地区能源效益提高仅次于西北地区，但各年能源效益得分却高于西北地区，与东部地区的差距在缩小。西南地区地形地貌条件较差，但其土地利用效益却呈现直线上升趋势，在有限的土地上获得了较高的收益，西南地区是除东部地区外土地利用效益最高的地区。劳动资本效益得分占经济效益得分的比例最大，其变动趋势和经济效益变动趋势类似。2005～2008 年全员劳动生产率提高较快，而固定资产投资效果系数略有下降，劳动资本效益总体上还是略有上升，2008～2010 年固定资产投资效果系数下降幅度更大，全员劳动生产率提高有限，使得劳动资本效益下降，2011 年固定资产投资效果系数有所回升，加上全员劳动生产率的提高，劳动资本效益提高，2012 年后，固定资产投资效果系数接着下降，而全员劳动生产率提高放缓，劳动资本效益呈现下降趋势。因此，西南地区面临着固定资产投资效果系数下降，而全员劳动生产率提高有限的瓶颈。

与东部地区和西北地区相比，西南地区劳动资本效益比较低，而且差距在扩大；与东部地区相比，西南地区能源效益落后，但差距在缩小，而土地利用效益的差距略有扩大；与西北地区相比，西南地区能源效益和土地利用效益都更高。

四、西南地区科技创新评价

西南地区 2005～2014 年科技创新及其二级指标转变能力如表 12-4 和图 12-4 所示。

表 12-4　西南地区 2005～2014 年科技创新及其二级指标转变能力

年份	创新投入	创新成果	科技创新总体得分
2005	0.0093	0.0072	0.0165
2006	0.0094	0.0076	0.0170
2007	0.0146	0.0080	0.0226
2008	0.0147	0.0089	0.0235
2009	0.0131	0.0105	0.0236
2010	0.0130	0.0124	0.0254
2011	0.0131	0.0163	0.0294
2012	0.0143	0.0182	0.0326
2013	0.0158	0.0197	0.0355
2014	0.0158	0.0228	0.0386
增幅	0.0065	0.0156	0.0221

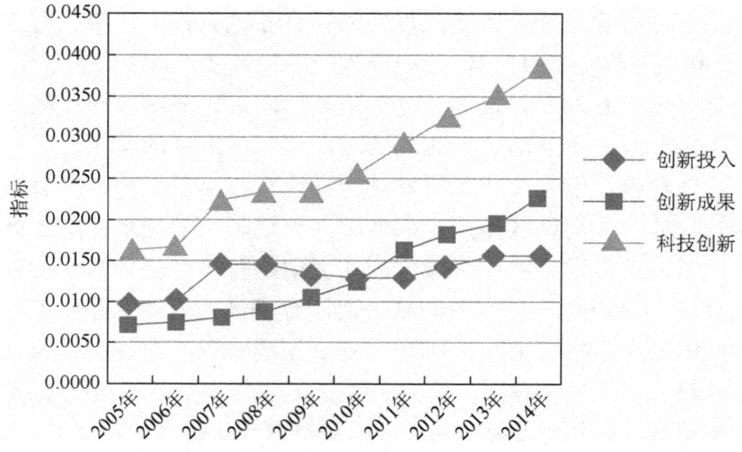

图 12-4　西南地区 2005～2014 年科技创新及其二级指标转变能力变化趋势

从表 12-4 和图 12-4 中科技创新指标可看出：西南地区科技创新得分有两个阶段性特征，2009 年之前得分提高较慢，之后得分提高速度明显加快。十年来，科技创新得分提高了 0.0221，提高幅度超过 130%。二级指标中，创新投入得分提高了 0.0065，提高幅度为 70%，创新成果得分提高了 0.0156，提高幅度为 217%。创新投入得分在 2007 年有了较大提高，这主要是因为科技经费支出占地方财政支出比例和研发人数有较大提高，这表明政府对科技创新的重视程度在加强，对科技创新给予资金和人才的支持，而研发支出占国内生产总值比例略有下降，这表明企业研发投入依然较少，企业并没有加强对产业前沿技术的开发，这对企业掌握核心竞争力来讲是不利的。2009 年之后，政府科技经费支出有所减少，而与此同时，研发支出占国内生产总值比例有所提高，此时，企业研发投入有所增强。2011 年后，政府科技经费支出又开始缓慢提高，而研发支出占国内生产总值比例比较稳定，此时政府又成为研发投入的主体。总体来看，西南地区政府和企业对研发投入交替上升，但创新投入中的大部分依然是政府的科技经费支出。创新成果得分在不断提高，2008 年之后提高速度加快，这主要是因为发明专利授权量有较大增加，高技术产业总产值占国内生产总值比例有所增加，技术合同成交金额也有小幅增加，西南地区创新成果表现较好，但也存在科技成果转换率较低的问题，发明专利数量大幅增加，而技术合同成交金额增幅有限，有很多科技成果还是被束之高阁的。因此，西南地区科技创新取得了良好的成绩，但存在政府科技经费投入增长空间有限、企业研发投入相对不足以及科技成果转换率低等瓶颈。

西南地区科技创新得分与东部地区相比全面落后，差距也在逐步扩大；而与西北地区相比，西南地区的科技创新表现更好，在未来发展中也更具优势。

五、西南地区民生保障评价

西南地区 2005～2014 年民生保障及其二级指标转变能力如表 12-5 和图 12-5 所示。

表 12-5　西南地区 2005～2014 年民生保障及其二级指标转变能力

年份	人口素质	生活质量	社会保障	民生保障总体得分
2005	0.0080	0.0037	0.0093	0.0210
2006	0.0093	0.0047	0.0097	0.0238
2007	0.0104	0.0041	0.0157	0.0301
2008	0.0113	0.0031	0.0165	0.0310

续表

年份	人口素质	生活质量	社会保障	民生保障总体得分
2009	0.0123	0.0056	0.0194	0.0373
2010	0.0160	0.0057	0.0232	0.0449
2011	0.0168	0.0060	0.0258	0.0487
2012	0.0172	0.0064	0.0351	0.0588
2013	0.0179	0.0075	0.0336	0.0590
2014	0.0187	0.0085	0.0342	0.0614
增幅	0.0107	0.0048	0.0249	0.0404

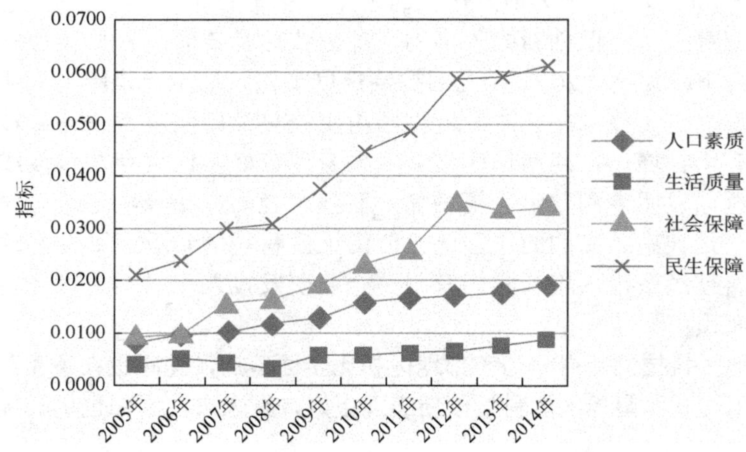

图 12-5　西南地区 2005～2014 年民生保障及其二级指标转变能力变化趋势

从表 12-5 和图 12-5 中民生保障指标可看出：西南地区民生保障得分提高迅猛，十年里得分提高了 0.0404，提高了近 2 倍。二级指标中，生活质量得分提高最少，为 0.0048，提高幅度为 130%，人口素质得分提高了 0.0107，提高幅度为 134%，社会保障得分提高最多，为 0.0249，提高幅度超过 260%。生活质量得分在波动中有所上升，2007 年和 2008 年生活质量有所下滑，2009 年之后生活质量稳步提高，人们对精神文化生活的需求也更多。人口素质得分也稳步提高，每十万人拥有的在校大学生人数和教育投入占国内生产总值比例都有所增加，但大学生增加的数量快于教育投入增加的数量，这也使教育质量难以得到有效保证。2005～2006 年社会保障得分较低，2007 年社会保障支出占地方财政支出比例大幅提高，这使得社会保障得分提升了一个台阶，之后卫生费用支出占地方财政支出比例逐年快速提高，社会保障得分也得到快速拉升。2012年基本养老保险参保人数占比有了大幅提高，使得社会保障得分再上一个台阶，之后社会保障支出占地方财政支出比例、基本养老保险参保人数占比以及卫生费用支出占地方财政支出比例变化较小，这使得社会保障得分维持在一个较高水平。因此，西南地区民生保障取得了不错的成绩，但与其他地区一样，也面临着人民群众的精神文化生活需求得不到满足、教育供给水平还有待提高等瓶颈。

与东部地区相比，西南地区民生保障指标全面落后，差距最大的是社会保障，其次是人口素质，生活质量差距最小。人口素质和生活质量之间的差距在缩小，而社会保障之间的差距反而有所拉大。与西北地区相比，西南地区生活质量和社会保障的差距比较大，生活质量差距在缩小，社会保障差距在拉大。

六、西南地区资源环境评价

西南地区2005～2014年资源环境及其二级指标转变能力如表12-6和图12-6所示。

表12-6　西南地区2005～2014年资源环境及其二级指标转变能力

年份	环境效应	环境治理	资源环境总体得分
2005	0.0102	0.0169	0.0271
2006	0.0102	0.0167	0.0269
2007	0.0098	0.0199	0.0297
2008	0.0099	0.0218	0.0317
2009	0.0100	0.0238	0.0337
2010	0.0100	0.0252	0.0351
2011	0.0099	0.0250	0.0349
2012	0.0100	0.0245	0.0345
2013	0.0100	0.0258	0.0358
2014	0.0100	0.0260	0.0361
增幅	–0.0002	0.0091	0.0090

从表12-6和图12-6中资源环境指标中可看出：西南地区资源环境得分提高较为平缓，十年里提高了0.0090，提高幅度为33%。二级指标中，环境效应得分下降了0.0002，是五个地区中下降最少的，下降幅度为2%，环境治理得分提高了

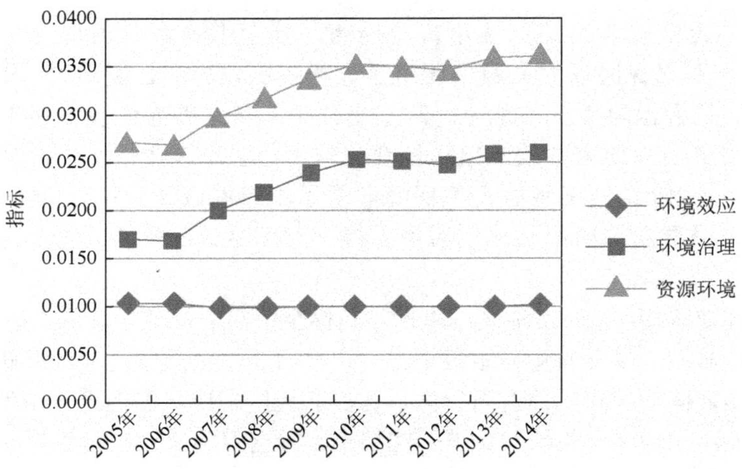

图 12-6　西南地区 2005-2014 资源环境及其二级指标转变能力变化趋势

0.0091，提高幅度为 54%。环境效应得分在 2007 年下降到最低点后，之后基本上一致保持在 0.0100 的水平上，西南地区工业三废排放量有不同程度的变化，工业废水排放总量有所增加，而工业废气排放总量和工业单位产值的固体废弃物生产量有所降低。环境治理得分在 2006～2010 年有明显的上升，这主要是因为环保投资占国内生产总值比例、工业固体废弃物综合利用率以及三废综合利用产品产值有不同程度提高，2010 年之后，环境治理得分较为稳定，这主要是因为环保投资占国内生产总值比例以及三废综合利用产品产值提高幅度比较小，而工业固体废弃物综合利用率又略有下降。西南地区由于纬度较低，水量较为丰富，而且地形复杂，工业生产活动开展难度较大，工业污染相对也没有那么严重。虽然西南地区生态环境压力较小，但是受制于地形地貌等自然条件，生产活动开展难度大，技术水平要求高，这成为制约该地区经济发展的一个重要因素。

与东部地区相比，西南地区环境效应得分更高，具有更好的生态承载力，而环境治理能力则比较薄弱。与西北地区相比，两者差距较小。

综合上述分析，西南地区经济发展方式转变面临的瓶颈主要如下。

（1）西南地区经济增长速度有所减慢，财政收入增长有所下降，对经济发展的支持作用减弱。在中国经济增长速度步入中高速增长的阶段，西南地区经济增长表现较好，尤其是重庆和贵州，经济增长依然保持了较高水平，但相对以前的发展速度，西南地区经济增长还是有所放缓，财政收入增长受到限制，财政对该地区经济发展的支持作用有所减弱。

（2）西南地区社会固定资产投资还有待增加，需求结构有待进一步优化。西南地区地形地貌复杂，高山河流相间分布，这使得对该地区的投资较少，社会固定资产投资比例较低。西南地区长期以来形成了浓厚的消费文化，居民消费水平较高，服务业发展状况良好，个体、私营企业得到有效发展，市场经济发展程度较高，成渝经济圈聚集了大量的人口，城乡结构也得到了一定程度优化。

（3）西南地区经济效益提高面临的瓶颈是资本效益下滑严重，劳动效益提高有限。西南地区的投资多集中在地理位置较好的平原地带，这些地区的固定资产投资已经较多，投资收益便会有所下降。西南地区的生产受到地理条件限制，大型机械作业较为困难，全员劳动生产率的提高比较困难。

（4）西南地区科技创新的发展遇到的瓶颈是企业创新投入相对不足，科技成果转换率较低。西南地区科技创新的投入多是依靠政府，企业研发投入不足。政府科技经费投入产生了较多成果，但科技成果转换率还不够高，一方面科技成果转换体制不畅通，增加了科技成果转换难度；另一方面科技成果没有很好地契合该地区产业发展的难题，很多科技成果无法转换成实际生产力。

（5）西南地区民生保障发展存在的瓶颈有人民精神文化需求难以有效满足，教育经费投入还有待提高。西南地区生活质量得到有效改善，而人们的精神文化生活还未得到丰富，打麻将依然是人们重要的娱乐活动，文化产业没有得到很好发展。西南地区教育经费增加有限，教育供给还有待提高，很多偏远地区的教育条件较差。

（6）西南地区资源环境条件较好，但依然面临着工业三废增加、循环经济发展不足的困境。西南地区多是大江大河的源头和上游，工业废水的增加使得河流从上游就开始受到污染。工业固体废弃物的综合利用率比较低，循环经济发展水平有待提高。

除此之外，西南地区经济发展还面临以下这些问题。

（1）地形地貌的限制。西南地区虽然有丰富的水资源，但是该地区多崇山峻岭，高原高寒地带比较多，土壤石漠化严重，这对该地区的生产活动造成很大的限制，对技术水平的要求也非常高。

（2）西南地区是少数民族聚集地区，民族问题是该地区经济发展的一个重要影响因素。西南地区位于中国边境地带，“藏独”、恐怖袭击等影响地区安定的因素依然存在，这对地区经济社会稳定发展造成很大伤害。

第二节　西南地区经济发展方式转变的对策建议

西南地区相比西北地区有着丰沛的水木资源，生态环境宜居，但是西南地区却面临着复杂的地形和地貌。山河相间、高原众多使得交通网络的通达性受到很大制约。西部大开发之后，虽然成渝经济圈凭借着平坦的地势和良好的水运条件得到了快速发展，成为中国西南地区重要的经济增长极，但是西南地区依然还面临着诸多问题。随着中国高速铁路技术和桥梁工程技术的快速发展，西南地区受制于地形地貌的时代一去不复返了，这有利于西南地区加快发展。加快西南地区经济发展的对策如下。

一、促进经济快速增长，保持财政收入稳定增长

（1）西南地区经济发展受到地形的影响很大，在交通通达性有所提高之后，西南地区还要加快本地区经济增长。一是优化西南地区经济空间布局。构建以成渝经济圈为核心的区域经济增长极。推进黔中、滇中、川南、藏中南等次级增长区域发展，在有条件的地区培育若干新增长极。二是促进西南地区的对外开放。着力打造重庆西部开发开放的重要战略支撑和成都、昆明、南宁等内陆开放型经济高地，加快重庆两江、贵州贵安、四川天府、云南滇中等国家级新区发展，推动中国—新加坡（重庆）战略性互联互通示范项目建设。推动西藏面向南亚，云南面向南亚、东南亚，广西面向东南亚开放，深化与周边国家毗邻地区合作。三是积极吸引外资，承接东部地区产业转移。扩大西南内陆地区特色优势产业对外开放，增加利用外资规模，提升引进外资质量，积极促进加工贸易向西南地区有序梯次转移。深化泛珠江三角洲、泛北部湾等区域合作，建立毗邻地区衔接机制，促进区域一体化和良性互动。引导东部和中部地区产业向西南地区有序转移，加强产业转移示范区建设，研究提出支持东部与西南地区制造业对接发展的政策措施，鼓励东部地区制造业到西南沿边地区投资设厂、建立基地，共同开拓周边国家（地区）市场。

（2）进行财税体制改革，保持财政收入稳定增长。通过税收制度改革、合理设置税种、调整相关税率等方式，保持财政收入的合理增长。一是加快资源税改革。全面推进矿产、森林、水体等的资源类税收从价计征改革，相应清理取消涉及的行政事业性收费和政府性基金。二是设立水土流失税、碳排放税、固体废弃物排放税、水污染排放税等，充分发挥税收对生态环境保护的促进作用。三是加快房地产税立法。根据西南地区实际情况，合理设置建设、交易、保有环节税负，促进西南地区房地产市场持续健康发展，使房地产税逐步成为西南地区地方财政的稳定收入。

二、促进消费、投资和出口协调发展

（1）增强有效投资对稳增长调结构的关键作用。一是创新招商引资机制，提高引资质量和水平。推行区域性定向招商、龙头企业带动集群化招商、产业化招商、产业链招商等新模式，推动好项目、大项目尽早落地。二是优化投资结构，加强对关乎全局性、战略性、基础性的重大工程的投资，扩大有利于结构升级、

增强后劲、弥补短板的投资，推广政府和社会资本合作模式，引导社会资本重点投向新型城镇化、创新驱动、基础设施、绿色低碳发展等领域。

（2）持续扩大有效需求，增强消费拉动经济增长的基础作用。一是进行收入分配改革，建立正常的工资增长制度，增加普通居民的消费能力，提高最低工资标准，保障低收入群体的基本生活需求，采用税收手段调节高收入群体的收入，缩小居民收入差距。二是提高农村经济发展水平，稳步扩大居民消费，依托中心城市和重要旅游目的地培育发展国际国内消费中心。三是营造便利放心的消费环境，促进汽车、住房、家居家电等传统支柱消费领域升级换代，支持服务、信息、绿色、时尚、品质等新兴消费。

（3）发挥出口对经济增长的促进作用，推进外贸转型升级。主动适应对外开放新形势和国际产业转移新趋势，拓展对外开放新的空间和领域，更好地融入全球产业链、价值链、供应链，提高在全球产业分工中的地位。加快构建联通内外、安全高效的跨境基础设施网络，稳步拓展内陆无水港体系。加强与长江经济带综合立体交通走廊等衔接。总结推广重庆等地中欧班列建设经验，统一规划建设通道路径和枢纽节点。全面推进“单一窗口”、一站式作业、一体化通关，提高国际贸易便利化水平。

三、创新资本投资方式，提高劳动者素质

（1）西南地区投资多集中在地形平坦的区域，而其他地形区域的投资却较少。要提高资本收益，可以从三个方面入手解决：一是扩大资本投资范围。促进西南地区积累的大量资本在全球范围内配置优质资产，尤其是配置发达国家和地区的优质资本。二是创新资本投资方式。加快推进国有企业股份制改革，尤其是西南地区的军民两用企业的股份制改革。通过增发、配股等再融资方式吸引民间资本投资，推动政府投融资平台加快转型，优化业务结构，促进盈利能力提升。三是努力打通民间资本进入金融领域的通道。鼓励有实力的企业资本进入金融领域，支持民间资本参与发起设立民营银行之类的信贷机构。

（2）西南地区地形复杂，大型机械作业困难，很多生产活动依赖人力或畜力，劳动生产率提高缓慢。对此，西南地区可采取以下措施：一是促进生产装备的发展，提高使用机械的程度，不断促进生产工具微型化和智能化的发展。二是不断提高人们的受教育程度，发展附加值高的产业。

四、鼓励企业加大研发投入，提高科技成果转换率

（1）西南地区企业研发投入不足，高科技人才缺乏。科技经费的投入主体

是企业，强化企业创新主体地位。对此西南地区可采取以下对策：一是强化政策同步协调。尽快建立“财政投入+担保贴息+产权质押+股权融资+风险投资+保险”的科技资金保障体系。二是根据行业、产业特色形成多层次精细化的科技人员评聘标准。

（2）不断提高科技成果转换率，提升产业化应用水平。一是引进国外和东部地区实力雄厚的新兴企业，以其实际行动带动当地企业加大研发投入和成果转化力度。二是充分利用西南地区的军工企业研发成果，促使其转化为民用企业的生产技术。三是引导企业充分利用西南地区高校科研院所的科研优势，联合研发，一起中试，协同推进科技成果转化为生产力。

五、提高社会保障水平，促进教育发展

（1）进一步完善城乡基本养老保险制度，按照国家统一部署合理调整西南地区退休人员基本养老金水平。加强医疗保障体系建设，完善医疗保险关系转移接续措施，逐步实现符合转诊规定的异地就医住院费用直接结算。完善城乡居民大病保险制度，全面开展重特大疾病医疗救助工作，健全疾病应急救助制度。加大西南地区养老服务设施建设支持力度，建立跨区域养老服务协作机制。

（2）促进县域内义务教育均衡发展和城乡一体化发展。科学推进城乡公办义务教育学校标准化建设，统筹普通高中和中等职业教育发展，新建、改扩建一批普通高中和中等职业学校。发展以就业为导向、服务西南地区经济社会发展的现代职业教育，加强职业教育实习实训基地建设和“双师型”教师队伍建设，逐步分类推进中等职业教育免除学杂费。实施乡村教师支持计划（2015—2020 年）、中西部高等教育振兴计划、省级免费师范生定向培养计划等工程。加强东部高校对口支援西南高校工作，鼓励和支持西南地区有条件的高校开展中外合作办学。继续提高重点高校西南招生比例。国家重大人才工程向西南高校倾斜。加快民族教育和特殊教育发展，支持民族院校建设。

六、减少污染排放，加强生态保护

西南地区生态环境在全国来讲比较好，但西南地区处于中国大江大河的发源地，生态环境保护工作必须要做好。一是切实做好高坡度山地的退耕还林工作，确保大江大河源头水土不致严重流失。二是依法关闭污染严重的企业，坚决淘汰落后产能，推动节能减排新技术、新装备的研发、引进与应用，大力推

广高效节能产品，着力抓好工业、建筑、交通、公共机构等重点领域节能。三是构建政府、企业和居民全员治理新模式。四是大力发展绿色经济。开发低碳技术，发展低碳产业体系和低碳消费方式。五是推进生态保护和环境综合整治。建立大江大河上游治理、下游补偿的流域生态补偿机制。探索打造三江源、祁连山等一批生态补偿示范区。支持赤水河流域、三峡库区发展生态经济，支持重庆、四川南充在嘉陵江流域综合保护开发中先行先试。六是加强环境风险的防控，实施水资源、矿产资源等重点生态环境保护和修复工程。加大秦巴山区、武陵山区、滇桂黔石漠化地区、三峡库区等重点区域水土流失治理。开展水污染防治，严格饮用水源保护，全面推进水源涵养区、江河源头区等水源地环境整治，加强长江干流和乌江、嘉陵江及其支流水环境保护，加快建设绿色生态廊道，保护好三峡库区生态环境，筑牢长江上游重要生态屏障。

此外，针对西南地区面临的其他方面的瓶颈，可以通过以下措施进行解决。

（1）加大当地基础设施建设，增加交通通达性。提升铁路网密度和干线等级。加快推进干线铁路、高速铁路、城际铁路、开发性新线和枢纽机场建设，强化既有线路扩能改造，促进西南地区高速铁路成网、干线铁路升级、全网密度加大、运营提质增效。加快区际省际高速公路通道、综合交通枢纽及民生项目等薄弱环节和短板领域建设，努力形成国内国际通道联通、区域城乡广泛覆盖、枢纽节点功能完善、运输能力大幅提升的公路基础设施网络。加强西南地区枢纽机场扩容改造，提升成都、昆明、重庆等机场国际枢纽功能和竞争力。

（2）繁荣民族地区经济。鼓励少数民族聚居地区发展具有西南民族特色的地方化产业，例如，加强少数民族传统手工艺品保护与发展，扶持民族贸易和少数民族特需商品生产，发展民族医药产业等；利用西南地区青山绿水优势，大力发展绿色农畜产品生产加工、独特自然风光旅游及优势资源开发利用等特色产业。探索实施民族地区“互联网＋”特色产业工程，加快发展云贵高原、川东平原、巴山蜀水生态独特风光等方面的生态旅游经济。

参 考 文 献

安虎森. 2005. 空间经济学原理[M]. 北京：经济科学出版社.

安雪慧. 2002. 中国三级教育对经济增长的贡献率差异分析[J]. 天津市教科院学报，(2)：26-31.

安占然，朱廷珺. 2012. 西部地区科学有效承接国内外产业转移的若干建议[J]. 国际贸易，2：35-40.

白雪飞. 2013. 我国经济发展方式转变协调度研究——基于1995-2010年的数据[J]. 辽宁大学学报（哲学社会科学版），41（5）：77-83.

白永秀. 1997. 试论中国集约型增长方式的模式选择[J]. 经济与管理研究，1：12-15.

毕克新，马慧子，黄平. 2012. 制造业企业信息化与工艺创新互动关系影响因素研究[J]. 中国软科学，10：138-147.

卜庆军，古赞歌，孙春晓. 2006. 基于企业核心竞争力的产业链整合模式研究[J]. 企业经济，2：59-61.

蔡昉. 2013. 中国经济增长如何转向全要素生产率驱动型[J]. 中国社会科学，1：56-71.

蔡元培. 1912. 对于新教育之意见[J]. 教育杂志，3（11）：1-2.

蔡元培. 1980. 蔡元培教育文选[M]. 北京：人民教育出版社.

蔡增正. 1999. 教育对经济增长贡献的计量分析——科教兴国战略的实证依据[J]. 经济研究，2：89-92.

茶洪旺，左鹏飞. 2017. 信息化对中国产业结构升级影响分析——基于省级面板数据的空间计量研究[J]. 经济评论，1：80-89.

陈晋玲. 2013. 教育层次结构与经济增长关系的实证研究[J]. 重庆大学学报，5：166-172.

陈龙，崔占峰，王伟. 2001. 西部大开发与重庆产业结构调整[J]. 重庆工商大学学报（社会科学版），19（4）：20-25.

陈明森. 2003. 自主成长与外向推动：产业结构演进模式比较[J]. 东南学术，3：51-66.

陈清. 2011. 发达国家和地区转变经济发展方式的经验与启示[J]. 亚太经济，1：38-40.

陈庆，刘禹宏. 2007. 产业集聚与经济增长方式转变[J]. 当代经济管理，29（6）：73-76.

陈晓涛. 2007. 产业链空间优化论[D]. 成都：四川大学.

陈孝兵. 2009. 论制度创新与经济发展方式的转变[J]. 理论学刊，8：47-51.

成伟，张克让. 2006. 产业集群多维演进模式初探[J]. 商业时代，14：73-74.

崔玉平. 2000. 中国高等教育对经济增长率的贡献[J]. 北京师范大学学报，1：31-37.

豆鹏. 2010. 云南产业结构的演进路径透析[D]. 昆明：云南财经大学.

杜传忠，马武强. 2003. 信息化与我国产业结构的跨越式升级[J]. 山东社会科学，4：68-7.

杜能. 1986. 孤立国同农业和国民经济的关系[M]. 吴衡康，译. 北京：商务印书馆.

杜政清. 1998. 重庆产业结构调整及优化布局[J]. 开放导报，7：44-45.

俄林. 1986. 地区间贸易与国际贸易[M]. 王继祖，等，译. 北京：商务印书馆.

范先佐. 2008. 农村学校布局调整与教育的均衡发展[J]. 教育发展研究，7：55-60.
范先佐，郭清扬，付卫东. 2015. 义务教育均衡发展与省级统筹[J]. 教育研究，2：67-74.
范晓屏. 2005. 特色工业园区与区域经济发展[M]. 北京：航空工业出版社.
方福前. 2007. 关于转变经济发展方式的三个问题[J]. 经济理论与经济管理，11：12-16.
冯光辉. 2012. 信息化——山西传统产业改造的全新视角[J]. 山西高等学校社会科学学报，5：18-21.
冯光明. 1999. 人力资本投资与经济增长方式转变[J]. 中国人口科学，1：54-33.
弗里德曼. 2011. 资本主义与自由[M]. 张瑞玉，译. 北京：商务印书馆.
干春晖，郑若谷，余典范. 2011. 中国产业结构变迁对经济增长和波动的影响[J]. 经济研究，5：4-16.
高峰. 2008. 国外转变经济发展方式体制机制经验借鉴[J]. 世界经济与政治论坛，3：113-116.
高洋. 2010. 产业结构升级与经济增长方式转变：机制和路径[J]. 哈尔滨商业大学学报，3：70-73.
高志英. 2003. 1978～2000 年中国经济增长方式粗放度的波动实现[J]. 湖北经济学院学报，6：60-64.
顾成军，龚新蜀. 2012. 中国经济增长方式的转变及其影响因素研究[J]. 中国科技论坛，3：111-117.
郭克莎. 1993. 论中国经济增长模式的转换[J]. 中国社会科学研究生院学报，4：1-3.
韩廷春. 2002. 金融发展与经济增长的内生机制[J]. 产业经济评论，1：163-173.
何菊莲. 2013. 高等教育人力资本促进产业结构优化升级的实证研究[J]. 教育与经济，2：48-55.
何伟，夏莘栋. 2006. 信息化与中国产业结构优化[J]. 重庆邮电学院学报（社会科学版），18（5）：684-685.
洪银兴. 2013. 论创新驱动经济发展战略[J]. 经济学家，1：5-11.
侯亚非，王金营. 2001. 人力资本与经济增长方式转变[J]. 人口研究，3：13-19.
胡毓娟. 2007. 论中国经济发展方式转变的途径和前景[J]. 北京市经济管理干部学院学报，4：21-24.
黄建富. 2002. 信息化改造传统产业：中国发展新经济的战略选择[J]. 开发研究，3：6-9.
黄茂兴，林寿富. 2013. 污染损害、环境管理与经济可持续增长——基于五部门内生经济增长模型的分析[J]. 经济研究，12：30-41.
黄泰岩. 2008. 中国经济发展的速度、道路及矛盾化解[J]. 经济学动态，12：8-13.
黄燕萍. 2013. 中国地区经济增长差异：基于分级教育的效应[J]. 经济研究，4：94-105.
贾纪磊. 2009. 信息化与工业化融合：新型工业化必经之路[J]. 湖北经济学院学报（人文社会科学版），8：27-25.
江世银. 2009. 四川实现产业结构优化升级的对策研究——基于承接产业转移的背景[J]. 理论与改革，5：151-154.
姜奇平. 2005. 论信息化的社会本质（上）[J]. 互联网周刊，6：54-55.
蒋国俊，蒋明新. 2004. 产业链理论及其稳定机制研究[J]. 重庆大学学报（社会科学版），1：36-38.
金碚. 2011. 中国工业的转型升级[J]. 中国工业经济，7：5-14.
坎蒂隆. 1986. 商业性质概论[M]. 余永定，徐寿冠，译. 北京：商务印书馆.
柯西金. 1965. 关于改正工业管理，完善计划工作和加强工业生产的经济刺激[R]. 1965 年 9 月 27 日.

库兹涅茨. 1999. 各国的经济增长[M]. 常勋，译. 北京：商务印书馆.
李国平，孙铁山，卢明华. 2003. 北京高科技产业集聚过程及其影响因素[J]. 地理学报，6：927-936.
李嘉图. 1976. 政治经济学及赋税原理[M]. 郭大力，王亚南，译. 北京：商务印书馆.
李利敏，罗守贵. 2012. 增长极产业演化模式——以上海为增长极进行实证分析[J]. 科学技术与工程，64（4）：871-878.
李琳，李宁，王星. 2013. 信息化与工业化融合实时测度研究[J]. 情报科学，（5）：108-112.
李玲玲，张耀辉. 2011. 我国经济发展方式转变测评指标体系构建及初步测评[J]. 中国工业经济，4：54-63.
李录青. 2010. 重庆产业结构调整与优化问题研究[J]. 生态研究（学术版），1：296-298.
李秋阳. 2010. 努力破解转变经济发展方式难题——以广东东莞市为例[J]. 学术论坛，4：117-122.
李寿德. 2002. 传统产业高技术改造的本质与实现的方式探析[J]. 科研管理，5：50-55.
李斯特. 1961. 政治经济学的国民体系[M]. 陈万煦，译. 北京：商务印书馆.
李伟. 2010. 珠三角地区主题公园产业集群演进模式分析[J]. 特区经济，1：31-32.
李伟光，李勇，黄文波，等. 2005. 制造信息化的分析与研究[J]. 制造业自动化，1：38-41，61.
李宪钧. 2002. 比较优势理论与云南产业结构调整[J]. 云南民族学院学报（哲学社会科学版），6：61-63.
李晓春. 2008. 急于增长方式转变的浙江制造业升级研究[D]. 杭州：浙江工业大学.
李心芹，李仕明，兰永. 2004. 产业链结构类型研究[J]. 管理科学，4：60-63.
李欣广. 1995. 开放型经济中产业结构演进模式与我国的对策[J]. 改革与战略，2：29-34.
李志翠，杨海峰. 2005. 信息化与我国产业结构升级的相关性分析[J]. 航天工业管理，6：21-45.
厉以宁. 1999. 关于教育产品的性质和对教育的经营[J]. 教育发展研究，10：9-14.
利别尔曼. 1962. 计划、利润、奖金，真理报[R]. 1962 年 9 月 9 日.
廖春花，明庆忠，邱膑扬，等. 2006. 泛珠三角区域合作背景下的云南产业结构调整初探[J]. 经济问题探索，2：84-88.
林春艳，孔凡超. 2016. 中国产业结构高度化的空间关联效应分析——基于社会网络分析方法[J]. 经济学家，11：45-53.
林毅夫. 2000. 再论制度、技术与中国农业发展[M]. 北京：北京大学出版社.
林毅夫. 2002. 发展战略、自生能力和经济收敛[J]. 经济学（季刊），1：269-230.
林毅夫. 2014. 有效市场与有为政府[J]. 记者观察，1：62-63.
林毅夫，苏剑. 2007. 论我国经济增长方式的转换[J]. 管理世界，11：5-13.
刘伯华，李长明. 1992. 努力实现从“速度型”增长向“效益型”增长的战略转变[J]. 计划经济研究，4：3-5.
刘丹，陶文依美，陶长琪. 2013. 信息产业对区域产业结构升级的促进效应——基于三螺旋理论的实证分析[J]. 南昌工程学院学报，32（3）：29-35.
刘贵富，赵英才. 2006. 产业链的分类研究[J]. 学术交流，8：102-106.
刘海英，修静，张纯洪. 2015. 环境治理与经济发展方式转变相互协调机制研究[J]. 环境保护，43（17）：38-40.
刘慧，吴晓波. 2003. 信息化推动传统产业升级的理论分析[J]. 科技进步与对策，1：52-54.

刘竞. 2010. 贵州产业结构优化调整的路径分析[J]. 贵州商业高等专科学校学报，4：5-7.
刘楷. 2007. 1995～2005 年中国地区工业结构调整和增长活力的实证分析[J]. 中国工业经济，9：40-47.
刘克逸. 2003. 产业信息化对我国产业结构升级的作用及政策取向[J]. 软科学，1：27-30，38.
刘培明. 2008. 欠发达地区经济发展方式转变的重点与路径——以河源市为例[J]. 广东广播电视大学学报，3：52-55.
刘溶沧，赵京兴. 1999. 论影响经济增长方式及其转变的主要因素[J]. 中国工业经济，10：30-35.
刘少和，张伟强，乔纪纲. 2007. 广东旅游休闲产业空间布局模式的构建[J]. 热带地理，2：164-169.
刘少武. 2000. 关于制度安排对经济增长方式转变作用的几点思考[J]. 管理世界，6：182-183.
刘伟. 2006. 经济发展和改革的历史性变化与增长方式的根本转变[J]. 经济研究，1：4-10.
刘伟，李万军. 2012. 基于东部产业转移背景下的重庆产业承接选择[J]. 中国经贸导刊，5：50-51.
刘新华，王冬琳，王利明. 2013. 我国职业教育层次结构与生产力发展水平关系的实证研究[J]. 中国高教研究，4：93-98.
刘新争. 2012. 比较优势、劳动力流动与产业转移[J]. 经济学家，2：45-50.
刘易斯. 1989. 二元经济论[M]. 施炜，等，译. 北京：北京经济学院出版社.
卢福财，罗瑞荣. 2010. 全球价值链分工对中国经济发展方式转变的影响与对策[J]. 江西财政大学学报，4：26-32.
陆大道. 2002. 关于“点—轴”空间结构系统的形成机理分析[J]. 地理科学，22（1）：1-6.
陆根尧，朱省娥. 2004. 中国教育对经济增长影响的研究. 数量经济技术经济研究，1：15-19.
路风，余永定. 2013.“双顺差”、能力缺口与自主创新——转变经济发展方式的宏观和微观视野[J]. 中国社会科学，3：91-114.
吕铁，周叔莲. 1999. 中国的产业结构升级与经济增长方式转变[J]. 管理世界，1：113-125.
马凤彪，杨建梅. 2001. 我国海峡两岸 IT 产业链的形成及演进研究[J]. 华南理工大学学报（社会科学版），3（4）：63-66.
马克思. 2009. 资本论[M]. 郭大力，王亚南，译. 上海：上海三联书店.
马林. 2011. 四川产业集群促进区域创新体系构建的对策研究[J]. 企业导报，17：170.
马强文，任保平. 2010. 中国经济发展方式转变的绩效评价及影响因素研究[J]. 经济学家，11：58-65.
马歇尔. 1981. 政治经济学原理[M]. 陈良璧，译. 北京：商务印书馆.
苗圩. 2012. 加快推进我国工业和信息化科学发展[J]. 宏观经济管理，8：4-6.
倪志远. 1999. 知识经济视野下的人力资本开发与经济增长方式转变问题[J]. 河北大学学报，3：85-87.
牛勤. 2012. 欠发达地区转变经济发展方式的几个问题探析[J]. 求实，1：138-140.
藕继红. 2010. 产业链如何垂直整合[J]. 商界评论，5：90-92.
潘成云. 2001. 解读产业价值链——兼析我国新兴产业价值链基本特征[J]. 当代财经，9（9）：7-15.
潘恩. 2011. 人的权利[M]. 田飞龙，译. 北京：中国法制出版社.
裴辉儒. 2001. 论中国经济增长方式的有效选择[D]. 西安：陕西师范大学.
彭劲松. 2005. 长江上游经济带产业结构调整与布局研究[J]. 上海经济研究，4：85-96.

蒲晓晔，赵守国. 2010. 中国经济发展方式转变的动力结构分析[J]. 经济问题，4：39-45.
齐亚伟，刘丹. 2014. 信息产业发展促进区域产业结构合理化的灰色关联分析[J]. 经济经纬，4：74-79.
钱纳里，塞尔奎因. 1988. 发展的型式[M]. 李新华，等，译. 北京：经济科学出版社.
申广斯. 2009. 中国转变经济发展方式的制约因素与对策[J]. 统计与决策，22：106-108.
沈露莹. 2010. 上海转变经济发展方式的评价指标体系与阶段评估[J]. 上海经济研究，6：74-84.
斯密. 1974. 国富论[M]. 郭大力，王亚南，译. 北京：商务印书馆.
斯密. 2001. 国富论[M]. 杨敬年，译. 西安：陕西人民出版社.
宋文平. 2005. 贵州产业结构调整的几点思考[J]. 重庆大学学报（社会科学版），11（3）：3-5.
宋旭琴，蓝海林. 2012. 产业链整合战略与组织结构变革研究[J]. 商业研究，423（7）：46-50.
苏东水. 2000. 产业经济学[M]. 北京：高等教育出版社.
速水佑次郎，拉坦. 2000. 农业发展的国际分析[M]. 郭熙保，等，译. 北京：中国社会科学出版社.
谭清美，陈静. 2016. 信息化对制造业升级的影响机制研究——中国城市面板数据分析[J]. 科技进步与对策，20：55-62.
唐建荣，夏国军. 1998. 经济增长方式转变的路径选择[J]. 江苏统计，2：29-32.
唐龙. 2008. 转变经济发展方式关键在于政府改革[J]. 经济体制改革，6：135-138.
唐五湘，白二平. 1997. 以生产要素密集型的结构特征划分的产业结构演进规律与中国产业发展战略的选择[J]. 改革与战略，4：5-8.
田文. 1996. 经济增长方式的内涵与实现途径[J]. 新疆师范大学学报（哲学社会科学版），4：17-21.
汪素芹. 2014. 中国经济发展方式转变与外贸发展方式转变相互影响的实证分析[J]. 国际贸易问题，1：51-60.
王国刚. 2010. 城镇化：中国经济发展方式转变的重心所在[J]. 经济研究，12：70-81.
王宏淼. 2006. 东莞市经济增长方式转变研究[J]. 现代经济探讨，6：21-24.
王积业. 1990. 经济增长从速度型向效益型转变[J]. 宏观经济研究，4：3-9.
王缉慈. 2008. 全球化背景下中国产业集群面临升级压力[J]. 中国报道，2：22-27.
王金杰，董永凯. 2009. 我国信息化与工业化融合的实现对策研究[J]. 产业与科技论坛，11：23-25.
王军. 2009. 完善经济发展方式转变的动力问题研究[J]. 理论学刊，9：54-59.
王可达. 2010. 实现经济发展方式转变的制度安排[J]. 江西财经大学学报，3：5-10.
王善迈. 1997. 社会主义市场经济条件下的教育资源配置方式[J]. 教育与经济，3：1-6.
王善迈. 2016. 教育经济实证研究与规范研究的案例[J]. 清华大学教育研究，1：1-5.
王善迈，曹夕多. 2005. 重构我国公共财政体制下的义务教育财政体制[J]. 北京大学教育评论，4：25-30.
王善迈，袁连生，田志磊，等. 2013. 我国各省份教育发展水平比较分析[J]. 教育研究，6：29-41.
王西琴，季妍，高吉喜，等. 2010 长江上游地区产业结构演进与经济协调发展分析[J]. 生态经济，（2）：30-34.
王一鸣. 2008. 转变经济发展方式的现实意义和实现途径[J]. 理论视野，1：25-28.
王瑜炜，秦辉. 2014. 中国信息化与新型工业化耦合格局及其变化机制分析[J]. 经济地理，2：93-100.

王玉玲，刘成良，刘政道. 2010. 论后经济危机背景下中国经济结构的优化[J]. 中国特色社会主义研究，1：53-57.
韦伯. 1997. 工业区位论[M]. 李刚剑，等，译. 北京：商务印书馆.
卫兴华. 2013. 创新驱动与转变发展方式[J]. 经济纵横，7：1-4.
魏后凯. 1988. 区域开发理论研究[J]. 地域研究与开发，(1)：16-19.
魏农建. 2003. 产业链整合与中小企业经营策略[J]. 青海师范大学学报（哲学社会科学版），2：6-9.
文轩. 2011. 国际林纸产业链发展模式[J]. 中华纸业，32（17）：51-52.
吴洪成，方家峰. 2010. 现代教育家杨贤江的教育经济思想述评[J]. 河北大学成人教育学院学报，4：81-83.
吴金明，黄进良，李民灯. 2007. 论产业链建设与创新的“3+3+3+3”模式[J]. 湖南科技大学学报，3：49-54.
吴金明，邵昶. 2006. 产业链形成机制研究——“4+4+4”模型[J]. 中国工业经济，(4)：36-43.
吴敬琏. 1995. 怎样才能实现增长方式的转变[J]. 经济研究，11：8-12.
吴敬琏. 2011. 全面深化改革的进展与挑战[J]. 党政视野，3：59-60.
吴明哲. 2001. 论经济增长方式的转变[D]. 厦门：厦门大学.
吴树青. 2008. 转变经济发展方式是实现国民经济又好又快发展的关键[J]. 前线，1：17-19.
吴伟萍. 2008. 信息化推动产业转型：作用机制与实证研究[J]. 广东社会科学，3：52-58.
吴耀宏，李永东. 2007. 四川产业结构演进及调整的预测分析[J]. 中共四川省委省级机关党校学报，4：25-26.
伍华佳，苏东水. 2007. 开放经济条件下中国产业结构的演化研究[M]. 上海：上海财经大学出版社.
武建奇. 1996. “粗放”与“集约”的三种含义[J]. 理论前沿，10：43-44.
夏东民. 2011. 中国模式内涵的辩证思考[J]. 理论视野，9：21-23.
夏禹农，冯文浚. 1982. 梯度理论与建议[J]. 研究与建议，8：21-24.
谢康，李礼，谭艾婷. 2009. 信息化与工业化融合、技术效率与趋同[J]. 管理评论，10：3-12.
谢康，肖静华，周先波，等. 2012. 中国工业化与信息化融合质量：理论与实证[J]. 经济研究，1：4-16.
邢文杰. 2010. 现阶段贵州产业承接及产业选择的理念探析[J]. 贵阳市委党校学报，5：37-40.
徐广军，张汉鹏. 2006. 美国产业演进模式与我国产业结构升级[J]. 经济与管理研究，(8)：39-42。
徐险峰，李咏梅. 2003. 以信息化促进产业结构调整升级[J]. 经济体制改革，4：167-168.
徐颖，崔昆仑. 2011. 沿海地区城镇与产业空间布局模式探索[J]. 华中建筑，29（7）：118-119.
许可，王志宏. 2012. 资源型产业链的形成机理与传导机制研究[J]. 煤炭学报，37（5）：884-888.
严北战. 2011. 基于三链高级化的集群式产业链升级机理[J]. 科研管理，10：64-69.
杨公朴，夏大慰. 1999. 现代产业经济学[M]. 上海：上海财经大学出版社.
杨蕙馨，黄守坤. 2005. 东北地区信息化与传统产业的改造升级[J]. 求是学刊，2：51-55.
杨蕙馨，纪玉俊，吕萍. 2007. 产业链纵向关系与分工制度安排的选择及整合[J]. 中国工业经济，9：22-24.
杨青. 2006. 以制度创新促进经济增长方式的转变[J]. 马克思主义与现实，4：166-168.
杨贤江. 1915. 余之教育上之尊孔观[J]. 浙江一师校友会志，2：1-2.

杨小凯，Borland J. 1990. 经济增长的微观机制[J]. 政治经济学期刊，33：462-482.
杨学坤，吴树勤. 2009. 基于信息化理论的我国产业结构高级化问题研究[J]. 科技管理研究，2：126-128.
杨玉英. 2013. 中国服务经济发展的战略重点与对策建议[J]. 宏观经济管理，10：44-45.
姚齐源，宋伍生. 1985. 有计划商品经济的实现模式——区域市场[J]. 天府新论，3：1-4.
姚寿福. 1998. 长江上游沿江产业带产业结构演进研究[J]. 长江流域资源与环境，7（3）：198-204.
叶茂林，郑晓齐，王斌. 2003. 教育对经济增长贡献的计量分析[J]. 数量经济技术经济研究，1：89-92.
于彬. 2014. 教育发展对中国经济增长影响的实证分析[J]. 统计与决策，22：146-148.
于立宏，郁义鸿. 2005. 产业链类型与产业链效率基准[J]. 经济与管理研究，11：77-78.
于凌云. 2008. 教育投入比与地区经济增长差异. 经济研究，10：131-143.
于治国. 2007. 影响我国经济增长转变的内外因因素分析[J]. 中国市场，26：86-87.
余利丰，肖六亿. 2015. 高新技术改造提升传统产业效果评价体系研究——以河南省为例[J]. 科技进步与对策，5：122-125.
詹新宇. 2012. 市场化、人力资本与经济增长效应——来自中国省际面板数据的证据[J]. 中国软科学，8：166-177.
张贵林，周寄中. 2007. 国家高新区产业空间聚集度模型设计与评价[J]. 科学学与科学技术管理，7：187-191.
张雷. 2007. 产业链纵向关系治理模式研究——及对中国汽车产业链的实证分析[D]. 上海：复旦大学.
张雷，张文尝，李洪舰. 1999. 长江上游地区（四川重庆段）工业发展与布局调控研究[J]. 长江流域资源与环境，2：140-146.
张军，吴桂英，张吉鹏. 2004. 中国省际物质资本存量估算：1952—2000[J]. 经济研究，（10）：35-44.
张敏，马泽昊. 2013. 信息化、产业结构与区域经济增长——基于中国省际面板数据的经验分析[J]. 财政研究，8：39-42.
张文婷. 2016. 信息化对中国产业结构调整作用分析[J]. 技术经济与管理研究，10：109-113.
张向宁，孙秋碧. 2015. 信息化与工业化融合有界性的实证研究——基于我国 31 省市面板数据[J]. 经济问题，1：84-88.
张昭时，钱雪亚. 2009. 劳动力市场分割理论：理论背景及其演化[J]. 重庆大学学报，6：57-62.
赵红岩. 2008. 产业链整合的演进与中国企业的发展[J]. 当代财经，9：78-83.
赵昕，茶洪旺. 2015. 信息化发展水平与产业结构变迁的相关性分析[J]. 中国人口 • 资源与环境，7：84-88.
赵玉林. 2008. 高新技术产业发展对产业结构优化升级作用的实证分析. 科研管理，3：35-42.
郑大庆，张赞，于俊府. 2011. 产业链整合理论探讨[J]. 科技进步与对策，28（2）：64-68.
郑慎德. 1996. 技术进步是实现集约型经济增长的必然选择[J]. 武汉金融高等专科学校学报，1：2-8.
周丽萍. 2010. 转变经济发展方式中的产业结构调整[J]. 江苏社会科学，6：57-61.
周叔莲. 2008. 更加重视和发展信息化大力推进信息化与工业化融合[J]. 中国信息界，2：24-27.
周振华，2000. 信息化改造传统产业：基本内涵及其实现机制[J]. 天津社会科学，6：41-45.

朱红. 2010. 云南转变经济发展方式的难点与重点问题研究[J]. 云南行政学院学报，1：172-174.
邹璇. 2015. 中国西部地区内陆开放型经济发展研究[M]. 北京：中国社会科学出版社.
Akamatsu K. 1962. A historical pattern of economic growth in developing Countries[J]. Developing Economies，1：3-25.
Alonso W. 1964. Location and Land Use[M]. Cambridge：Harvard University Press.
Baldwin R. 2002. Economic Geography and Public Policy[M]. Princeton：Princeton University Press.
Barro R. 1991. Economic growth in a cross section of countries[J]. Quarterly Journal of Economics，106：501-526.
Becker G S. 1964. Human Capital[M]. New York：Columbia University Press.
Bell D. 1973. The Third Technological Revolution-And Its Possible Socioeconomic Consequences. [M]. Princeton：Princeton University Press.
Benhabib J，Spiegel M. 1994. The role of human capital in economic development：Evidence from aggregate cross-country data[J]. Journal of Monetary Economics，34：143-174.
Boudeville J R. 1961. An operational model of regional trade in France[J]. Papers of the Regional Science Association，7（1）：177-187.
Burgess E W. 1925. The Growth of the City[C]. Chicago：University of Chicago Press.
Chenery H B. 1960. Patterns of industrial growth [J]. American Economic Review，50（4）：624-654.
Cheung. 1983. The contractual nature of the firm[J]. Journal of Law and Economics，26（1）：1-21.
Christaller W. 1933. Die zentralen Orte in Süddeutschland[M]. Jena：Gustav Fischer.
Christaller W. 1966. General Places in Southern Germany[M]. New Jersey：Prentice Hall，Inc..
Coase R H. 1937. The nature of the firm [J]. Economica，4：386-405.
Correa C M. 2006. Considerations on the standard material transfer agreement under the FAO treaty on plant genetic resources for food and agriculture[J]. Journal of World Intellectual Property，9（2）：137-165.
Dension E F. 1962. The Sources of Economic Growth in the United States and the Alternatives before US. New York：Committee for Economic Development.
Dewan K. 2000. Information technology and productivity：Evidence from country-level data[J]. Management Science，46（4）：548-562.
Dietrich A. 2012. Does growth cause structural change，or is it the other way around? A dynamic panel data analysis for seven OECD countries[J]. Empirical Economics，43（3）：1-30.
Dixit A K，Stiglitz J E. 1977. Monopolistic competition and optimum product diversity[J]. American Economic Review，67（3）：297-308.
Durlauf S N，Blume L E. 2008. The New Palgrave：A Dictionary of Economics[M]. New York：Palgrave Macmillan.
Eichengreen B，Park D，Shin K. 2013. Growth slowdowns redux：New evidence on the middle-income trap[J]. NBER Working Papers，23（3）：331-343.
Ellision G，Glaeser E L. 1997. Geographic concentration in U. S. manufacturing industries：A dartboard approach s[J]. Journal of Political Economy，105（5）：889-927.
Englanger S，Gurney A. 1994. OECD productivity growth：Medium-term trends[J]. OECD Economic Studies，22：30.

Ernest，Mckenzie. 1933. Urban Community[M]. Cambridge：Cambridge University Press.

Forslid R. 1999. Agglomeration with Human and Physical Capital：An Analytically Solvable Case[R]. Discussion Paper No. 2012，Center for Economic Policy Research.

Freeman C，Soete L. 1989. Technical change and full employment [J]. Southern Economic Journal，56：1-2.

Friedmann J R P. 1972. A General Theory of Polarized Development[M]. New York：The Free Press.

Fujita M，Krugmano P，Venables A J. 1999. The Spatial Economy：Cities，Regions，and International Trade[M]. Cambridge：MIT Press.

Fujita M，Thisse J. 2002. Economics of Agglomeration[M]. London：Oxford University Press.

Gambardella A. 2008. Technological revolutions and the evolution of industrial structures：Assessing the impact of new technologies upon the size and boundaries of firms[J]. Capitalism and Society，3（1）：6.

Gradus R，Smulders D S. 1993. The trade-off between environmental care and long-term growth—Pollution in three prototype growth models[J]. Journal of Economics，58（1）：25-51.

Hacklin F V，Nowak B，Hartung J. 2004. How incremental innovation becomes disruptive：The case of technology convergence[R]. IEEE International Engineering Management Conference，1（18）：32-36.

Hagerstrand T. 1953. Innovation Diffusion as a Spatial Process[M]. Chicago：University of Chicago Press.

Harris C D，Ullman E L. 1945. The Nature of Cities[M]. Los Angeles：Sage Publications，Inc. .

Herstrand T. 1953. Innovation Diffusion as a Space Process[M]. Chicago：Chicago University Press.

Hoffman W G. 1931. The Growth of Industrial Economics[M]. Oxford：Oxford University Press.

Hoover E M. 1948. The Location of Economic Activity[M]. New York：McGraw-Hill Book Co.

Hoyt H. 1945. The Importance of the Economic Background. -In City Planing[J]. Journal of the American Planing Association，1：16-19.

Huang Y，Khanna T. 2003. Can India overtake China[J]. Foreign Policy，1：74-81.

Huber G P，William H G. 1995. Organizational Change and Redesign[M]. New York：Oxford University Press.

Im F G，Rosenblatt D. 2015. Middle-income traps：A conceptual and empirical survey[J]. Journal of International Commerce Economics & Policy，6（3）：23-32.

Isard W. 1956. Location and Space Economy：A General Theory Relating to Industrial Location，Market Areas，Land Use，Trade，and Urban Structure[M]. Massachusetts：Technology Press of Massachusetts Institute of Technology and Wiley.

Jalava J，Pohjola M. 2007. ICT as a source of output and productivity growth in Finland [J]. Telecommunications Policy，31（8-9）：463-472.

Jorgenson D W，Ho M S，Stiroh K J. 2008. A retrospective look at the U. S. productivity resurgence[J]. Journal of Economic Perspective，22（1）：3-24.

Kohli U R. 1978. A gross national product function and the derived demand for imports and supply of exports[J]. Canadian Journal of Economics，11（2）：167-182.

Krugman P，Venables A. 1995. Globalization and the inequality of nations[J]. Quarterly Journal of

Economics，110（4）：857-880.

Krugman P. 1991. Increasing Returns and Economic Geography[J]. Journal of Political Economy，99（3）：483-499.

Krugman P. 1993. Geography and Trade[M]. Cambridge：MIT Press.

Krugman P. 1994. The myth of Asia's miracle[J]. Foreign Affairs，73（6）：62-78.

Launhardt W. 1877. Theory of Network Planning[M]. Madras：Lawrence Asylum Press.

Launhardt W. 1882. Die Bestimmung des Zweckmässigsten Standortes einer Gewerblichen Anlage[J]. Zeitschrift des Vereines Deutscher Ingenieure，XXVI（3）：106-116.

Lewis W A. 1999. Economic development with unlimited supplies of labor[J]. Manchester School，22：139-191.

Lin T. 2003. Education，technical progress，and economic growth：The case of Taiwan[J]. Economics of Education Review，22：213-220.

Lin T. 2006. Alternative measure for education variable in an empirical economic growth model：Is primary education less important[J]. Economics Bulletin，15：1-6.

Liu C，Armer J M. 1993. Education's effect on economic growth in Taiwan[J]. Comparative Education Review，37（3）：304-321.

Lo D，Zhang Y. 2011. Making sense of China's economic transformation [J]. Review of Radical Political Economics，43（1）：33-55.

Losch A. 1938. The nature of economic regions[J]. Southern Economic Journal，5（1）：71-78.

Losch A. 1940. Die r¨aumliche Ordnung der Wirtschaft[M]. Jena：Gustav Fischer. English translation：1954. The Economics of Location. New Haven：Yale University Press.

Lucas R E. 1988. On The mechanics of economics development[J]. Journal Monetary of Economy，22：3-42.

Marshall A. 1890. Principles of Economics[M]. London：Macmillan and Co.，Ltd..

Marshall A. 1920. Principles of Economics[M]. 8th ed. London：Macmillan and Co.，Ltd..

Martin P，Rogers C A. 1995. Industrial location and public infrastructure[J]. Journal of International Economics，39：335-351.

McMahon W. 1998. Education and growth in East Asia[J]. Economics of Education Review，17（2）：159-172.

Nelson R，Phelps E. 1966. Investment in human，technological diffusion，and economic growth[J]. American Economic Review Papers and Proceedings，56：69-75.

Noseleit F. 2013. Entrepreneurship，structural change，and economic growth[J]. Journal of Evolutionary Economics，23（4）：735-766.

Ohlin B. 1967. Interregional and International Trade[M]. Cambridge：Harvard University Press.

Ottaviano G I P. 2001. Monopolistic competition，trade，and endogenous spatial fluctuations[J]. Regional Science& Urban Economics，31：51-77.

Paradiso A，Kumar S，Rao B B. 2013. The Growth Effect of Education in Australia[J]. Applied Economics，45（27）：3843-3852.

Parr J B. 1987. The development of spatial structure and regional economic growth[J]. Land Economics，63（2）：113-127.

Perroux F. 1950. Economic space：Theory and applications[J]. The Quarterly Journal of Economics，64（1）：89-104.

Poças A. 2014. Human capital dimensions-education and health-and economic growth [J]. Advances in Business-Related Scientific Research Journal，5（2）：111-120，10.

Porat M U. 1977. The information economy：Definition and measurement[J]. U. S. Department Of Commerce，OT Special Pub，12（1）：1-8.

Porat M U. 1997. The Information Economy[M]. Washington D. C. ：Government Printing Office.

Porter M. 1985. Competitive Advantage[M]. New York：Simon & Schuster Inc. .

Pritchett L. 1996. Where Has All the Education Gone?[M]. Washington D C：The World Bank：1-48.

Romer P M. 1986. Increasing returns and long-run growth[J]. Journal of Political Economy，94（5）：1002-1037.

Rostow W W. 1956. The take-off into self-sustained growth[J]. Economic Journal，66（1）：30-31.

Samuelson P A. 1952. The Transfer Problem and Transport Cost[J]. Economic Journal，64（246）：278-304.

Samuelson P A. 1954. The pure theory of public expenditure[J]. Review of Economics and Statistics，36（4）：387-389.

Schultz T W. 1961. Education and Economic Growth in N. B. Henry[M]. Chicago：University of Chicago Press.

Sen A. 2004. Why we should preserve the spotted owl[J]. London Review of Books，26（3）：10-11，2.

Spence M. 1973. Job Market signaling[J]. Quarterly Journal of Economics，87（3）：355-375.

Tsamadias C，Panagiotis P，2012. The effect of education on economic growth in Greece over the 1960—2000 period[J]. Education Economics，5：522-537.

Vega-Jurado J，Fernández-de-Lucio I，Huanca R，2008. University-industry relations in Bolivia：Implications for university transformations in Latin America[J]. Higher Education，56（2）：205-220.

Vernon R. 1966. International investment and international trade in the product cycle[J]. Quarterly Journal of Economics，80（2）：190-207.

William A，Brok M，Scott T. 2003. The Kindergarten Rule for Sustainable Growth[R]. NBER Working Paper No. 9597，4.

Williamson O E. 1985. Market and Hierarchies [M]. New York：The Free Press.

Xin C. 2009. Industry Convergence and the Transformation of the Mobile Communications System of Innovation[C]. Hong Kong：International Conference on Future Information Technology & Management Engineering. IEEE Computer Society.

Zhuang J，Vandenberg P，Huang Y，et al. 2012. Growing beyond the low-cost advantage：How the People's Republic of China can avoid the middle-income trap[C]. Shanghai：Asian Development Bank.

附　　录

附录一　第三章附录

附表 3-1　2001 年指标体系标准化处理后数据

指标	重庆	四川	贵州	云南
ZID1	−1.162 300	−0.142 110	0.028 460	1.275 950
ZID2	0.907 830	−0.921 400	−0.807 700	0.821 270
ZID3	−0.743 390	−0.601 750	−0.095 730	1.440 870
ZID4	0.090 400	−1.417 680	0.438 710	0.888 570
ZID5	0.270 42	−0.833 28	−0.736 92	1.299 79
ZID6	1.454 75	−0.186 85	−0.783 97	−0.483 93
ZID7	0.072 61	1.170 27	−1.274 44	0.031 55
ZIC1	−1.053 11	1.347 46	−0.273 64	−0.020 72
ZIC2	−1.052 75	1.347 67	−0.273 98	−0.020 94
ZIC3	−1.052 89	1.347 54	−0.274 09	−0.020 55
ZIC4	−1.053 08	1.347 46	−0.273 78	−0.020 6
ZIC5	−1.052 78	1.347 68	−0.273 83	−0.021 06
ZIC6	−1.052 9	1.347 57	−0.273 92	−0.020 74
ZIC7	−1.053 17	1.347 43	−0.273 55	−0.020 72
ZSD1	1.250 78	0.349 13	−0.929 95	−0.669 96
ZSD2	1.403 22	0.030 95	−0.689 09	−0.745 09
ZSD3	−1.262 93	−0.267 66	1.049 91	0.480 67
ZSD4	−0.390 37	1.485 31	−0.402 51	−0.692 42
ZSD5	−0.485 29	−0.439 32	−0.573 09	1.497 69
ZSD6	0.497 89	−0.906 15	1.165 29	−0.757 03
ZSD7	−0.790 32	−0.811 42	0.334 94	1.266 8
ZRE1	−0.602 21	−0.602 21	−0.277 94	1.482 37
ZRE2	1.310 16	−0.783 37	0.251 9	−0.778 69
ZRE3	−0.917 32	−0.129 25	−0.369 51	1.416 08
ZRE4	−1.310 48	1.124 89	0.087 66	0.097 93
ZTL1	0.611 84	−0.598 41	1.058 06	−1.071 48
ZTL2	−1.032 12	1.359 18	−0.293 67	−0.033 39
ZTL3	−0.970 04	1.325 54	−0.523 29	0.167 79

附表 3-2　2006 年指标体系标准化处理后数据

指标	重庆	四川	贵州	云南
ZID1	−1.467 680	0.753 940	0.463 600	0.250 140
ZID2	1.079 410	−0.073 820	0.310 780	−1.316 370
ZID3	0.950 780	0.397 650	−1.391 420	0.042 990
ZID4	1.074 530	−0.213 090	0.414 540	−1.275 980
ZID5	1.384 710	−0.897 260	−0.525 410	0.037 960
ZID6	1.482 700	−0.501 430	−0.305 260	−0.676 010
ZID7	1.463 660	−0.188 140	−0.704 220	−0.571 300
ZIC1	−0.273 780	1.481 280	−0.634 090	−0.573 410
ZIC2	−0.273 540	1.481 240	−0.634 220	−0.573 480
ZIC3	−0.273 460	1.481 220	−0.634 270	−0.573 500
ZIC4	−0.273 78	1.481 28	−0.634 09	−0.573 41
ZIC5	−0.273 97	1.481 32	−0.633 65	−0.573 7
ZIC6	−0.273 83	1.481 28	−0.634 3	−0.573 14
ZIC7	−0.273 58	1.481 24	−0.634 35	−0.573 3
ZSD1	1.103 7	0.587 59	−0.901 95	−0.789 34
ZSD2	1.270 24	0.325 99	−0.854 03	−0.742 2
ZSD3	−1.281 18	−0.273 91	0.970 44	0.584 65
ZSD4	0.363 58	1.235 21	−0.620 53	−0.978 26
ZSD5	−0.511 45	−0.447 69	−0.539 74	1.498 89
ZSD6	−0.984 35	−0.370 94	1.375 88	−0.020 59
ZSD7	−0.763 09	1.002 35	−0.951 6	0.712 34
ZRE1	−0.541 95	−0.586 19	−0.364 99	1.493 13
ZRE2	1.419 45	−0.863 45	−0.071 78	−0.484 22
ZRE3	−1.108 8	0.357 83	−0.449 3	1.200 27
ZRE4	−0.695 9	−1.017 59	0.778 65	0.934 84
ZTL1	−1.033 33	0.979 85	−0.669 93	0.723 41
ZTL2	−1.491 18	0.553 39	0.592 18	0.345 61
ZTL3	0.196 33	1.335 84	−0.806 24	−0.725 93

附表 3-3　2011 年指标体系标准化处理后数据

指标	重庆	四川	贵州	云南
ZID1	−1.373 750	0.436 670	−0.022 930	0.960 010
ZID2	0.973 900	0.744 210	−0.963 250	−0.754 860
ZID3	0.668 990	−0.413 550	−1.211 420	0.955 980
ZID4	−0.059 180	−0.442 970	1.407 400	−0.905 260
ZID5	−0.200 780	−1.113 420	0.002 720	1.311 480
ZID6	1.370 360	−1.030 540	−0.135 460	−0.204 360

续表

指标	重庆	四川	贵州	云南
ZID7	−1.456 130	0.736 280	0.558 020	0.161 830
ZIC1	0.789 050	0.939 540	−0.882 150	−0.846 450
ZIC2	1.319 250	0.233 170	−0.786 090	−0.766 340
ZIC3	0.718 640	1.001 610	−0.878 600	−0.841 650
ZIC4	1.126 410	0.558 290	−0.856 140	−0.828 560
ZIC5	1.271 410	0.326 500	−0.809 900	−0.788 020
ZIC6	1.172 230	0.491 490	−0.845 010	−0.818 710
ZIC7	0.754 970	0.970 190	−0.880 750	−0.844 420
ZSD1	1.311 720	0.248 390	−0.798 770	−0.761 340
ZSD2	1.245 040	−0.249 970	−1.165 480	0.170 410
ZSD3	−1.459 600	0.162 740	0.681 240	0.615 630
ZSD4	0.716 590	1.003 490	−0.851 280	−0.868 800
ZSD5	0.264 490	1.070 360	−1.335 800	0.000 950
ZSD6	−0.085 610	0.629 420	−1.378 400	0.834 580
ZSD7	−0.695 870	0.168 750	−0.820 030	1.347 160
ZRE1	0.001 940	−0.589 270	1.407 280	−0.819 950
ZRE2	1.498 900	−0.459 860	−0.487 800	−0.551 240
ZRE3	−0.857 230	0.546 140	−0.823 870	1.134 960
ZRE4	−0.342 720	−1.092 580	0.143 720	1.291 570
ZTL1	0.266 290	0.899 120	−1.431 700	0.266 290
ZTL2	−1.098 540	1.289 730	−0.331 740	0.140 550
ZTL3	1.177 070	0.483 800	−0.805 940	−0.854 930

附表 3-4　2001 年特征向量

指标	F_1	F_2	F_3	F
ID1	−0.178 408	0.251 554	−0.072 162	−0.019 827
ID2	0.246 793	0.050 384	−0.071 248	0.133 578
ID3	0.084 536	0.167 216	0.375 881	0.156 017
ID4	−0.074 694	−0.321 288	−0.169 900	−0.170 829
ID5	−0.144 594	0.038 701	0.371 314	−0.005 790
ID6	0.120 621	−0.211 758	0.301 436	0.037 813
ID7	−0.170 081	0.128 150	−0.296 869	−0.090 417
IC1	0.235 186	0.063 892	−0.144 324	0.120 996
IC2	0.248 812	−0.052 209	0.038 821	0.117 272
IC3	0.230 139	0.075 576	−0.162 136	0.119 563
IC4	0.251 336	−0.001 825	−0.042 018	0.123 046
IC5	0.250 831	−0.038 335	0.015 985	0.119 460

续表

指标	F_1	F_2	F_3	F
IC6	0.251 840	–0.012 778	–0.025 120	0.122 233
IC7	0.232 915	0.069 734	–0.153 002	0.120 444
SD1	0.249 317	–0.047 828	0.036 994	0.118 709
SD2	0.193 801	0.052 209	0.284 994	0.160 668
SD3	–0.230 139	0.101 133	–0.137 473	–0.106 323
SD4	0.229 634	0.069 369	–0.168 530	0.116 277
SD5	0.170 081	0.265 427	–0.059 830	0.166 899
SD6	0.069 647	0.339 908	0.109 613	0.165 269
SD7	–0.083 779	0.319 097	0.162 593	0.087 024
RE1	–0.079 489	–0.331 876	–0.125 142	–0.170 047
RE2	0.203 895	–0.153 342	0.189 082	0.083 251
RE3	–0.071 918	0.347 940	0.047 956	0.085 376
RE4	–0.167 557	0.031 033	0.339 344	–0.025 047
TL1	0.154 688	0.288 429	0.017 355	0.178 238
TL2	–0.043 656	0.272 729	–0.293 215	0.023 451
TL3	0.251 336	–0.022 636	–0.031 514	0.117 738

附表 3-5　2006 年特征向量

指标	F_1	F_2	F_3	F
ID1	3.599 028	0.245 222	–0.164 384	1.740 639
ID2	0.189 218	–0.162 187	–0.251 171	–0.011 813
ID3	0.202 833	–0.004 480	0.348 678	0.139 825
ID4	0.168 101	–0.182 199	–0.260 871	–0.030 923
ID5	0.091 414	–0.247 014	0.232 792	–0.024 696
ID6	0.178 104	–0.227 898	0.041 351	–0.003 174
ID7	0.216 169	–0.170 252	0.134 775	0.050 317
IC1	0.175 603	0.230 288	–0.040 841	0.167 834
IC2	0.175 603	0.230 288	–0.040 841	0.167 834
IC3	0.175 603	0.229 989	–0.040 841	0.167 714
IC4	0.175 603	0.230 288	–0.040 841	0.167 834
IC5	0.175 603	0.230 288	–0.040 841	0.167 834
IC6	0.175 603	0.230 288	–0.040 841	0.167 834
IC7	0.175 603	0.230 288	–0.040 841	0.167 834
SD1	0.272 296	–0.029 271	0.087 808	0.126 286
SD2	0.261 182	–0.081 542	0.105 165	0.102 597
SD3	–0.252 013	0.082 438	–0.162 853	–0.105 902

续表

指标	F_1	F_2	F_3	F
SD4	0.250 623	0.121 267	−0.074 534	0.154 277
SD5	−0.176 714	0.044 803	0.386 456	−0.010 856
SD6	−0.205 055	0.012 545	−0.344 084	−0.136 995
SD7	0.003 056	0.257 170	0.259 849	0.139 978
RE1	−0.200 610	0.024 492	0.350 720	−0.034 939
RE2	0.113 642	−0.271 805	0.036 757	−0.051 203
RE3	−0.151 708	0.204 302	0.247 087	0.045 467
RE4	−0.271 462	−0.063 322	0.005 105	−0.150 235
TL1	−0.042 511	0.274 195	0.186 336	0.115 639
TL2	−0.164 767	0.219 535	−0.168 468	−0.011 424
TL3	0.232 563	0.163 382	0.000 000	0.172 997

附表 3-6　2011 年特征向量

指标	F_1	F_2	F_3	F
ID1	0.130 332	0.284 920	−0.005 345	0.148 521
ID2	−0.157 923	0.128 345	0.338 653	0.003 797
ID3	0.044 145	0.320 370	0.068 994	0.122 408
ID4	−0.152 405	0.264 896	−0.053 446	−0.023 655
ID5	−0.074 363	0.237 652	0.305 614	0.074 292
ID6	−0.163 178	−0.171 346	0.284 235	−0.088 763
ID7	0.146 098	−0.132 284	0.353 229	0.106 975
IC1	0.258 563	−0.058 756	−0.001 943	0.128 942
IC2	0.258 563	−0.058 756	−0.001 943	0.128 942
IC3	0.258 563	−0.058 756	−0.001 943	0.128 942
IC4	0.258 563	−0.058 756	−0.001 943	0.128 942
IC5	0.258 563	−0.058 756	−0.001 943	0.128 942
IC6	0.258 563	−0.058 756	−0.001 943	0.128 942
IC7	0.258 563	−0.058 756	−0.001 943	0.128 942
SD1	−0.085 399	−0.236 995	0.296 868	−0.060 566
SD2	−0.141 894	−0.224 850	0.237 106	−0.099 230
SD3	0.088 815	0.204 499	−0.343 026	0.045 873
SD4	0.193 922	−0.220 255	0.035 469	0.055 823
SD5	0.046 247	0.286 561	0.220 586	0.140 483
SD6	−0.189 192	−0.042 016	−0.331 365	−0.174 101
SD7	0.013 401	0.324 966	−0.062 678	0.083 852
RE1	0.034 160	0.313 149	0.131 185	0.125 521

续表

指标	F_1	F_2	F_3	F
RE2	−0.240 695	−0.130 643	−0.026 723	−0.174 574
RE3	0.117 982	0.279 996	0.129 242	0.163 318
RE4	0.255 935	0.004 267	−0.110 779	0.125 719

附录二 第四章附录

附表 4-1 2004～2012 年汽车产业链各环节销售产量季度数据 （单位：亿元）

年份	汽车整车制造	汽车车身、挂车制造	汽车零部件及配件制造	通用设备制造	仪器仪表制造	橡胶制品业	钢压延加工	电机制造	电子元器件制造
2004-1	1317.1	20.2	698.4	1497.3	208.3	296.5	1977.3	183.6	516.5
2004-2	1521.6	27.5	844.2	1958.6	278.4	378.5	2163.9	241.4	664.6
2004-3	1319.3	26.7	779.4	1892.0	277.9	379.8	2357.1	256.5	695.3
2004-4	1427.2	31.0	836.8	2171.1	356.1	393.5	2785.1	285.8	694.3
2005-1	1301.0	27.2	774.8	1924.6	308.2	373.4	3103.2	272.3	582.4
2005-2	1508.5	33.4	945.7	2580.0	368.9	445.8	3819.6	361.0	701.6
2005-3	1391.0	30.3	963.6	2463.4	424.6	461.6	3578.4	347.0	742.4
2005-4	1705.6	34.8	1074.0	2810.6	557.8	514.8	3587.1	408.4	912.7
2006-1	1876.3	35.0	1088.0	2478.2	395.4	462.4	3458.6	329.3	787.6
2006-2	2065.2	56.7	1365.9	3273.8	502.1	583.8	4442.1	425.3	966.8
2006-3	1881.6	51.7	1316.3	3301.2	559.8	601.3	4505.8	447.6	974.1
2006-4	2164.6	58.7	1493.6	3653.8	705.2	600.7	5097.1	479.5	1023.0
2007-2	2732.6	75.3	1884.4	3873.7	643.6	702.2	5598.9	537.1	1042.9
2007-3	2469.4	72.7	1936.0	4230.0	744.9	784.9	6048.2	588.5	1198.8
2007-4	2694.8	69.7	1950.7	4396.9	820.1	816.5	6202.4	625.1	1374.1
2008-2	3423.5	93.0	2482.5	5084.9	840.7	969.0	7985.0	720.9	1533.0
2008-3	2720.1	98.0	2443.4	5412.6	934.5	988.5	8774.8	799.4	1631.6
2008-4	2712.8	75.0	2314.5	5172.9	949.3	926.7	7006.6	777.3	1593.7
2009-2	3869.4	81.5	2796.5	5548.5	832.9	1028.6	6836.4	800.6	1385.5
2009-3	3913.5	98.4	3158.1	6087.3	981.4	1171.0	7992.0	927.1	1585.3
2009-4	4382.1	105.1	3356.6	6293.7	1009.6	1164.9	8052.8	1000.6	1811.2
2010-2	5505.1	128.0	4160.3	5172.9	949.3	1334.3	9603.0	1231.1	2100.4
2010-3	4884.1	129.5	4125.3	7878.7	1253.5	1415.6	9656.5	1399.8	2352.3
2010-4	5470.2	154.8	4361.4	8149.4	1342.9	1523.2	9716.3	1541.8	2426.8
2011-1	5626.0	119.4	4402.6	6962.0	1063.0	1345.1	10379.1	1229.7	2453.6
2011-2	5656.4	163.1	4981.4	8989.4	1375.6	1669.8	12666.4	1649.5	2762.0
2011-3	5588.5	161.7	4880.4	8897.7	1476.0	1823.6	12325.7	1553.6	2938.4
2011-4	6529.4	191.5	5524.2	9277.6	1656.7	1753.8	11690.5	1766.1	2889.7

续表

年份	汽车整车制造	汽车车身、挂车制造	汽车零部件及配件制造	通用设备制造	仪器仪表制造	橡胶制品业	钢压延加工	电机制造	电子元器件制造
2012-1	5860.2	138.0	5024.8	7813.0	1297.8	1581.3	10798.9	1383.3	2781.3
2012-2	6252.2	216.6	5540.4	9592.9	1574.7	2035.4	12354.4	1738.3	3130.0
2012-3	5799.9	193.0	5529.8	9412.4	1694.1	1974.2	11576.6	1614.2	3295.4
2012-4	6558.0	209.6	6117.7	10382.6	1961.5	2010.4	11584.6	1815.2	3616.8

资料来源：中经网数据统计库（http://db.cei.gov.cn/hangye.htm）。

附录三　第五章附录

附表 5-1　中国三大产业增加值及增加值占国内生产总值比例

年份	国内生产总值/亿元	产业增加值/亿元			产业增加值占国内生产总值比例		
		第一产业	第二产业	第三产业	第一产业	第二产业	第三产业
1978	3 645	1 028	1 745	872	0.28%	0.48%	0.24%
1979	4 063	1 270	1 914	879	0.31%	0.47%	0.22%
1980	4 546	1 372	2 192	982	0.30%	0.48%	0.22%
1981	4 892	1 559	2 256	1 077	0.32%	0.46%	0.22%
1982	5 323	1 777	2 383	1 163	0.33%	0.45%	0.22%
1983	5 963	1 978	2 646	1 338	0.33%	0.44%	0.22%
1984	7 208	2 316	3 106	1 786	0.32%	0.43%	0.25%
1985	9 016	2 564	3 867	2 585	0.28%	0.43%	0.29%
1986	10 275	2 789	4 493	2 994	0.27%	0.44%	0.29%
1987	12 059	3 233	5 252	3 574	0.27%	0.44%	0.30%
1988	15 043	3 865	6 587	4 590	0.26%	0.44%	0.31%
1989	16 992	4 266	7 278	5 448	0.25%	0.43%	0.32%
1990	18 668	5 062	7 717	5 888	0.27%	0.41%	0.32%
1991	21 781	5 342	9 102	7 337	0.25%	0.42%	0.34%
1992	26 923	5 867	11 700	9 357	0.22%	0.43%	0.35%
1993	35 334	6 964	16 454	11 916	0.20%	0.47%	0.34%
1994	48 198	9 573	22 445	16 180	0.20%	0.47%	0.34%
1995	60 794	12 136	28 679	19 978	0.20%	0.47%	0.33%
1996	71 177	14 015	33 835	23 326	0.20%	0.48%	0.33%
1997	78 973	14 442	37 543	26 988	0.18%	0.48%	0.34%
1998	84 402	14 818	39 004	30 580	0.18%	0.46%	0.36%
1999	89 677	14 770	41 034	33 873	0.16%	0.46%	0.38%
2000	99 215	14 945	45 556	38 714	0.15%	0.46%	0.39%
2001	109 655	15 781	49 512	44 362	0.14%	0.45%	0.40%
2002	120 333	16 537	53 897	49 899	0.14%	0.45%	0.41%

续表

年份	国内生产总值/亿元	产业增加值/亿元			产业增加值占国内生产总值比例		
		第一产业	第二产业	第三产业	第一产业	第二产业	第三产业
2003	135 823	17 382	62 436	56 005	0.13%	0.46%	0.41%
2004	159 878	21 413	73 904	64 561	0.13%	0.46%	0.40%
2005	184 937	22 420	87 598	74 919	0.12%	0.47%	0.41%
2006	216 314	24 040	103 720	88 555	0.11%	0.48%	0.41%
2007	265 810	28 627	125 831	111 352	0.11%	0.47%	0.42%
2008	314 045	33 702	149 003	131 340	0.11%	0.47%	0.42%
2009	340 903	35 226	157 639	148 038	0.10%	0.46%	0.43%
2010	401 513	40 534	187 383	173 596	0.10%	0.47%	0.43%
2011	471 564	47 712	220 592	203 260	0.10%	0.47%	0.43%
2012	535 522	52 293	240 200	243 029	0.10%	0.45%	0.45%
2013	589 567	56 870	256 810	275 887	0.10%	0.44%	0.47%
2014	636 046	58 244	271 764	306 038	0.09%	0.43%	0.48%

资料来源：《新中国 60 年统计资料汇编》以及 2010～2015 年《中国统计年鉴》。

附表 5-2　中国三大产业就业人数所占总就业人数比例

年份	就业人员/万人	第一产业就业人数占总就业人员百分比	第二产业就业人数占总就业人员百分比	第三产业就业人数占总就业人员百分比
1978	40 152.00	70.53%	17.30%	12.18%
1979	41 024.00	69.80%	17.58%	12.62%
1980	42 361.00	68.75%	18.19%	13.06%
1981	43 725.00	68.10%	18.30%	13.60%
1982	45 295.00	68.13%	18.43%	13.45%
1983	46 436.00	67.08%	18.69%	14.23%
1984	48 197.00	64.05%	19.90%	16.06%
1985	49 873.00	62.42%	20.82%	16.76%
1986	51 282.00	60.95%	21.87%	17.18%
1987	52 783.00	59.99%	22.22%	17.80%
1988	54 334.00	59.35%	22.37%	18.28%
1989	55 329.00	60.05%	21.65%	18.31%
1990	64 749.00	60.10%	21.40%	18.50%
1991	65 491.00	59.70%	21.40%	18.90%
1992	66 152.00	58.50%	21.70%	19.80%
1993	66 808.00	56.40%	22.40%	21.20%
1994	67 455.00	54.30%	22.70%	23.00%
1995	68 065.00	52.20%	23.00%	24.80%
1996	68 950.00	50.50%	23.50%	26.00%
1997	69 820.00	49.90%	23.70%	26.40%
1998	70 637.00	49.80%	23.50%	26.70%

续表

年份	就业人员/万人	第一产业就业人数占总就业人员百分比	第二产业就业人数占总就业人员百分比	第三产业就业人数占总就业人员百分比
1999	71 394.00	50.10%	23.00%	26.90%
2000	72 085.00	50.00%	22.50%	27.50%
2001	72 797.00	50.00%	22.30%	27.70%
2002	73 280.00	50.00%	21.40%	28.60%
2003	73 736.00	49.10%	21.60%	29.30%
2004	74 264.00	46.90%	22.50%	30.60%
2005	74 647.00	44.80%	23.80%	31.40%
2006	74 978.00	42.60%	25.20%	32.20%
2007	75 321.00	40.80%	26.80%	32.40%
2008	75 564.00	39.60%	27.20%	33.20%
2009	75 828.00	38.10%	27.80%	34.10%
2010	76 105.00	36.70%	28.70%	34.60%
2011	76 420.00	34.80%	29.50%	35.70%
2012	76 704.00	33.60%	30.30%	36.10%
2013	76 977.00	31.40%	30.10%	38.50%
2014	77 253.00	29.50%	29.90%	40.60%

资料来源：《新中国 60 年统计资料汇编》以及 2010～2015 年《中国统计年鉴》。

附表 5-3　中国三大产业劳动生产率　（单位：元/人）

年份	社会平均劳动生产率	第一产业劳动生产率	第二产业劳动生产率	第三产业劳动生产率
1978	907.800 358 6	363.019 987 3	2 512.598 992	1 783.231 084
1979	990.395 865 8	443.528 672 2	2 653.174 383	1 697.894 534
1980	1 073.156 913	471.121 488 9	2 844.167 64	1 775.126 537
1981	1 118.810 749	523.558 451 2	2 818.942 896	1 811.606 392
1982	1 175.184 899	575.844 972 3	2 855.260 005	1 909.688 013
1983	1 284.133	634.971 59	3 048.738 334	2 025.431 426
1984	1 495.528 767	750.291 564 1	3 238.790 407	2 307.791 704
1985	1 807.791 791	823.642 788 3	3 723.998 459	3 092.475 176
1986	2 003.627 004	892.365 777 2	4 005.884 451	3 398.025 196
1987	2 284.637 099	1 021.065 597	4 478.935 698	3 804.151 144
1988	2 768.616 336	1 198.486 775	5 420.506 912	4 620.960 435
1989	3 071.083 88	1 283.972 912	6 077.154 309	5 378.615 855
1990	2 883.133 33	1 300.817 187	5 569.428 406	4 915.268 386
1991	3 325.800 492	1 366.310 297	6 494.470 21	5 927.451 931
1992	4 069.869 392	1 516.059 847	8 150.470 219	7 143.838 754
1993	5 288.887 558	1 848.195 329	10 994.988 31	8 413.471 722
1994	7 145.207 916	2 613.574 315	14 658.437 83	10 428.617 47

续表

年份	社会平均劳动生产率	第一产业劳动生产率	第二产业劳动生产率	第三产业劳动生产率
1995	8 931.756 409	3 415.705 038	18 319.386 78	11 835.308 06
1996	10 322.987 67	4 024.985 64	20 881.935 44	13 011.658 39
1997	11 310.942 42	4 145.235 362	22 688.704 9	14 641.927 08
1998	11 948.695 44	4 212.411 519	23 496.385 54	16 214.209 97
1999	12 560.859 46	4 129.389 398	24 988.733 94	17 637.594 38
2000	13 763.612 4	4 146.493 723	28 087.871 71	19 529.445
2001	15 063.120 73	4 335.618 226	30 499.516 44	21 999.722 29
2002	16 420.987 99	4 513.373 362	34 368.922 13	23 808.933 06
2003	18 420.174 68	4 801.073 903	39 201.356 19	25 922.720 16
2004	21 528.331 36	6 147.896 342	44 228.996 85	28 409.931
2005	24 774.873 74	6 704.164 536	49 306.540 58	31 963.121 61
2006	28 850.329 43	7 526.471 012	54 894.281 4	36 679.520 69
2007	35 290.290 89	9 315.349 322	62 335.777 27	45 628.585 48
2008	41 560.134 46	11 262.795 21	72 495.548 18	52 353.391 37
2009	44 957.403 6	12 192.935 39	74 780.599 8	57 251.917 25
2010	52 757.768 87	14 512.450 55	85 789.827 9	65 925.118 58
2011	61 706.883 01	17 940.888 92	97 849.538 68	74 503.335 53
2012	69 816.697 96	20 289.838 2	103 351.835 1	87 767.786 2
2013	76 590.020 4	23 528.194 94	110 837.289 6	93 091.847 75
2014	82 332.854 39	25 557.944 62	117 646.753 2	97 576.202 02

资料来源：《新中国 60 年统计资料汇编》以及 2010～2015 年《中国统计年鉴》。

附表 5-4　中国东部地区产值结构与就业结构变化

年份	第一产业产值占比	第二产业产值占比	第三产业产值占比	第一产业就业人数占比	第二产业就业人数占比	第三产业就业人数占比
2005	8.01%	51.46%	40.54%	33.30%	32.97%	33.71%
2006	6.88%	52.22%	40.91%	31.59%	34.55%	33.83%
2007	6.53%	51.89%	41.58%	29.76%	35.71%	34.51%
2008	6.95%	51.99%	41.07%	29.11%	35.89%	34.98%
2009	6.64%	49.58%	43.78%	28.02%	36.19%	35.78%
2010	5.93%	50.01%	44.07%	27.03%	36.37%	36.58%
2011	6.16%	49.48%	44.37%	25.29%	37.92%	36.77%
2012	6.16%	48.34%	45.51%	24.58%	38.05%	37.35%
2013	6.21%	47.38%	46.42%	23.66%	38.27%	38.05%
2014	5.82%	45.85%	48.34%	22.86%	38.22%	38.90%

资料来源：2006～2015 年《中国统计年鉴》。

附表 5-5　中国中部地区产值结构与就业结构变化

年份	第一产业产值占比	第二产业产值占比	第三产业产值占比	第一产业就业人数占比	第二产业就业人数占比	第三产业就业人数占比
2005	16.31%	47.30%	36.36%	48.64%	22.02%	29.34%
2006	14.12%	49.34%	36.52%	47.17%	22.68%	30.16%
2007	13.63%	49.99%	36.34%	45.37%	23.54%	31.09%
2008	14.53%	50.76%	34.68%	44.27%	23.96%	31.77%
2009	13.68%	49.85%	36.44%	43.11%	24.51%	32.38%
2010	12.16%	52.59%	35.23%	42.80%	24.57%	32.63%
2011	12.28%	53.26%	34.42%	41.16%	25.26%	33.58%
2012	12.23%	52.11%	35.63%	39.80%	25.86%	34.34%
2013	12.32%	51.14%	36.51%	38.37%	26.70%	34.93%
2014	11.73%	48.63%	39.61%	36.94%	27.50%	35.56%

资料来源：2006～2015 年《中国统计年鉴》。

附表 5-6　中国西部地区产值结构与就业结构变化

年份	第一产业产值占比	第二产业产值占比	第三产业产值占比	第一产业就业人数占比	第二产业就业人数占比	第三产业就业人数占比
2005	18.78%	39.36%	41.86%	52.19%	22.96%	24.85%
2006	16.74%	40.34%	42.92%	50.36%	23.88%	25.77%
2007	16.92%	40.16%	42.92%	50.00%	24.01%	25.99%
2008	18.20%	39.51%	42.29%	48.80%	24.59%	26.61%
2009	15.55%	40.62%	43.83%	48.33%	24.75%	26.92%
2010	14.65%	41.06%	44.30%	45.84%	25.00%	29.16%
2011	15.15%	40.72%	44.12%	46.15%	26.06%	27.79%
2012	14.70%	40.92%	44.38%	45.67%	26.25%	28.08%
2013	14.50%	41.00%	44.50%	44.40%	26.85%	28.75%
2014	13.21%	41.72%	45.06%	42.84%	27.57%	29.59%

资料来源：2006～2015 年《中国统计年鉴》。

附表 5-7　中国东北地区产值结构与就业结构变化

年份	第一产业产值占比	第二产业产值占比	第三产业产值占比	第一产业就业人数占比	第二产业就业人数占比	第三产业就业人数占比
2005	12.79%	49.62%	37.59%	38.00%	24.55%	37.45%
2006	11.33%	51.22%	37.45%	37.52%	24.44%	38.04%
2007	11.34%	51.90%	36.76%	36.46%	24.57%	38.96%
2008	11.74%	52.99%	35.27%	36.01%	24.55%	39.43%
2009	11.42%	49.90%	38.67%	35.10%	24.39%	40.51%
2010	9.91%	52.93%	37.16%	34.52%	24.03%	41.46%
2011	10.56%	53.23%	36.21%	33.79%	23.88%	42.33%

续表

年份	第一产业产值占比	第二产业产值占比	第三产业产值占比	第一产业就业人数占比	第二产业就业人数占比	第三产业就业人数占比
2012	11.04%	50.93%	38.03%	32.79%	23.90%	43.31%
2013	11.57%	49.73%	38.70%	31.45%	25.17%	43.38%
2014	11.17%	47.36%	41.47%	30.03%	26.28%	43.69%

资料来源：2006～2015 年《中国统计年鉴》。

附录四　第六章附录

数据的处理过程如下。各地区历年按初等、中等、高等教育的工业劳动力数据虽然没有统计，但是可以通过各地区工业劳动力总数据拆分得到。拆分方法如下。

一、原始数据准备

（1）各地区工业就业总人数为 L_S，制造业、采掘业、电力热力的生产供应业就业总人数分别用 L_{S1}、L_{S2}、L_{S3} 表示（取自《中国工业经济统计年鉴》(2001～2015 年)），下标 S 为地区，1、2、3 分别为制造业、采掘业和电力热力的生产供应业，详见附表 6-1～附表 6-4。

（2）按行业分，全国就业人员受教育程度构成为 X_E。其中，制造业就业人员受教育程度构成用 X_{E1} 表示，采掘业就业人员受教育程度构成用 X_{E2} 表示，电力热力的生产供应业就业人员受教育程度构成用 X_{E3} 表示（取自《中国劳动统计年鉴》(2003～2015 年)），下标 E=（小学，初中，高中，大专，本科，研究生），详见附表 6-5～附表 6-7。

（3）按地区分，全国就业人员受教育程度构成为 Z_{SE}（取自《中国劳动统计年鉴》(2003～2015 年)），详见附表 6-8～附表 6-20。

二、求取拆分比例

（1）以全国工业劳动力受教育程度构成比例 X_E 替代各地区工业劳动力受教育程度构成比例，以此比例乘以各地区工业劳动力总量，得到各地区工业各级受教育劳动力规模 L_{SE}，详见附表 6-21～附表 6-33。

计算公式为 $L_{SE}=L_{S1}\cdot X_{E1}+L_{S2}\cdot X_{E2}+L_{S3}\cdot X_{E3}$

（2）由于全国各行业劳动力受教育程度构成比例 X_E 属于全国平均水平，不包含地区因素，必然会低估发达地区受高等教育劳动力规模和欠发达地区受初等劳动力规模，而高估发达地区受初等教育劳动力规模和欠发达地区受高等教育劳动力规模，需要对其进行修正后，再求取拆分比例。

数据的修正借助于《中国劳动统计年鉴》表“分地区全国就业人员受教育程

度构成”。该表中，各地区各级受教育程度构成比例用 Z_{SE} 表示，全国各级受教育程度构成比例用 Z_{AE} 表示，利用各地区各级受教育程度构成比例 Z_{SE} 与全国各级受教育程度构成比例 Z_{AE} 之比，就可以实现对各地区各级受教育劳动力规模 L_{SE} 的修正，计算公式为 $L'_{SE}=L_{SE}\cdot Z_{SE}/Z_{AE}$。

（3）计算拆分比例 w_{SE}。各地区工业受小学教育劳动力构成比例为 $w_{S小}=L'_{S小}/(L'_{S小}+L'_{S初}+L'_{S高}+L'_{S专}+L'_{S本}+L'_{S研})$，同理，各地区工业受初中教育劳动力构成比例为 $w_{S初}=L'_{S初}/(L'_{S小}+L'_{S初}+L'_{S高}+L'_{S专}+L'_{S本}+L'_{S研})$，各地区工业受高中教育劳动力构成比例为 $w_{S高}=L'_{S高}/(L'_{S小}+L'_{S初}+L'_{S高}+L'_{S专}+L'_{S本}+L'_{S研})$，各地区工业受大专教育劳动力构成比例为 $w_{S专}=L'_{S专}/(L'_{S小}+L'_{S初}+L'_{S高}+L'_{S专}+L'_{S本}+L'_{S研})$，各地区工业受本科教育劳动力构成比例为 $w_{S本}=L'_{S本}/(L'_{S小}+L'_{S初}+L'_{S高}+L'_{S专}+L'_{S本}+L'_{S研})$，各地区工业受研究生教育劳动力构成比例为 $w_{S研}=L'_{S研}/(L'_{S小}+L'_{S初}+L'_{S高}+L'_{S专}+L'_{S本}+L'_{S研})$，详见附表 6-34～附表 6-46。

三、估算各地区工业各级受教育劳动力规模

利用各地区工业劳动力总量 L_S 乘以上述工业各级受教育劳动力构成比例 w_{SE} 即可得到修正后的各地区工业内各级受教育劳动力规模，则各地区工业内受各级教育劳动力规模为 $L''_{SE}=L_S\cdot w_{SE}$。

本书将受初等教育劳动力规模定义为接受小学教育及以下的就业人数，将受中等教育劳动力规模定义为接受初中和高中教育的就业人数，将受高等教育劳动力规模定义为接受大专及以上教育的就业人数，则 $L''_{SP}=L_S\cdot w_{S小}$，$L''_{SM}=L_S\cdot w_{S初}+L_S\cdot w_{S高}$，$L''_{SH}=L_S\cdot w_{S专}+L_S\cdot w_{S本}+L_S\cdot w_{S研}$，详见附表 6-47～附表 6-61。

需要注意的是，由于修正数据借助的表“分地区全国就业人员受教育程度构成”是分别以全国和各地区劳动力总量为基础，计算的各地区就业人员受教育程度构成比例，在估算各地区工业内初等、中等、高等教育劳动力规模 L''_{SE} 时会有一定的误差，导致各地区某级受教育劳动力规模的加总与按全国平均水平计算得出的该级受教育劳动力规模有一定误差，但该误差绝大部分可控制在 5%左右。由于作者学术研究水平有限，目前还未找到更适用的修正方法，有待更加深入的研究。

此外，表“分地区全国就业人员受教育程度构成”及“按行业、性别分的全国就业人员受教育程度构成”从 2002 年开始统计，因此，按照上述计算方式能计算出 2002～2014 年的工业各级受教育劳动力规模，而 2000 年和 2001 年的数据通过加权移动平均进行估计，2001 年各地区工业各级受教育劳动力规模＝0.667×2002 年各地区工业各级受教育劳动力规模＋0.333×2003 年各地区工业各级受教育劳动力规模；2000 年各地区工业各级受教育劳动力规模＝0.667×2001 年各地区工业各级受教育劳动力规模＋0.333×2002 年各地区工业各级受教育劳动力规模。

附表 6-1 历年各地区工业就业总人数 L_S

（单位：万人）

地区	2000 年	2001 年	2002 年	2003 年	2004 年	2005 年	2006 年	2007 年	2008 年	2009 年	2010 年	2011 年	2012 年	2013 年	2014 年
全国总计	5559.36	5441.43	5520.66	5748.57	6622.09	6895.96	7358.43	7875.20	8837.63	8831.22	9544.71	9167.29	9479.375	9791.46	9977.21
北京	113.13	108.02	107.56	100.81	113.54	116.97	117.36	119.25	123.38	120.41	124.15	117.32	118.235	119.15	116.77
天津	120.19	123.44	120.95	115.28	124.20	122.17	116.33	120.76	133.12	136.82	148.91	149.32	156.235	163.15	167.51
河北	269.75	272.98	261.86	270.24	282.77	292.21	303.35	303.21	316.85	319.94	344.67	356.03	362.875	369.72	389.15
山西	183.56	178.57	181.54	182.49	210.13	213.20	220.59	216.34	214.93	211.11	219.88	212.64	215.48	218.32	210.05
内蒙古	85.34	81.44	78.87	72.15	81.44	83.70	90.72	93.28	104.57	110.40	125.19	123.57	125.635	127.70	128.41
辽宁	295.18	260.68	250.49	241.99	262.58	276.55	302.02	328.02	366.23	386.62	401.74	368.92	384.77	400.62	378.77
吉林	134.85	124.52	114.3	101.48	104.59	101.83	105.21	109.33	126.99	137.05	139.81	139.51	144.805	150.10	151.17
黑龙江	195.17	177.36	168.82	133.14	141.38	136.85	140.31	142.94	155.99	144.48	147.6	134.23	136.225	138.22	134.25
上海	204.94	208.44	208.97	220.01	260.82	259.63	266.84	282.12	304.01	284.12	291.62	269.34	264.505	259.67	247.18
江苏	518.19	514.8	531.67	569.33	717.59	704.24	774.50	861.05	1104.06	1026.16	1153.88	1091.86	1121.31	1150.76	1147.96
浙江	323.22	366.62	412.73	481.96	620.99	659.12	726.94	790.93	814.55	787.64	857.58	719.4	719.39	719.38	722.78
安徽	162.61	149.73	149.36	148.94	155.84	155.21	164.81	178.21	210.80	232.06	264.87	264.08	289.38	314.68	335.45
福建	155.55	161.93	178.96	221.35	272.31	290.41	324.89	359.16	380.06	379.47	411.75	403.82	413.985	424.15	433.95
江西	108.85	100.65	95.72	96.12	101.77	112.11	125.80	140.73	178.56	174.94	199.16	202.96	219.59	236.22	250.45
山东	522.37	523.08	556.37	595.42	690.15	738.23	788.11	830.48	912.70	926.60	931.5	859.77	904	948.23	957.31
河南	345.2	335.73	322.47	317.32	336.37	362.79	365.28	382.23	417.36	449.14	479.27	547.1	589.42	631.74	689.85
湖北	230.36	218.32	205.82	198.6	176.80	188.30	190.85	200.35	235.90	272.39	294.97	279.64	312.965	346.29	379.01
湖南	166.71	155.2	152.26	158.44	165.51	169.25	178.15	195.47	225.55	241.01	272.44	289.67	309.995	330.32	335.11
广东	572.79	578.94	644.39	741.17	996.44	1085.65	1203.58	1307.40	1493.38	1436.02	1568	1451.14	1453.48	1455.82	1470.51

续表

地区	2000 年	2001 年	2002 年	2003 年	2004 年	2005 年	2006 年	2007 年	2008 年	2009 年	2010 年	2011 年	2012 年	2013 年	2014 年
广西	91.25	88.86	82.31	82.93	87.25	91.21	91.37	99.52	114.60	122.88	150.51	147.11	156.355	165.60	169.26
海南	12	11.78	13.1	12	11.60	12.10	12.20	12.33	12.61	12.00	12.44	11.65	12.17	12.69	11.65
重庆	90.79	84.19	82.01	84.47	90.05	92.42	96.10	108.27	132.13	137.29	146.56	145.76	157.59	169.42	183.29
四川	208	195.97	191.62	201.62	209.78	218.99	233.53	257.46	297.54	311.76	351.67	380.48	382.765	385.05	375.93
贵州	68.34	66.36	65.16	65.53	66.87	68.08	67.23	66.62	73.53	74.97	80.3	84.48	88.045	91.61	102.42
云南	77.07	70.96	68.59	66.36	65.69	68.83	71.55	82.06	84.34	84.20	92.6	90.62	96.97	103.32	99.75
陕西	124.98	115.46	113.87	112.12	118.71	118.97	122.53	124.11	131.83	137.69	151.08	156.41	163.71	171.01	188.02
甘肃	91.25	85.98	81.83	77.82	70.36	68.62	68.93	66.74	69.13	69.03	71.34	59.61	60.69	61.77	68.60
青海	15.87	14.1	13.48	14.24	14.02	14.04	14.64	15.56	17.42	17.80	20.09	18.11	19.75	21.39	21.64
宁夏	22.41	22.02	21.47	22.8	25.70	25.58	24.64	25.45	25.89	27.28	29.04	29.91	31.52	33.13	33.81
新疆	46.52	42.37	41.36	39.66	44.98	46.70	47.93	53.79	57.84	58.25	60.18	61.19	65.755	70.32	75.24

附表 6-2　历年各地区制造业就业总人数 L_{S1}

（单位：万人）

地区	2000年	2001年	2002年	2003年	2004年	2005年	2006年	2007年	2008年	2009年	2010年	2011年	2012年	2013年	2014年
全国总计	4796.18	4707.22	4784.01	4983.3	5667.34	5996.46	6407.55	6913.01	7793.8	7783.05	8456.84	8110.63	8362.095	8613.56	8916.22
北京	107.66	102.91	101.93	95.78	104.50	109.71	110.33	111.01	113.99	109.58	112.23	104.18	104.095	104.01	104.5
天津	110.9	114.82	112.48	106.83	113.95	112.79	107.06	111.47	122.33	125.99	136.74	136.6	143.91	151.22	157.26
河北	221.89	227.2	215.21	225.2	223.27	235.66	245.23	246.7	261.23	266.06	289.54	299.04	304.255	309.47	333.61
山西	110.11	106.64	107.8	108.57	113.06	111.88	111.28	111.58	108.36	108.26	113.1	106.14	104.655	103.17	97.68
内蒙古	61.51	58.29	56.09	49.52	53.12	56.39	60.72	62.16	67.47	69.89	78.21	76.45	76.63	76.81	82.98
辽宁	250.8	216.47	208.04	200.06	206.97	225.12	246.8	272.87	303.41	326.93	342.82	314.79	324.275	333.76	323.21
吉林	114.07	104.58	95.8	81.82	76.78	77.55	79.38	84.22	97.33	107.02	109.73	109.41	113.75	118.09	122.25
黑龙江	141.23	128.88	119.35	84.09	82.27	78.02	77.6	76.68	88.08	80.11	84.24	79.78	81.41	83.04	79.84
上海	199.84	203.94	204	216.94	256.15	257.31	264.67	279.99	301.9	282.02	289.49	267.18	261.18	255.18	245.15
江苏	492.7	490.74	506.21	546	684.85	676.58	747.03	834.36	1074.29	999.44	1126.94	1065.87	1093.3	1120.73	1125.24
浙江	313.68	357.1	403.51	472.49	605.83	646.75	714.37	778.41	802.59	775.68	845.35	709.54	707.13	704.72	711.06
安徽	124.94	116.72	115.99	117.38	112.44	116.18	125.49	139.57	166.57	187.22	220.04	223.69	245.29	266.89	290.15
福建	146.42	151.96	169.48	211.59	257.92	275.62	308.23	341.93	363.18	362.25	393.56	384.58	395.92	407.26	418.58
江西	90.05	81.87	78.34	76.18	80.30	90.69	100.77	117.51	153.23	152.93	176.07	176.64	192.295	207.95	229.21
山东	443.1	446.2	471.34	504.68	582.41	647.35	693.73	738.84	808.98	828.93	827.84	763.77	799.845	835.92	855
河南	265.62	258.28	246.1	231.77	245.76	270.11	270.21	289.48	325.74	350.1	379.87	446.24	488.63	531.02	598.22
湖北	214.16	198.64	190.99	184.12	153.33	167.85	170.23	178.62	212.59	245.02	270.65	253.37	284.68	315.99	354.46
湖南	138.91	129.25	126.88	129.86	132.02	139.62	144.91	160.21	185.9	198.45	229.25	246.34	263.71	281.08	291.63
广东	554.87	562.27	627.43	723.9	970.78	1067.25	1183.44	1287.3	1469.35	1409.92	1540.34	1436.3	1429.86	1423.42	1444.15

续表

地区	2000年	2001年	2002年	2003年	2004年	2005年	2006年	2007年	2008年	2009年	2010年	2011年	2012年	2013年	2014年
广西	77.55	76.15	70.08	68.77	74.52	78.9	79.33	86.63	97.51	105.21	130.45	128.57	136.77	144.97	150.77
海南	9.74	9.5	10.85	10.5	8.16	9.25	9.51	9.14	10.48	9.88	10.26	9.61	9.955	10.3	9.75
重庆	77.07	71.59	69.72	73.32	75.30	77.92	80.77	91.2	109.4	112.89	122.72	123.66	134.59	145.52	161.64
四川	175.52	165.05	160.49	164.39	161.54	172.79	182.5	201.51	235.35	248.8	286.09	312.83	314.235	315.64	320.99
贵州	54.99	52.92	51.98	51.32	47.06	48.29	45.47	44.72	45.43	45.38	46	46.45	47.03	47.61	57.73
云南	59.58	55.97	53.78	49.25	50.47	52.92	53.77	57.21	58.93	58.57	63.21	62.47	67.03	71.59	73.55
陕西	103.07	93.35	91.44	87.49	87.79	88.13	89.36	90.3	96.33	100.3	110.4	112.35	117.365	122.38	141.63
甘肃	74.3	69.49	64.88	59.22	53.35	51.01	52.39	49.49	50.63	49.63	51.19	43.45	43.89	44.33	47.3
青海	11.5	9.34	8.54	8.58	8.63	8.84	9.19	10.22	11.33	11.97	13.12	13.31	14.18	15.05	15.8
宁夏	14.7	14.95	14.38	14.81	17.12	17.27	16.42	17.17	17.21	18.64	20.2	20.97	21.84	22.71	23.61
新疆	33.64	30.1	29.03	26.93	26.57	27.42	26.05	31.44	33.65	34.99	36.03	36.1	39.41	42.72	48.2

附表 6-3　历年各地区采掘业就业总人数 L_{S2}

（单位：万人）

地区	2000 年	2001 年	2002 年	2003 年	2004 年	2005 年	2006 年	2007 年	2008 年	2009 年	2010 年	2011 年	2012 年	2013 年	2014 年
全国总计	529.96	504.7	503.4	532.02	636.78	646.81	691.77	705.23	784.42	770.55	812.23	804.06	812.14	820.22	776.99
北京	3.3	2.95	3.04	2.44	2.91	2.73	2.67	2.87	3.97	6.02	7.06	6.72	6.755	6.79	6.30
天津	6.1	6.6	6.08	6.06	6.73	6.9	6.86	6.87	8.11	8.12	9.23	9.7	8.725	7.75	6.95
河北	35.53	32.89	34.25	32.64	42.70	43.15	44.32	42.69	41.83	39.6	41.17	42.13	42.12	42.11	39.99
山西	64.22	63.96	66.24	66.42	86.24	92.69	98.63	96.71	98.52	95.36	98.99	101.28	104.85	108.42	103.99
内蒙古	16.96	16.24	15.73	15.58	19.50	20.01	22.46	23.21	28.34	30.64	35.63	35.99	36.315	36.64	33.01
辽宁	31.72	31.25	29.54	29.02	36.62	38.33	40.44	41.02	49.49	46.53	46.83	47.5	49.11	50.72	43.78
吉林	14.73	13.89	12.58	13.74	16.47	15.96	17.62	17.25	20.64	20.46	20.5	20.65	20.505	20.36	19.13
黑龙江	40.46	37.25	35.64	35.22	37.90	42.63	47.7	49.28	54.5	41.13	45.96	44.2	42.46	40.72	38.03
上海	1.45	1.47	1.92	0.02	0.02	0.03	0.03	0.02	0.02	0.02	0.02	0.02	0.02	0.02	0.02
江苏	15.27	14.37	16.21	14.08	18.88	17.88	17.74	17.36	19.08	16.47	16.34	15.58	15.385	15.19	12.68
浙江	2.2	2.01	1.74	1.99	4.04	3.75	3.62	3.47	3	2.71	2.85	2.03	1.84	1.65	1.54
安徽	29.33	27.37	27.33	25.52	35.39	32.9	33.41	32.74	36.87	37.72	37.57	33.84	35.48	37.12	37.15
福建	2.86	2.77	2.88	3.16	5.63	6.94	8.63	9.46	9.83	10.17	11.1	12.68	10.795	8.91	8.38
江西	10.81	10.86	9.57	12.13	11.52	12.99	15.13	15.08	17.13	14.46	15.84	14.66	15.01	15.36	14.79
山东	64.06	61.41	64.31	70.02	83.65	71.03	75.51	72.29	83.61	78.15	81.65	78.37	83.515	88.66	83.86
河南	59.72	58.29	57.5	66.68	66.77	72.22	74.45	74	75.39	82.23	80.34	82.11	80.055	78.00	74.73
湖北	7.22	8.31	6.67	6.32	11.28	10.85	10.99	12.12	13.53	14.83	15.49	14.87	15.47	16.07	15.13
湖南	19.65	17.4	16.96	20.16	20.91	21.04	22.82	25.14	30.37	31.65	32.14	31.62	32.46	33.30	30.48
广东	4.07	2.34	2.78	3.09	5.65	4.87	4.25	5.18	6.04	6.25	6.37	5.49	5.21	4.93	5.13

续表

地区	2000年	2001年	2002年	2003年	2004年	2005年	2006年	2007年	2008年	2009年	2010年	2011年	2012年	2013年	2014年
广西	7.38	6.57	5.66	7.59	4.55	5.17	4.89	5.74	5.79	5.61	7.53	7.33	7.58	7.83	7.26
海南	1	0.97	0.93	0.18	1.16	1.17	1.26	1.75	0.95	0.94	0.97	0.87	0.815	0.76	0.68
重庆	9.08	7.83	7.92	6.78	9.36	10.46	11.25	12.92	18.69	19.11	19.69	17.43	17.425	17.42	16.13
四川	20.23	18.52	19.18	25.28	32.10	32.5	38.34	40.33	48.65	49.25	52.56	54.15	49.39	44.63	43.84
贵州	8.99	8.91	8.56	9.59	13.09	13.53	15.3	16.08	22.33	23.82	28.45	27.36	29.51	31.66	34.60
云南	9.53	8.19	7.53	9.83	8.32	9.76	11.25	18.21	18.41	18.46	21.81	20.44	21.63	22.82	17.90
陕西	16.03	15.92	16.59	18.79	22.39	22.42	24.68	24.94	28.01	30.02	32.3	36.6	37.43	38.26	36.84
甘肃	9.4	9.09	9.13	10.78	9.98	10.73	9.9	10.65	11.06	11.97	12.82	10.47	10.565	10.66	12.96
青海	3.27	3.22	3.42	4.14	3.60	3.63	3.99	3.89	4.64	4.19	5.34	3.88	4.32	4.76	4.37
宁夏	6.08	5.4	4.98	5.88	5.91	5.7	6.08	6.03	6.18	6.15	6.24	6.03	6.615	7.20	7.01
新疆	8.95	8.05	8.11	8.51	13.31	14.64	17.2	17.36	19.07	18.17	19.06	19.74	20.395	21.05	19.85

附表 6-4　历年各地区电力热力的生产供应业就业总人数 L_{S3}

（单位：万人）

地区	2000 年	2001 年	2002 年	2003 年	2004 年	2005 年	2006 年	2007 年	2008 年	2009 年	2010 年	2011 年	2012 年	2013 年	2014 年
全国总计	233.22	229.51	233.25	238.41	317.97	252.69	259.11	256.96	259.41	277.62	275.64	252.6	305.14	357.68	284.00
北京	2.17	2.16	2.59	3.39	6.13	4.53	4.36	5.37	5.42	4.81	4.86	6.42	7.385	8.35	5.97
天津	3.19	2.02	2.39	2.23	3.51	2.48	2.41	2.42	2.68	2.71	2.94	3.02	3.6	4.18	3.30
河北	12.33	12.89	12.4	12.84	16.80	13.4	13.8	13.82	13.79	14.28	13.96	14.86	16.5	18.14	15.55
山西	9.23	7.97	7.5	7.88	10.83	8.63	10.68	8.05	8.05	7.49	7.79	5.22	5.975	6.73	8.38
内蒙古	6.87	6.91	7.05	7.12	8.83	7.3	7.54	7.91	8.76	9.87	11.35	11.13	12.69	14.25	12.42
辽宁	12.66	12.96	12.91	12.06	18.99	13.1	14.78	14.13	13.33	13.16	12.09	6.63	11.385	16.14	11.78
吉林	6.05	6.05	5.92	5.66	11.35	8.32	8.21	7.86	9.02	9.57	9.58	9.45	10.55	11.65	9.79
黑龙江	13.48	11.23	13.83	15.03	21.21	16.2	15.01	16.98	13.41	23.24	17.4	10.25	12.355	14.46	16.38
上海	3.65	3.03	3.05	2.82	4.66	2.29	2.14	2.11	2.09	2.08	2.11	2.14	3.305	4.47	2.01
江苏	10.22	9.69	9.25	9.25	13.86	9.78	9.73	9.33	10.69	10.25	10.6	10.41	12.625	14.84	10.04
浙江	7.34	7.51	7.48	7.54	11.12	8.62	8.95	9.05	8.96	9.25	9.38	7.83	10.42	13.01	10.18
安徽	8.34	5.64	6.04	6.67	8.01	6.13	5.91	5.9	7.36	7.12	7.26	6.55	8.61	10.67	8.15
福建	6.27	7.2	6.6	6.92	8.76	7.85	8.03	7.77	7.05	7.05	7.09	6.56	7.27	7.98	6.99
江西	7.99	7.92	7.81	8.91	9.95	8.43	9.9	8.14	8.2	7.55	7.25	11.66	12.285	12.91	6.45
山东	15.21	15.47	20.72	21.72	24.09	19.85	18.87	19.35	20.11	19.52	22.01	17.63	20.64	23.65	18.45
河南	19.86	19.16	18.87	18.62	23.84	20.46	20.62	18.75	16.23	16.81	19.06	18.75	20.735	22.72	16.90
湖北	8.98	11.37	8.16	9.89	12.19	9.6	9.63	9.61	9.78	12.54	8.83	11.4	12.815	14.23	9.42
湖南	8.15	8.55	8.42	9.14	12.58	8.59	10.42	10.12	9.28	10.91	11.05	11.71	13.825	15.94	13.00
广东	13.85	14.33	14.18	13.73	20.01	13.53	15.89	14.92	17.99	19.85	21.29	9.35	18.41	27.47	21.23

续表

地区	2000年	2001年	2002年	2003年	2004年	2005年	2006年	2007年	2008年	2009年	2010年	2011年	2012年	2013年	2014年
广西	6.32	6.14	6.57	6.53	8.18	7.14	7.15	7.15	11.3	12.06	12.53	11.21	12.005	12.80	11.23
海南	1.26	1.31	1.32	1.31	2.28	1.68	1.43	1.44	1.18	1.18	1.21	1.17	1.4	1.63	1.22
重庆	4.64	4.77	4.37	4.31	5.39	4.04	4.08	4.15	4.04	5.29	4.15	4.67	5.575	6.48	5.52
四川	12.25	12.4	11.95	12.6	16.14	13.7	12.69	15.62	13.54	13.71	13.02	13.5	19.14	24.78	11.10
贵州	4.36	4.53	4.62	4.62	6.72	6.26	6.46	5.82	5.77	5.77	5.85	10.67	11.505	12.34	10.09
云南	7.96	6.8	7.28	5.95	6.90	6.15	6.53	6.64	7	7.17	7.58	7.71	8.31	8.91	8.30
陕西	5.88	6.19	5.84	6.21	8.52	8.42	8.49	8.87	7.49	7.37	8.38	7.46	8.915	10.37	9.55
甘肃	7.55	7.4	7.82	7.06	7.03	6.88	6.64	6.6	7.44	7.43	7.33	5.69	6.235	6.78	8.34
青海	1.1	1.54	1.52	1.55	1.79	1.57	1.46	1.45	1.45	1.64	1.63	0.92	1.25	1.58	1.47
宁夏	1.63	1.67	2.11	2.15	2.67	2.61	2.14	2.25	2.5	2.49	2.6	2.91	3.065	3.22	3.19
新疆	3.93	4.22	4.22	4.23	5.09	4.64	4.68	4.99	5.12	5.09	5.09	5.35	5.95	6.55	7.19

附表 6-5　制造业就业人员受教育程度构成 X_{E1}

受教育程度	2002 年	2003 年	2004 年	2005 年	2006 年	2007 年	2008 年	2009 年	2010 年	2011 年	2012 年	2013 年	2014 年
合计	100%	100%	100%	100%	100%	100%	100%	100%	100%	100%	100%	100%	100%
识字很少	1.3%	1.5%	1.2%	1.7%	1.3%	1.2%	1.1%	0.9%	0.7%	0.5%	0.7%	0.7%	0.5%
小学	14.4%	15.1%	14.3%	16.3%	15.1%	14.2%	13.8%	13.1%	13.1%	10.6%	9.9%	9.9%	10.3%
初中	53.4%	53.8%	54.9%	55.8%	55.0%	56.4%	56.0%	56.8%	56.3%	54.1%	53.0%	53.0%	51.8%
高中	24.7%	23.2%	22.9%	19.8%	21.0%	21.0%	21.2%	20.6%	20.1%	23.3%	23.6%	23.1%	22.8%
大专	4.7%	4.7%	4.8%	4.5%	5.2%	5.1%	5.4%	5.9%	6.4%	7.9%	8.6%	8.9%	9.7%
大学本科	1.5%	1.7%	1.8%	1.8%	2.2%	2.0%	2.2%	2.5%	3.1%	3.4%	3.8%	4.2%	4.6%
研究生	0.1%	0.1%	0.1%	0.1%	0.2%	0.1%	0.2%	0.2%	0.3%	0.2%	0.4%	0.3%	0.3%

附表 6-6 采掘业就业人员受教育程度构成 X_{E2}

受教育程度	2002 年	2003 年	2004 年	2005 年	2006 年	2007 年	2008 年	2009 年	2010 年	2011 年	2012 年	2013 年	2014 年
合计	100%	100%	100%	100%	100%	100%	100%	100%	100%	100%	100%	100%	100%
识字很少	1.4%	1.5%	2.1%	1.9%	1.3%	1.0%	0.9%	0.7%	0.7%	0.6%	0.3%	0.3%	0.3%
小学	17%	17.1%	23.2%	19.4%	16.9%	16.0%	14.9%	14.8%	13.1%	12.0%	10.5%	8.1%	12.2%
初中	55%	56.2%	54.4%	51.4%	52.8%	55.3%	56.5%	58.5%	50.1%	48.9%	50.7%	48.7%	42.5%
高中	22.3%	19%	15.2%	20.4%	21.5%	20.9%	21.5%	18.4%	23.0%	23.5%	21.8%	23.6%	27.7%
大专	3.4%	4.9%	3.7%	5.1%	5.5%	5.1%	4.4%	5.0%	8.7%	10.0%	10.9%	12.6%	10.9%
大学本科	0.8%	1.4%	1.3%	1.8%	1.9%	1.7%	1.6%	2.4%	4.1%	4.6%	5.5%	6.2%	6.3%
研究生	0.1%	0%		0.1%	0.1%	0.1%	0.1%	0.2%	0.3%	0.4%	0.3%	0.3%	0.3%

附表 6-7 电力热力的生产供应业就业人员受教育程度构成 X_{E3}

受教育程度	2002 年	2003 年	2004 年	2005 年	2006 年	2007 年	2008 年	2009 年	2010 年	2011 年	2012 年	2013 年	2014 年
合计	100%	100%	100%	100%	100%	100%	100%	100%	100%	100%	100%	100%	100%
识字很少	0.7%	0.6%	0.5%	0.4%	0.2%	0.2%	0.19%	0.3%	0.2%	0.3%	0.3%	0.1%	0.2%
小学	6.3%	5.4%	5.4%	5.0%	4.9%	3.8%	4.4%	4.6%	4.2%	3.0%	2.9%	4.1%	3.4%
初中	35.3%	35.5%	36.5%	30.7%	28.0%	29.7%	30.2%	29.8%	28.3%	28.4%	27.3%	24.0%	25.9%
高中	39.2%	39.8%	38.9%	38.2%	37.3%	37.3%	37.3%	37.5%	33.1%	31.6%	32.9%	32.0%	29.9%
大专	14.3%	14.4%	14.7%	18.7%	18.8%	18.6%	17.7%	20.0%	22.0%	22.3%	24.1%	24.2%	24.6%
大学本科	3.9%	4.2%	3.8%	6.5%	8.8%	8.5%	8.9%	7.3%	11.5%	13.1%	11.7%	15.0%	15.2%
研究生	0.3%	0.2%	0.2%	0.4%	2.0%	1.8%	1.2%	0.6%	0.8%	1.2%	0.9%	0.6%	0.8%

附表 6-8　2002 年按地区分全国就业人员受教育程度构成 Z_{SE}

地区	合计	识字很少	小学	初中	高中	大专	本科	研究生
全国总计	100%	7.8%	30%	43.2%	13.1%	4.3%	1.6%	0.1%
北京	100%	1.1%	6.8%	41.2%	27.8%	11.7%	9.7%	1.7%
天津	100%	1.6%	15.4%	43.3%	26.1%	8.3%	5%	0.4%
河北	100%	4%	27%	49.7%	13.1%	4.5%	1.6%	0.1%
山西	100%	2.1%	21.1%	55.1%	14.9%	5.1%	1.6%	0.1%
内蒙古	100%	10%	25.4%	41.1%	16.1%	5.6%	1.8%	0%
辽宁	100%	1.5%	24.4%	53.9%	13.7%	5.1%	1.5%	0%
吉林	100%	1.5%	27.6%	45.1%	17.8%	5.5%	2.4%	0.1%
黑龙江	100%	3.1%	26.1%	49%	15.3%	4.9%	1.5%	0%
上海	100%	2.7%	12.6%	39.2%	29.3%	9.2%	6.4%	0.6%
江苏	100%	9.5%	26.4%	45.3%	14.3%	3.4%	1.1%	0.1%
浙江	100%	7.7%	31.1%	39.6%	13.7%	5.3%	2.4%	0.2%
安徽	100%	13.5%	32.1%	44.4%	7%	2.1%	0.8%	0.1%
福建	100%	8.5%	35.5%	36.4%	13.6%	3.9%	2%	0.2%
江西	100%	5.9%	39.3%	38.7%	12.1%	3.2%	0.7%	0%
山东	100%	6.5%	23.5%	47.4%	15.3%	5.7%	1.6%	0.1%
河南	100%	5%	21.7%	54.9%	12.8%	4%	1.5%	0.1%
湖北	100%	11%	37.6%	34.8%	11.9%	3.6%	1.2%	0.1%
湖南	100%	4.7%	33.4%	43.8%	12.8%	4%	1.3%	0.1%
广东	100%	2.5%	25.9%	47.6%	16.9%	4.8%	2.1%	0.2%
广西	100%	6%	35.9%	42.9%	11.5%	2.9%	0.8%	0.1%
海南	100%	5.6%	24%	48.3%	17%	4.2%	0.9%	0.1%
重庆	100%	7.2%	40.7%	38.8%	9.5%	2.8%	1%	0%
四川	100%	9.7%	37.2%	38.4%	10.1%	3.4%	1.2%	0.1%
贵州	100%	16.5%	38.8%	32.8%	7.3%	3.3%	1.2%	0%
云南	100%	19.4%	44.6%	27.1%	6.2%	2%	0.7%	0%
陕西	100%	11.9%	30.2%	39.5%	13.3%	4.1%	1%	0%
甘肃	100%	19.3%	32.8%	31.9%	12.2%	3%	0.8%	0%
青海	100%	23.2%	33.4%	30.4%	8.8%	2.8%	1.3%	0.1%
宁夏	100%	15.5%	25.6%	38.1%	13%	6.4%	1.4%	0%
新疆	100%	6%	29.2%	35.1%	15.7%	10.5%	3.3%	0.2%

附表 6-9　2003 年按地区分全国就业人员受教育程度构成 Z_{SE}

地区	合计	识字很少	小学	初中	高中	大专	本科	研究生
全国总计	100%	7.1%	28.7%	43.7%	13.6%	4.8%	1.9%	0.1%
北京	100%	0.8%	5.8%	38.6%	28.7%	12.4%	11.9%	1.9%
天津	100%	1.8%	15.2%	43.2%	26.3%	8.6%	4.5%	0.4%
河北	100%	3.5%	23.4%	50.5%	14%	6.2%	2.4%	0%
山西	100%	2%	21.1%	55.2%	14.2%	5.6%	1.9%	0.1%
内蒙古	100%	9.9%	27.6%	41.7%	13.7%	5.3%	1.9%	0.1%
辽宁	100%	1.7%	19.5%	51.9%	16%	7.6%	3.2%	0.1%
吉林	100%	1.5%	25.5%	48.1%	17.2%	5.4%	2.2%	0.1%
黑龙江	100%	2.5%	23.2%	53.6%	14.5%	4.7%	1.5%	0.1%
上海	100%	1%	5.7%	36.9%	36.1%	12.4%	7.3%	0.6%
江苏	100%	8.3%	26.7%	43.7%	15.2%	4.1%	2%	0.1%
浙江	100%	7.8%	29.8%	40.1%	14.3%	5.4%	2.6%	0.2%
安徽	100%	10%	30%	45.2%	9.5%	3.8%	1.5%	0%
福建	100%	8%	32.4%	38.4%	14.9%	4.3%	1.8%	0.1%
江西	100%	3.9%	28.5%	41.4%	17%	7%	2.2%	0.1%
山东	100%	8%	23.7%	47.4%	13.7%	5.1%	2%	0.1%
河南	100%	5.8%	23.7%	54.3%	12.3%	3.2%	0.7%	0%
湖北	100%	8.6%	29.9%	42.6%	13.6%	4.1%	1.3%	0.1%
湖南	100%	4.6%	32.2%	42%	15.3%	4.9%	1%	0%
广东	100%	2.7%	27%	46.6%	16.2%	5.6%	1.8%	0.1%
广西	100%	4.9%	34.5%	43.6%	11.3%	3.8%	1.7%	0.1%
海南	100%	5.8%	23%	44.6%	18.5%	6%	2.1%	0.1%
重庆	100%	5.7%	38.8%	42.2%	9.8%	2.6%	1.1%	0%
四川	100%	8.1%	37.1%	39.8%	10.4%	3.3%	1.3%	0%
贵州	100%	16.3%	37.7%	30.4%	8.4%	4.7%	2.4%	0.1%
云南	100%	17.3%	51.2%	24.8%	4.6%	1.4%	0.6%	0%
陕西	100%	9.2%	24.7%	41%	17%	5.8%	2.2%	0.1%
甘肃	100%	18.8%	30.2%	32.7%	12.5%	4.3%	1.5%	0.1%
青海	100%	21.2%	30.2%	30.2%	11.4%	5.2%	1.8%	0.1%
宁夏	100%	15.6%	29.4%	34.4%	13.1%	6%	1.7%	0%
新疆	100%	4.9%	30.6%	38%	12.9%	8.7%	4.7%	0.2%

附表 6-10 2004 年按地区分全国就业人员受教育程度构成 Z_{SE}

地区	合计	识字很少	小学	初中	高中	大专	本科	研究生
全国总计	100%	6.2%	27.4%	45.8%	13.4%	5.0%	2.1%	0.13%
北京	100%	1.0%	6.4%	38.4%	25.7%	12.3%	13.7%	2.57%
天津	100%	1.4%	12.2%	41.3%	27.0%	10.6%	7.0%	0.57%
河北	100%	2.9%	22.8%	53.9%	13.1%	5.0%	2.2%	0.06%
山西	100%	1.7%	19.3%	59.6%	12.4%	4.9%	1.9%	0.18%
内蒙古	100%	6.6%	25.9%	43.9%	14.9%	6.4%	2.2%	0.09%
辽宁	100%	1.4%	19.3%	56.7%	13.4%	6.2%	2.8%	0.14%
吉林	100%	1.2%	25.0%	49.5%	16.4%	5.6%	2.2%	0.12%
黑龙江	100%	1.5%	21.5%	56.5%	14.7%	4.3%	1.3%	0.09%
上海	100%	1.5%	7.4%	35.3%	31.5%	13.8%	9.5%	1.06%
江苏	100%	7.5%	25.8%	46.8%	14.2%	4.0%	1.7%	0.11%
浙江	100%	7.0%	25.5%	41.7%	15.2%	6.7%	3.6%	0.15%
安徽	100%	10.2%	28.6%	45.4%	10.0%	4.1%	1.6%	0.08%
福建	100%	9.9%	32.5%	35.7%	14.7%	4.9%	2.1%	0.15%
江西	100%	4.2%	31.5%	43.7%	14.3%	4.7%	1.4%	0.05%
山东	100%	6.9%	22.8%	49.9%	13.4%	4.9%	2.1%	0.08%
河南	100%	4.1%	21.8%	55.2%	13.1%	4.4%	1.4%	0.05%
湖北	100%	7.5%	27.4%	43.8%	15.5%	4.3%	1.5%	0.08%
湖南	100%	3.7%	30.1%	46.1%	13.4%	5.2%	1.4%	0.05%
广东	100%	2.0%	25.1%	49.2%	16.4%	5.4%	1.8%	0.15%
广西	100%	3.9%	29.9%	47.0%	12.6%	4.9%	1.6%	0.03%
海南	100%	3.5%	19.4%	50.9%	19.1%	5.3%	1.8%	0.03%
重庆	100%	8.5%	43.9%	34.6%	8.7%	3.1%	1.2%	0.07%
四川	100%	8.1%	35.9%	41.8%	9.9%	3.2%	1.0%	0.05%
贵州	100%	13.7%	38.5%	34.6%	7.2%	4.1%	1.8%	0.05%
云南	100%	11.6%	45.3%	31.7%	6.7%	3.1%	1.4%	0.14%
陕西	100%	6.8%	24.4%	43.2%	15.6%	7.0%	2.9%	0.14%
甘肃	100%	16.2%	29.9%	33.5%	13.0%	5.2%	2.1%	0.08%
青海	100%	19.4%	30.9%	32.1%	11.5%	4.3%	1.7%	0.11%
宁夏	100%	13.0%	26.9%	36.1%	13.9%	7.3%	2.9%	0.07%
新疆	100%	5.4%	30.0%	36.7%	14.3%	10.1%	3.3%	0.15%

附表 6-11　2005 年按地区分全国就业人员受教育程度构成 Z_{SE}

地区	合计	识字很少	小学	初中	高中	大专	本科	研究生
全国总计	100%	7.8%	29.2%	44.1%	12.1%	4.5%	2.1%	0.18%
北京	100%	1.0%	6.6%	35.0%	26.5%	14.5%	13.6%	2.84%
天津	100%	1.6%	15.5%	45.1%	22.9%	8.3%	6.0%	0.50%
河北	100%	3.5%	24.7%	54.5%	11.7%	3.7%	1.7%	0.07%
山西	100%	2.2%	20.9%	55.0%	13.9%	5.7%	2.1%	0.12%
内蒙古	100%	8.1%	23.7%	42.0%	15.9%	7.3%	2.9%	0.14%
辽宁	100%	1.5%	22.5%	53.2%	13.0%	6.3%	3.3%	0.28%
吉林	100%	2.3%	27.5%	47.4%	14.6%	5.2%	2.8%	0.19%
黑龙江	100%	2.8%	25.1%	48.6%	14.9%	5.9%	2.6%	0.14%
上海	100%	2.0%	10.8%	39.7%	25.6%	11.4%	9.2%	1.39%
江苏	100%	6.7%	24.9%	45.8%	15.0%	4.9%	2.5%	0.22%
浙江	100%	7.0%	33.3%	41.6%	11.7%	4.1%	2.2%	0.18%
安徽	100%	15.8%	30.6%	40.7%	8.0%	3.4%	1.5%	0.07%
福建	100%	7.8%	33.4%	39.0%	12.9%	4.4%	2.3%	0.15%
江西	100%	6.1%	37.7%	39.9%	10.8%	4.0%	1.4%	0.04%
山东	100%	8.4%	25.4%	49.3%	11.8%	3.4%	1.6%	0.08%
河南	100%	6.5%	23.0%	54.8%	10.6%	3.6%	1.4%	0.07%
湖北	100%	8.3%	30.4%	42.3%	13.0%	4.0%	1.8%	0.17%
湖南	100%	4.7%	30.6%	46.2%	13.0%	3.9%	1.6%	0.09%
广东	100%	2.3%	22.3%	50.3%	17.6%	5.0%	2.3%	0.24%
广西	100%	4.7%	34.8%	45.2%	10.3%	3.6%	1.4%	0.11%
海南	100%	6.1%	22.4%	48.6%	15.8%	4.8%	2.1%	0.11%
重庆	100%	8.6%	41.1%	35.6%	9.1%	3.7%	1.7%	0.12%
四川	100%	13.1%	42.1%	33.8%	6.8%	2.8%	1.3%	0.10%
贵州	100%	20.0%	41.3%	28.2%	6.0%	3.2%	1.3%	0.03%
云南	100%	16.8%	46.7%	26.8%	5.8%	2.6%	1.2%	0.08%
陕西	100%	7.4%	26.7%	45.2%	13.1%	5.0%	2.4%	0.23%
甘肃	100%	19.3%	33.4%	31.5%	10.1%	4.2%	1.5%	0.08%
青海	100%	23.7%	30.6%	26.2%	9.5%	7.0%	2.9%	0.15%
宁夏	100%	16.8%	26.2%	35.6%	11.6%	6.9%	2.9%	0.08%
新疆	100%	6.1%	29.2%	39.8%	12.6%	8.7%	3.4%	0.16%

附表 6-12 2006 年按地区分全国就业人员受教育程度构成 Z_{SE}

地区	合计	识字很少	小学	初中	高中	大专	本科	研究生
全国总计	100%	6.7%	29.9%	44.9%	11.9%	4.3%	2.1%	0.23%
北京	100%	1.5%	6.8%	31.5%	24.5%	16.3%	16.0%	3.41%
天津	100%	1.2%	15.4%	41.5%	24.7%	9.7%	7.0%	0.54%
河北	100%	3.3%	26.6%	55.4%	10.4%	2.9%	1.4%	0.04%
山西	100%	1.9%	19.4%	56.5%	14.1%	5.3%	2.6%	0.17%
内蒙古	100%	6.8%	27.7%	44.2%	13.9%	5.4%	1.9%	0.06%
辽宁	100%	1.4%	22.9%	52.3%	13.8%	6.0%	3.3%	0.28%
吉林	100%	2.6%	27.8%	47.8%	15.4%	4.1%	2.2%	0.20%
黑龙江	100%	2.2%	27.4%	49.0%	14.1%	4.9%	2.4%	0.09%
上海	100%	1.4%	8.1%	34.6%	27.5%	13.9%	12.5%	1.92%
江苏	100%	6.4%	26.9%	44.1%	14.4%	5.4%	2.4%	0.34%
浙江	100%	6.3%	31.7%	41.1%	12.2%	5.0%	3.1%	0.66%
安徽	100%	13.6%	31.1%	44.4%	7.2%	2.6%	1.1%	0.05%
福建	100%	6.7%	36.8%	38.8%	11.4%	4.3%	2.0%	0.06%
江西	100%	5.9%	38.9%	38.8%	10.4%	3.7%	1.8%	0.29%
山东	100%	5.9%	27.0%	49.3%	12.5%	3.6%	1.6%	0.05%
河南	100%	5.7%	22.6%	57.2%	10.1%	3.4%	0.9%	0.04%
湖北	100%	7.6%	29.7%	41.0%	14.1%	4.4%	2.5%	0.60v
湖南	100%	4.1%	32.9%	45.9%	11.7%	3.6%	1.7%	0.17%
广东	100%	2.2%	22.7%	51.1%	16.8%	4.6%	2.4%	0.31%
广西	100%	3.5%	32.2%	48.5%	10.5%	4.0%	1.2%	0.04%
海南	100%	6.5%	21.3%	52.3%	13.9%	4.0%	1.9%	0.10%
重庆	100%	7.6%	41.8%	36.7%	8.8%	3.2%	1.8%	0.06%
四川	100%	10.2%	44.1%	34.6%	7.4%	2.6%	1.1%	0.02%
贵州	100%	17.4%	41.9%	32.3%	5.1%	2.5%	0.9%	0.01%
云南	100%	14.2%	45.7%	30.7%	5.7%	2.5%	1.0%	0.07%
陕西	100%	7.4%	27.3%	44.5%	13.3%	5.0%	2.3%	0.19%
甘肃	100%	21.7%	33.1%	32.9%	8.7%	2.8%	0.7%	0.04%
青海	100%	18.4%	34.2%	29.3%	10.1%	5.6%	2.3%	0.11%
宁夏	100%	14.3%	28.3%	37.2%	11.4%	5.8%	3.0%	0.07%
新疆	100%	5.2%	31.0%	41.7%	10.9%	7.3%	3.5%	0.36%

附表 6-13　2007 年按地区分全国就业人员受教育程度构成 Z_{SE}

地区	合计	识字很少	小学	初中	高中	大专	本科	研究生
全国总计	100%	6.0%	28.3%	46.9%	12.2%	4.3%	2.1%	0.20%
北京	100%	1.0%	7.2%	33.0%	24.5%	14.9%	16.1%	3.31%
天津	100%	1.5%	13.1%	42.8%	25.2%	9.6%	7.2%	0.57%
河北	100%	3.4%	25.3%	56.5%	10.5%	2.8%	1.5%	0.10%
山西	100%	1.8%	19.8%	56.9%	13.7%	5.3%	2.5%	0.14%
内蒙古	100%	6.2%	27.6%	44.3%	14.0%	5.5%	2.3%	0.05%
辽宁	100%	1.5%	22.4%	53.0%	13.4%	6.0%	3.4%	0.30%
吉林	100%	1.9%	26.0%	49.4%	15.2%	4.7%	2.6%	0.16%
黑龙江	100%	1.7%	22.9%	53.4%	14.5%	5.5%	1.9%	0.09%
上海	100%	1.2%	8.5%	35.1%	27.5%	14.2%	11.9%	1.58%
江苏	100%	5.1%	26.1%	47.9%	14.3%	4.4%	2.1%	0.16%
浙江	100%	6.0%	31.7%	42.1%	12.1%	4.7%	2.8%	0.53%
安徽	100%	14.3%	30.1%	44.9%	7.3%	2.6%	0.8%	0.02%
福建	100%	6.8%	35.2%	38.6%	12.2%	4.5%	2.6%	0.16%
江西	100%	4.0%	33.0%	40.5%	13.6%	5.9%	2.6%	0.34%
山东	100%	5.4%	24.3%	53.2%	11.8%	3.7%	1.4%	0.07%
河南	100%	5.6%	21.4%	57.8%	11.1%	3.2%	0.8%	0.05%
湖北	100%	6.6%	28.4%	43.6%	14.5%	4.3%	2.3%	0.22%
湖南	100%	3.4%	29.9%	48.2%	12.9%	3.9%	1.5%	0.15%
广东	100%	1.3%	20.3%	52.4%	17.8%	5.1%	2.6%	0.32%
广西	100%	3.2%	29.7%	52.9%	9.9%	3.2%	1.0%	0.04%
海南	100%	5.7%	21.4%	53.5%	14.2%	3.7%	1.5%	0.07%
重庆	100%	5.4%	39.2%	41.8%	9.5%	3.1%	1.0%	0.02%
四川	100%	8.1%	41.8%	38.1%	7.8%	2.6%	1.4%	0.07%
贵州	100%	14.5%	41.9%	33.8%	5.5%	3.0%	1.1%	0.02%
云南	100%	13.9%	46.4%	30.3%	5.9%	2.4%	1.1%	0.03%
陕西	100%	7.4%	25.8%	45.0%	13.6%	5.8%	2.2%	0.13%
甘肃	100%	19.4%	32.8%	35.1%	8.6%	2.8%	1.1%	0.07%
青海	100%	17.5%	35.1%	28.5%	9.7%	6.1%	2.9%	0.17%
宁夏	100%	12.9%	27.5%	39.6%	10.7%	6.4%	2.8%	0.06%
新疆	100%	3.1%	31.0%	44.6%	10.7%	7.2%	3.2%	0.20%

附表 6-14　2008 年按地区分全国就业人员受教育程度构成 Z_{SE}

地区	合计	识字很少	小学	初中	高中	大专	本科	研究生
全国总计	100%	5.3%	27.4%	47.7%	12.7%	4.4%	2.3%	0.2%
北京	100%	1.0%	7.1%	34.0%	25.2%	14.4%	15.3%	3.1%
天津	100%	1.3%	12.6%	41.9%	27.3%	9.8%	6.4%	0.8%
河北	100%	2.4%	24.1%	57.5%	11.1%	3.2%	1.6%	0.2%
山西	100%	2.4%	18.7%	57.9%	13.9%	5.1%	2.0%	0.1%
内蒙古	100%	5.9%	25.8%	47.3%	13.2%	5.6%	2.1%	0.0%
辽宁	100%	1.5%	21.4%	52.0%	13.4%	6.9%	4.6%	0.2%
吉林	100%	1.7%	24.1%	49.3%	17.2%	4.7%	2.8%	0.2%
黑龙江	100%	1.7%	22.5%	54.3%	15.0%	4.5%	1.9%	0.1%
上海	100%	1.1%	8.5%	34.6%	26.5%	14.7%	12.8%	1.7%
江苏	100%	4.5%	24.5%	50.2%	14.2%	4.3%	2.1%	0.2%
浙江	100%	5.9%	30.7%	42.4%	12.0%	5.6%	3.1%	0.2%
安徽	100%	11.3%	30.2%	46.6%	7.9%	2.9%	1.1%	0.1%
福建	100%	6.5%	34.3%	39.7%	12.1%	4.4%	2.8%	0.2%
江西	100%	4.1%	31.8%	43.0%	14.3%	4.9%	1.9%	0.1%
山东	100%	5.0%	23.6%	52.5%	13.2%	3.6%	1.9%	0.1%
河南	100%	5.1%	19.6%	59.1%	11.8%	3.4%	1.0%	0.0%
湖北	100%	5.4%	28.6%	44.4%	14.6%	4.4%	2.5%	0.2%
湖南	100%	3.6%	28.2%	48.1%	14.5%	3.9%	1.5%	0.2%
广东	100%	1.4%	19.7%	51.9%	18.3%	5.4%	3.1%	0.3%
广西	100%	3.2%	29.0%	53.8%	10.3%	2.7%	1.0%	0.1%
海南	100%	5.6%	19.3%	53.9%	15.2%	4.2%	1.7%	0.2%
重庆	100%	5.4%	37.3%	43.7%	9.7%	2.6%	1.3%	0.0%
四川	100%	7.8%	40.9%	39.6%	8.3%	2.3%	0.9%	0.1%
贵州	100%	12.6%	39.0%	38.0%	5.8%	3.1%	1.3%	0.1%
云南	100%	10.9%	47.4%	32.5%	6.1%	2.1%	0.9%	0.0%
陕西	100%	6.3%	26.6%	44.9%	13.4%	5.7%	2.7%	0.5%
甘肃	100%	16.8%	33.7%	35.5%	8.9%	3.5%	1.6%	0.1%
青海	100%	15.0%	38.5%	28.2%	9.0%	6.1%	3.0%	0.1%
宁夏	100%	8.5%	27.2%	43.9%	11.1%	6.3%	2.9%	0.1%
新疆	100%	3.2%	29.7%	45.2%	10.6%	7.6%	3.6%	0.1%

附表 6-15　2009 年按地区分全国就业人员受教育程度构成 Z_{SE}

地区	合计	识字很少	小学	初中	高中	大专	本科	研究生
全国总计	100%	4.8%	26.3%	48.7%	12.8%	4.7%	2.5%	0.23%
北京	100%	1.1%	7.7%	32.0%	23.4%	15.2%	17.4%	3.38%
天津	100%	1.1%	11.4%	42.9%	26.7%	10.1%	7.4%	0.49%
河北	100%	2.6%	22.3%	58.4%	11.0%	3.5%	1.9%	0.30%
山西	100%	2.2%	18.5%	57.2%	14.2%	5.4%	2.4%	0.08%
内蒙古	100%	5.5%	24.8%	47.9%	13.7%	6.0%	2.1%	0.05%
辽宁	100%	1.3%	19.4%	54.0%	13.1%	7.4%	4.6%	0.23%
吉林	100%	1.6%	23.4%	51.3%	15.1%	4.9%	3.4%	0.25%
黑龙江	100%	1.9%	20.7%	55.9%	14.3%	4.6%	2.4%	0.11%
上海	100%	0.9%	6.9%	34.2%	26.7%	15.4%	13.9%	2.02%
江苏	100%	3.9%	24.2%	50.2%	14.5%	4.5%	2.4%	0.37%
浙江	100%	4.4%	29.7%	42.4%	13.0%	6.2%	4.0%	0.18%
安徽	100%	10.5%	28.1%	49.3%	8.2%	2.7%	1.1%	0.09%
福建	100%	4.3%	30.1%	39.5%	14.0%	9.0%	2.9%	0.13%
江西	100%	2.8%	27.8%	45.1%	16.8%	5.1%	2.2%	0.13%
山东	100%	4.2%	23.1%	54.5%	12.3%	3.8%	2.0%	0.14%
河南	100%	4.4%	19.4%	59.5%	11.8%	3.6%	1.3%	0.06%
湖北	100%	5.2%	26.0%	46.1%	14.9%	5.3%	2.4%	0.17%
湖南	100%	2.8%	26.1%	51.1%	14.2%	3.6%	1.8%	0.28%
广东	100%	1.4%	19.6%	52.1%	19.2%	5.0%	2.4%	0.32%
广西	100%	2.9%	28.5%	54.2%	9.9%	3.0%	1.4%	0.05%
海南	100%	4.1%	20.9%	55.4%	13.5%	4.4%	1.6%	0.14%
重庆	100%	4.8%	38.9%	41.2%	9.7%	3.7%	1.7%	0.06%
四川	100%	7.2%	39.2%	39.3%	8.8%	3.4%	1.9%	0.16%
贵州	100%	11.2%	40.8%	38.9%	5.4%	2.3%	1.3%	0.02%
云南	100%	11.1%	44.6%	35.0%	6.1%	2.2%	1.0%	0.04%
陕西	100%	5.6%	26.0%	47.7%	12.3%	5.1%	3.1%	0.22%
甘肃	100%	15.8%	34.1%	35.8%	9.2%	3.2%	1.7%	0.14%
青海	100%	13.4%	40.1%	28.0%	8.3%	6.1%	4.0%	0.10%
宁夏	100%	8.9%	25.5%	45.0%	11.2%	6.2%	3.0%	0.10%
新疆	100%	2.5%	28.7%	47.0%	10.5%	8.1%	3.1%	0.09%

附表 6-16　2010 年按地区分全国就业人员受教育程度构成 Z_{SE}

地区	合计	识字很少	小学	初中	高中	大专	本科	研究生
全国总计	100%	3.4%	23.9%	48.8%	13.9%	6.0%	3.7%	0.39%
北京	100%	0.5%	4.8%	34.2%	21.5%	14.7%	19.2%	5.08%
天津	100%	0.8%	12.2%	44.9%	20.7%	10.3%	10.2%	1.06%
河北	100%	1.6%	19.5%	58.7%	12.5%	4.9%	2.6%	0.17%
山西	100%	1.2%	16.2%	56.6%	15.2%	7.0%	3.5%	0.21%
内蒙古	100%	3.5%	22.9%	46.6%	14.6%	7.9%	4.3%	0.24%
辽宁	100%	0.7%	17.5%	53.9%	14.3%	7.6%	5.5%	0.47%
吉林	100%	0.9%	22.6%	50.4%	15.5%	6.0%	4.3%	0.34%
黑龙江	100%	0.9%	20.7%	53.4%	14.8%	6.3%	3.6%	0.27%
上海	100%	1.0%	9.0%	40.2%	21.5%	12.6%	13.1%	2.55%
江苏	100%	2.4%	20.2%	48.8%	16.7%	7.1%	4.4%	0.46%
浙江	100%	3.5%	25.3%	44.7%	14.9%	6.5%	4.6%	0.39%
安徽	100%	8.2%	26.7%	48.1%	9.6%	4.7%	2.6%	0.22%
福建	100%	1.6%	27.0%	47.1%	14.3%	5.7%	4.0%	0.28%
江西	100%	2.1%	26.6%	51.4%	12.8%	4.7%	2.3%	0.17%
山东	100%	3.6%	21.2%	52.3%	14.1%	5.4%	3.2%	0.26%
河南	100%	3.8%	19.1%	57.3%	13.0%	4.7%	2.0%	0.16%
湖北	100%	3.9%	22.5%	49.3%	15.1%	5.6%	3.2%	0.36%
湖南	100%	1.7%	22.7%	51.3%	16.3%	5.2%	2.5%	0.20%
广东	100%	0.9%	15.7%	53.1%	19.6%	6.5%	3.9%	0.41%
广西	100%	2.1%	28.6%	50.6%	11.4%	4.7%	2.5%	0.18%
海南	100%	3.2%	17.6%	54.5%	15.7%	5.7%	3.2%	0.23%
重庆	100%	4.0%	34.6%	38.7%	12.3%	6.1%	3.9%	0.34%
四川	100%	5.4%	35.2%	42.7%	9.7%	4.4%	2.3%	0.21%
贵州	100%	11.0%	39.6%	35.8%	6.5%	4.5%	2.5%	0.12%
云南	100%	6.9%	46.5%	32.9%	7.2%	3.9%	2.5%	0.16%
陕西	100%	3.3%	21.5%	50.3%	14.4%	6.6%	3.5%	0.38%
甘肃	100%	10.0%	33.8%	37.1%	10.9%	5.2%	2.8%	0.20%
青海	100%	13.7%	34.4%	30.6%	9.8%	6.9%	4.4%	0.22%
宁夏	100%	6.8%	26.5%	41.6%	12.4%	7.9%	4.6%	0.23%
新疆	100%	2.0%	26.5%	46.1%	11.6%	9.2%	4.4%	0.26%

附表 6-17　2011 年按地区分全国就业人员受教育程度构成 Z_{SE}

地区	合计	识字很少	小学	初中	高中	大专	本科	研究生
全国总计	100%	2.0%	19.6%	48.7%	16.7%	7.6%	4.9%	0.44%
北京	100%	0.4%	3.4%	22.0%	23.9%	17.9%	25.6%	6.77%
天津	100%	0.5%	8.7%	41.5%	22.6%	13.3%	12.4%	1.07%
河北	100%	1.0%	14.6%	57.4%	15.8%	6.8%	4.1%	0.24%
山西	100%	0.6%	10.1%	57.4%	19.0%	8.4%	4.4%	0.13%
内蒙古	100%	2.0%	17.2%	46.7%	17.5%	11.2%	5.0%	0.28%
辽宁	100%	0.6%	15.6%	57.1%	13.2%	7.7%	5.5%	0.34%
吉林	100%	1.4%	17.6%	53.7%	14.9%	6.8%	5.2%	0.45%
黑龙江	100%	1.4%	21.6%	55.1%	12.4%	5.6%	3.8%	0.09%
上海	100%	0.6%	7.1%	36.9%	23.2%	15.7%	14.6%	1.83%
江苏	100%	1.9%	17.4%	47.5%	19.5%	7.7%	5.4%	0.56%
浙江	100%	1.8%	20.6%	45.9%	15.8%	9.1%	6.4%	0.46%
安徽	100%	4.7%	25.6%	50.6%	10.4%	5.5%	2.9%	0.30%
福建	100%	1.7%	22.3%	43.0%	17.3%	8.5%	6.7%	0.52%
江西	100%	1.1%	19.7%	55.6%	15.6%	4.9%	3.0%	0.17%
山东	100%	1.4%	17.5%	46.5%	20.6%	8.5%	5.0%	0.38%
河南	100%	2.8%	16.8%	56.3%	15.4%	5.6%	2.9%	0.16%
湖北	100%	1.7%	18.8%	45.9%	19.5%	8.4%	5.2%	0.46%
湖南	100%	0.7%	14.9%	46.8%	22.8%	9.6%	4.8%	0.28%
广东	100%	0.7%	14.1%	49.4%	23.3%	7.8%	4.4%	0.28%
广西	100%	1.0%	21.3%	56.6%	13.1%	5.3%	2.5%	0.19%
海南	100%	1.9%	13.5%	53.8%	19.3%	7.0%	4.3%	0.14%
重庆	100%	2.3%	31.8%	41.3%	13.2%	6.7%	4.3%	0.40%
四川	100%	2.5%	26.7%	48.3%	13.7%	5.5%	3.2%	0.20%
贵州	100%	7.6%	33.3%	43.1%	7.6%	5.0%	3.2%	0.20%
云南	100%	4.9%	42.4%	35.4%	8.5%	5.1%	3.5%	0.16%
陕西	100%	1.5%	12.4%	50.5%	19.6%	10.0%	5.4%	0.63%
甘肃	100%	4.3%	28.7%	41.8%	13.7%	7.0%	4.2%	0.33%
青海	100%	7.0%	26.1%	35.7%	14.5%	9.7%	6.7%	0.31%
宁夏	100%	5.7%	21.2%	44.0%	14.2%	8.9%	5.6%	0.42%
新疆	100%	0.7%	26.4%	42.8%	14.2%	10.9%	4.7%	0.33%

附表 6-18　2012 年按地区分全国就业人员受教育程度构成 Z_{SE}

地区	合计	识字很少	小学	初中	高中	大专	本科	研究生
全国总计	100%	2.0%	19.0%	48.3%	17.1%	8.0%	5.2%	0.48%
北京	100%	0.3%	2.9%	20.8%	22.5%	19.3%	27.5%	6.79%
天津	100%	0.6%	8.8%	40.7%	22.2%	13.7%	12.9%	1.17%
河北	100%	1.5%	12.4%	57.4%	16.8%	7.5%	4.1%	0.29%
山西	100%	0.5%	10.6%	54.2%	19.3%	10.0%	5.2%	0.22%
内蒙古	100%	1.6%	17.4%	45.7%	18.3%	11.4%	5.3%	0.34%
辽宁	100%	0.4%	15.4%	57.1%	14.0%	7.7%	5.2%	0.34%
吉林	100%	1.2%	20.7%	51.0%	13.5%	7.3%	5.8%	0.39%
黑龙江	100%	1.3%	20.0%	56.3%	13.0%	6.0%	3.2%	0.19%
上海	100%	0.7%	6.7%	35.4%	23.6%	15.9%	15.8%	1.99%
江苏	100%	1.4%	16.2%	46.8%	20.2%	9.2%	5.8%	0.45%
浙江	100%	2.3%	20.4%	43.2%	16.5%	9.4%	7.7%	0.60%
安徽	100%	3.8%	23.2%	52.5%	10.8%	5.7%	3.7%	0.33%
福建	100%	1.8%	19.9%	43.9%	18.1%	9.1%	6.9%	0.36%
江西	100%	1.2%	19.5%	52.9%	17.5%	6.0%	2.8%	0.15%
山东	100%	2.4%	18.3%	45.4%	19.2%	9.0%	5.2%	0.42%
河南	100%	2.8%	15.1%	56.4%	16.8%	5.8%	2.9%	0.22%
湖北	100%	2.0%	18.1%	47.4%	18.8%	8.3%	5.0%	0.41%
湖南	100%	0.8%	15.2%	46.5%	23.2%	9.1%	4.7%	0.47%
广东	100%	0.9%	14.4%	48.6%	23.9%	7.8%	4.1%	0.25%
广西	100%	1.1%	20.8%	55.6%	13.5%	6.0%	2.6%	0.28%
海南	100%	1.0%	13.4%	54.2%	18.1%	7.8%	5.2%	0.31%
重庆	100%	2.1%	28.1%	42.2%	15.2%	7.1%	4.8%	0.42%
四川	100%	2.2%	27.4%	47.4%	13.3%	5.8%	3.5%	0.28%
贵州	100%	5.1%	33.4%	44.9%	8.4%	5.2%	2.8%	0.17%
云南	100%	4.1%	39.4%	39.7%	8.4%	4.8%	3.3%	0.25%
陕西	100%	1.5%	12.7%	48.7%	20.2%	10.2%	6.1%	0.73%
甘肃	100%	5.7%	27.0%	40.9%	14.3%	7.4%	4.4%	0.31%
青海	100%	6.7%	24.1%	38.6%	14.1%	9.7%	6.6%	0.19%
宁夏	100%	6.1%	22.6%	42.3%	14.8%	8.8%	5.3%	0.16%
新疆	100%	1.0%	26.0%	40.9%	14.0%	12.1%	5.5%	0.41%

附表 6-19　2013 年按地区分全国就业人员受教育程度构成 Z_{SE}

地区	合计	识字很少	小学	初中	高中	大专	本科	研究生
全国总计	100%	1.9%	18.5%	47.9%	17.1%	8.5%	5.5%	0.51%
北京	100%	0.3%	3.7%	22.6%	21.9%	18.3%	26.0%	7.09%
天津	100%	0.5%	7.5%	39.3%	20.8%	15.2%	15.3%	1.21%
河北	100%	2.2%	16.1%	55.5%	15.1%	6.9%	3.9%	0.26%
山西	100%	0.8%	10.4%	53.2%	20.3%	9.7%	5.4%	0.20%
内蒙古	100%	1.5%	19.0%	46.5%	15.7%	10.9%	6.1%	0.35%
辽宁	100%	0.3%	13.5%	56.0%	14.7%	9.3%	6.0%	0.32%
吉林	100%	1.2%	18.5%	51.2%	15.2%	7.2%	6.2%	0.48%
黑龙江	100%	1.6%	21.5%	53.2%	12.7%	6.6%	4.1%	0.23%
上海	100%	0.4%	5.8%	34.2%	24.5%	16.5%	16.4%	2.15%
江苏	100%	1.8%	15.9%	46.1%	19.3%	10.3%	6.1%	0.59%
浙江	100%	2.4%	19.4%	41.9%	17.1%	10.9%	7.7%	0.56%
安徽	100%	5.7%	22.8%	50.0%	11.4%	6.1%	3.7%	0.31%
福建	100%	1.8%	21.8%	41.8%	17.5%	9.2%	7.4%	0.44%
江西	100%	1.3%	18.6%	50.9%	18.5%	7.0%	3.5%	0.32%
山东	100%	2.0%	14.8%	47.5%	19.6%	9.4%	6.2%	0.48%
河南	100%	1.9%	15.6%	54.5%	17.7%	6.6%	3.4%	0.26%
湖北	100%	1.7%	16.4%	48.1%	20.4%	8.6%	4.4%	0.43%
湖南	100%	0.8%	15.0%	45.5%	23.8%	10.0%	4.5%	0.27%
广东	100%	0.6%	14.0%	49.3%	21.8%	8.6%	5.2%	0.41%
广西	100%	1.2%	19.0%	57.7%	13.7%	5.3%	2.8%	0.23%
海南	100%	0.8%	12.3%	52.8%	19.8%	9.2%	4.8%	0.19%
重庆	100%	2.6%	28.5%	40.3%	16.2%	6.9%	5.0%	0.53%
四川	100%	1.9%	26.6%	46.7%	14.1%	6.4%	3.9%	0.35%
贵州	100%	3.6%	31.6%	47.7%	7.8%	5.7%	3.6%	0.06%
云南	100%	2.9%	38.7%	40.1%	8.2%	5.8%	3.9%	0.30%
陕西	100%	1.3%	11.1%	50.2%	18.6%	11.5%	6.4%	0.78%
甘肃	100%	5.9%	24.8%	40.6%	14.8%	8.0%	5.4%	0.37%
青海	100%	6.3%	25.2%	35.9%	15.0%	10.7%	6.5%	0.25%
宁夏	100%	5.8%	25.0%	41.5%	13.7%	8.9%	5.1%	0.11%
新疆	100%	0.9%	24.8%	42.7%	13.5%	11.3%	6.4%	0.41%

附表 6-20 2014 年按地区分全国就业人员受教育程度构成 Z_{SE}

地区	合计	识字很少	小学	初中	高中	大专	本科	研究生
全国总计	100%	1.8%	18.2%	46.7%	17.2%	9.3%	6.2%	0.55%
北京	100%	0.3%	3.0%	20.9%	19.9%	18.5%	29.5%	7.87%
天津	100%	0.2%	6.7%	39.3%	19.7%	18.3%	14.5%	1.35%
河北	100%	1.3%	15.3%	55.3%	14.8%	7.9%	5.3%	0.23%
山西	100%	1.0%	11.1%	51.4%	19.6%	10.8%	5.7%	0.29%
内蒙古	100%	1.6%	19.8%	42.9%	17.2%	11.6%	6.5%	0.42%
辽宁	100%	0.4%	12.5%	55.5%	14.9%	9.2%	7.0%	0.50%
吉林	100%	0.7%	17.7%	52.7%	14.0%	7.6%	6.9%	0.35%
黑龙江	100%	0.8%	19.7%	54.5%	13.4%	7.0%	4.4%	0.23%
上海	100%	0.2%	4.2%	28.8%	24.0%	19.6%	20.8%	2.45%
江苏	100%	2.0%	15.8%	45.2%	18.7%	11.2%	6.5%	0.59%
浙江	100%	1.9%	20.1%	39.5%	17.0%	11.8%	9.2%	0.52%
安徽	100%	4.9%	20.7%	51.7%	11.1%	6.8%	4.4%	0.40%
福建	100%	1.5%	20.1%	42.7%	17.7%	9.9%	7.6%	0.51%
江西	100%	1.3%	19.6%	51.2%	17.0%	6.8%	3.9%	0.24%
山东	100%	1.9%	16.7%	45.2%	18.8%	9.8%	7.0%	0.49%
河南	100%	1.9%	14.6%	53.3%	18.3%	7.4%	4.3%	0.27%
湖北	100%	2.5%	15.7%	45.2%	20.7%	9.9%	5.5%	0.57%
湖南	100%	1.0%	15.6%	44.3%	23.4%	10.1%	5.1%	0.43%
广东	100%	0.5%	12.2%	47.8%	24.0%	9.6%	5.4%	0.38%
广西	100%	0.9%	18.3%	58.2%	12.2%	7.2%	3.0%	0.26%
海南	100%	1.7%	11.5%	50.2%	21.4%	8.3%	6.7%	0.24%
重庆	100%	2.1%	29.2%	38.3%	16.2%	8.4%	5.2%	0.57%
四川	100%	2.1%	26.4%	45.3%	15.3%	7.1%	3.7%	0.18%
贵州	100%	5.4%	31.1%	45.0%	8.3%	6.4%	3.7%	0.09%
云南	100%	2.9%	41.2%	36.1%	9.5%	5.6%	4.4%	0.22%
陕西	100%	1.4%	11.8%	45.4%	20.4%	12.6%	7.3%	1.11%
甘肃	100%	5.7%	25.7%	39.9%	14.3%	8.3%	5.8%	0.26%
青海	100%	5.2%	27.2%	37.2%	13.9%	9.2%	6.8%	0.40%
宁夏	100%	7.8%	23.6%	41.0%	12.3%	8.7%	6.5%	0.17%
新疆	100%	1.0%	23.2%	44.6%	13.5%	11.7%	5.6%	0.37%

附表 6-21　2002 年各地区工业各级受教育劳动力规模 L_{SE}　（单位：万人）

地区	小学	初中	高中	大专	本科	研究生
全国总计	789.17	2913.87	1385.34	275.32	84.88	5.99
北京	15.36	57.02	26.87	5.26	1.65	0.11
天津	17.38	64.25	30.08	5.84	1.83	0.13
河北	37.59	138.14	65.66	13.05	3.99	0.29
山西	27.26	96.64	44.34	8.39	2.44	0.20
内蒙古	11.20	41.09	20.13	4.18	1.24	0.09
辽宁	35.79	131.90	63.03	12.63	3.86	0.28
吉林	16.31	60.17	28.79	5.78	1.77	0.13
黑龙江	24.12	88.22	42.85	8.80	2.61	0.20
上海	29.89	111.07	52.01	10.09	3.19	0.22
江苏	76.23	282.50	132.27	25.67	8.08	0.55
浙江	58.87	219.07	102.99	20.09	6.36	0.43
安徽	21.73	79.10	37.11	7.24	2.19	0.16
福建	25.31	94.42	45.09	9.01	2.82	0.19
江西	13.40	49.85	24.55	5.12	1.56	0.11
山东	80.11	294.38	138.88	27.30	8.39	0.60
河南	46.40	169.70	81.01	16.22	4.89	0.36
湖北	29.15	108.54	51.86	10.37	3.24	0.22
湖南	21.68	80.05	38.42	7.74	2.37	0.17
广东	91.72	341.58	161.15	31.61	9.99	0.67
广西	11.47	42.85	21.15	4.43	1.35	0.10
海南	1.80	6.77	3.40	0.73	0.22	0.02
重庆	11.66	43.13	20.70	4.17	1.28	0.09
四川	27.12	100.47	48.60	9.90	3.03	0.22
贵州	9.23	34.10	16.56	3.39	1.03	0.07
云南	9.48	35.43	17.82	3.82	1.15	0.08
陕西	16.36	60.01	28.57	5.70	1.73	0.13
甘肃	11.39	42.43	21.13	4.48	1.35	0.10
青海	1.91	6.98	3.47	0.74	0.21	0.02
宁夏	3.05	11.16	5.49	1.15	0.34	0.03
新疆	5.82	21.45	10.63	2.24	0.66	0.05

附表 6-22　2003 年各地区工业各级受教育劳动力规模 L_{SE} （单位：万人）

地区	小学	初中	高中	大专	本科	研究生
全国总计	878.54	3432.66	1352.10	494.50	102.18	5.46
北京	15.29	58.80	24.03	9.12	1.80	0.10
天津	17.47	65.50	26.82	10.34	1.99	0.11
河北	42.21	143.02	63.56	22.77	4.82	0.25
山西	31.73	100.95	40.94	13.46	3.11	0.12
内蒙古	11.29	39.86	17.28	5.42	1.36	0.06
辽宁	37.50	131.94	56.73	20.23	4.31	0.22
吉林	15.78	51.04	23.85	8.36	1.82	0.09
黑龙江	20.32	69.39	32.18	9.63	2.55	0.11
上海	33.01	138.82	51.46	20.39	3.81	0.22
江苏	86.42	379.65	133.03	52.01	9.87	0.56
浙江	72.64	329.73	113.00	44.51	8.38	0.49
安徽	24.21	77.20	34.74	12.28	2.63	0.13
福建	33.39	142.99	52.44	20.04	3.93	0.23
江西	14.01	53.18	23.52	7.76	1.84	0.09
山东	91.81	360.40	139.03	50.87	10.47	0.55
河南	47.70	176.30	73.85	25.05	5.66	0.27
湖北	30.39	89.55	47.85	17.62	3.63	0.20
湖南	23.86	85.60	37.60	13.19	2.87	0.15
广东	111.36	528.89	174.00	68.20	12.93	0.75
广西	11.60	46.68	20.00	6.84	1.55	0.08
海南	1.91	4.96	2.99	1.00	0.24	0.01
重庆	12.96	45.85	20.01	7.22	1.52	0.08
四川	31.18	105.59	47.96	16.69	3.68	0.19
贵州	10.35	32.35	15.57	5.29	1.20	0.06
云南	9.23	34.79	15.66	5.11	1.22	0.06
陕西	17.50	60.00	26.34	9.14	2.01	0.10
甘肃	11.03	37.27	18.60	6.09	1.45	0.07
青海	2.01	7.52	3.39	1.01	0.27	0.01
宁夏	3.39	13.28	5.41	1.68	0.42	0.02
新疆	6.62	20.58	9.55	2.95	0.75	0.04

附表 6-23　2004 年各地区工业各级受教育劳动力规模 L_{SE}（单位：万人）

地区	小学	初中	高中	大专	本科	研究生
全国总计	975.33	3573.84	1518.30	342.33	122.37	6.30
北京	15.95	61.19	26.76	6.02	2.15	0.12
天津	18.05	67.50	28.48	6.23	2.27	0.12
河北	42.74	151.94	64.15	14.77	5.21	0.26
山西	36.76	112.94	43.21	10.21	3.57	0.13
内蒙古	12.60	42.99	18.56	4.57	1.55	0.07
辽宁	39.12	140.48	60.35	14.08	4.92	0.24
吉林	15.41	55.25	24.50	5.96	2.03	0.10
黑龙江	21.70	73.53	32.85	8.47	2.78	0.12
上海	36.89	142.34	60.47	12.98	4.79	0.27
江苏	103.06	391.31	165.09	35.61	13.10	0.71
浙江	88.17	338.86	143.67	30.86	11.38	0.63
安徽	24.72	83.91	34.24	7.88	2.79	0.13
福建	38.66	147.86	63.33	13.88	5.05	0.28
江西	14.69	53.98	24.01	5.74	1.97	0.10
山东	103.99	374.04	155.46	34.59	12.49	0.63
河南	51.92	179.95	75.70	17.77	6.20	0.29
湖北	25.20	94.76	41.57	9.57	3.37	0.18
湖南	24.41	88.45	38.30	8.96	3.13	0.16
广东	141.21	543.34	230.95	49.75	18.31	1.01
广西	12.15	46.37	20.94	4.95	1.71	0.09
海南	1.56	5.94	2.93	0.77	0.25	0.01
重庆	13.23	48.40	20.76	4.75	1.68	0.09
四川	31.42	112.04	48.15	11.31	3.94	0.19
贵州	10.13	35.41	15.38	3.73	1.27	0.06
云南	9.52	34.75	15.51	3.74	1.28	0.06
陕西	18.21	63.49	26.82	6.29	2.20	0.10
甘肃	10.32	37.28	16.47	3.96	1.36	0.07
青海	2.17	7.35	3.22	0.81	0.27	0.01
宁夏	3.96	13.59	5.86	1.43	0.49	0.02
新疆	7.16	23.69	10.09	2.52	0.84	0.04

附表 6-24　2005 年各地区工业各级受教育劳动力规模 L_{SE} （单位：万人）

地区	小学	初中	高中	大专	本科	研究生
全国总计	1117.96	3758.05	1320.91	349.62	132.73	9.60
北京	18.68	64.05	23.23	5.92	2.26	0.17
天津	19.89	67.28	28.86	5.88	2.26	0.17
河北	47.56	157.87	58.76	15.29	5.75	0.40
山西	36.72	112.75	43.85	11.36	4.15	0.25
内蒙古	13.47	44.01	20.25	4.92	1.81	0.12
辽宁	44.88	149.42	55.57	14.52	5.46	0.38
吉林	16.19	54.06	24.80	5.85	2.18	0.15
黑龙江	21.85	70.45	25.02	8.71	3.17	0.20
上海	42.15	144.38	54.69	11.99	4.65	0.36
江苏	114.49	389.95	140.89	33.13	12.79	0.98
浙江	106.81	365.67	131.15	30.86	11.95	0.92
安徽	25.68	83.66	32.71	8.04	3.01	0.20
福建	46.77	159.87	59.21	14.20	5.46	0.41
江西	17.76	59.90	28.19	6.31	2.36	0.16
山东	120.55	404.04	150.47	36.41	13.87	1.01
河南	59.19	194.21	71.88	19.64	7.32	0.50
湖北	30.01	102.24	38.73	9.89	3.75	0.27
湖南	27.33	91.41	37.10	8.95	3.37	0.24
广东	175.96	602.54	215.02	50.72	19.64	1.52
广西	14.25	48.90	17.32	5.14	1.94	0.14
海南	1.82	6.28	3.61	0.79	0.29	0.02
重庆	14.96	50.12	22.80	4.79	1.81	0.13
四川	35.23	117.39	43.23	11.98	4.48	0.31
贵州	10.83	35.84	14.67	4.03	1.49	0.10
云南	10.85	36.45	12.66	4.03	1.50	0.10
陕西	19.18	63.32	24.65	6.68	2.48	0.17
甘肃	10.76	36.11	12.89	4.13	1.53	0.10
青海	2.23	7.28	3.49	0.88	0.32	0.02
宁夏	4.06	13.37	6.35	1.55	0.57	0.04
新疆	7.56	24.26	8.42	2.85	1.04	0.06

附表 6-25　2006 年各地区工业各级受教育劳动力规模 L_{SE}（单位：万人）

地区	小学	初中	高中	大专	本科	研究生
全国总计	1098.48	3958.95	1587.90	389.93	179.78	16.19
北京	17.34	63.26	25.32	6.66	2.91	0.27
天津	17.46	63.13	24.81	6.16	2.75	0.23
河北	45.25	162.03	66.05	15.88	7.56	0.72
山西	34.05	116.22	48.47	8.85	5.28	0.49
内蒙古	13.35	47.34	20.36	4.86	2.45	0.27
辽宁	44.88	161.11	65.91	16.11	7.61	0.73
吉林	15.39	55.22	23.48	5.91	2.84	0.31
黑龙江	20.55	72.03	32.09	7.40	3.96	0.48
上海	40.12	146.06	56.27	14.27	6.14	0.47
江苏	116.40	422.61	163.99	41.03	17.98	1.41
浙江	109.04	396.99	153.83	39.04	16.92	1.33
安徽	24.92	88.26	35.67	8.05	3.97	0.35
福建	48.45	176.19	69.44	17.73	7.80	0.67
江西	18.28	66.14	28.06	7.32	3.42	0.38
山东	118.58	426.38	168.63	40.55	18.67	1.57
河南	54.47	193.57	80.29	18.77	9.28	0.92
湖北	28.07	102.05	41.62	10.85	4.88	0.48
湖南	26.28	94.60	39.15	9.80	4.60	0.47
广东	180.39	657.04	254.86	64.82	28.08	2.22
广西	13.17	48.18	20.34	5.59	2.50	0.28
海南	1.72	6.29	2.80	0.83	0.36	0.05
重庆	14.32	51.47	20.86	5.15	2.39	0.22
四川	34.70	124.08	51.20	12.34	5.94	0.59
贵州	9.78	34.87	15.22	3.79	1.88	0.22
云南	10.35	37.32	16.12	4.20	1.99	0.23
陕西	18.11	64.51	27.19	6.56	3.22	0.34
甘肃	9.92	35.88	15.58	4.13	1.95	0.23
青海	2.14	7.57	3.33	0.85	0.41	0.05
宁夏	3.62	12.83	5.54	1.37	0.67	0.08
新疆	7.08	24.71	10.89	2.47	1.32	0.15

附表 6-26　2007 年各地区工业各级受教育劳动力规模 L_{SE}（单位：万人）

地区	小学	初中	高中	大专	本科	研究生
全国总计	1104.25	4365.25	1694.97	436.32	172.09	12.24
北京	16.43	65.79	25.91	6.81	2.73	0.21
天津	17.02	67.39	25.75	6.49	2.55	0.16
河北	42.39	166.85	65.88	17.33	6.83	0.54
山西	31.62	118.80	46.65	12.12	4.56	0.35
内蒙古	12.84	50.24	20.85	5.83	2.31	0.23
辽宁	45.85	180.78	71.15	18.64	7.36	0.57
吉林	15.02	59.37	24.22	6.64	2.65	0.24
黑龙江	19.42	75.54	32.74	9.58	3.81	0.43
上海	39.84	158.55	59.59	14.67	5.78	0.32
江苏	121.61	482.95	182.32	45.17	17.78	1.02
浙江	111.43	443.63	167.57	41.56	16.40	0.94
安徽	25.28	98.58	38.35	9.89	3.85	0.28
福建	50.36	200.39	76.68	19.37	7.66	0.49
江西	19.41	77.03	30.87	8.28	3.30	0.28
山东	117.22	462.43	177.48	44.97	17.65	1.16
河南	53.66	209.76	83.25	22.02	8.64	0.70
湖北	27.67	110.30	43.63	11.52	4.60	0.36
湖南	27.16	107.27	42.67	11.34	4.49	0.37
广东	184.19	733.33	276.98	68.69	27.10	1.56
广西	13.49	54.16	22.06	6.04	2.44	0.22
海南	1.63	6.55	2.82	0.82	0.33	0.04
重庆	15.18	59.81	23.40	6.08	2.40	0.18
四川	35.66	140.59	56.57	15.24	6.04	0.52
贵州	9.14	35.84	14.92	4.18	1.66	0.17
云南	11.29	44.31	18.30	5.08	2.02	0.19
陕西	17.15	67.36	27.48	7.53	2.98	0.27
甘肃	8.98	35.76	15.08	4.29	1.73	0.18
青海	2.13	8.35	3.50	0.99	0.39	0.04
宁夏	3.49	13.69	5.71	1.60	0.64	0.06
新疆	7.43	28.81	12.09	3.42	1.35	0.14

附表 6-27　2008 年各地区工业各级受教育劳动力规模 L_{SE}（单位：万人）

地区	小学	初中	高中	大专	本科	研究生
全国总计	1206.19	4887.67	1922.04	501.54	206.13	18.55
北京	16.59	67.74	27.11	7.29	3.04	0.28
天津	18.24	73.92	28.75	7.44	3.04	0.27
河北	42.97	174.15	69.66	18.40	7.62	0.70
山西	30.04	118.82	47.21	11.62	4.69	0.40
内蒙古	13.95	56.46	23.70	6.45	2.71	0.26
辽宁	49.93	201.96	80.10	20.93	8.62	0.78
吉林	16.94	68.91	28.49	7.77	3.26	0.31
黑龙江	20.91	84.20	35.44	9.54	4.00	0.38
上海	41.84	169.76	64.96	16.68	6.78	0.59
江苏	151.86	615.81	236.44	60.76	24.73	2.16
浙江	111.82	453.99	174.59	45.07	18.38	1.62
安徽	28.86	116.37	46.08	11.93	4.89	0.44
福建	52.00	211.13	81.94	21.30	8.72	0.78
江西	24.11	98.00	39.31	10.49	4.36	0.40
山东	125.22	506.51	197.43	50.95	20.83	1.84
河南	57.01	229.99	91.50	23.79	9.79	0.88
湖北	31.85	129.69	51.75	13.81	5.73	0.53
湖南	30.65	124.11	49.51	13.03	5.38	0.49
广东	204.86	831.94	320.34	82.82	33.80	2.98
广西	14.85	61.31	26.19	7.53	3.23	0.33
海南	1.64	6.76	2.87	0.82	0.35	0.03
重庆	18.09	73.07	28.78	7.45	3.05	0.27
四川	40.40	163.43	65.53	17.26	7.14	0.65
贵州	9.87	39.81	16.61	4.46	1.87	0.18
云南	11.21	45.53	19.10	5.24	2.21	0.21
陕西	17.83	72.06	29.29	7.77	3.23	0.30
甘肃	8.98	36.86	15.92	4.54	1.95	0.20
青海	2.32	9.41	3.95	1.07	0.45	0.04
宁夏	3.41	13.89	5.92	1.65	0.70	0.07
新疆	7.73	31.18	13.16	3.57	1.50	0.14

附表 6-28　2009 年各地区工业各级受教育劳动力规模 L_{SE}（单位：万人）

地区	小学	初中	高中	大专	本科	研究生
全国总计	1146.39	4954.27	1849.20	553.25	233.34	18.77
北京	15.47	67.20	25.48	7.73	3.24	0.26
天津	17.83	77.12	28.46	8.38	3.54	0.28
河北	41.37	178.54	67.45	20.53	8.64	0.70
山西	28.64	119.51	42.66	12.65	5.54	0.45
内蒙古	14.14	60.56	23.74	7.63	3.20	0.26
辽宁	50.32	216.84	80.84	24.25	10.25	0.83
吉林	17.49	75.61	29.40	9.25	3.87	0.31
黑龙江	17.65	76.49	32.79	11.43	4.69	0.38
上海	37.04	160.82	58.88	17.06	7.20	0.58
江苏	133.84	580.37	212.76	61.84	26.13	2.09
浙江	102.44	444.93	163.76	47.75	20.13	1.61
安徽	30.44	130.53	48.18	14.36	6.11	0.49
福建	49.28	213.81	79.14	23.29	9.81	0.79
江西	22.52	97.57	37.00	11.26	4.72	0.38
山东	121.05	522.37	192.46	56.72	24.02	1.93
河南	58.81	251.97	93.55	28.13	11.95	0.97
湖北	34.87	151.58	57.91	17.71	7.40	0.59
湖南	31.18	134.49	50.80	15.47	6.52	0.53
广东	186.54	810.41	299.04	87.47	36.85	2.95
广西	15.17	66.64	27.23	8.90	3.65	0.29
海南	1.49	6.51	2.65	0.87	0.36	0.03
重庆	17.86	76.88	28.76	8.67	3.67	0.30
四川	40.51	174.22	65.46	19.88	8.40	0.68
贵州	9.74	41.43	15.89	5.02	2.13	0.17
云南	10.73	46.20	18.15	5.81	2.43	0.20
陕西	17.92	76.73	28.95	8.89	3.77	0.30
甘肃	8.61	37.41	15.21	5.01	2.07	0.17
青海	2.26	9.74	3.85	1.24	0.52	0.04
宁夏	3.47	14.93	5.91	1.91	0.80	0.06
新疆	7.51	32.02	12.46	3.99	1.68	0.14

附表 6-29　2010 年各地区工业各级受教育劳动力规模 L_{SE} （单位：万人）

地区	小学	初中	高中	大专	本科	研究生
全国总计	1227.23	5243.16	1973.88	674.83	327.54	28.91
北京	15.85	68.06	25.74	8.90	4.33	0.38
天津	19.27	82.39	30.52	10.24	4.96	0.44
河北	43.96	187.49	72.15	25.26	12.28	1.06
山西	28.13	115.47	48.01	17.59	8.49	0.67
内蒙古	15.40	65.08	27.63	10.62	5.20	0.42
辽宁	51.61	219.78	83.51	28.77	13.96	1.22
吉林	17.48	74.73	29.89	10.94	5.35	0.45
黑龙江	17.80	75.37	33.21	13.24	6.51	0.51
上海	38.07	163.48	58.76	19.07	9.22	0.85
江苏	150.41	645.21	233.27	76.19	36.85	3.39
浙江	111.66	479.68	173.30	56.65	27.42	2.53
安徽	34.09	144.69	55.16	19.01	9.21	0.80
福建	53.38	228.99	83.83	27.82	13.48	1.22
江西	25.47	109.05	41.35	14.29	6.95	0.61
山东	120.21	512.92	192.07	65.15	31.58	2.80
河南	61.15	259.40	100.95	35.59	17.29	1.48
湖北	37.90	162.54	60.76	20.69	10.05	0.90
湖南	34.74	148.22	57.02	19.96	9.71	0.84
广东	203.78	875.82	317.43	104.25	50.50	4.64
广西	18.62	80.71	32.04	11.80	5.80	0.50
海南	1.52	6.60	2.68	1.01	0.50	0.04
重庆	18.85	80.09	30.51	10.51	5.10	0.44
四川	44.96	191.00	73.76	25.82	12.54	1.08
贵州	10.00	41.80	17.70	6.72	3.27	0.26
云南	11.46	48.64	20.20	7.63	3.73	0.30
陕西	19.06	80.68	32.34	11.75	5.72	0.48
甘肃	8.70	37.30	15.64	6.02	2.96	0.24
青海	2.49	10.52	4.40	1.67	0.81	0.07
宁夏	3.58	15.23	6.35	2.41	1.18	0.10
新疆	7.43	31.27	13.29	5.09	2.49	0.20

附表 6-30　2011 年各地区工业各级受教育劳动力规模 L_{SE}　（单位：万人）

地区	小学	初中	高中	大专	本科	研究生
全国总计	963.79	4852.77	2158.55	777.48	345.84	22.47
北京	57.36	61.47	27.88	10.33	4.69	0.31
天津	33.08	79.50	35.06	12.43	5.49	0.35
河北	29.13	186.60	84.27	31.15	14.05	0.94
山西	15.92	108.43	50.18	19.68	8.95	0.68
内蒙古	4.81	62.12	29.79	12.12	5.71	0.43
辽宁	5.90	195.41	86.60	31.10	13.76	0.90
吉林	112.17	71.97	33.33	12.82	5.91	0.41
黑龙江	5.85	67.69	32.21	13.01	6.09	0.46
上海	22.78	145.16	62.93	21.59	9.37	0.56
江苏	558.57	587.21	255.30	88.08	38.32	2.32
浙江	186.38	387.08	168.27	58.00	25.24	1.52
安徽	23.49	139.42	62.14	22.52	10.02	0.66
福建	16.33	216.12	94.66	33.11	14.52	0.90
江西	2.64	106.04	48.29	18.02	8.21	0.55
山东	9.93	456.53	201.95	72.11	31.88	2.05
河南	456.66	286.89	129.19	47.65	21.41	1.45
湖北	4.15	147.58	66.13	24.05	10.79	0.70
湖南	36.91	152.06	68.53	25.23	11.36	0.76
广东	813.89	782.38	338.90	116.10	50.31	3.01
广西	26.29	76.32	35.22	13.39	6.18	0.42
海南	0.81	5.96	2.81	1.11	0.52	0.04
重庆	5.69	76.75	34.38	12.55	5.62	0.37
四川	7.22	199.55	89.88	33.14	14.90	1.00
贵州	3.60	41.54	20.62	8.78	4.24	0.33
云南	2.68	45.98	21.80	8.70	4.07	0.30
陕西	4.62	80.80	37.14	14.20	6.48	0.46
甘肃	1.43	30.24	14.38	5.75	2.70	0.20
青海	0.49	9.36	4.30	1.64	0.75	0.05
宁夏	0.81	15.12	7.22	2.91	1.37	0.10
新疆	2.53	30.70	14.74	6.02	2.84	0.22

附表 6-31　2012 年各地区工业各级受教育劳动力规模 L_{SE}　（单位：万人）

地区	小学	初中	高中	大专	本科	研究生
全国总计	921.97	4926.97	2250.89	881.20	398.13	38.63
北京	11.23	60.61	28.47	11.47	5.19	0.50
天津	15.27	81.68	37.05	14.19	6.37	0.63
河北	35.02	187.11	86.41	34.73	15.81	1.49
山西	21.54	110.26	49.52	21.87	10.44	0.79
内蒙古	11.77	62.49	30.18	13.61	6.39	0.53
辽宁	37.59	199.87	90.98	35.98	16.36	1.55
吉林	13.72	73.56	34.79	14.56	6.68	0.61
黑龙江	12.88	68.05	32.53	14.61	6.87	0.56
上海	25.95	139.34	62.73	23.26	10.31	1.07
江苏	110.22	590.70	265.53	98.74	43.87	4.53
浙江	70.50	378.56	170.71	63.52	28.19	2.93
安徽	28.26	150.34	68.46	27.04	12.28	1.17
福建	40.54	217.30	98.18	36.98	16.49	1.68
江西	20.97	112.88	52.70	21.13	9.57	0.92
山东	88.55	471.89	213.76	82.86	37.40	3.64
河南	57.38	305.22	139.59	55.75	25.40	2.38
湖北	30.18	162.22	74.77	29.26	13.17	1.30
湖南	29.92	160.00	73.86	29.55	13.42	1.28
广东	142.64	765.49	344.64	127.97	56.78	5.90
广西	14.68	79.61	37.88	15.48	7.02	0.68
海南	1.11	6.07	2.99	1.28	0.59	0.05
重庆	15.32	81.69	37.40	14.82	6.73	0.64
四川	36.85	196.81	91.22	37.02	16.90	1.58
贵州	8.09	43.03	21.32	10.03	4.76	0.38
云南	9.15	48.76	23.27	10.12	4.71	0.41
陕西	15.81	83.61	38.79	16.32	7.56	0.66
甘肃	5.64	30.32	14.71	6.43	2.98	0.26
青海	1.89	10.05	4.70	1.99	0.92	0.08
宁夏	2.95	15.77	7.60	3.34	1.55	0.13
新疆	6.22	32.85	15.70	7.05	3.32	0.27

附表 6-32　2013 年各地区工业各级受教育劳动力规模 L_{SE}　（单位：万人）

地区	小学	初中	高中	大专	本科	研究生
全国总计	930.11	5046.55	2294.31	959.28	462.93	32.23
北京	11.15	60.39	28.26	12.16	6.00	0.40
天津	15.70	84.85	38.04	15.49	7.40	0.53
河北	34.66	188.74	87.11	37.34	18.21	1.23
山西	19.22	109.10	51.56	24.55	12.02	0.74
内蒙古	11.13	61.95	30.93	14.94	7.60	0.46
辽宁	37.67	205.32	94.11	40.12	19.45	1.33
吉林	13.77	75.25	35.77	15.94	7.92	0.51
黑龙江	12.08	67.29	33.40	16.06	8.14	0.49
上海	25.34	136.20	60.27	23.87	11.29	0.83
江苏	112.30	604.40	266.74	105.57	49.82	3.68
浙江	70.13	377.08	167.04	66.28	31.39	2.31
安徽	29.75	161.97	73.72	31.10	15.01	1.04
福建	41.19	221.90	98.56	39.42	18.70	1.37
江西	22.27	120.69	55.71	23.63	11.54	0.79
山东	90.54	491.52	221.26	91.57	43.83	3.09
河南	59.59	324.65	148.14	62.77	30.34	2.09
湖北	33.03	178.56	81.21	33.69	16.28	1.14
湖南	31.06	168.89	77.78	33.16	16.15	1.10
广东	141.82	762.70	338.15	134.36	63.67	4.68
广西	15.45	83.65	39.37	17.03	8.44	0.56
海南	1.14	6.22	3.08	1.41	0.72	0.05
重庆	16.02	87.10	39.74	16.76	8.11	0.56
四川	35.75	194.83	91.25	39.82	19.62	1.30
贵州	7.77	43.60	22.41	11.24	5.79	0.34
云南	9.27	51.17	24.75	11.43	5.73	0.36
陕西	15.59	85.94	40.58	18.27	9.02	0.58
甘肃	5.51	30.30	14.91	6.95	3.52	0.22
青海	1.93	10.67	5.10	2.33	1.16	0.07
宁夏	2.95	16.31	7.97	3.72	1.87	0.12
新疆	6.19	34.45	16.92	8.06	4.06	0.25

附表 6-33　2014 年各地区工业各级受教育劳动力规模 L_{SE}　（单位：万人）

地区	小学	初中	高中	大专	本科	研究生
全国总计	1022.82	5022.38	2333.04	1019.43	502.26	31.35
北京	11.74	58.35	27.36	12.29	6.11	0.38
天津	17.16	85.27	38.77	16.82	8.17	0.52
河北	39.77	193.83	91.79	40.54	20.23	1.25
山西	23.03	96.96	53.58	22.87	12.32	0.67
内蒙古	13.00	60.23	31.78	14.70	7.78	0.45
辽宁	39.03	189.08	89.34	39.02	19.42	1.20
吉林	15.26	73.99	36.10	16.35	8.32	0.50
黑龙江	13.42	61.76	33.64	15.92	8.56	0.48
上海	25.32	127.52	56.50	24.28	11.58	0.75
江苏	117.79	590.86	263.07	113.00	54.09	3.49
浙江	73.77	371.62	165.59	71.64	34.35	2.22
安徽	34.69	168.20	78.88	34.20	16.93	1.05
福建	44.37	222.20	99.85	43.24	20.85	1.34
江西	25.63	126.69	58.29	25.43	12.46	0.78
山东	98.92	483.31	223.69	96.61	47.42	2.96
河南	71.31	346.02	162.15	70.33	34.79	2.15
湖北	38.68	192.48	87.82	38.35	18.69	1.18
湖南	34.20	167.39	78.82	34.81	17.31	1.07
广东	150.10	755.75	337.03	145.86	69.98	4.52
广西	16.80	84.09	39.74	18.18	9.10	0.56
海南	1.13	5.66	2.78	1.32	0.68	0.04
重庆	18.80	92.01	42.97	18.80	9.29	0.58
四川	38.79	187.78	88.65	38.65	19.21	1.18
贵州	10.51	47.22	25.76	11.85	6.37	0.36
云南	10.04	47.86	24.21	11.13	5.77	0.34
陕西	19.41	91.49	45.35	20.10	10.29	0.61
甘肃	6.74	32.17	16.87	8.05	4.26	0.25
青海	2.21	10.42	5.25	2.37	1.23	0.07
宁夏	3.40	16.04	8.28	3.84	2.01	0.12
新疆	7.63	35.27	18.64	8.61	4.56	0.26

附表 6-34 2002 年各地区工业受教育程度构成比例 w_{SE}

地区	小学	初中	高中	大专	本科	研究生
全国总计	14.557%	53.748%	24.940%	5.078%	1.566%	0.110%
北京	2.466%	38.524%	40.398%	10.148%	7.105%	1.358%
天津	5.920%	42.727%	39.755%	7.473%	3.792%	0.334%
河北	12.244%	57.509%	23.759%	4.943%	1.442%	0.104%
山西	9.331%	59.997%	24.546%	4.844%	1.187%	0.096%
内蒙古	11.826%	48.778%	30.861%	6.791%	1.744%	0.000%
辽宁	10.464%	59.155%	23.696%	5.384%	1.301%	0.000%
吉林	11.804%	49.420%	30.777%	5.814%	2.087%	0.099%
黑龙江	11.430%	54.510%	27.263%	5.462%	1.335%	0.000%
上海	4.732%	37.985%	43.845%	8.136%	4.816%	0.486%
江苏	12.560%	55.463%	27.034%	3.800%	1.041%	0.103%
浙江	15.080%	49.620%	26.613%	6.120%	2.357%	0.211%
安徽	17.999%	62.937%	15.352%	2.739%	0.849%	0.125%
福建	17.786%	47.242%	27.798%	4.851%	2.095%	0.228%
江西	19.639%	49.967%	25.366%	4.266%	0.762%	0.000%
山东	10.580%	54.456%	27.347%	6.102%	1.415%	0.101%
河南	9.634%	61.900%	22.718%	4.331%	1.315%	0.103%
湖北	20.029%	47.932%	25.826%	4.760%	1.331%	0.122%
湖南	15.868%	53.347%	24.675%	4.735%	1.264%	0.111%
广东	11.102%	52.773%	29.151%	4.948%	1.838%	0.189%
广西	17.459%	54.143%	23.619%	3.797%	0.860%	0.121%
海南	10.100%	52.995%	30.929%	4.993%	0.873%	0.110%
重庆	21.647%	53.002%	20.540%	3.716%	1.094%	0.000%
四川	19.700%	52.309%	21.948%	4.587%	1.330%	0.126%
贵州	23.674%	51.333%	18.297%	5.166%	1.529%	0.000%
云南	29.971%	47.250%	17.926%	3.782%	1.070%	0.000%
陕西	15.407%	51.350%	27.147%	5.083%	1.013%	0.000%
甘肃	18.512%	46.583%	29.255%	4.645%	1.005%	0.000%
青海	21.161%	48.944%	23.220%	4.771%	1.739%	0.165%
宁夏	13.081%	49.477%	27.378%	8.579%	1.486%	0.000%
新疆	13.249%	40.731%	29.780%	12.803%	3.205%	0.233%

附表 6-35　2003 年各地区工业受教育程度构成比例 w_{SE}

地区	小学	初中	高中	大专	本科	研究生
全国总计	14.022%	54.787%	21.580%	7.893%	1.631%	0.087%
北京	2.168%	36.429%	35.576%	16.531%	7.929%	1.367%
天津	6.187%	43.292%	34.680%	12.385%	3.158%	0.298%
河北	11.449%	54.977%	21.764%	9.783%	2.027%	0.000%
山西	10.975%	60.001%	20.115%	7.389%	1.462%	0.059%
内蒙古	14.728%	51.605%	23.619%	8.117%	1.844%	0.087%
辽宁	8.833%	54.328%	23.139%	11.104%	2.519%	0.078%
吉林	12.525%	50.172%	26.933%	8.404%	1.883%	0.083%
黑龙江	11.145%	57.737%	23.277%	6.397%	1.368%	0.077%
上海	1.993%	35.628%	41.515%	16.013%	4.445%	0.406%
江苏	12.107%	57.167%	22.388%	6.690%	1.564%	0.085%
浙江	13.485%	54.096%	21.242%	8.953%	2.049%	0.174%
安徽	17.918%	56.543%	17.181%	6.886%	1.472%	0.000%
福建	15.529%	51.771%	23.673%	7.398%	1.535%	0.093%
江西	12.974%	46.984%	27.422%	10.547%	1.986%	0.088%
山东	11.275%	58.136%	20.829%	8.038%	1.639%	0.082%
河南	11.450%	63.676%	19.414%	4.855%	0.606%	0.000%
湖北	17.155%	47.304%	25.929%	8.154%	1.347%	0.110%
湖南	16.098%	49.465%	25.430%	8.098%	0.909%	0.000%
广东	10.816%	58.229%	21.399%	8.215%	1.264%	0.078%
广西	16.604%	55.431%	19.776%	6.442%	1.650%	0.097%
海南	12.552%	41.548%	33.425%	10.224%	2.143%	0.108%
重庆	21.630%	54.651%	17.800%	4.830%	1.088%	0.000%
四川	21.540%	51.387%	19.596%	6.132%	1.345%	0.000%
贵州	25.910%	42.883%	18.323%	9.878%	2.890%	0.115%
云南	37.959%	45.504%	12.209%	3.436%	0.891%	0.000%
陕西	12.790%	47.803%	27.961%	9.384%	1.978%	0.085%
甘肃	18.343%	44.078%	27.018%	8.630%	1.815%	0.116%
青海	18.349%	45.132%	24.708%	9.497%	2.213%	0.101%
宁夏	16.070%	48.355%	24.102%	9.716%	1.757%	0.000%
新疆	17.088%	43.341%	21.935%	12.943%	4.521%	0.171%

附表 6-36　2004 年各地区工业受教育程度构成比例 w_{SE}

地区	小学	初中	高中	大专	本科	研究生
全国总计	15.306%	56.084%	21.218%	5.372%	1.920%	0.099%
北京	2.709%	37.308%	37.318%	10.778%	10.208%	1.679%
天津	5.443%	41.235%	38.879%	8.954%	5.130%	0.359%
河北	11.957%	60.116%	21.086%	4.965%	1.836%	0.040%
山西	11.444%	64.953%	17.673%	4.422%	1.427%	0.082%
内蒙古	14.651%	50.704%	25.397%	7.196%	1.992%	0.060%
辽宁	9.631%	60.786%	21.094%	6.103%	2.294%	0.092%
吉林	12.483%	53.006%	26.616%	5.928%	1.885%	0.082%
黑龙江	11.141%	59.337%	23.576%	4.765%	1.126%	0.056%
上海	3.099%	34.125%	44.220%	11.145%	6.738%	0.673%
江苏	13.639%	56.196%	24.587%	4.004%	1.490%	0.085%
浙江	13.340%	50.154%	26.494%	6.723%	3.171%	0.118%
安徽	18.020%	58.081%	17.846%	4.515%	1.484%	0.055%
福建	18.377%	46.185%	27.839%	5.449%	2.023%	0.127%
江西	16.761%	51.112%	25.426%	5.357%	1.305%	0.038%
山东	12.428%	58.528%	22.327%	4.869%	1.793%	0.056%
河南	11.733%	61.599%	21.020%	4.442%	1.174%	0.032%
湖北	14.429%	51.888%	27.530%	4.712%	1.378%	0.063%
湖南	16.192%	53.757%	23.130%	5.627%	1.258%	0.037%
广东	12.132%	54.739%	26.509%	5.039%	1.472%	0.109%
广西	15.295%	54.880%	22.706%	5.592%	1.504%	0.024%
海南	8.544%	51.122%	32.346%	6.315%	1.649%	0.023%
重庆	28.190%	48.624%	17.927%	3.919%	1.278%	0.062%
四川	21.875%	54.337%	18.904%	3.848%	0.997%	0.040%
贵州	26.643%	50.075%	15.470%	5.727%	2.042%	0.044%
云南	30.989%	47.359%	15.265%	4.571%	1.679%	0.136%
陕西	13.594%	50.204%	26.178%	7.388%	2.541%	0.095%
甘肃	18.766%	45.425%	26.613%	6.866%	2.261%	0.069%
青海	21.648%	45.654%	24.490%	6.178%	1.938%	0.092%
宁夏	16.591%	45.667%	25.906%	8.920%	2.864%	0.052%
新疆	17.807%	43.097%	24.445%	11.541%	3.014%	0.096%

附表 6-37　2005 年各地区工业受教育程度构成比例 w_{SE}

地区	小学	初中	高中	大专	本科	研究生
全国总计	16.714%	56.184%	19.748%	5.227%	1.984%	0.144%
北京	2.987%	35.781%	35.693%	13.534%	10.094%	1.911%
天津	6.966%	45.383%	35.902%	7.266%	4.169%	0.313%
河北	12.974%	63.009%	18.350%	4.104%	1.511%	0.052%
山西	11.146%	59.542%	21.301%	6.186%	1.754%	0.072%
内蒙古	12.140%	46.619%	29.512%	8.934%	2.690%	0.106%
辽宁	11.369%	59.383%	19.537%	6.755%	2.757%	0.200%
吉林	13.495%	51.382%	26.405%	6.048%	2.527%	0.143%
黑龙江	13.176%	54.456%	21.545%	8.050%	2.668%	0.105%
上海	4.981%	41.387%	36.662%	9.726%	6.341%	0.903%
江苏	13.357%	55.500%	23.855%	5.043%	2.080%	0.166%
浙江	19.166%	54.417%	19.856%	4.501%	1.911%	0.149%
安徽	20.053%	57.694%	16.136%	4.519%	1.542%	0.057%
福建	19.255%	50.833%	22.651%	5.048%	2.085%	0.129%
江西	20.922%	49.469%	22.963%	5.237%	1.377%	0.032%
山东	14.116%	60.954%	19.760%	3.715%	1.392%	0.063%
河南	12.533%	64.953%	16.911%	4.265%	1.282%	0.055%
湖北	17.076%	53.600%	22.616%	4.807%	1.753%	0.148%
湖南	16.396%	54.844%	22.810%	4.469%	1.412%	0.069%
广东	11.048%	56.645%	25.692%	4.729%	1.718%	0.169%
广西	19.447%	57.459%	16.772%	4.821%	1.403%	0.097%
海南	9.839%	48.838%	33.233%	6.019%	1.987%	0.085%
重庆	25.033%	48.091%	20.339%	4.719%	1.718%	0.101%
四川	28.972%	51.251%	13.797%	4.360%	1.524%	0.096%
贵州	31.050%	46.488%	14.702%	5.841%	1.882%	0.038%
云南	35.594%	45.393%	12.380%	4.825%	1.717%	0.092%
陕西	14.688%	54.295%	22.214%	6.267%	2.357%	0.180%
甘肃	22.877%	47.974%	19.849%	7.265%	1.948%	0.087%
青海	20.799%	38.554%	24.333%	12.301%	3.862%	0.151%
宁夏	15.338%	45.614%	25.575%	10.116%	3.287%	0.071%
新疆	16.604%	48.132%	19.249%	12.246%	3.644%	0.125%

附表 6-38　2006 年各地区工业受教育程度构成比例 w_{SE}

地区	小学	初中	高中	大专	本科	研究生
全国总计	15.191%	54.748%	21.959%	5.392%	2.486%	0.224%
北京	2.590%	29.252%	34.390%	16.783%	14.348%	2.637%
天津	6.285%	40.957%	36.203%	9.850%	6.330%	0.375%
河北	12.800%	63.729%	18.428%	3.444%	1.564%	0.036%
山西	9.048%	60.001%	23.630%	4.560%	2.612%	0.149%
内蒙古	13.536%	51.033%	26.131%	6.781%	2.441%	0.079%
辽宁	10.248%	56.209%	22.896%	6.856%	3.522%	0.270%
吉林	12.691%	52.369%	27.074%	5.030%	2.594%	0.241%
黑龙江	12.655%	52.906%	25.674%	5.699%	2.945%	0.120%
上海	3.172%	33.060%	38.322%	13.720%	10.573%	1.153%
江苏	13.173%	52.275%	25.172%	6.528%	2.590%	0.261%
浙江	16.234%	51.104%	22.241%	6.436%	3.442%	0.544%
安徽	18.234%	61.572%	15.317%	3.438%	1.384%	0.055%
福建	19.555%	50.083%	22.008%	5.926%	2.373%	0.054%
江西	20.584%	49.544%	21.343%	5.569%	2.550%	0.411%
山东	13.342%	58.484%	22.137%	4.222%	1.776%	0.039%
河南	10.967%	65.745%	18.194%	3.993%	1.056%	0.045%
湖北	14.745%	49.299%	26.245%	5.984%	3.065%	0.663%
湖南	16.359%	54.810%	21.805%	4.702%	2.124%	0.200%
广东	10.152%	55.418%	26.703%	5.183%	2.318%	0.226%
广西	15.584%	57.258%	19.772%	5.761%	1.572%	0.052%
海南	9.438%	56.554%	25.352%	6.041%	2.466%	0.149%
重庆	23.946%	50.443%	18.464%	4.673%	2.398%	0.076%
四川	27.040%	50.516%	16.818%	4.024%	1.571%	0.031%
贵州	28.329%	52.013%	13.465%	4.562%	1.621%	0.010%
云南	30.026%	48.554%	14.702%	4.746%	1.843%	0.129%
陕西	13.474%	52.220%	24.948%	6.356%	2.777%	0.225%
甘肃	20.979%	50.417%	22.014%	5.216%	1.288%	0.086%
青海	20.693%	41.935%	24.017%	9.436%	3.730%	0.190%
宁夏	15.398%	47.881%	23.982%	8.383%	4.258%	0.098%
新疆	15.587%	48.925%	21.343%	9.058%	4.574%	0.513%

附表 6-39　2007 年各地区工业受教育程度构成比例 w_{SE}

地区	小学	初中	高中	大专	本科	研究生
全国总计	14.184%	56.072%	21.772%	5.605%	2.211%	0.157%
北京	2.777%	30.763%	34.584%	15.674%	13.886%	2.316%
天津	5.387%	42.049%	36.365%	9.900%	5.983%	0.316%
河北	12.144%	64.417%	18.172%	3.616%	1.564%	0.086%
山西	9.248%	60.243%	21.894%	6.244%	2.269%	0.103%
内蒙古	13.330%	50.513%	25.473%	7.931%	2.693%	0.061%
辽宁	10.151%	57.146%	21.859%	7.274%	3.331%	0.238%
吉林	11.768%	53.342%	25.742%	6.188%	2.794%	0.166%
黑龙江	10.038%	54.948%	24.855%	7.830%	2.205%	0.124%
上海	3.432%	34.033%	38.524%	13.897%	9.393%	0.720%
江苏	12.689%	55.802%	24.177%	5.229%	2.011%	0.092%
浙江	16.445%	52.465%	21.895%	5.985%	2.880%	0.330%
安徽	17.728%	62.217%	15.130%	3.941%	0.967%	0.018%
福建	18.733%	49.321%	22.931%	6.061%	2.836%	0.118%
江西	16.227%	47.694%	24.669%	8.142%	2.928%	0.340%
山东	11.873%	61.877%	20.250%	4.564%	1.388%	0.048%
河南	10.281%	65.497%	19.191%	4.153%	0.834%	0.044%
湖北	13.946%	51.499%	26.043%	5.783%	2.528%	0.201%
湖南	14.504%	55.728%	22.810%	5.197%	1.622%	0.139%
广东	8.969%	55.620%	27.433%	5.531%	2.278%	0.170%
广西	14.324%	61.799%	18.109%	4.548%	1.174%	0.045%
海南	9.532%	57.691%	25.362%	5.469%	1.847%	0.099%
重庆	21.428%	54.345%	18.575%	4.470%	1.163%	0.018%
四川	24.331%	52.759%	16.708%	4.256%	1.861%	0.085%
贵州	27.130%	51.763%	13.481%	5.848%	1.745%	0.033%
云南	30.898%	47.784%	14.770%	4.734%	1.765%	0.049%
陕西	12.573%	51.969%	24.637%	8.164%	2.514%	0.144%
甘肃	20.187%	51.897%	20.613%	5.423%	1.759%	0.121%
青海	21.162%	40.651%	22.305%	11.249%	4.359%	0.274%
宁夏	14.610%	49.807%	21.566%	10.274%	3.661%	0.082%
新疆	15.058%	50.685%	19.617%	10.583%	3.800%	0.256%

附表 6-40　2008 年各地区工业受教育程度构成比例 w_{SE}

地区	小学	初中	高中	大专	本科	研究生
全国总计	13.797%	55.909%	21.986%	5.737%	2.358%	0.212%
北京	2.766%	31.140%	34.652%	15.548%	13.171%	2.724%
天津	5.224%	40.257%	38.259%	10.314%	5.320%	0.626%
河北	11.508%	63.978%	18.514%	4.149%	1.620%	0.231%
山西	8.749%	61.635%	21.996%	5.786%	1.774%	0.061%
内蒙古	12.580%	53.472%	23.509%	7.948%	2.436%	0.056%
辽宁	9.895%	55.703%	21.403%	8.397%	4.384%	0.218%
吉林	10.827%	51.887%	28.124%	6.105%	2.879%	0.177%
黑龙江	10.217%	56.974%	24.902%	5.851%	1.987%	0.068%
上海	3.495%	33.226%	36.566%	15.081%	10.314%	1.319%
江苏	11.990%	57.235%	23.268%	5.285%	2.039%	0.183%
浙江	16.105%	51.835%	21.228%	7.398%	3.233%	0.200%
安徽	17.224%	61.656%	15.476%	4.311%	1.248%	0.086%
福建	18.516%	49.981%	22.125%	6.119%	3.029%	0.230%
江西	15.898%	50.178%	25.063%	6.631%	2.123%	0.108%
山东	11.597%	59.868%	22.053%	4.532%	1.827%	0.124%
河南	9.418%	65.692%	19.550%	4.313%	0.981%	0.046%
湖北	14.183%	51.617%	25.402%	5.902%	2.654%	0.242%
湖南	13.806%	54.702%	24.636%	5.126%	1.564%	0.165%
广东	8.830%	54.390%	27.664%	6.118%	2.732%	0.266%
广西	14.000%	61.593%	18.965%	4.138%	1.215%	0.088%
海南	8.702%	57.458%	25.762%	5.874%	1.913%	0.291%
重庆	20.593%	55.936%	18.268%	3.711%	1.443%	0.049%
四川	24.024%	54.039%	17.073%	3.562%	1.184%	0.119%
贵州	24.343%	54.969%	13.205%	5.494%	1.913%	0.076%
云南	30.774%	49.255%	14.587%	3.983%	1.375%	0.026%
陕西	13.232%	51.897%	23.609%	7.797%	2.967%	0.499%
甘肃	20.195%	50.234%	20.289%	6.604%	2.478%	0.200%
青海	23.747%	40.416%	20.353%	10.974%	4.299%	0.211%
宁夏	13.766%	51.825%	21.011%	9.587%	3.681%	0.129%
新疆	14.583%	51.413%	19.019%	10.751%	4.091%	0.143%

附表 6-41　2009 年各地区工业受教育程度构成比例 w_{SE}

地区	小学	初中	高中	大专	本科	研究生
全国总计	13.094%	56.587%	21.121%	6.319%	2.665%	0.214%
北京	3.089%	30.118%	31.779%	17.048%	15.359%	2.607%
天津	4.709%	41.388%	36.173%	10.973%	6.388%	0.369%
河北	10.633%	64.896%	17.569%	4.635%	1.991%	0.276%
山西	8.842%	61.605%	20.769%	6.380%	2.335%	0.069%
内蒙古	12.038%	53.763%	22.929%	8.791%	2.428%	0.051%
辽宁	8.877%	57.499%	19.787%	9.130%	4.511%	0.198%
吉林	10.721%	54.879%	23.898%	6.646%	3.622%	0.234%
黑龙江	9.010%	56.942%	23.755%	7.256%	2.918%	0.118%
上海	2.805%	32.596%	35.449%	16.130%	11.559%	1.462%
江苏	11.728%	56.972%	22.952%	5.639%	2.389%	0.321%
浙江	15.106%	50.582%	21.717%	8.225%	4.206%	0.165%
安徽	15.737%	63.944%	14.936%	3.991%	1.300%	0.093%
福建	15.130%	46.516%	23.218%	11.963%	3.054%	0.119%
江西	13.277%	50.394%	27.080%	6.812%	2.317%	0.120%
山东	11.286%	62.051%	19.631%	4.868%	2.040%	0.125%
河南	9.319%	66.135%	18.528%	4.629%	1.335%	0.054%
湖北	12.633%	52.585%	24.702%	7.317%	2.602%	0.161%
湖南	12.600%	57.458%	22.945%	4.826%	1.911%	0.261%
广东	8.759%	54.627%	28.263%	5.863%	2.229%	0.259%
广西	13.761%	62.089%	17.631%	4.756%	1.709%	0.054%
海南	9.501%	59.546%	22.468%	6.515%	1.830%	0.140%
重庆	21.539%	53.029%	17.768%	5.568%	2.033%	0.063%
四川	22.597%	52.612%	16.841%	5.383%	2.390%	0.177%
贵州	25.826%	56.588%	11.466%	4.203%	1.892%	0.026%
云南	28.539%	52.057%	13.561%	4.265%	1.524%	0.054%
陕西	13.095%	55.546%	20.561%	7.132%	3.451%	0.216%
甘肃	20.486%	50.432%	20.053%	6.259%	2.582%	0.187%
青海	24.631%	39.961%	17.825%	11.520%	5.932%	0.131%
宁夏	13.019%	53.426%	20.014%	9.735%	3.697%	0.109%
新疆	14.043%	52.976%	17.522%	11.791%	3.576%	0.092%

附表 6-42 2010 年各地区工业受教育程度构成比例 w_{SE}

地区	小学	初中	高中	大专	本科	研究生
全国总计	12.952%	55.334%	20.831%	7.122%	3.457%	0.305%
北京	2.283%	34.009%	28.471%	15.680%	15.965%	3.592%
天津	6.002%	46.312%	27.810%	10.791%	8.336%	0.749%
河北	10.078%	63.282%	18.246%	5.884%	2.380%	0.130%
山西	8.115%	57.008%	22.412%	8.853%	3.455%	0.158%
内蒙古	11.701%	49.228%	22.989%	11.092%	4.782%	0.208%
辽宁	8.896%	57.060%	20.210%	8.643%	4.841%	0.351%
吉林	11.416%	53.267%	23.146%	7.603%	4.297%	0.270%
黑龙江	10.011%	53.498%	22.960%	9.147%	4.155%	0.229%
上海	4.521%	42.233%	28.535%	12.693%	10.247%	1.771%
江苏	10.655%	54.112%	23.622%	7.612%	3.658%	0.341%
浙江	14.072%	52.144%	22.039%	7.372%	4.071%	0.302%
安徽	15.842%	59.241%	15.791%	6.287%	2.648%	0.191%
福建	14.722%	53.929%	21.110%	6.482%	3.542%	0.216%
江西	14.393%	58.231%	19.341%	5.694%	2.201%	0.140%
山东	11.350%	58.564%	20.714%	6.239%	2.932%	0.201%
河南	10.066%	62.679%	19.487%	5.722%	1.917%	0.130%
湖北	12.093%	55.633%	22.422%	6.623%	2.944%	0.285%
湖南	11.806%	55.581%	23.909%	6.252%	2.296%	0.155%
广东	7.855%	55.880%	26.270%	6.626%	3.082%	0.288%
广西	15.339%	57.430%	18.030%	6.363%	2.677%	0.161%
海南	8.686%	56.983%	23.460%	7.413%	3.268%	0.190%
重庆	20.288%	47.238%	20.157%	8.039%	3.987%	0.291%
四川	21.175%	53.384%	16.553%	6.159%	2.538%	0.190%
贵州	26.435%	48.839%	13.094%	8.001%	3.500%	0.131%
云南	30.537%	44.780%	14.358%	6.757%	3.401%	0.167%
陕西	11.274%	54.430%	21.914%	8.580%	3.494%	0.308%
甘肃	20.365%	46.867%	20.322%	8.594%	3.643%	0.210%
青海	22.147%	40.667%	19.125%	11.872%	5.956%	0.232%
宁夏	14.551%	47.465%	20.686%	11.724%	5.364%	0.210%
新疆	13.814%	49.361%	18.518%	13.113%	4.975%	0.220%

附表 6-43　2011 年各地区工业受教育程度构成比例 w_{SE}

地区	小学	初中	高中	大专	本科	研究生
全国总计	10.567%	53.205%	23.666%	8.524%	3.792%	0.246%
北京	7.579%	21.152%	30.395%	18.540%	18.673%	3.660%
天津	8.826%	40.721%	28.520%	13.080%	8.345%	0.509%
河北	6.001%	60.839%	22.055%	7.710%	3.252%	0.143%
山西	3.677%	57.288%	25.592%	9.749%	3.603%	0.090%
内蒙古	3.545%	50.072%	26.238%	15.014%	4.900%	0.230%
辽宁	1.342%	65.479%	19.563%	9.004%	4.413%	0.199%
吉林	44.180%	34.810%	13.044%	5.030%	2.750%	0.186%
黑龙江	5.313%	63.108%	19.712%	7.899%	3.891%	0.077%
上海	2.942%	39.212%	31.169%	15.898%	9.948%	0.831%
江苏	33.033%	38.154%	19.858%	5.945%	2.813%	0.197%
浙江	23.775%	44.278%	19.323%	8.429%	4.002%	0.193%
安徽	12.952%	61.143%	16.334%	6.878%	2.503%	0.190%
福建	5.085%	52.221%	26.835%	10.135%	5.433%	0.291%
江西	1.428%	65.201%	24.292%	6.257%	2.706%	0.115%
山东	1.097%	53.893%	30.798%	9.971%	4.022%	0.219%
河南	43.954%	37.244%	13.378%	3.942%	1.423%	0.059%
湖北	1.538%	53.692%	29.807%	10.259%	4.421%	0.284%
湖南	9.015%	46.950%	30.061%	10.241%	3.577%	0.155%
广东	29.011%	39.323%	23.429%	5.904%	2.239%	0.095%
广西	18.129%	56.295%	17.534%	5.926%	2.000%	0.115%
海南	4.709%	55.396%	27.370%	8.584%	3.842%	0.098%
重庆	7.840%	55.234%	23.064%	9.391%	4.184%	0.288%
四川	3.114%	62.702%	23.360%	7.598%	3.082%	0.145%
贵州	10.042%	60.300%	15.395%	9.480%	4.537%	0.246%
云南	9.812%	56.478%	18.745%	9.863%	4.918%	0.184%
陕西	1.863%	53.443%	27.801%	11.917%	4.556%	0.421%
甘肃	4.390%	54.525%	24.784%	11.122%	4.869%	0.310%
青海	4.555%	47.584%	25.916%	14.558%	7.127%	0.260%
宁夏	3.406%	53.053%	23.851%	13.228%	6.088%	0.374%
新疆	6.258%	49.566%	23.024%	15.857%	4.997%	0.297%

附表 6-44　2012 年各地区工业受教育程度构成比例 w_{SE}

地区	小学	初中	高中	大专	本科	研究生
全国总计	9.790%	52.316%	23.900%	9.357%	4.227%	0.410%
北京	1.344%	20.470%	29.377%	21.698%	21.530%	5.581%
天津	4.269%	41.549%	29.036%	14.674%	9.539%	0.933%
河北	6.078%	59.132%	22.576%	8.659%	3.315%	0.240%
山西	5.231%	53.846%	24.325%	11.897%	4.545%	0.157%
内蒙古	8.388%	46.020%	25.136%	15.092%	5.072%	0.292%
辽宁	7.746%	60.074%	18.938%	8.806%	4.158%	0.279%
吉林	10.577%	54.963%	19.432%	9.401%	5.276%	0.352%
黑龙江	10.190%	59.631%	18.594%	8.236%	3.180%	0.168%
上海	3.270%	36.490%	30.934%	16.518%	11.196%	1.592%
江苏	8.195%	49.912%	27.353%	9.903%	4.267%	0.371%
浙江	10.828%	48.435%	23.564%	10.678%	5.972%	0.524%
安徽	12.782%	60.534%	16.015%	7.136%	3.237%	0.297%
福建	10.379%	48.278%	25.404%	10.282%	5.348%	0.308%
江西	9.766%	56.101%	24.471%	7.193%	2.338%	0.131%
山东	9.449%	49.139%	26.589%	10.327%	4.144%	0.352%
河南	7.667%	59.918%	23.056%	6.795%	2.381%	0.183%
湖北	9.148%	50.655%	26.157%	9.658%	4.029%	0.353%
湖南	7.360%	47.370%	30.817%	10.337%	3.731%	0.384%
广东	7.053%	50.256%	31.428%	8.141%	2.921%	0.201%
广西	10.497%	59.842%	19.528%	7.582%	2.292%	0.258%
海南	6.207%	53.935%	25.034%	9.898%	4.646%	0.281%
重庆	15.390%	48.492%	22.585%	8.935%	4.218%	0.381%
四川	14.912%	54.197%	19.910%	7.531%	3.191%	0.258%
贵州	19.238%	54.121%	14.169%	8.825%	3.465%	0.182%
云南	23.786%	50.252%	14.331%	7.617%	3.747%	0.266%
陕西	6.165%	49.192%	26.737%	12.143%	5.176%	0.587%
甘肃	14.660%	47.004%	22.524%	10.887%	4.614%	0.311%
青海	13.401%	44.795%	21.619%	13.472%	6.534%	0.179%
宁夏	12.003%	47.299%	22.547%	12.578%	5.420%	0.154%
新疆	13.378%	43.755%	20.223%	16.763%	5.516%	0.366%

附表 6-45　2013 年各地区工业受教育程度构成比例 w_{SE}

地区	小学	初中	高中	大专	本科	研究生
全国总计	9.564%	51.890%	23.591%	9.864%	4.760%	0.331%
北京	1.784%	22.482%	28.557%	20.550%	22.220%	4.407%
天津	3.736%	40.536%	27.015%	16.088%	11.892%	0.733%
河北	8.172%	59.192%	20.824%	8.136%	3.508%	0.168%
山西	4.638%	51.973%	26.281%	11.956%	5.029%	0.124%
内蒙古	8.979%	47.068%	22.247%	14.939%	6.523%	0.245%
辽宁	6.677%	57.992%	19.556%	10.519%	5.058%	0.199%
吉林	9.294%	54.067%	21.343%	8.973%	5.997%	0.325%
黑龙江	10.617%	56.445%	18.818%	9.376%	4.576%	0.168%
上海	2.894%	35.402%	31.499%	16.814%	12.115%	1.277%
江苏	8.307%	49.913%	25.823%	10.900%	4.694%	0.364%
浙江	10.485%	47.046%	23.788%	12.105%	6.217%	0.359%
安徽	12.759%	58.671%	17.124%	7.702%	3.525%	0.219%
福建	11.834%	46.925%	24.557%	10.350%	6.048%	0.286%
江西	9.404%	53.866%	25.377%	8.122%	3.023%	0.207%
山东	7.537%	50.455%	26.250%	10.402%	5.055%	0.301%
河南	7.872%	57.626%	23.912%	7.525%	2.899%	0.165%
湖北	8.282%	50.725%	27.414%	9.626%	3.685%	0.270%
湖南	7.282%	46.239%	31.300%	11.230%	3.782%	0.166%
广东	7.070%	51.538%	28.338%	8.866%	3.939%	0.248%
广西	9.728%	61.663%	19.361%	6.522%	2.571%	0.155%
海南	5.716%	51.323%	26.681%	11.445%	4.710%	0.126%
重庆	15.751%	46.579%	23.982%	8.653%	4.666%	0.370%
四川	14.248%	52.513%	20.872%	8.288%	3.832%	0.247%
贵州	17.005%	55.540%	13.024%	9.579%	4.805%	0.047%
云南	22.536%	49.693%	13.863%	8.941%	4.722%	0.246%
陕西	5.233%	50.121%	24.624%	13.733%	5.796%	0.493%
甘肃	13.215%	45.781%	22.986%	11.636%	6.101%	0.281%
青海	13.602%	41.128%	23.048%	15.026%	7.012%	0.184%
宁夏	13.286%	46.909%	21.167%	12.876%	5.680%	0.082%
新疆	12.228%	45.214%	19.662%	15.658%	6.943%	0.296%

附表 6-46 2014 年各地区工业受教育程度构成比例 w_{SE}

地区	小学	初中	高中	大专	本科	研究生
全国总计	10.299%	50.571%	23.492%	10.265%	5.057%	0.316%
北京	1.630%	22.007%	26.671%	20.605%	24.503%	4.584%
天津	3.589%	40.778%	25.233%	18.813%	10.863%	0.724%
河北	8.481%	58.227%	20.036%	8.737%	4.387%	0.132%
山西	6.383%	48.495%	27.745%	12.069%	5.146%	0.161%
内蒙古	11.039%	43.197%	24.809%	14.317%	6.372%	0.267%
辽宁	6.865%	57.541%	19.818%	9.885%	5.613%	0.278%
吉林	9.850%	55.422%	19.503%	8.870%	6.144%	0.212%
黑龙江	11.083%	54.993%	19.993%	9.142%	4.634%	0.155%
上海	2.276%	30.636%	30.713%	19.931%	15.139%	1.304%
江苏	8.840%	49.442%	24.727%	11.765%	4.902%	0.324%
浙江	11.582%	44.684%	23.266%	12.923%	7.247%	0.298%
安徽	12.553%	59.235%	16.194%	7.955%	3.821%	0.242%
福建	11.457%	47.498%	24.022%	10.760%	5.974%	0.290%
江西	11.003%	55.363%	22.962%	7.412%	3.123%	0.136%
山东	9.445%	48.675%	25.441%	10.594%	5.571%	0.275%
河南	8.105%	55.954%	24.443%	7.929%	3.419%	0.150%
湖北	8.689%	48.517%	27.526%	10.631%	4.318%	0.320%
湖南	8.418%	45.600%	30.796%	10.856%	4.089%	0.240%
广东	6.453%	49.616%	30.164%	9.658%	3.909%	0.200%
广西	10.016%	62.151%	16.718%	8.346%	2.611%	0.158%
海南	5.858%	49.938%	28.372%	9.677%	6.008%	0.147%
重庆	17.594%	44.009%	23.604%	9.900%	4.544%	0.349%
四川	15.689%	50.791%	21.988%	8.227%	3.197%	0.108%
贵州	20.430%	51.760%	14.142%	9.279%	4.323%	0.067%
云南	27.052%	44.024%	15.913%	7.974%	4.875%	0.162%
陕西	6.423%	45.404%	27.457%	13.903%	6.183%	0.630%
甘肃	15.267%	44.110%	22.507%	11.533%	6.396%	0.188%
青海	16.862%	42.375%	21.665%	11.969%	6.861%	0.268%
宁夏	14.609%	46.711%	19.643%	11.916%	7.001%	0.120%
新疆	13.296%	46.036%	19.995%	14.802%	5.630%	0.241%

附表 6-47　2000 年工业和高新技术产业各级受教育劳动力规模　（单位：万人）

地区	工业内各级受教育劳动力规模			高新技术产业内受教育劳动力规模		
	初等教育	中等教育	高等教育	初等教育	中等教育	高等教育
全国	860.3	4637.4	38.4	18.65	297.95	38.84
北京	4.29	105.92	2.84	0.12	11.23	4.13
天津	10.00	108.39	1.68	0.27	11.03	2.37
河北	34.70	233.14	1.32	0.40	8.05	1.04
山西	18.68	163.22	1.39	0.13	3.53	0.43
内蒙古	12.25	71.81	0.81	0.07	1.27	0.19
辽宁	32.96	259.37	2.57	0.63	15.01	2.03
吉林	16.98	116.60	1.13	0.32	6.46	0.94
黑龙江	23.10	170.28	1.46	0.32	6.94	0.81
上海	10.41	190.14	4.12	0.28	16.29	4.22
江苏	69.86	442.26	3.95	1.61	30.56	3.02
浙江	54.06	266.24	1.60	1.10	16.22	2.82
安徽	27.97	132.77	0.79	0.30	3.90	0.33
福建	30.23	123.44	1.15	0.73	9.15	1.28
江西	21.87	85.76	0.87	0.62	7.39	0.86
山东	64.88	451.81	3.23	0.60	13.45	1.89
河南	38.81	303.41	1.74	0.39	9.67	0.92
湖北	32.72	195.05	1.68	0.81	9.28	1.13
湖南	26.93	138.36	1.01	0.41	5.94	0.69
广东	79.81	488.12	4.00	3.19	66.92	8.82
广西	16.87	73.83	0.31	0.24	3.09	0.29
海南	1.62	10.23	0.09	0.02	0.51	0.05
重庆	21.26	68.61	0.48	0.45	4.45	0.42
四川	46.38	158.99	1.36	1.32	14.38	1.67
贵州	17.69	49.33	0.48	0.67	5.68	0.89
云南	24.43	51.45	0.30	0.25	0.42	0.02
陕西	17.11	106.21	0.98	0.01	0.09	0.01
甘肃	16.53	72.98	0.66	1.21	14.29	1.61
青海	3.33	12.11	0.14	0.26	2.64	0.38
宁夏	3.27	18.71	0.22	0.01	0.19	0.03
新疆	8.33	37.20	0.83	0.04	0.53	0.17

附表 6-48　2001 年工业和高新技术产业各级受教育劳动力规模（单位：万人）

地区	工业内各级受教育劳动力规模			高新技术产业内受教育劳动力规模		
	初等教育	中等教育	高等教育	初等教育	中等教育	高等教育
全国	793.63	4585.26	44.03	18.59	306.26	40.57
北京	4.00	101.51	2.45	0.12	11.50	4.28
天津	9.84	111.82	1.69	0.27	11.60	2.49
河北	33.56	237.69	1.23	0.43	9.01	1.21
山西	16.82	160.08	1.50	0.12	3.38	0.42
内蒙古	11.24	68.90	0.89	0.06	1.23	0.19
辽宁	28.91	229.41	2.15	0.54	13.59	1.96
吉林	15.07	108.27	1.10	0.31	6.51	0.94
黑龙江	20.95	154.65	1.50	0.32	7.21	0.84
上海	10.32	193.36	4.48	0.29	18.27	4.81
江苏	64.91	444.26	4.05	1.62	31.49	3.23
浙江	59.73	303.58	2.03	1.16	17.75	3.10
安徽	24.16	123.74	0.98	0.29	3.92	0.36
福建	28.36	131.47	1.54	0.75	9.76	1.37
江西	17.82	81.55	1.02	0.51	6.61	0.85
山东	58.82	457.78	4.69	0.61	13.83	1.95
河南	34.98	297.75	2.27	0.39	9.77	0.90
湖北	27.04	188.79	1.83	0.78	9.51	1.16
湖南	22.91	130.95	1.07	0.38	5.72	0.68
广东	77.92	496.12	4.15	3.38	72.06	9.64
广西	14.62	73.61	0.47	0.23	3.02	0.30
海南	1.54	10.11	0.09	0.02	0.52	0.06
重庆	19.17	64.15	0.51	0.39	4.02	0.37
四川	40.65	152.44	1.81	1.24	13.89	1.61
贵州	16.71	48.36	0.57	0.58	5.01	0.83
云南	22.69	47.17	0.35	0.28	0.49	0.00
陕西	15.85	98.04	1.05	0.01	0.11	2.07
甘肃	15.34	68.97	0.72	1.13	13.80	0.32
青海	2.91	10.85	0.10	0.23	2.42	0.03
宁夏	3.13	18.46	0.26	0.02	0.25	0.10
新疆	7.87	33.57	0.80	0.03	0.53	0.09

附表 6-49　2002 年工业和高新技术产业各级受教育劳动力规模　（单位：万人）

地区	工业内各级受教育劳动力规模			高新技术产业内受教育劳动力规模		
	初等教育	中等教育	高等教育	初等教育	中等教育	高等教育
全国	768.42	4688.30	46.03	21.23	319.84	40.35
北京	3.41	101.25	2.86	0.13	11.99	4.30
天津	8.24	110.64	1.99	0.30	11.92	2.57
河北	29.93	229.46	2.07	0.48	8.78	1.04
山西	15.11	164.80	1.50	0.14	3.64	0.42
内蒙古	9.57	68.10	0.86	0.07	1.29	0.19
辽宁	24.43	223.86	2.07	0.61	13.33	1.57
吉林	13.80	99.26	1.17	0.31	5.87	0.86
黑龙江	18.61	148.59	1.42	0.30	5.94	0.70
上海	12.28	192.32	4.14	0.40	19.36	4.86
江苏	63.34	462.92	3.37	1.94	35.34	3.22
浙江	62.65	344.11	4.58	1.32	18.41	3.18
安徽	22.76	125.12	0.63	0.32	3.93	0.29
福建	32.28	144.43	1.55	0.87	10.03	1.41
江西	18.29	76.60	0.59	0.72	7.53	0.68
山东	57.12	492.20	5.63	0.72	15.43	2.15
河南	28.05	291.68	2.16	0.37	9.01	0.90
湖北	40.74	162.39	1.61	0.89	8.98	1.10
湖南	23.10	127.73	1.14	0.40	5.39	0.61
广东	71.23	566.89	5.65	4.17	84.71	10.84
广西	13.64	68.02	0.45	0.25	3.04	0.26
海南	1.34	11.64	0.09	0.03	0.56	0.05
重庆	16.46	64.82	0.47	0.40	3.72	0.35
四川	35.75	153.68	1.36	1.36	14.01	1.63
贵州	14.38	49.73	0.51	0.61	4.90	0.67
云南	19.32	48.16	0.36	0.26	0.43	0.00
陕西	16.97	95.38	0.92	0.01	0.11	1.67
甘肃	15.30	65.16	0.56	1.16	12.84	0.25
青海	2.73	10.48	0.10	0.24	2.22	0.02
宁夏	2.84	18.19	0.28	0.01	0.19	0.08
新疆	6.29	34.02	0.93	0.03	0.47	0.08

附表 6-50　2003 年工业和高新技术产业各级受教育劳动力规模（单位：万人）

地区	工业内各级受教育劳动力规模			高新技术产业内受教育劳动力规模		
	初等教育	中等教育	高等教育	初等教育	中等教育	高等教育
全国	780.00	4893.30	56.37	18.93	380.93	55.11
北京	2.94	94.53	3.30	0.09	11.80	4.72
天津	8.02	105.11	2.06	0.25	12.59	2.70
河北	27.30	239.44	3.10	0.32	8.84	1.46
山西	15.64	164.94	1.76	0.11	3.41	0.47
内蒙古	9.77	61.24	0.80	0.07	1.33	0.21
辽宁	19.95	218.49	3.38	0.32	11.24	2.20
吉林	11.26	89.12	1.03	0.21	5.58	0.79
黑龙江	12.73	119.19	1.09	0.26	7.44	0.86
上海	6.15	207.58	6.17	0.15	21.95	6.27
江苏	71.70	490.55	4.90	2.15	48.29	6.05
浙江	71.39	402.97	5.77	1.22	22.72	4.06
安徽	21.14	125.96	1.15	0.25	4.45	0.55
福建	36.20	182.18	2.09	0.79	13.50	1.86
江西	13.10	81.49	1.35	0.37	7.85	1.49
山东	64.07	523.28	5.95	0.74	18.97	2.75
河南	31.11	283.76	1.70	0.34	9.30	0.71
湖北	28.47	167.68	1.65	0.52	9.84	1.18
湖南	24.14	132.48	1.48	0.31	5.70	0.73
广东	89.17	643.32	7.80	4.62	109.60	15.93
广西	13.46	68.63	0.65	0.23	3.59	0.45
海南	1.27	10.56	0.14	0.02	0.51	0.08
重庆	15.69	68.10	0.46	0.28	3.69	0.33
四川	37.40	162.00	1.43	1.12	15.00	1.71
贵州	14.98	49.08	0.84	0.46	4.71	1.06
云南	22.57	42.78	0.27	0.22	0.45	0.00
陕西	13.58	96.68	1.37	0.01	0.15	2.51
甘肃	13.63	62.53	0.83	0.89	13.77	0.40
青海	2.65	11.21	0.19	0.17	2.42	0.05
宁夏	3.74	18.55	0.32	0.02	0.29	0.10
新疆	6.28	32.48	0.81	0.03	0.53	0.07

附表 6-51　2004 年工业和高新技术产业各级受教育劳动力规模　（单位：万人）

地区	工业内各级受教育劳动力规模			高新技术产业内受教育劳动力规模		
	初等教育	中等教育	高等教育	初等教育	中等教育	高等教育
全国	837.12	5703.43	65.35	24.56	464.30	73.87
北京	3.78	105.75	3.96	0.13	11.86	6.31
天津	7.25	113.96	2.92	0.25	12.96	4.15
河北	26.78	253.18	2.52	0.35	8.75	1.25
山西	15.81	192.50	1.71	0.11	3.49	0.45
内蒙古	9.98	70.21	1.03	0.07	1.39	0.26
辽宁	20.42	239.20	2.83	0.39	12.29	2.12
吉林	11.26	92.22	1.07	0.23	5.45	0.84
黑龙江	12.12	128.19	1.00	0.21	6.01	0.63
上海	10.10	241.68	8.87	0.28	24.66	10.46
江苏	84.27	625.63	5.60	3.26	67.70	8.37
浙江	77.72	532.39	9.05	1.38	27.44	6.43
安徽	21.11	132.80	1.28	0.29	4.74	0.66
福建	47.17	220.86	3.05	1.06	14.89	2.67
江西	14.96	85.73	0.91	0.47	7.62	1.04
山东	69.32	612.67	6.37	0.98	23.55	3.45
河南	30.03	303.36	2.50	0.40	10.86	1.23
湖北	22.79	151.99	1.49	0.40	7.71	0.98
湖南	22.61	141.07	1.58	0.30	5.16	0.75
广东	108.18	877.84	9.69	6.97	161.15	23.30
广西	11.75	74.57	0.79	0.20	3.47	0.50
海南	0.95	10.52	0.11	0.02	0.56	0.07
重庆	21.40	67.66	0.64	0.42	3.61	0.48
四川	36.80	170.92	1.35	1.19	14.75	1.61
贵州	14.47	51.30	0.66	0.50	4.61	0.88
云南	17.22	47.58	0.51	0.39	0.57	0.00
陕西	13.88	102.80	1.70	0.01	0.09	3.24
甘肃	12.02	56.90	0.89	0.97	13.59	0.49
青海	2.57	11.16	0.15	0.19	2.36	0.04
宁夏	3.77	21.34	0.43	0.02	0.25	0.19
新疆	7.11	36.77	0.99	0.05	0.74	0.11

附表 6-52　2005 年工业和高新技术产业各级受教育劳动力规模　（单位：万人）

地区	工业内各级受教育劳动力规模			高新技术产业内受教育劳动力规模		
	初等教育	中等教育	高等教育	初等教育	中等教育	高等教育
全国	1025.90	5775.86	66.97	32.79	455.70	87.81
北京	4.64	107.05	5.21	0.16	11.66	8.84
天津	9.39	110.33	2.35	0.37	12.60	4.24
河北	31.98	257.74	2.03	0.46	8.80	1.19
山西	19.67	191.12	2.21	0.15	3.46	0.64
内蒙古	10.43	71.59	1.32	0.08	1.42	0.39
辽宁	28.04	244.90	3.41	0.58	12.30	2.98
吉林	13.42	87.19	1.11	0.27	4.48	0.95
黑龙江	16.28	118.79	1.60	0.34	6.20	1.32
上海	15.28	236.29	7.78	0.52	24.81	12.65
江苏	86.84	607.58	7.49	3.97	71.14	14.26
浙江	114.59	535.94	6.18	2.53	29.36	5.73
安徽	26.17	126.48	1.20	0.34	3.77	0.62
福建	52.65	233.53	3.00	1.35	15.34	3.19
江西	22.41	88.36	0.97	0.79	7.64	1.29
山东	89.48	640.72	5.05	1.50	25.75	3.43
河南	37.31	322.02	2.40	0.53	10.57	1.33
湖北	29.76	156.08	1.65	0.63	8.36	1.43
湖南	25.22	142.32	1.33	0.37	5.20	0.77
广东	111.21	962.58	10.70	7.78	175.16	30.41
广西	15.67	74.65	0.68	0.31	3.50	0.52
海南	1.29	10.66	0.12	0.02	0.51	0.09
重庆	21.66	69.48	0.83	0.41	3.21	0.64
四川	55.17	160.53	1.57	1.69	11.48	1.95
贵州	19.06	47.48	0.61	0.52	3.05	0.66
云南	21.84	45.69	0.52	0.17	0.24	0.00
陕西	15.98	101.26	1.28	0.00	0.07	2.84
甘肃	14.65	52.37	0.75	1.10	10.02	0.30
青海	3.14	10.35	0.30	0.13	1.11	0.08
宁夏	4.03	20.85	0.44	0.02	0.24	0.15
新疆	7.41	38.23	0.91	0.04	0.54	0.11

附表 6-53　2006 年工业和高新技术产业各级受教育劳动力规模　（单位：万人）

地区	工业内各级受教育劳动力规模			高新技术产业内受教育劳动力规模		
	初等教育	中等教育	高等教育	初等教育	中等教育	高等教育
全国	1035.59	6223.34	79.34	34.88	523.88	109.18
北京	4.73	104.98	7.57	0.14	10.83	11.16
天津	8.58	104.53	3.16	0.34	12.84	5.47
河北	33.04	268.06	1.89	0.48	9.03	1.09
山西	17.28	200.64	2.53	0.18	5.03	1.03
内蒙古	11.89	77.42	1.17	0.10	1.63	0.36
辽宁	29.24	268.39	4.23	0.55	12.72	3.33
吉林	12.91	91.16	1.03	0.26	4.74	0.85
黑龙江	16.84	121.77	1.58	0.30	5.49	1.12
上海	11.71	242.05	12.89	0.34	24.16	17.63
江苏	98.62	663.38	10.47	4.83	85.50	20.61
浙江	114.15	600.44	10.40	2.54	34.26	10.11
安徽	25.01	137.79	1.07	0.37	4.59	0.61
福建	60.64	259.58	3.72	1.67	18.32	4.04
江西	24.81	99.37	1.29	0.87	8.73	1.86
山东	94.02	685.85	6.46	1.64	29.68	4.46
河南	33.53	328.58	2.43	0.53	11.90	1.38
湖北	28.06	159.79	2.38	0.58	8.75	2.11
湖南	26.82	149.47	1.57	0.38	5.30	0.91
广东	116.37	1073.44	12.81	8.12	197.42	36.98
广西	13.06	77.40	0.79	0.27	3.79	0.60
海南	1.11	10.95	0.11	0.02	0.60	0.10
重庆	21.15	73.73	0.89	0.41	3.52	0.71
四川	56.55	174.13	1.72	1.79	13.13	2.09
贵州	16.66	49.48	0.49	0.51	3.44	0.57
云南	19.49	50.98	0.56	0.19	0.30	0.00
陕西	15.82	104.80	1.54	0.01	0.11	3.05
甘肃	13.53	54.08	0.55	1.03	10.30	0.23
青海	3.13	11.10	0.26	0.16	1.50	0.08
宁夏	3.79	20.27	0.41	0.02	0.26	0.09
新疆	7.33	39.57	0.93	0.02	0.30	0.11

附表 6-54　2007 年工业和高新技术产业各级受教育劳动力规模（单位：万人）

地区	工业内各级受教育劳动力规模			高新技术产业内受教育劳动力规模		
	初等教育	中等教育	高等教育	初等教育	中等教育	高等教育
全国	939.78	6841.49	77.85	45.48	624.06	101.98
北京	4.56	108.10	6.54	0.22	13.36	10.82
天津	6.89	110.79	3.02	0.38	14.27	4.94
河北	28.57	272.59	1.75	0.58	9.69	0.97
山西	15.81	198.14	2.28	0.32	7.45	1.23
内蒙古	11.21	80.69	1.17	0.11	1.51	0.29
辽宁	28.47	295.12	4.28	0.77	14.95	3.24
吉林	11.39	96.73	1.14	0.32	5.32	0.89
黑龙江	12.52	128.80	1.54	0.30	5.81	0.91
上海	11.91	257.64	12.44	0.55	31.05	18.06
江苏	92.76	758.37	8.46	7.15	113.74	17.49
浙江	113.09	666.41	9.70	3.58	40.74	8.91
安徽	24.09	152.16	1.05	0.54	5.84	0.57
福建	59.83	294.12	4.29	2.04	19.81	4.09
江西	21.17	117.31	2.04	0.89	9.88	2.28
山东	78.51	744.36	6.20	2.10	36.24	4.21
河南	30.19	349.18	2.23	0.66	13.47	1.14
湖北	24.96	172.82	2.10	0.71	9.80	1.65
湖南	23.90	169.72	1.63	0.45	6.09	0.79
广东	102.02	1190.69	14.16	9.73	228.39	37.16
广西	11.47	87.33	0.62	0.33	4.49	0.44
海南	1.02	11.20	0.09	0.03	0.62	0.07
重庆	19.07	88.23	0.76	0.51	4.30	0.50
四川	51.78	203.10	1.77	2.38	16.72	2.23
贵州	14.87	50.79	0.55	0.63	3.68	0.58
云南	21.31	59.65	0.59	0.35	0.47	0.00
陕西	13.91	108.25	1.62	0.01	0.10	2.70
甘肃	11.57	54.10	0.52	1.27	11.07	0.21
青海	3.24	11.89	0.30	0.19	1.40	0.09
宁夏	3.39	21.52	0.42	0.03	0.31	0.10
新疆	7.26	45.57	0.90	0.04	0.42	0.10

附表 6-55　2008 年工业和高新技术产业各级受教育劳动力规模　（单位：万人）

地区	工业内各级受教育劳动力规模			高新技术产业内受教育劳动力规模		
	初等教育	中等教育	高等教育	初等教育	中等教育	高等教育
全国	982.43	7748.74	91.68	44.32	620.02	102.95
北京	4.39	112.36	6.59	0.23	13.10	10.76
天津	7.14	122.50	3.42	0.36	13.48	4.66
河北	27.29	287.21	2.14	0.57	10.05	1.10
山西	14.26	198.38	2.14	0.29	7.05	1.01
内蒙古	11.06	92.00	1.32	0.09	1.40	0.26
辽宁	30.15	329.96	5.96	0.73	14.03	3.77
吉林	11.87	113.67	1.39	0.37	6.61	1.10
黑龙江	12.91	141.56	1.44	0.30	5.93	0.79
上海	12.62	276.55	14.72	0.59	29.14	20.01
江苏	105.60	986.21	10.74	8.22	137.44	20.53
浙江	109.85	691.26	11.79	2.85	32.13	7.70
安徽	26.92	181.67	1.42	0.48	5.34	0.58
福建	59.30	315.25	4.64	1.71	16.54	3.50
江西	24.24	152.03	2.05	1.00	11.62	1.97
山东	82.10	821.94	7.31	1.93	33.92	4.24
河南	28.97	385.13	2.68	0.58	13.18	1.16
湖北	28.36	204.54	2.58	0.86	11.39	1.98
湖南	25.33	198.01	1.96	0.59	8.32	1.05
广东	110.51	1364.22	18.06	10.57	243.62	44.10
广西	12.42	101.45	0.63	0.38	5.19	0.43
海南	0.91	11.57	0.11	0.03	0.70	0.09
重庆	21.08	109.96	0.84	0.47	4.26	0.46
四川	55.72	239.25	1.73	2.09	15.36	1.54
贵州	13.88	58.68	0.62	0.39	2.70	0.41
云南	20.78	62.68	0.51	0.15	0.21	0.00
陕西	14.83	114.86	1.86	0.00	0.07	2.50
甘肃	11.82	56.15	0.69	0.88	7.32	0.18
青海	3.87	13.08	0.35	0.15	0.93	0.06
宁夏	3.08	22.34	0.40	0.02	0.26	0.08
新疆	7.27	49.46	1.05	0.03	0.40	0.11

附表 6-56　2009 年工业和高新技术产业各级受教育劳动力规模　（单位：万人）

地区	工业内各级受教育劳动力规模			高新技术产业内受教育劳动力规模		
	初等教育	中等教育	高等教育	初等教育	中等教育	高等教育
全国	884.81	7829.43	106.40	44.76	709.98	86.10
北京	4.66	107.79	7.92	0.28	13.42	9.62
天津	6.24	126.55	3.99	0.37	15.07	4.08
河北	24.06	293.12	2.58	0.56	11.96	0.99
山西	13.28	195.23	2.50	0.30	7.74	0.84
内蒙古	10.54	98.12	1.58	0.10	1.69	0.22
辽宁	26.71	352.76	7.03	0.72	16.97	3.13
吉林	11.67	123.59	1.74	0.45	8.72	1.15
黑龙江	10.30	132.60	1.52	0.27	6.30	0.64
上海	9.23	258.71	16.10	0.51	29.63	16.44
江苏	92.10	921.42	11.67	8.20	148.46	16.85
浙江	97.45	675.10	14.15	3.05	38.46	7.35
安徽	25.27	204.62	1.55	0.54	7.54	0.50
福建	49.49	320.43	9.09	1.53	18.39	3.99
江西	19.06	153.50	2.25	0.97	14.50	1.72
山东	75.65	841.72	8.32	2.09	41.16	3.66
河南	29.07	416.28	3.37	0.63	15.87	1.07
湖北	27.80	240.55	3.68	0.90	14.28	1.83
湖南	22.94	215.78	2.13	0.62	10.44	0.91
广东	100.06	1318.54	16.95	10.69	262.35	28.52
广西	12.41	109.54	0.85	0.43	6.59	0.45
海南	0.87	11.00	0.12	0.04	0.85	0.07
重庆	22.57	113.14	1.39	0.63	5.64	0.60
四川	53.79	254.15	3.17	2.16	17.98	2.05
贵州	13.85	60.34	0.52	0.52	3.88	0.32
云南	17.99	65.34	0.57	0.17	0.34	0.00
陕西	13.91	121.71	1.88	0.01	0.09	1.98
甘肃	11.32	56.66	0.71	1.11	9.94	0.15
青海	3.95	13.34	0.42	0.19	1.16	0.07
宁夏	2.85	23.91	0.45	0.02	0.33	0.07
新疆	6.55	50.51	1.16	0.04	0.49	0.09

附表 6-57　2010 年工业和高新技术产业各级受教育劳动力规模　（单位：万人）

地区	工业内各级受教育劳动力规模			高新技术产业内受教育劳动力规模		
	初等教育	中等教育	高等教育	初等教育	中等教育	高等教育
全国	923.10	8374.55	240.33	42.72	755.20	254.95
北京	2.99	108.12	13.02	0.12	9.68	15.11
天津	7.59	133.57	7.72	0.37	13.71	9.77
河北	24.27	314.21	6.09	0.55	13.32	2.98
山西	13.05	201.21	5.58	0.30	8.92	2.74
内蒙古	11.93	109.07	4.09	0.10	1.83	0.76
辽宁	26.74	362.38	12.57	0.57	14.82	6.34
吉林	12.38	123.86	3.54	0.36	7.19	2.47
黑龙江	11.60	132.36	3.61	0.24	5.28	1.65
上海	11.85	258.78	20.93	0.54	26.09	26.15
江苏	93.17	1025.99	34.17	7.02	155.53	58.93
浙江	92.50	738.78	25.65	2.64	42.25	17.36
安徽	29.78	229.32	5.31	0.69	9.87	2.71
福建	45.55	355.81	10.26	1.46	22.41	7.71
江西	20.70	174.80	3.58	1.02	16.49	3.78
山东	76.57	834.32	19.95	1.88	39.55	11.06
河南	33.67	437.42	7.83	0.78	19.00	3.73
湖北	26.60	261.33	6.81	0.79	15.30	4.53
湖南	23.93	243.06	5.35	0.60	12.06	2.82
广东	92.30	1436.20	39.23	8.31	263.43	80.06
广西	17.10	130.56	2.79	0.57	8.17	2.02
海南	0.82	11.34	0.27	0.03	0.94	0.25
重庆	23.50	118.56	4.36	0.55	5.54	2.36
四川	55.05	289.24	6.95	2.22	22.03	6.13
贵州	16.19	62.05	1.83	0.55	3.83	1.35
云南	22.35	68.15	1.93	0.21	0.64	0.03
陕西	12.95	134.04	3.99	0.01	0.10	4.63
甘肃	11.78	57.59	1.79	1.26	12.06	0.58
青海	3.84	15.37	0.80	0.17	1.35	0.15
宁夏	3.50	24.44	1.06	0.02	0.31	0.19
新疆	6.73	51.16	2.27	0.03	0.42	0.22

附表 6-58　2011 年工业和高新技术产业各级受教育劳动力规模（单位：万人）

地区	工业内各级受教育劳动力规模			高新技术产业内受教育劳动力规模		
	初等教育	中等教育	高等教育	初等教育	中等教育	高等教育
全国	573.71	8325.01	265.72	47.76	785.90	283.71
北京	2.18	95.91	19.22	0.12	8.34	17.41
天津	4.73	134.95	9.62	0.35	13.17	10.24
河北	14.82	333.12	8.05	0.56	13.59	3.77
山西	6.17	200.68	5.77	0.24	9.12	2.73
内蒙古	6.99	111.56	4.98	0.11	2.03	0.90
辽宁	16.36	342.69	9.84	0.64	13.99	5.05
吉林	7.31	128.64	3.53	0.47	8.95	3.06
黑龙江	8.40	123.21	2.59	0.36	5.49	1.43
上海	7.55	239.29	22.46	0.67	28.97	28.70
江苏	62.23	995.55	33.75	8.34	159.86	59.63
浙江	49.06	643.76	26.37	2.51	37.12	17.67
安徽	20.73	238.08	5.09	0.90	10.38	2.70
福建	31.19	357.56	14.96	1.55	20.88	10.08
江西	11.60	187.95	3.38	1.06	18.71	3.87
山东	50.02	781.27	28.28	2.00	38.29	14.08
河南	26.57	510.34	9.97	1.46	30.49	6.59
湖北	17.58	252.70	9.28	0.87	15.01	5.79
湖南	14.36	264.92	10.35	0.64	15.08	5.50
广东	65.78	1343.36	41.84	10.34	267.28	80.76
广西	8.92	135.71	2.46	0.51	8.11	1.66
海南	0.47	10.89	0.29	0.04	1.05	0.29
重庆	16.15	125.49	4.06	0.88	7.45	2.85
四川	32.19	340.47	7.68	2.69	30.50	7.94
贵州	9.51	73.17	1.69	0.53	3.87	1.20
云南	14.44	74.01	2.09	0.20	1.17	0.04
陕西	6.11	144.59	5.67	0.00	0.07	5.85
甘肃	5.97	51.90	1.70	1.41	13.38	0.59
青海	1.84	15.42	0.82	0.14	1.32	0.15
宁夏	2.17	26.64	1.08	0.02	0.28	0.16
新疆	5.51	53.19	2.48	0.03	0.35	0.23

附表 6-59 2012 年工业和高新技术产业各级受教育劳动力规模 （单位：万人）

地区	工业内各级受教育劳动力规模			高新技术产业内受教育劳动力规模		
	初等教育	中等教育	高等教育	初等教育	中等教育	高等教育
全国	541.38	8612.93	321.32	37.97	938.13	261.83
北京	1.64	95.16	21.43	0.10	10.70	17.38
天津	4.51	140.65	11.06	0.35	18.30	10.73
河北	12.07	340.90	9.81	0.34	14.48	3.10
山西	6.29	201.33	7.84	0.23	11.32	3.14
内蒙古	6.75	113.10	5.74	0.08	2.18	0.76
辽宁	16.10	357.25	11.39	0.50	16.54	4.16
吉林	8.84	131.32	4.62	0.52	11.51	3.26
黑龙江	7.51	125.68	3.00	0.26	6.49	1.18
上海	6.28	233.98	24.19	0.52	33.47	25.25
江苏	54.85	1022.73	43.41	6.11	182.70	55.74
浙江	47.64	638.48	32.92	2.06	43.36	17.22
安徽	19.72	262.62	6.82	0.73	14.13	2.95
福建	26.20	370.20	17.43	1.11	24.92	8.76
江西	12.05	202.68	4.81	0.84	21.81	3.67
山东	51.26	817.89	34.41	1.92	48.99	14.64
河南	24.19	552.67	12.27	1.30	44.88	7.28
湖北	17.09	284.94	10.81	0.76	19.99	5.49
湖南	14.05	284.66	11.23	0.58	19.22	5.15
广东	60.51	1349.11	43.61	8.34	304.97	66.90
广西	9.01	143.96	3.35	0.40	9.49	1.63
海南	0.45	11.35	0.37	0.03	1.34	0.33
重庆	14.61	137.66	5.25	0.88	12.87	3.69
四川	32.43	340.70	9.47	2.48	39.20	8.30
贵州	9.71	76.21	2.02	0.31	3.52	0.73
云南	13.61	80.90	2.36	0.49	1.60	0.02
陕西	6.13	150.70	6.84	0.00	0.08	5.14
甘肃	5.59	52.92	2.10	1.00	14.70	0.54
青海	1.69	17.07	0.96	0.11	1.67	0.15
宁夏	2.38	27.83	1.26	0.02	0.38	0.03
新疆	5.77	56.50	3.47	0.01	0.09	0.11

附表 6-60　2013 年工业和高新技术产业各级受教育劳动力规模（单位：万人）

地区	工业内各级受教育劳动力规模			高新技术产业内受教育劳动力规模		
	初等教育	中等教育	高等教育	初等教育	中等教育	高等教育
全国	538.23	8872.00	377.35	21.51	920.15	351.91
北京	2.01	95.97	21.15	0.06	9.53	19.14
天津	4.09	144.73	14.31	0.14	14.09	12.88
河北	16.21	343.25	10.11	0.29	15.34	4.11
山西	6.20	203.75	8.33	0.12	10.47	3.61
内蒙古	7.41	114.11	6.14	0.06	2.19	1.02
辽宁	14.67	370.88	15.04	0.25	15.64	5.95
吉林	8.00	136.97	5.09	0.25	10.86	4.04
黑龙江	8.40	125.94	3.84	0.18	6.37	1.83
上海	5.31	227.79	26.55	0.23	30.18	30.53
江苏	55.27	1042.19	52.86	3.36	169.50	73.30
浙江	45.21	634.38	39.40	1.14	42.43	23.46
安徽	21.52	284.22	8.57	0.49	15.55	4.47
福建	30.03	373.68	20.26	0.74	24.76	12.24
江西	12.42	217.10	6.63	0.48	21.71	5.56
山东	41.69	866.24	39.91	0.88	48.65	19.60
河南	26.92	588.46	16.13	0.91	50.54	11.94
湖北	16.54	317.16	12.48	0.42	21.87	7.07
湖南	14.70	302.00	13.56	0.39	22.39	7.58
广东	58.18	1344.54	52.91	4.51	282.06	93.80
广西	8.37	153.83	3.37	0.23	10.25	2.04
海南	0.43	11.80	0.46	0.12	8.94	2.90
重庆	16.11	147.07	6.14	0.73	17.82	6.74
四川	31.38	342.22	11.29	1.00	27.45	8.25
贵州	9.05	80.08	2.41	0.18	3.66	1.09
云南	13.92	86.15	3.17	0.02	0.13	0.05
陕西	5.46	157.22	8.28	0.21	15.67	7.13
甘肃	5.18	53.96	2.55	0.07	1.94	0.82

续表

地区	工业内各级受教育劳动力规模			高新技术产业内受教育劳动力规模		
	初等教育	中等教育	高等教育	初等教育	中等教育	高等教育
青海	1.96	18.17	1.23	0.01	0.37	0.21
宁夏	2.77	28.89	1.42	0.02	0.46	0.20
新疆	5.66	60.90	3.75	0.01	0.28	0.15

附表 6-61　2014 年工业和高新技术产业各级受教育劳动力规模　（单位：万人）

地区	工业内各级受教育劳动力规模			高新技术产业内受教育劳动力规模		
	初等教育	中等教育	高等教育	初等教育	中等教育	高等教育
全国	598.2	8915.9	460.1	16.90	890.94	407.17
北京	1.83	90.05	24.88	0.06	7.42	20.73
天津	4.05	145.94	17.51	0.17	14.31	15.33
河北	17.81	357.68	13.58	0.34	14.52	5.01
山西	7.16	193.11	9.75	0.16	9.70	4.01
内蒙古	8.83	112.20	7.35	0.07	1.96	1.07
辽宁	14.12	348.51	16.12	0.28	14.58	6.39
吉林	8.30	137.03	5.82	0.30	10.48	4.40
黑龙江	8.01	122.05	4.17	0.18	5.94	1.83
上海	4.34	206.88	35.95	0.19	22.61	35.26
江苏	60.72	1025.1	61.81	0.19	159.60	80.85
浙江	53.11	621.05	48.37	0.46	38.70	27.10
安徽	22.30	302.06	10.83	0.65	18.43	6.13
福建	30.35	380.45	23.04	0.83	23.54	12.85
江西	15.29	227.57	7.54	0.73	23.70	6.69
山东	53.60	855.63	47.77	0.32	47.72	23.59
河南	30.39	637.18	22.08	1.15	52.94	15.65
湖北	19.68	341.36	17.81	0.56	22.02	9.45
湖南	17.26	302.21	15.59	0.52	21.33	8.62
广东	56.52	1350.5	63.43	1.01	277.24	105.02

附录五　第七章附录

附表 7-1　经济发展方式转变指标原始数据（1）

年份	地区	经济增长				经济结构（1）						
		规模速度		财政收入		产业结构		城乡结构		需求结构		
		人均国内生产总值/亿元	国内生产总值增长率	人均地方财政收入/万元	地方财政收入增长率	工业化水平	第三产业产值占国内生产总值比例	城镇化率	城乡居民收入比	最终消费率	人均全社会固定资产投资额/万元	外贸出口依存度
2005	北京	45 993	11.8%	0.6	0.2%	0.2	69.1%	0.8	0.4	50%	18 382.5	0.4
2005	天津	35 783	14.7%	0.3	0.3%	0.5	41.5%	0.8	0.4	38.6%	14 335	0.6
2005	河北	14 814	13.4%	0.1	0.3%	0.5	33.3%	0.4	0.4	42.7%	6 042.5	0.1
2005	山东	20 096	15.2%	0.1	0.3%	0.5	32%	0.5	0.4	40.7%	10 064.1	0.2
2005	江苏	24 953	14.5%	0.2	0.3%	0.5	35.4%	0.5	0.4	41.2%	10 760.6	0.5
2005	上海	52 535	11.1%	0.8	0.3%	0.4	50.5%	0.9	0.4	48.4%	19 734.7	0.8
2005	浙江	27 703	12.8%	0.2	0.3%	0.5	40%	0.6	0.4	47.3%	13 063.7	0.5
2005	福建	18 646	11.3%	0.1	0.3%	0.4	38.5%	0.5	0.4	50.2%	6 513.1	0.4
2005	广东	24 647	13.8%	0.2	0.3%	0.5	42.9%	0.6	0.3	50.8%	7 589.7	0.9
2005	海南	11 165	10.2%	0.1	0.2%	0.2	41.8%	0.5	0.4	52.4%	4 434.4	0.9
2005	黑龙江	14 467.4	11.6%	0.1	0.1%	0.4	33.7%	0.5	0.4	48.3%	4 547.8	0.1
2005	吉林	13 350	12.1%	0.1	0.2%	0.4	39.1%	0.5	0.4	51.1%	6 410.5	0.1
2005	辽宁	19 074	12.3%	0.2	0.3%	0.4	39.6%	0.6	0.4	45.8%	9 951.3	0.2
2005	山西	12 647	12.6%	0.1	0.4%	0.5	37.4%	0.4	0.3	47.6%	5 444	0.1
2005	河南	11 347	14.3%	0.1	0.3%	0.5	30%	0.3	0.3	50.6%	4 596.6	0
2005	安徽	8 810.4	11.8%	0.1	0.2%	0.3	40.7%	0.4	0.3	56.2%	4 126	0.1
2005	湖北	11 554	12.1%	0.1	0.2%	0.4	40.3%	0.4	0.4	55.9%	4 687.5	0
2005	湖南	10 562	11.6%	0.1	0.2%	0.3	40.5%	0.4	0.3	61%	4 156	0
2005	江西	9 440	12.8%	0.1	0.2%	0.4	34.8%	0.4	0.4	52.1%	5 048.9	0
2005	四川	9 060	12.6%	0.1	0.2%	0.3	38.4%	0.3	0.3	57.8%	4 365.8	0
2005	云南	7 835	9%	0.1	0.2%	0.3	39.5%	0.3	0.2	68.3%	3 994.7	0.1
2005	贵州	5 119	11.6%	0	0.2%	0.4	39.6%	0.3	0.2	81.8%	2 676.3	0
2005	广西	8 788	13.2%	0.1	0.2%	0.2	40.5%	0.3	0.3	61.8%	3 564.7	0.1
2005	重庆	12 404	11.7%	0.1	0.3%	0.4	44.8%	0.5	0.3	51.4%	6 909.1	0.1

续表

年份	地区	经济增长				经济结构（1）						
		规模速度		财政收入		产业结构		城乡结构		需求结构		
		人均国内生产总值/亿元	国内生产总值增长率	人均地方财政收入/万元	地方财政收入增长率	工业化水平	第三产业产值占国内生产总值比例	城镇化率	城乡居民收入比	最终消费率	人均全社会固定资产投资额/万元	外贸出口依存度
2005	新疆	13 184	10.9%	0.1	0.2%	0.5	35.7%	0.4	0.3	48.4%	6 662	0.2
2005	甘肃	7 477	11.8%	0	0.2%	0.4	40.7%	0.3	0.2	63%	3 355.3	0
2005	青海	10 045	12.2%	0.1	0.3%	0.4	39.3%	0.4	0.3	66.4%	6 071.6	0
2005	内蒙古	16 371	23.8%	0.1	0.4%	0.4	39.4%	0.5	0.3	46.2%	11 001.2	0
2005	宁夏	10 349	10.3%	0.1	0.3%	0.4	41.7%	0.4	0.3	65.5%	7 437.1	0.1
2005	陕西	9 899	12.6%	0.1	0.3%	0.4	37.8%	0.4	0.2	53.7%	5 059.6	0.1
2006	北京	50 467	13%	0.7	0.2%	0.2	70.9%	0.8	0.4	51%	20 589.5	0.4
2006	天津	41 163	14.5%	0.4	0.3%	0.5	40.2%	0.8	0.4	39.6%	16 935.1	0.6
2006	河北	16 962	13.2%	0.1	0.2%	0.5	33.8%	0.4	0.4	43.3%	7 930.2	0.1
2006	山东	23 794	14.7%	0.1	0.3%	0.5	32.6%	0.5	0.4	40.6%	11 936.2	0.2
2006	江苏	28 814	14.9%	0.2	0.3%	0.5	36.3%	0.5	0.4	41.6%	13 152.1	0.6
2006	上海	57 695	12%	0.8	0.1%	0.4	50.6%	0.9	0.4	49%	19 857.6	0.8
2006	浙江	31 874	13.9%	0.3	0.2%	0.5	40.1%	0.6	0.4	47.7%	14 964.9	0.5
2006	福建	21 471	13.6%	0.2	0.3%	0.4	39.1%	0.5	0.4	49.1%	8 317.5	0.4
2006	广东	28 332	14.1%	0.2	0.2%	0.5	42.7%	0.6	0.3	47.5%	8 444.6	0.9
2006	海南	12 654	12.5%	0.1	0.2%	0.2	39.9%	0.5	0.3	53%	5 070.5	0.9
2006	黑龙江	16 195	12%	0.1	0.2%	0.5	33.7%	0.5	0.4	47.7%	5 848.8	0.1
2006	吉林	15 720	15%	0.1	0.2%	0.4	39.5%	0.5	0.4	43.1%	9 527.5	0.1
2006	辽宁	21 788	13.8%	0.2	0.2%	0.4	38.3%	0.6	0.4	43.6%	13 321.6	0.2
2006	山西	14 123	11.8%	0.2	0.6%	0.5	36.4%	0.4	0.3	47.1%	6 683.7	0.1
2006	河南	13 313	14.4%	0.1	0.3%	0.5	29.8%	0.3	0.3	49.4%	6 287	0
2006	安徽	10 055	12.9%	0.1	0.3%	0.4	40.2%	0.4	0.3	55.2%	5 783.2	0.1
2006	湖北	13 296	13.2%	0.1	0.3%	0.4	40.6%	0.4	0.3	53.3%	5 872.9	0
2006	湖南	11 950	12.1%	0.1	0.2%	0.4	40.8%	0.4	0.3	59.9%	5 007.1	0
2006	江西	10 798	12.3%	0.1	0.2%	0.4	33.5%	0.4	0.4	49%	6 184.6	0.1
2006	四川	10 546	13.5%	0.1	0.3%	0.4	37.8%	0.3	0.3	55.5%	5 402	0.1
2006	云南	8 970	11.9%	0.1	0.2%	0.4	38.5%	0.3	0.2	66.7%	4 926.6	0.1
2006	贵州	5 787	11.6%	0.1	0.2%	0.4	39.8%	0.3	0.2	79.3%	3 187	0
2006	广西	10 296	13.6%	0.1	0.2%	0.3	39.7%	0.3	0.3	58.6%	4 659.3	0.1

续表

年份	地区	经济增长				经济结构（1）						
		规模速度		财政收入		产业结构		城乡结构		需求结构		
		人均国内生产总值/亿元	国内生产总值增长率	人均地方财政收入/万元	地方财政收入增长率	工业化水平	第三产业产值占国内生产总值比例	城镇化率	城乡居民收入比	最终消费率	人均全社会固定资产投资额/万元	外贸出口依存度
2006	重庆	12 316	12.4%	0.1	0.2%	0.3	42.4%	0.5	0.2	51.7%	8 573.2	0.1
2006	新疆	15 000	11%	0.1	0.2%	0.4	34.7%	0.4	0.3	47.7%	7 644.1	0.2
2006	甘肃	8 757	11.5%	0.1	0.1%	0.4	39.5%	0.3	0.2	60%	4 014.9	0.1
2006	青海	11 762	13.3%	0.1	0.2%	0.4	37.5%	0.4	0.3	65.3%	7 455.1	0.1
2006	内蒙古	20 053	19.1%	0.1	0.2%	0.4	37.8%	0.5	0.3	43.1%	13 926.3	0
2006	宁夏	11 846.7	12.7%	0.1	0.3%	0.4	39.6%	0.4	0.3	63.4%	8 257.5	0.1
2006	陕西	12 138	12.7%	0.1	0.3%	0.5	35.3%	0.4	0.2	50.4%	6 641.6	0.1
2007	北京	58 204	13.3%	0.9	0.5%	0.2	72.1%	0.8	0.4	51.9%	23 926.5	0.4
2007	天津	46 122	15.2%	0.5	0.3%	0.5	40.5%	0.8	0.4	39.5%	21 104.5	0.6
2007	河北	19 877	12.9%	0.1	0.3%	0.5	34%	0.4	0.4	43.1%	9 916	0.1
2007	山东	27 807	14.3%	0.2	0.2%	0.5	33.4%	0.5	0.3	40.2%	13 385	0.2
2007	江苏	33 928	14.9%	0.3	0.4%	0.5	37.4%	0.5	0.4	42%	15 884.8	0.6
2007	上海	66 367	14.3%	1	0.3%	0.4	52.6%	0.9	0.4	49.4%	21 416.5	0.8
2007	浙江	37 411	14.7%	0.3	0.3%	0.5	40.7%	0.6	0.4	46%	16 334.5	0.5
2007	福建	25 908	15.2%	0.2	0.3%	0.4	40%	0.5	0.4	46.2%	11 870.8	0.4
2007	广东	33 151	14.7%	0.3	0.3%	0.5	43.3%	0.6	0.3	46.7%	9 621.4	0.9
2007	海南	14 555	15.8%	0.1	0.3%	0.2	40.7%	0.5	0.3	52.6%	5 945	0.9
2007	黑龙江	18 478	12.1%	0.1	0.1%	0.5	34.7%	0.5	0.4	49.7%	7 409.8	0.1
2007	吉林	19 383	16.1%	0.1	0.3%	0.4	38.3%	0.5	0.4	46.2%	13 374.9	0.1
2007	辽宁	25 729	14.5%	0.3	0.3%	0.4	36.6%	0.6	0.4	42.3%	17 299.3	0.2
2007	山西	16 945	14.4%	0.2	0%	0.5	35.3%	0.4	0.3	45.1%	8 433.4	0.1
2007	河南	16 012	14.6%	0.1	0.3%	0.5	30.1%	0.3	0.3	45.5%	8 557.8	0
2007	安徽	12 045	13.9%	0.1	0.3%	0.4	39%	0.4	0.3	54.1%	8 315.7	0.1
2007	湖北	16 206	14.6%	0.1	0.2%	0.4	42.1%	0.4	0.3	52.4%	7 598.5	0
2007	湖南	14 492	14.5%	0.1	0.3%	0.4	39.8%	0.4	0.3	55.9%	6 537.8	0.1
2007	江西	12 633	13.2%	0.1	0.3%	0.4	31.9%	0.4	0.4	48.1%	7 559	0.1
2007	四川	12 893	14.2%	0.1	0.4%	0.4	36.5%	0.4	0.3	53.7%	6 939.6	0.1
2007	云南	10 540	12.5%	0.1	0.3%	0.4	39.1%	0.3	0.2	61.9%	6 112.2	0.1
2007	贵州	6 915	13.7%	0.1	0.3%	0.3	41.8%	0.3	0.2	72.4%	4 099.1	0.1

续表

年份	地区	经济增长				经济结构（1）						
		规模速度		财政收入		产业结构		城乡结构		需求结构		
		人均国内生产总值/亿元	国内生产总值增长率	人均地方财政收入/万元	地方财政收入增长率	工业化水平	第三产业产值占国内生产总值比例	城镇化率	城乡居民收入比	最终消费率	人均全社会固定资产投资额/万元	外贸出口依存度
2007	广西	12 555	15.1%	0.1	0.2%	0.4	38.4%	0.4	0.3	57.4%	6 165.4	0.1
2007	重庆	14 660	15.9%	0.2	0.4%	0.3	41%	0.5	0.3	52.1%	11 107	0.1
2007	新疆	16 999	12.2%	0.1	0.3%	0.4	35.4%	0.4	0.3	49.1%	8 834.6	0.2
2007	甘肃	10 346	12.3%	0.1	0.4%	0.4	38.4%	0.3	0.2	58.9%	5 118.4	0
2007	青海	14 257	13.5%	0.1	0.3%	0.4	36%	0.4	0.3	63.9%	8 747.1	0
2007	内蒙古	25 393	19.2%	0.2	0.4%	0.4	35.7%	0.5	0.3	41%	18 002.8	0
2007	宁夏	14 649	12.4%	0.1	0.3%	0.4	38.2%	0.4	0.3	58.6%	9 832.8	0.1
2007	陕西	14 607	14.6%	0.1	0.3%	0.4	34.9%	0.4	0.2	49.4%	9 111.6	0.1
2008	北京	63 029	9.1%	1.1	0.2%	0.2	73.2%	0.8	0.4	54.2%	22 505.8	0.4
2008	天津	55 473	16.5%	0.6	0.3%	0.5	37.9%	0.8	0.4	37.7%	28 824.7	0.4
2008	河北	23 239	10.1%	0.1	0.2%	0.5	33.2%	0.4	0.4	41.8%	12 686.5	0.1
2008	山东	33 083	12.1%	0.2	0.2%	0.5	33.4%	0.5	0.3	40%	16 391.2	0.2
2008	江苏	39 622	12.3%	0.4	0.2%	0.5	38.1%	0.5	0.4	41.5%	19 710.9	0.5
2008	上海	73 124	9.7%	1.1	0.1%	0.4	53.7%	0.9	0.4	51%	22 527.6	0.8
2008	浙江	42 214	10.1%	0.4	0.2%	0.5	41%	0.6	0.4	45.8%	17 886.2	0.5
2008	福建	30 123	13%	0.2	0.2%	0.4	39.3%	0.5	0.3	44.9%	14 310.7	0.4
2008	广东	37 589	10.1%	0.3	0.2%	0.5	42.9%	0.6	0.3	46.7%	10 986.2	0.8
2008	海南	17 175	10.3%	0.2	0.3%	0.2	40.2%	0.5	0.3	49.1%	8 258.4	0.8
2008	黑龙江	21 727	11.8%	0.2	0.3%	0.5	34.4%	0.6	0.4	51.7%	9 557.1	0.1
2008	吉林	23 514	16%	0.2	0.3%	0.4	38%	0.5	0.4	45%	18 430.6	0.1
2008	辽宁	31 259	13.1%	0.3	0.3%	0.5	34.5%	0.6	0.4	40.9%	23 219.2	0.2
2008	山西	20 398	8.1%	0.2	0.3%	0.5	34.2%	0.5	0.3	43.8%	10 352.3	0.1
2008	河南	19 593	12.1%	0.1	0.2%	0.5	28.6%	0.4	0.3	43.1%	11 125.9	0
2008	安徽	14 485	12.7%	0.1	0.3%	0.4	37.4%	0.4	0.3	51.7%	10 997.5	0.1
2008	湖北	19 860	13.4%	0.1	0.2%	0.4	40.5%	0.5	0.4	50.2%	9 888	0
2008	湖南	17 521	12.8%	0.1	0.2%	0.4	37.8%	0.4	0.3	51.8%	8 674	0.1
2008	江西	14 781	13.2%	0.1	0.3%	0.4	30.9%	0.4	0.4	47.2%	10 785.1	0.1
2008	四川	15 378	9.5%	0.1	0.2%	0.4	34.8%	0.4	0.3	51.9%	8 758.7	0.1
2008	云南	12 587	11%	0.1	0.3%	0.4	39.1%	0.3	0.2	59.9%	7 563.1	0.1

续表

年份	地区	经济增长				经济结构（1）						
		规模速度		财政收入		产业结构		城乡结构		需求结构		
		人均国内生产总值/亿元	国内生产总值增长率	人均地方财政收入/万元	地方财政收入增长率	工业化水平	第三产业产值占国内生产总值比例	城镇化率	城乡居民收入比	最终消费率	人均全社会固定资产投资额/万元	外贸出口依存度
2008	贵州	8 824	10.2%	0.1	0.2%	0.3	41.3%	0.3	0.2	66.1%	5 184.8	0.1
2008	广西	14 966	12.8%	0.1	0.2%	0.4	37.4%	0.4	0.3	55.3%	7 799.9	0.1
2008	重庆	18 025	14.5%	0.2	0.3%	0.4	37.9%	0.5	0.3	49.8%	14 017.6	0.1
2008	新疆	19 893	11%	0.2	0.3%	0.4	33.9%	0.4	0.3	49.4%	10 605.2	0.3
2008	甘肃	12 110	10.1%	0.1	0.4%	0.4	39.1%	0.3	0.2	59.9%	6 714.2	0
2008	青海	17 389	13.5%	0.1	0.3%	0.4	34%	0.4	0.3	58.3%	10 522.1	0
2008	内蒙古	32 214	17.8%	0.3	0.3%	0.4	33.3%	0.5	0.3	38.6%	22 403.5	0
2008	宁夏	17 892	12.2%	0.2	0.2%	0.4	36.2%	0.4	0.3	54.2%	13 411.8	0.1
2008	陕西	18 246	15.6%	0.2	0.2%	0.5	32.9%	0.4	0.2	47.3%	12 265.7	0.1
2009	北京	70 452	10.2%	1.2	0.2%	0.2	75.5%	0.9	0.4	56.9%	26 307.2	0.3
2009	天津	62 574	16.5%	0.7	0.2%	0.5	45.3%	0.8	0.4	38.4%	38 579.7	0.3
2009	河北	24 581	10%	0.2	0.1%	0.5	35.2%	0.4	0.3	40.8%	17 442.6	0.1
2009	山东	35 894	12.2%	0.2	0.1%	0.5	34.7%	0.5	0.3	39.1%	20 099.2	0.2
2009	江苏	44 744	12.4%	0.4	0.2%	0.5	39.6%	0.6	0.4	41.6%	24 262.8	0.4
2009	上海	78 989	8.2%	1.1	0.1%	0.4	59.4%	0.9	0.4	54.9%	22 819.5	0.6
2009	浙江	44 641	8.9%	0.4	0.1%	0.5	43.1%	0.6	0.4	46%	20 360.7	0.4
2009	福建	33 840	12%	0.3	0.1%	0.4	41.3%	0.6	0.3	43.1%	16 997.3	0.3
2009	广东	41 166	9.7%	0.4	0.1%	0.5	45.7%	0.6	0.3	48.9%	12 767.1	0.6
2009	海南	19 254	11.7%	0.2	0.2%	0.2	45.3%	0.5	0.3	46.2%	11 438	0.6
2009	黑龙江	22 447	11.1%	0.2	0.1%	0.4	39.3%	0.6	0.4	53.9%	13 143.8	0.1
2009	吉林	26 595	13.3%	0.2	0.2%	0.4	37.9%	0.5	0.4	40.4%	23 400	0
2009	辽宁	35 239	13.1%	0.4	0.2%	0.5	38.7%	0.6	0.4	40%	28 317.2	0.2
2009	山西	21 522	5.5%	0.2	0.1%	0.5	39.2%	0.5	0.3	44.9%	14 422.5	0
2009	河南	20 597	10.9%	0.1	0.1%	0.5	29.3%	0.4	0.3	44.2%	14 445.6	0
2009	安徽	16 407.7	12.9%	0.1	0.2%	0.4	36.4%	0.4	0.3	50.3%	14 664.4	0.6
2009	湖北	22 677	13.2%	0.1	0.1%	0.4	39.6%	0.5	0.4	45.7%	13 753.3	0
2009	湖南	20 428	13.6%	0.1	0.2%	0.4	41.4%	0.4	0.3	47.4%	12 025.3	0
2009	江西	17 335	13.1%	0.1	0.2%	0.4	34.4%	0.4	0.4	47.5%	14 988.5	0.1
2009	四川	17 339	14.5%	0.1	0.1%	0.4	36.7%	0.4	0.3	50.1%	13 893.5	0.1

续表

年份	地区	经济增长				经济结构（1）						
		规模速度		财政收入		产业结构		城乡结构		需求结构		
		人均国内生产总值/亿元	国内生产总值增长率	人均地方财政收入/万元	地方财政收入增长率	工业化水平	第三产业产值占国内生产总值比例	城镇化率	城乡居民收入比	最终消费率	人均全社会固定资产投资额/万元	外贸出口依存度
2009	云南	13 539	12.1%	0.2	0.1%	0.3	40.8%	0.3	0.2	60%	9 902.4	0
2009	贵州	10 309	11.4%	0.1	0.2%	0.3	48.2%	0.3	0.2	63.7%	6 819.4	0
2009	广西	16 045	13.9%	0.1	0.2%	0.4	37.6%	0.4	0.3	51.6%	10 785.1	0
2009	重庆	22 920	14.9%	0.2	0.1%	0.4	36.4%	0.5	0.3	48.1%	18 238.1	0
2009	新疆	19 942	8.1%	0.2	0.1%	0.4	37.1%	0.4	0.3	53.2%	12 623.7	0.2
2009	甘肃	12 872	10.3%	0.1	0.1%	0.4	40.2%	0.3	0.2	59.7%	9 248.5	0
2009	青海	19 454	10.1%	0.2	0.2%	0.4	36.9%	0.4	0.3	53.4%	14 323.2	0
2009	内蒙古	40 282	16.9%	0.3	0.3%	0.5	38%	0.5	0.3	39.3%	29 845.9	0
2009	宁夏	21 777	11.6%	0.2	0.2%	0.4	41.7%	0.5	0.3	48.8%	17 209.1	0.1
2009	陕西	21 688	13.6%	0.2	0.2%	0.4	38.5%	0.4	0.2	45.8%	16 561	0
2010	北京	73 856	10.3%	1.2	0.2%	0.2	75.1%	0.9	0.5	57%	27 538	0.3
2010	天津	72 994	17.4%	0.8	0.3%	0.5	46%	0.8	0.4	38.3%	48 319	0.3
2010	河北	28 668	12.2%	0.2	0.2%	0.5	34.9%	0.4	0.4	41.9%	20 831.9	0.1
2010	山东	41 106	12.5%	0.3	0.3%	0.5	36.6%	0.5	0.4	40%	24 157.4	0.2
2010	江苏	52 840	12.7%	0.5	0.3%	0.5	41.4%	0.6	0.4	41.7%	29 351.6	0.4
2010	上海	76 074	9.9%	1.2	0.1%	0.4	57.3%	0.9	0.4	52.3%	21 763.5	0.7
2010	浙江	51 711	11.9%	0.5	0.2%	0.5	43.5%	0.6	0.4	47.3%	22 654.3	0.4
2010	福建	40 025	13.9%	0.3	0.2%	0.4	39.7%	0.6	0.3	43.6%	22 040.6	0.3
2010	广东	44 736	12.4%	0.4	0.2%	0.5	45%	0.7	0.3	48.6%	14 872.8	0.7
2010	海南	23 831	16%	0.3	0.5%	0.2	46.2%	0.5	0.3	48.9%	15 011.7	0.7
2010	黑龙江	27 076	12.6%	0.2	0.2%	0.4	37.2%	0.6	0.4	56.5%	17 768.8	0.1
2010	吉林	31 599	13.8%	0.2	0.2%	0.5	35.9%	0.5	0.4	44.6%	28 625.7	0
2010	辽宁	42 355	14.2%	0.5	0.3%	0.5	37.1%	0.6	0.4	41.5%	36 602.9	0.2
2010	山西	26 283	13.9%	0.3	0.2%	0.5	37.1%	0.5	0.3	45.5%	16 875	0
2010	河南	24 446	12.5%	0.1	0.2%	0.5	28.6%	0.4	0.3	44.9%	17 634.2	0
2010	安徽	20 888	14.6%	0.2	0.3%	0.4	33.9%	0.4	0.3	51.5%	19 341.4	0.1
2010	湖北	27 906	14.8%	0.2	0.2%	0.4	37.9%	0.5	0.4	47.8%	17 824.9	0
2010	湖南	24 719	14.5%	0.2	0.3%	0.4	39.7%	0.4	0.3	50.9%	14 651.6	0
2010	江西	21 253	14%	0.2	0.3%	0.5	33%	0.4	0.4	46.3%	19 544.2	0.1

续表

年份	地区	经济增长				经济结构（1）						
		规模速度		财政收入		产业结构		城乡结构		需求结构		
		人均国内生产总值/亿元	国内生产总值增长率	人均地方财政收入/万元	地方财政收入增长率	工业化水平	第三产业产值占国内生产总值比例	城镇化率	城乡居民收入比	最终消费率	人均全社会固定资产投资额/万元	外贸出口依存度
2010	四川	21 182	15.1%	0.2	0.3%	0.4	35.1%	0.4	0.3	51%	16 294.1	0
2010	云南	15 752	12.3%	0.2	0.2%	0.4	40%	0.3	0.2	61.1%	11 939	0
2010	贵州	13 119	12.8%	0.2	0.3%	0.3	47.3%	0.3	0.2	66.5%	8 924.7	0
2010	广西	20 219	14.2%	0.2	0.2%	0.4	35.4%	0.4	0.3	56.4%	15 193.9	0
2010	重庆	27 596	17.1%	0.3	0.5%	0.5	36.2%	0.5	0.3	49.6%	22 915.1	0.1
2010	新疆	25 034	10.6%	0.2	0.3%	0.4	32.5%	0.4	0.3	52.8%	15 498.8	0.2
2010	甘肃	16 113	11.8%	0.1	0.2%	0.4	37.3%	0.4	0.3	62.8%	12 317.1	0
2010	青海	24 115	15.3%	0.2	0.3%	0.5	34.9%	0.4	0.3	57%	17 897.3	0
2010	内蒙古	47 347	15%	0.4	0.3%	0.5	36.1%	0.6	0.3	40.5%	35 969	0
2010	宁夏	26 860	13.4%	0.2	0.4%	0.4	41.6%	0.5	0.3	48.5%	22 584.4	0.1
2010	陕西	27 133	14.5%	0.3	0.3%	0.5	36.4%	0.5	0.3	47.7%	21 278.4	0
2011	北京	81 658	8.1%	1.5	0.1%	0.2	76.1%	0.9	0.4	58.4%	27 632.1	0.2
2011	天津	85 213	16.4%	1.1	0.4%	0.5	46.2%	0.8	0.5	37.9%	52 159.9	0.3
2011	河北	33 969	11.3%	0.2	0.3%	0.5	34.6%	0.5	0.4	39.3%	22 634.1	0.1
2011	山东	47 335	10.9%	0.4	0.3%	0.5	38.3%	0.5	0.4	39.9%	27 756.4	0.2
2011	江苏	62 290	11%	0.7	0.3%	0.5	42.4%	0.6	0.4	42%	33 792.4	0.4
2011	上海	82 560	8.2%	1.5	0.2%	0.4	58%	0.9	0.4	56.4%	21 137.7	0.7
2011	浙江	59 249	9.1%	0.6	0.2%	0.5	43.9%	0.6	0.4	46.5%	25 966.1	0.4
2011	福建	47 377	12.3%	0.4	0.3%	0.4	39.2%	0.6	0.4	40.7%	26 642.2	0.3
2011	广东	50 807	10%	0.5	0.2%	0.5	45.3%	0.7	0.3	49%	16 248.6	0.6
2011	海南	28 898	12%	0.4	0.3%	0.2	45.5%	0.5	0.4	46.8%	18 888	0.6
2011	黑龙江	32 819	12.2%	0.3	0.3%	0.4	36.2%	0.6	0.5	52.4%	19 497.6	0.1
2011	吉林	38 460	13.8%	0.3	0.4%	0.5	34.8%	0.5	0.4	39.6%	27 066.6	0
2011	辽宁	50 760	12.2%	0.6	0.3%	0.5	36.7%	0.6	0.4	39.9%	40 443.3	0.1
2011	山西	31 357	13%	0.3	0.3%	0.5	35.2%	0.5	0.3	43.3%	19 684	0
2011	河南	28 661	11.9%	0.2	0.2%	0.5	29.7%	0.4	0.4	43.8%	18 927.3	0
2011	安徽	25 659	13.5%	0.2	0.3%	0.5	32.5%	0.4	0.3	49.7%	20 870.8	0.1
2011	湖北	34 197	13.8%	0.3	0.5%	0.4	36.9%	0.5	0.4	44.3%	21 808.5	0
2011	湖南	29 880	12.8%	0.2	0.4%	0.4	38.3%	0.5	0.3	46.2%	18 012.3	0

续表

年份	地区	经济增长				经济结构（1）						
		规模速度		财政收入		产业结构		城乡结构		需求结构		
		人均国内生产总值/亿元	国内生产总值增长率	人均地方财政收入/万元	地方财政收入增长率	工业化水平	第三产业产值占国内生产总值比例	城镇化率	城乡居民收入比	最终消费率	人均全社会固定资产投资额/万元	外贸出口依存度
2011	江西	26 150	12.5%	0.2	0.4%	0.5	33.5%	0.5	0.4	47.8%	20 246.7	0.1
2011	四川	26 133	15%	0.3	0.3%	0.5	33.4%	0.4	0.3	49.6%	17 667.4	0.1
2011	云南	19 265	13.7%	0.2	0.3%	0.3	41.6%	0.4	0.3	59.3%	13 368.6	0
2011	贵州	16 413	15%	0.2	0.4%	0.3	48.8%	0.3	0.3	60.3%	12 210.8	0
2011	广西	25 326	12.3%	0.2	0.2%	0.4	34.1%	0.4	0.3	47.8%	17 202.7	0
2011	重庆	34 500	16.4%	0.5	0.6%	0.5	39.4%	0.6	0.3	46.4%	25 602.5	0.1
2011	新疆	30 087	12%	0.3	0.4%	0.4	34%	0.4	0.4	53.2%	20 969.4	0.1
2011	甘肃	19 595	12.5%	0.2	0.3%	0.4	39.1%	0.4	0.3	59.1%	15 466	0
2011	青海	29 522	13.5%	0.3	0.4%	0.5	32.3%	0.5	0.3	51.5%	25 266.7	0
2011	内蒙古	57 974	14.3%	0.5	0.3%	0.5	34.9%	0.6	0.3	38.5%	41 761.4	0
2011	宁夏	33 043	12%	0.3	0.4%	0.4	41%	0.5	0.3	48.5%	25 721.2	0.1
2011	陕西	33 464	13.9%	0.4	0.6%	0.5	34.8%	0.5	0.3	44.5%	25 196.6	0
2012	北京	87 475	7.7%	1.6	0.1%	0.2	76.5%	0.9	0.5	59.6%	29 538.5	0.2
2012	天津	93 173	13.8%	1.2	0.2%	0.5	47%	0.8	0.5	37.8%	56 149.7	0.2
2012	河北	36 584	9.6%	0.3	0.2%	0.5	35.3%	0.5	0.4	41.7%	26 977.6	0.1
2012	山东	51 768	9.8%	0.4	0.2%	0.5	40%	0.5	0.4	41.1%	32 272.6	0.2
2012	江苏	68 347	10.1%	0.7	0.1%	0.4	43.5%	0.6	0.4	42%	38 957.3	0.4
2012	上海	85 373	7.5%	1.6	0.1%	0.4	60.4%	0.9	0.4	57.1%	21 498.6	0.6
2012	浙江	63 374	8%	0.6	0.1%	0.4	45.2%	0.6	0.4	47.6%	32 224.6	0.4
2012	福建	52 763	11.4%	0.5	0.2%	0.4	39.3%	0.6	0.4	40%	33 190.8	0.3
2012	广东	54 095	8.2%	0.6	0.1%	0.5	46.5%	0.7	0.3	51.3%	17 700.1	0.6
2012	海南	32 377	9.1%	0.5	0.2%	0.2	46.9%	0.5	0.4	48.5%	24 187.1	0.6
2012	黑龙江	35 711	10%	0.3	0.2%	0.4	40.5%	0.6	0.5	53%	25 286.1	0.1
2012	吉林	43 415	12%	0.4	0.2%	0.5	34.8%	0.5	0.4	38.9%	34 582.2	0
2012	辽宁	56 649	9.5%	0.7	0.2%	0.5	38.1%	0.7	0.4	40.5%	49 752.3	0.1
2012	山西	33 628	10.1%	0.4	0.2%	0.5	38.7%	0.5	0.3	45.5%	24 545.3	0
2012	河南	31 499	11.5%	0.2	0.2%	0.5	30.9%	0.4	0.4	45.1%	22 804.6	0.1
2012	安徽	28 792	12.1%	0.3	0.2%	0.5	32.7%	0.5	0.3	49%	25 761.2	0.1
2012	湖北	38 572	11.3%	0.3	0.2%	0.4	36.9%	0.5	0.4	44.1%	26 956.7	0

续表

年份	地区	经济增长				经济结构（1）						
		规模速度		财政收入		产业结构		城乡结构		需求结构		
		人均国内生产总值/亿元	国内生产总值增长率	人均地方财政收入/万元	地方财政收入增长率	工业化水平	第三产业产值占国内生产总值比例	城镇化率	城乡居民收入比	最终消费率	人均全社会固定资产投资额/万元	外贸出口依存度
2012	湖南	33 480	11.3%	0.3	0.2%	0.4	39%	0.5	0.3	45.9%	21 875.6	0
2012	江西	28 800	11%	0.3	0.3%	0.5	34.6%	0.5	0.4	48.8%	23 921.4	0.1
2012	四川	29 608	12.6%	0.3	0.2%	0.4	34.5%	0.4	0.3	50%	21 099	0.1
2012	云南	22 195	13%	0.3	0.2%	0.3	41.1%	0.4	0.3	61.2%	16 808.5	0.1
2012	贵州	19 710	13.6%	0.3	0.3%	0.3	47.9%	0.4	0.3	57.7%	16 411.3	0
2012	广西	27 952	11.3%	0.2	0.2%	0.4	35.4%	0.4	0.3	50%	20 949.6	0.1
2012	重庆	38 914	13.6%	0.6	0.1%	0.4	41.4%	0.6	0.3	47.3%	29 664.5	0.2
2012	新疆	33 796	12%	0.4	0.3%	0.4	36%	0.4	0.4	56.8%	27 580.8	0.2
2012	甘肃	21 978	12.6%	0.2	0.2%	0.4	40.2%	0.4	0.3	58.9%	19 957.3	0
2012	青海	33 181	12.3%	0.3	0.2%	0.5	33%	0.5	0.3	52.7%	32 859.4	0
2012	内蒙古	63 886	11.7%	0.6	0.1%	0.5	35.5%	0.6	0.3	39.3%	47 693.6	0
2012	宁夏	36 394	11.5%	0.4	0.2%	0.4	42%	0.5	0.3	50.6%	32 400.1	0
2012	陕西	38 564	12.9%	0.4	0.1%	0.5	34.7%	0.5	0.3	44.2%	32 092.2	0
2013	北京	94 648	7.7%	1.7	0.1%	0.2	76.9%	0.9	0.4	61.3%	32 376.9	0.2
2013	天津	100 105	12.5%	1.4	0.2%	0.5	48.1%	0.8	0.5	39.2%	62 017.3	0.2
2013	河北	38 909	8.2%	0.3	0.1%	0.5	35.5%	0.5	0.4	42%	31 631.6	0.1
2013	山东	56 885	9.6%	0.5	0.1%	0.4	41.2%	0.5	0.4	41.3%	37 796.8	0.2
2013	江苏	75 354	9.6%	0.8	0.1%	0.4	44.7%	0.6	0.4	44.7%	45 813.2	0.3
2013	上海	90 993	7.7%	1.7	0.1%	0.3	62.2%	0.9	0.4	57.9%	23 384.8	0.6
2013	浙江	68 805	8.2%	0.7	0.1%	0.4	46.1%	0.6	0.4	47.2%	37 799.4	0.4
2013	福建	58 145	11%	0.6	0.2%	0.4	39.1%	0.6	0.4	38.6%	40 613.2	0.3
2013	广东	58 833	8.5%	0.7	0.1%	0.4	47.8%	0.7	0.4	51.8%	20 958.7	0.6
2013	海南	35 663	9.9%	0.5	0.2%	0.2	48.3%	0.5	0.4	50.5%	30 135	0.6
2013	黑龙江	37 697	8%	0.3	0.1%	0.4	41.4%	0.6	0.5	55.4%	29 864.5	0.1
2013	吉林	47 428	8.3%	0.4	0.1%	0.5	35.5%	0.5	0.5	39.4%	36 271.3	0
2013	辽宁	61 996	8.7%	0.8	0.1%	0.5	38.7%	0.7	0.4	41.4%	57 192.8	0.1
2013	山西	34 984	8.9%	0.5	0.1%	0.5	40%	0.5	0.3	49.1%	30 390.9	0
2013	河南	34 211	9%	0.3	0.2%	0.5	32%	0.4	0.4	47.5%	27 714.3	0.1
2013	安徽	32 001	10.4%	0.3	0.2%	0.5	33%	0.5	0.4	53.4%	30 883.1	0.1

续表

年份	地区	经济增长				经济结构（1）						
		规模速度		财政收入		产业结构		城乡结构		需求结构		
		人均国内生产总值/亿元	国内生产总值增长率	人均地方财政收入/万元	地方财政收入增长率	工业化水平	第三产业产值占国内生产总值比例	城镇化率	城乡居民收入比	最终消费率	人均全社会固定资产投资额/万元	外贸出口依存度
2013	湖北	42 826	10.1%	0.4	0.2%	0.4	38.1%	0.5	0.4	43.9%	33 294.2	0
2013	湖南	36 943	10.1%	0.3	0.1%	0.4	40.3%	0.5	0.3	46%	26 666.4	0
2013	江西	31 930	10.1%	0.4	0.2%	0.4	35.1%	0.5	0.4	49.1%	28 415.9	0.1
2013	四川	32 617	10%	0.3	0.1%	0.4	35.2%	0.4	0.4	50.4%	25 072.3	0.1
2013	云南	25 322	12.1%	0.3	0.2%	0.3	41.8%	0.4	0.3	62.8%	21 269.8	0.1
2013	贵州	23 151	12.5%	0.3	0.2%	0.3	46.6%	0.4	0.3	56.6%	21 054.1	0
2013	广西	30 741	10.2%	0.3	0.1%	0.4	36%	0.4	0.3	51.5%	25 233.5	0.1
2013	重庆	43 223	12.3%	0.6	0%	0.4	46.8%	0.6	0.4	47.4%	35 135.5	0.2
2013	新疆	37 553	11%	0.5	0.2%	0.3	37.4%	0.4	0.3	55%	34 148.7	0.2
2013	甘肃	24 539	10.8%	0.2	0.2%	0.4	41%	0.4	0.3	58.8%	25 280.7	0
2013	青海	36 875	10.8%	0.4	0.2%	0.5	32.8%	0.5	0.3	49.9%	40 864.2	0
2013	内蒙古	67 836	9%	0.7	0.1%	0.5	36.5%	0.6	0.3	40.9%	56 915.1	0
2013	宁夏	39 613	9.8%	0.5	0.2%	0.4	42%	0.5	0.3	52.2%	40 525.5	0.1
2013	陕西	43 117	11%	0.5	0.1%	0.5	34.9%	0.5	0.3	44%	39 546.6	0
2014	北京	99 995	7.3%	1.9	0.1%	0.2	77.9%	0.9	0.4	62.5%	32 181.8	0.2
2014	天津	105 231	10%	1.6	0.1%	0.5	49.6%	0.8	0.6	39.8%	69 335.5	0.2
2014	河北	39 984	6.5%	0.3	0.1%	0.5	37.3%	0.5	0.4	42.6%	36 122.5	0.1
2014	山东	60 879	8.7%	0.5	0.1%	0.4	43.5%	0.6	0.4	40.7%	43 409.6	0.1
2014	江苏	81 874	8.7%	0.9	0.1%	0.4	47%	0.7	0.4	47.7%	52 686.3	0.3
2014	上海	97 370	7%	1.9	0.1%	0.3	64.8%	0.9	0.4	58.8%	24 803.1	0.5
2014	浙江	73 002	7.6%	0.7	0.1%	0.4	47.8%	0.6	0.5	48.2%	44 050.1	0.4
2014	福建	63 472	9.9%	0.6	0.1%	0.4	39.6%	0.6	0.4	38.7%	47 761.1	0.3
2014	广东	63 469	7.8%	0.8	0.1%	0.4	49%	0.7	0.4	50%	24 518.8	0.6
2014	海南	38 924	8.5%	0.6	0.2%	0.1	51.9%	0.5	0.4	49.2%	34 447.1	0.6
2014	黑龙江	39 226	5.6%	0.3	0%	0.3	45.8%	0.6	0.5	58.1%	25 643.1	0.1
2014	吉林	50 160	6.5%	0.4	0%	0.5	36.2%	0.5	0.5	37%	41 205	0
2014	辽宁	65 201	5.8%	0.7	0%	0.4	41.8%	0.7	0.4	42.6%	56 316.4	0.1
2014	山西	35 070	4.9%	0.5	0.1%	0.4	44.5%	0.5	0.4	49.9%	33 866.6	0
2014	河南	37 072	8.9%	0.3	0.1%	0.5	37.1%	0.5	0.4	48.2%	32 622.1	0.1

续表

年份	地区	经济增长				经济结构（1）						
		规模速度		财政收入		产业结构		城乡结构		需求结构		
		人均国内生产总值/亿元	国内生产总值增长率	人均地方财政收入/万元	地方财政收入增长率	工业化水平	第三产业产值占国内生产总值比例	城镇化率	城乡居民收入比	最终消费率	人均全社会固定资产投资额/万元	外贸出口依存度
2014	安徽	34 425	9.2%	0.4	0.1%	0.5	35.4%	0.5	0.4	48.6%	35 961.8	0.1
2014	湖北	47 145	9.7%	0.4	0.2%	0.4	41.5%	0.6	0.4	43.7%	39 400.4	0
2014	湖南	40 271	9.5%	0.3	0.1%	0.4	42.2%	0.5	0.4	46.1%	31 530.8	0
2014	江西	34 674	9.7%	0.4	0.2%	0.4	36.8%	0.5	0.4	49.1%	33 198.1	0.1
2014	四川	35 128	8.5%	0.4	0.1%	0.4	38.7%	0.5	0.4	50.9%	28 646.2	0.1
2014	云南	27 264	8.1%	0.4	0.1%	0.3	43.3%	0.4	0.3	64%	24 392.3	0.1
2014	贵州	26 437	10.8%	0.4	0.1%	0.3	44.6%	0.4	0.3	57.1%	25 728.8	0.1
2014	广西	33 090	8.5%	0.3	0.1%	0.4	37.9%	0.5	0.4	52.2%	29 119.1	0.1
2014	重庆	47 850	10.9%	0.6	0.1%	0.4	46.8%	0.6	0.4	47.4%	41 069.1	0.3
2014	新疆	40 648	10%	0.6	0.1%	0.3	40.8%	0.5	0.3	54.2%	41 112.9	0.2
2014	甘肃	26 433	8.9%	0.3	0.1%	0.3	44%	0.4	0.2	59%	30 431.5	0
2014	青海	39 671	9.2%	0.4	0.1%	0.4	37%	0.5	0.3	50.1%	49 042.4	0
2014	内蒙古	71 046	7.8%	0.7	0.1%	0.5	39.5%	0.6	0.4	40.3%	70 232.5	0
2014	宁夏	41 834	8%	0.5	0.1%	0.4	43.4%	0.5	0.3	53.4%	47 942.4	0.1
2014	陕西	46 929	9.7%	0.5	0.1%	0.5	37%	0.5	0.3	44.2%	45 540.1	0

附表 7-2　经济发展方式转变指标原始数据（2）

年份	地区	经济结构（2）			经济效益			
		市场化程度			劳动资本效益		能源效益	土地利用效益
		地方财政支出占国内生产总值比例	私营、个体企业从业人员占就业人口比例	私营产值占工业总产值比例	规模以上工业企业全员劳动生产率/(元/人)	固定资产投资效果系数	单位国内生产总值能耗/(tce/万元)	单位建设用地产出量/(亿元/km^2)
2005	北京	0.2%	0.4%	0.0%	138 998.0	2.5	0.8	555.8
2005	天津	0.1%	0.3%	0.1%	150 257.8	2.5	1.1	697.7
2005	河北	0.1%	0.1%	0.3%	110 160.5	2.4	2.0	805.5
2005	山东	0.1%	0.2%	0.2%	113 947.1	2.0	1.3	701.9
2005	江苏	0.1%	0.3%	0.2%	115 137.0	2.3	0.9	770.5
2005	上海	0.2%	0.6%	0.1%	159 054.0	2.6	0.9	311.7
2005	浙江	0.1%	0.3%	0.4%	132 541.5	2.1	0.9	775.6

续表

年份	地区	经济结构（2）			经济效益			
		市场化程度			劳动资本效益		能源效益	土地利用效益
		地方财政支出占国内生产总值比例	私营、个体企业从业人员占就业人口比例	私营产值占工业总产值比例	规模以上工业企业全员劳动生产率/(元/人)	固定资产投资效果系数	单位国内生产总值能耗/(tce/万元)	单位建设用地产出量/(亿元/km²)
2005	福建	0.1%	0.1%	0.2%	78 898.0	2.8	0.9	990.8
2005	广东	0.1%	0.2%	0.1%	86 735.0	3.2	0.8	732.4
2005	海南	0.2%	0.2%	0.1%	106 979.2	2.5	0.9	297.3
2005	黑龙江	0.1%	0.2%	0.1%	158 239.6	3.2	1.5	374.8
2005	吉林	0.2%	0.2%	0.1%	114 344.4	2.1	1.7	425.4
2005	辽宁	0.2%	0.3%	0.2%	112 380.3	1.9	1.8	573.2
2005	山西	0.2%	0.1%	0.2%	82 396.8	2.3	3.0	625.8
2005	河南	0.1%	0.1%	0.2%	88 950.0	2.5	1.4	740.9
2005	安徽	0.1%	0.1%	0.2%	93 905.4	2.1	1.2	429.7
2005	湖北	0.1%	0.1%	0.1%	106 134.2	2.5	1.5	469.4
2005	湖南	0.1%	0.1%	0.3%	96 860.0	2.5	1.5	591.0
2005	江西	0.1%	0.1%	0.3%	78 698.0	1.9	1.1	606.6
2005	四川	0.1%	0.1%	0.2%	98 640.2	2.1	1.6	554.9
2005	云南	0.2%	0.1%	0.2%	196 291.1	2.0	1.7	771.8
2005	贵州	0.3%	0.0%	0.1%	86 035.2	2.0	3.3	449.6
2005	广西	0.2%	0.1%	0.2%	85 958.5	2.5	1.2	533.5
2005	重庆	0.2%	0.1%	0.3%	77 352.3	1.8	1.4	604.1
2005	新疆	0.2%	0.2%	0.1%	190 171.3	2.0	2.1	435.6
2005	甘肃	0.2%	0.1%	0.1%	87 700.4	2.2	2.3	368.4
2005	青海	0.3%	0.2%	0.1%	135 210.0	1.6	3.1	517.4
2005	内蒙古	0.2%	0.1%	0.2%	148 199.5	1.5	2.5	490.6
2005	宁夏	0.3%	0.1%	0.2%	83 480.5	1.4	4.1	258.5
2005	陕西	0.2%	0.2%	0.1%	111 067.2	2.0	1.5	632.6
2006	北京	0.2%	0.4%	0.1%	156 799.0	2.5	0.8	629.8
2006	天津	0.1%	0.3%	0.1%	210 078.2	2.5	1.1	826.4
2006	河北	0.1%	0.2%	0.3%	127 891.2	2.1	1.9	886.7
2006	山东	0.1%	0.2%	0.3%	140 598.7	2.0	1.2	775.2
2006	江苏	0.1%	0.3%	0.3%	133 108.1	2.2	0.9	875.3
2006	上海	0.2%	0.6%	0.1%	181 180.7	2.7	0.9	374.3

续表

年份	地区	经济结构（2）			经济效益			
		市场化程度			劳动资本效益		能源效益	土地利用效益
		地方财政支出占国内生产总值比例	私营、个体企业从业人员占就业人口比例	私营产值占工业总产值比例	规模以上工业企业全员劳动生产率/(元/人)	固定资产投资效果系数	单位国内生产总值能耗/(tce/万元)	单位建设用地产出量/(亿元/km^2)
2006	浙江	0.1%	0.3%	0.4%	145 214.4	2.1	0.9	907.4
2006	福建	0.1%	0.1%	0.2%	87 655.0	2.6	0.9	1 060.5
2006	广东	0.1%	0.2%	0.1%	97 882.0	3.3	0.8	906.8
2006	海南	0.2%	0.2%	0.1%	122 727.3	2.5	0.9	341.6
2006	黑龙江	0.2%	0.2%	0.1%	182 772.6	2.8	1.4	415.8
2006	吉林	0.2%	0.2%	0.1%	143 954.4	1.6	1.6	467.2
2006	辽宁	0.2%	0.3%	0.2%	137 126.5	1.6	1.8	688.7
2006	山西	0.2%	0.1%	0.2%	97 389.4	2.2	2.9	663.8
2006	河南	0.1%	0.1%	0.3%	111 021.0	2.1	1.3	823.2
2006	安徽	0.2%	0.1%	0.2%	114 420.2	1.7	1.2	535.6
2006	湖北	0.1%	0.1%	0.2%	123 628.9	2.3	1.5	563.8
2006	湖南	0.1%	0.1%	0.3%	117 264.0	2.4	1.4	645.0
2006	江西	0.1%	0.2%	0.3%	102 394.0	1.8	1.0	635.1
2006	四川	0.2%	0.1%	0.3%	119 325.1	2.0	1.5	718.2
2006	云南	0.2%	0.1%	0.2%	177 701.5	1.8	1.7	747.5
2006	贵州	0.3%	0.1%	0.1%	111 170.6	2.0	3.2	503.0
2006	广西	0.2%	0.1%	0.2%	117 545.7	2.2	1.2	648.2
2006	重庆	0.2%	0.1%	0.3%	96 652.9	1.6	1.4	630.2
2006	新疆	0.2%	0.2%	0.1%	242 151.7	1.9	2.1	432.6
2006	甘肃	0.2%	0.1%	0.1%	112 367.2	2.2	2.2	451.0
2006	青海	0.3%	0.2%	0.1%	177 392.0	1.6	3.1	600.5
2006	内蒙古	0.2%	0.2%	0.2%	196 009.7	1.5	2.4	634.7
2006	宁夏	0.3%	0.2%	0.3%	107 101.2	1.5	4.1	273.9
2006	陕西	0.2%	0.2%	0.1%	149 432.9	1.8	1.4	692.2
2007	北京	0.2%	0.4%	0.1%	181 078.0	2.5	0.7	751.1
2007	天津	0.1%	0.3%	0.1%	244 428.8	2.2	1.0	918.3
2007	河北	0.1%	0.2%	0.3%	158 540.4	2.0	1.8	1 001.3
2007	山东	0.1%	0.2%	0.3%	159 082.2	2.1	1.2	852.7
2007	江苏	0.1%	0.3%	0.3%	150 120.8	2.1	0.9	962.2

续表

年份	地区	经济结构（2）			经济效益			
		市场化程度			劳动资本效益		能源效益	土地利用效益
		地方财政支出占国内生产总值比例	私营、个体企业从业人员占就业人口比例	私营产值占工业总产值比例	规模以上工业企业全员劳动生产率/(元/人)	固定资产投资效果系数	单位国内生产总值能耗/(tce/万元)	单位建设用地产出量/(亿元/km²)
2007	上海	0.2%	0.6%	0.1%	194 743.4	2.8	0.8	436.9
2007	浙江	0.1%	0.3%	0.4%	165 330.7	2.2	0.8	990.2
2007	福建	0.1%	0.2%	0.2%	100 197.0	2.2	0.9	1 164.8
2007	广东	0.1%	0.3%	0.1%	107 880.0	3.4	0.7	900.2
2007	海南	0.2%	0.2%	0.1%	162 015.2	2.5	0.9	357.3
2007	黑龙江	0.2%	0.2%	0.1%	200 916.5	2.5	1.4	461.0
2007	吉林	0.2%	0.2%	0.1%	190 227.9	1.4	1.5	544.3
2007	辽宁	0.2%	0.3%	0.2%	164 435.1	1.5	1.7	815.5
2007	山西	0.2%	0.1%	0.2%	127 974.5	2.1	2.8	766.5
2007	河南	0.1%	0.1%	0.3%	142 201.2	1.9	1.3	909.8
2007	安徽	0.2%	0.1%	0.2%	142 768.8	1.4	1.1	602.4
2007	湖北	0.1%	0.1%	0.2%	162 794.4	2.2	1.4	681.8
2007	湖南	0.1%	0.1%	0.3%	145 999.0	2.3	1.4	790.6
2007	江西	0.2%	0.2%	0.3%	129 489.0	1.8	1.0	703.1
2007	四川	0.2%	0.1%	0.3%	156 089.7	1.9	1.5	816.9
2007	云南	0.2%	0.1%	0.2%	190 846.5	1.7	1.6	686.7
2007	贵州	0.3%	0.1%	0.2%	133 668.6	1.9	3.1	612.3
2007	广西	0.2%	0.1%	0.2%	152 665.8	2.0	1.2	743.7
2007	重庆	0.2%	0.1%	0.3%	127 959.4	1.5	1.3	712.8
2007	新疆	0.2%	0.2%	0.1%	308 340.2	1.9	2.0	504.8
2007	甘肃	0.2%	0.1%	0.1%	143 001.5	2.1	2.1	524.7
2007	青海	0.4%	0.2%	0.1%	220 251.0	1.7	3.1	731.5
2007	内蒙古	0.2%	0.2%	0.2%	271 607.7	1.5	2.3	813.1
2007	宁夏	0.3%	0.2%	0.3%	146 078.4	1.5	4.0	446.2
2007	陕西	0.2%	0.2%	0.1%	192 007.1	1.7	1.4	869.7
2008	北京	0.2%	0.4%	0.1%	165 153.0	2.9	0.7	823.3
2008	天津	0.1%	0.3%	0.1%	264 474.2	2.0	0.9	1 048.2
2008	河北	0.1%	0.2%	0.3%	192 854.7	1.8	1.7	1 117.4
2008	山东	0.1%	0.2%	0.3%	183 179.6	2.0	1.1	969.1

续表

年份	地区	经济结构（2）			经济效益			
		市场化程度			劳动资本效益		能源效益	土地利用效益
		地方财政支出占国内生产总值比例	私营、个体企业从业人员占就业人口比例	私营产值占工业总产值比例	规模以上工业企业全员劳动生产率/(元/人)	固定资产投资效果系数	单位国内生产总值能耗/(tce/万元)	单位建设用地产出量/(亿元/km^2)
2008	江苏	0.1%	0.4%	0.3%	133 678.8	2.0	0.8	1 035.5
2008	上海	0.2%	0.6%	0.1%	185 836.0	2.9	0.8	499.5
2008	浙江	0.1%	0.3%	0.4%	99 154.8	2.3	0.8	1 059.9
2008	福建	0.1%	0.2%	0.3%	116 619.0	2.1	0.8	1 316.7
2008	广东	0.1%	0.3%	0.2%	117 940.0	3.4	0.7	933.2
2008	海南	0.2%	0.2%	0.1%	207 894.4	2.1	0.9	424.6
2008	黑龙江	0.2%	0.2%	0.1%	220 834.7	2.3	1.3	512.3
2008	吉林	0.2%	0.2%	0.2%	196 180.8	1.3	1.4	603.4
2008	辽宁	0.2%	0.3%	0.3%	180 299.3	1.4	1.6	844.8
2008	山西	0.2%	0.2%	0.2%	163 291.8	2.1	2.6	972.8
2008	河南	0.1%	0.1%	0.4%	181 939.0	1.7	1.2	1 023.8
2008	安徽	0.2%	0.1%	0.3%	154 639.5	1.3	1.1	643.3
2008	湖北	0.1%	0.2%	0.2%	162 879.6	2.0	1.3	700.2
2008	湖南	0.2%	0.1%	0.4%	177 875.0	2.1	1.3	943.3
2008	江西	0.2%	0.2%	0.3%	162 992.0	1.5	0.9	822.1
2008	四川	0.2%	0.1%	0.3%	166 004.6	1.8	1.4	911.8
2008	云南	0.3%	0.1%	0.2%	227 800.9	1.7	1.6	784.0
2008	贵州	0.3%	0.1%	0.2%	142 975.7	1.9	2.9	751.4
2008	广西	0.2%	0.1%	0.2%	172 462.5	1.9	1.1	697.9
2008	重庆	0.2%	0.1%	0.4%	138 472.0	1.5	1.3	834.8
2008	新疆	0.3%	0.2%	0.1%	299 101.0	1.9	2.0	534.3
2008	甘肃	0.3%	0.1%	0.1%	164 101.7	1.8	2.0	591.9
2008	青海	0.4%	0.2%	0.1%	278 205.0	1.7	2.9	934.5
2008	内蒙古	0.2%	0.2%	0.2%	329 951.2	1.6	2.2	985.6
2008	宁夏	0.3%	0.2%	0.3%	191 077.6	1.5	3.7	402.6
2008	陕西	0.2%	0.2%	0.1%	226 663.1	1.6	1.3	988.5
2009	北京	0.2%	0.4%	0.1%	189 529.0	2.6	0.6	852.2
2009	天津	0.1%	0.3%	0.1%	274 068.1	1.6	0.8	1 136.2
2009	河北	0.1%	0.2%	0.4%	197 230.7	1.4	1.6	1 149.8

续表

年份	地区	经济结构（2）			经济效益			
		市场化程度			劳动资本效益		能源效益	土地利用效益
		地方财政支出占国内生产总值比例	私营、个体企业从业人员占就业人口比例	私营产值占工业总产值比例	规模以上工业企业全员劳动生产率/(元/人)	固定资产投资效果系数	单位国内生产总值能耗/(tce/万元)	单位建设用地产出量/(亿元/km²)
2009	山东	0.1%	0.2%	0.4%	203 408.1	1.8	1.1	1 012.7
2009	江苏	0.1%	0.4%	0.3%	163 471.7	1.8	0.8	1 087.7
2009	上海	0.2%	0.6%	0.1%	181 331.8	3.0	0.7	562.1
2009	浙江	0.1%	0.3%	0.4%	103 266.7	2.1	0.7	1 089.1
2009	福建	0.1%	0.2%	0.3%	123 205.0	2.0	0.8	1 388.9
2009	广东	0.1%	0.3%	0.2%	126 984.0	3.1	0.7	842.0
2009	海南	0.3%	0.2%	0.1%	225 051.5	1.7	0.9	810.9
2009	黑龙江	0.2%	0.2%	0.2%	201 100.5	1.7	1.2	510.2
2009	吉林	0.2%	0.2%	0.2%	213 549.8	1.1	1.2	636.3
2009	辽宁	0.2%	0.3%	0.4%	200 496.6	1.2	1.4	933.9
2009	山西	0.2%	0.2%	0.2%	160 068.2	1.5	2.4	883.4
2009	河南	0.1%	0.1%	0.4%	172 874.0	1.4	1.2	1 065.7
2009	安徽	0.2%	0.1%	0.3%	171 847.8	1.1	1.0	693.0
2009	湖北	0.2%	0.2%	0.2%	174 096.0	1.6	1.2	795.6
2009	湖南	0.2%	0.1%	0.4%	186 642.0	1.7	1.2	907.6
2009	江西	0.2%	0.2%	0.4%	168 029.0	1.2	0.9	862.1
2009	四川	0.3%	0.1%	0.4%	205 254.0	1.2	1.3	960.7
2009	云南	0.3%	0.1%	0.2%	192 961.0	1.4	1.5	817.2
2009	贵州	0.4%	0.1%	0.2%	156 102.4	1.6	2.4	787.3
2009	广西	0.2%	0.1%	0.3%	184 334.3	1.5	1.1	917.2
2009	重庆	0.2%	0.2%	0.4%	159 472.6	1.3	1.2	848.1
2009	新疆	0.3%	0.2%	0.1%	257 206.8	1.6	1.9	512.8
2009	甘肃	0.4%	0.1%	0.1%	164 668.3	1.4	1.9	597.5
2009	青海	0.5%	0.2%	0.1%	213 215.0	1.4	2.7	965.4
2009	内蒙古	0.2%	0.2%	0.2%	398 596.0	1.3	2.0	1 076.3
2009	宁夏	0.3%	0.2%	0.3%	191 788.9	1.3	3.5	407.6
2009	陕西	0.2%	0.2%	0.1%	228 592.9	1.3	1.2	1 223.0
2010	北京	0.2%	0.4%	0.1%	221 639.0	2.6	0.6	976.7
2010	天津	0.1%	0.3%	0.1%	296 199.0	1.5	0.8	1 342.7

续表

年份	地区	经济结构（2）			经济效益			
		市场化程度			劳动资本效益		能源效益	土地利用效益
		地方财政支出占国内生产总值比例	私营、个体企业从业人员占就业人口比例	私营产值占工业总产值比例	规模以上工业企业全员劳动生产率/(元/人)	固定资产投资效果系数	单位国内生产总值能耗/(tce/万元)	单位建设用地产出量/(亿元/km²)
2010	河北	0.1%	0.1%	0.4%	237 409.7	1.4	1.6	1 297.3
2010	山东	0.1%	0.2%	0.4%	232 485.7	1.7	1.0	1 110.9
2010	江苏	0.1%	0.4%	0.4%	183 934.2	1.8	0.7	1 209.5
2010	上海	0.2%	0.7%	0.1%	213 497.0	3.4	0.7	624.7
2010	浙江	0.1%	0.3%	0.4%	121 238.8	2.2	0.7	1 234.3
2010	福建	0.1%	0.2%	0.3%	148 426.0	1.8	0.8	1 446.2
2010	广东	0.1%	0.3%	0.2%	129 709.0	2.9	0.7	963.6
2010	海南	0.3%	0.2%	0.0%	231 000.0	1.6	0.8	791.0
2010	黑龙江	0.2%	0.2%	0.2%	271 239.8	1.5	1.2	596.6
2010	吉林	0.2%	0.2%	0.3%	268 585.9	1.1	1.2	739.6
2010	辽宁	0.2%	0.3%	0.4%	227 295.9	1.2	1.9	937.4
2010	山西	0.2%	0.2%	0.2%	208 817.3	1.5	2.2	1 086.3
2010	河南	0.1%	0.1%	0.4%	206 596.0	1.4	0.9	1 186.0
2010	安徽	0.2%	0.1%	0.3%	199 744.0	1.1	1.0	802.6
2010	湖北	0.2%	0.2%	0.3%	208 038.1	1.6	1.2	811.0
2010	湖南	0.2%	0.1%	0.4%	217 334.0	1.7	1.2	1 099.2
2010	江西	0.2%	0.2%	0.4%	206 437.0	1.1	0.9	978.4
2010	四川	0.2%	0.2%	0.4%	194 514.7	1.3	1.3	1 067.4
2010	云南	0.3%	0.2%	0.2%	212 309.0	1.3	1.4	867.2
2010	贵州	0.4%	0.1%	0.2%	152 826.9	1.5	2.3	964.8
2010	广西	0.2%	0.1%	0.3%	199 980.1	1.4	1.0	1 052.8
2010	重庆	0.2%	0.2%	0.4%	183 031.5	1.2	1.1	925.9
2010	新疆	0.3%	0.2%	0.1%	352 287.1	1.6	1.5	638.2
2010	甘肃	0.4%	0.1%	0.1%	192 926.8	1.3	1.8	693.7
2010	青海	0.6%	0.2%	0.1%	292 203.0	1.3	2.6	1 195.1
2010	内蒙古	0.2%	0.2%	0.3%	418 291.8	1.3	1.9	1 039.4
2010	宁夏	0.3%	0.2%	0.3%	190 392.6	1.2	3.3	594.9
2010	陕西	0.2%	0.2%	0.1%	279 913.9	1.3	1.1	1 436.0
2011	北京	0.2%	0.4%	0.1%	245 951.0	2.9	0.5	1 079.9

续表

年份	地区	经济结构（2）			经济效益			
		市场化程度			劳动资本效益		能源效益	土地利用效益
		地方财政支出占国内生产总值比例	私营、个体企业从业人员占就业人口比例	私营产值占工业总产值比例	规模以上工业企业全员劳动生产率/(元/人)	固定资产投资效果系数	单位国内生产总值能耗/(tce/万元)	单位建设用地产出量/(亿元/km^2)
2011	天津	0.2%	0.3%	0.1%	308 818.6	1.6	0.7	1 590.3
2011	河北	0.1%	0.2%	0.4%	295 183.0	1.5	1.3	1 508.7
2011	山东	0.1%	0.2%	0.3%	287 146.3	1.7	0.9	1 232.3
2011	江苏	0.1%	0.4%	0.4%	221 206.8	1.8	0.6	1 382.2
2011	上海	0.2%	0.7%	0.1%	252 405.9	3.9	0.6	695.0
2011	浙江	0.1%	0.4%	0.4%	160 279.3	2.3	0.6	1 428.1
2011	福建	0.1%	0.3%	0.3%	182 719.0	1.8	0.6	1 630.5
2011	广东	0.1%	0.3%	0.2%	147 987.4	3.1	0.6	1 275.4
2011	海南	0.3%	0.2%	0.0%	285 209.2	1.5	0.7	941.3
2011	黑龙江	0.2%	0.3%	0.2%	338 521.4	1.7	1.0	730.7
2011	吉林	0.2%	0.3%	0.2%	324 825.5	1.4	0.9	877.8
2011	辽宁	0.2%	0.3%	0.4%	284 396.6	1.3	1.4	1 087.9
2011	山西	0.2%	0.2%	0.2%	279 566.4	1.6	1.8	1 279.9
2011	河南	0.2%	0.1%	0.4%	217 295.0	1.5	0.9	1 333.9
2011	安徽	0.2%	0.2%	0.3%	256 589.7	1.2	0.8	977.7
2011	湖北	0.2%	0.2%	0.2%	306 306.7	1.6	0.9	961.0
2011	湖南	0.2%	0.2%	0.5%	273 122.0	1.7	0.9	1 333.5
2011	江西	0.2%	0.3%	0.4%	231 445.0	1.3	0.7	1 186.9
2011	四川	0.2%	0.2%	0.4%	219 878.4	1.5	1.2	1 204.3
2011	云南	0.3%	0.2%	0.2%	263 600.0	1.4	1.2	1 002.6
2011	贵州	0.4%	0.1%	0.2%	204 022.7	1.3	1.7	1 088.1
2011	广西	0.2%	0.1%	0.3%	247 159.2	1.5	0.8	1 257.6
2011	重庆	0.3%	0.2%	0.4%	241 796.1	1.3	1.0	1 059.4
2011	新疆	0.3%	0.2%	0.1%	418 953.3	1.4	1.6	708.5
2011	甘肃	0.4%	0.1%	0.1%	299 085.7	1.3	1.4	816.3
2011	青海	0.6%	0.2%	0.1%	366 990.0	1.2	2.1	1 369.2
2011	内蒙古	0.2%	0.3%	0.2%	504 293.0	1.4	1.4	1 216.9
2011	宁夏	0.3%	0.3%	0.3%	242 196.6	1.3	2.3	671.6
2011	陕西	0.2%	0.2%	0.1%	353 422.4	1.3	0.9	1 772.3

续表

年份	地区	经济结构（2）			经济效益			
		市场化程度			劳动资本效益		能源效益	土地利用效益
		地方财政支出占国内生产总值比例	私营、个体企业从业人员占就业人口比例	私营产值占工业总产值比例	规模以上工业企业全员劳动生产率/(元/人)	固定资产投资效果系数	单位国内生产总值能耗/(tce/万元)	单位建设用地产出量/(亿元/km^2)
2012	北京	0.2%	0.6%	0.1%	252 465.0	2.9	0.5	1 127.3
2012	天津	0.2%	0.4%	0.1%	347 794.9	1.6	0.7	1 785.9
2012	河北	0.2%	0.4%	0.4%	293 911.8	1.4	1.7	1 651.6
2012	山东	0.1%	0.4%	0.3%	306 415.9	1.6	0.9	1 297.7
2012	江苏	0.1%	0.6%	0.4%	248 905.6	1.8	0.6	1 460.2
2012	上海	0.2%	0.4%	0.1%	271 025.9	3.9	0.6	740.8
2012	浙江	0.1%	0.5%	0.4%	171 752.3	2.0	0.5	1 542.7
2012	福建	0.1%	0.4%	0.3%	188 811.0	1.6	0.6	1 749.7
2012	广东	0.1%	0.5%	0.2%	156 463.0	3.0	0.5	1 397.7
2012	海南	0.3%	0.5%	0.0%	375 915.5	1.3	0.7	1 128.7
2012	黑龙江	0.2%	0.4%	0.2%	361 489.5	1.4	1.0	783.3
2012	吉林	0.2%	0.5%	0.3%	318 948.5	1.3	0.9	986.7
2012	辽宁	0.2%	0.5%	0.4%	301 061.8	1.1	1.4	1 168.1
2012	山西	0.2%	0.3%	0.2%	309 530.5	1.4	1.7	1 283.1
2012	河南	0.2%	0.4%	0.4%	216 674.0	1.4	0.8	1 421.0
2012	安徽	0.2%	0.5%	0.3%	270 291.5	1.1	0.7	1 023.3
2012	湖北	0.2%	0.5%	0.2%	333 677.7	1.4	0.9	1 046.1
2012	湖南	0.2%	0.5%	0.5%	281 868.4	1.5	0.8	1 549.2
2012	江西	0.2%	0.9%	0.4%	247 387.0	1.2	0.6	1 252.3
2012	四川	0.2%	0.4%	0.4%	248 131.2	1.4	1.1	1 286.3
2012	云南	0.3%	0.5%	0.2%	332 971.5	1.3	1.1	1 217.2
2012	贵州	0.4%	0.4%	0.2%	243 538.0	1.2	1.7	1 232.4
2012	广西	0.2%	0.4%	0.3%	277 424.4	1.3	0.8	1 265.5
2012	重庆	0.3%	0.6%	0.4%	273 894.6	1.3	0.9	1 328.2
2012	新疆	0.4%	0.4%	0.1%	409 773.8	1.2	1.6	786.7
2012	甘肃	0.4%	0.4%	0.1%	317 137.9	1.1	1.4	878.7
2012	青海	0.6%	0.4%	0.1%	382 563.0	1.0	2.1	1 552.1
2012	内蒙古	0.2%	0.6%	0.2%	562 760.9	1.3	1.3	1 324.5
2012	宁夏	0.4%	0.5%	0.3%	279 584.4	1.1	2.2	703.1

续表

年份	地区	经济结构（2）			经济效益			
		市场化程度			劳动资本效益		能源效益	土地利用效益
		地方财政支出占国内生产总值比例	私营、个体企业从业人员占就业人口比例	私营产值占工业总产值比例	规模以上工业企业全员劳动生产率/(元/人)	固定资产投资效果系数	单位国内生产总值能耗/(tce/万元)	单位建设用地产出量/(亿元/km^2)
2012	陕西	0.2%	0.4%	0.1%	389 412.7	1.2	0.8	1 862.6
2013	北京	0.2%	0.6%	0.1%	295 513.0	2.8	0.4	1 176.9
2013	天津	0.2%	0.4%	0.1%	370 482.0	1.6	0.7	1 952.5
2013	河北	0.2%	0.4%	0.4%	300 642.2	1.2	1.7	1 713.2
2013	山东	0.1%	0.4%	0.4%	335 394.6	1.5	0.8	1 428.5
2013	江苏	0.1%	0.5%	0.4%	253 536.7	1.6	0.6	1 527.2
2013	上海	0.2%	0.4%	0.1%	274 446.5	3.8	0.6	808.0
2013	浙江	0.1%	0.5%	0.4%	162 642.6	1.8	0.5	1 556.9
2013	福建	0.1%	0.4%	0.3%	210 899.0	1.4	0.5	1 851.9
2013	广东	0.1%	0.5%	0.2%	182 303.0	2.8	0.5	1 553.7
2013	海南	0.3%	0.5%	0.0%	390 241.6	1.2	0.6	1 092.5
2013	黑龙江	0.2%	0.5%	0.2%	368 909.4	1.3	1.0	815.4
2013	吉林	0.2%	0.5%	0.3%	325 961.8	1.3	0.9	1 027.0
2013	辽宁	0.2%	0.5%	0.4%	307 455.5	1.1	1.4	1 313.2
2013	山西	0.2%	0.3%	0.2%	319 095.9	1.1	1.7	1 295.2
2013	河南	0.2%	0.3%	0.4%	221 106.0	1.2	0.8	1 499.8
2013	安徽	0.2%	0.5%	0.3%	276 545.7	1.0	0.7	1 079.9
2013	湖北	0.2%	0.5%	0.3%	316 914.6	1.3	0.9	1 196.3
2013	湖南	0.2%	0.5%	0.5%	288 293.0	1.4	0.8	1 695.6
2013	江西	0.2%	0.8%	0.4%	278 594.0	1.1	0.6	1 320.3
2013	四川	0.2%	0.4%	0.4%	253 074.2	1.3	1.1	1 310.4
2013	云南	0.3%	0.5%	0.2%	338 462.4	1.2	1.1	1 481.8
2013	贵州	0.4%	0.4%	0.2%	249 500.9	1.1	1.7	1 332.2
2013	广西	0.2%	0.4%	0.3%	287 292.8	1.2	0.7	1 308.3
2013	重庆	0.2%	0.6%	0.4%	281 067.4	1.2	0.9	1 374.2
2013	新疆	0.4%	0.4%	0.1%	434 166.2	1.1	1.6	795.5
2013	甘肃	0.4%	0.4%	0.1%	331 098.7	1.0	1.4	952.6
2013	青海	0.6%	0.4%	0.1%	392 480.0	0.9	2.0	1 410.1
2013	内蒙古	0.2%	0.7%	0.2%	578 092.9	1.2	1.3	1 416.9

续表

年份	地区	经济结构（2）			经济效益			
		市场化程度			劳动资本效益		能源效益	土地利用效益
		地方财政支出占国内生产总值比例	私营、个体企业从业人员占就业人口比例	私营产值占工业总产值比例	规模以上工业企业全员劳动生产率/(元/人)	固定资产投资效果系数	单位国内生产总值能耗/(tce/万元)	单位建设用地产出量/(亿元/km²)
2013	宁夏	0.4%	0.4%	0.3%	287 011.7	1.0	2.1	718.5
2013	陕西	0.2%	0.4%	0.1%	464 378.7	1.1	0.8	1 813.0
2014	北京	0.2%	0.6%	0.1%	299 474.2	3.1	0.4	1 228.6
2014	天津	0.2%	0.4%	0.1%	375 687.6	1.5	0.7	1 997.8
2014	河北	0.2%	0.4%	0.4%	307 526.8	1.1	1.7	1 711.5
2014	山东	0.1%	0.4%	0.4%	341 226.7	1.4	0.8	1 388.8
2014	江苏	0.1%	0.5%	0.4%	258 253.9	1.6	0.6	1 600.0
2014	上海	0.2%	0.4%	0.1%	277 910.2	3.9	0.6	881.3
2014	浙江	0.1%	0.5%	0.4%	173 538.3	1.7	0.5	1 585.8
2014	福建	0.1%	0.5%	0.3%	239 802.0	1.3	0.5	1 991.4
2014	广东	0.1%	0.5%	0.2%	193 638.0	2.6	0.5	1 535.1
2014	海南	0.3%	0.6%	0.0%	398 895.9	1.1	0.6	1 356.9
2014	黑龙江	0.2%	0.4%	0.2%	376 481.6	1.5	1.0	847.8
2014	吉林	0.2%	0.5%	0.3%	333 129.4	1.2	0.9	1 076.7
2014	辽宁	0.2%	0.5%	0.4%	313 985.0	1.2	1.4	1 181.5
2014	山西	0.2%	0.4%	0.2%	328 956.9	1.0	1.7	1 234.0
2014	河南	0.2%	0.4%	0.4%	224 212.1	1.1	0.7	1 564.7
2014	安徽	0.2%	0.6%	0.4%	282 944.6	1.0	0.7	1 139.3
2014	湖北	0.2%	0.5%	0.3%	323 187.2	1.2	0.9	1 129.5
2014	湖南	0.2%	0.6%	0.5%	294 864.0	1.3	0.8	1 827.6
2014	江西	0.2%	0.8%	0.4%	284 065.2	1.0	0.6	1 398.8
2014	四川	0.2%	0.5%	0.4%	258 115.8	1.2	1.1	1 334.7
2014	云南	0.3%	0.5%	0.2%	344 043.8	1.1	0.9	1 406.7
2014	贵州	0.4%	0.4%	0.2%	255 609.8	1.0	1.6	1 454.6
2014	广西	0.2%	0.5%	0.3%	292 624.9	1.1	0.7	1 373.6
2014	重庆	0.2%	0.6%	0.4%	291 162.9	1.2	0.9	1 386.3
2014	新疆	0.4%	0.4%	0.1%	440 782.7	1.0	1.6	834.6
2014	甘肃	0.4%	0.4%	0.1%	338 941.6	0.9	1.4	902.9
2014	青海	0.6%	0.5%	0.1%	402 654.1	0.8	2.0	1 475.1

续表

年份	地区	经济结构（2）			经济效益			
		市场化程度			劳动资本效益		能源效益	土地利用效益
		地方财政支出占国内生产总值比例	私营、个体企业从业人员占就业人口比例	私营产值占工业总产值比例	规模以上工业企业全员劳动生产率/(元/人)	固定资产投资效果系数	单位国内生产总值能耗/(tce/万元)	单位建设用地产出量/(亿元/km²)
2014	内蒙古	0.2%	0.7%	0.2%	593 842.7	1.0	1.3	1 403.6
2014	宁夏	0.4%	0.5%	0.3%	294 636.4	0.9	2.0	731.9
2014	陕西	0.2%	0.4%	0.1%	475 406.8	1.0	0.8	1 870.0

附表 7-3　经济发展方式转变指标原始数据（3）

年份	地区	科技创新						民生保障（1）				
		创新投入			创新成果			人口素质			生活质量	
		研发支出占国内生产总值比例	科技经费支出占地方财政支出比例	研发人数/万人	发明专利授权量/件	技术合同成交金额/亿元	高技术产业总产值占国内生产总值比例	每十万人拥有的在校大学生人数/人	教育投入占国内生产总值比例	平均期望寿命/岁	城镇恩格尔系数	农村恩格尔系数
2005	北京	0.1%	0.0%	14.8	3 476.0	489.6	0.3%	6 579.9	0.0%	76.1	31.8%	32.8%
2005	天津	0.0%	0.0%	2.9	763.0	50.7	0.5%	4 340.3	0.0%	74.9	36.7%	38.6%
2005	河北	0.0%	0.0%	3.5	371.0	10.4	0.0%	1 443.4	0.0%	72.5	34.6%	41.0%
2005	山东	0.0%	0.0%	7.6	903.0	98.4	0.1%	1 597.6	0.0%	73.9	33.7%	39.8%
2005	江苏	0.0%	0.0%	9.7	1 241.0	100.8	0.3%	2 014.8	0.0%	73.9	37.2%	44.0%
2005	上海	0.0%	0.0%	5.7	1 997.0	231.7	0.4%	3 837.8	0.0%	78.1	35.9%	36.9%
2005	浙江	0.0%	0.0%	6.0	1 110.0	38.7	0.1%	1 885.8	0.0%	74.7	33.8%	38.6%
2005	福建	0.0%	0.0%	2.8	242.0	17.2	0.2%	1 426.9	0.0%	72.6	40.9%	46.1%
2005	广东	0.0%	0.0%	10.1	1 876.0	112.5	0.5%	1 462.2	0.0%	73.3	36.1%	48.3%
2005	海南	0.0%	0.0%	0.1	36.0	1.0	0.0%	1 133.1	0.0%	72.9	47.6%	57.6%
2005	黑龙江	0.0%	0.0%	3.8	407.0	14.3	0.1%	1 887.0	0.0%	72.4	33.5%	36.3%
2005	吉林	0.0%	0.0%	2.3	391.0	12.2	0.1%	2 144.3	0.0%	73.1	34.7%	43.5%
2005	辽宁	0.0%	0.0%	5.5	942.0	86.5	0.1%	2 140.7	0.0%	73.3	38.8%	41.6%
2005	山西	0.0%	0.0%	2.2	280.0	4.8	0.0%	1 610.9	0.0%	71.7	32.4%	44.2%
2005	河南	0.0%	0.0%	3.9	356.0	26.4	0.0%	1 118.6	0.0%	71.5	34.2%	45.4%
2005	安徽	0.0%	0.0%	2.3	238.0	14.3	0.0%	1 109.6	0.0%	71.9	43.7%	45.5%
2005	湖北	0.0%	0.0%	5.2	733.0	50.2	0.1%	2 176.4	0.0%	71.1	39.0%	49.1%
2005	湖南	0.0%	0.0%	3.2	533.0	41.7	0.0%	1 452.4	0.0%	70.7	35.8%	52.0%

续表

年份	地区	科技创新						民生保障（1）				
		创新投入			创新成果			人口素质			生活质量	
		研发支出占国内生产总值比例	科技经费支出占地方财政支出比例	研发人数/万人	发明专利授权量/件	技术合同成交金额/亿元	高技术产业总产值占国内生产总值比例	每十万人拥有的在校大学生人数/人	教育投入占国内生产总值比例	平均期望寿命/岁	城镇恩格尔系数	农村恩格尔系数
2005	江西	0.0%	0.0%	1.7	142.0	11.1	0.1%	1 767.5	0.0%	69.0	40.9%	49.1%
2005	四川	0.0%	0.0%	5.2	613.0	19.1	0.1%	1 204.5	0.0%	71.2	39.3%	54.7%
2005	云南	0.0%	0.0%	1.2	306.0	15.9	0.0%	904.0	0.0%	65.5	42.8%	54.5%
2005	贵州	0.0%	0.0%	0.8	162.0	1.1	0.1%	837.5	0.0%	66.0	39.9%	52.8%
2005	广西	0.0%	0.0%	1.6	140.0	9.4	0.0%	993.1	0.0%	71.3	42.5%	50.5%
2005	重庆	0.0%	0.0%	2.0	178.0	35.7	0.0%	1 473.8	0.0%	71.7	36.4%	52.8%
2005	新疆	0.0%	0.0%	0.6	88.0	8.0	0.0%	1 329.0	0.0%	67.4	36.4%	41.8%
2005	甘肃	0.0%	0.0%	1.4	116.0	17.3	0.0%	1 211.1	0.0%	67.5	36.0%	47.2%
2005	青海	0.0%	0.0%	0.2	24.0	1.2	0.0%	905.1	0.0%	66.0	36.3%	45.2%
2005	内蒙古	0.0%	0.0%	1.1	98.0	11.0	0.0%	1 302.7	0.0%	69.9	31.4%	45.1%
2005	宁夏	0.0%	0.0%	0.3	40.0	1.4	0.0%	1 278.1	0.0%	70.2	34.8%	44.0%
2005	陕西	0.0%	0.0%	4.2	445.0	18.9	0.1%	2 349.3	0.0%	70.1	36.1%	42.9%
2006	北京	0.1%	0.0%	14.7	3 864.0	697.3	0.3%	6 897.0	0.0%	76.1	30.8%	32.0%
2006	天津	0.0%	0.0%	3.2	967.0	58.9	0.5%	4 600.0	0.0%	74.9	34.9%	38.0%
2006	河北	0.0%	0.0%	3.6	407.0	15.6	0.0%	1 630.0	0.0%	72.5	33.9%	36.7%
2006	山东	0.0%	0.0%	8.3	1 092.0	23.2	0.1%	1 811.0	0.0%	73.9	32.0%	37.9%
2006	江苏	0.0%	0.0%	10.5	1 631.0	68.8	0.3%	2 301.0	0.0%	73.9	36.0%	41.8%
2006	上海	0.0%	0.0%	6.8	2 644.0	309.5	0.4%	4 206.0	0.0%	78.1	35.8%	37.8%
2006	浙江	0.0%	0.0%	7.5	1 423.0	40.0	0.2%	2 115.0	0.0%	74.7	32.9%	37.2%
2006	福建	0.0%	0.0%	3.0	310.0	11.3	0.2%	1 656.0	0.0%	72.6	39.3%	45.3%
2006	广东	0.0%	0.0%	12.1	2 441.0	107.0	0.5%	1 591.0	0.0%	73.3	36.2%	48.6%
2006	海南	0.0%	0.0%	0.1	39.0	0.9	0.0%	1 374.0	0.0%	72.9	43.5%	53.4%
2006	黑龙江	0.0%	0.0%	3.8	565.0	15.7	0.0%	2 090.0	0.0%	72.4	33.3%	35.3%
2006	吉林	0.0%	0.0%	2.5	449.0	15.4	0.1%	2 359.0	0.0%	73.1	33.4%	40.1%
2006	辽宁	0.0%	0.0%	5.8	1 063.0	80.7	0.1%	2 379.0	0.0%	73.3	38.8%	41.2%
2006	山西	0.0%	0.0%	2.7	314.0	5.9	0.0%	1 790.0	0.0%	71.7	31.4%	38.5%
2006	河南	0.0%	0.0%	4.7	450.0	23.7	0.0%	1 331.0	0.0%	71.5	33.1%	40.9%
2006	安徽	0.0%	0.0%	2.4	272.0	18.5	0.0%	1 351.0	0.0%	71.9	42.4%	43.2%

续表

年份	地区	科技创新						民生保障（1）				
		创新投入			创新成果			人口素质			生活质量	
		研发支出占国内生产总值比例	科技经费支出占地方财政支出比例	研发人数/万人	发明专利授权量/件	技术合同成交金额/亿元	高技术产业总产值占国内生产总值比例	每十万人拥有的在校大学生人数/人	教育投入占国内生产总值比例	平均期望寿命/岁	城镇恩格尔系数	农村恩格尔系数
2006	湖北	0.0%	0.0%	5.5	855.0	44.4	0.1%	2 542.0	0.0%	71.1	38.8%	46.8%
2006	湖南	0.0%	0.0%	3.4	581.0	45.5	0.0%	1 719.0	0.0%	70.7	34.9%	48.6%
2006	江西	0.0%	0.0%	2.0	157.0	9.3	0.1%	2 105.0	0.0%	69.0	39.7%	49.3%
2006	四川	0.0%	0.0%	5.4	676.0	25.9	0.1%	1 414.0	0.0%	71.2	37.7%	50.8%
2006	云南	0.0%	0.0%	1.3	355.0	8.3	0.0%	1 042.0	0.0%	65.5	42.0%	48.8%
2006	贵州	0.0%	0.0%	0.9	188.0	0.5	0.1%	910.0	0.0%	66.0	38.7%	51.5%
2006	广西	0.0%	0.0%	1.6	183.0	0.9	0.0%	1 228.0	0.0%	71.3	42.1%	49.6%
2006	重庆	0.0%	0.0%	2.2	246.0	55.4	0.0%	1 906.0	0.0%	71.7	36.3%	52.2%
2006	新疆	0.0%	0.0%	0.7	107.0	7.6	0.0%	1 416.0	0.0%	67.4	35.5%	39.9%
2006	甘肃	0.0%	0.0%	1.4	145.0	21.5	0.0%	1 427.0	0.0%	67.5	34.5%	46.7%
2006	青海	0.0%	0.0%	0.2	30.0	2.5	0.0%	935.0	0.0%	66.0	36.2%	44.2%
2006	内蒙古	0.0%	0.0%	1.2	108.0	10.7	0.0%	1 413.0	0.0%	69.9	30.3%	39.0%
2006	宁夏	0.0%	0.0%	0.4	64.0	0.5	0.0%	1 511.0	0.0%	70.2	33.9%	41.4%
2006	陕西	0.0%	0.0%	4.6	602.0	18.0	0.1%	2 549.0	0.0%	70.1	34.3%	39.0%
2007	北京	0.1%	0.1%	16.3	4 824.0	882.6	0.3%	6 825.8	0.0%	76.1	32.2%	32.1%
2007	天津	0.0%	0.0%	3.7	1 164.0	72.3	0.4%	4 600.4	0.0%	74.9	35.3%	38.9%
2007	河北	0.0%	0.0%	3.7	462.0	16.4	0.0%	1 712.4	0.0%	72.5	33.9%	36.8%
2007	山东	0.0%	0.0%	10.0	1 435.0	45.0	0.1%	1 916.6	0.0%	73.9	32.9%	37.8%
2007	江苏	0.0%	0.0%	12.1	2 220.0	78.4	0.4%	2 542.3	0.0%	73.9	36.7%	41.6%
2007	上海	0.0%	0.0%	7.6	3 259.0	354.9	0.5%	4 316.5	0.0%	78.1	35.5%	36.9%
2007	浙江	0.0%	0.0%	8.9	2 213.0	45.4	0.2%	2 246.3	0.0%	74.7	34.7%	36.4%
2007	福建	0.0%	0.0%	3.7	336.0	14.6	0.2%	1 787.8	0.0%	72.6	38.9%	46.1%
2007	广东	0.0%	0.0%	17.7	3 714.0	132.8	0.5%	1 717.9	0.0%	73.3	35.3%	49.7%
2007	海南	0.0%	0.0%	0.1	51.0	0.7	0.0%	1 601.8	0.0%	72.9	42.8%	56.0%
2007	黑龙江	0.0%	0.0%	4.2	668.0	35.0	0.0%	2 207.0	0.0%	72.4	35.0%	34.6%
2007	吉林	0.0%	0.0%	3.0	454.0	17.5	0.1%	2 493.1	0.0%	73.1	33.2%	40.5%
2007	辽宁	0.0%	0.0%	6.4	1 220.0	92.9	0.1%	2 497.7	0.0%	73.3	37.8%	39.6%
2007	山西	0.0%	0.0%	2.8	307.0	8.3	0.0%	1 863.2	0.0%	71.7	32.1%	38.5%

续表

年份	地区	科技创新						民生保障（1）				
		创新投入			创新成果			人口素质			生活质量	
		研发支出占国内生产总值比例	科技经费支出占地方财政支出比例	研发人数/万人	发明专利授权量/件	技术合同成交金额/亿元	高技术产业总产值占国内生产总值比例	每十万人拥有的在校大学生人数/人	教育投入占国内生产总值比例	平均期望寿命/岁	城镇恩格尔系数	农村恩格尔系数
2007	河南	0.0%	0.0%	4.8	563.0	26.2	0.0%	1 454.7	0.0%	71.5	34.6%	38.0%
2007	安徽	0.0%	0.0%	3.0	317.0	26.5	0.0%	1 484.5	0.0%	71.9	39.7%	43.3%
2007	湖北	0.0%	0.0%	5.8	886.0	52.2	0.1%	2 682.9	0.0%	71.1	39.7%	47.9%
2007	湖南	0.0%	0.0%	3.6	735.0	46.1	0.0%	1 837.7	0.0%	70.7	36.1%	49.6%
2007	江西	0.0%	0.0%	2.2	176.0	10.0	0.1%	2 110.7	0.0%	69.0	40.9%	49.8%
2007	四川	0.0%	0.0%	6.3	825.0	30.4	0.1%	1 499.5	0.0%	71.2	41.2%	52.3%
2007	云南	0.0%	0.0%	1.5	368.0	9.8	0.0%	1 081.4	0.0%	65.5	45.0%	46.5%
2007	贵州	0.0%	0.0%	0.9	233.0	0.7	0.1%	903.9	0.1%	66.0	40.3%	52.2%
2007	广西	0.0%	0.0%	1.8	188.0	1.0	0.0%	1 273.4	0.0%	71.3	41.7%	50.2%
2007	重庆	0.0%	0.0%	2.6	354.0	39.6	0.0%	2 043.4	0.0%	71.7	37.2%	54.5%
2007	新疆	0.0%	0.0%	0.8	90.0	7.2	0.0%	1 413.8	0.0%	67.4	35.1%	39.9%
2007	甘肃	0.0%	0.0%	1.5	180.0	26.2	0.0%	1 548.2	0.0%	67.5	35.9%	46.8%
2007	青海	0.0%	0.0%	0.2	28.0	5.3	0.0%	930.1	0.0%	66.0	37.3%	44.4%
2007	内蒙古	0.0%	0.0%	1.3	120.0	11.0	0.0%	1 506.7	0.0%	69.9	30.4%	39.3%
2007	宁夏	0.0%	0.0%	0.5	32.0	0.7	0.0%	1 518.2	0.1%	70.2	35.3%	40.3%
2007	陕西	0.0%	0.0%	5.1	755.0	30.2	0.1%	2 682.9	0.0%	70.1	36.4%	36.8%
2008	北京	0.0%	0.1%	16.7	6 478.0	1 027.2	0.3%	6 750.0	0.0%	76.1	33.8%	34.3%
2008	天津	0.0%	0.0%	3.9	1 610.0	86.6	0.3%	4 534.2	0.0%	74.9	37.3%	41.0%
2008	河北	0.0%	0.0%	3.7	549.0	16.6	0.0%	1 810.6	0.0%	72.5	34.7%	38.2%
2008	山东	0.0%	0.0%	13.3	1 845.0	66.0	0.1%	2 071.1	0.0%	73.9	33.6%	38.1%
2008	江苏	0.0%	0.0%	14.5	3 508.0	94.0	0.4%	2 679.2	0.0%	73.9	37.9%	41.3%
2008	上海	0.0%	0.0%	8.0	4 258.0	386.2	0.4%	4 371.2	0.0%	78.1	36.6%	40.9%
2008	浙江	0.0%	0.0%	10.6	3 269.0	58.9	0.1%	2 324.0	0.0%	74.7	36.4%	38.0%
2008	福建	0.0%	0.0%	4.9	530.0	18.0	0.2%	1 936.7	0.0%	72.6	40.6%	46.4%
2008	广东	0.0%	0.0%	20.9	7 604.0	201.6	0.5%	1 820.5	0.0%	73.3	37.8%	49.0%
2008	海南	0.0%	0.0%	0.1	47.0	3.6	0.0%	1 800.5	0.0%	72.9	44.9%	53.4%
2008	黑龙江	0.0%	0.0%	4.5	740.0	41.3	0.0%	2 351.8	0.0%	72.4	36.3%	33.0%
2008	吉林	0.0%	0.0%	3.0	574.0	19.6	0.1%	2 659.1	0.0%	73.1	34.0%	39.6%

续表

年份	地区	科技创新						民生保障（1）				
		创新投入			创新成果			人口素质			生活质量	
		研发支出占国内生产总值比例	科技经费支出占地方财政支出比例	研发人数/万人	发明专利授权量/件	技术合同成交金额/亿元	高技术产业总产值占国内生产总值比例	每十万人拥有的在校大学生人数/人	教育投入占国内生产总值比例	平均期望寿命/岁	城镇恩格尔系数	农村恩格尔系数
2008	辽宁	0.0%	0.0%	6.6	1 516.0	99.7	0.1%	2 620.5	0.0%	73.3	39.0%	40.6%
2008	山西	0.0%	0.0%	3.3	420.0	12.8	0.0%	1 979.4	0.0%	71.7	33.8%	39.0%
2008	河南	0.0%	0.0%	5.5	668.0	25.4	0.0%	1 648.0	0.0%	71.5	34.8%	38.3%
2008	安徽	0.0%	0.0%	4.0	489.0	32.5	0.0%	1 657.8	0.0%	71.9	41.0%	44.3%
2008	湖北	0.0%	0.0%	6.3	1 152.0	62.9	0.1%	2 724.1	0.0%	71.1	42.2%	46.9%
2008	湖南	0.0%	0.0%	3.9	1 196.0	47.7	0.0%	1 965.8	0.0%	70.7	39.9%	51.2%
2008	江西	0.0%	0.0%	2.4	218.0	7.8	0.1%	2 062.0	0.0%	69.0	41.7%	49.4%
2008	四川	0.0%	0.0%	6.3	1 086.0	43.5	0.1%	1 636.9	0.0%	71.2	44.0%	52.0%
2008	云南	0.0%	0.0%	1.6	383.0	5.1	0.0%	1 174.1	0.0%	65.5	47.1%	49.6%
2008	贵州	0.0%	0.0%	1.0	270.0	2.0	0.1%	969.1	0.1%	66.0	43.1%	51.7%
2008	广西	0.0%	0.0%	2.1	204.0	2.7	0.0%	1 351.5	0.0%	71.3	42.4%	53.4%
2008	重庆	0.0%	0.0%	2.8	532.0	62.2	0.0%	2 192.5	0.0%	71.7	39.6%	53.3%
2008	新疆	0.0%	0.0%	0.8	82.0	7.4	0.0%	1 413.7	0.0%	67.4	37.3%	42.6%
2008	甘肃	0.0%	0.0%	1.6	211.0	29.8	0.0%	1 686.8	0.1%	67.5	38.3%	47.2%
2008	青海	0.0%	0.0%	0.2	23.0	7.7	0.0%	1 033.2	0.0%	66.0	40.5%	43.6%
2008	内蒙古	0.0%	0.0%	1.6	140.0	9.4	0.0%	1 649.8	0.0%	69.9	32.8%	41.0%
2008	宁夏	0.0%	0.0%	0.4	48.0	0.9	0.0%	1 610.2	0.0%	70.2	35.1%	41.6%
2008	陕西	0.0%	0.0%	5.1	962.0	43.8	0.1%	2 879.9	0.0%	70.1	36.7%	37.4%
2009	北京	0.1%	0.1%	10.4	9 157.0	1 236.3	0.2%	6 410.3	0.0%	76.1	33.2%	32.4%
2009	天津	0.0%	0.0%	2.9	1 889.0	105.5	0.3%	4 431.6	0.0%	74.9	36.5%	43.2%
2009	河北	0.0%	0.0%	3.9	691.0	17.2	0.0%	1 870.6	0.0%	72.5	33.6%	35.7%
2009	山东	0.0%	0.0%	8.3	2 865.0	71.9	0.1%	2 153.0	0.0%	73.9	32.9%	36.7%
2009	江苏	0.0%	0.0%	10.7	5 322.0	108.2	0.4%	2 786.1	0.0%	73.9	36.3%	39.2%
2009	上海	0.0%	0.1%	6.5	5 997.0	435.4	0.4%	4 392.9	0.0%	78.1	35.0%	37.3%
2009	浙江	0.0%	0.0%	5.9	4 818.0	56.5	0.1%	2 303.0	0.0%	74.7	33.6%	36.4%
2009	福建	0.0%	0.0%	2.3	824.0	23.3	0.2%	2 038.8	0.0%	72.6	39.7%	46.1%
2009	广东	0.0%	0.0%	13.0	11 355.0	171.0	0.4%	1 952.4	0.0%	73.3	36.9%	48.3%
2009	海南	0.0%	0.0%	0.2	84.0	0.6	0.0%	2 001.1	0.0%	72.9	44.7%	53.1%

续表

年份	地区	科技创新						民生保障（1）				
		创新投入			创新成果			人口素质			生活质量	
		研发支出占国内生产总值比例	科技经费支出占地方财政支出比例	研发人数/万人	发明专利授权量/件	技术合同成交金额/亿元	高技术产业总产值占国内生产总值比例	每十万人拥有的在校大学生人数/人	教育投入占国内生产总值比例	平均期望寿命/岁	城镇恩格尔系数	农村恩格尔系数
2009	黑龙江	0.0%	0.0%	3.7	1 142.0	48.9	0.0%	2 419.5	0.0%	72.4	35.3%	31.4%
2009	吉林	0.0%	0.0%	2.6	719.0	19.8	0.1%	2 695.4	0.0%	73.1	33.3%	35.1%
2009	辽宁	0.0%	0.0%	5.4	1 993.0	119.7	0.1%	2 659.3	0.0%	73.3	38.0%	36.7%
2009	山西	0.0%	0.0%	2.5	603.0	16.2	0.0%	2 050.1	0.0%	71.7	32.8%	37.5%
2009	河南	0.0%	0.0%	4.8	1 129.0	26.3	0.0%	1 774.4	0.0%	71.5	34.2%	36.0%
2009	安徽	0.0%	0.0%	3.0	795.0	35.6	0.0%	1 741.7	0.0%	71.9	39.6%	40.9%
2009	湖北	0.0%	0.0%	5.1	1 478.0	77.0	0.1%	2 829.4	0.0%	71.1	40.4%	44.8%
2009	湖南	0.0%	0.0%	3.5	1 752.0	44.0	0.0%	2 040.4	0.0%	70.7	38.6%	48.9%
2009	江西	0.0%	0.0%	1.8	386.0	9.8	0.1%	2 117.8	0.0%	69.0	39.9%	46.3%
2009	四川	0.0%	0.0%	4.9	1 596.0	54.6	0.1%	1 731.8	0.0%	71.2	40.5%	42.0%
2009	云南	0.0%	0.0%	1.2	476.0	10.3	0.0%	1 297.5	0.1%	65.5	43.7%	48.2%
2009	贵州	0.0%	0.0%	0.8	322.0	1.8	0.1%	1 042.7	0.1%	66.0	41.5%	45.2%
2009	广西	0.0%	0.0%	1.6	326.0	1.8	0.0%	1 435.9	0.0%	71.3	39.9%	48.7%
2009	重庆	0.0%	0.0%	2.0	834.0	38.3	0.1%	2 317.4	0.0%	71.7	37.7%	49.1%
2009	新疆	0.0%	0.0%	0.8	120.0	1.2	0.0%	1 429.9	0.1%	67.4	36.3%	41.6%
2009	甘肃	0.0%	0.0%	1.3	227.0	35.6	0.0%	1 805.7	0.1%	67.5	37.8%	41.3%
2009	青海	0.0%	0.0%	0.3	35.0	8.5	0.0%	1 079.5	0.1%	66.0	40.4%	38.1%
2009	内蒙古	0.0%	0.0%	1.3	178.0	14.8	0.0%	1 794.1	0.0%	69.9	30.5%	39.8%
2009	宁夏	0.0%	0.0%	0.3	17.0	0.9	0.0%	1 720.6	0.0%	70.2	33.4%	41.7%
2009	陕西	0.0%	0.0%	4.2	1 342.0	69.8	0.1%	3 045.3	0.0%	70.1	37.3%	35.1%
2010	北京	0.1%	0.1%	10.7	11 209.0	1 579.5	0.2%	6 196.4	0.0%	80.2	32.1%	32.4%
2010	天津	0.0%	0.0%	3.0	1 930.0	119.3	0.2%	4 412.3	0.0%	78.9	35.9%	41.7%
2010	河北	0.0%	0.0%	4.0	954.0	19.3	0.0%	1 950.6	0.0%	75.0	32.3%	35.2%
2010	山东	0.0%	0.0%	9.0	4 106.0	100.7	0.1%	2 201.8	0.0%	76.5	32.1%	37.5%
2010	江苏	0.0%	0.0%	11.1	7 210.0	249.3	0.4%	2 819.2	0.0%	76.6	36.5%	38.1%
2010	上海	0.0%	0.1%	6.7	6 867.0	431.4	0.4%	4 299.6	0.0%	80.3	33.5%	37.3%
2010	浙江	0.0%	0.0%	6.9	6 409.0	60.4	0.1%	2 285.4	0.0%	77.7	34.3%	34.2%
2010	福建	0.0%	0.0%	2.8	1 224.0	35.7	0.2%	2 144.3	0.0%	75.8	39.3%	46.1%

续表

年份	地区	科技创新						民生保障（1）				
		创新投入			创新成果			人口素质			生活质量	
		研发支出占国内生产总值比例	科技经费支出占地方财政支出比例	研发人数/万人	发明专利授权量/件	技术合同成交金额/亿元	高技术产业总产值占国内生产总值比例	每十万人拥有的在校大学生人数/人	教育投入占国内生产总值比例	平均期望寿命/岁	城镇恩格尔系数	农村恩格尔系数
2010	广东	0.0%	0.0%	14.0	13 691.0	235.9	0.5%	2 036.8	0.0%	76.5	36.5%	47.7%
2010	海南	0.0%	0.0%	0.2	190.0	3.3	0.0%	2 036.0	0.0%	76.3	44.8%	50.0%
2010	黑龙江	0.0%	0.0%	3.9	1 512.0	52.9	0.0%	2 446.7	0.0%	72.4	35.4%	33.8%
2010	吉林	0.0%	0.0%	3.0	785.0	18.8	0.1%	2 716.4	0.0%	76.2	32.3%	36.7%
2010	辽宁	0.0%	0.0%	5.0	2 357.0	130.7	0.1%	2 670.5	0.0%	76.4	35.1%	38.2%
2010	山西	0.0%	0.0%	2.6	739.0	18.5	0.0%	2 131.9	0.0%	74.9	31.2%	37.5%
2010	河南	0.0%	0.0%	4.9	1 498.0	27.2	0.1%	1 839.0	0.0%	74.6	33.0%	37.2%
2010	安徽	0.0%	0.0%	3.1	1 111.0	46.2	0.1%	1 841.3	0.0%	75.1	38.0%	40.7%
2010	湖北	0.0%	0.0%	5.3	2 025.0	90.7	0.1%	2 905.9	0.0%	74.9	38.7%	43.1%
2010	湖南	0.0%	0.0%	3.6	1 920.0	40.1	0.1%	2 050.9	0.0%	74.7	36.5%	48.4%
2010	江西	0.0%	0.0%	1.9	411.0	23.1	0.1%	2 161.8	0.0%	74.3	39.5%	46.3%
2010	四川	0.0%	0.0%	4.5	2 204.0	54.7	0.1%	1 789.8	0.0%	74.8	39.5%	48.3%
2010	云南	0.0%	0.0%	1.3	652.0	10.9	0.0%	1 391.4	0.1%	69.5	41.5%	47.2%
2010	贵州	0.0%	0.0%	0.9	441.0	7.7	0.1%	1 109.3	0.1%	71.1	39.9%	46.3%
2010	广西	0.0%	0.0%	1.9	426.0	4.1	0.0%	1 530.4	0.0%	75.1	38.1%	48.5%
2010	重庆	0.0%	0.0%	2.0	1 143.0	79.4	0.1%	2 413.2	0.0%	75.7	37.6%	48.3%
2010	新疆	0.0%	0.0%	0.9	189.0	4.5	0.0%	1 467.0	0.1%	72.4	36.2%	40.3%
2010	甘肃	0.0%	0.0%	1.3	349.0	43.1	0.0%	1 882.3	0.1%	72.2	37.4%	44.7%
2010	青海	0.0%	0.0%	0.3	41.0	11.4	0.0%	1 118.8	0.1%	70.0	39.4%	39.6%
2010	内蒙古	0.0%	0.0%	1.5	262.0	27.2	0.0%	1 884.0	0.0%	74.4	30.1%	37.6%
2010	宁夏	0.0%	0.0%	0.3	19.0	1.0	0.0%	1 867.5	0.0%	73.4	33.2%	38.4%
2010	陕西	0.0%	0.0%	4.5	1 887.0	102.4	0.1%	3 208.5	0.0%	74.7	37.1%	34.2%
2011	北京	0.1%	0.1%	12.2	15 880.0	1 890.3	0.2%	5 612.9	0.0%	80.2	31.4%	32.4%
2011	天津	0.0%	0.0%	3.4	2 528.0	169.4	0.2%	4 329.1	0.0%	78.9	36.2%	35.3%
2011	河北	0.0%	0.0%	4.2	1 470.0	26.3	0.0%	2 006.4	0.0%	75.0	33.8%	33.5%
2011	山东	0.0%	0.0%	10.0	5 856.0	126.4	0.1%	2 191.4	0.0%	76.5	33.2%	35.7%
2011	江苏	0.0%	0.0%	12.3	11 043.0	333.4	0.4%	2 823.9	0.0%	76.6	36.1%	35.1%
2011	上海	0.0%	0.1%	7.0	9 160.0	480.8	0.4%	3 555.8	0.0%	80.3	35.5%	40.9%

续表

年份	地区	科技创新						民生保障（1）				
		创新投入			创新成果			人口素质			生活质量	
		研发支出占国内生产总值比例	科技经费支出占地方财政支出比例	研发人数/万人	发明专利授权量/件	技术合同成交金额/亿元	高技术产业总产值占国内生产总值比例	每十万人拥有的在校大学生人数/人	教育投入占国内生产总值比例	平均期望寿命/岁	城镇恩格尔系数	农村恩格尔系数
2011	浙江	0.0%	0.0%	7.5	9 135.0	71.9	0.1%	2 217.5	0.0%	77.7	34.6%	37.6%
2011	福建	0.0%	0.0%	3.2	1 945.0	34.6	0.2%	2 199.7	0.0%	75.8	39.2%	46.4%
2011	广东	0.0%	0.0%	16.8	18 242.0	275.1	0.4%	1 978.1	0.0%	76.5	36.9%	49.1%
2011	海南	0.0%	0.0%	0.2	272.0	3.5	0.0%	2 078.7	0.1%	76.3	44.9%	51.8%
2011	黑龙江	0.0%	0.0%	4.3	1 953.0	62.1	0.0%	2 408.8	0.0%	76.0	36.1%	35.1%
2011	吉林	0.0%	0.0%	2.8	1 202.0	26.3	0.1%	2 806.8	0.0%	76.2	32.7%	35.3%
2011	辽宁	0.0%	0.0%	4.9	3 164.0	159.7	0.1%	2 711.5	0.0%	76.4	35.5%	39.1%
2011	山西	0.0%	0.0%	2.7	1 114.0	22.5	0.0%	2 202.2	0.0%	74.9	31.3%	37.7%
2011	河南	0.0%	0.0%	5.3	2 462.0	38.8	0.1%	1 900.6	0.0%	74.6	34.1%	36.1%
2011	安徽	0.0%	0.0%	3.7	2 026.0	65.0	0.1%	2 006.8	0.0%	75.1	39.8%	41.5%
2011	湖北	0.0%	0.0%	6.0	3 160.0	125.7	0.1%	2 991.3	0.0%	74.9	40.7%	39.0%
2011	湖南	0.0%	0.0%	3.9	2 606.0	35.4	0.1%	2 054.3	0.0%	74.7	36.9%	45.2%
2011	江西	0.0%	0.0%	1.9	679.0	34.2	0.1%	2 211.8	0.0%	74.3	39.8%	45.2%
2011	四川	0.0%	0.0%	4.4	3 270.0	67.8	0.2%	1 903.8	0.0%	74.8	40.7%	46.2%
2011	云南	0.0%	0.0%	1.4	1 006.0	11.7	0.0%	1 520.0	0.1%	69.5	39.2%	47.1%
2011	贵州	0.0%	0.0%	0.9	596.0	13.7	0.1%	1 253.7	0.1%	71.1	40.2%	47.7%
2011	广西	0.0%	0.0%	2.0	634.0	5.6	0.1%	1 688.2	0.0%	75.1	39.5%	43.8%
2011	重庆	0.0%	0.0%	2.0	1 865.0	68.2	0.1%	2 522.2	0.0%	75.7	39.1%	46.8%
2011	新疆	0.0%	0.0%	1.0	619.0	4.4	0.0%	1 521.4	0.1%	72.4	38.3%	36.1%
2011	甘肃	0.0%	0.0%	1.3	552.0	52.6	0.0%	2 041.5	0.1%	72.2	37.4%	42.2%
2011	青海	0.0%	0.0%	0.3	70.0	16.8	0.0%	1 082.1	0.1%	70.0	38.9%	37.8%
2011	内蒙古	0.0%	0.0%	1.5	364.0	22.7	0.0%	1 920.4	0.0%	74.4	31.3%	37.5%
2011	宁夏	0.0%	0.0%	0.3	613.0	3.9	0.0%	1 911.9	0.0%	73.4	34.8%	37.3%
2011	陕西	0.0%	0.0%	4.4	3 139.0	215.4	0.1%	3 377.7	0.0%	74.7	36.6%	30.0%
2012	北京	0.1%	0.1%	13.2	20 140.0	2 458.5	0.2%	5 534.0	0.0%	80.2	31.3%	33.2%
2012	天津	0.0%	0.0%	3.9	3 326.0	232.3	0.2%	4 358.0	0.0%	78.9	36.7%	36.2%
2012	河北	0.0%	0.0%	4.4	1 933.0	37.8	0.0%	2 063.0	0.0%	75.0	33.6%	33.9%
2012	山东	0.0%	0.0%	10.6	7 453.0	140.0	0.1%	2 238.0	0.0%	76.5	33.0%	34.3%

续表

年份	地区	科技创新						民生保障（1）				
		创新投入			创新成果			人口素质			生活质量	
		研发支出占国内生产总值比例	科技经费支出占地方财政支出比例	研发人数/万人	发明专利授权量/件	技术合同成交金额/亿元	高技术产业总产值占国内生产总值比例	每十万人拥有的在校大学生人数/人	教育投入占国内生产总值比例	平均期望寿命/岁	城镇恩格尔系数	农村恩格尔系数
2012	江苏	0.0%	0.0%	13.0	16 242.0	400.9	0.4%	2 786.0	0.0%	76.6	35.4%	33.4%
2012	上海	0.0%	0.1%	6.9	11 379.0	518.8	0.4%	3 481.0	0.0%	80.3	36.8%	40.5%
2012	浙江	0.0%	0.0%	7.8	11 459.0	81.3	0.1%	2 288.0	0.0%	77.7	35.1%	37.7%
2012	福建	0.0%	0.0%	3.4	2 977.0	50.1	0.2%	2 301.0	0.0%	75.8	39.4%	46.0%
2012	广东	0.0%	0.0%	18.2	22 153.0	364.9	0.4%	2 082.0	0.0%	76.5	36.9%	49.1%
2012	海南	0.0%	0.0%	0.2	396.0	0.6	0.0%	2 218.0	0.0%	76.3	45.4%	50.9%
2012	黑龙江	0.0%	0.0%	4.1	2 418.0	100.5	0.0%	2 441.0	0.0%	76.0	36.1%	37.9%
2012	吉林	0.0%	0.0%	2.9	1 583.0	25.1	0.1%	2 889.0	0.0%	76.2	31.7%	36.7%
2012	辽宁	0.0%	0.0%	4.9	3 973.0	230.7	0.1%	2 811.0	0.0%	76.4	35.0%	38.4%
2012	山西	0.0%	0.0%	2.6	1 297.0	30.6	0.0%	2 351.0	0.0%	74.9	31.6%	33.4%
2012	河南	0.0%	0.0%	5.6	3 168.0	39.9	0.1%	2 012.0	0.0%	74.6	33.6%	33.8%
2012	安徽	0.0%	0.0%	4.3	3 066.0	86.2	0.1%	2 101.0	0.0%	75.1	38.7%	39.3%
2012	湖北	0.0%	0.0%	6.2	4 050.0	196.4	0.1%	3 078.0	0.0%	74.9	40.3%	37.6%
2012	湖南	0.0%	0.0%	4.4	3 353.0	42.2	0.1%	2 087.0	0.0%	74.7	37.3%	43.9%
2012	江西	0.0%	0.0%	1.9	892.0	39.8	0.1%	2 295.0	0.0%	74.3	39.7%	43.5%
2012	四川	0.0%	0.0%	5.2	4 460.0	111.2	0.2%	2 037.0	0.0%	74.8	40.4%	46.9%
2012	云南	0.0%	0.0%	1.5	1 301.0	45.5	0.0%	1 566.0	0.1%	69.5	39.4%	45.6%
2012	贵州	0.0%	0.0%	1.0	635.0	9.7	0.1%	1 392.0	0.1%	71.1	39.7%	44.6%
2012	广西	0.0%	0.0%	2.1	902.0	2.5	0.0%	1 834.0	0.0%	75.1	39.0%	42.3%
2012	重庆	0.0%	0.0%	2.2	2 426.0	54.0	0.1%	2 734.0	0.0%	75.7	41.5%	44.2%
2012	新疆	0.0%	0.0%	1.0	451.0	5.4	0.0%	1 596.0	0.1%	72.4	37.7%	36.1%
2012	甘肃	0.0%	0.0%	1.4	704.0	73.1	0.0%	2 145.0	0.1%	72.2	35.8%	39.8%
2012	青海	0.0%	0.0%	0.3	101.0	19.3	0.0%	1 133.0	0.0%	70.0	37.8%	34.8%
2012	内蒙古	0.0%	0.0%	1.8	570.0	10.6	0.0%	2 042.0	0.0%	74.4	30.8%	37.3%
2012	宁夏	0.0%	0.0%	0.4	842.0	2.9	0.0%	2 107.0	0.0%	73.4	33.9%	35.3%
2012	陕西	0.0%	0.0%	4.9	4 018.0	334.8	0.1%	3 525.0	0.0%	74.7	36.2%	29.7%
2013	北京	0.1%	0.1%	12.8	20 695.0	2 851.7	0.2%	5 469.0	0.0%	80.2	31.1%	34.6%
2013	天津	0.0%	0.0%	4.0	3 141.0	276.2	0.2%	4 346.0	0.0%	78.9	36.6%	34.9%

续表

年份	地区	科技创新						民生保障（1）				
		创新投入			创新成果			人口素质			生活质量	
		研发支出占国内生产总值比例	科技经费支出占地方财政支出比例	研发人数/万人	发明专利授权量/件	技术合同成交金额/亿元	高技术产业总产值占国内生产总值比例	每十万人拥有的在校大学生人数/人	教育投入占国内生产总值比例	平均期望寿命/岁	城镇恩格尔系数	农村恩格尔系数
2013	河北	0.0%	0.0%	4.7	2 008.0	31.6	0.0%	2 108.0	0.0%	75.0	32.3%	32.0%
2013	山东	0.0%	0.0%	11.1	8 913.0	179.4	0.1%	2 304.0	0.0%	76.5	32.9%	34.5%
2013	江苏	0.0%	0.0%	14.8	16 790.0	527.5	0.4%	2 814.0	0.0%	76.6	34.7%	36.3%
2013	上海	0.0%	0.1%	7.2	10 644.0	531.7	0.4%	3 421.0	0.0%	80.3	34.9%	39.7%
2013	浙江	0.0%	0.0%	8.2	11 139.0	81.5	0.1%	2 363.0	0.0%	77.7	34.4%	35.6%
2013	福建	0.0%	0.0%	3.4	9 884.0	44.7	0.2%	2 435.0	0.0%	75.8	37.0%	44.2%
2013	广东	0.0%	0.0%	18.0	20 084.0	529.4	0.4%	2 199.0	0.0%	76.5	36.7%	49.0%
2013	海南	0.0%	0.0%	0.2	449.0	3.9	0.0%	2 253.0	0.0%	76.3	44.8%	49.5%
2013	黑龙江	0.0%	0.0%	4.1	2 238.0	101.8	0.0%	2 529.0	0.0%	76.0	35.8%	35.2%
2013	吉林	0.0%	0.0%	2.7	1 496.0	34.7	0.1%	3 033.0	0.0%	76.2	29.2%	33.0%
2013	辽宁	0.0%	0.0%	5.2	3 830.0	173.4	0.1%	2 903.0	0.0%	76.4	32.2%	35.2%
2013	山西	0.0%	0.0%	2.8	1 332.0	52.8	0.0%	2 474.0	0.0%	74.9	27.9%	33.0%
2013	河南	0.0%	0.0%	6.5	3 173.0	40.2	0.1%	2 114.0	0.0%	74.6	33.2%	34.4%
2013	安徽	0.0%	0.0%	4.8	4 241.0	130.8	0.1%	2 203.0	0.0%	75.1	39.1%	39.6%
2013	湖北	0.0%	0.0%	6.6	4 052.0	397.6	0.1%	3 144.0	0.0%	74.9	39.7%	36.8%
2013	湖南	0.0%	0.0%	5.0	3 613.0	77.2	0.1%	2 106.0	0.0%	74.7	35.2%	38.4%
2013	江西	0.0%	0.0%	2.1	923.0	43.1	0.1%	2 381.0	0.0%	74.3	37.7%	42.3%
2013	四川	0.0%	0.0%	5.8	4 566.0	148.6	0.2%	2 140.0	0.0%	74.8	39.6%	43.5%
2013	云南	0.0%	0.0%	1.6	1 312.0	42.0	0.0%	1 662.0	0.1%	69.5	37.9%	44.2%
2013	贵州	0.0%	0.0%	1.2	776.0	18.4	0.1%	1 535.0	0.1%	71.1	35.9%	43.0%
2013	广西	0.0%	0.0%	2.0	1 295.0	7.3	0.0%	1 939.0	0.0%	75.1	37.9%	40.0%
2013	重庆	0.0%	0.0%	2.5	2 360.0	90.3	0.1%	2 894.0	0.0%	75.7	40.7%	43.8%
2013	新疆	0.0%	0.0%	1.0	540.0	3.0	0.0%	1 681.0	0.1%	72.4	35.0%	33.9%
2013	甘肃	0.0%	0.0%	1.5	785.0	100.0	0.0%	2 193.0	0.1%	72.2	36.8%	37.1%
2013	青海	0.0%	0.0%	0.3	91.0	26.9	0.0%	1 162.0	0.0%	70.0	35.3%	30.9%
2013	内蒙古	0.0%	0.0%	2.1	549.0	38.7	0.0%	2 137.0	0.0%	74.4	31.7%	35.5%
2013	宁夏	0.0%	0.0%	0.4	184.0	1.4	0.0%	2 195.0	0.1%	73.4	32.0%	34.4%
2013	陕西	0.0%	0.0%	5.7	4 133.0	533.3	0.1%	3 612.0	0.0%	74.7	36.4%	31.8%

续表

年份	地区	科技创新						民生保障（1）				
		创新投入			创新成果			人口素质			生活质量	
		研发支出占国内生产总值比例	科技经费支出占地方财政支出比例	研发人数/万人	发明专利授权量/件	技术合同成交金额/亿元	高技术产业总产值占国内生产总值比例	每十万人拥有的在校大学生人数/人	教育投入占国内生产总值比例	平均期望寿命/岁	城镇恩格尔系数	农村恩格尔系数
2014	北京	0.1%	0.1%	12.8	23 237.0	3 137.2	0.2%	5 428.8	0.0%	80.2	30.8%	33.2%
2014	天津	0.0%	0.0%	4.0	3 279.0	388.6	0.2%	4 282.6	0.0%	78.9	36.5%	33.5%
2014	河北	0.0%	0.0%	4.7	2 282.0	29.2	0.0%	2 098.2	0.0%	75.0	32.3%	30.2%
2014	山东	0.0%	0.0%	11.2	10 538.0	249.3	0.1%	2 420.8	0.0%	76.5	32.8%	34.7%
2014	江苏	0.0%	0.0%	11.9	19 671.0	543.2	0.4%	2 858.2	0.0%	76.6	34.1%	31.4%
2014	上海	0.0%	0.1%	7.2	11 614.0	592.5	0.4%	3 347.9	0.0%	80.3	33.1%	38.9%
2014	浙江	0.0%	0.0%	8.3	13 372.0	87.3	0.1%	2 408.3	0.0%	77.7	33.7%	33.6%
2014	福建	0.0%	0.0%	2.6	12 529.0	39.2	0.2%	2 513.4	0.0%	75.8	33.2%	38.2%
2014	广东	0.0%	0.0%	18.2	22 276.0	413.3	0.4%	2 356.0	0.0%	76.5	36.5%	48.9%
2014	海南	0.0%	0.0%	0.2	380.0	0.7	0.0%	2 316.8	0.0%	76.3	44.2%	48.1%
2014	黑龙江	0.0%	0.0%	4.1	2 454.0	120.3	0.0%	2 555.0	0.0%	76.0	35.5%	32.7%
2014	吉林	0.0%	0.0%	2.7	1 434.0	28.6	0.1%	3 168.0	0.0%	76.2	26.1%	29.7%
2014	辽宁	0.0%	0.0%	5.2	3 975.0	217.5	0.1%	2 932.5	0.0%	76.4	31.7%	32.2%
2014	山西	0.0%	0.0%	2.8	1 559.0	48.5	0.0%	2 518.8	0.0%	74.9	24.6%	32.6%
2014	河南	0.0%	0.0%	6.6	3 493.0	40.8	0.1%	2 202.6	0.0%	74.6	32.8%	35.1%
2014	安徽	0.0%	0.0%	4.8	5 184.0	169.8	0.1%	2 244.6	0.0%	75.1	37.7%	37.8%
2014	湖北	0.0%	0.0%	6.7	4 855.0	580.7	0.1%	3 121.1	0.0%	74.9	39.2%	35.9%
2014	湖南	0.0%	0.0%	5.0	4 160.0	97.9	0.1%	2 160.1	0.0%	74.7	33.2%	33.6%
2014	江西	0.0%	0.0%	2.1	1 033.0	50.8	0.1%	2 526.8	0.0%	74.3	35.8%	41.1%
2014	四川	0.0%	0.0%	5.8	5 682.0	199.1	0.2%	2 244.0	0.0%	74.8	38.8%	40.4%
2014	云南	0.0%	0.0%	1.6	1 423.0	47.9	0.0%	1 731.2	0.1%	69.5	36.4%	42.9%
2014	贵州	0.0%	0.0%	1.2	1 047.0	20.0	0.1%	1 689.7	0.1%	71.1	32.5%	41.4%
2014	广西	0.0%	0.0%	2.0	1 933.0	11.6	0.0%	2 051.9	0.0%	75.1	36.8%	37.9%
2014	重庆	0.0%	0.0%	2.5	2 321.0	156.2	0.1%	3 017.0	0.0%	75.7	39.9%	43.4%
2014	新疆	0.0%	0.0%	1.1	605.0	2.8	0.0%	1 749.1	0.1%	72.4	32.5%	31.8%
2014	甘肃	0.0%	0.0%	1.5	812.0	114.5	0.0%	2 218.8	0.1%	72.2	37.8%	37.6%
2014	青海	0.0%	0.0%	0.3	110.0	29.1	0.0%	1 220.0	0.0%	70.0	33.0%	32.0%
2014	内蒙古	0.0%	0.0%	2.1	458.0	13.9	0.0%	2 155.7	0.0%	74.4	28.7%	33.9%
2014	宁夏	0.0%	0.0%	0.4	243.0	3.2	0.0%	2 254.8	0.1%	73.4	30.2%	33.5%
2014	陕西	0.0%	0.0%	5.7	4 885.0	640.0	0.1%	3 652.3	0.0%	74.7	36.7%	34.1%

附表 7-4　经济发展方式转变指标原始数据（4）

年份	地区	民生保障（2）				资源环境						
		社会保障				环境效应			环境治理			
		城镇失业率	社会保障支出占地方财政支出比例	基本养老保险参保人数占比	卫生费用支出占地方财政支出比例	工业废水排放总量/万t	工业废气排放总量/亿 Nm^3	工业单位产值的固体废弃物生产量/(t/亿元)	环保投资占国内生产总值比例	生活垃圾无害化处理率	工业固体废弃物综合利用率	三废综合利用产品产值/万元
2005	北京	2.1%	0.0%	0.3%	0.1%	12 813	3 532.0	1 238.0	1.2%	96.0%	67.9%	94 715.0
2005	天津	3.7%	0.1%	0.3%	0.0%	30 081	4 602.0	1 123.0	1.9%	80.5%	98.3%	77 228.9
2005	河北	3.9%	0.1%	0.1%	0.0%	124 533	26 518	16 279	1.2%	45.8%	50.6%	428 703.0
2005	山东	3.3%	0.0%	0.1%	0.0%	139 071	24 129	9 175.0	1.3%	58.2%	90.5%	935 661.8
2005	江苏	3.6%	0.0%	0.2%	0.0%	296 318	20 197	5 757.0	1.6%	82.9%	94.8%	931 999.9
2005	上海	4.4%	0.0%	0.5%	0.0%	51 097	8 482.0	1 964.0	1.0%	35.7%	96.3%	91 108.9
2005	浙江	3.7%	0.0%	0.2%	0.1%	192 426	13 025	2 514.0	1.2%	82.4%	92.6%	575 110.8
2005	福建	4.0%	0.0%	0.1%	0.0%	130 939	6 265.0	3 773.0	1.2%	85.9%	68.9%	148 978.8
2005	广东	2.6%	0.0%	0.2%	0.0%	231 568	13 447	2 896.0	0.8%	50.6%	76.7%	365 616.3
2005	海南	3.6%	0.1%	0.1%	0.0%	7 428	910.0	127.0	0.7%	69.0%	68.3%	14 738.3
2005	黑龙江	4.4%	0.1%	0.2%	0.0%	45 158	5 261.0	3 210.0	0.9%	32.3%	74.0%	138 067.0
2005	吉林	4.2%	0.2%	0.2%	0.0%	41 189	4 939.0	2 457.0	0.9%	40.2%	52.5%	128 649.3
2005	辽宁	5.6%	0.1%	0.3%	0.0%	105 072	20 903.0	10 242.0	1.6%	50.0%	41.6%	256 174.2
2005	山西	3.0%	0.1%	0.1%	0.0%	32 099	15 142.0	11 183.0	1.2%	13.1%	44.6%	249 696.5
2005	河南	3.5%	0.1%	0.1%	0.0%	123 476	15 498.0	6 178.0	0.8%	57.9%	66.4%	339 139.5
2005	安徽	4.4%	0.1%	0.1%	0.0%	63 487	6 960.0	4 196.0	0.9%	17.6%	79.3%	187 615.8
2005	湖北	4.3%	0.1%	0.1%	0.0%	92 432	9 404.0	3 692.0	1.0%	61.0%	73.3%	462 127.9
2005	湖南	4.3%	0.1%	0.1%	0.0%	122 440	6 014.0	3 366.0	0.6%	39.7%	70.0%	263 513.6
2005	江西	3.5%	0.1%	0.1%	0.0%	53 972	4 379.0	7 007.0	0.9%	48.9%	26.9%	178 811.2
2005	四川	4.6%	0.1%	0.1%	0.0%	122 590	8 140.0	6 421.0	1.1%	51.2%	59.7%	505 656.7
2005	云南	4.2%	0.0%	0.1%	0.1%	32 928	5 444.0	4 661.0	0.8%	82.2%	35.0%	392 999.2
2005	贵州	4.2%	0.0%	0.0%	0.0%	14 850	3 852.0	4 854.0	0.7%	57.8%	34.1%	121 322.2
2005	广西	4.2%	0.1%	0.1%	0.0%	145 609	8 339.0	3 489.0	1.0%	61.4%	61.8%	238 923.4
2005	重庆	4.1%	0.1%	0.1%	0.0%	84 885	3 655.0	1 777.0	1.6%	54.8%	72.1%	81 493.7
2005	新疆	3.9%	0.0%	0.1%	0.0%	20 052	4 485.0	1 295.0	1.3%	35.9%	51.3%	90 565.5
2005	甘肃	3.3%	0.1%	0.1%	0.0%	16 798	4 250.0	2 249.0	1.1%	17.2%	29.4%	91 664.6
2005	青海	3.9%	0.1%	0.1%	0.1%	7 619	1 370.0	649.0	1.0%	100.0%	21.5%	5 289.7
2005	内蒙古	4.3%	0.0%	0.1%	0.0%	24 967	12 071.0	7 363.0	1.8%	42.7%	40.9%	86 505.0
2005	宁夏	4.5%	0.0%	0.1%	0.0%	21 411	20 903.0	719.0	2.0%	50.4%	53.9%	23 498.2
2005	陕西	4.2%	0.1%	0.1%	0.0%	42 819	4 916.0	4 588.0	1.0%	39.8%	24.0%	49 489.4

续表

年份	地区	民生保障（2）				资源环境						
		社会保障				环境效应			环境治理			
		城镇失业率	社会保障支出占地方财政支出比例	基本养老保险参保人数占比	卫生费用支出占地方财政支出比例	工业废水排放总量/万t	工业废气排放总量/亿Nm³	工业单位产值的固体废弃物生产量/(t/亿元)	环保投资占国内生产总值比例	生活垃圾无害化处理率	工业固体废弃物综合利用率	三废综合利用产品产值/万元
2006	北京	2.0%	0.0%	0.4%	0.1%	10 170	4 641.0	1 356.0	2.1%	92.5%	74.6%	110 528.6
2006	天津	3.6%	0.1%	0.3%	0.0%	22 978	6 512.0	1 292.0	0.9%	85.0%	98.4%	171 747.8
2006	河北	3.8%	0.1%	0.1%	0.0%	130 340	39 254.0	14 229.0	1.1%	46.5%	61.7%	561 234.2
2006	山东	3.3%	0.0%	0.1%	0.0%	144 365	25 751.0	11 011.0	1.2%	70.1%	92.0%	1 074 662.0
2006	江苏	3.4%	0.0%	0.2%	0.0%	287 181	24 881.0	7 195.0	1.3%	83.8%	94.1%	1 440 509.0
2006	上海	4.4%	0.1%	0.5%	0.0%	48 336	9 428.0	2 063.0	0.9%	57.9%	94.7%	97 197.9
2006	浙江	3.5%	0.0%	0.2%	0.1%	199 593	14 702.0	3 096.0	0.9%	86.3%	91.8%	1 497 950.0
2006	福建	3.9%	0.0%	0.1%	0.0%	127 583	6 884.0	4 238.0	0.8%	58.1%	73.1%	182 826.5
2006	广东	2.6%	0.0%	0.2%	0.0%	234 713	13 584.0	3 057.0	0.6%	55.8%	84.3%	433 236.6
2006	海南	3.6%	0.1%	0.2%	0.0%	7 351	860.0	147.0	0.8%	62.5%	77.1%	12 714.2
2006	黑龙江	4.4%	0.1%	0.2%	0.0%	44 801	5 991.0	3 914.0	0.9%	23.3%	71.5%	175 473.4
2006	吉林	4.2%	0.2%	0.2%	0.0%	39 321	5 352.0	2 802.0	1.0%	17.8%	63.5%	207 413.7
2006	辽宁	5.1%	0.1%	0.3%	0.0%	94 724	27 195.0	13 013.0	1.6%	54.1%	38.0%	305 735.7
2006	山西	3.2%	0.1%	0.1%	0.0%	44 091	18 128.0	11 817.0	1.3%	23.1%	45.0%	225 883.8
2006	河南	3.5%	0.1%	0.1%	0.0%	130 158	16 770.0	7 464.0	0.8%	46.3%	67.6%	444 607.7
2006	安徽	4.3%	0.1%	0.1%	0.0%	70 119	8 677.0	5 028.0	0.8%	31.4%	81.6%	232 747.6
2006	湖北	4.2%	0.1%	0.1%	0.0%	91 146	11 015.0	4 315.0	0.9%	34.8%	72.3%	559 119.3
2006	湖南	4.3%	0.1%	0.1%	0.0%	100 024	5 986.0	3 688.0	0.7%	46.3%	73.0%	373 538.1
2006	江西	3.6%	0.1%	0.1%	0.0%	64 074	5 096.0	7 393.0	0.8%	50.7%	35.6%	252 891.5
2006	四川	4.5%	0.1%	0.1%	0.0%	115 348	10 553	7 600.0	0.8%	57.0%	55.0%	529 852.3
2006	云南	4.3%	0.0%	0.1%	0.1%	34 286	6 646.0	5 972.0	0.7%	34.3%	41.0%	377 929.2
2006	贵州	4.1%	0.0%	0.1%	0.0%	13 928	8 344.0	5 827.0	0.9%	68.0%	36.0%	152 040.3
2006	广西	4.2%	0.0%	0.1%	0.0%	128 932	8 969.0	3 894.0	0.9%	57.5%	58.1%	312 363.4
2006	重庆	4.0%	0.1%	0.1%	0.0%	86 496	6 757.0	1 764.0	1.7%	58.9%	73.7%	133 994.4
2006	新疆	3.9%	0.0%	0.1%	0.0%	20 558	5 053.0	1 581.0	0.8%	27.0%	47.5%	67 227.1
2006	甘肃	3.6%	0.1%	0.1%	0.0%	16 570	4 761.0	2 591.0	1.2%	18.3%	27.1%	104 990.9
2006	青海	3.9%	0.1%	0.1%	0.1%	7 168	2 099.0	882.0	0.9%	94.6%	29.4%	10 369.2
2006	内蒙古	4.1%	0.0%	0.1%	0.0%	27 823	18 415	8 710.0	2.2%	48.3%	44.0%	83 917.1
2006	宁夏	4.3%	0.1%	0.1%	0.0%	18 500	27 195	799.0	3.0%	55.4%	53.9%	36 529.2
2006	陕西	4.0%	0.1%	0.1%	0.0%	40 479	5 535.0	4 794.0	0.9%	60.2%	38.0%	98 525.2

续表

年份	地区	民生保障（2）				资源环境						
		社会保障				环境效应			环境治理			
		城镇失业率	社会保障支出占地方财政支出比例	基本养老保险参保人数占比	卫生费用支出占地方财政支出比例	工业废水排放总量/万 t	工业废气排放总量/亿 Nm^3	工业单位产值的固体废弃物生产量/(t/亿元)	环保投资占国内生产总值比例	生活垃圾无害化处理率	工业固体废弃物综合利用率	三废综合利用产品产值/万元
2007	北京	1.8%	0.1%	0.4%	0.1%	9 134	5 146.0	1 274.8	2.0%	95.7%	74.8%	91 801.6
2007	天津	3.6%	0.1%	0.3%	0.0%	21 444	5 506.0	1 399.4	1.2%	93.3%	98.4%	110 850.9
2007	河北	3.8%	0.1%	0.1%	0.1%	123 537	48 036	18 688.3	1.2%	53.4%	61.2%	796 650.8
2007	山东	3.2%	0.1%	0.2%	0.0%	166 574	31 341	11 934.7	1.2%	80.7%	94.6%	1 479 858.0
2007	江苏	3.2%	0.1%	0.2%	0.0%	268 762	23 585	7 354.2	1.2%	86.9%	96.1%	1 834 836.0
2007	上海	4.2%	0.1%	0.5%	0.0%	47 570	9 591	2 165.4	1.0%	79.2%	94.2%	152 091.3
2007	浙江	3.3%	0.1%	0.2%	0.1%	201 211	17 467	3 613.5	0.9%	87.4%	92.2%	2 240 598.0
2007	福建	3.9%	0.1%	0.1%	0.1%	136 408	9 153	4 814.9	0.8%	81.6%	70.5%	205 186.6
2007	广东	2.5%	0.1%	0.2%	0.0%	246 331	16 939	3 852.4	0.5%	63.0%	84.2%	497 618.8
2007	海南	3.5%	0.1%	0.2%	0.1%	5 960	1 115	157.9	1.2%	62.1%	89.0%	24 550.5
2007	黑龙江	4.3%	0.2%	0.2%	0.0%	38 388	7 283	4 130.1	0.8%	23.0%	70.8%	175 738.6
2007	吉林	3.9%	0.2%	0.2%	0.0%	39 666	5 730	3 112.6	1.0%	38.2%	65.4%	220 825.5
2007	辽宁	4.3%	0.2%	0.3%	0.0%	95 197	23 946	14 341.8	1.1%	56.5%	39.0%	517 482.6
2007	山西	3.2%	0.2%	0.1%	0.0%	41 140	21 429	13 819.1	1.7%	38.2%	48.9%	403 412.0
2007	河南	3.4%	0.2%	0.1%	0.1%	134 344	18 890	8 850.6	0.8%	54.9%	67.8%	517 888.1
2007	安徽	4.1%	0.2%	0.1%	0.1%	73 556	13 254	5 960.3	1.1%	49.1%	82.2%	362 346.3
2007	湖北	4.2%	0.2%	0.2%	0.1%	91 001	10 373	4 682.7	0.7%	41.9%	74.9%	613 941.9
2007	湖南	4.3%	0.2%	0.1%	0.0%	100 113	8 762	4 559.7	0.7%	52.8%	74.3%	491 844.9
2007	江西	3.4%	0.1%	0.1%	0.1%	71 410	6 103	7 777.3	0.8%	70.5%	36.4%	324 863.4
2007	四川	4.2%	0.2%	0.1%	0.1%	114 687	22 970	9 653.8	1.0%	69.9%	52.2%	493 074.3
2007	云南	4.2%	0.2%	0.1%	0.1%	35 352	8 082	7 097.5	0.6%	80.4%	42.7%	537 403.3
2007	贵州	4.0%	0.1%	0.1%	0.1%	12 101	10 356	5 988.6	0.8%	71.2%	37.5%	157 127.6
2007	广西	3.8%	0.1%	0.1%	0.1%	183 981	12 724	4 543.6	1.1%	68.4%	68.7%	418 233.7
2007	重庆	4.0%	0.2%	0.1%	0.0%	69 003	7 617	2 086.8	1.6%	82.3%	76.7%	165 138.6
2007	新疆	3.9%	0.1%	0.1%	0.1%	20 960	5 797	2 136.6	1.0%	28.2%	47.3%	91 153.7
2007	甘肃	3.3%	0.2%	0.1%	0.1%	15 856	5 818	3 001.5	1.4%	26.3%	36.1%	167 268.1
2007	青海	3.8%	0.2%	0.1%	0.1%	7 318	2 492	1 129.3	1.4%	94.9%	29.8%	20 431.2
2007	内蒙古	4.0%	0.1%	0.2%	0.0%	25 021	18 200	10 972.8	1.5%	54.0%	56.7%	198 533.2
2007	宁夏	4.3%	0.1%	0.1%	0.0%	21 089	23 946	1 045.7	3.8%	52.4%	61.5%	40 856.9
2007	陕西	4.0%	0.2%	0.1%	0.0%	48 523	6 469	5 480.0	1.2%	52.4%	41.6%	160 527.0

续表

年份	地区	民生保障（2）				资源环境						
		社会保障				环境效应			环境治理			
		城镇失业率	社会保障支出占地方财政支出比例	基本养老保险参保人数占比	卫生费用支出占地方财政支出比例	工业废水排放总量/万t	工业废气排放总量/亿 Nm^3	工业单位产值的固体废弃物生产量/(t/亿元)	环保投资占国内生产总值比例	生活垃圾无害化处理率	工业固体废弃物综合利用率	三废综合利用产品产值/万元
2008	北京	1.8%	0.1%	0.4%	0.1%	8 367	4 316	1 157.0	1.5%	97.7%	66.4%	117 524.5
2008	天津	3.6%	0.1%	0.3%	0.0%	20 433	6 005	1 479.0	1.1%	93.5%	98.2%	113 838.2
2008	河北	4.0%	0.1%	0.1%	0.1%	121 172	37 558	19 769.0	1.3%	57.2%	64.1%	1 339 373.0
2008	山东	3.7%	0.1%	0.2%	0.1%	176 977	33 505	12 988.0	1.4%	79.4%	92.6%	1 650 124.0
2008	江苏	3.3%	0.1%	0.2%	0.0%	259 999	25 245	7 724.0	1.3%	90.8%	96.6%	2 139 398.0
2008	上海	4.2%	0.1%	0.5%	0.0%	41 871	10 436	2 347.0	1.1%	74.4%	95.5%	169 560.0
2008	浙江	3.5%	0.1%	0.3%	0.1%	200 488	17 633	3 785.0	2.4%	89.6%	92.2%	2 409 843.0
2008	福建	3.9%	0.1%	0.2%	0.1%	139 997	9 150	5 371.0	0.8%	88.0%	72.9%	253 523.2
2008	广东	2.6%	0.1%	0.2%	0.1%	213 314	20 510	4 833.0	0.5%	63.9%	85.3%	601 479.0
2008	海南	3.7%	0.1%	0.2%	0.1%	5 991	1 345	220.0	0.9%	64.7%	90.8%	41 309.1
2008	黑龙江	4.2%	0.1%	0.2%	0.0%	38 910	7 796	4 472.0	1.2%	26.4%	72.5%	474 109.2
2008	吉林	4.0%	0.2%	0.2%	0.1%	38 353	6 155	3 415.0	0.9%	32.6%	59.7%	298 590.9
2008	辽宁	3.9%	0.2%	0.3%	0.0%	83 073	40 219	15 841.0	1.2%	59.8%	46.8%	423 803.0
2008	山西	3.3%	0.2%	0.2%	0.1%	41 150	23 180	16 213.0	2.0%	47.5%	56.7%	411 687.0
2008	河南	3.4%	0.1%	0.1%	0.1%	133 144	20 264	9 557.0	0.6%	67.3%	73.6%	716 717.1
2008	安徽	3.9%	0.1%	0.1%	0.1%	67 007	15 749	7 569.0	1.6%	54.0%	82.8%	576 974.0
2008	湖北	4.2%	0.2%	0.2%	0.1%	93 687	11 558	5 014.0	0.8%	53.0%	74.7%	648 621.7
2008	湖南	4.2%	0.2%	0.1%	0.0%	92 340	9 249	4 520.0	0.8%	59.5%	78.9%	596 282.3
2008	江西	3.4%	0.1%	0.1%	0.1%	68 681	7 456	8 190.0	0.6%	79.7%	39.6%	390 934.7
2008	四川	4.6%	0.2%	0.1%	0.0%	108 700	12 997	9 237.0	0.8%	80.6%	61.5%	515 723.1
2008	云南	4.2%	0.2%	0.1%	0.1%	32 996	8 316	7 986.0	0.8%	80.0%	47.8%	652 348.3
2008	贵州	4.0%	0.1%	0.1%	0.1%	11 695	6 842	5 844.0	0.7%	76.8%	39.9%	197 467.4
2008	广西	3.8%	0.1%	0.1%	0.1%	205 745	11 643	5 417.0	1.3%	82.3%	61.6%	457 778.6
2008	重庆	4.0%	0.2%	0.1%	0.1%	67 027	7 351	2 311.0	1.3%	88.4%	79.1%	238 383.4
2008	新疆	3.7%	0.1%	0.1%	0.1%	22 875	6 154	2 438.0	1.1%	52.0%	47.7%	117 313.9
2008	甘肃	3.2%	0.2%	0.1%	0.1%	16 405	5 685	3 199.0	1.0%	32.3%	34.1%	211 219.4
2008	青海	3.8%	0.2%	0.1%	0.1%	7 098	3 237	1 337.0	1.9%	75.2%	31.0%	46 889.7
2008	内蒙古	4.1%	0.1%	0.2%	0.0%	29 167	20 190	10 622.0	1.7%	55.0%	49.3%	218 529.0
2008	宁夏	4.4%	0.1%	0.1%	0.1%	20 448	40 219	1 143.0	2.8%	56.5%	61.6%	58 510.0
2008	陕西	3.9%	0.2%	0.1%	0.1%	48 477	9 706	6 121.0	1.1%	68.5%	40.2%	125 382.0

续表

年份	地区	民生保障（2）				资源环境						
		社会保障				环境效应			环境治理			
		城镇失业率	社会保障支出占地方财政支出比例	基本养老保险参保人数占比	卫生费用支出占地方财政支出比例	工业废水排放总量/万 t	工业废气排放总量/亿 Nm^3	工业单位产值的固体废弃物生产量/(t/亿元)	环保投资占国内生产总值比例	生活垃圾无害化处理率	工业固体废弃物综合利用率	三废综合利用产品产值/万元
2009	北京	1.4%	0.1%	0.5%	0.1%	8 713	4 408	1 242.4	1.7%	98.2%	68.9%	71 679.6
2009	天津	3.6%	0.1%	0.3%	0.0%	19 441	5 983	1 515.7	1.4%	94.3%	98.3%	187 882.1
2009	河北	3.9%	0.1%	0.1%	0.1%	110 058	50 779	21 975.8	1.4%	59.0%	70.9%	936 389.8
2009	山东	3.4%	0.1%	0.2%	0.1%	182 673	35 127	14 138.0	1.4%	90.5%	94.8%	1 725 361.0
2009	江苏	3.2%	0.1%	0.2%	0.0%	256 160	27 432	8 027.8	1.1%	91.0%	96.8%	2 014 356.0
2009	上海	4.3%	0.1%	0.5%	0.0%	41 192	10 059	2 254.6	1.1%	78.8%	95.7%	161 409.4
2009	浙江	3.3%	0.1%	0.3%	0.1%	203 442	18 860	3 909.7	0.9%	97.6%	91.6%	2 513 210.0
2009	福建	3.9%	0.1%	0.2%	0.1%	142 747	10 497	6 348.9	0.7%	92.5%	85.4%	492 685.9
2009	广东	2.6%	0.1%	0.3%	0.1%	188 844	22 682	4 740.9	0.6%	65.5%	90.3%	509 826.8
2009	海南	3.5%	0.2%	0.2%	0.1%	7 031	1 353	200.9	1.2%	65.0%	83.6%	24 439.8
2009	黑龙江	4.3%	0.2%	0.2%	0.1%	34 188	9 977	5 274.7	1.3%	29.9%	71.7%	247 210.0
2009	吉林	4.0%	0.2%	0.2%	0.1%	37 563	7 124	3 940.5	0.9%	38.4%	64.3%	308 741.1
2009	辽宁	3.9%	0.2%	0.3%	0.1%	75 159	25 211	17 221.4	1.4%	59.9%	47.2%	443 699.2
2009	山西	3.9%	0.2%	0.2%	0.1%	39 720	23 693	14 742.9	2.1%	62.9%	60.1%	342 720.7
2009	河南	3.5%	0.1%	0.1%	0.1%	140 325	22 186	10 785.8	0.6%	75.3%	73.7%	693 260.7
2009	安徽	3.9%	0.1%	0.1%	0.1%	73 441	15 273	8 470.8	1.4%	60.9%	83.1%	509 654.3
2009	湖北	4.2%	0.2%	0.2%	0.1%	91 324	12 523	5 561.5	1.2%	55.7%	74.8%	699 427.9
2009	湖南	4.1%	0.2%	0.1%	0.1%	96 396	10 973	5 092.8	1.1%	66.6%	76.7%	695 003.8
2009	江西	3.4%	0.1%	0.1%	0.1%	67 192	8 286	8 898.2	0.9%	84.4%	41.6%	470 276.6
2009	四川	4.3%	0.1%	0.1%	0.1%	105 910	13 410	8 596.9	0.7%	83.5%	57.5%	612 685.5
2009	云南	4.3%	0.2%	0.1%	0.1%	32 375	9 484	8 672.8	1.3%	80.9%	48.9%	604 415.0
2009	贵州	3.8%	0.1%	0.1%	0.1%	13 478	7 786	7 317.4	0.5%	81.7%	45.6%	165 524.0
2009	广西	3.7%	0.1%	0.1%	0.1%	161 596	13 184	5 693.1	1.7%	86.3%	67.3%	432 197.0
2009	重庆	4.0%	0.2%	0.2%	0.1%	65 684	12 587	2 551.8	1.7%	95.9%	79.8%	274 132.6
2009	新疆	3.8%	0.1%	0.1%	0.1%	24 201	6 975	3 206.1	1.8%	60.6%	47.3%	152 865.0
2009	甘肃	3.3%	0.1%	0.1%	0.1%	16 364	6 314	3 150.2	1.3%	32.4%	33.4%	260 170.0
2009	青海	3.8%	0.2%	0.1%	0.1%	8 404	3 308	1 347.6	1.1%	65.1%	37.3%	26 311.1
2009	内蒙古	4.0%	0.1%	0.2%	0.1%	28 616	24 844	12 108.3	1.6%	72.0%	52.6%	217 935.7
2009	宁夏	4.4%	0.1%	0.1%	0.1%	21 542	25 211	1 398.3	2.1%	42.0%	70.6%	66 672.0
2009	陕西	3.9%	0.2%	0.1%	0.1%	50 115	11 032	5 546.7	1.5%	69.2%	54.0%	222 059.0

续表

年份	地区	民生保障（2）				资源环境						
		社会保障				环境效应			环境治理			
		城镇失业率	社会保障支出占地方财政支出比例	基本养老保险参保人数占比	卫生费用支出占地方财政支出比例	工业废水排放总量/万 t	工业废气排放总量/亿 Nm^3	工业单位产值的固体废弃物生产量/(t/亿元)	环保投资占国内生产总值比例	生活垃圾无害化处理率	工业固体废弃物综合利用率	三废综合利用产品产值/万元
2010	北京	1.4%	0.1%	0.5%	0.1%	8 198	4 750	1 269.0	1.6%	97.0%	65.8%	34 365.8
2010	天津	3.6%	0.1%	0.4%	0.1%	19 680	7 686	1 862.0	1.2%	100.0%	98.6%	192 650.4
2010	河北	3.9%	0.1%	0.3%	0.1%	114 232	56 324	31 688.0	1.8%	69.8%	56.6%	1 071 801.0
2010	山东	3.4%	0.1%	0.3%	0.1%	208 257	43 837	16 038.0	1.2%	91.9%	94.7%	1 871 898.0
2010	江苏	3.2%	0.1%	0.3%	0.1%	263 760	31 213	9 064.0	1.1%	93.6%	96.1%	2 189 749.0
2010	上海	4.4%	0.1%	0.5%	0.0%	36 696	12 969	2 448.0	0.8%	81.9%	96.2%	170 379.1
2010	浙江	3.2%	0.1%	0.4%	0.1%	217 426	20 434	4 268.0	1.2%	98.3%	94.3%	2 863 867.0
2010	福建	3.8%	0.1%	0.2%	0.1%	124 168	13 507	7 487.0	0.9%	92.0%	82.9%	375 028.8
2010	广东	2.5%	0.1%	0.3%	0.1%	187 031	24 092	5 456.0	3.1%	72.1%	90.2%	624 265.3
2010	海南	3.0%	0.1%	0.2%	0.1%	5 782	1 360	212.0	1.1%	68.0%	84.1%	31 623.2
2010	黑龙江	4.3%	0.1%	0.3%	0.1%	38 921	10 111	5 405.0	1.3%	40.4%	76.5%	323 471.4
2010	吉林	3.8%	0.1%	0.2%	0.1%	38 656	8 240	4 642.0	1.4%	44.5%	67.1%	391 663.3
2010	辽宁	3.6%	0.2%	0.3%	0.0%	71 521	26 955	17 273.0	1.1%	70.9%	46.9%	328 090.2
2010	山西	3.6%	0.1%	0.2%	0.1%	49 881	35 190	18 270.0	2.3%	73.6%	65.5%	426 371.8
2010	河南	3.4%	0.1%	0.1%	0.1%	150 406	22 709	10 714.0	0.6%	82.6%	77.1%	743 908.8
2010	安徽	3.7%	0.1%	0.2%	0.1%	70 971	17 849	9 158.0	1.5%	64.6%	84.6%	566 921.6
2010	湖北	4.2%	0.1%	0.2%	0.1%	94 593	13 865	6 813.0	0.9%	61.4%	80.5%	822 835.7
2010	湖南	4.2%	0.1%	0.1%	0.1%	95 605	14 673	5 773.0	0.7%	79.0%	81.0%	901 206.8
2010	江西	3.3%	0.1%	0.1%	0.1%	72 526	9 812	9 407.0	1.7%	85.9%	46.5%	593 473.1
2010	四川	4.1%	0.1%	0.2%	0.1%	93 444	20 107	11 239.0	0.5%	86.9%	54.8%	457 846.5
2010	云南	4.2%	0.1%	0.2%	0.1%	30 926	10 978	9 392.0	1.5%	88.3%	50.8%	654 554.6
2010	贵州	3.6%	0.1%	0.1%	0.1%	14 130	10 192	8 188.0	0.7%	90.6%	50.9%	179 142.5
2010	广西	3.7%	0.1%	0.1%	0.1%	165 211	14 520	6 232.0	1.7%	91.1%	67.8%	510 233.4
2010	重庆	3.9%	0.1%	0.5%	0.1%	45 180	10 943	2 837.0	2.2%	98.8%	80.2%	291 326.6
2010	新疆	3.2%	0.1%	0.1%	0.1%	25 413	9 310	3 914.0	1.4%	70.6%	47.5%	222 187.3
2010	甘肃	3.2%	0.1%	0.2%	0.1%	15 352	6 252	3 745.0	1.6%	38.0%	46.3%	224 120.8
2010	青海	3.8%	0.3%	0.2%	0.1%	9 031	3 952	1 783.0	1.3%	67.3%	42.2%	55 187.8
2010	内蒙古	3.9%	0.1%	0.2%	0.1%	39 536	27 488	16 996.0	2.1%	82.8%	56.3%	272 375.4
2010	宁夏	4.4%	0.1%	0.2%	0.1%	21 977	26 955	2 465.0	2.0%	92.5%	57.5%	100 750.3
2010	陕西	3.9%	0.1%	0.3%	0.1%	45 487	13 510	6 892.0	1.8%	79.8%	54.4%	293 499.6

续表

年份	地区	民生保障（2）				资源环境						
		社会保障				环境效应			环境治理			
		城镇失业率	社会保障支出占地方财政支出比例	基本养老保险参保人数占比	卫生费用支出占地方财政支出比例	工业废水排放总量/万t	工业废气排放总量/亿Nm^3	工业单位产值的固体废弃物生产量/(t/亿元)	环保投资占国内生产总值比例	生活垃圾无害化处理率	工业固体废弃物综合利用率	三废综合利用产品产值/万元
2011	北京	1.4%	0.1%	0.5%	0.1%	8 633	4 896.5	1 125.6	1.3%	98.2%	79.0%	43 775.5
2011	天津	3.6%	0.1%	0.3%	0.1%	19 795	8 919.3	1 752.2	1.6%	100.0%	99.6%	189 630.9
2011	河北	3.8%	0.1%	0.5%	0.1%	118 505	77 184.9	45 128.5	2.5%	72.6%	37.8%	1 298 987.0
2011	山东	3.4%	0.1%	0.6%	0.1%	187 245	50 451.7	19 532.6	1.4%	92.5%	91.8%	1 362 557.0
2011	江苏	3.2%	0.1%	0.5%	0.1%	246 298	48 182.5	10 475.5	1.2%	93.8%	91.1%	2 668 228.0
2011	上海	3.5%	0.1%	0.4%	0.0%	44 626	13 704.3	2 442.2	0.8%	61.0%	97.0%	183 453.3
2011	浙江	3.1%	0.1%	0.5%	0.1%	182 240	24 790.3	4 445.7	0.7%	96.4%	91.5%	2 125 183.0
2011	福建	3.7%	0.1%	0.4%	0.1%	177 186	14 972.9	4 414.9	1.1%	94.6%	89.1%	102 348.5
2011	广东	2.5%	0.1%	0.4%	0.1%	178 626	31 464.9	5 848.9	0.6%	73.2%	83.1%	1 834 648.0
2011	海南	1.7%	0.1%	0.5%	0.1%	6 820	1 675.5	420.8	1.1%	91.4%	57.6%	54 921.2
2011	黑龙江	4.1%	0.1%	0.3%	0.1%	44 072	10 377	6 016.7	1.2%	43.7%	73.3%	359 062.2
2011	吉林	3.7%	0.1%	0.4%	0.1%	41 884	10 636.7	5 378.6	1.0%	49.2%	67.6%	151 145.0
2011	辽宁	3.7%	0.2%	0.4%	0.0%	90 457	31 700.8	28 269.6	1.7%	80.5%	43.4%	419 983.2
2011	山西	3.5%	0.1%	0.4%	0.1%	39 665	42 195.2	27 555.9	2.2%	77.5%	69.4%	200 083.0
2011	河南	3.4%	0.1%	0.1%	0.1%	138 654	40 790.9	14 573.8	0.6%	84.4%	75.5%	861 616.5
2011	安徽	3.7%	0.1%	0.5%	0.1%	70 720	30 410.8	11 473.3	1.8%	87.0%	81.5%	425 002.8
2011	湖北	4.1%	0.1%	0.2%	0.1%	104 434	22 840.8	7 595.8	1.3%	61.0%	74.7%	1 014 158.0
2011	湖南	4.2%	0.1%	0.1%	0.1%	97 197	16 778.5	8 486.7	0.7%	86.4%	62.6%	887 986.9
2011	江西	3.0%	0.1%	0.1%	0.1%	71 196	16 102	11 372.4	2.1%	88.3%	54.5%	547 540.1
2011	四川	4.2%	0.1%	0.4%	0.1%	80 420	23 171.8	12 684.5	0.7%	88.4%	45.7%	564 014.8
2011	云南	4.1%	0.1%	0.3%	0.1%	47 228	17 545	17 335.3	1.3%	74.1%	48.9%	68 043.0
2011	贵州	3.6%	0.1%	0.1%	0.1%	20 626	10 820.4	7 598.2	1.1%	88.6%	61.6%	112 485.5
2011	广西	3.5%	0.1%	0.1%	0.1%	101 234	29 852.6	7 438.1	1.4%	95.5%	63.3%	1 091 379.0
2011	重庆	3.5%	0.1%	0.2%	0.1%	33 954	9 121.1	3 299.2	2.6%	99.6%	81.6%	123 501.4
2011	新疆	3.2%	0.1%	0.4%	0.1%	28 769	11 868	5 219.1	2.0%	79.5%	51.6%	244 035.2
2011	甘肃	3.1%	0.2%	0.4%	0.1%	19 720	12 891.9	6 523.8	1.2%	41.7%	53.7%	541 530.4
2011	青海	3.8%	0.2%	0.5%	0.0%	8 677	5 226.3	12 017.2	1.6%	89.5%	55.4%	82 559.7
2011	内蒙古	3.8%	0.1%	0.3%	0.1%	39 409	30 062.8	23 584.1	2.8%	83.5%	45.0%	186 276.5
2011	宁夏	4.4%	0.1%	0.5%	0.1%	19 285	31 700.8	3 344.1	2.7%	67.0%	68.6%	100 584.9
2011	陕西	3.6%	0.1%	0.5%	0.1%	40 806	15 704.3	7 117.6	1.2%	90.3%	61.1%	190 478.6

续表

年份	地区	民生保障（2）				资源环境						
		社会保障				环境效应			环境治理			
		城镇失业率	社会保障支出占地方财政支出比例	基本养老保险参保人数占比	卫生费用支出占地方财政支出比例	工业废水排放总量/万t	工业废气排放总量/亿 Nm^3	工业单位产值的固体废弃物生产量/(t/亿元)	环保投资占国内生产总值比例	生活垃圾无害化处理率	工业固体废弃物综合利用率	三废综合利用产品产值/万元
2012	北京	1.3%	0.1%	0.6%	0.1%	9 190	3 263.7	1 124.0	1.9%	99.1%	82.7%	36 747.6
2012	天津	3.6%	0.1%	0.4%	0.0%	19 117	9 032.2	1 775.9	1.2%	99.8%	99.5%	200 061.7
2012	河北	3.7%	0.1%	0.6%	0.1%	122 645	67 647.4	47 154.7	1.8%	81.4%	38.9%	1 402 484.0
2012	山东	3.3%	0.1%	0.7%	0.1%	183 634	45 420.2	19 989.3	1.5%	98.1%	92.5%	1 381 745.9
2012	江苏	3.1%	0.1%	0.6%	0.1%	236 094	48 623.3	10 667.0	1.2%	95.9%	93.5%	2 751 446.5
2012	上海	3.1%	0.1%	0.6%	0.0%	46 359	13 361.3	2 457.7	0.7%	83.6%	95.6%	190 239.0
2012	浙江	3.0%	0.1%	0.6%	0.1%	175 416	23 967.3	4 516.4	1.1%	99.0%	93.6%	2 220 039.7
2012	福建	3.6%	0.1%	0.6%	0.1%	106 319	14 739.3	4 470.8	1.1%	96.4%	87.2%	106 869.8
2012	广东	2.5%	0.1%	0.6%	0.1%	186 126	27 078.2	5 973.7	0.5%	79.1%	85.5%	2 099 537.6
2012	海南	2.0%	0.1%	0.5%	0.1%	7 465	1 960.3	448.1	1.6%	99.9%	58.6%	59 223.0
2012	黑龙江	4.2%	0.1%	0.5%	0.1%	58 355	10 444.6	6 127.1	1.6%	47.6%	70.1%	375 315.5
2012	吉林	3.7%	0.1%	0.4%	0.1%	44 842	10 316.3	5 507.8	0.9%	45.8%	68.5%	155 442.8
2012	辽宁	3.6%	0.2%	0.4%	0.0%	87 168	31 917	29 434.2	2.8%	87.2%	42.9%	431 286.0
2012	山西	3.3%	0.1%	0.6%	0.1%	48 108	38 124.3	28 581.0	2.7%	80.3%	67.3%	204 137.8
2012	河南	3.1%	0.1%	0.1%	0.1%	137 356	35 001.9	14 986.6	0.7%	86.4%	75.4%	885 686.8
2012	安徽	3.7%	0.1%	0.7%	0.1%	67 175	29 645	11 826.2	1.9%	91.1%	83.2%	438 179.3
2012	湖北	3.8%	0.1%	0.2%	0.1%	91 609	19 512.5	7 763.2	1.3%	71.5%	74.6%	1 039 366.3
2012	湖南	4.2%	0.1%	0.2%	0.1%	97 133	15 887.5	8 786.1	0.9%	95.0%	62.8%	918 284.2
2012	江西	3.0%	0.1%	0.5%	0.1%	67 871	14 814.1	11 548.6	2.4%	89.1%	55.6%	564 704.7
2012	四川	4.0%	0.1%	0.6%	0.1%	69 984	21 909.6	12 974.5	0.8%	88.3%	43.8%	568 312.9
2012	云南	4.0%	0.1%	0.5%	0.1%	42 811	14 955.2	18 369.2	1.3%	82.7%	50.9%	70 304.3
2012	贵州	3.3%	0.1%	0.1%	0.1%	23 399	14 311.6	7 705.9	1.0%	91.9%	60.8%	113 274.4
2012	广西	3.4%	0.1%	0.4%	0.1%	110 671	27 610.7	7 608.7	1.5%	98.0%	64.2%	1 181 254.2
2012	重庆	3.3%	0.1%	0.6%	0.1%	30 611	8 359.9	3 363.5	1.6%	99.3%	82.7%	127 171.3
2012	新疆	3.4%	0.1%	0.4%	0.1%	29 738	15 869.9	5 457.0	3.4%	78.7%	51.4%	254 029.3
2012	甘肃	2.7%	0.1%	0.6%	0.1%	19 188	13 899.7	6 845.9	2.2%	41.7%	54.4%	599 306.2
2012	青海	3.4%	0.2%	0.5%	0.1%	8 917	5 507.6	12 301.2	1.3%	89.2%	54.6%	92 832.0
2012	内蒙古	3.7%	0.1%	0.5%	0.1%	33 618	28 132.7	24 616.7	2.8%	91.2%	46.6%	194 165.5
2012	宁夏	4.2%	0.1%	0.5%	0.1%	16 548	31 917	3 557.5	2.4%	70.6%	69.7%	105 192.4
2012	陕西	3.2%	0.1%	0.6%	0.1%	38 037	14 767.4	7 219.9	1.3%	88.5%	62.3%	201 249.6

续表

年份	地区	民生保障（2）				资源环境						
		社会保障				环境效应			环境治理			
		城镇失业率	社会保障支出占地方财政支出比例	基本养老保险参保人数占比	卫生费用支出占地方财政支出比例	工业废水排放总量/万 t	工业废气排放总量/亿 Nm^3	工业单位产值的固体废弃物生产量/(t/亿元)	环保投资占国内生产总值比例	生活垃圾无害化处理率	工业固体废弃物综合利用率	三废综合利用产品产值/万元
2013	北京	1.2%	0.1%	0.6%	0.1%	9 486	3 692.2	1 122.4	2.2%	99.3%	86.6%	30 848.1
2013	天津	3.6%	0.1%	0.4%	0.1%	18 692	8 080	1 799.9	1.3%	96.8%	99.4%	209 737.5
2013	河北	3.7%	0.1%	0.6%	0.1%	109 876	79 121.3	49 271.9	1.7%	83.3%	42.1%	1 500 599.0
2013	山东	3.2%	0.1%	0.7%	0.1%	181 179	47 159.8	20 456.6	1.6%	99.5%	93.4%	1 401 205.0
2013	江苏	3.0%	0.1%	0.6%	0.1%	220 559	49 797.3	10 861.9	1.5%	97.4%	95.7%	2 837 260.4
2013	上海	4.0%	0.1%	0.6%	0.0%	45 426	13 344.1	2 473.4	0.9%	90.6%	96.9%	196 224.4
2013	浙江	3.0%	0.1%	0.7%	0.1%	163 674	24 564.8	4 588.2	1.0%	99.4%	94.8%	2 319 130.2
2013	福建	3.6%	0.1%	0.6%	0.1%	104 658	16 183.2	4 527.5	1.3%	98.2%	88.2%	111 590.8
2013	广东	2.4%	0.1%	0.6%	0.1%	170 463	28 433.7	6 101.1	0.6%	84.6%	84.8%	2 402 672.4
2013	海南	2.2%	0.1%	0.6%	0.1%	6 744	4 721.1	477.2	0.9%	99.9%	65.4%	63 861.8
2013	黑龙江	4.4%	0.2%	0.5%	0.1%	47 796	10 622	6 239.6	2.1%	54.4%	67.7%	389 652.0
2013	吉林	3.7%	0.1%	0.5%	0.1%	42 656	9 803.6	5 640.1	0.8%	60.9%	78.1%	159 862.9
2013	辽宁	3.4%	0.2%	0.4%	0.0%	78 286	29 443.5	30 646.8	1.3%	87.6%	43.8%	442 892.9
2013	山西	3.1%	0.1%	0.6%	0.1%	47 795	41 276	29 644.2	2.7%	87.9%	64.6%	208 274.7
2013	河南	3.1%	0.1%	0.1%	0.1%	130 789	37 665.3	15 411.0	0.9%	90.0%	76.1%	910 429.6
2013	安徽	3.4%	0.1%	0.7%	0.1%	70 972	28 335.4	12 190.1	2.7%	98.8%	84.0%	451 764.4
2013	湖北	3.5%	0.1%	0.2%	0.1%	84 993	19 986.9	7 934.4	1.0%	85.4%	75.1%	1 065 201.2
2013	湖南	4.2%	0.1%	0.2%	0.1%	92 311	17 276.4	9 095.9	1.0%	96.0%	63.7%	949 615.2
2013	江西	3.2%	0.1%	0.6%	0.1%	68 230	15 573.8	11 727.5	1.7%	93.3%	55.7%	582 407.4
2013	四川	4.1%	0.1%	0.6%	0.1%	64 864	19 760.6	13 271.1	0.9%	95.0%	41.0%	572 643.8
2013	云南	4.0%	0.1%	0.5%	0.1%	41 844	15 958.1	19 464.8	1.7%	87.6%	52.2%	72 298.8
2013	贵州	3.3	0.1%	0.1%	0.1%	22 898	24 466.5	7 815.0	1.4%	92.2%	50.4%	114 068.9
2013	广西	3.3%	0.1%	0.1%	0.1%	89 508	21 369.4	7 783.2	1.5%	96.4%	66.4%	1 278 530.7
2013	重庆	3.4%	0.1%	0.6%	0.1%	33 451	9 532.4	3 429.1	1.4%	99.4%	84.2%	130 950.4
2013	新疆	3.4%	0.1%	0.5%	0.1%	34 718	18 464.5	5 705.8	3.8%	78.1%	51.8%	264 432.6
2013	甘肃	2.3%	0.2%	0.6%	0.1%	20 171	12 676.7	7 183.9	2.8%	42.3%	55.7%	663 246.0
2013	青海	3.3%	0.1%	0.5%	0.1%	8 395	5 620.6	12 377.4	1.8%	77.8%	54.8%	104 382.5
2013	内蒙古	3.7%	0.1%	0.5%	0.1%	36 986	31 128.4	31 099.6	3.0%	93.6%	48.7%	202 388.5
2013	宁夏	4.1%	0.1%	0.5%	0.1%	15 708	29 443.5	3 784.6	2.8%	92.5%	73.1%	110 011.0
2013	陕西	3.3%	0.1%	0.6%	0.1%	34 871	16 279.5	7 323.7	1.4%	96.4%	63.4%	212 629.6

续表

年份	地区	民生保障（2）				资源环境						
		社会保障				环境效应			环境治理			
		城镇失业率	社会保障支出占地方财政支出比例	基本养老保险参保人数占比	卫生费用支出占地方财政支出比例	工业废水排放总量/万t	工业废气排放总量/亿Nm^3	工业单位产值的固体废弃物生产量/(t/亿元)	环保投资占国内生产总值比例	生活垃圾无害化处理率	工业固体废弃物综合利用率	三废综合利用产品产值/万元
2014	北京	1.3%	0.1%	0.7%	0.1%	9 174	3 569.2	1 120.9	2.9%	99.6%	87.7%	25 895.6
2014	天津	3.5%	0.1%	0.4%	0.1%	19 011	8 800	1 824.3	1.8%	96.7%	99.4%	218 788.6
2014	河北	3.6%	0.1%	0.6%	0.1%	108 562	72 732.3	51 484.1	1.6%	86.6%	42.8%	1 594 167.0
2014	山东	3.3%	0.1%	0.7%	0.1%	180 022	52 095.3	20 934.9	1.4%	100.0%	94.9%	1 420 938.2
2014	江苏	3.0%	0.1%	0.6%	0.1%	204 890	59 652.7	11 060.4	1.4%	98.1%	95.8%	2 925 750.8
2014	上海	4.1%	0.1%	0.6%	0.0%	43 939	13 007.4	2 489.1	1.1%	100.0%	97.5%	201 578.5
2014	浙江	3.0%	0.1%	0.7%	0.1%	149 380	26 958.3	4 661.2	1.2%	100.0%	94.6%	2 422 643.7
2014	福建	3.5%	0.1%	0.6%	0.1%	102 052	18 383.3	4 584.9	0.8%	97.9%	87.1%	116 520.4
2014	广东	2.4%	0.1%	0.6%	0.1%	177 554	29 793.8	6 231.2	0.5%	86.4%	86.2%	2 749 574.4
2014	海南	2.3%	0.1%	0.6%	0.1%	7 956	2 638.2	508.3	0.6%	99.8%	53.1%	68 863.8
2014	黑龙江	4.5%	0.2%	0.5%	0.1%	41 984	12 091.2	6 354.2	1.2%	58.9%	64.4%	402 476.4
2014	吉林	3.4%	0.1%	0.5%	0.1%	42 192	9 450.7	5 775.5	0.7%	61.9%	67.1%	164 408.6
2014	辽宁	3.4%	0.2%	0.4%	0.0%	90 631	34 527.5	31 909.3	1.0%	91.6%	37.1%	454 812.2
2014	山西	3.4%	0.1%	0.6%	0.1%	49 250	36 024.7	30 746.9	2.3%	92.1%	65.1%	212 495.5
2014	河南	3.0%	0.1%	0.2%	0.1%	128 048	39 628.7	15 847.5	0.8%	92.8%	76.8%	935 863.6
2014	安徽	3.2%	0.1%	0.7%	0.1%	69 580	29 232.6	12 565.1	2.1%	99.5%	84.4%	465 770.6
2014	湖北	3.1%	0.1%	0.2%	0.1%	81 657	21 701.8	8 109.3	1.2%	90.2%	76.2%	1 091 678.2
2014	湖南	4.1%	0.1%	0.2%	0.1%	82 271	16 050.5	9 416.7	0.8%	99.7%	63.1%	982 015.2
2014	江西	3.3%	0.1%	0.6%	0.1%	64 856	15 613.4	11 909.2	1.5%	93.1%	56.5%	600 665.0
2014	四川	4.2%	0.1%	0.6%	0.1%	67 577	20 053.7	13 574.6	1.0%	95.4%	42.8%	577 007.6
2014	云南	4.0%	0.1%	0.6%	0.1%	40 443	16 664.1	20 625.8	1.2%	92.5%	49.3%	74 083.0
2014	贵州	3.3%	0.1%	0.1%	0.1%	32 674	23 207.9	7 925.8	1.8%	93.3%	57.5%	114 868.9
2014	广西	3.2%	0.1%	0.0%	0.1%	72 936	18 631.3	7 961.7	1.3%	95.4%	62.1%	1 383 817.8
2014	重庆	3.5%	0.2%	0.6%	0.1%	34 968	9 289.6	3 496.0	1.2%	99.2%	84.5%	134 841.6
2014	新疆	3.2%	0.1%	0.5%	0.1%	32 799	22 116.1	5 965.9	4.2%	81.9%	55.6%	275 262.0
2014	甘肃	2.2%	0.1%	0.6%	0.1%	19 742	12 290.3	7 538.6	2.1%	62.6%	50.2%	734 007.6
2014	青海	3.2%	0.1%	0.5%	0.1%	8 214	6 439.4	12 423.3	1.3%	86.3%	56.2%	117 370.1
2014	内蒙古	3.6%	0.1%	0.5%	0.1%	39 325	36 116.5	37 142.0	3.2%	96.1%	56.7%	210 959.8
2014	宁夏	4.0%	0.1%	0.5%	0.1%	15 147	34 527.5	4 026.1	2.9%	93.3%	77.1%	115 050.4
2014	陕西	3.3%	0.1%	0.6%	0.1%	36 163	16 542.5	7 428.9	1.6%	95.8%	62.9%	224 653.1